Ulrike Söllner-Fürst

Das Schreiben des Abenteuers – das Abenteuer des Schreibens

Ich widme dieses Buch Klaus Zerinschek.

Ulrike Söllner-Fürst (Dr. iur., Dr. phil.), Juristin und Komparatistin, ist Lehrbeauftragte am Institut für Sprachen und Literaturen der Universität Innsbruck. Ihre Forschungsschwerpunkte sind komparatistische Intermedialitätsforschung und die Beziehungen zwischen Literatur und Recht.

Ulrike Söllner-Fürst

Das Schreiben des Abenteuers – das Abenteuer des Schreibens. Intermediale Ästhetik und Medienarchäologie in Alejo Carpentiers Roman »Los pasos perdidos«

[transcript]

Diese Publikation entstand mit finanzieller Unterstützung
des Vizerektorats für Forschung der Leopold-Franzens-Universität Innsbruck.

Bibliografische Information der Deutschen Nationalbibliothek
Die Deutsche Nationalbibliothek verzeichnet diese Publikation
in der Deutschen Nationalbibliografie; detaillierte
bibliografische Daten sind im Internet über
http://dnb.d-nb.de abrufbar.

Umschlagkonzept: Kordula Röckenhaus, Bielefeld
Umschlagbild: DANCE! von steffne/Steffen Jahn, photocase,
http://www.photocase.com/de/user.asp?u=253417
Lektorat & Satz: Ulrike Söllner-Fürst
Druck: Majuskel Medienproduktion GmbH, Wetzlar
ISBN 978-3-8376-1493-0

Gedruckt auf alterungsbeständigem Papier mit chlorfrei
gebleichtem Zellstoff.

Besuchen Sie uns im Internet:
http://www.transcript-verlag.de

Bitte fordern Sie unser Gesamtverzeichnis
und andere Broschüren an unter:
info@transcript-verlag.de

Inhalt

I. Einleitung

> Los nuevos factores de velocidad y ritmo - el *Charleston*, Lindbergh, la estación PWC, y los 100 km. por hora -, desempeñan un papel mucho más importante, para los hombres de hoy, que el de meros agentes transmisores de palabras o sujetos... Su acción en la vida actual, ha sido sobre todo, la de *modificadores de la sensibilidad* o sea, que desde su intervención definitiva en nuestra existencia no podemos ya *sentir* ni *ver* como antes. De ahí, que necesitemos imperiosamente nuevas formas musicales y artisticas para conmovernos.
> (Alejo Carpentier, *Ese músico*)

Die folgende Studie unterzieht den 1953 erschienenen Roman *Los pasos perdidos* von Alejo Carpentier einer Neulektüre[1], die – anders als bisherige Interpretationen dies getan haben – seine intermedialen Aspekte, seine thematischen und dispositionellen Bezüge zu Malerei, Fotografie, Musik, Theater, Film, Architektur und Tanz und seine intermediale Poetik in den Vordergrund stellt.

Hintergrund des Forschungsinteresses ist nicht nur der aktuelle Stand einer Intermedialitätskomparatistik, die, wie Monika Schmitz-Emans festgestellt hat, wesentliche Impulse aus der Re-Lektüre älterer Texte beziehen kann[2], sondern auch die Entwicklung in der Romanistik selbst: Die Konjunktur des komparatistischen Aufgabengebietes der Intermedialität (siehe Kap. 2) hat auch in der hispanischen und lateinamerikanischen Literaturwissenschaft auf dem Hintergrund neuer Theoriebildungen – wie etwa der Neubestimmung einer wie Hermann Herlinghaus sie nennt, »peripheren Mo-

1 Alejo Carpentier: *Los pasos perdidos*, Barcelona: Barral Editores 1977 (fünfte Auflage); Deutsche Fassung: Die verlorenen Spuren (= suhrkamp taschenbuch 808), Übersetzung von Anneliese Botond, Frankfurt am Main: Suhrkamp Verlag 1982.

2 Vgl. Monika Schmitz Emans: »Literaturwissenschaft und Intermedialität«, in: dies/ Uwe Lindemann (Hg.), Komparatistik. Jahrbuch der Deutschen Gesellschaft für Allgemeine und Vergleichende Literaturwissenschaft 2004/05, Heidelberg: Synchron 2005, S. 103-115, hier S. 103: »Neben den aktuellen akademischen und para-akademischen Diskursen sind es nicht zuletzt die literarischen Werke selbst, welche einschlägige Untersuchungen provozieren. Ältere Texte stimulieren im Horizont intermedialer Fragestellungen zu neuen Lektüren: Wo überall sind Bilder und visuelle Strukturen auf offene oder versteckte Weise maßgeblich? Wie haben musikalische Strukturen und Gestaltungsprinzipien die Abfassung literarischer Werke und die ihnen eingeschriebene Poetik beeinflußt?«

dernität«[3] und einer »konsequenten Öffnung des Kulturbegriffs auf die Massenmedien«[4] hin – zu einem verstärkten Interesse an intermedialen Fragestellungen geführt, die eine Neubewertung klassischer Texte befördert hat.[5] Volker Roloff hat in Bezug darauf auf die Rolle der Avantgarden und des Surrealismus im hispanischen und lateinamerikanischen Raum hingewiesen und darauf aufmerksam gemacht, dass deren »[...] Transgressionen, Inszenierungen, Konfusionen, Subversionen und Überlagerungen« von andauernder Aktualität sind: »[...] Themen, Figuren und Verfahrensweisen, die in der Gegenwart unter dem Aspekt der Intermedialität, d.h. als Formen und Zwischenformen des kreativen Umgangs mit älteren und neuen Medien durchschaubar sind«.[6]

Grundannahme dieser Arbeit ist, dass *Los pasos perdidos* als Medien-Roman gelesen werden kann, dessen intermediale Schreibweise, die Thematisierung anderer Künste, die Verwendung von deren dispositionellen Mustern – wie etwa einer musikalischen, filmischen oder szenischen Schreibweise – nicht nur eine fiktive Autobiografie, den Bericht der Zeitreise eines intellektuellen Zivilisationsflüchtlings in den lateinamerikanischen Urwald oder ein Bild der zeitgenössischen lateinamerikanischen Realität zeichnet, sondern weit darüber hinaus geht. Der forciert intermediale und hochgradig reflexive Text lotet die Grenzen des eigenen Mediums – der Literatur – aus, unterminiert fortwährend die ästhetische Illusion der Ereignisse auf der Handlungsebene und wird zu einer metafiktionalen ästhetischen Reflexion der Medien und Künste selbst. Die Poetik intermedialen Schreibens wird für eine Medienarchäologie funktionalisiert, die über die Präsentation einer ›Reise in die Vergangenheit‹ die historische und mediale Vermitteltheit von Wahrnehmung

3 H. Herlinghaus: »Der kulturelle Status der Peripherie und die theoretische Herausforderung der ›Intermedialität‹. Konzeptionelle Überlegungen«, in: ders. (Hg.), Intermedialität als Erzählerfahrung. Isabel Allende, José Donoso und Antonio Skármeta im Dialog mit Film, Fernsehen, Theater, Frankfurt am Main: Peter Lang 1994, S. 7-25, hier S. 8.

4 Ebd., S. 9.

5 Vgl. Uta Felten (Hg.), Intermedialität in Hispanoamerika: Brüche und Zwischenräume, Tübingen: Stauffenberg 2007; - dies./Volker Roloff (Hg.), Spielformen der Intermedialität im spanischen und lateinamerikanischen Surrealismus, Bielefeld: transcript 2004; - Walter Bruno Berg et al. (Hg.), Fliegende Bilder, fliehende Texte. Identität und Alterität im Kontext von Gattung und Medium. Imágenes en vuelo, textos en fuga. Identidad y alteridad en el contexto de los géneros y los medios de comunicación (= MEDIAmericana; Estudios sobre Latinoamérica: cultura y medios de comunicación), Frankfurt am Main, Madrid: Vervuert Iberoamericana 2004; - Angelica Rieger (Hg.), Intermedialidad e hispanística. Con una introducción de Hans Ulrich Gumbrecht, Frankfurt am Main: Peter Lang 2003; - Mechthild Albert (Hg.), Vanguardia española e intermedialidad. Artes escénicas, cine e radio (= La Casa de Riqueza. Estudios de Cultura de España 7), Frankfurt am Main: Vervuert 2005; - Hermann Herlinghaus/Utz Riese, (Hg.), Heterotopien der Identität. Literatur in interamerikanischen Kontaktzonen (= Anglistische Forschungen Band 264), Heidelberg: Winter 1999.

6 Volker Roloff: »Metamorphosen des Surrealismus in Spanien und Lateinamerika. Medienästhetische Aspekte«, in: Felten/Roloff (Hg.), Spielformen der Intermedialität, S. 13-33, hier S. 16.

verhandelt. Sie tut dies in der erzählerischen Konfrontation einer an der Moderne geschulten Aisthesis und einer als autochthon und ›zeitlos‹ gesetzten lateinamerikanischen Realität und legt dabei nicht nur ihre eigene Poetik frei, sondern formuliert darüber hinaus auch Argumente einer literarischen Intermedialitäts- und Medientheorie.[7]

Dabei erweist sich, dass der vor unterdessen mehr als 50 Jahren verfasste Roman Carpentiers Schreibweisen anwendet und Themen formuliert, die erst Jahrzehnte später in den zahlreichen *turns* der Literaturwissenschaft reflektiert und theoretisch erfasst werden. Sowohl die Thematik als auch die Poetik von *Los pasos perdidos* weisen also weit über den Kontext der Entstehungszeit des Romans hinaus und sind von ungebrochener Aktualität. Das macht – vor allem unter den Bedingungen eines erweiterten Textbegriffes, des *iconic turn* in den Literaturwissenschaften und eines verstärkten Interesses an intermedialen Phänomenen – eine Neulektüre des Textes zugleich zwingend und fruchtbar.

Die rigorose Konfrontation von theoretischer Konzeption und einem einzigen, dafür allerdings außerordentlich geeignetem Roman erlaubt dabei anhand einer gewissermaßen mikroskopischen Analyse dem komplexen Netzwerk auch subtiler Verweise im Detail nachzugehen und (inter-)mediale Kontaminationen, Fusionen, Konkurrenzen nicht nur in augenfälligen Beispielen sondern auch in Subtexten aufzuspüren, in denen mediale Interdependenzen angesprochen, (spielerisch) erprobt und auf ihre Implikationen hin befragt werden. So wird es möglich, nicht nur die Breite, Belastbarkeit und Leistungsfähigkeit des Dispositivs komparatistischer Intermedialitätsforschung zu erweisen, sondern an diesem Beispiel gleichzeitig zu zeigen, inwiefern die Ergebnisse literaturwissenschaftlicher Untersuchungen auch für andere Disziplinen, etwa die Kultur- oder Medienwissenschaften, fruchtbar gemacht werden können.[8]

---

7 Damit löst Carpentiers Roman jene Forderung ein, die der Autor selbst in seinem Aufsatz zum zeitgenössischen Roman in Lateinamerika gegeben hat. Vgl. Alejo Carpentier: »Probleme des zeitgenössischen Romans in Lateinamerika«, in: Stegreif und Kunstgriffe (= edition suhrkamp 1033, neue Folge Band 33), Frankfurt am Main: Suhrkamp Verlag 1989, S. 9-49, hier S. 18: »[...] ein Roman verwandelt sich erst dann in einen großen Roman (Proust, Kafka, Joyce...), wenn er aufhört, einem Roman zu gleichen: das heißt, wenn er über die Romanliteratur, aus der er entstanden ist, hinausgeht und durch seine eigene Dynamik eine mögliche neue Romanliteratur begründet, die neue Bereiche erschließt und Mittel der Untersuchung und der Erforschung verwendet, die sich [...] in dauerhaften Leistungen niederschlagen können. Alle großen Romane unserer Zeit haben den Leser veranlaßt, als erstes auszurufen: ›Das ist doch kein Roman!‹«

8 Vgl. zum Verhältnis von Literatur- und Medienwissenschaft Michael Gans/ Roland Jost/Ingo Kammerer (Hg.), Mediale Sichtweisen auf Literatur, Baltmannsweiler: Schneider Verlag Hohengehren 2008, S. VII: »Nach den ersten vereinzelten Untersuchungen der Germanistik in den 1950er Jahren zum Hörspiel [...] machte sich die Literaturwissenschaft in den 1970er Jahren auf den mühevollen Weg, den tradierten Literatur- und Textbegriff zu erweitern und Teil einer umfassenderen Medienwissenschaft zu werden. [...] Allen Unkenrufen, Abwehr- bzw. Abwertungsversuchen zum Trotz ist die Literaturwissenschaft inzwischen, ohne dass sie sich von dem traditionellen Gegen-

Um diese Studie auch Lesern zugänglich zu machen, die nicht Spanisch sprechen, erfolgen die zum Teil umfangreichen Romanzitate nach der deutschen Übersetzung des Romans von Anneliese Botond aus dem Jahr 1979. Dieser Übersetzung liegt der der Text der 1977 in fünfter Auflage in Barcelona bei Barral Editores erschienen Ausgabe des Romans zugrunde.[9] Der Text der deutschen Ausgabe ist zur Zeit vergriffen, eine Neuauflage ist nach Auskunft des Verlages nicht vorgesehen. Sie ist anzuraten. Mögen auch die Rezipientenerwartungen und das Interesse an ethnografischen und exotischen Aspekten fremder Kulturen, die mit Sicherheit ein maßgeblicher Impuls für die Erstrezeption des Buches gewesen sind, unterdessen in einem Medienwechsel auf andere Medienformate wie etwa das Feature oder den Spielfilm übergegangen sein, so zeigt die Analyse des Romans unter neuen Suchrastern, dass sich seine Thematik nicht in der Darstellung einer lateinamerikanischen Realität der 1950er Jahre erschöpft. Sie greift Aspekte einer Medienreflexion auf, die erst jetzt in ihrer Aktualität erfasst und gewürdigt wird. Unter diesem Gesichtspunkt ist *Los pasos perdidos* ein höchst bemerkenswertes frühes Beispiel einer avancierten modernen Medienanalyse, die für neue Leserschichten und Forschungsvorhaben von größtem Interesse ist.

Zur Gleichstellung von Mann und Frau in der Sprache sei darauf hingewiesen, dass mit Nennung der männlichen Funktionsbezeichnung in diesem Buch, sofern nicht anders gekennzeichnet, immer auch die weibliche Form mitgemeint ist.

---

stand der wertcodierten Texte hätte verabschieden müssen, in der Medienwissenschaft angekommen und dort *eine* [Herv. i.O.] von zahlreichen Wissenschaftsdisziplinen, die, wie es die Sache oder ihre Gegenstände immer wieder gebieten, fruchtbar zusammenarbeiten.« Vgl. auch Hans Vilmar Geppert: Literatur im Mediendialog. Semiotik, Rhetorik, Roman, Film, Hörspiel, Lyrik und Werbung (= Schriften der Philosophischen Fakultäten Augsburg, Sprach- und literaturwissenschaftliche Reihe, Bd. 75), München: Verlag Ernst Vögel 2006; – Timo Skrandies: »Medium/Kultur«, in: Harald Hillgärtner/ Thomas Küpper (Hg.), Medien und Ästhetik. Festschrift für Burkhardt Linder, Bielefeld: transcript 2004, S. 292-305; – Tillmann Köppe/Simone Winkler: Neuere Literaturtheorien, Stuttgart/Weimar: Verlag J.B. Metzler 2009, insb. S. 255-274: ›Medienwissenschaftliche Ansätze‹.

9 Einzig die Figur des Gründers von Santa Monica, die in der deutschen Übersetzung »Pionier« heißt, wird in dieser Arbeit aus besonderen Gründen (siehe 7.2.) mit ihrem spanischen Namen (adelantado) Adelantado genannt.

2. Komparatistische Intermedialitätsforschung

Das Forschungsgebiet der Intermedialität kann in der Komparatistik seit den 1980er Jahren als etabliert gelten.[1] Unter den Bedingungen der zunehmend kritischen Reflexion technisch und mediendiskursiv vermittelter Wahrnehmung, ihrer aktuellen Problematisierung in der Medientheorie, der Literaturwissenschaft und in den Künsten und einer damit erhöhten Reflexivität auch in Bezug auf die Wechselwirkungen der Medien untereinander sind die Zusammenhänge zwischen der Literatur und anderen künstlerischen Ausdrucksmedien wie Malerei, Film, Musik, Fotografie, den performativen Künsten oder den neuen elektronischen Medien Gegenstand literaturwissenschaftlicher Untersuchungen geworden. Sie nehmen die durch Medien präformierte Wahrnehmung und Darstellungskonventionen, Mediengrenzen überschreitende Phänomene sowie die Komplementarität und Konkurrenz verschiedener Medien in den Blick. Hermann Herlinghaus hat darauf hingewiesen, dass eine Intermedialitätsforschung

»[...] über eine mediale Optik hinaus die Aufmerksamkeit für Oppositionen, Transformationen, Metamorphosen in Begegnungsräumen [wecke], die durch unterschiedliche mediale Praktiken und zugleich durch darüber hinausgehende alltagskulturelle Ver-

1 Vgl. Bodo Lecke (Hg.), Mediengeschichte, Intermedialität und Literaturdidaktik (= Beiträge zur Literatur- und Mediendidaktik Band 15), Frankfurt am Main: Peter Lang 2008; – Kirsten Dickhaut: »Intermedialität und Gedächtnis«, in: Erll/ Nünning (Hg.), Gedächtniskonzepte in der Literaturwissenschaft, S. 203-226; – Schmitz-Emans/ Lindemann (Hg.), Komparatistik Jahrbuch 2004/05; – Monika Schmitz-Emans: »Literaturwissenschaft und Intermedialität«, ebd., S. 103-115; – Herbert Foltinek/Christoph Leitgeb (Hg.), Literaturwissenschaft: intermedial: interdisziplinär, Wien: Verlag der Akademie der Wissenschaften 2002; – Claus Clüver: »INTER TEXTUS /INTER ARTES/INTER MEDIA«, in: Komparatistik. Jahrbuch der Deutschen Gesellschaft für Allgemeine und Vergleichende Literaturwissenschaft, Heidelberg: Synchron 2001 S. 14-50; – Jörg Helbig (Hg.), Intermedialität. Theorie und Praxis eines interdisziplinären Forschungsgebiets, Berlin: Schmidt 1998; – Joachim Paech:»Intermedialität. Mediales Differenzial und transformative Figurationen«, in: Helbig (Hg.), Intermedialität, S. 14-30; – Peter Wagner (Hg.), Icons – Texts – Iconotexts. Essays on Ekphrasis and Intermediality, Berlin, New York: Walter de Gruyter 1996; – Peter v. Zima (Hg.), Literatur intermedial. Musik – Malerei – Photographie – Film, Darmstadt: Wissenschaftliche Buchgesellschaft 1995; – Thomas Eicher/Ulf Bleckmann (Hg.), Intermedialität. Vom Bild zum Text, Bielefeld: Aisthesis Verlag 1994. – Steven P. Scher (Hg.), Literatur und Musik. Ein Handbuch für Theorie und Praxis eines komparatistischen Grenzgebietes, Berlin: Schmidt 1984; – Calvin Brown: »Theoretische Grundlagen zum Studium der Wechselverhältnisse zwischen Literatur und Musik«, in: Scher (Hg.), Literatur und Musik, S. 28-39.

mittlungen charakterisiert sind. Es handelt sich um ein ›gegenseitiges Intermittieren sehr verschiedener Medien‹«.[2]

Phänomene allgegenwärtiger Massenkommunikation, neue Hyper-Medien, die immer größer werdende Häufigkeit von hybriden Vertextungsformen, ein Zeitalter der Bilderflut und eine zunehmend audiovisuell und akustisch geprägte Welt haben Intermedialitätsstudien zu einem expandierenden Aufgabengebiet und Theoriefeld gemacht: Monografien, Aufsätze, Sammelbände, Forschungsprojekte, Periodika, ein reger Tagungs- und Konferenzbetrieb und entsprechend Lehrveranstaltungsangebote der Universitäten belegen die Aktualität des Forschungsfeldes.[3]

Hintergrund und Ermöglichungsbedingung für diese »Konjunktur«[4] sind nicht zuletzt die Konzeptualisierungen der Rezeptionstheorie und jene des Poststrukturalismus, vor allem aber eine in den Kulturwissenschaften vollzogene Wende, die unter der Metapher *Kultur als Text*[5] eine Erweiterung des Textbegriffes und seine Anwendbarkeit auch auf nicht sprachlich vermittelte Äußerungen mit sich bringt. Er erlaubt es, auch die Manifestationen anderer Bereiche wie der Geschichte (*Metahistory*, die neu entstehenden *postcolonial studies*, *New Historicism*), der Ethnologie (*teilnehmende Beobachtung*, *dichte Beschreibung* ...) und der Künste wie der Architektur, des Tanzes, der bil-

---

2 H. Herlinghaus: »Peripherie und Intermedialität«, S. 18.

3 Die Tatsache, dass ein ›Forschungsfeld Intermedialität‹ erst spät entstanden ist, darf nicht den Blick darauf verstellen, dass der Forschungsgegenstand selbst, die Frage nach Beziehungen zwischen den Medien, alles andere als neu ist: In der Antike, im Horaz'schen *pictura et poiesis*, in Traktaten der Renaissance (Leonardo da Vinci), dem Paragonediskurs, in den allegorischen Versdichtungen des 17. Jahrhunderts (La Fontaine, Charles Perrault), Lessings *Laokoon*-Aufsatz, den transgressiven ästhetischen Konzepten der Romantik, den Ästhetik-Vorlesungen Hegels, den kulturanthropologischen Arbeiten Helmut Plessners und Ernst Cassirers, der Semiotik von Roman Jacobson, Boris Uspenskij, Jurij Lotman und Roland Barthes, in den Arbeiten der Kunsthistoriker Aby Warburg und Erwin Panofsky und im 1917 veröffentlichten Aufsatz Oskar Walzels über *Die wechselseitige Erhellung der Künste* - die Aufzählung ist unvollständig - finden sich Vorläufer und Themen der gegenwärtigen Diskussion, die als Argumente einer Intermedialitäts- und Medientheorie *avant la lettre* verstanden werden können.

4 M. Schmitz-Emans: »Literaturwissenschaft und Intermedialität«, S. 103; vgl. auch J. Paech: »Mediales Differenzial«, S. 14: »[...] Intermedialität ist ›in‹.« - Siehe ebenfalls Gudrun Marci-Boehncke: »Intermedialität als perspektivierter Prozess: Von der Wiederentdeckung des Rezipienten in einem vorläufigen Diskurs«, in: Lecke (Hg.), Mediengeschichte, S. 79-94, hier S. 80: »Intermedialität ist ein Ausdruck von ungewöhnlicher Attraktion. In vielen Publikationen scheint dieses Wort ein irgendwie geartetes ›Dazwischen‹ der Medien zu bezeichnen: Wann immer die (vermeintliche) Grenze eines Mediums zu einem anderen überschritten, wann immer ein Medium in einem anderen genannt, zitiert, thematisch oder formal aufgegriffen wird, stellt sich Intermedialität ein.«

5 Vgl. Doris Bachmann-Medick (Hg.), Kultur als Text. Die anthropologische Wende in der Literaturwissenschaft (= Fischer Kultur & Medien 12781), Frankfurt am Main: Fischer Taschenbuch Verlag GmbH o.J; ähnlich K. Dickhaut: »Intermedialität und Gedächtnis«, S. 206.

denden Künste als Texte zu lesen.[6] Damit verbunden bringt der *iconic turn*, wie Doris Bachmann-Medick feststellt, Bildphänomene der Alltagskultur in den Blick und »[...] arbeitet [darüber hinaus] auf eine [allgemeine] visuelle Kompetenz hin, die in den westlichen Gesellschaften seit Platons Bilderfeindschaft und dem Logozentrismus in der Philosophie«[7] unter der Vorherrschaft des Sprachlichen lange Zeit an den Rand gedrängt war. Das führt zur Aufnahme kunstgeschichtlicher und bild-anthropologischer Fragestellungen in die Literaturwissenschaft und zu einer medientheoretischen und mediengeschichtlichen Horizonterweiterung ihrer Fragen nach dem Bild-Text-Verhältnis. Als drittes Momentum einer ›Intermedialisierung‹ wissenschaftlicher Interessen‹ nennt Schmitz-Emans die Erfolgsgeschichte der Medienwissenschaften selbst, die sich, »[...] wie wenige Jahrzehnte zuvor die Semiotik, gern als Meta- oder Superdisziplin versteht, und dabei unter anderem bestrebt ist, am Leitfaden des Medienbegriffs eine systematische Kartierung der wissenschaftlichen Disziplinen und ihrer Gegenstände vorzunehmen.«[8]

2.1 Intermedialität als Dispositiv

Im Vordergrund der komparatistischen Intermedialitätsforschung stehen allerdings weniger die technizistischen als vielmehr die konzeptionellen Aspekte der Medien, ihre Signifikationsweisen, Aussagemöglichkeiten und deren Begrenzungen: die Wechselwirkungen zwischen literarischen Ausdrucksformen und anderen Zeichensystemen, die von Referenzen auf andere künstlerische Dispositionsschemata bis zu ikonischer Verwendung von deren Symbolisierungsweisen oder zu Medienwechseln reichen. Die darin zum Ausdruck kommende Unselbständigkeit der Einzelmedien verweist auf die prinzipielle Unselbständigkeit der einzelnen Sinne, auf deren Interaktion und damit auch auf die Aufgabe, die Prämedialität von Konzeptualisierungen, Bewusstseinsinhalten und (visuellen, akustischen, taktilen, olfaktorischen ...)

6 Vgl. C. Clüver: »INTER TEXTUS«, S. 19: »Hier will ich nur darauf hinweisen, daß vor allem unter Semiotikern ein Kunstwerk als – gewöhnlich komplexe – Zeichenstruktur verstanden wird, was dazu geführt hat, solche Gegenstände als ›Texte‹ zu bezeichnen, egal, welche Zeichensysteme dabei im Spiel sind. Demnach gelten ein Ballett, ein Sonett, eine Graphik, ein Menuett, ein Film und eine Kathedrale alle als ›Texte‹, die man ›liest‹ [...] und ebenso eine Briefmarke, eine liturgische Prozession und eine Werbung im Fernsehen. Gegen diese Ausdehnung des Textbegriffs in semiotischer Perspektive ist eingewendet worden, daß sie zu einer Überbewertung des sprachlichen Modells führe, besonders in Verbindung mit dem hier deutlich metaphorischen ›Lesen‹. Ich meine aus Erfahrung zu wissen, daß dies Gewohnheitssache ist und daß das Wort ›Text‹ in intermedialer Anwendung schnell zu einem neutralen Begriff wird.«

7 Doris Bachmann-Medick: Cultural Turns. Neuorientierung in den Kulturwissenschaften (= rowohlts enzyklopädie; rororo 55675), Reinbek bei Hamburg: Rowohlt Verlag 2006, S. 329-380, hier S. 329. Vgl. auch Renate Brosch/Ronja Tripp (Hg.), Visualisierungen. Textualität – Deixis – Lektüre (= Literatur, Imagination, Realität Bd. 41), Trier: Wissenschaftlicher Verlag 2007, S. 3ff.

8 M. Schmitz-Emans: »Literaturwissenschaft und Intermedialität«, S. 104.

Wahrnehmungsvorgängen zu untersuchen.[9] Mit neueren Arbeiten kommen daher auch neue Aspekte der Rezeptionsforschung, der Narratologie und der Kognitionspsychologie (leserorientierte kognitive Narratologie) in den Fokus.[10]

Solche Fokussierungen lassen das Dispositiv der Intermedialität für die vorliegende Studie besonders geeignet erscheinen. Die fortwährende Thematisierung sinnlicher Wahrnehmung und ihre Brechung durch mediale Bedingungen in *Los pasos perdidos*, die Problematisierung von Medienkompetenz, von Rezeptionsverhalten, die Vorführung und Problematisierung einer Mediengeschichte und nicht nur historischer, sondern auch kultureller Medienwechsel bietet ein breites Untersuchungsspektrum konkreter Fragen, die im Roman in forcierter Dichte und Komplexität thematisiert, inszeniert und über komplexe implizite intermediale Referenzen in der poetischen Struktur des Textes selbst platziert werden.

2.2 Das Forschungsfeld. Verortungen

Die Frage nach dem Gegenstandsbereich und dem Ort des Feldes Intermedialität, die lange virulent war, wird längst nicht mehr gestellt. Dennoch scheint trotz der Fülle der Arbeiten auf dem Gebiet der Intermedialitätsforschung und der florierenden intermedialen Einzelstudien eine umfassende und überzeugende Strukturierung noch Desiderat zu sein.[11] Franziska Most-

9 Vgl. Wilhelm Füger: »Wo beginnt Intermedialität. Latente Prämissen und Dimensionen eines klärungsbedürftigen Konzepts«, in: Helbig (Hg.), Intermedialität, S. 41-57, hier S. 42ff.

10 Vgl. Vera Nünning/Ansgar Nünning (Hg.): Erzähltheorie transgenerisch, intermedial, interdisziplinär (= WVT Handbücher zum Literaturwissenschaftlichen Studium Bd. 5), Trier: Wissenschaftlicher Verlag Trier 2002; - Brosch/Tripp (Hg.), Visualisierungen; - Peter Drexler/Judith Klinger (Hg.), Bilderwelten. Strategien der Visualisierung in Wissenschaft und Kunst (= Literatur, Imagination, Realität Bd. 40), Trier: Wissenschaftlicher Verlag 2006; Marie-Laure Ryan (Hg.), Narrative across Media. The languages of Storrytelling, USA: Board of Regents of the University of Nebraska 2004.

11 Die Etablierung des Forschungsfeldes hat zu methodischen und terminologischen Differenzierungen und Institutionalisierungen geführt, wie sie unterdessen in der International Association of Word and Image Studies oder deren ›Schwesterorganisation‹ der International Association for Word and Music Studies entstanden sind (vgl. Werner Wolf: »Intermedialität. Ein weites Feld und eine Herausforderung für die Literaturwissenschaft«, in: Foltinek/ Leitgeb (Hg.), Literaturwissenschaft: intermedial: interdisziplinär, S. 163-192, hier S. 188). 1968 erscheint Ulrich Weissteins Verortung: »Exkurs. Wechselseitige Erhellung der Künste«, in: ders. Einführung in die Vergleichende Literaturwissenschaft, Stuttgart: Kohlhammer 1968, S. 184-197, in dem er diese als eines der Interessengebiete der Vergleichenden Literaturwissenschaft vorstellt, 1979 findet in Innsbruck der neunte Internationale Komparatistenkongress statt, der dem Themenfeld Literature and the Other Arts eine Sektion widmet, vgl. Zoran Konstantinović/Steven P. Scher/Ulrich Weisstein (Hg.), Literature and the Other Arts/La Littérature et les autres arts/Literatur und die anderen Künste (= Proceedings of the IXth Congress oft the International Comparative Literature Association, Innsbruck 1979, Band 3), Innsbruck: 1981. 1981 legt Franz Schmitt-von Mühlenfels seinen Aufsatz vor: Franz Schmitt-von Mühlenfels: »Literatur und andere Künste«, in: Manfred

haf diagnostizierte in ihrer 2002 erschienen Studie realistisch: »In den Studien zur Intermedialität finden sich zwar mehrere nützliche Begriffsdefinitionen und Forschungsberichte, jedoch sind die bisherigen theoretischen Untersuchungen allein von ihrem Format her zu wenig umfangreich, als daß sie eine befriedigende Fundierung dieses Gebietes erlauben würden.«[12] Auch Kirsten Dickhaut stellt noch im Jahr 2005 wohl zu Recht fest, dass es über wenige Arbeiten hinaus, also neben Monografien, wie jenen von Irina Rajewsky (2002)[13] und Mookyu Kim (2003)[14] die umfassend angelegte theoretische Entwürfe vorstellen, »derzeit nur theoretische Präzisierungen als Prolegomena von Einzelstudien«[15] gebe.

Herlinghaus hat, um das Konzept der Intermedialität diskurstheoretisch zu verorten, die ansatzweise Bestimmung eines plausiblen Rahmens gefordert, »[...] das heißt [der Bestimmung] einer Bezugsfläche, auf der sich literarischer Text ebenso wie filmische, televisive, dramatische, aber auch alltagskulturelle Artikulationen spiegeln lassen«[16] und schlägt den Rekurs auf ein bestehendes Modell vor:

»Hier läßt sich eine These des amerikanischen Geschichtstheoretikers Hayden White aufgreifen. White geht davon aus, daß jeder historischen Darstellung neben ihrem ›primary referent‹ (den Fakten und Vorgängen) ein ›secondary referent‹ als narratives ›emplotment‹ eingeschrieben sei: Suche nach der ›Bedeutung der Form‹ kann, hiervon ausgehend, auch in anderen ästhetischen Zusammenhängen heißen, nach der Art und Weise narrativer Verknüpfung ›primärer Referenten‹ zu fragen beziehungsweise danach, wie narrative Codes aus ästhetischer Erwägung gesprengt werden [...] Dieses Modell gestattet es, die massenmedial bedingte Verbreitung, Segmentierung und Ausfächerung kulturellen Ausdrucks [...] in einen methodischen Rahmen zu bringen, der einerseits über soziokulturelle Kategorien hinausweist und andererseits eine werk- und kunstzentristische Logik überwinden hilft.«[17]

Schmeling (Hg.), Vergleichende Literaturwissenschaft. Theorie und Praxis, Wiesbaden: Athenaion 1981, S. 165-174. Es folgt 1984, wobei Intermedialität noch als Grenzgebiet der Komparatistik bezeichnet wird, Steven P. Schers Buch Literatur und Musik. Thematische Überschneidungen und personale Kontakte mit den Comparative Arts und den Interart-Studies lassen schließlich im deutschsprachigen Raum das Konzept und den Begriff der Intermedialität für den Forschungsbereich der »›intersemiotischen Transposition‹ in allen ihren Erscheinungsformen und Parallelverfahren der Adaption und Transformation« (C. Clüver: »INTER TEXTUS«, S.22) entstehen; Der Begriff Literatur und andere Künste wird endgültig durch den der Intermedialität ersetzt. (T. Eicher/U. Bleckmann: Intermedialität, 1994; P. v. Zima: Literatur intermedial, 1995; P. Wagner: Intermediality, 1996; J. Helbig: Intermedialität, 1998).

12 Franziska Mosthaf: Metaphorische Intermedialität: Formen und Funktionen der Verarbeitung von Malerei im Roman (= Horizonte Bd. 25), Trier: Wissenschaftlicher Verlag 2000, S.3. Für einen Überblick vgl. ebd. S. 10-17.

13 Irina Rajewsky: Intermedialität (= UTB 2261), Tübingen: A. Francke Verlag 2002.

14 Mookyu Kim: Mediale Konfigurationen. Ein Beitrag zur Theorie der Intermedialität (= Konstanzer Dissertationen 596), Konstanz: Hartung-Gorre 2003.

15 K. Dickhaut: Intermedialität und Gedächtnis, S. 210.

16 H. Herlinghaus: Intermedialität, S. 22.

17 Ebd.

Insofern, als das Modell der Narrativität und des *emplotment* die dispositionellen Logiken der Übermittlungsmedien und deren Interdependenz mit den mediatisierten Inhalten beschreibt[18], scheint diese Platzierung der Intermedialitätsdiskussion im Rahmen einer Kritik des *content of the form*, die eine Unterscheidung zwischen dem Gegebenen und der Art des Gegebenseins trifft, also auch mediale Formierungen in den Blick nimmt, überzeugend.

Wenn unter Intermedialität grundsätzlich, wie Clüver definiert, »[...] die direkte oder indirekte Einbeziehung von mehr als einem Medium mit jeweils verschiedenen Darstellungs- und Kommunikationsmöglichkeiten und von mehreren Zeichensystemen und den mit ihnen verbundenen Codes und Konventionen«[19] verstanden wird, stellt sich schließlich noch einmal die Frage nach der Definition des Begriffs Medium selbst. Bezeichnet er nur die technischen Medien oder wird er auf Vermittlungsmedien (Film, Text, Bilder) und schließlich auf die einzelnen Künste als Ausdrucksmedien ausgedehnt? Die Frage ist unterschiedlich beantwortet worden.[20] Claus Clüver schlägt – unter dem Vorbehalt spezifischer Modifikationsnotwendigkeiten seines Ansatzes – eine pragmatische Lösung vor, da die Verwendung des Begriffs Intermedialität zeige,

»[...] daß sich im deutschen wissenschaftlichen Sprachgebrauch heutzutage alle diese Ausdrucks- und Kommunikationsformen als ›Medien‹ betrachten und bezeichnen lassen und etwaige Konflikte mit anderen Verwendungen des Terminus ›Medium‹ in diesem Bereich lösbar oder unwesentlich sind«.[21]

Auch Werner Wolf plädiert als Vertreter einer literaturzentrierten Intermedialitätsforschung (ausgehend von einem engen Textbegriff in Sinn eines sprachlichen Zeichenkomplexes) für einen ›großzügigen‹ Umgang mit dem Begriff Medium:

»Im Unterschied zu manchem medientheoretischen Begriffsgebrauch bedeutet ›Medium‹ hier [...] nicht vorrangig einen bloß technisch-materiell definierten Übertragungskanal von Informationen (wie z.B. Schrift, Druck, Rundfunk, CD usw.), sondern ein konventionell im Sinn eines kognitiven frame of reference als distinkt angesehenes Kommunikationsdispositiv. Dieses ist in erster Linie durch einen spezifischen (z.B. symbolischen oder ikonischen) Gebrauch eines semiotischen Systems (Sprache, Bild), in manchen Fällen auch durch die Kombination mehrerer Zeichensysteme (wie beim Tonfilm als einem ›Kompositmedium‹ aus Sprache, Bild, Musik/Geräuschen) zur Übertragung kultureller Inhalte gekennzeichnet und erst in zweiter Linie - als Unterschei-

18 Hayden White, zit. ebd.: »Da keine Reihe oder Folge realer Ereignisse von sich aus ›tragisch‹, ›komisch‹, ›farcenhaft‹ etc. ist, sondern erst durch die Auferlegung eines entsprechenden Geschichten-Typs auf die Ereignisse dazu gemacht wird, ist es die ›Wahl‹ des Geschichtentyps und seine ›Auferlegung auf die Ereignisse‹, die ihnen Sinn verleihen.‹((Hayden White, S. 60)«.

19 C. Clüver: »INTER TEXTUS«, S. 15f.

20 Vgl. als zwei Beispiele Werner Wolfs Konzeption eines weiten und Mookyu Kims Konzeption eines eng gefassten Medienbegriffs: Werner Wolf: »Intermedialität«, S. 165. - Mookyu Kim: Mediale Konfigurationen, S. 10f.

21 C. Clüver: »INTER TEXTUS«, S. 24.

dungskriterium für mediale Unterformen - durch bestimmte technische Medien bzw. Kommunikationskanäle.«[22] (Herv. i.O.)

Ein solch weit gefasster Medienbegriff liegt dieser Analyse zugrunde. Er findet seine Entsprechung im Romantext selbst, der sowohl technische Medien (etwa die Verkehrsmittel der Reise wie Flugzeug oder Kanu, den Filmapparat, die Schallplatte oder moderne Kommunikationsmedien) als auch Vermittlungsmedien, Kommunikationsdispositive und die einzelnen Künste thematisiert, ihre Interdependenzen und Verzahnungen vorführt und die Auswirkungen ihrer dispositionellen Strukturen auf die Wahrnehmung zeigt und reflektiert, damit also ihre vermittelnden, mediatisierenden Aspekte in den Vordergrund stellt. Dabei werden selbst die Sprache als Sprachkörper oder die Genres, insofern, als sie als dispositive Formierungen dargestellt und benützt werden, als Quasi-Medien wirksam.[23] Der Roman realisiert damit in hohem Maße reflexiv die Erweiterung eines medientheoretischen Diskurses durch literarisch vermittelte alltagsweltliche Erfahrung, also die laut Schmitz-Emans grundsätzliche

»[...] Einsicht in die Abhängigkeit wahrgenommener, erinnerter und interpretierter Wirklichkeit von ihrer medialen Darbietungsform, von ihrer Zurichtung für die Wahrnehmung und für die jeweils gesellschafts- und kulturspezifischen Praktiken der Kommunikation. Eine wichtige Konsequenz davon ist, daß die literarische Thematisierung der erfahrenen und kommunizierten Wirklichkeit im Zeichen der Reflexion über das steht, was die Stichworte ›Medien‹ und ›Medialität‹ evozieren. Literatur reflektiert über die Medien der Wahrnehmung, Erinnerung und Kommunikation.«[24]

Die mit dem Forschungsgebiet entstehende Terminologie (Intermedialität, Intramedialität, Transmedialität, Inframedialität, Plurimedialität, Metamedialität, inter-media, inter-art ...) hat – aufgrund unterschiedlicher Konzeptualisierungen und Interessenschwerpunkte – gelegentlich zu unterschiedlichen Abgrenzungen geführt, da in wechselseitigen Abhängigkeiten – unter anderem vom gewählten Medienbegriff – gleiche Phänomene mit unterschiedlichen Termini bezeichnet werden. Abgrenzungsfragen sind nur in einer Kartierung des Feldes zu klären. Claus Clüver hat bereits 2001 – aber wohl auch für heute noch zutreffend – festgestellt: »[S]o lange die [Intermedialitätsansätze] nicht in einer Form institutionalisiert sind, die über den Konferenzbetrieb hinausgeht, werden Aufgabenbereiche und Methoden je nach der wissenschaftlichen Herkunft dessen beschrieben werden, der sich um eine Beschreibung bemüht.«[25]

22 W. Wolf: »Intermedialität«, S. 165.

23 Vgl. Werner Wolf: »Intermediale Erzähltheorie«, in: Nünning/Nünning (Hg.), Erzähltheorie, S. 23-104; hier S. 39, FN 28: »Im Lichte dieser Erläuterung [zu einem weiten Medienbegriff] kann also auch von einem ›Medium Roman‹ oder einem ›Medium Erzählliteratur‹ gesprochen werden (was in der hier vorliegenden Systematik einer Kombination aus verbal-schriftlichem ›(Groß-)Medium‹ und einer ›medienspezifischen‹ bzw. medialen Gattung entspräche).«

24 M. Schmitz-Emans: »Literaturwissenschaft und Intermedialität«, S. 109.

25 C. Clüver: »INTER TEXTUS«, S. 21.

Um das Feld, in dem sich diese Studie bewegt, gleichsam abzustecken, seien hier einige Systematisierungsvarianten vorgestellt, in denen wichtige Begriffe, Problemfelder und Zuordnungsprobleme sichtbar werden, und die es gleichzeitig ermöglichen, über ihre Systematik und Zuordnungen vorbereitend und klärend sowohl die inhaltlichen und poetologischen Aspekte von Intermedialität im untersuchten Roman als auch die analytische Strategie der Studie selbst zu verorten.

Werner Wolf als Vertreter einer literaturzentrierten Intermedialitätsforschung organisiert den Arbeitsbereich folgendermaßen:[26] Intermedialität lässt sich – in Analogie zu dem aus Bachtins Konzept der Dialogizität von Julia Kristeva entwickelten Begriff der Intertextualität – als intendierte, in einem Artefakt nachweisliche Verwendung oder Einbeziehung wenigstens zweier konventionell als distinkt angesehener Ausdrucks- oder Kommunikationsmedien definieren. Der Begriff Medium wird dabei nicht im engen, technischen Sinn verstanden, sondern zugunsten eines weiten Medienbegriffes unter Einschluss der traditionellen Künste erweitert. Typologisch lässt sich Intermedialität nach unterschiedlichen Kriterien differenzieren: Die Frage nach den beteiligten Medien nimmt die Einbeziehung anderer Künste, etwa der bildenden Kunst, der Musik, der Architektur, des Theaters und des Films, in die narrative Literatur in den Blick. – In *Los pasos perdidos* sind dies Bilder (die Replikengalerie, die inzitierten Werke Goyas, Boschs, Picassos, der Romantik ...), Fotografien (siehe 5.14), Architekturen (von den Gebäuden der Stadt über Bühnenarchitekturen bis zur ›Architektur‹ der Landschaften), Tanz (die Ballett-Truppe und die Tänzerin im Hotel), Filme (der vertonte Werbefilm des Protagonisten), Musik (Filmvertonung, die autochthonen Musiken, die Komposition des Protagonisten ...), Theater (die beschrieben Rituale, das Mysterienspiel, das Theater Ruths).

Nach dem Kriterium der Dominanzbildung lassen sich Werke ohne klare Dominanz (wie etwa das Kunstlied, das Musik und Lyrik verbindet) von solchen unterscheiden, in denen ein Medium gegenüber dem anderen (wie bei der punktuellen Illustration eines Romans) dominant wird. Im Roman wird die Frage der Dominanzbildung u.a. an der Komposition der großen Kantate exemplifiziert.

Nach dem Kriterium der Quantität der intermedialen Bezugnahmen lassen sich partielle, in denen Intermedialität nur Teile eines Werkes betrifft, und totale Bezugnahmen beschreiben, die (wie beim Drama mit Liedeinlagen) das ganze Werk betreffen. – Im Falle von Carpentiers Roman ist von einem Sonderfall der totalen, nämlich einer fortwährenden und wiederholten Bezugnahme zu sprechen, die eben durch die (totalisierende) Häufigkeit der Referenz Bezugnahme selbst als eines seiner Themen und Verfahren freilegt.

Die Frage nach der Genese der intermedialen Bezugnahme identifiziert primäre Intermedialität, die (wie in der Bildgeschichte) von Anfang an Teil des Werkes ist, oder sekundäre, bei der Intermedialität (wie etwa bei einer Romanverfilmung) erst im Nachhinein, oft von anderer Hand entsteht. Hierher gehören neben anderem unter Vorbehalt der Tatsache, dass sie im Roman

26 Vgl. zum Folgenden: Werner Wolf: »Intermedialität«, in: Ansgar Nünning (Hg.), Metzler Lexikon der Literatur- und Kulturtheorie, Stuttgart, Weimar: Verlag J.B. Metzler 2001, S. 284f.

nur thematisiert werden, die vorgeführten Vertonungen der Textbilder des Romans oder die Verfilmung eines Handbuches zur Fischerei.

Die Frage nach der Qualität des intermedialen Bezuges unterscheidet manifeste Intermedialität, bei der die beteiligten Medien als solche mit ihren Signifikanten an der Werkoberfläche unabhängig von einer möglichen Dominanzbildung erhalten und unmittelbar erkennbar bleiben (z.B. bewegte Bilder, ›dramatischer‹ Text und Musik im Tonfilm). Dabei kann die Intensität des intermedialen Bezugs zwischen Kontiguität (wie im Nebeneinander von Musik und Text im Volkslied) oder Synthese (wie in einer Wagneroper) schwanken.

Die signifikatlastige verdeckte/implizite Intermedialität beschreibt eine bestimmte Dominanzbildung, bei der ein nicht-dominantes Medium als Folge eines Medienwechsels im dominanten Medium eines Werkes aufgeht und deshalb auf der Werkoberfläche nicht mehr in jedem Fall erkennbar ist. Im Roman geschieht dies durch die Strukturierung des Gesamttextes nach musikalischen Kompositionsprinzipien – Thema und Variation – oder in der musikalischen Struktur (Fuge, Quodlibet) einzelner Episoden, durch die Partizipation an bildlichen Darstellungskonventionen, deren Figurationen narrativ nachvollzogen werden (das malerische Quodlibet, der Bilderbogen, die ›Bilder‹ der Reiseeindrücke bis zur Bildauflösung durch eine kaleidoskopische Optik), in der Applikation eines fotografischen und eines kartografischen Dispositivs in der Poetik des Textes oder etwa einer kinematografisch strukturierten Beschreibung der Oper.

Eine Form verdeckter Intermedialität ist auch die intermediale Thematisierung, bei der (wie etwa bei der Ekphrasis) unter üblicher Verwendung der Zeichen des einen Mediums auf ein anderes referiert wird. Sowohl über die Figur des Protagonisten als Musikwissenschaftler und Künstler und sein Umfeld als auch über die fortwährende Vorführung, Reflexion und Kommentierung künstlerischer Verfahren – von jenen der Avantgarden bis zur Praxis der einheimischen Bevölkerung – werden andere Medien und Künste und ihre technischen und historischen Bedingungen zum Gegenstand extensiver Thematisierung, die sich unter der Oberfläche der Reisegeschichte als das eigentliche Thema des Romans herausstellt.

Claus Clüver verwendet zur Differenzierung des Arbeitsfeldes die Begriffe *multimedia*, *mixed-media* und *inter-art* Texte.[27] Multimedia-Texte sind solche, deren Bestandteile aus trennbaren und in sich zusammenhängenden Texten in verschiedenen Medien bestehen, wie etwa die Oper als Textvorlage, während jene komplexen Zeichen, die in einem *mixed-media* Text, etwa der Oper als Inszenierung und Aufführung, enthalten sind, (grundsätzlich) außerhalb des Textzusammenhangs »[...] weder kohärent noch selbstgenügsam sind«[28]. Im Fall einer nicht-Trennbarkeit der einzelnen Zeichensysteme könne man auch von »Fusion oder Interaktion«[29] sprechen. *Inter-art* Texte schließlich sind nicht mehr in ihre Bestandteile aufzulösen, ohne dass auch die beteiligten Zeichenkomplexe zerstört werden. – Beispiele für alle drei Formen sind im Text von *Los pasos perdidos* identifizierbar. Deutlich differenziert Clüver Intermedia-Texte und intermediale Texte, die er als »Bezie-

27 Vgl. C. Clüver: »INTER TEXTUS«, S. 25f.

28 Ebd., S. 26.

29 Ebd.

hung zwischen Medien allgemein, [...] als Transformation von Medium zu Medium [und als] Verbindung (Fusion) von Medien«[30] beschreibt. – Auf der thematischen Ebene des Romans werden auch diese Formen von Intermedialität sichtbar.

Monika Schmitz-Emans macht den Versuch, die Forschungslandschaft »[...] in einer Weise zu kartieren, welche die Bewegung auf diesem Feld in geregelte Teilstudien überführen könne«[31],und differenziert zwischen Gruppen von Forschungsthemen und Projekten: (1) Studien zum Vergleich zwischen den Werken der Literatur und anderer Künste, bzw. ästhetischen Praktiken, (2) Studien zu ästhetischen Dokumenten und Prozessen der Kombination verschiedener ästhetischer Darstellungs- und Ausdrucksformen (also zum Beispiel zu surrealistischen Praktiken der Grenzüberschreitung zwischen den Künsten), (3) Studien zur Auseinandersetzung der Literatur mit den Werken und Darstellungsformen anderer Künste, (4) Studien zur Bedeutung der Künste für das Selbstverständnis der Literatur und zur Geschichte einer intermedial argumentierenden Ästhetik, (5) Ansätze zur theoretisch-systematischen Erfassung der verschiedenen Künste und ihrer Trägermedien im Vergleich, (6) Studien zu einzelnen Werken unter der Leitfrage der Signifikanz intermedialer Themen und Strukturen.

Die vorliegende Arbeit zur intermedialen Ästhetik in Carpentiers Roman ist also eine Studie nach Kategorie 6, die auf der Handlungsebene des Romans zusätzlich wie bei einer russischen Puppe seine argumentative Auseinandersetzung mit Medienphänomenen und mit einer intermedialen Poetik aufsucht und dabei – sowohl auf der Handlungs- als auch auf der poetologischen Ebene – ›literarische Studien‹ vorfindet und beschreibt: solche der Kategorien 1: der Vergleich etwa mit einer filmischen Schreibweise oder die implizite Vorführung unterschiedlicher Ästhetiken im Theater und im Film, 2: die Vorführung und Applikation entkontextualisierender, avantgardistischer oder surrealistischer Verfahren, 4: die Medienarchäologie des Textes und 5: die Vorführung unterschiedlicher Künste und die explizite Problematisierung ihrer Trägermedien. Indirekt erweist sich der Roman selbst damit auch als eine literarische Studie der Kategorie 3: Indem er sich als literarischer Text mit Werken und Darstellungsformen anderer Künste auseinandersetzt, behauptet er implizit deren Darstellbarkeit im Medium der literarischen Sprache und wird damit gewissermaßen zu einem Paragonetext, der die Darstellungskompetenz des eigenen Mediums – der Sprache – reflektiert.

Damit ist implizit noch einmal die Frage aufgeworfen, inwiefern bei einem narrativen Text von Intermedialität die Rede sein kann: Sie wird nicht einhellig beantwortet: Für Mookyu Kim ist die Unterscheidung zwischen einer intertextuellen und einer intermedialen Perspektive maßgeblich, die er dahingehend trifft, dass die (metaphorischen) Darstellungen von Artefakten anderer Künste nicht als intermedial begriffen, sondern als Phänomen der Intertextualität beurteilt werden.[32] Auch Franziska Mosthaf unterscheidet in ihrer Studie zu Formen und Verarbeitung von Malerei im Roman entspre-

30 Ebd., S. 30.

31 M. Schmitz-Emans, »Literaturwissenschaft und Intermedialität«, S. 105; siehe zur folgenden Darstellung: ebd., S. 105f.

32 Vgl. M. Kim: Mediale Konfigurationen, S. 10; vgl. ebd., S. 5.

chend[33]: Neben der Adaption als diachroner und der Synthese als synchroner Form der Intermedialität nennt sie als dritte Form den

»[...] Kontakt zwischen zwei Medien, der sich auf der kontaktgebenden Ebene metaphorisch vollzieht. Dies bedeutet, daß bestimmte Aspekte eines Mediums (beispielsweise der Malerei) in einem anderen Medium (beispielsweise der Literatur) mit dessen spezifischen Mitteln evoziert werden können aufgrund einer konzeptuellen Überschneidung zwischen Aspekten der beiden Medien. [...] Es findet also kein gemeinsames Auftreten von mehreren Medien statt, sondern es werden Bedeutungspotentiale des kontaktgebenden Mediums durch implizite oder explizite Rekurrenzen auf dessen typische formale und/ oder inhaltliche Eigenschaften evoziert.«[34]

Mosthaf spricht explizit von metaphorischer Intermedialität, um den narrativen Bezug auf Werke und Verfahrensweisen anderer Künste zu beschreiben. Ausnahmen (also gemeinsames Auftreten verschiedener Medien), die als Intermedialität bezeichnet werden, liegen demnach nur vor, wenn, wie beispielsweise teilweise im Rhythmus von Sprache und Musik, Überschneidungen der Zeichensysteme der beiden betroffenen Medien vorhanden sind. Gerhard Wild verwendet in seiner Studie zu Carpentiers Werken den Begriff fiktive Intermedialität, um eine referentielle Schreibweise zu bezeichnen, der selbst keine Qualitäten anderer Medien mehr »anhaften«[35].

Herlinghaus definiert, in Abgrenzung vom Begriff der Transmedialität (medienneutrale Analogien) Intermedialität als Kategorie narrativer Texte, die als Suchbegriff jene Verfahren und Diskurspraktiken bezeichnet, die »[...] ohne die vermeintlichen Grenzen eines Mediums zu überschreiten, die ästhetisch und funktional relevante Assimilation von Strukturcodes und narrativen Mustern oder Einheiten anderer Medien beziehungsweise medialer Praktiken«[36] beschreibe. Explizit nennt er als Beispiele etwa die Verarbeitung melodramatischer Komponenten in einem Roman oder die Sensibilität des Schriftstellers gegenüber fremdmedial wirksamen Strukturelementen. Eine weit gefasste Verwendung des Begriffes Intermedialität für narrative Texte scheint methodologisch sinnvoll. Sie abzulehnen, bringt den Nachteil mit sich, die speziellen medialen und formalästhetischen Darstellungsweisen der dargestellten fremdmedialen Werke und damit die Beziehung und Brüche zwischen *discours* und *histoire* (*emplotment* und *plot*, *form* und *content of the form*) nicht angemessen zu erfassen, für die im Konzept der Intertextualität kein ausreichendes Instrumentarium zur Verfügung steht. Auch Wolf Gerhard Schmidt und Thorsten Valk haben eindringlich gemahnt, »[...] die naive Annahme [zu revidieren], verschiedenartige Kunstgattungen seien wechsel-

33 Vgl. F. Mosthaf: Metaphorische Intermedialität, S. 18ff.

34 Ebd., S. 7.

35 Vgl. Gerhard Wild: Paraphrasen der Alten Welt. Interkulturelle Ästhetik im Werk Alejo Carpentiers (= Siegener Forschungen zur romanischen Literaturwissenschaft 17), Tübingen: Stauffenburg Verlag 2004, S. 178.

36 H. Herlinghaus, Intermedialität als Erzählerfahrung, S. 19; ebd.: »Unter Transmedialität verstehen wir jene Prozeduren und Wechselwirkungen, die mit einem medialen Gestalt- und Funktionswechsel verbunden sind, das heißt die Transformation von Diskursen eines Mediums in Bilder oder Texte eines anderen: Literaturverfilmungen, ›Verbuchung‹ von Filmen und Hörspielen[...].«

seitig transkribierbar ohne hierdurch ihre Sinnstruktur grundlegend zu verändern«[37]. Sinnvoller erscheint es also, solche differenzierten Beschreibungskriterien für Medientransfers und Intermedialität in narrativen Texten im Rahmen eines Intermedialitätskonzeptes selbst zu entwickeln.

Irina Rajewsky unterscheidet plausibel zwischen intermedialen Bezügen (etwa eines literarischen Textes auf ein Gemälde oder einen Film), Medienwechsel (Literaturverfilmung, Handlungsballett) und Medienkombinationen (Fotoroman, Film Oper).[38] Intermediale Bezüge beschreiben nach ihrer Definition ein

»[...] Verfahren der Bedeutungskonstitution eines medialen Produkts durch Bezugnahme auf ein Produkt (= Einzelreferenz) oder das semiotische System (= Sytemreferenz) eines konventionell als distinkt wahrgenommenen Mediums mit den dem kontaktnehmenden Medium eigenen Mitteln; nur letzteres ist materiell präsent. Bezug genommen werden kann auf das fremdmediale System als solches oder aber auf ein (oder mehrere) Subsystem desselben, wobei letzteres per definitionem auch ersteres impliziert. Z.B. Bezüge eines literarischen Textes auf einen bestimmten Film, ein filmisches Genre oder auf den Film qua System; entsprechende Bezüge eines Films auf die Malerei, eines Gemäldes auf die Literatur usw.«[39]

Diese Untersuchung folgt der Konzeptualisierung der literaturzentrierten Intermedialitätsforschung Werner Wolfs, der in seiner Systematisierung den Begriff Intermedialität im engeren Sinn für narrative Werke verwendet.[40] Thematisierung mit den Referenz- und Denotationsmitteln des eigenen Mediums bezeichnet er als explizite Referenz auf ein anderes Medium, die Imitation als implizite Referenz. Dabei bleibe das ikonisch-imitative Auftreten stets Suggestion, da das Fremdmedium nie wirklich präsent werden könne. Als Beispiele nennt Wolf literarisch inspirierte Programmmusik, die Malerei, die – auch wenn sie musikähnliche Strukturen aufweise – Malerei bleibe. »Wie bei der intermedialen Transposition spielt auch bei der Imitation ein ›Übersetzungsvorgang‹ eine Rolle. Die Objekte der Übersetzung differieren jedoch. Bei der intermedialen Imitation sind dies stets in erster Linie die ›Signifikanten‹ des Primärmediums.«[41] Dabei insistiert Wolf auf der Bedeutung und Leistungsfähigkeit einer literaturzentrierten Intermedialität und ihrer »[...] Beleuchtung von intermedialen ›Thematisierungen‹ im Text«[42].

37 Wolf Gerhard Schmidt/Thorsten Valk: »Vorwort«, in: dies. (Hg.), Literatur intermedial. Paradigmenbildung zwischen 1918 und 1968 (= spectrum Literaturwissenschaft 19), Berlin/New York: Walter de Gruyter 2009, S. 1.

38 I. Rajewsky: Intermedialität, S. 19.

39 Ebd.

40 Vgl. W. Wolf, »Intermedialität«, S. 178: Werkübergreifend erschließbare Intermedialität: Transmedialität, Intermediale Transposition; Werkinterne nachweisbare Intermedialität: Intermediale Referenz (implizit, explizit), Plurimedialität (Medienmischung, Medienkombination).

41 Ebd., S. 176.

42 Ebd., S. 182.

2.3 Funktionen

Die konkrete Analyse dieser Arbeit lässt es sinnvoll erscheinen, an dieser Stelle drei weitere Fragen anzusprechen: Die erste fragt nach der Funktion intermedialer Kontaktnahmen im Text: Wolf nennt unter anderem zunächst die Wiedergewinnung eines (in der Antike) angenommen Idealzustandes der Einheit der Künste, das ästhetische Vergnügen, das intermediales Schreiben dem kenntnisreichen Leser durch die Dechiffrierung der Anspielungen auf andere Künste bereitet, die Nobilitierung von Texten durch die Bezugnahme auf anerkannte Werke der anderen Künste, den heteroreferentiellen Beitrag zur Referenzbildung, und schließlich die Aspekte der Selbstreferenz und Metareferenz intermedialen Schreibens, die zu erhöhter Reflexivität in Bezug auf das eigenen Verfahren genutzt werden können.[43] Für eine kulturhistorisch ausgerichtete Literaturwissenschaft sieht er vor allem im Konzept der Transmedialität ein Instrument der Überprüfung der Merkmale von Epochen und ästhetischen Bewegungen, wie z.B. das in allen Künsten auftretende Phänomen des »[...] Abgehen[s] von der traditionellen Mimesis im Modernismus oder die Tendenz zur Selbstreflexivität im Postmodernismus«[44] sowie die Möglichkeit das ›Wandern‹ von Stoffen mediendiskursiv zu untersuchen. Besonders fruchtbar erscheint Wolf die Analyse des Phänomens der Narrativität, das nicht nur in verbalen Medien (von der Literatur über die Geschichtsschreibung bis zur Biografie) sondern auch in der bildenden Kunst (vom Comic-Strip über Bilderserien bis zum Einzelbild) oder in der Musik (von der Literatur-Oper über Programm-Musik bis zur Semantisierung von nicht-referentieller Musik) nachzuweisen ist und sowohl der Literaturwissenschaft als auch den Kunst- und Musikwissenschaften entscheidende Impulse zu geben vermag.

Auch Thomas Eicher betont diesen reflexiven Aspekt intermedialen Schreibens: »Der Text verleibt sich [...] auf diesem Weg ein fremdes Medium ein und macht es zugleich zum comparandum der eigenen sprachlichen Bildlichkeit.«[45] Darüber hinaus weist Eicher darauf hin, dass »[...] in den ohnehin durch eine Vervielfachung des Sinnes gekennzeichneten Texten der Moderne und Postmoderne [...] der Rückgriff auf textferne Bedeutungspotentiale zu einer noch gesteigerten Polysemie des Textes«[46] führe.

Abgesehen von der forcierten Bildlichkeit in *Los pasos perdidos*, die zunächst im Dienst einer referenzbildenden Hypotypose steht und dazu beiträgt, die Konstitution imaginärer Räume zu intensivieren, zu lenken oder auf konstruktive Weise zu stören, erlangt sie im Roman autoreferentielle Funktion: Sie ermöglicht die implizite Reflexion des Textes über seine eigenen Bedingungen, Schreibweisen und über, wie Schmitz-Emans für solche Texte gene-

43 Vgl. W. Wolf: »Intermedialität«, S. 183f.

44 Ebd., S 179.

45 T. Eicher: »Intermedialität«, S. 15; siehe auch: ebd., S. 20: »[... in] einer Vereinnahmung der bildenden Kunst als Metapher poetischer Selbstreflexion, als Objekt expliziter Vergleiche oder Abgrenzungsversuche läßt sich eine Affinität erkennen, die die Bilder als ›Hauptreferenz für die poetologische Bestimmung des literarischen Phänomens‹ an sich prädestiniert.«

46 Ebd., S. 15.

rell beschrieben hat, seine »Beziehungen zu gegenwärtiger, zukünftiger und erinnerter Wirklichkeit«[47], deren Modellierung er vorführt. Darüber hinaus steht sie metareferentiell im Dienst einer Medienarchäologie, die nicht nur die mediale Bedingtheit von Wahrnehmung verhandelt, sondern auch in der Lage ist, historische oder regionale Leitmedien zu identifizieren und die wechselseitige Einflussnahme der Medien als Prozess darzustellen.[48] Damit können auch habitualisierte Wahrnehmungsformen auf ihre Entstehungsbedingungen zurückgeführt und als historisch variabel gezeigt werden. Die Bedeutung einer solchen Archäologie liegt darüber hinaus auch darin, dass sie, wie Schmitz-Emans festgestellt hat, »[...] auf die Literatur zurückverweist, die an der Mediengeschichte die Geschichte der Literatur selbst und ihre Ästhetik reflektiert und im Spiegel der anderen Medien und deren Historizität eine Selbstinterpretation vornimmt«[49].

Eine solche Sichtweise ermöglicht einerseits die Lektüre der Carpentier'schen Beschreibung eines (Reise-)Abenteuers als Darstellung des Abenteuers des Schreibens selbst, andererseits kann sie seine medientheoretischen Implikationen in den Blick bringen. Albert Kümmel hat zu einer Untersuchung der Geschichte der Medien vorgeschlagen, statt der Darstellung ihrer Technik und der technischen Veränderungen die Veränderungen der Mediendiskurse zu fokussieren, also

> »[...] anstelle technischer Erfindungen die Diskurse zu untersuchen, die aus bloßen Ereignissen der Technik solche der Kultur machen. [...] Mediengeschichte ist insofern ein Ergebnis von Mediendiskursen, die technische Innovationen anhand von wiederkehrenden Mustern als kulturell folgen- und damit erfolgreiche Ergebnisse etablieren.«[50]

---

47 M. Schmitz-Emans: »Literaturwissenschaft und Intermedialität«, S. 112; – vgl. auch dies.: »Optische Künste und Simulacren. Die Poetisierung optischer Reproduktionstechniken in Erzählungen über künstliche Menschenschöpfungen«, in: Sabine Haupt/Ulrich Stadler (Hg.), Das Unsichtbare sehen. Bildzauber, optische Medien und Literatur, Wien, New York: Springer Verlag 2006; S. 213-234, hier S. 214: »Durch den Rekurs auf das jeweils andere ästhetische Medium und die Bespiegelung entsprechender Darstellungsprozesse ist es möglich, zugleich mit dem Dargestellten selbst die Darstellung als solche zu fokussieren und insofern eine Beobachtung zweiter Ordnung zu vollziehen.«

48 Vgl. auch Ann Kathrin Reulecke: Geschriebene Bilder. Zum Kunst- und Mediendiskurs in der Gegenwartsliteratur, München: Fink 2002; S. 19: »Damit ist die gegenwärtige Auseinandersetzung der Literatur mit der bildenden Kunst als Bestandteil der Aufarbeitung von Mediengeschichte anzusehen. Anders gesagt: In [Texten] werden – gleichsam archäologisch – die einzelnen Schichten der Vorgeschichte der neuen Medien abgetragen. Diese rückwärtsgewandte Perspektive bietet sich auch deshalb an, da die neuen Medien dazu neigen, ihre eigenen Repräsentationsproblematiken zu verschleiern.«

49 Vgl. M. Schmitz-Emans: »Literaturwissenschaft und Intermedialität«, S. 11.

50 Albert Kümmel/Leander Scholz/Eckhard Schumacher (Hg.), Einführung in die Geschichte der Medien (= UTB 2488), Paderborn: Wilhelm Fink Verlag 2004, S. 7. Siehe zur Geschichte der Medien und Mediendiskurse auch Martin Andree: Archäologie der Medienwirkung. Faszinationstypen von der Antike bis heute. (Simulation, Spannung, Fiktionalität, Authentizität, Unmittelbarkeit, Geheimnis, Ursprung), München: Wilhelm

Er ordnet solche Diskurse in sechs Untersuchungsfelder: Selektion (die Fähigkeit zur Organisation von Daten), Partizipation (die Erweiterung des Nutzerkreises, Inklusions- und Exklusionsmechanismen), Externalisierung (die Auslagerung der Fähigkeiten menschlicher Sinnesorgane), Wissensordnung (Darstellungen und Umstrukturierung von Wissen), Speicherung (die Erweiterungen und Begrenzungen der Möglichkeiten des kulturellen Gedächtnisses, die Dauerhaftigkeit der Speicher) und schließlich Präsenz und Aktualität (das Versprechen, näher an der räumlichen und zeitlichen Aktualität seiner Nutzer zu sein).[51]

Diese Kategorien sind geeignet, die referierten oder inszenierten medientheoretischen Argumente des Romans zu erfassen: Unter anderem in den Metaphern der Überflutung und Überschwemmung (durch die massenhaft verbreiteten Fotos (5.9, 5.13), durch die exzessive Lektüre von Büchern oder die Suche nach Aufschreibemöglichkeiten (etwa für Threnodie, 7.9) lässt sich eine Reflexion des Selektionsaspektes ausmachen. Die dargestellten Wissensordnungen von Mouches astrologischen Bildern (5.4) bis zu Formen der Informationsvisualisierung wie den anatomischen Tafeln in der Großstadt-Bar (5.5) oder dem Klassifikationssystem des Organografischen Instituts, sowie die im Reiseverlauf dargestellten epistemischen Brüche thematisieren Argumente des Aspektes Wissensordnungen. In einer impliziten Medienarchäologie findet sich das Themenfeld Präsenz und Aktualität nicht nur im Spannungsfeld von (dauerhaften) Urwaldgerüchten, aktuellen Zeitungsmeldungen und enzyklopädischem Wissen, sondern auch in der Hinfälligkeit des Materials Papier im Urwald (6.9) oder im Überdauern prähistorischer Felszeichnungen (7.2) angesprochen. Über die Darstellung von Medienkompetenz, den Umgang mit Büchern, der Differenz zwischen Musik als Aufführungspraxis und im Modus der Notation wird Medienpartizipation verhandelt. Besondere Bedeutung erfahren – auf der thematischen Ebene des Romans – der Speicherungsaspekt der Medien in der Vorführung unterschiedlicher Modi des kulturellen Gedächtnisses (etwa 6.10) und – auf der poetologischen – jener der Externalisierung: Die Darstellung der medienbedingten Erweiterung der menschlichen Sinnesorgane ermöglicht durch die Häufung der vorgeführten und im Text genutzten medialen Dispositive nicht nur deren auf der Handlungsebene thematisierten Potentiale als die Überbietung menschlicher Fähigkeiten, sondern, insofern als sie ihrerseits das Erzählpotential des Ich-Erzählers selbst überbieten, einen pseudoauktorialen Effekt zu beschreiben, der durch die Insinuation polymedialer Perspektivierung seinen Bericht affirmiert

Fink Verlag 2005; – Christa Karpenstein-Eßbach,: Einführung in die Kulturwissenschaft der Medien (= UTB2489), Paderborn: Wilhelm Fink Verlag 2004; – Daniela Kloock/Angela Spahr. Medientheorien. Eine Einführung (= UTB 1986), Paderborn: Wilhelm Fink 2000.

51 Vgl. ebd. S. 8f.

2.4 Differenz

Die zweite im Zusammenhang dieser Studie zu stellende Frage betrifft jenen Aspekt intermedialen Schreibens, aus dem sich diese Funktionen ergeben: Der Hinweis von Schmitz-Emans darauf, dass »[...] die einzelnen Künste und ästhetischen Medien einander wechselseitig als Bildspender«[52] dienen, und ihr Verweis auf die Reflexion der Literatur im Spiegel anderer Medien markiert die Betonung der Differenz zwischen den Medien als wichtiges Element der Debatte.[53]

Irina Rajewsky bezeichnet, diese Differenz betonend, denn auch intermediale Bezüge nicht als Transformationen, in denen ein Medium in ein anderes einbezogen werde, sondern »[...] im Gegenteil [als] den *Rück-Bezug* (Herv. i.O.) eines Textes auf ein vorfindliches [...] Produkt oder das System eines anderen Mediums, und zwar im Sinne eines bedeutungskonstituierenden Aktes. Das andere mediale Produkt oder System wird so zur Differentiale einer intermedialen Lektüre [...].«[54] Auch Kirsten Dickhaut warnt – aus der Sicht der Fragestellungen des Konzeptes kultureller Erinnerung – vor der Aufgabe dieser Differenz zugunsten einer Erweiterung des Textbegriffes, der die Mediendifferenz zugunsten »[...] einer tendenziell eindimensionalen ästhetischen (Text)Idee«[55] aufgibt, und moniert unter Hinweis auf den Paragonediskurs die Notwendigkeit der Berücksichtigung der Medienkonkurrenz.

»Man könnte sogar noch einen Schritt weiter gehen und das Miteinander und Gegeneinander der symbolischen Artefakte als dialektisch begreifen: Denn im Akt der Kombination wird grundsätzlich immer auch der agonale Vergleich mitreflektiert – keine Medienkombination und kein Medienwechsel ohne die Präsenz des Paragone, des Wettstreits der Medien um die Macht des Diskurses. Dies gilt nicht nur für Text-Bild-Verhältnisse, sondern für Medien allgemein.«[56]

Im Sinne des Foucault'schen *la penseée du dehors*, also eines Denkens des Außen und der Grenzbereiche, werde nur dadurch der diskursive Zusammenhang der Medien sichtbar. Dies gelte besonders für das Feld der Intermedialität,

»[...] weil hier Grenzphänomene der eigenen Gattung und des Medialen thematisiert und sinnstiftend wirksam werden. Die in der Diskursarchäologie fokussierten Aus-

52 Vgl. M. Schmitz-Emans: »Literaturwissenschaft und Intermedialität«, S. 111.

53 Vgl. M. Schmitz-Emans, »Optische Künste«, S. 223: »Es gibt kein ästhetisches Medium ›an sich‹. Was immer als eine spezifische Kunstform gilt, ist eine Funktion komplexer Ausdifferenzierungen gegenüber anderen Formen und Medien, und was immer man den einzelnen ästhetischen Medien als Spezifika und Funktionen zuschreibt, ist gleichermaßen Produkt entsprechender Differenzierungsprozesse und wechselseitiger Bespiegelungen. Die Künste und ihre technischen Medien modellieren sich wechselseitig.«

54 I. Rajewsky, Intermedialität, S. 62.

55 K. Dickhaut: Intermedialität, S. 204.

56 Ebd., S. 204.

schließungsmechanismen sind solche Prozeduren, die in der Medienkonkurrenz um die Tradierung des ›kulturellen Gedächtnisses‹ besonders virulent werden.«[57]

Dem ist zuzustimmen. Ähnlich argumentiert auch Vittoria Borsò in ihrem Aufsatz zu Film und Intermedialität im Werk Buñuels, indem sie unter Bezugnahme auf die Symbolisierungsweise des Filmes den agonalen Aspekt der Künste und Medien als heuristische Kategorie identifiziert:

»Die kinematographische Kunst lebt aus einer [...] Instabilität des bewegten Bildes, die durch das interstitium zwischen Bildern sowie zwischen verschiedenen medialen Möglichkeiten vervielfacht werden kann. Unter dieser Perspektive scheint es mir sinnvoll, mit Intermedialität nach den Spannungsmöglichkeiten zwischen Gattungskonventionen sowie Medienkonventionen und -diskursen zu fragen, die den Blick für die Prozesse und den Augenblick schärfen, in dem das Sichtbare zur Spur unsichtbarer, verschwundener ›mentaler‹ Objekte wird. Diese sind zwar weder analysierbar noch benennbar, doch sind die Spuren beschreibbar, die sich im Widerstreit, Konflikt oder Paradoxon des Sichtbaren und Sagbaren manifestieren.«[58]

Auch Volker Roloff akzentuiert in seiner Würdigung des Surrealismus als »[...] Paradigma der Medienumbrüche des 20. Jahrhunderts und der Entwicklung neuer Konzepte der Intermedialität und Hybridisierung«[59] dessen Verfahren der Collage, des Zerbrechens und der Formauflösung und seine Programmatik als *ars combinatoria*, das Spiel zwischen den Medien, das die Bruchstellen zwischen den Medien aufsucht, um »[...] von daher die etablierten Institutionen der Kunst und Gesellschaft in Frage zu stellen und so neue Zwischenräume und Passagen zu entdecken.«[60] Er stellt fest:

»In der Geschichte der Medien und Künste sind die Versuche, die synästhetische Wahrnehmung zu harmonisieren und im Sinne der Idee eines ›Gesamtkunstwerks‹ zu idealisieren, künstlerisch weniger eindrucksvoll als die ständigen Versuche, die Grenzen der Sinne aufzuzeigen, die Ohnmacht der einzelnen Sinne, sei es die Vergeblichkeit des Redens und Schreibens wie die Unmöglichkeit, das zu sehen, was man zu sehen wünscht.«[61] »Dass die vom Menschen geschaffenen medialen Wahrnehmungsformen auf die natürliche Wahrnehmungsfähigkeit, Sinnlichkeit und Körpersprache des Menschen zurückwirken, gilt seit Benjamin und McLuhan als medienästhetischer

57 Ebd., S. 214.

58 Vittoria Borsò: »Luis Buñuel: Film, Intermedialität und Moderne«, in: Ursula Link-Heer/Volker Roloff, (Hg.), Luis Buñuel. Film – Literatur – Intermedialität, Darmstadt: Wissenschaftliche Buchgesellschaft 1994, S. 159-179, hier S. 172.

59 V. Roloff: »Surrealismus, Medienästhetik«, S. 13.

60 Ebd., S. 14; vgl. auch ebd., S. 23: »Wenn man unter Intermedialität die Wechselbeziehungen zwischen den Medien und Künsten, die Transformationsprozesse zwischen Bild, Ton und Text versteht und damit die Zwischenräume, Brüche und Passagen zwischen den Medien und Künsten betont, so kann man Traumfantasie und Schaulust geradezu als Modell für die Analyse intermedialer Prozesse ansehen. So sind Schaulust, Redelust, die Sinne des Sehens, Hörens und Fühlens nicht zu trennen, jeder einzelne Sinn wird erst durch das Zusammenspiel aller Sinne deutlich und abgrenzbar, durch die synästhetische Korrespondenz und Kombinatorik.«

61 Ebd., S. 24.

Leitgedanke; um so wichtiger wird damit die Frage, wie weit die neuen Wahrnehmungsformen anthropologische Residuen aufnehmen, verändern oder umstrukturieren. [...] Das Maß der Veränderungen ist nur in dem Zwischenraum, der Spannung und den Wechselbeziehungen zwischen kulturellen Traditionen und anthropologischen Konstanten erkennbar, zwischen dem [...] Medialen und Imaginären.«[62]

In auffallender Weise tauchen, trotz seiner Poetik der Überschreibung und Verdichtung, Phänomene und Bilder des Agonalen, der Passagen und Zwischenräume und der Differenz in Carpentiers Roman auf. Sie werden in der Analyse identifiziert und beschrieben (siehe vor allem 5.12, 5.13, 6.5, 6.9, 7.3, 7.10). Sind sie einerseits als Metaphern lesbar, die die Uneinholbarkeit einer vorgängigen Wirklichkeit und das ›Drama der Repräsentation‹ zum Ausdruck bringen, lassen sie sich andererseits auch auf die Poetik des Textes beziehen und bebildern hier unmetaphorisch ein Denken des *Dazwischen*, das die Grenzen medialer Symbolisierung und des Schreibens selbst als Medienreflexion und -archäologie nutzt. Darüber hinaus wird in der Threnodie, dem auf der Handlungsebene des Romans anvisierten intermedialen Kunstwerk, eine Poetik des Widerstreits sichtbar, die über die wechselseitige Befragung der Künste hinausgehend ihre Inspiration und ästhetische Produktivität aus der agonalen Spannung bezieht und das Kunstwerk aus dem Raum der Differenz selbst (in diesem Fall der Differenz zwischen Sprache und Musik) generiert.

2.5 Intermediale Markierung

Wenn man davon ausgeht, dass im narrativen Text intermediale Bezüge in Gestalt impliziter Intermedialität realisiert werden, stellt sich das Problem ihrer Nachweisbarkeit, also als dritte Frage jene dach intermedialen Markierungen, vor allem dann, wenn der Bezug nicht auf der thematischen Aufnahme, sondern in der Inszenierung oder Imitation eines fremden Mediums besteht, d.h. im Versuch, in einem Medium – oft bis an die Grenzen seiner Möglichkeiten – ein anderes Medium unter ikonischer statt referentieller Zeichenverwendung nachzuahmen, etwa die Bilder des Textes nach bildnerischen Blickführungsstrategien zu strukturieren oder ihn durch musikalische Kompositionsverfahren der Musik anzunähern.

Zur Erkennbarkeit dieser Intermedialität bedarf es bestimmter Lektürehilfen, paratextueller Hinweise, Werktitel, onomastischer Referenzen, Bildunterschriften, also eines Sets von Markierungen, die Identifikation erlauben. Jörg Helbig hat in seiner Studie zu Intertextualität und Markierung auf das Leistungspotential einer systematischen Beschreibung von Markierungsverfahren hingewiesen. Seine Argumente können auch für den Bereich der Intermedialität gelten:

»Im engeren Sinn stellt eine Markierungstheorie ein heuristisches Hilfsmittel der Textdeskription und -analyse bereit, darüber hinaus liefert sie aber vor allem einen wichtigen Baustein für eine übergreifende Theorie- und Modellbildung intertextueller Schreibweisen. Eine Markierungstheorie bildet daher eine entscheidende Voraussetzung für das Erreichen der Fernziele einer Grammatik und einer Geschichte der

62 Ebd., S. 18.

Intertextualität und gewinnt daher maßgebliche Bedeutung für eine genauere Beschreibung und Binnendifferenzierung des Intertextualitätsbegriffs.«[63]

Die Intermedialitätsforschung hat, wie Mosthaf feststellt, die Frage bislang nicht in ausreichendem Maß behandelt.[64] Auch Werner Wolf zählt die »[...] in den *interart* studies weitgehend vernachlässigte Frage nach der Nachweisbarkeit von Intermedialität in der Literatur [...] zu den vordringlichen Aufgabengebieten künftiger literaturwissenschaftlicher Intermedialität«[65]. Denkbar ist ein Modell analog zur Markierung intertextueller Bezüge, auf das auch Thomas Eicher – unter Vorbehalt – verwiesen hat:[66] Nullstufe, Reduktionsstufe, Vollstufe, Potenzierungsstufe, Selektivität, Dialogizität. Dabei stellt sich die Frage, inwiefern ein dem Bereich der Intertextualität entlehntes Modell medialen Spezifika ausreichend gerecht werden kann. Etwa kann, wie Mosthaf feststellt, das Fremdmedium nicht völlig homogen unmarkiert verarbeitet werden, da die Übersetzung in das sprachliche Zeichensystem bereits als Markierung funktioniere. Rajewsky sucht die Gründe für die Vernachlässigung eines intermedialen Markierungsmodells in der »[...] Herleitung aus einer weitgefassten Intertextualität [...]; denn die Frage nach Möglichkeiten der Nachweisbarkeit löse sich in diesem Falle ganz von selbst [auf]«[67]. In einem spezifisch auf Intermedialität hin ausgerichteten systemtheoretischen Modell[68] unterscheidet Rajewsky verschiedene Formen der Markierung als Kategorien von Systemreferenz und Einzelreferenz, Systemerwähnung über Imitation, Evokation, Reproduktion, evozierende und stimulierende Systemerwähnung, und Systemkotamination. Helbig hat auf Funktion der Markierung für rezeptionsästhetische Fragestellungen hingewiesen und festgestellt, dass

»[...] [d]ie systematische Durchleuchtung [von] Markierungsverfahren in literarischen Texten einen weiteren Analysespielraum [eröffne]. Insbesondere ermöglicht sie fundiert Rückschlüsse auf intendierte Leserrollen (die nicht zuletzt über Markierungsstrategien definiert werden) und mithin auf eine spezifizierte Lesertypologie [...].«[69]

63 Jörg Helbig: Intertextualität und Markierung. Untersuchungen zur Systematik und Funktion der Signalisierung von Intertextualität (= Beiträge zur neueren Literaturgeschichte, Folge 3, Band 141), Heidelberg: Universitätsverlag C. Winter 1996, S. 17; - vgl. Ulrich Broich/Manfred Pfister (Hg.), Intertextualität. Formen, Funktionen, anglistische Fallstudien (= Konzepte der Sprach- und Literaturwissenschaft 35), Tübingen: Niemeyer 1985; S. 15.

64 F. Mosthaf: Metaphorische Intermedialität, S. 71.

65 Werner Wolf: »Intermedialität als neues Paradigma der Literaturwissenschaft? Plädoyer für eine literaturzentrierte Erforschung von Grenzüberschreitungen zwischen Wortkunst und anderen Medien am Beispiel von Virginia Woolfs The String Quartett«, in: Arbeiten aus Anglistik und Amerikanistik 21, Tübingen: Gunter Narr Verlag 1996, S. 85-116, hier S. 92.

66 T. Eicher: »Intermedialität«, S. 25f.

67 I. Rajewsky: Intermedialität, S. 55.

68 Ebd., S. 65-178.

69 J. Helbig: Markierung, S. 12.

Schon der Aspekt der *konventionell distinkten Wahrnehmung als Medium* in Clüvers Intermedialitätsdefinition stellt implizit auf den Rezipienten ab. Sie ist, wie Marci-Boehncke feststellt, als »[...] Konventionalität einer Medienwahrnehmung [...] zum einen eine Funktion der verallgemeinerten Medienerfahrung. [...] Zum anderen ist [sie] eine Funktion der Medienentwicklung und mithin sozial abhängig.«[70]

Da Rezeption und Sinnkonstitution, die Fähigkeit, mediale Besonderheiten und intertextuelle und intermediale Referenzen zu erkennen, auf Allgemeinwissen, Erwartungshorizont, Kontextwissen und intermedialer Kompetenz beruhen, ist, wie auch bei intertextuellen Bezügen, der rezeptionsästhetische Aspekt[71] zu berücksichtigen, der in dieser Arbeit nach dem Modell Ecos (*Lector in fabula*) appliziert wird, das im Zusammenwirken von *Umfeldern der Aussage*, *Extensionen in Parenthese*, diskursiven und erzählerischen Strukturen und *inferentiellen Spaziergängen*[72] vor allem auf die *Enzyklopädie* des Lesers rekurriert, die dessen intertextuelle und intermediale Kompetenzen und Erfahrungen an und aus anderen Texten bereitstellt. Darüber hinaus verdeutlicht es über das Konzept *aktantieller* und *ideologischer* Strukturen das Funktionieren unterschiedlicher Text- und Dispositionsebenen, die eine Differenzierung nicht nur zwischen Handlungsebene und Poetik von *Los pasos perdidos* ermöglichen, sondern auch auf der Ebene der Makropropositionen zur Identifizierung seiner Grundannahmen beitragen. Unter dem Gesichtspunkt, dass der Text, wie Eco beschreibt, »[...] jener Mechanismus [...] ist, der von dem – vom Empfänger eingebrachten – Mehrwert an Sinn lebt«[73], lässt sich auch die auffallend verzögerte Rezeption des Romans (siehe 2.) als Problem der Lektürekompetenz seiner Leser und – für die intermedialen Aspekte des Textes – eines erst Jahrzehnte nach der Veröffentlichung des Romans bereitstehenden Fokussierungs- und Beschreibungsapparates erklären.

70 Vgl. G. Marci-Boehncke: »Intermedialität als perspektivierter Prozess«, S 88.

71 So auch C. Clüver: »INTER TEXTUS«, S. 19.

72 Vgl. Umberto Eco: Lector in fabula (= dtv 4531), München: Deutscher Taschenbuch Verlag 1990.

73 Ebd., S. 63.

3. Der Roman *Los pasos perdidos*

3.1 Entstehung

Der Roman *Los pasos perdidos* erscheint nach zwei ausgedehnten Exkursionen des Autors in den venezolanischen Urwald in den Jahren 1947 und 1948. Alejo Carpentier lebt zu diesem Zeitpunkt, nämlich seit 1945, in Caracas und ist, neben seiner Arbeit für den venezolanischen Rundfunk, auch für die Werbeagentur *Publicidad Ars* und als Kolumnist der Zeitung *El Nacional* tätig. Seit 1946 hat er auch einen Lehrstuhl für Kulturgeschichte an der Schule für Bildende Künste in Caracas inne.

Der 1904 in Kuba geborene Alejo Carpentier, »[...] europäischer Amerikaner« und »Pendler [...] zwischen zwei Welten«[1], wie ihn Michael Rössner genannt hat, ist Sohn eines französischen Architekten und einer russisch-schweizerischen Lehrerin. Er besucht die Schule in Havanna, wo er nach spanischen Lehrplänen unterrichtet wird, gleichzeitig wird er im Elternhaus mit der französischen Kultur und – vor allem durch die Mutter – mit der Musik vertraut gemacht.[2] 1913 führt eine beinahe einjährige Reise die Familie in

1 Michael Rössner: Auf der Suche nach dem verlorenen Paradies. Zum mythischen Bewußtsein in der Literatur des 20. Jahrhunderts (= athenäum monografien, Literaturwissenschaft Bd. 88), Frankfurt am Main: Athenäum Verlag 1988, insbes. Kap. »›Paradise found and lost: Bemerkungen zur Suche nach einer mythischen Welt im Frühwerk Alejo Carpentiers‹, S. 220-243, hier S. 220. Vgl. zu den biografischen Daten auch: Hermann Herlinghaus: Alejo Carpentier (= Schreiben andernorts), München: edition text und kritik 1991; - Hans-Otto Dill: Lateinamerikanische Wunder und kreolische Sensibilität. Der Erzähler und Essayist Alejo Carpentier. Hamburg: Verlag Dr. Kovač, 1993.

2 Vgl. Carpentier, zit. bei H. Herlinghaus: Alejo Carpentier, S. 8: »›Meine Großmutter war eine ausgezeichnete Pianistin, Schülerin von César Franck [...], auch meine Mutter war Pianistin. Mein Vater, der vor Beginn seiner Architektenlaufbahn Musiker werden wollte, hatte bei Pablo Casals Violoncello studiert. Mit elf Jahren spielte ich fließend Piano, Im Alter von zwölf bot ich mit einer gewissen Souveränität Passagen von Bach und Chopin dar.‹ (Habla 15, 16)« Ebd., S. 9f: »Eine Atmosphäre behüteter Einsamkeit, geprägt von den intellektuellen Anforderungen des Vaters, sorgte für ein Ambiente ungewöhnlich reicher Lernerfahrung. Der junge Pianist, den das College ohnehin nicht ausfüllte, ist lieber eine Leseratte. Als frühe literarische Bekanntschaften in der Bibliothek seines Vaters pflegte Carpentier neben Pío Baroja die Romanciers Pérez Galdós, Blasco Ibañez, Emile Zola, Victor Hugo und Anatole France zu erwähnen. [...] Die Notizen, die sich Alejo dabei machte, wuchsen sich zu eigenen erzählerischen Betrachtungen aus. Sein erster Text stellt ein Traktat über die Bedeutung der Wirbelstürme in der Karibik dar, ein Phänomen unbändigen Naturtheaters, das in mehreren seiner Bücher zur Charakterisierung lateinamerikanischer ›Lebenswelt‹ beitragen wird.«

das vorrevolutionäre Russland, nach Österreich, Belgien und Frankreich. In Paris besucht Carpentier für mehrere Monate das Lycée Janson Sailly. Ein 1921 an der Architekturschule von Havanna begonnenes Architekturstudium bricht er ab und widmet sich ab 1922 in Havanna als freier Journalist der Musikwissenschaft und der Literatur. 1923 tritt er dem *grupo minorista* bei, einer Gruppierung von Intellektuellen und Künstlern, die sich als politische und kulturelle Avantgarde versteht. 1924 beginnt er seine Tätigkeit als Kulturjournalist für die Zeitschrift *social* und wird Redaktionsleiter bei *carteles*. Schriftstellerische Arbeiten, Musik-Kompositionen und Ballettlibretti entstehen.

In den folgenden Jahren lernt Carpentier über seine Arbeit, auf Journalistenkongressen und auf Reisen wichtige Vertreter der kubanischen und lateinamerikanischen Kunst kennen: die Maler Diego Rivera und José Clemente Orózco, die Schriftsteller Rubén Martínez Villena, Juan Marinello, Julio Antonio Mella, den Komponisten Amadeo Roldán. Als er sich politisch gegen die 1925 errichtete Diktatur von General Gerardo Machado engagiert, wird Carpentier für mehrere Monate inhaftiert; nach seiner Entlassung, aber noch unter polizeilicher Aufsicht stehend, gelingt ihm 1928 mit Hilfe des französischen Schriftstellers Robert Desnos die Flucht nach Frankreich, wo er die nächsten zehn Jahre verbringt. Hier lernt er Mitglieder der surrealistischen Bewegung, darunter auch Andre Breton, kennen, ebenso Edgard Varèse, Heitor Villa Lobos, Arthur Honegger, Darius Milhaud, Marius François Gaillard und Ernest Hemingway. Carpentier schreibt in französischer Sprache Essays und Beiträge für verschiedene Zeitschriften und verfasst in Zusammenarbeit mit Roldán, Alejandro García Caturla und französischen Musikern Libretti. 1933 wird er Programmdirektor des französischen Rundfunksenders *Poste Parisien*, Mitarbeiter bei Radio Luxemburg und künstlerischer Direktor der Plattenfirma *Foniric*. Der Roman *¡Ecué-Yamba-Ó! Novela Afrocubana* erscheint.

Michael Rössner beschreibt die durch die biografischen Umstände sich ergebende Konfrontation des jungen Autors und Publizisten mit den Strömungen der zeitgenössischen lateinamerikanischen Literatur und den Ideen des Surrealismus – und das sich daraus ergebende Spannungsverhältnis:

»Carpentiers literarische Anfänge im Kuba der 20er Jahre finden in einer literarischen Szenerie statt, die noch von den letzten Ausläufern des Modernismo und einer post-naturalistischen, dem peruanischen Indigenismus entsprechenden Strömung geprägt ist, die der Autor selbst als ›nativismo‹ bezeichnet. Dieser ›nativismo‹ läßt sich einerseits auf die Zolasche Technik der Recherche, andererseits auf das - wie gleichzeitig auch in Europa erwachende - Interesse für die Ethnologie zurückführen, das in Kuba durch die Forschungen des Anthropologen Fernando Ortiz über das afrokubanische Bevölkerungselement angeregt worden war. Ortiz und seine Arbeiten lösen in der Gruppe junger Intellektueller um Carpentier, die zum Teil mit dem ›Grupo Minorista‹ identisch ist, eine Begeisterung für ›den Neger‹ aus. [...] ›So wurde die afrokubanische Tendenz geboren‹«.[3]

Die Begegnung Carpentiers mit der Gruppe der Surrealisten während seiner Jahre in Frankreich führt zu mehreren Versuchen surrealistischer Texte in

3 M. Rössner: Verlorenes Paradies, S. 220f.

französischer Sprache und der Umarbeitung älterer Texte. Daneben »[...] führt [Carpentier] offenbar nahtlos die ›nativistische‹ Linie weiter, was sich nur dadurch erklären läßt, daß sie in Europa aber nicht als regionalistisch empfunden wurde, sondern gewissen exotischen Tendenzen der Avantgarde entgegenkam.«[4] Trotz seines anfänglichen Interesses (er bezeichnet den Surrealismus als eine Bewegung *en la extrema avanzada*) wird Carpentier zunehmend kritisch. Er zieht sich aus der Pariser Szene zurück und beginnt, sich mit Geschichte und Kultur Amerikas zu beschäftigen.[5] Trotz seiner abschätzigen Beurteilung des späten Surrealismus als *»burocracia de lo insólito«* (Bürokratie des Außergewöhnlichen)[6], dessen zunehmende Erstarrung im Klischee des Wunderbaren er kritisiert, konzediert Carpentier, dass ihm gerade der Surrealismus für das Besondere Lateinamerikas die Augen geöffnet habe: »›Der Surrealismus half uns, unsere Welt kennenzulernen, sie vorzuzeigen, das heißt, sie wieder universell zu machen.‹«[7]

1939 kehrt Carpentier nach Kuba zurück, arbeitet hier für den Rundfunk und die Presse und veröffentlicht Erzählungen und Romane. Während einer Reise nach Haiti im Jahr 1943, auf der er maßgebliche Eindrücke für seinen (1949 veröffentlichten) Roman *El reino de este Mundo* (Das Reich von dieser

4 Ebd., S. 222f.

5 Carpentier, zit. bei M. Rössner: Verlorenes Paradies, S. 225, FN 167: »Zu diesem Zeitpunkt wäre es mir ein Leichtes gewesen, auch Surrealismus zu betreiben. Und seltsamerweise zuckte ich in diesem Augenblick zurück. Ich fragte mich: Was werde ich dem Surrealismus noch hinzufügen, wenn das Beste des Surrealismus bereits geschaffen worden ist? Soll ich ein Epigone werden [...]? Und plötzlich drang wie eine Obsession in mich die Idee Amerika ein.« – Vgl. dazu auch: Karsten Garscha: »Alejo Carpentiers Verhältnis zur europäischen, besonders zur französischen Avantgarde«, in: Harald Wentzlaff-Eggebert (Hg.), Europäische Avantgarden im lateinamerikanischen Kontext. La Vanguardia Europea en el Contexto Lationoamericano (= Akten des internationalen Berliner Kolloquiums 1989; Actas del Colloquio Internacional de Berlin 1989; Bibliotheca Ibero-Americana Band 37), Frankfurt am Main: Vervuert 1991, S. 511-520, insbes. S. 515ff.

6 Vgl. A. Carpentier: »Über die wunderbare Wirklichkeit Lateinamerikas«, in: ders.: Stegreif und Kunstgriffe, S. 118-138; hier S. 133: »Aber durch die Anstrengungen, das Wunderbare um jeden Preis heraufzubeschwören, werden die Thaumaturgen [sic] zu Bürokraten.« Vgl. auch H.O. Dill: Lateinamerikanische Wunder, S. 62: »Carpentier – Ex-Surrealist – erinnert sich: ›(...) der Surrealismus suchte (das Wunderbare) höchst selten in der Realität. (...) Häufiger war es das mit Vorbedacht fabrizierte Wunderbare‹«. [Auslass. i.O.]

7 M. Rössner: Verlorenes Paradies, S. 225, FN 168; – vgl. auch Carpentier: »Wunderbare Wirklichkeit«, S. 133f: »Das Wunderbare, mit Taschenspielertricks durch die Verbindung von Dingen erreicht, die für gewöhnlich ganz und gar nicht zusammenkommen: die alte, trügerische Geschichte von der zufälligen Begegnung eines Regenschirms und der Nähmaschine auf einem Seziertisch, aus der die Hermelinlöffel, die Schnecken im Regentaxi, das Löwenhaupt im Schoß einer Witwe in den Surrealisten-Ausstellungen hervorgegangen sind. [...] und heute gibt es Gesetzbücher des Phantastischen. Sie beruhen auf dem Prinzip: Esel von einer Feige verschlungen, das als höchste Umkehrung der Wirklichkeit in den ›Gesängen‹ des Maldoror vorgeschlagen wird, und dem wir viele ›von Nachtigallen bedrohte Kinder‹ oder die ›Vögel verschlingenden Pferde‹ André Massons verdanken.«

Welt) gewinnt, verbinden sich lateinamerikanische Wirklichkeit und Surrealismus plötzlich auf neue Weise:

»[...] ich sehe mich den Wundern einer magischen Welt gegenüber, einer synkretistischen Welt, einer Welt, in der ich im lebendigen Zustand, in unverfälschtem Rohzustand, schon fertig, vorbereitet, sichtbar, alles das fand, was die Surrealisten - das muß man schon sagen - nur allzu oft künstlich, mit Hilfe von Tricks herstellten.«[8]

Dieses reale *merveilleux*, eine Welt der Synthese und der Koexistenz und Vermischung verschiedener Rassen, Kulturen, Bewusstseinsformen und Zeitalter, wird schließlich zum Auslösemoment für Carpentiers Konzept des *real maravilloso*, das eine besondere Wirklichkeit Lateinamerikas statuiert. Es wird zum Paradies eines anderen Denkens, das »[...] die Möglichkeit zu einer Kunst bietet, die im Sinne einiger europäischer Avantgardebewegungen auf ihre magisch-rituellen Wurzeln zurückgreift, ohne dabei den Kontakt zu ihrer gegenwärtigen Wirklichkeit zu verlieren«[9].

1945 übersiedelt Carpentier mit seiner zweiten Frau nach Caracas. Von hier aus unternimmt er 1947 eine (bzw. mehrere) Flugreise(n) mit nur kurzen Aufenthalten an den Oberlauf des Orinoco, »[...] dann 1948 eine Art ›Expedition‹ mit den im Buch beschriebenen Transportmitteln (Bus, Schiff, Kanu), wobei er offensichtlich die Reiseberichte der früheren europäischen Ethnologen (etwa Koch-Grünbergs) ebenso mit sich führt wie einen Band von Saint-John Perse« [10]. Das Vorhaben, die Reiseeindrücke als Reisereportage zu veröffentlichen (*El libro de la Gran Sabana* (Das Buch der Gran Sabana) scheitert. Teile des Textes werden im Lauf der Jahre 1947/48 in Zeitungen und Zeitschriften veröffentlicht.[11] Der Gesamttext der Reportage wird erst 50 Jahre später, nämlich 1998 im Verlag *Letras Cubanas* unter dem Titel *Visión de America. Fragmentos de una crónica de viaje* publiziert.[12] Zunächst erscheint aber im Jahr 1953 der Roman, der das Material der Reisebschreibungen über die Variante des autobiografischen Berichtes eines zivilisationsflüchtigen Musikologen organisiert, zuerst als Flucht nach Manoa, dann, unter dem Titel *Los pasos perdidos*. »›I wrote the Lost Steps three times‹, Carpentier said in an interview in 1979. ›The first time I didn't like it: the second time I was disenchanted with it. Then I went through a period of reflection about my work and wrote it for the third time. At that moment I was satisfied.‹«[13] Der Roman wird in Lateinamerika zunächst nur zögerlich rezipiert. Ins Französische übersetzt erscheint er als *Le Partage des eaux* 1956 bei Gallimard (Übersetzung von René L.F. Durand) und findet sofort ein interessiertes und begeistertes Publikum. Hier wirkt der Roman »als Offenba-

8 A. Carpentier: zit. bei M. Rössner: Verlorenes Paradies, S. 228, FN 175.

9 Ebd., S. 229.

10 Ebd., S. 232.

11 Vgl. R. González-Echevarría: The pilgrim at home, Ithaca, NY: Cornell University Press 1977, S. 156.

12 Alejo Carpentier: Visión de America. Fragmentos de una crónica de viaje, Havanna: Editorial Letras Cubanas 1998; deutsche Ausgabe: Farben eines Kontinents. Reisen durch Lateinamerika (= suhrkamp taschenbuch 3451), Frankfurt am Main: Suhrkamp Verlag 2003.

13 R. González-Echevarría: Pilgrim, S. 155, FN 1.

rung«[14], noch im selben Jahr wird er mit dem Prix du Meilleur Livre Etranger ausgezeichnet. Carpentier verdankt diesem Erfolg den ›Einstieg‹ in die internationale Welt der Verlage. Auch ein Filmprojekt entsteht: Der amerikanische Schauspieler Tyrone Power interessiert sich für die Hauptrolle, Irwin Shaw wird für das Drehbuch unter Vertrag genommen, Ava Gardener soll die Rolle der Mouche übernehmen, für jene der Rosario fällt die Wahl auf Gina Lollobrigida. Der Tod Powers 1959 während der Dreharbeiten zu King Vidors Salomon und Sheba beendet Projekt und Vorarbeiten.[15]

3.2 Der Inhalt

1. Der Ich-Erzähler (die Hauptfigur des Romans) ist Komponist, Nachkomme europäisch-protestantischer und lateinamerikanisch-katholischer Eltern. Er berichtet über seine Lebenssituation in einer nordamerikanischen Metropole, die New York sein könnte. Entwurzelt, »nach zweierlei Jugend – jenseits des Meeres und hier«, findet er sich von der Großstadt und ihrem Fassadencharakter angeödet, desillusioniert, müde. Um seinen Lebensunterhalt zu bestreiten, hat er die Laufbahn eines Künstlers zugunsten der sicheren Profession eines Komponisten von Filmmusik aufgegeben und schreibt nun, statt sich der auf überhistorische Menschlichkeitsideale hin orientierten künstlerischen Musik zu widmen, etwas, was er selbst als vergängliche Berieselungsmusik bezeichnet und als Kunstsurrogat verurteilt. In früheren Jahren hat er eine musikwissenschaftliche Abhandlung über primitive Musikinstrumente verfasst, die unveröffentlicht geblieben ist. Nun fühlt er sich als Gefangener einer Musikindustrie, der er nur für die Dauer kurzer Ferien (die Synchronisationsgeräte müssen gewartet werden) entkommen kann. Auch durch sein Privatleben zieht sich ein Riss. Verheiratet mit der Schauspielerin Ruth, mit der er nur noch wenig Zeit verbringt, weil auch sie in ihrem »Schein-Beruf« und »Kulissen-Gefängnis« vertraglich gebunden und zu unablässiger Wiederholung derselben Rolle in einem zweitklassigen Schauspiel gezwungen ist, hat er eine Beziehung zu Mouche begonnen. Deren »am Jahrmarkt des Surrealismus« erworbene oberflächliche Bildung, ihr Hang zur Astrologie und ihre pseudo-intellektuelle Attitüde stören ihn zwar, aber ihrer physischen Anziehung kann und will er sich nicht entziehen. Unerwartet trifft er einen alten Bekannten, der ihm nun als Kurator des Organographischen Instituts die Möglichkeit eröffnet, im Auftrag einer amerikanischen Universität bei Urwaldindianern nach archaischen Musikinstrumenten zu forschen. Er ist unentschlossen. Mouche drängt den Zögernden, die Reise anzutreten, damit sie als seine Begleiterin ein exotisches Land und vor allem dessen berühmten Strände kennenlernen könne. Man werde natürlich auch ein paar Ausflüge in den nahen Urwald unternehmen. Die gesuchten Musikinstrumente könne man problemlos von einem ihrer Bekannten fälschen lassen und dem Kurator als echte unterschieben.

2. Begleitet von Mouche gelangt der Protagonist, der von nun an ein datiertes Reisetagebuch führt, in eine Hauptstadt im karibischen Teil Südamerikas. Nach einem ersten Gang durch die Stadt und einem abendlichen Opern-

14 H. Herlinghaus: Alejo Carpentier, S. 118.

15 Vgl. ebd., S. 118.

besuch finden sich die beiden am nächsten Morgen mitten in einer ausbrechenden Revolution wieder. Im Hotel, in dem sie deswegen festsitzen, begegnen sie anderen Opfern der Situation: einem österreichischen Kapellmeister, einer kanadischen Malerin und einer Ballett-Truppe. Der erwartete Komfort des Hotels weicht unbequemen Zuständen: Man ist eingeschlossen, das Haus zu verlassen ist nur unter Lebensgefahr möglich, Essen muss rationiert werden, die Wasserversorgung bricht zusammen, aus den zerstörten Wasserleitungen dringt Ungeziefer ein. Die Malerin lädt sie ein, so bald wie möglich mit ihr die Hauptstadt zu verlassen und in ihrem Landhaus in dem kleinen Ort Los Altos, den sie schließlich mit der Schmalspurbahn erreichen, ihre Gäste zu sein. Während der Protagonist den Aufenthalt als eine Art Rückkehr in eine nie gekannte Heimat, in eine andere Zeit und in ein neues seelisches Gleichgewicht erlebt, sieht Mouche darin nur die Gelegenheit zu einem homoerotischen Abenteuer.

3. Auf der Weiterreise im Autobus gelangt das Paar immer weiter in eine ursprüngliche lateinamerikanische Naturlandschaft. Auf einem Pass nimmt der Fahrer eine höhenkranke Frau in sein Fahrzeug auf, die der Protagonist mit wachsendem Interesse als eine Mischung mehrerer Rassen wahrnimmt. Er verliebt sich in Rosario im Verlauf der weiteren Reise, die sie zunächst in Autobussen, dann auf einem Dampfer ins Landesinnere führt. Auf dem Boot begegnen ihnen ein griechischer Goldsucher namens Yannes und der Missionar Pedro. Die kleine Gesellschaft dringt immer weiter in den Urwald vor und gelangt in die Urwaldstadt Puerto Anunciación. Als der Protagonist und die zwei Frauen mit den neuen Reisegefährten von dort aus in kleinen Booten weiterreisen, erkrankt Mouche an Malaria und der Botaniker Dr. Montsalvatje begleitet sie in die Zivilisation zurück. Der Protagonist ist erleichtert, sich seiner Begleiterin entledigt zu haben.

4. Nun stellt sich heraus, dass einige der Mitreisenden ein Geheimnis haben: Es gibt einen unbekannten und geheimgehaltenen Ort am südlichen Ende des Urwaldes, die Stadt Santa Monica de los Venados, die ein merkwürdiger Einzelgänger, der Adelantado, gegründet hat, und in der die Menschen nach archaischen Gesetzen und scheinbar ohne Kontakt zur Zivilisation leben. Der Zugang zu diesem Ort ist nur durch drei in einen Baumstamm geritzte Zeichen markiert; er führt durch einen schmalen, gefährlichen Durchschlupf, in dem sich der Urwald endgültig in organisches Chaos auflöst. Erst jenseits der Passage wartet eine zeitlose Landschaft ursprünglicher Formen. Hier finden sich auch die archaischen Musikinstrumente, denen die Reise eigentlich gegolten hat.

5. Der versteckte Ort wird für den Erzähler zum Ort eines temporären Paradieses, eines Utopia ursprünglicher Lebensformen, in dem er sich finden zu können glaubt. Er meint, mit der Reise im Raum auch eine Zeitreise zurück an die Anfänge der Kultur gemacht zu haben. Im Valle del Tiempo beginnt er wieder zu komponieren. Die Arbeit wird allerdings durch äußere Umstände behindert, das Papier, das er braucht, um sein Werk zu notieren, geht zur Neige, Unwetter bedrohen den Ort, durch die Ackerbau- und Jagdtechniken der kleinen Gemeinschaft tritt so etwas wie der Vorbote einer ökologischen Katastrophe ein, der Protagonist erkrankt. Da erscheint mit dem Flugzeug ein Suchkommando, das den Verschollenen, der unterdessen von seiner Frau und der Universität gesucht wird, in die Zivilisation zurückbringen kann. Er will dort nur die Musikinstrumente überbringen, ausreichend

Papier für seine Kompositionsarbeit besorgen und sofort nach Santa Monica zurückkommen. Als Pfand für die beabsichtigte Wiederkehr lässt der Protagonist das Manuskript seiner großen Komposition bei Rosario.

6. Die Rückkehr nach Santa Monica und zu Rosario verzögert sich um ein halbes Jahr. Der zunächst in der nordamerikanischen Großstadt als Held gefeierte Protagonist wird durch eine von Mouche ausgelöste Pressekampagne um die Sympathien der Öffentlichkeit und schließlich um seine Stellung gebracht. Seine Frau verweigert die erbetene Scheidung. Als er schließlich in die *selva* zurückreisen kann, erweisen sich seine Pläne als undurchführbar: Rosario hat, wie er von einem durch einen Goldfund völlig veränderten Yannes in der Stadt am Fluss erfährt, nicht auf ihn gewartet, sondern den Sohn des Adelantado geheiratet, damit scheinen auch Manuskript und Komposition verloren. Durch den in diesem Sommer vorzeitig einsetzenden Regen befindet sich auch der Baum mit den Wegzeichen unter der Wasseroberfläche. Der Weg in das Valle del Tiempo und nach Santa Monica ist unauffindbar.

7. In einer dem Roman nachgestellten Nota verweist ein mit A.C. paraphierender Kommentator darauf, dass es sich bei den dargestellten Orten und Landschaften um prototypische lateinamerikanische Städte und Gegenden handle, benennt dann aber einige Orte, Personen und Indianerstämme als real existierend namentlich und verortet sie geografisch und biografisch, wobei er ausdrücklich ihre Authentizität versichert. Zur Glaubwürdigkeit seiner Geschichte verweist er auf literarische Prätexte, Urwaldgeschichten und Legenden, Forschungsberichte, eine Schallplatte in den venezolanischen Folklore-Archiven: »Sie alle gehören ebenso zur Wirklichkeit wie eine bestimmte Form des Mythos von El Dorado, der durch Gold- und Edelsteinlager immer wieder auflebt.« (PP354)

3.3 Lektüren

Erfolgreich wird *Los pasos perdidos* also erst im Gefolge zunächst der französischen, der englischen und dann der deutschen Übersetzung[16]. Michael Rössner hat darauf hingewiesen, dass gerade die Brechung der Darstellung einer lateinamerikanischen Realität durch eine okzidentale Perspektive erhöhte Lesekompetenz erfordere, was die verzögerte Rezeption erklären könne. Auch Herlinghaus sucht Gründe dafür im Roman selbst: »Vielleicht waren Die verlorenen Spuren ihrer Zeit in gewisser Weise voraus. Die sehr zögerliche Akzeptanz in Venezuela und anderen lateinamerikanischen Ländern läßt dies vermuten.«[17] Das Publikum Carpentiers ist, wie Michael Rössner feststellt, unterdessen »selbstbewußt geworden [ ], freilich immer noch zahlen-

16 Vgl. zur ersten Phase der Rezeptionsgeschichte Andreas Vejvar: »Eine Threnodie im Zeichen von Heulkrug, Maraca und Engel. Zur Idee der Aufhebung der Zeit in ›*Los pasos perdidos*‹«, in: Elena Ostleitner/Christian Glanz (Hg.), Alejo Carpentier. Jahrhundertgestalt der Moderne in Literatur, Kunst, Musik und Politik (= Schriftenreihe da capo 2, Verschiedenes zur Musik), Strasshof: 4/4 Verlag 2004, S. 65-90. Der Roman erscheint, übersetzt von Harriet de Onís, 1956 bei Knopf unter dem Titel *The lost Steps,* in Deutschland, übersetzt von Jahnheinz Jahn und Hans Platschek, 1958 bei Piper als *Die Flucht nach Manoa.*

17 H. Herlinghaus: Alejo Carpentier, S. 118.

mäßig recht klein [...]«[18]. In der Beurteilung der Literaturwissenschaft ist der Roman freilich einer der »Schlüsselromane«[19] der lateinamerikanischen Literatur. Er erlangt exemplarische Stellung in der Carpentier-Forschung. Der Roman

»[...] wird heute übereinstimmend als literarhistorische Zäsur betrachtet, welche die ›nuova novela‹ Lateinamerikas ideologisch und ästhetisch begründete und sie von angloamerikanischen und europäischen Vorbildern emanzipierte. Die Handlung selbst [...] ist insofern symbolisch, als sie die Begegnung des europäisch gebildeten Intellektuellen mit der ›wunderbaren Wirklichkeit‹ Lateinamerikas und die Entdeckung dieser Wirklichkeit durch den ›neuen‹ Roman vor Augen führt.«[20]

Los pasos perdidos wurde in unterschiedlichen Kombinationen als Schelmenroman, als Initiations- oder Bildungsroman gelesen, als Variante eines Urwaldromans, als Desillusionsroman oder als Thesenroman, in dem Carpentier sein Konzept des real maravilloso inszeniere: Venko Kanev beschreibt das Buch im Zusammenhang seiner Konzeption des *real maravilloso* als Variante eines »intento [...] de construir una teoría literaria basada en las realidades literarias propias del continente«[21], und akzentuiert seine magisch-mythischen Aspekte.[22] Auch dort, wo er sich auf andere Künste wie die Architektur, die bildende Kunst, die Musik oder das Theater und die Oper in Carpentiers Werk bezieht, werden sie nicht in ihrer ästhetischen Alterität und Spezifik, sondern über ihre realitätsverfremdende Funktion auf der Handlungsebene des Textes beschrieben.[23] Den Aspekt des Thesenromans hebt auch González Echevarría hervor, indem er in *Los pasos perdidos* neben den Motiven der »Bildungsreise«[24], des Desillusionsromans und der Vorlage des Don Quijote den »clash between Spenglerian and Sartrean concepts«[25] als geschichtsphilosophisches Thema akzentuiert. Jaques Joset hebt unter dem Suchraster »La Europa caribeñizada de Alejo Carpentier« die »Tropikalisierung« Euro-

18 Michael Rössner: »Alejo Carpentier zwischen dem Wunderbar-Wirklichen Amerikas und der postkolonialen Realitätssicht«, in: Ostleitner/Glanz (Hg.), Carpentier, S. 15-28, hier S. 26.

19 Klaus-Dieter Ertler: Kleine Geschichte des lateinamerikanischen Romans. Strömungen-Autoren-Werke, Tübingen: Günter Narr Verlag 2002, S. 439.

20 Friedrich Wolfzettel: »Alejo Carpentier: ›Los pasos perdidos‹«, in: Volker Roloff/Harald Wentzlaff-Eggebert (Hg.), Der Hispanoamerikanische Roman (= Band 1. Von den Anfängen bis Carpentier), Darmstadt: Wissenschaftliche Buchgesellschaft 1992, S. 244-253, hier S. 245.

21 Vgl. Venko Kanev: Lo Real Maravilloso como procedimiento literario en la obra de Alejo Carpentier (= Bibliotheka 48), Sofia: Ed. Univ. de l'Univ. de Sofia 2001, S. 8.

22 Vgl. ebd., S. 231ff.

23 Vgl. ebd., S. 100ff.

24 R. González-Echevarría: Pilgrim, S. 164: »If the protagonist's journey is a ›Bildungsreise‹ in the Romantic tradition, the culmination of his education, is recognizing the necessity of subverting that tradition.«

25 Ebd., S. 159; vgl. auch ebd., S. 56: »Spengler provided the philosophical ground on which to stake the autonomy of Latin American culture and deny its filial relation to Europe.«

pas und die »tensión dialéctica entre un áca americano y un allá europeo«[26] hervor, also einen Kultur- und Zivilisationskonflikt auf der Handlungsebene des Romans, der über eine Schreibweise des mestizaje abgehandelt werde. Als biografische Bildungsreise sieht – unter dem Suchraster ihrer intertextuell angelegten Studie, die Carpentiers Buch sowie Goethes Italienische Reise und ihre autobiografischen Aspekte vergleicht – Dagmar Schäfer-Sackreuther[27] den Roman. In Alexis Márquez-Rodríguez Untersuchung zum Barocken und zum *real maravilloso* in Carpentiers Werk stehen Aspekte des Raumes und einer Zeit(-Umkehr) im Roman in ihrer Funktion für die Beschreibung einer Wunderbaren Wirklichkeit im Vordergrund[28]; ähnlich interpretiert Esther P. Mocega-Gonzalez den Text.[29] Claudius Armbruster akzentuiert in seinem Standardwerk zu Carpentier in einer geschichts- und kulturkritischen Analyse neben Carpentiers Barockkonzept und seinen Erzählstrategien die Themen Kolonisation, Rassen- und Kulturmischung, afroamerikanische Religionen und den Karneval unter dem Generalthema einer Wunderbaren Wirklichkeit.[30] Historisch orientiert sind auch die Arbeiten Zulma Palermos, Graciela Perosios, und Susana Pouls im von Klaus Müller-Bergh herausgegebenen Sammelband zu Alejo Carpentier.[31] Als Widerspiegelung lateinamerikanischer Realität und poetische Geschichtskritik versteht Sabine Krämer den Roman.[32] In Wolfgang Matzats Analyse steht die Frage eines bei Carpentier sich abzeichnenden lateinamerikanischen Identitätsentwurfes im Vordergrund, Aspekte einer postkolonialen Analyse bringt Michael Rössner[33] ein.

Die Mehrzahl der Interpretationen des Romans konzentriert sich auf die Parallelität der biografischen Komponenten von Protagonist und Autor. Gerhard Wild hat dazu festgestellt, dass, um

26 Jaques Joset: Historias cruzadas de novelas hispanoamericanas. Juan Rulfo, Alejo Carpentier, Mario Vargas Llosa, Carlos Fuentes, Gabriel García Marques, Jose Donoso, Frankfurt am Main: Vervuert, Iberoamericana 1995, S. 47.

27 Vgl. Dagmar Schäfer-Sackreuther: Alejo Carpentiers Los Pasos Perdidos und Johann Wolfgang von Goethes Italienische Reise. Eine intertextuelle Studie (= Europäische Hochschulschriften; Reihe XVIII; Vergleichende Literaturwissenschaft Band 59), Frankfurt am Main: Peter Lang Verlag 1991.

28 Vgl. Alexis Márquez-Rodríguez: Introducción a las obras completas de Alejo Carpentier. Lo barocco y lo real-maravilloso en la obra de Alejo Carpentier, Madrid: siglo ventiuno editors sa. 1982, S. 97ff.

29 Vgl. Esther P. Mocega-Gonzalez: La narrativa de Alejo Carpentier: El concepto del tiempo como tema fundamental. (Ensayo de interpretación y análisis) (=Torres Library of Literary Studies 22), New York: Eliseo Torres & Sons 1975, insbes. Kap. II, S. 123-179.

30 Vgl. Claudius Armbruster: Das Werk Alejo Carpentiers. Chronik der »Wunderbaren Wirklichkeit« (= Editionen der Iberoamericana, Reihe III, Monographien und Aufsätze 7), Frankfurt am Main: Vervuert, 1982.

31 Vgl. Klaus Müller-Bergh: Alejo Carpentier: Autor y obra en su época, Buenos Aires: Fernando García Cambeiro 1972.

32 Vgl. Sabine Krämer: Lateinamerika schreiben. Zur Darstellung von kultureller Alterität in deutschen und lateinamerikanischen Texten (= Trierer Studien zur Literatur, Band 35), Frankfurt am Main: Peter Lang Verlag 2000, S. 111ff.

33 Vgl. M. Rössner: Alejo Carpentier, »Postkoloniale Realitätssicht«, S. 21f.

»[...] dem Werk als Reliquie gelebten Daseins das Unbehagen zu entziehen, das in der Alterität eines ursprünglich Ästhetischen selbst gründet, das eigentlich stets fiktionaler Natur ist [...] [e]ine eigene Richtung der Carpentier-Forschung [...] sich dementsprechend auf die ›Situierung‹ dieses und späterer Werke in der bewegten Biographie des Autors konzentriert [habe]. Die Tätigkeit Carpentiers als Berater einer Schallplattenfirma, der Parisaufenthalt und die Begegnung mit den Surrealisten sowie die spektakuläre Orinokofahrt, die auf die Stationen der Story bezogen werden können, dienen hier also nicht nur beim lesenden Publikum, sondern selbst bei den Kritikern einem Literaturverständnis, dem das Werk allzuleicht Supplement je spezifischer Lebenswelt, nicht aber Medium ästhetischer Erfahrung wird.«[34]

Entsprechende deutliche Schwerpunktsetzungen finden sich bei Herlinghaus, Sackreuther, Gonzáles-Echevarría, Wolfzettel und Mocega-Gonzales. Unterstützt wird diese Lesart durch das Argument der profunden Kenntnisse Carpentiers sowohl der klassischen Reiseberichte der Kolonialgeschichte als auch der Ethnologie, die er selbst in *Visión de America* anführt.[35] Friedrich Wolfzettel liest *Los pasos perdidos* als einen Roman »der ästhetischen Bewußtwerdung des ›Universalen‹, das der Autor mit der gesteigerten Wahrnehmung einer die Extremerfahrung des Menschlichen und der Natur totalisierenden Wirklichkeit verbindet«[36]. Die Regression zum Ursprung, zu den verschütteten Quellen menschlicher Kultur, bewege sich »[...] auf den verlorenen Spuren einer von der Moderne verdrängten und beschnittenen Potentialität des Ästhetischen, die nach Carpentier bis in den vorliterarischen Bereich zurückzuverfolgen ist und letztendlich auf die Schöpfung verweist«[37]. Auch Wolfzettel konzentriert sich in erster Linie auf die Ästhetik als Thema der Erzählung und weniger auf die der Schreibweise des Textes selbst.

Wird *Los pasos perdidos* in diesen Arbeiten kritisch vorwiegend auf seiner Handlungsebene gelesen, kommen erst spät auch die transgressive Poetik des Romans und schließlich seine forcierte Intermedialität in den Blick. Es ist denkbar, dass Carpentiers Konzept der Wunderbaren Wirklichkeit selbst zunächst den Blick darauf verstellt hat: Sein berühmter Essay *De lo real maravilloso americano* erscheint 1948 in Caracas in der Zeitschrift El Nacional und ein Jahr später als Prolog zu Carpentiers Roman El reino de este mundo. Er gilt, wie Wolfzettel beschreibt, als Manifest

»[...] einer (vor allem gegen den europäischen Surrealismus gerichteten) realistischen Romanästhetik, die aus dem tiefen Verständnis der lateinamerikanischen Andersheit hervorgeht und dem Schriftsteller eine konkrete soziale Aufgabe der Identitätsstiftung

34 G. Wild: Paraphrasen, S. 133f.

35 Vgl. A. Carpentier: Farben eines Kontinents: S. 26ff, S. 35ff.; ebenso: H. Herlinghaus: Alejo Carpentier, S. 109f; F. Wolfzettel: »Los pasos perdidos«, S. 244-253; hier eine Aufzählung vermuteter Prätexte: »›El Orinoco ilustrado y defendido‹ (Madrid 1741) des naturkundlich interessierten venezolanischen Jesuiten José Gumilla, ›Relation historique du Voyage aux régions équinoxiales du Nouveau Continent‹ (Paris 1814-1825) von Alexander von Humboldt, ›Reisen in Britisch Guiana in den Jahren 1840-1844‹ (Leipzig 1847-1848) der Brüder Schomburgk, [...] ›The Lost World‹, ein romanesker Expeditionsroman von Arthur Conan Doyle, usw.«

36 F. Wolfzettel: »Los pasos perdidos«, S. 44.

37 Ebd., S. 253.

zuweist. Das Wunderbare, das ›de una revelación privilegiada de la realidad, de una illuminación inhabitual o singularmente favorecedora de las inadvertidas riquezas de la realidad‹ entspringt, wird als Erweiterung der Wahrnehmungskategorien und als neues Sehen ›en virtud de una exaltación del espiritu‹ definiert und begründet - jenseits der vermittelnden Subjektivität - den objektiven Charakter eines Romantyps, den der Autor [...] der älteren, sogenannten indigenistischen oder nativistischen Tradition entgegensetzt.«[38]

Michael Rössner problematisiert in seiner Studie zum Thema des »verlorenen Paradieses« das Konzept des real maravilloso[39] und Carpentiers Frühwerk (damit also auch *Los pasos perdidos*) als Konsequenz einer »doppelten Verwurzelung«: es sei zugleich aus einer lateinamerikanischen und aus einer europäisch-exotistischen Perspektive entstanden. Er liest den Roman als »[...] exemplarische Reise durch den Raum und die Zeit auf der Suche nach dem verlorenen Paradies«; der Text sei durch ein extra-amerikanisches Dispositiv strukturiert und durch einen »manchmal fast aufdringlichen Symbolismus«[40] gekennzeichnet: Damit verweist Rössner explizit auf die außerhalb der erzählten Welt liegenden Gestaltungsprinzipien des Textes, die ihn über die surrealistische Diskussion des Amerika-Mythos strukturiert zeigen.[41] Gleichzeitig insistiert er auch auf »eine[r] gewissen Ironie des Autors gegenüber seinem Protagonisten und dessen Paradies«[42]. Auch María Antonia Beltrán-Vocal betont Carpentiers Erfahrungen mit dem Surrealismus, legt den Schwerpunkt ihrer Untersuchung dann aber auf das real-maravilloso seiner Romane.[43] Volker Roloff moniert unter Hinweis auf die Erzählungen von Borges aber auch auf den lateinamerikanischen Roman (er nennt Carpentier explizit) dessen Narrativität, »die vorzugsweise auf prämoderne Erzählweisen zurückgreift, [... und] deren surrealistische Elemente und Verfahrensweisen bisher viel zu wenig in den Blick gerückt wurden«[44]. Barbara Suchards

38 F. Wolfzettel: »Los pasos perdidos«, S. 244.; - vgl. auch Hans-Otto Dill, »Das Wirklich-Wunderbare Amerikas: Alejo Carpentiers Konzept der lateinamerikanischen Literatur«, in: ders., Zwischen Humboldt und Carpentier. Essays zur kubanischen Literatur, Berlin: Verlag Walter Frei 2005, S. 67-100.

39 M. Rössner: Verlorenes Paradies, S. 229f: »Zwar hat auch Carpentier diese Crux seines Entwurfes erkannt [...], aber das hat der Suggestivkraft seiner Idee vom Paradies Amerika als Kontinent des ›real maravilloso‹ keinen Abbruch getan: Über mehr als zwei Jahrzehnte spinnt sich die akademische Diskussion, die beinahe einhellig die ›nueva novela‹ mit den beiden auf ähnlichen Annahmen beruhenden Begriffen ›Realismo mágico‹ und ›real maravilloso‹ zu erfassen sucht.«

40 Ebd., S. 238.

41 Vgl. ebd., S. 231-243.

42 Ebd., S. 241.

43 María Antonia Beltrán-Vocal: Novela española e hispanoamericana contemporanea. Temas y técnicas narrativas: Delibes, Goytisolo, Benet, Carpentier, García Márquez y Fuentes (= Colección Ensayo), Madrid: Editorial BETANIA 1989.

44 V. Roloff: »Surrealismus, Medienästhetik«, S. 31; ebd. unter Verweis auf die programmatische Ablehnung des Romans, vor allem des realistischen Romans des 19. Jahrhunderts durch den Surrealismus, der Hinweis auf dessen »ironische Kehrseite, eine verdrängte, aber im Surrealismus von Anfang an vorhandene Freude an der Narrativität.«

Studie *Auctor ludens*[45] zu Carpentiers Roman *Die Harfe und der Schatten*, in die sie in einigen wenigen Passagen auch den Roman *Los pasos perdidos* einbezieht, verweist unter anderem explizit auf die Ironie, die forcierte Inter-*Textualität*, Travestie und die parodistische Ausbeutung von Texten auf der poetischen Ebene des Romans. Die inter-*mediale* Ironie, Travestie und Ausbeutung von fremd-medialen Texten untersuchen die Arbeiten von Monika Schmitz-Emans[46] und Claudia Leitner[47] in Carpentiers Roman *Concierto barroco*, und jene von Susanne Fontaine[48] in dessen *La consagración de la primavera* im Tagungsband des anlässlich des hundertsten Geburtstages von Alejo Carpentier in Wien abgehalten Symposiums im Mai 2004.[49] Der im selben Band abgedruckte Beitrag Andreas Vejwars zur Threnodie in *Los pasos perdidos* präsentiert eine quellenkritische, musikhistorische und musikarchäologische Untersuchung des im Roman beschriebenen Schamanenrituals.[50] In seiner im Jahr 2004 vorgelegten Habilitationsschrift zur interkulturellen Ästhetik im Werk Alejo Carpentiers untersucht Gerhard Wild in den Romanen *El reino de este mundo*, *Los pasos perdidos*, *El acoso*, *Concierto barroco* und *La consagración de la primavera* deren interkulturelle und interdiskursive Heterotopien. Er konzentriert sich auf die Bedeutung der europäischen Kulturtradition für die lateinamerikanische Literatur und beurteilt »die Teilhabe lateinamerikanischer Literatur an okzidentalen Kontexten nicht als Imitation sondern als kreative Paraphrase [...] die als Überschreiben und Ineinandersetzen von Themen, Strukturen und Strukturkomplexen«[51] verstanden werde. Er fragt, inwiefern der auffällige Verweis lateinamerikanischer Autoren auf okzidentale Kunst, auf Film, Musik, bildende Kunst und Literatur über diese »über-schriebene« okzidentale Kunst neue Schreibweisen erzeuge, die zu einer neuen Form (ästhetischen) Dialoges führe. In seiner Analyse von *Los pasos perdidos* steht die wechselseitige Durchkreuzung von Text und Metatext, von Handlung und Poetik im Vordergrund. Erzählerischer Diskurs und erzählte Geschichte dekonstruieren in seiner Beurteilung die einfache Opposition von »amerozentrischer Spontaneität und okzidentaler Rationalität«[52] auf mannigfaltige Weise. Die ästhetische Individualität des Autors identifiziert Wild als Maske; der Text wird als intertextuelles und interkulturelles Pastiche beschrieben, das über die Fiktion der

45 Vgl. Barbara Suchard: Auctor ludens. Maskerade & Demaskierung des Kolumbus bei Alejo Carpentier (= Acta Columbina), Kassel: Edition Reichenberger 1990.

46 Vgl. Monika Schmitz-Emans: »Konzert der Künste: Intermedialität und ästhetische Autoreflexion in Alejo Carpentiers ›Concierto barroco‹«, in: Ostleitner/Glanz (Hg.), Alejo Carpentier, S. 111-136.

47 Vgl. Claudia Leitner: »›Eine Glanzrolle für den Sopran‹: Intermedialität, Zeitverschobenheit und die Wiederkehr des kolonialen Subjekts in Carpentiers ›Concierto barroco‹«, in: Ostleitner/Glanz (Hg.), Alejo Carpentier, S. 137-165.

48 Vgl. Susanne Fontaine: »Intermediales Zusammenspiel: Musik und Literatur in Alejo Carpentiers ›La consagración de la primavera‹«, in: Ostleitner/Glanz (Hg.), Alejo Carpentier, S. 91-111.

49 Veranstalter: Institut für Musiksoziologie und Institut für Analyse, Theorie und Geschichte der Musik der Universität für Musik und Darstellende Kunst, Wien.

50 Vgl. A. Vejvar: »Threnodie«.

51 G. Wild: Paraphrasen, S. 13.

52 Ebd., S. 51.

Autobiografie das Heterogene seiner diskursiven Versatzstücke in einen scheinbar homogenen Diskurs überführe. An paradigmatischen Beispielen (Konzerten, Konzertproben, einer Radioübertragung, dem Film, dem Schamanenritual und der Kompositionsarbeit des Protagonisten) wird gezeigt, dass der Text in einem poetologisch avancierten Verfahren und über ein entgrenztes interkulturelles Verweisspiel die auf der Handlungsebene vertretene konservative Kunstauffassung des Protagonisten parodiert und unterläuft und das eigene Verfahren als Sprachspiel sichtbar macht. Der Schwerpunkt der Arbeit liegt also nicht mehr auf der Handlungsebene des Romans, sondern auf Fragen seiner komplexen Poetik, die über die Herstellung intertextueller, interkultureller und intermedialer *ready-mades* verfährt.

3.4 Untersuchungsschwerpunkte

In seinem Buch benennt Gerhard Wild ein Desiderat:

»Der Stellenwert vermittelter Wirklichkeitserfahrung in Los pasos perdidos wurde bislang von der Forschung nicht beachtet. Bereits die Abenteuerfahrt von Carpentiers modernem Sisyphus böte Gelegenheit zu zeigen, wie wechselnde Transportmittel - von den Massenverkehrsmitteln der High-Tech-Zivilisation bis zu den archaischen Fortbewegungsarten in der *selva* - ebenso als Mittel historisch bedingter Setzung von Selbst- und Welterfahrung dienen wie die menschlichen Aufschreibe- und Dechiffriersysteme, die von Texten, Musikwerken, Bühnenaufführungen, Massenmedien und Fotos bis hin zu Mouches professioneller Astrologie reichen. Alle in der Handlung von *Los pasos perdidos* eingewobenen Verweise auf die mittels *extension of man* gesetzten mediale Bedingtheit neuzeitlichen Handelns verdeutlichen zugleich, wie über das initiatorische Handlungsmodell das zentrale Problem des Romans, nämlich okzidentale aisthesis als Geschichte ihrer Vermitteltheit, erzählerisch bewältigt werden soll.«[53]

Die nachfolgenden Abschnitte dieser Arbeit suchen diese Aspekte im Roman auf und zeigen, dass die Vermitteltheit von Wirklichkeitserfahrung und Wahrnehmung über ein Schreibverfahren der Intermedialität dargestellt wird, und dabei die Funktion intermedialen Schreibens für eine Medienarchäologie freilegen. Die Analyse verfährt in einer forciert textnahen Arbeitsweise; gelegentlich werden den entsprechenden Kapiteln ausführliche Zitate vorangestellt. Carpentiers Roman erfüllt auf außerordentliche Weise alle in der Intermedialitätsdiskussion für die Intermedialität narrativen Schreibens genannten Kriterien.[54] Nicht nur lässt sich der Autor selbst als ›Doppelbegabung‹ – als Schriftsteller, Musiker, Architektur- und Ethnologieexperte, möglicherweise sogar als Mehrfachbegabung – bezeichnen, er thematisiert auch ›klassische‹ Themen der Intermedialitätsforschung wie die Synästhesie, das Gesamtkunstwerk, die Geschichte medial vermittelter Wahrnehmung, er thematisiert und realisiert die Bildlichkeit, Musikalität und die Architektur literarischen Schreibens, er verwendet sie metaphorisch und er appliziert die Dispositive anderer Künste in seinem Roman.

53 Ebd., S. 168.

54 Siehe zu einer Überblicksdarstellung solcher Kriterien: Schmitz-Emans: »Literaturwissenschaft und Intermedialität«, 108f.

Um diese Momente einer intermedialen Ästhetik in *Los pasos perdidos* zu analysieren, ist es notwendig, die einzelnen, holografisch anmutenden Bilder und Episoden des Textes durch Schnitte zu zerlegen, die ihre integrative Schreibweise zunächst auflösen. Das bedeutet in gewissem Maße, die in einer Poetik der Verdichtung und Verschiebung und einer spezifischen Atemporalität konfigurierten Szenen zu zerstören. Ihre Elemente lassen sich nur in einer oft umständlichen und schwerfällig anmutenden Auflösung nachzeichnen, die die außerordentliche Offenheit, Vieldeutigkeit und Verweisdichte der Textbilder zwangsläufig einkürzt. Andererseits macht sie auch Wiederholungen notwendig: Die Textbilder und Episoden des Romans sind in einem Kompositionsschema von Thema und Variation angeordnet, das an die musikalische Form eines *tientos y differencias*[55] erinnert, in dem bestimmte (musikalische) Themen in Transformationen wiederkehren und dabei Mehrfachfunktion erlangen. Die Aspekte intermedialen Schreibens werden (manche von ihnen also in Mehrfachzuordnungen) in vier Themenkomplexen platziert: Der erste gilt einer in der Schreibweise des Romans fast exemplarisch nachvollzogenen Geschichte des Genres und der Poetik und Rhetorik des *Reiseromans*, die dessen mediatisierenden Funktionen und Beglaubigungsstrategien untersucht und ihre Applikation im Roman beschreibt. Der zweite Abschnitt befasst sich unter dem Titel *Bilder, Blickführungen* mit den Aspekten narrativ vermittelter visueller Darstellung im Text, mit den medialen Voraussetzungen und der Geschichtlichkeit des Schauens und der damit verbundenen Subjektkonstitution. (Im kleinen beigefügten Bildanhang – Kap. 9. – finden sich zur Verdeutlichung und Ergänzung der Argumentation einige Abbildungen der erwähnten Kunstwerke und Beispiele genretypischer Darstellungs- und Malweisen.) Der dritte Abschnitt beschreibt unter den Suchbegriffen *Rituale, Szenisches, Musik – Medienwechsel* die szenischen, filmischen und musikalischen Aspekte des Romans und deren thematisierte und vorgeführte Register- und Medienwechsel. Schließlich werden im Abschnitt *Architektur, Raum, Bewegung, Sprache und Übersetzung* die Darstellung der Architektur im Roman, sein architektonisch-räumliches Dispositiv, Tanz und – vermittelt über die Metapher des Turms zu Babel – das Problem der Sprachenvielfalt und der Übersetzung untersucht. Dabei wird auch intermediales Schreiben als Übersetzungsproblem *sui generis* und als Schreiben der Differenz thematisiert. In einer kurzen abschließenden Zusammenfassung wird rekapituliert, inwiefern *Los pasos perdidos* mit den Mitteln der Literatur theoretische Positionen formuliert, die sowohl eine Produktions- und eine Rezeptionsästhetik als auch Argumente einer Intermedialitätstheorie und einer Medientheorie beinhalten.

55 »Tientos y differencias« ist die Bezeichnung für die Variation über Volks- und Tanzweisen beziehungsweise über gregorianische Melodien in der spanischen Instrumentalmusik des 16. Jahrhunderts. Der Begriff erscheint erstmals in den Lautentabulaturen des L. de Narváez im Jahr 1538. Vgl. Marc Honegger/Günther Massenkeil (Hg.), Das Große Lexikon der Musik in acht Bänden, Freiburg, Basel, Wien: Herder 1992, Band II, S. 318. *Tientos y differencias* ist auch der beziehungsreiche und vermutlich nicht zufällig gewählte spanische Titel von Carpentiers 1964 in Mexico erschienenem Essayband, der in dieser Arbeit mehrfach zitiert wird. In der deutschen Übersetzung von Anneliese Botond trägt er den Titel *Stegreif und Kunstgriffe*.

4. Mediatisierte Erfahrung. Der Reisebericht

Dass Carpentiers Roman nicht ein Reisebericht im engen Sinn des Wortes, also nicht sprachliche Darstellung einer authentischen Reise[1] ist, muss nicht eigens betont werden. Auch eine biografische Lektüre erweist sich als inadäquat, insofern sie die genuine Poetik des Romans verfehlt. Gerhard Wild hat die Unzulänglichkeit eines solchen Ansatzes explizit benannt: »Der Collagecharakter des Romans, dessen Makrostruktur und Textoberfläche ein interdiskursives Patchwork der okzidentalen Kultur darstellt, [wurde damit] nur unzureichend berücksichtigt.«[2]

Unter diesem Vorbehalt und in Hinblick auf die dispositionellen Logiken der Genres (der medienspezifischen bzw. medialen Gattung, Werner Wolf) soll der Charakter des Romans als Reisebericht *sui generis* hier dennoch nicht übergangen, sondern der Text zunächst so gelesen werden, als ob es sich tatsächlich um einen Reisebericht handelte. Dadurch werden Fragestellungen möglich, die spezifische Phänomene des Romans aufgreifen, erklären und gleichzeitig über diese hinausweisen, sodass eine Alterität sichtbar wird, die den Reisebericht als Textvehikel und *tertium comparationis* der erzählten Geschichte sichtbar macht.

---

1 Vgl. zum Folgenden Justin Stagl: Eine Geschichte der Neugier. Die Kunst des Reisens 1550-1800, Wien/Köln/Weimar: Böhlau Verlag 2002, (insb. S. 71-214); - Peter Brenner (Hg.), Der Reisebericht (= st 2097), Frankfurt am Main: Suhrkamp Verlag 1989; - insb. ders.: »Die Erfahrung der Fremde. Zur Entwicklung einer Wahrnehmungsform in der Geschichte des Reiseberichts«, ebd., S. 14-49; - Wolfgang Reif: »Exotismus im Reisebericht des frühen 20. Jahrhunderts«, ebd., S. 434-462; - Wolfgang Neuber: »Zur Gattungspoetik des Reiseberichts. Skizze einer historischen Grundlegung im Horizont von Rhetorik und Topik«, ebd., S. 50-67; - Xenia von Ertzdorff/Gerhard Giesemann/Rudolf Schulz (Hg.), Erkundung und Beschreibung der Welt. Zur Poetik der Reise und Länderberichte. Vorträge eines interdisziplinären Symposiums vom 19. bis 24. Juni 2000 an der Justus Liebig Universität Gießen (= Chloe, Beihefte zu Daphnis, Band 34), Amsterdam/New York: Editions Rodopi B.V 2003; - Ottmar Ette: »Est-ce que l'on sait où on va? Dimensionen, Orte und Bewegungsmuster des Reiseberichts«, in: Walther L. Bernecker/Gertrud Krömer (Hg.), Die Wiederentdeckung Lateinamerikas. Die Erfahrung des Subkontinents in Reiseberichten des 19. Jahrhunderts (= Lateinamerika Studien Bd. 38), Frankfurt am Main: Vervuert 1997, S. 29-78; - Barbara Korte: Der englische Reisebericht. Von der Pilgerfahrt bis zur Postmoderne, Darmstadt: Wissenschaftliche Buchgesellschaft 1993; - Umberto Eco: »Marco Polo: das Unbekannte beschreiben«, in: ders.: Über Spiegel und andere Phänomene, München/Wien: Carl Hanser Verlag 1988, S. 90-96.

2 G. Wild: Paraphrasen, S. 133.

4.1 Das Genre. Beglaubigung

Es geht hier nicht in erster Linie um die Frage, welcher Typologie, von der *sentimental journey* über eine metaphorische Fahrt auf einem Narrenschiff bis zur musikethnologischen Forschungsexpedition, die erzählte Reise zuzuordnen ist. Es ist auch nicht die unmittelbare exterritorialisierte Zivilisationskritik des Reiseberichtes im Umfeld der Enzyklopädie wie etwa jene in Montesquieus *lettres persiennes*, die hier interessiert.[3] Für alle diese Lektüreweisen finden sich im Text überzeugende Signale. Deren Dichte und irritierende Interferenz bringt vielmehr das, was all diesen Varianten gemeinsam ist, in den Fokus, nämlich die Struktur des Reiseberichtes selbst als Genre, das spezielle distanzierende und homogenisierende Kommunikationsmodalitäten und Rhetoriken bereithält, also seine rhetorischen, topischen und komparativen Momente. Diese genrespezifischen Charakteristika öffnen ihn über die unmittelbare Reisebeschreibung hinaus auch für andere Inhalte und erlauben es, seine – die Reiseerfahrung mediatisierende – Poetik rezeptionsästhetisch gewendet als heuristisches Hilfsmittel für eine vertiefte und kritische Lektüre in Anspruch zu nehmen, die die Mediatisierung selbst in den Blick nimmt.

In seiner Untersuchung der Gattungspoetik des Reiseberichtes (als Bericht von einer realen Reise) sieht Gerhard Neuber in der Frage der Abgrenzung von Reisebericht, literarischem Reisebericht und – bei abnehmender Sachorientierung – auch der Autobiografie im Kriterium ab- oder zunehmender epischer Integration problematische Wertungs- und Zuordnungsfragen entstehen. Fiktionalität ist kein Prinzip, das dem jeweiligen Text

»[...] von vornherein inhärent wäre.[...] So gesehen bedeutet Fiktionalität nicht das intentionale Abweichen vom Faktischen einer vorgegebenen Realität, sondern vielmehr von dem, was einer Gesellschaft an einem bestimmten geschichtlichen Ort als das Glaubhafte erscheint. Die Kriterien ›fiktiv‹ vs. ›realitätskonform‹ werden damit als literaturwissenschaftliche analytische Kategorien der Poetik des Reiseberichtes obsolet.«[4]

An deren Stelle tritt der Maßstab der argumentativen Beglaubigung des Berichteten. Dies bedeutet eine »[...] Hinwendung zur historischen Topik, einer

3 Das Register ließe sich – je nach Fokus – variierend auffüllen und plausibel argumentieren: von einer Reise in ein (utopisches) Paradies, einer Unterweltsreise in die nach außen projizierten Abgründe der eigenen Seele, über eine an Don Quichote orientierte ritterliche *aventiûre* unter den Bedingungen der Moderne, eine heilsame Pilgerreise, eine Entdeckungsreise nach dem Muster der frühen Neuzeit, eine wissenschaftlich-gelehrte Reise mit ihrem informativen Reisebericht, eine Kavalierstour, die *curiositas*-Reise eines Inspiration suchenden Künstlers, bis zu einem touristischen Unternehmen.

4 W. Neuber: »Gattungspoetik« S. 51; siehe. ebd., 51f: »[Hier werden die] historisch wie methodisch zu eng gewählten Grenzen eines autonomieästhetischen Literaturbegriffs zum Stolperstein der Erkenntnis. Die vorherrschende ästhetische Selbstrepräsentanz des wahrnehmenden Individuums als Subjekt im Reisebericht [...] führt hin bis zur Preisgabe der Referentialität des Textes.«

Argumentationstheorie des Reiseberichtes«[5], über die die Frage nach Realitätskonformität suspendiert und durch eine gattungspoetologische ersetzt wird. »Die Spannung zwischen Sachgehalt bzw. Sachzugewandtheit und literarischer Gestaltung ist sinnvollerweise nicht als subjektiver psychischer Modus, sondern als gattungsgebundener Textmodus zu bestimmen.«[6]

Diese Wendung zu einem produktionsästhetischen Ansatz öffnet die Lektüre des Reiseberichtes für Fragen, die über die vexierende Fixierung auf eine – immer historisch aufzusuchende – Welthaltigkeit hinaus[7] seine Produktionsbedingungen, Themenfokussierung und Argumentationsmodi in den Blick nehmen und damit das Problem der Realitätskonformität anders positionieren, indem sie deren Archäologie sichtbar machen und mitreflektieren. Diese wesentliche Akzentverschiebung erweist sich auch für die Lektüre von *Los pasos perdidos* als fruchtbar: Als Reisebericht zu lesen, was in der Rhetorik des Reiseberichtes erzählt wird, erlaubt, die Frage nach Empirie oder literarischer Zurichtung des Romans zunächst zu suspendieren und ihn über seine eigenen gattungspoetischen, rhetorischen Strategien nach seiner relativen Genre-Observanz, seiner Defizienz, seinen Transformationen und seinem *Überschuss* als Reisebericht zu befragen.

Der Roman partizipiert in hohem Maß an diesen *rhetorischen Strukturen* der Textsorte Reisebericht[8], die er in subtiler Verfremdung durchspielt und sowohl auf der poetologischen als auch auf der Handlungsebene zur Darstellung der Reise selbst verwendet. Gleichzeitig unterläuft er diese Strategien parodierend, indem er ihren inhärenten prekären Wahrheitsanspruch thematisiert und damit genau in seiner Rhetorik jene Probleme zur Darstellung bringt, die die Problematik des Reiseberichts und damit jedes Erzählens – auf den »[...] intimen Zusammenhang zwischen Reisen und Erzählen«[9] und damit auch auf jene zwischen Reisebericht und Roman ist immer wieder hingewiesen worden – ausmachen. Bei beiden Gattungen handelt es sich, so Ottmar Ette, »[...] um literarische Hybridformen, welche die verschiedensten literari-

5 Vgl. dazu auch: J. Stagl: Neugier, S. 75f.

6 W. Neuber: »Gattungspoetik«, S. 52.

7 Vgl. Ottmar Ette: Literatur in Bewegung. Raum und Dynamik grenzüberschreitenden Schreibens in Europa und Amerika, Göttingen: Velbrück Wissenschaft 2001, S. 37f: »Von großer Bedeutung ist die Tatsache, daß [der Reisebericht] in grundlegender Weise auf den Leser bezogen ist und von dessen Verhältnis zu kollektiven Annahmen und Überzeugungen bezüglich des historisch Wahren abhängt. Viele Texte, die wir heute der fiktionalen Literatur zuordnen, sind aus der Perspektive des Reiseberichts oder gar als Reiseberichte gelesen worden. Umgekehrt wurden ›faktenorientierte‹ Berichte fiktional gelesen und gedeutet [...] Der [im Reisebericht] erzielte *effet de réel* darf keineswegs naiv nach einer angenommenen ›Realitätstreue‹ gemessen werden; der tatsächlich erreichte Realitätseffekt ist vielmehr an historisch wirksame und sich wandelnde Schreibformen und Strategien der ›Glaubhaftigkeit‹ bei einem soziohistorisch und wissenssoziologisch bestimmbaren Publikum rückgebunden.«

8 Neuber nennt »[...] Findung und Auswahl (inventio) seines Materials sowie dessen argumentative und stilistische Verarbeitung. Ein solcher Literaturbegriff ist durch die Rhetorik definiert – und durch die Topik als den Ort der gesellschaftlich relevanten Argumentationsstrategien sozialgeschichtlich präzisiert«. (W. Neuber: »Gattungspoetik«, S. 52).

9 P. Brenner: »Der Reisebericht«, S. 7. – Vgl. auch W. Neuber: »Gattungspoetik«, S. 50f.

schen und nicht-literarischen Textsorten und Fragmente aufzunehmen in der Lage sind«[10]. Beiden ist die Bewegung des Reisens eingeschrieben. Der Autor als Reisender, wie ihn Balzac in seiner *Comédie Humaine* beschreibt, versinnbildlicht den Schreibprozess im *se mettre en route* als räumliche Bewegung, die nicht nur die inhaltliche Erfahrungsdimension des Geschriebenen, sondern auch das Schreiben selbst als Bewegung erfasst. Über die Materialität der Schrift, also in der Handbewegung des Schreibenden, entsteht die Linearität der Schrift, der auch der Leser mit den Augen ›entlanggehen‹ muß, sodass schließlich auch das Lesen als eine Art des Reisens aufgefasst werden kann.[11] Ette konstatiert, dass »die Reisebewegung der Literatur doppelt eingeschrieben« ist. »Literatur und Reisen sind auf vielfältige Weise innig miteinander verklammert.«[12] Daher ist der Reisebericht selbst »in dieser Hinsicht potenzierte Literatur, da er die Reisestruktur des Romans als kommunizierbare Erfahrungsstruktur mit der (bisweilen auch vorgegebenen) Faktizität einer referentialisierbaren Reiseroute doppelt«[13].

Darüber hinaus erweist sich der Reisebericht als ideales Vehikel der Darstellung des medienarchäologischen Ansatzes Carpentiers: Er wird anhand der Geschichte einer Reise realisiert, die paradigmatisch unterschiedliche zeitliche und räumliche Kontexte durchläuft und mit deren Beschreibung auch distinkte kontextgebundenen Wahrnehmungs- und Darstellungsformen sichtbar macht. Der Bericht erlaubt in der Zeichnung des Wandels der Wirklichkeitsauffassung, dem der Protagonist begegnet, die Darstellung des Wandels der Wahrnehmungsmedien, die veränderte Wahrnehmung sowohl ermöglichen als auch durch diese selbst erst ermöglicht werden.

4.1.2 Der Reisebericht im Roman

Zunächst hat der Text als Reisetagebuch Berichtscharakter. Sein Adressat ist neben dem Verfasser selbst immer schon der Kurator des Organographischen Instituts. Er kennt als alter Freund den Werdegang des Protagonisten vom Künstler über den Filmmusiker zum Musikologen und dessen Theorie über den Ursprung der Musik. Die Wiederbegegnung nach längerer Zeit (»Ich habe dich gesucht, [...] aber ich habe deine Adresse verloren« PP24) lässt sich – intensiviert durch das Selbstgesprächs- und Beichtszenario des Tref-

10 O. Ette: Literatur in Bewegung, S. 41.

11 Ähnlich - unter Hinweis auf Derrida - Carola Hilmes: »Kartographie anderer Räume in Romanen von Kubin, Kasack und Jahnn«, in: Manfred Schmeling/Monika Schmitz-Emans: Das Paradigma der Landschaft in Moderne und Postmoderne. (Post-) Modernist Terrains: Landscapes - Settings - Spaces (= Saarbrücker Beiträge zur Vergleichenden Literatur- und Kulturwissenschaft Band 34-2007), Würzburg: Königshausen und Neumann 2007, S. 125-138; Derrida verbinde sein Konzept der Dekonstruktion mit dem Schreiben: »›Its spaciality, thinking in terms of a path, of the opening up of a way which - without knowing where it will lead to - inscribes its traces‹«. Dieses Schreiben sei, Derrida zufolge, wie ein Labyrinth, denn es habe weder Anfang noch Ende. »›One is always on the move. The opposition between time and space of the temple or the house has no longer any sense. One lives in writing. Writing is a way of living‹«. (Ebd. S. 125, Derrida zit. nach: Domus, vol. 671, 1986, S 17-25.

12 O. Ette: Literatur in Bewegung, S. 44.

13 Ebd., S 43.

fens – wie die Wiederbegegnung mit einem alter ego lesen, mit einer Person, die dem erwachsenen Mann, der in der Reflexion seiner Jugendjahre apologetisch sein jetziges Leben erklärt, alternative Lebensmöglichkeiten zeigt. Die Szene wird zu einer qualvollen Übung in Psychohygiene: Im Wortfeld des lateinischen *cura* (Obhut, Fürsorge, sich sorgen um, heilen ...) ist der Kurator nicht nur pflegender Verwalter des Instituts, sondern erscheint auch als Allegorie der psychischen Funktion heilsamer Selbstreflexion. Im Roman wird der Protagonist außer von Rosario nur zwei Mal bei seinem Namen genannt: einmal, als die Mannschaft des Suchflugzeuges ihn identifiziert (PP295) – also am Ende der Reise – und an ihrem Beginn durch den Kurator (PP24)[14], der »darauf versessen [schien,] mich in eine Gegend zu schicken, in die er auf irgendeine Weise selber [sic] gehen wollte« (PP33). Der Protagonist, der also als Stellvertreter, als *alter ego* des Kurators ›dessen‹ Reise macht, verfasst sein Tagebuch immer schon in einem imaginären Gespräch mit diesem.

Außerdem wird die Darstellung der vorgefundenen Wirklichkeit und der eigentlichen Reise nach deren Ende tatsächlich als Bericht übermittelt. Der Kurator, die Öffentlichkeit und die Presse haben eine Suchkampagne gestartet (»man gedachte Reisender, Forscher und Gelehrter, die blutrünstigen Indianerstämmen in die Hände gefallen waren – allen voran natürlich Fawcetts« (PP306). Der Protagonist verkauft also der Presse die

»[...] Exklusivrechte an meinen zahlreichen Lügen [...], denn fünfzig Viertelseiten Lügen sind es in der Tat, die ich verkaufen werde, weil ich das eigentlich Wunderbare an meiner Reise nicht preisgeben kann: ich würde damit die übelste Sorte von Leuten auf die Spur von Santa Monica de los Venados setzen. Zum Glück haben die Piloten, die mich fanden, in ihren Berichten nur von einer Mission gesprochen, der Sprachgewohnheit zufolge, jeden Ort, wo ein Mönch ein Kreuz aufgepflanzt hat, als Mission zu bezeichnen. Und da Missionen selten die Neugier des Publikums erregen, kann ich vieles verschweigen.« (PP308f)

Er will eine »Schwindelgeschichte« präsentieren, erzählen, dass er »Gefangener eines eher mißtrauischen und grausamen Stammes« gewesen und auf einer hunderte Kilometer langen Flucht entkommen sei. »In meinem Koffer liegt der berühmte Roman eines lateinamerikanischen Autors, in dem Namen von Tieren und Bäumen stehen und indianische Sagen und Geschichten erzählt werden, alles, was ich brauche, um meinen Bericht glaubhaft zu machen.« (PP309) Der eigentliche Bericht, das Tagebuch der Reise, soll also den Publikumsgeschmack und dessen Plausibilitätsbedürfnisse antizipierend, umgeschrieben und literarisch aufgearbeitet werden. »Ich werde für meine Prosa [sic] kassieren« (ebd.). Als die Boulevardpresse Mouches Version (»Ihren Roman [sic]«-PP313) als »Enthüllungen« ankündigt und dann auch veröffentlicht, schickt ihm seine Zeitung das Manuskript der Reportage zurück, er verkauft sie schließlich »gegen ein schäbiges Honorar einer viertrangigen Zeitschrift«. (PP325)

14 Beide Szenen sind mehrfach als ein Augenblick aufgehobener oder wieder eingesetzter Zeitlichkeit markiert. die Ferien des Filmkomponisten bedeuten »leere Wochen«, seine stehengebliebene Uhr lässt den Protagonisten während des Gesprächs den Kurator nach der Uhrzeit fragen. Das Suchflugzeug bringt den Protagonisten in die Zeitlichkeit seiner beruflichen Lebenswirklichkeit zurück.

Dass ein Reisebericht unter den Bedingungen einer modernen Mediengesellschaft nur noch als Reportage erscheint, die den Publikumsvorlieben und Veröffentlichungsbedingungen entsprechend zugerichtet wird[15], ist einerseits deutliche Medienkritik: Im weiten Feld zwischen einem durch den Hinweis auf Percy Fawcett[16] markierten Sensationsjournalismus, literarischer Beschreibung[17] und dem lateinamerikanischen Urwaldroman[18] und dessen ex-

15 Vgl. zur Orientierung am Publikumsinteresse auch: J. Stagl: Neugier, S. 75.

16 Percy Harrison Fawcett, geb. 1867, seit Sommer 1925 am Oberlauf des Rio Xingu verschollen, war britischer Abenteurer, Forschungsreisender und Ethnologe. Zunächst Mitglied einer Vermessungsexpedition der Royal Geographic Society sucht er auf späteren Reisen die sagenhafte Stadt Manoa, von deren Existenz indianische Legenden und ein mit 1753 datiertes Dokument aus dem brasilianischen Staatsarchiv berichten: Portugiesische Goldsucher und Abenteurer fanden sich im Amazonasgebiet demnach unvermutet in einer »versteckten und großen alten Stadt, ohne Einwohner«. Fawcett vermutete, gestützt auf paläontologische und zoologische Studien und historische Quellen, die Existenz eines Stammes weißer Indianer, die er *Tapuyas* nannte: »Man findet sie im Osten von Brasilien. Sie sind Flüchtlinge einer älteren und sehr großen Zivilisation. Ihre Gesichtszüge sind von großer Schönheit und sie haben weißes, goldenes und goldbraunes Haar. Ihre Fähigkeit der Goldverarbeitung und des Edelsteinschnitts ist von hohem Grad. Sie tragen Diamanten und Ornamente aus Jade.« Für seine siebte Forschungsreise ins Matto Grosso, wo er die versunkene Stadt »Z« zu finden hofft, erhält er finanzielle Unterstützung auch von der North American Newspaper [sic] Alliance. Sein spurloses Verschwinden zusammen mit seinem Sohn ist Anlass für zahlreiche Suchexpeditionen, spekulative Medienberichte und ausufernde Legendenbildung. 1953 publiziert der Sohn, Brian Fawcett, den literarisch [sic] aufbereiteten Bericht Fawcetts aus 1921 über die ersten fünf Expeditionen als Buch mit dem Titel *Lost Trails,* Lost Cities. Vgl.: URL: http://de.wikipedia.org/wiki/Percy_Fawcett [9.4.2008]; ein expliziter Hinweis auf Fawcett findet sich im Bericht Montsalvatjes von der versunkenen Stadt Manoa: »Siebzig Jahre früher habe ein angesehener Geograph in einem wissenschaftlichen Bericht versichert, er habe in der Gegend des Grandes Mesetas etwas gesehen, was ganz wie die Gespensterstadt aussah, die der Urre erblickt habe.« (PP184)

17 Als literarischer Prätext kann unter anderem auch Conan Doyles 1912 erschienener Roman *Lost World* gelten. In Hinweis des Romans auf literarische Vorlagen sind das Verweisspiel und die Überschreitung von Genre- und Mediengrenzen auf die Spitze getrieben: Einerseits gelten als Prätexte von *Lost World* andere Romane, darunter auch Jules Vernes *Reise zum Mittelpunkt der Welt* oder Joseph Conrads *Heart of Darkness*, andererseits ist *Lost World* selbst Gegenstand zahlreicher Adaptionen (Hörspiel ca. 1940 und Filme 1925, 1940) geworden. Als eine der Inspirationsquellen für Doyles Roman gilt Fawcetts Vortrag bei der Konferenz der Royal Geographic Society 1911, den der Autor hörte. 1943 erscheint Evelyn Waughs *A Handful of Dust*, dessen Held, um seiner Ehemisere zu entkommen, eine Reise in den brasilianischen Urwald unternimmt, wo er nach katastrophischen Zwischenfällen und dem Tod seiner Begleiter in ein Indianerdorf gerät. Dessen Häuptling, eine Weißer namens Todd, dem der Gerettete täglich aus den Büchern Carles Dickens' vorlesen muss, verhindert die Rückkehr des Reisenden, indem er den Monate später eintreffenden Suchtrupp täuscht und seinen Vorleser als Gefangenen behält. Vgl. Evelyn Waugh: A Handful Of Dust, Harmondsworth: Penguin Books 1978, S. 199-217.

plikativen Strategien, die die welthaltigen Aspekte der Beschreibungen verbürgen sollen, entsteht eine literarische Bricolage. Die Kombinatorik ihrer Versatzstücke wird in einem absichtsvoll verwirrenden Spiel von Verifikatios- und Lügensignalen – und auch dieses noch ironisierend – vorgeführt. Die Frage nach Wahrheit und Fiktion löst sich in der Orientierung an den Wahrscheinlichkeitsvorstellungen und Konsumwünschen des Publikums auf. Andererseits behält sie auf der *Histoire*-Ebene paradoxerweise eben deswegen ihre Relevanz: Die Fakten verändernde und literarisch aufgewertete Zurichtung wertet in einem rückläufigen Instanziierungsspiel den *Original*text selbst auf. In der Dichotomie von Wahrheit und Fiktion insinuiert das Ausmaß der Entstellung und Zerstörung die Glaubwürdigkeit des Ausgangsmaterials. Im Umkehrschluss erscheint er nun als der wahre, authentische, zuverlässige Bericht, als das *Eigentliche*, das erzählt wurde, und dem durch seine Entleerung, lügenhafte Entstellung und medienadäquate Umschrift vorgängige Fülle, Wahrheit und Authentizität unterstellt werden können.

Die (im Hinblick auf die Genese von Carpentiers Roman auch autoreferentielle) Ironie ist unübersehbar: Trotz der vorgeführten Verstellung und gerade indem er sich mit dreister Deutlichkeit als der Lüge fähig und in ihren Nuancierungen gewandt zeigt, beansprucht der Erzähler, dass der Leser zumindest die Darstellung dieser Täuschungsmanöver liest, als entsprächen sie der Wahrheit. Über diese Zumutung und deren Akzeptanz durch den Leser entsteht – nahezu explizit freigelegt – der Fiktionalitätskontrakt, ohne den der Text im Sinne Peter von Matts ›nicht zu haben‹ ist.

Das Instanziierungsspiel wird in einer weiteren Zuspitzung auf der Metaebene wiederholt: In der dem Text angefügten Nota benennt ein A.C. gezeichneter Sprecher auf den ersten Blick verifizierende Details, die den Bericht des Protagonisten affirmieren:

»Obwohl der Ort der Handlung in den ersten Kapiteln keiner besonderen geographischen Bestimmung bedarf und obwohl die [...] Provinzstädte, die später vorkommen, bloße Prototypen sind [...] glaubt der Verfasser etwaiger berechtigter Neugier durch den Hinweis entgegenkommen zu müssen, daß von dem Ort an, den er Puerto Anunciación genannt hat, Landschaftsschilderungen durchwegs auf sehr genauer Betrachtung von Gegenden beruhen, die wenig bekannt sind und kaum je, wenn überhaupt, photographiert worden sind. « (PP353)

In der Folge werden nun Flüsse, Orte, Landschaften benannt und mit Abschnitten der Handlung in Verbindung gebracht. Nicht nur die stilistische Zurichtung der Nota irritiert einen sich zunächst einstellenden Beglaubigungseffekt: Sie ist nicht von einem unmittelbaren Sprecher, sondern in der dritten Person Singular (»der Verfasser«) verfasst und verfährt über einen dichten Raster von abtönenden Hilfs- und Modalverben. Auf der Inhaltsebene benennt sie kartografierte, also im Medium *geografischer Aufzeichnung* lokalisierte Orte, *Berichte* Dritter, Personen als Träger von *Rollen*, (»Gestalten, wie sie jedem Reisenden auf der weiten Bühne [sic] des Urwaldes begegnen« (PP354), *Mythen*, die Lektüre *literarischer Texte* und ein *Artefakt*, nämlich das auf einem Tonträger vermittelte Ritual (»Die Threnodie des Medizin-

18 Etwa Rómulo Gallegos' Roman *Canaima* (1945) oder José Eustasio Riveras *La voragine* (1924).

mannes hat ein Forschungsreisender aufgenommen; die Platte liegt in den venezolanischen Forschungsarchiven.« ebd.)

Damit erweist sich auch die erklärende Nota als Patchwork von vorgängigen, medial strukturierten und verbürgten Texten, das lebende Personen und vermittelte Bruchstücke zugleich und mit gleicher Wirkungskraft als Auslöser für das Schreiben benennt und ihre Welthaltigkeit nicht differenziert:

»Der Pionier, Montsalvatje, Marcos, Bruder Pedro [...] gehören ebenso zur Wirklichkeit wie eine bestimmte Form des Mythos von El Dorado. Was Yannes, den griechischen Bergmann betrifft, so mag es genügen, wenn der Verfasser versichert, daß er nicht einmal seinen Namen verändert hat. Nachzutragen bleibt, daß er neben der Odyssee Xenophons Anabasis aufs höchste bewundert.« (PP354)

Jede Differenz des Repräsentationsvermögens eines Mediums gegenüber anderen scheint unerheblich: die wissenschaftlichen Präzisionskriterien unterworfene Landkarte mit ihren geometrischen Rastern, die beliebige, möglicherweise zufällige und anonyme – und im Roman immer wieder denunzierte – Fotografie, der technisch-materielle Tonträger, dessen Information veränderungsfrei wiederholbar ist, oder die im Medium unmittelbarer Kommunikation mündlich und damit in aufeinanderfolgenden und stets abweichenden Versionen überlieferten Mythen stehen für eine Repräsentation der Realität, die immer auf ihre mediale Vermitteltheit angewiesen ist. Zuletzt sind es zwei literarische Texte, die der einen Roman verfassende Schriftsteller in einer autoreferentiellen Pointe nennt: Die *Odyssee*, also den Bericht von einer rätselhaften Reise in eine Heimat, zu deren Signatur nicht nur das Geheimnis ihres Autors Homer sondern auch über dessen Musenanrufung am Beginn des Epos eine weitere Instanziierung gehört, und die darüber hinaus in die historische Tiefe und auf die mythenbildende Energie jeglichen Sprechens verweist. Yannes' Buch ist eine »zerlesene zweisprachige Ausgabe«[19], die eine Sprache ist wohl das Griechisch der Antike, die andere wird zunächst nicht genannt: Das bringt, neben der Frage der Medialität und der Materialität verschiedener Ausgaben eines Textes, auch die Problematik der Übersetzung ins Spiel, deren mögliche Mängel im Verstehen der Übersetzung als eines Ganzen im Verstehensprozess aufgehoben werden: Yannes kann den Text auswendig, realisiert ihn also im Modus der *Memoria*, die in seiner zitierenden Applikation auf reale Gegenwartssituationen zur Vergegenwärtigung wird. Auch das zweite genannte Buch, Xenophons *Anabasis*, trägt als Geschichtswerk, das für seine ethnographischen, zoologischen und botanischen Betrachtungen gelobt und wegen seiner Parteinahme für Kyros kritisiert wird, die Signatur der Wahrheitsproblematik.

Wenn nicht die Welthaltigkeit solch initiierender, medial vermittelter Bruchstücke, also nicht Referentialität im Vordergrund steht, so erscheint als ›Thema‹ der Nota das Schreiben selbst, das eine Wirklichkeit repräsentiert, die vielfältig gebrochen und mediatisiert ihre Mediatisierung selbst zum Vorschein bringt.

19 Vgl. PP196: »Den besten Platz in seinem Bündel hebt er für ein Buch auf, sein einziges, das er überall mit sich herumschleppt, eine billige zweisprachige Ausgabe der Odyssee in schwarzem Wachstucheinband und mit grünverschimmelten Seiten.«

Über die Würdigung ihrer inhaltlichen Momente hinaus lässt sich die Nota auch poetologisch klassifizieren: Nur scheinbar als Paratext[20], nämlich im Gestus eines auktorialen Epitextes, dessen Illokution eine affirmative Lektüreanweisung ist, in Wirklichkeit aber Kommentar eines nicht mit dem Romanautor Alejo Carpentier identischen onymen Sprechers (Genette), eines Zeugen des Schreibens, schiebt sie sich wie ein (unvollständiger) Rahmen, der noch Teil des Romans selbst ist, zwischen Text und Lektüre. Sie affirmiert den Text in einer Weise, die sie selbst provokant[21] als Fiktionssignal ausweist, das Spiel zwischen Vermitteltheit und Wahrnehmung aber nicht auflöst, sondern perpetuiert und die erzählte Geschichte auf einer weiteren Textebene ambiguisiert. Damit macht sie den Roman zum Meta-Text, dessen Makrotopic im Sinne Ecos das Schreiben selbst ist. Indem der Text zeigt, wie er (in seiner gewollten Dysfunktionalität) funktioniert, oder indem er, wie Eco für den literarischen Text generell feststellt, ständig nahelegt,

»[...] seine Struktur auf verschiedenen Ebenen zu betrachten, von der lexematischen Oberfläche bis zu den tieferen Ebenen, teilt er [...] mit, daß [seine] ästhetische Botschaft die doppelte Qualität des Ambivalenten und der Selbstreflexion besitzt und daß er bei der Arbeit auf der Ebene des Ausdrucks Veränderungen in der Ordnung des Inhalts hervorbringt.«[22]

Er führt den Prozess seiner Widersprüchlichkeit vor, erzählt, wie man eine Geschichte über einer Reise erzählt und stellt sich damit als Text selbst in Frage. Dass er dies in strenger Observanz der Kriterien des Reiseberichtes tut, erscheint nicht als Widerspruch, sondern als routiniertes Spiel mit den Vorgaben der Textsorte. Es ist der mediale, persuasive Diskurs selbst, den er mit den Mitteln der Kunst in Gang setzt und gleichzeitig denunziert.

4.1.3 Die Geschichte des Reiseberichts

Dass Reisende lügen und ihre Berichte unglaubwürdig sind, ist ein Topos, der die Reiseliteratur seit ihren antiken Anfängen begleitet. Das gilt sowohl für die Berichte über authentische Reisen, deren Nähe zur Fiktion nicht nur ein Wahrheitsproblem, sondern immer auch ein erkenntnistheoretisches Problem ist[23], als auch für die Beschreibung fiktiver Reisen, die einen außerlite-

20 Vgl. Gérard Genette: Paratexte. Das Buch vom Beiwerk des Buches (= suhrkamp taschenbuch wissenschaft 1510), Frankfurt am Main: Suhrkamp Verlag 2001. Der Paratext ist in der Regel ein »[...] heteronomer Hilfsdiskurs, der im Dienst einer anderen Sache steht, die seine Daseinsberechtigung bildet, nämlich des Textes. [...] welche Koketterie und welche paradoxe Umkehrung der Autor in ein paratextuelles Element auch einbringen mag, es ist immer ›seinem‹ Text untergeordnet, und diese Funktionalität bestimmt ganz wesentlich seine Beschaffenheit und seine Existenz« (ebd., S. 18).

21 So auch G. Wild: Paraphrasen, S. 138.

22 U. Eco: Lector in fabula, S. 277.

23 Siehe zur Einbettung jeder Fremderfahrung in real- und ideengeschichtliche Entwicklungen, ihre Abhängigkeit von Weltbild und Wirklichkeitsauffassung des Beschreibenden, zu ihrer Abhängigkeit der Erfahrung von technischen und organisatorischen Standards (wie etwa jenen der Verkehrsmittel) und zu den subjektiven Voraussetzun-

rarischen Wahrheitsanspruch suspendieren können, seinen Kriterien aber im Text selbst, sei es um einer illusionären Wahrscheinlichkeit willen oder im ironischen Spiel mit ihnen, genügen müssen. Seit der Antike gehören zur Rhetorik des Reiseberichtes also Verifikationsstrategien, die seine Glaubwürdigkeit befördern und seine Wahrnehmung als Repräsentation einer außerliterarischen Wirklichkeit ermöglichen.

Zu solchen die Erfahrung mediatisierenden dispositionellen Mustern zählen vor der Etablierung der Ethnographie als Wissenschaft im modernen Sinn zunächst klassisch gewordene Topoi, die als Erwartungshorizont fungieren, in der Auffüllung ihrer Formen ›Vollständigkeit‹ und damit Glaubwürdigkeit herstellen und sich schließlich als Hermeneutik des Fremden zu einer ethnographische Dogmatik verfestigen[24]: Die Autochthonie des fremden Volkes, seine Unvermischtheit mit anderen Völkern und damit auch die große Entfernung des Landes, seine Beschreibung als unwirtlich (*informis*, *tristis*), der Mangel an Verkehrswegen oder deren Mühsal, die ›andere‹ Körperlichkeit, (also besondere physische Charakteristika – Größe, Haarfarbe, Hautfarbe, besondere Schönheit oder Hässlichkeit), anthropologische Charakteristika, wie jene besonderer Körperkraft oder der Fähigkeit Durst oder extreme Temperaturen besser zu ertragen, oder der andere körperliche Habitus, eine andere Art, sich zu kleiden oder unbekleidet zu sein, die Unempfänglichkeit für den Reiz der Edelmetalle oder die Darstellung anderer Kultformen.

Obwohl der Bericht des Protagonisten diese Topik überschreitet und als Variante teilnehmender Beobachtung, sogar als dichte Beschreibung *avant la lettre* gelesen werden kann, lassen sich alle diese Topoi im Roman auffinden: Sie sind unsystematisch und gelegentlich permutiert im Text verstreut und befördern einerseits als Handlungsgeneratoren dessen *evidentia*, während sie andererseits als diskursive Versatzstücke lesbar gemacht werden, die die Herstellung eines ›ethnographischen Berichtes‹ ironisch vorführen.

So sind etwa, um nur einige Beispiele zu nennen, die Beschreibung Rosarios als Idealbild lateinamerikanischer Rassenmischung, das Misstrauen der Indianer oder des Adelantado gegenüber dem Goldsucher Yannes und seine nachteilige Wesensveränderung nach dem Goldfund[25], das Ritual der magischen Totenbeschwörung, die Beschreibung der Landschaft als eine der Urformen oder jene der Liebesfreiheit und unschuldiger Nacktheit in einer paradiesischen Umwelt – obwohl sie sich scheinbar unauffällig in die Romanhandlung integrieren – als Aktualisierung dieser Topik zu lesen. Sie be-

---

gen des Reisenden wie Bildungsstand, Interessen, Wahrnehmungsfähigkeit und Beschreibungsvermögen, die insgesamt weder in einer »[...] naiven Wahrnehmungstheorie« noch in einer »reinen Präformationstheorie« aufgeht, P. Brenner: »Erfahrung der Fremde«, S. 14ff, S. 27; vgl. auch: Friedrich Wolfzettel: »Zum Problem mythischer Strukturen im Reisebericht«, in: Ertzdorff/Giesemann (Hg.), Erkundung und Beschreibung der Welt, S. 3-30, hier S. 4ff.

24 Vgl. Karl Trüdinger: Studien zur Geschichte der griechisch-römischen Ethnographie, Basel: Emil Birkhäuser 1918, S. 55, S. 75, S. 94, S.150 et al; – Klaus E. Müller: Geschichte der antiken Ethnographie und ethnographischen Theoriebildung (= Studien zur Kulturkunde zweiundfünfzigster Band), Wiesbaden: Franz Steiner Verlag 1980.

25 »Zufällig sei er [Yannes] auf die allen unbekannte Stadt gestoßen und zwei Tage lang dort geblieben. ›Idiotische Leute‹, sagte er, ›blöde Leute. Haben Gold in der Nähe und holen es nicht.‹« (PP349).

schreiben allerdings unter den zeitlichen und epistemischen Bedingungen der Reise nicht eine eigentlich autochthone Welt, sondern eine, deren Besonderheit erst durch den ideologischen Blick des Protagonisten als ›autochthon‹ für eine lateinamerikanische Wirklichkeit nach der Konquista und der ihr nachfolgenden Eroberungen gesetzt wird. Dass ihre Beschreibung die Topik der Ethnographie nutzt, lässt sie an deren relativem Objektivitätsanspruch partizipieren, der der subjektiven Lesart des Erzählers in einer Variante des Instanziierungsspiels damit eine weitere hinzufügt, die einerseits erhöhte methodische Glaubwürdigkeit insinuiert und andererseits gleichsam als ›zweite Stimme‹ die Lektüren des ›sentimentalen‹ Protagonisten bestätigt. Gleichzeitig wird sie durch die verfremdete Weise ihrer Herstellung parodiert. Wenn Rosario als Prototyp von ursprünglicher Weiblichkeit und lateinamerikanischem *mestizaje* unter anderem über ihre Lektüre einer okzidentalen Heiligenlegende oder über ein ikonisches Bild des okzidentalen Schönheitsdiskurses (*La Parisienne von Kreta*) charakterisiert wird, der Threnos des Medizinmannes sein Pendant in dem einer Autonomieästhetik verpflichteten Kompositionswerk des Protagonisten findet oder der goldsuchende Grieche neben Xenophons Anabasis [sic] ausgerechnet die Odyssee, also die okzidentale Geschichte eines listenreichen und lügenhaften Reisenden als seinen weltdeutenden Text nennt und auch immer wieder zitierend auf die vorgefundene Lebenswirklichkeit bezieht, ist die *langue* der ethnographischen Beschreibung nur noch als Moment von deren Dichte funktionalisiert, die *parole* selbst aber als ein hybrides Gewebe von Überschreibungen und ironischen Paraphrasen freigelegt.

Wie die antiken Reiseberichte folgen auch jene über mittelalterliche oder neuzeitliche Reisen, wie Justus Stagl beschreibt, speziellen Topiken[26]: die Pilgerreisen als Zweig der theologischen Literatur orientieren sich an jener der Heilsgeschichte, die weltlichen Reisen, die zuerst als Fachprosa im Rahmen der literarischen Gattung navigatio und schließlich als Sachprosa, einer »[...] vielseitigen, für unterschiedliche Erfahrungen offene Literaturgattung«[27], notiert werden, folgen (um sich von den fabulösen Reiseberichten abzusetzen, »[...] die als mehr oder minder freie Spiele der Imagination durch Ausmalung von Populärmythen dem Unterhaltungsbedürfnis dienten«[28]) unterschiedlichen, zunehmend standardisierten Topiken: die ersten Reise- und Berichtsinstruktionen werden für Gesandte ausgearbeitet, deren Berichte, da sie in regelmäßigen Abständen erstattet werden, auch aufeinander Bezug nehmen. In der *res publica literaria* des Humanismus entstehen systematisierte Seefahrts-Ratgeber, Pilgerführer und Reiseregimina, schließlich erscheinen Kollektionen von Reiseberichten, Kosmographien und Sammelwerke von Staatenbeschreibungen. Mit Zwinger, Blotius und anderen Gelehrten entstehen Methodologien des Reisens, die dem (gelehrten) Reisenden ein Programm anbieten, nach dem »[...] jeder nach seinen speziellen Interessen sinnvoll an der Erweiterung des gemeinsamen Wissens über die Außenwelt«[29] mitarbei-

26 Vgl. zur Methodisierung des Reisens J. Stagl: Neugier, S. 76-139.

27 Ebd., S. 74.

28 Ebd., S. 74.

29 Ebd., S. 86.

ten kann. Nach der Universalmethode des Ramismus[30], der an jeden Untersuchungsgegenstand mit einer Liste von Fragen herangeht, erhält der Reisende (neben allgemeinen praktischen, religiösen, ärztlichen Ratschlägen und Hinweisen für die Benützung von Reisebehelfen wie Karten, Itinerarien oder nautischen Instrumenten) auch Hinweise, worauf seine Aufmerksamkeit sich zu richten habe: Er soll diskursives Wissen (etwa von den *viri illustres* aber auch von einfachen Leuten) erwerben, aber auch durch eigene Anschauung und praktische Erfahrung, durch den Umgang mit Menschen, die Teilnahme bei wichtigen Anlässen, vor allem aber durch aufmerksames Fragen Kenntnisse über die bereisten Gegenden sammeln und schriftlich fixieren.[31] Stagl stellt fest:

»Die *ars apodemica* bedeutet [...] einen entscheidenden Schritt in der Verschriftlichung der Reisepraxis. Sie empfiehlt durchwegs die Führung von Reisetagebüchern. [...] Der Hauptertrag einer apodemisch gesteuerten Reise bestand neben der Persönlichkeitsbildung des Reisenden in einer Sammlung von durch seine Autopsie beglaubigten Notizen, die durch [...] Sammelobjekte wie [...] Kunstwerke, naturhistorische Präparate, Ethnographica und sonstige ›Kuriositäten‹ ergänzt werden konnte.«[32]

Die Ausbeute an Informationen wird in der Ordnung der *loci communes*, zum Teil in einer Variante ›doppelter Buchführung‹, zu Rubriken umgebildet[33],

30 Eine auf Petrus Ramus (Pierre de la Ramée, 1515-1572) zurückgehende Bewegung der allgemeinen Wissenschaftsreform im 16. und 17. Jahrhundert. Sie ist geprägt von einer Neubelebung der *artes liberales*, und lehnt die scholastische Form der aristotelischen Logik ab, die »gekünstelt« sei und nicht dem »natürlichen Denken« entspreche, das Ramus nicht empirisch-psychologistisch, sondern im platonischen Sinn als eine angeborene Fähigkeit des Menschen sieht. Vgl. Jürgen Mittelstraß (Hg.), Enzyklopädie, Philosophie und Wissenschaftstheorie, Stuttgart, Weimar: J.B. Metzler 2004, S. 458ff, S. 461f.

31 Anders als die antike Rhetorik geht die humanistische – auch im Gefolge der zunehmenden Verschriftlichung allgemeiner Verwaltungsverfahren in Akten – von der geschriebenen Rede aus. Diese kann, da sie nicht gegen den Aufmerksamkeitsverlust der Hörer ankämpfen muss, länger, detailreicher und komplexer als die mündliche Rede sein. Die *ars dictaminis/epistolaria* wird zu einer ›Superdisziplin‹ für empirisches Wissen. Überdies bringt die methodisierte Verschriftlichung über ihre komplexen Interrogatorien und Beschreibungsschemata einen »[...] konstruktivistischen Zug in die empirischen Wissenschaften.« J. Stagl: Neugier, S. 130f; die Daten werden nicht einfach gesammelt und wiedergegeben, sondern nach vorgegebenen Kriterien aufgesucht und organisiert. So können auch ›Wissenslücken‹ entstehen, die später zu Aufträgen gezielter Forschungsreisen werden.

32 Ebd., S. 103.

33 Den Reisenden wird sogar geraten, zwei Tagebücher zu führen. Vgl. J. Stagl: Neugier, S. 103: »Im ersten sollte alles dem Reisenden Auf- oder Einfallende rasch und diskret notiert werden, solange es noch frisch im Gedächtnis haftete. Am Abend, oder wenn sonst Zeit und Muße gegeben war, sollte dann das für später Festhaltenswerte aus dieser Notizenfolge exzerpiert und in ein zweites, nunmehr nach loci communes gegliedertes Hauptbuch übertragen werden. Dieses Nebeneinander von chronologischen, orts- und zeitgebundenen Notizen und systematischen, von Ort und Zeit stärker abstrahierenden Übersichtsdarstellungen geht auf den antiken Dualismus von

die, indem die Rubrikenüberschriften der Beschreibungsschemata als Fragen formuliert werden, schließlich zu Interrogatorien[34] werden. In diese Interrogatorien fließen die mit der im Hochmittelalter entstehenden *ars epistolaria* verbundenen formularartigen Anweisungen für das Lob von Städten und Ländern (*laus, descriptio*) und die antike Klimalehre ein.

Der Reisende, der für die Dauer seiner Reise der Kontrolle der *res publica literaria* entzogen ist, hat mit der objektivierenden *ars apodemica* vor einer internen und textuellen Kontrollinstanz zu bestehen, die seine Erkenntnisse und Erfahrungen, die er in einem enzyklopädischen Pflichtprogramm erwirbt, an die bereits vorhandene Erfahrungswissenschaft anschlussfähig macht. Damit entsteht paradoxerweise gewissermaßen als Kehrseite des Objektivismus die Möglichkeit, im Rahmen der formalen Disposition Reiseberichte aus anderen Quellen zu ergänzen[35], die eigenen Erfahrungen mit jenen anderer abzustimmen, Berichte zu verfälschen, sie überhaupt vom Schreibtisch aus oder als Berichte über imaginierte Fantasie-Reisen zu verfassen.

Im späten 17. Jahrhundert ist das Wissenswerte – zumindest das über die europäischen Nationen – so weit bekannt, dass die Reiseberichte sich zu wiederholen beginnen. Die ars apodemica wird »verhofmeistert«[36]; der den Reisenden auf seiner Kavalierstour begleitende Hofmeister sorgt für ihre apodemische Ausrichtung und verfasst zumeist auch den nachfolgenden Reisebericht. Schließlich werden auch berufsbildende Reisen nichtadliger und nichtakademischer Stände methodisiert, die holistisch-enzyklopädische Reise wird ausdifferenziert und spezialisiert. Die wissenschaftliche Reise[37] entsteht, mit ihr auch eine Neubewertung de Subjektivität. Man kann vermuten, »[...] dass das Wunderbare, Unerklärliche, das aus der Welt der [wissenschaftlichen] Objekte ausgeschlossen wurde, seine Zuflucht nunmehr im beobachtenden und beschreibenden Subjekt selbst fand.«[38] Die empfindsame Reise wird modern, die – anders als die bürgerliche Bildungsreise – die objektive Abbildung der Außenwelt durch die Abbildung der Objekte des Gefühls ersetzt.

Unverkennbar spielt der Reisebericht des Protagonisten des Romans auf solche Reise- und Beschreibungsprogramme an, indem er Bruchstücke davon funktionalisiert und damit auch die Geschichte des Genres und seiner mediatisierenden Strategien nachzeichnet. Der Tagebuch-Modus der Aufzeichnungen, der für die Zeitungen umgeschriebene Bericht als Kontrafaktur der *loci communes*, die nun als Gemeinplätze des Publikumsgeschmacks parodiert

Logbuch/Ephemeride und Historie zurück. Er knüpft im Fall der ›ars apodemica‹ wohl auch an die ›doppelte Buchführung‹ der Kaufleute an.«

34 Solche Interrogatorien werden seit der zweiten Hälfte des 17. Jahrhunderts von den Akademien zur systematischen Erforschung fremder Länder zusammengestellt und sollen die Sammlung von Informationen über schwer zugängliche Wirklichkeitsbereiche wie etwa verschiedene Technologien oder Naturwunder erleichtern.

35 Vgl. B. Korte: Der englische Reisebericht, S. 66.

36 J. Stagl: Neugier, S. 109.

37 Etwa die antiquarischen-literarischen Reisen, auf denen Inschriften kopiert, kunsthistorische Gegenstände gesammelt oder Bibliotheken, Wunderkammern und Museen besucht werden, und aus denen später die historischen Hilfswissenschaften entstehen, oder die naturhistorischen Reisen mit ihren Instruktionen zum Sammeln und Konservieren von Fossilien, Mineralien, Pflanzen und Tieren.

38 J. Stagl: Neugier, S. 113.

werden, die vorgeführte Teilnahme an Ereignissen, die möglicherweise erst durch ihre überhöhende Beschreibung als wichtig aufgewertet werden, wie etwa das Begräbnisritual oder die katholische Messe im Indianerdorf, oder – als musikologisch-forschende Beobachtung lesbar – das Ritual des Medizinmannes, sogar die schulmeisternde Kommentierung von Mouches Reaktionen als Parodie einer von einem Hofmeister geführten und überwachten Reise lassen sich als Überschreibungen einer ruinösen *ars apodemica* lesen, die deren Topoi und Techniken nützt und auffüllt, an ihren Objektivierungsangeboten partizipiert und sie gleichzeitig verfremdend ironisiert. Die Beschreibung klimatischer Umstände und damit etwa verbundener Architekturformen erinnert an das *aere, aquis et locis* des Hippokrates, jene von Los Altos an ein *de origine, situs, moribus et institutis* einer frühneuzeitlichen Stadt, die Referenz auf den Adelantado oder den Fray Pedro macht diese zu *viri illustres*, die als besonders wichtig und kenntnisreich beschrieben werden. Die vorgeführte Ausbeutung der Reiseberichte Dritter oder die explizite Sentimentalisierung, die schiere Fülle der aufgebotenen Verweise, Anspielungen und Überschreibungen, die enzyklopädische Ambition der ars apodemica werden eingespielt und zugleich (als sentimental genützter Wissensfundus auf der Handlungsebene und als ironisch gebrochenes Bricolageverfahren auf der poetologischen Ebene) als Sprachspiele sichtbar gemacht und ambiguisiert.

Neben einer Topik des Reiseberichtes sind es auch *formale rhetorische* Verifikationsstrategien, die seine Wahrhaftigkeit verbürgen. Solche Rhetoriken sind selbst historisch, also vom jeweiligen Empiriebegriff abhängig, der seinen entsprechenden Wahrheitsmodus begründet. Dessen »[...] dispositionelle Muster [wie z.B.] Materialauswahl und Anordnung«[39] stellen »wahrheitsverbürgende Stofforganistation« her. So ist etwa der *ordo naturalis*[40] als »[...] chronologische Darstellung der raum-zeitlichen Erfahrungsbildung [...] das für die Neuzeit häufigste und kennzeichnendste Schema der wahrheitsverbürgenden Stofforganistation«[41]. In diesem ordo naturalis ist auch die Romanerzählung strukturiert, die Datumsangaben des Reisetagebuchs markieren einen nachvollziehbaren linearen Verlauf, der nur durch das abschweifende

39 W. Neuber: »Gattungspoetik«, S. 55.

40 Vgl. J. Stagl: Neugier, S. 74: »Die typische Form der Präsentation ›historischen‹ Wissens war die Addition, die Aneinanderreihung einzelner, von einander mehr oder minder isolierter Fakten, die oft auch als die ›natürliche Ordnung‹ (ordo naturalis) bezeichnet wurde. Im Falle des Reiseberichtes war dies die chronologische Folge von Beobachtungen und Bemerkungen. Da diese oft mit Orts- und Zeitangaben versehen wurden, wurden die diversen Fakten in einem einheitlichen raum-zeitlichen Koordinatensystem verortet. In vielen Fällen ging diese Darstellungsform auf ein ›Tagebuch‹ zurück. Reisetagebücher sind uns schon aus dem Mittelalter bekannt.«

41 W. Neuber: »Gattungspoetik«, S. 55; Der *ordo naturalis* kann zugunsten stoffsystematischer, enzyklopädischer Ordnungen aufgegeben werden; der dadurch entstehende Verlust des narrativen Elements bedeutet eine Preisgabe des Genus Bericht. Gleichzeitig wird das Problem der Beglaubigung damit dem Text entzogen, sein Wahrheitsmodus aus dem Text selbst ausgegliedert und einer äußeren kontrollierenden Instanz übertragen, etwa den »strukturierenden Erkenntnisbedingungen und Diskursregeln« (ebd., S. 61) eines Faches (z.B. der Geografie, Ethnographie, Mineralogie).

Räsonnement des Erzählers auf der Ebene der Selbstreflexion indirekt unterlaufen wird. Dieser Dialog des Berichterstatters mit sich selbst intensiviert über die damit insinuierte Wahrnehmungskritik und Selbst-Kontrolle des Erzählers und über die Vorführung des Erkenntnisprozesses den Eindruck von Wahrheit als Leistung einer sich selbst bedenkenden Ratio. Aufgehoben ist der ordo naturalis auch in den langen Passagen quasi enzyklopädischer musiktheoretischer Reflexion, die von konkret vorgefundenen Situationen ausgehend diese überschreiben und die Affirmation des Beschriebenen an regulierende extra-textuelle Instanzen (etwa die Musikwissenschaft) abgeben. Das exzessive Ausmaß solcher Reflexionen berührt die Glaubwürdigkeit des Dargestellten implizit über die darin zum Ausdruck kommende Ironie, die das Verfahren einerseits bestätigt und andererseits über die Exzessivität seiner Nutzung als Verfahren vorführt.

Als »erkenntnistheoretische Selbstdefinition des Textes«[42] fungieren im Reisebericht auch die in drei weiteren Verfahren zusammenfassbare Strategien der Beglaubigung des Unglaubhaften, die im Roman genutzt werden.

Das erste dieser Verfahren besteht in einer Art Quellenkritik, also im impliziten Vergleich mit empirischen Resultaten früherer Berichte, der im Verweis auf Reisende der Historie, von den Konquistadoren bis zu Fawcett, und in der kritischen Würdigung der Wahrnehmung der Reisebegleiter, vor allem jener Mouches, differenzierend immer wieder eingespielt wird. Als Quellenkritik *sui generis* funktioniert auch der Verweis auf die Literatur selbst: Die alludierten Prätexte werden in ihren Plausibilitätsstrukturen ironisch genutzt und jenen nicht fiktionaler Reiseliteratur umstandslos an die Seite gestellt.

Das zweite Verfahren beruht strukturell auf der explizit gemachten Affektlosigkeit des Berichtes, die traditionell an den *ordo naturalis* und das *genus humile* der Beschreibung abgegeben wird. Im Roman wird diese Affektlosigkeit einerseits an das Expertentum des Musikwissenschaftlers gebunden und damit unterstellt, andererseits wird sie durch seine emotionale Affizierung unterlaufen, die in den zahllosen Abschweifungen, Kommentaren und Vergleichen und deren oft unangemessener Überhöhung – also im Gebrauch des im Reisebericht inadäquaten *genus grande*, *sublime*, *vehemens* sichtbar wird. Das Kriterium zur Wahrnehmung der Unangemessenheit liegt damit in der Textsorte Reisebericht selbst, der als Vermittlung von Information über Beweise und Argument mit einer einfachen und deutlichen (*puritas*, *perspicuitas*) Sprache auskommt, weil ›die Sache für sich selbst spricht‹. Die Verwendung des *genus grande* indiziert im Reisebericht (lesbar als Markierung durch linguistischen Codewechsel, Helbig) damit mangelnde Überzeugungskraft der dargestellten Sachverhalte oder die Absicht, starke Affekte zu erzeugen und das Publikum zu manipulieren (*movere* – bewegen, *flectere* – beugen). Auch die den einzelnen Abschnitten vorangestellten Motti[43] erweisen sich als assoziativ affektive Elemente, deren Verifikations- und Karnevalisierungs-Spiel zwischen der damit implizit verbundenen Berufung auf Autoritäten (in Form klassisch gewordener Texte) und der Willkür ihrer Aus-

42 Ebd., S. 57; zu den folgenden Verfahren: ebd., S. 58f.

43 Zur Zugehörigkeit und Wirksamkeit des Mottos als ein Element der rhetorischen Kategorie auctoritas, und als Kommentar des Textes vgl. G. Genette: Paratexte, S. 142-156; insb. S. 152f: das Motto als die »[...] stumme Geste in der Funktion einer] indirekten Bürgschaft«.

wahl inszeniert wird. Das Moment der Selbstkontrolle schließlich wird indirekt über die Kontrolle von Mouches emotionalen Reaktionen eingespielt.

Die dritte erkenntnistheoretische Selbstdefinition

»[...] bezieht sich zumal auf jene Situation, wo das Material des Reiseberichts die empirische Realität der Leserschaft überschreitet. Hier werden Beglaubigungsbemühungen kenntlich, die [...] den äußeren Wirklichkeitsgehalt des Berichtes vermitteln sollen, indem sie ihn auf die jeweiligen endoxa (das, was gesellschaftlich für relevant gehalten wird; das Gefüge der Wertekonvention einer Gesellschaft) des Publikums beziehen.«[44]

Diese Beglaubigung erfolgt in der Regel im Verweis auf die Obrigkeit, die die Reise veranlasst hat. Das Amt des Auftraggebers, seine Autorität (oder später seine Kompetenz) sind das konventionelle Bezugssystem, in dem sich die materielle Wirklichkeit, die Wahrheit des Fremden (historisch über Widmungen oder die Vorreden wissenschaftlicher Instanzen) realisiert. Im Roman sind es die Universität (und ihr Organographisches Institut) und der Kurator, die die Reise legitimieren und damit ihre Ergebnisse als relevant markieren. Unterlaufen wird die Legitimation in einem komplexen Spiel durch das vorläufige Projekt der von Mouche vorgeschlagenen touristischen Reise und vor allem durch die psychische Situation des Protagonisten, der offenbar weniger wissenschaftlich motivierte als persönliche Gründe hat, die Reise zu unternehmen. Dass ihr ursprünglicher Zweck als Forschungsreise dennoch restituiert wird, ist zusätzlich durch den Umstand ambiguisiert, dass nun im Nachhinein die Medien in eine Quasi-Auftraggeberfunktion eintreten. Deren infragegestellte Integrität unterläuft die rhetorische Figur vollends, ohne sie allerdings aus dem Text zu löschen. Ihre Bestätigungsfunktion für die Reise selbst bleibt erhalten, ihre nachfolgende Darstellung wird freilich als unglaubwürdig vorgeführt. Als Realisierung der legitimierenden Funktion lässt sich auch die Nota des A.C. lesen, die eine Bestätigung zunächst insinuiert, sie durch die Verwendung polyphoner Elemente aber gleichzeitig verweigert, indem sie sie auf ein nicht auflösbares Spiel von Texten verweist.

Der Verweis auf eine legitimierende und bürgende Obrigkeit kann auch realisiert werden, indem der Reisende die gelungene Reise und die Heimkehr als Offenbarung und gnädigen Schutz, »[...] den Text somit als individuelles Zeugnis der Gnade Gottes«[45] ausweist. Im säkularen Kontext des Romans lassen sich sowohl die physische Widerstandskraft des Protagonisten als auch die mangelnde Eignung der erkrankten Mouche als variante Schwundstufen eines Gottesbeweises interpretieren, der die transzendente Bestätigung durch eine der Natur geschuldete ersetzt. Als Variante eines Leidensberichtes vermittelt der Tod des Padre Pedro de Henestrosa die Glaubwürdigkeit seines ›dort‹ gewesen Seins nicht nur durch die buchstäbliche Sichtbarkeit des Leichnams. Die Wunden, die ihm die Indianer nachträglich zugefügt haben, machen seine Körperoberfläche ebenso zum Zeichenträger, wie der getötete Körper selbst als göttliches Zeichen gelesen werden kann: Das Martyrium ist der ultimative Beweis der Konfrontation mit dem (feindlichen) Fremden, das schlechthin nicht mehr Bezweifel- und Überbietbare.

44 W. Neuber: »Gattungspoetik«, S. 58.

45 Ebd., S. 58; – vgl. auch F. Wolfzettel: »Reisebericht«, S. 22.

Durch die forcierte Partizipation an den dispositionellen Mustern des Reiseberichtes nutzt der Roman diesen als stabilen Rahmen, der einerseits den Bericht des Erzähler-Protagonisten organisiert und damit ermöglicht, und andererseits seine Stabilität auch Inhalten zur Verfügung stellt, die nicht ›Reiseerzählung‹ im engen Sinn des Wortes sind: Sie werden durch die Form und Struktur der Erzählung, die (als Vorform eines *the medium is the message*) die semantische Ebene affizieren, zu einer metaphorischen Reise in die eigene Identität, in die eigene Geschichte und in eine Geschichte der Wahrnehmung und Medien.

Gerade die Belastbarkeit der Textsorte Reisebericht erlaubt dabei, schon in der Realisierung seiner Beglaubigungsstrategien Elemente zu platzieren, die über eine tatsächliche Reise hinausweisen und die Plausibilitätsfunktion durch ein Spiel von Verweisen auf unterschiedliche Medien und ihre Glaubwürdigkeit, auf die Austauschbarkeit von Original und Kopie, auf Fehllektüren und Lüge herauszufordern, ohne dabei ihre rhetorische Struktur zu zerstören. Gleichzeitig werden damit als Themen des Romans bereits Medialität, Intermedialität, Medienarchäologie und das Schreiben selbst sichtbar gemacht.

Zu diesen von Beginn an genutzten und zugleich unterlaufenen klassischen Strategien des Reiseberichts gehören die Behauptung der *Autopsie*[46], der Ausweis des Reisenden selbst als Experten, der die körperlichen und intellektuellen Voraussetzungen erfüllt, die die Reise und deren Erfahrungen erfordern, die Benennung eines *zweiten Zeugen*, der die Aussagen des Berichterstatters bestätigt, so wie *Sachbeweise*, also mitgebrachte Artefakte, die das ›Dort-gewesen-Sein‹ durch ihre materielle Existenz, ihre Fremdheit, Unbekanntheit, ihre Besonderheit sinnfällig beglaubigen. Schließlich ist es die rhetorische *evidentia*[47], die genaue, detailreiche und plausible *demonstratio ad oculos*, die als lebhafter Bericht, der alle Sinne anspricht, das Gesehene vor Augen führt und aus seiner Vollständigkeit und Kohärenz eine Wahrscheinlichkeit entsteht lässt, die rezeptionsästhetisch in Glaubwürdigkeit umschlägt.

4.2 Der Reisende. Experte. Lügner. Spiegelbild

Nur das erzählende Ich kann im Reisebericht als direkter Augenzeuge und Gewährsmann des Berichteten glaubhaft auftreten, »[...] eine Funktion, die in Reiseberichten [...] durch den ständigen Verweis auf das eigene Sehen der dargestellten Gegenstände unterstrichen wird und den Übergang von der Dominanz des Ohres zur Vorherrschaft des Auges dokumentiert.«[48] Der Reisende selbst bürgt durch die behauptete Autopsie für die Wahrhaftigkeit seiner Beschreibungen. Damit ist seine subjektive Wahrnehmung untrennbar mit dem Begriff der Zeugenschaft verbunden. Die Notwendigkeit, Zeugen Glauben zu schenken, verweist epistemisch, so Wolfgang Drews und Heike Schlie in ihrem Essay zu Zeugnis und Zeugenschaft,

46 J. Stagl: Neugier: S. 103.

47 Auch *descriptio, illustratio, hypotyposis, enargeia*, vgl. Andreas Solbach: Evidentia und Erzähltheorie. Die Rhetorik anschaulichen Erzählens in der Frühmoderne und ihre antiken Quellen (= FIGUREN, Bd. 2), München: Wilhelm Fink Verlag 1994, S. 75.

48 O. Ette: Literatur in Bewegung, S. 46.

»[...] auf die Begrenztheit der unmittelbaren menschlichen Erkenntnisfähigkeit. Die Zeugenschaft macht nicht direkt rezipierbare Erfahrungssituationen für Dritte verfügbar, ist also auf vielen Ebenen Grundbedingung für Prozesse der Manifestation und Tradierung im Kontext von Historiographie, Memoria, Wissenstransfer und Rechtssprechung.«[49]

In seinem Buch Überwachen und Strafen beschreibt Foucault die Entwicklung von der *épreuve* zur *enquête*, die als Matrix den Übergang von Inquisition zu Feldforschung markiert. »Die Untersuchung als autoritatives Erforschen einer festzustellenden oder zu bezeugenden Wahrheit setzte sich den alten Verfahren des Eides[50], des Gottesurteils, des Kampfgerichts, oder auch des Vergleiches zwischen einzelnen entgegen.«[51] Das Wahre wird nun »[...] mittels gewisser geregelter Techniken« ermittelt.[52] Schließlich überträgt sich der auf Zeugnissen beruhende Wahrheitsanspruch »[...] spätestens im Hochmittelalter auf einen Wahrheitsanspruch literarischen, profanen Erzählens, ohne den der zeitgleiche Fiktionsbegriff nicht zu verstehen ist«[53].

Ein Zeugnis ist zumeist eine mediatisierte Erfahrung. »Da der (in Fällen langfristiger Relevanz) immer anstehende Verlust des testis oculatus, imediatus eine Übertragung des Zeugnisses in mediale Prozesse notwendig macht und Zeugnisse vom Hörensagen per se von medialer Übertragung abhän-

49 Wolfgang Drews/Heike Schlie: Brackweder Arbeitskreis für Mittelalterforschung Tagung 2006; Zeugnis und Zeugenschaft (Universität Bremen, 24.-25.11.06); URL: http://hsozkult.geschichte.hu-berlin.de/tagungsberichte/id=1452 [14.02.2008].

50 Der Übergang vollzieht sich sprung- und bruchstückhaft, sodass unterschiedlichen Epistemen angehörende Wahrheitsfindungsmethoden lange auch nebeneinander bestehen: Unter den geografischen und Wahrheitsbedingungen seiner Zeit hielt Kolumbus die Insel Kuba, auf der er gelandet war, für ein Festland, »[...] ein Glaube, auf den er seinen Männern den Schwur [sic] abverlangte.« (O. Ette: Literatur in Bewegung, S. 90).

51 Michel Foucault: Überwachen und Strafen. Die Geburt des Gefängnisses (= stw 184), Frankfurt am Main: Suhrkamp Verlag 1976, S. 289.

52 Ebd., S. 289: Die Rechtssprechung ist seither mit der Untersuchung eng verknüpft, dennoch »sollte man doch nicht [...] ihre Rolle bei der Formierung des Wissens [vergessen]. Tatsächlich war die Gerichtsuntersuchung der erste aber grundlegende Ansatz zur Konstituierung der empirischen Wissenschaften, sie war die juristisch-politische Matrix des experimentellen Wissens, das am Ende des Mittellalters plötzlich entriegelt worden ist. Die Mathematik mag in Griechenland aus den Techniken des Messens entstanden sein, die Wissenschaften von der Natur sind jedenfalls zu einem Teil am Ende des Mittelalters aus den Techniken der Gerichtsverhandlung hervorgegangen. Das große empirische Erkennen, das die Dinge der Welt überzogen hat und in die Ordnung eines unbegrenzten, die ›Tatsachen‹ feststellenden, beschreibenden und sichernden Diskurses transkribiert hat (und das in dem Augenblick, in dem die abendländische Welt mit der ökonomischen und politischen Eroberung eben dieser Welt begonnen hat), dieses empirische Erkennen hat zweifellos sein Operationsmodell in der Inquisition [...]«. – Vgl. zur Metapher der »mächtigen Wahrheit«, die sich in einem prozessualen Verfahren durchsetzt: Hans Blumenberg: Paradigmen zu einer Metaphorologie (= stw 1301), Frankfurt am Main: Suhrkamp Verlag 1999, S. 30.

53 W. Drews/H. Schlie: Zeugnis; o.S.

gen«[54], ist nicht nur die personale Vertrauenswürdigkeit des Zeugen selbst bedeutsam, auch den Medien des Zeugnisses muss Vertrauenswürdigkeit zukommen: Die Abfolge von Zeugenschaften, Hörervermerke, Modelle abgestufter Plausibilität von ›ursprünglichen‹ und ›abgeleiteten‹ Zeugnissen oder plausible Rhetoriken[55] entstehen.

Durch die Partizipation an der Rhetorik der Zeugenschaft wird der Protagonist durch die Autopsie oder die Behauptung der Autopsie zum *testis imediatus* der bereisten Welt. Seine im Modus genauer Aufzeichnung des Gesehenen dargestellte Beschreibung des Vorgefundenen stattet dieses mit Glaubwürdigkeit aus. Dabei wird im Roman seine Zeugenschaft allerdings sowohl auf der personalen als auch auf der medialen Ebene ambiguisiert. Nicht nur erscheint er selbst als Berichterstatter, dessen Wahrnehmung an der prekären Grenze zwischen Faktizität und ständig präsenter, durch die medialen Brechungen seiner Wahrnehmung vorgeführter Fiktionalität oszilliert, zu der auch die Fiktionalität seiner Biografie gehört, auch der Bericht selbst wird sowohl auf der Ebene der erzählten Geschichte als auch auf jener des Textes in seiner medialen Bedingtheit problematisiert.

Die Reise in den lateinamerikanischen Urwald und damit eine Zeugenfunktion werden dem Protagonisten durch den die autorisierende Instanz repräsentierenden Kurator aufgetragen: Als Komponist und Musikologe ist er kenntnisreicher Experte, der in der Lage ist, als zuverlässiger Forscher und Berichterstatter zu fungieren. Seine Arbeiten über primitive Instrumente und den Ursprung der Musik, die Theorie der magisch-rhythmischen Mimesis, lassen ihn als geeigneten Reisenden erscheinen. In seiner Empfehlung an den Rektor der Universität betont der Kurator allerdings nicht die besonderen Sachkenntnisse des Erzählers, sondern stellt ihn vor allem als Sammler vor, der in der Lage sei, die dem Organographischen Institut für seine Vollständigkeit noch fehlenden Stücke zu besorgen, er betont dessen »im Krieg erprobte physische Widerstandskraft« (PP32), die ihn von älteren Spezialisten

54 Ebd.

55 Vgl. als bemerkenswertes Beispiel etwa Klaus Peter Horn: zur »Zeugenschaft in Mirakelberichten«, ebd.: »Eine Untersuchung der Entwicklung ausgehend von der schriftlosen Erzählung bis zur lateinischen Mirakel machte deutlich, dass Techniken des Autors von Mirakelberichten sich der medialen Argumentation an den Kultstätten selbst angleichen. Zum Zeugnis werden dort vorhandene schriftliche Notizen über das Wunder, Vertrauenspersonen an der Kultstätte selbst oder Relikte des Wunders wie zurückgelassene Krücken oder Knochensplitter aufgerufen. Die *Autorität der medialen Struktur der Kultstätte, nicht das literarische Zeugnis des Geheilten selbst* [Herv. d. V.] wird für die Wahrhaftigkeit der Mirakelerzählung fruchtbar gemacht.« Tagungsbericht Zeugnis und Zeugenschaft. 24.11.2006-25.11.2006, Bremen, in: H-Soz-u-Kult, URL: http://hsozkult.geschichte.hu-berlin.de/tagungsberichte/id=1452 [14.01.2007]; – Vgl. auch Yvonne Yiu: »Strategien der Wahrheitsbezeugung des Spätmittelalters«, ebd.: »Die Augenzeugenschaft des Malers, die im Bild durch die Einfügung seines Selbstbildnisses oder auch durch verschlüsselte auktoriale Insertionen inszeniert wird, kann sich einerseits auf das Dargestellte richten und somit dessen Wirklichkeitstreue verbürgen, andererseits kann die Augenzeugenschaft auf die *mediale* Grundbedingung des Dargestellten als Malerei verweisen. [...] Dem mimetischen Verständnis von Wahrheit steht [...] damit ein poetisches Konzept gegenüber, das die Wahrheit des Gemäldes in seiner Gemachtheit (die ›*Wahrheit des Medialen*‹) ansiedelt.«.

unterscheide, und vor allem den Umstand, dass das Spanische die Sprache seiner Kindheit gewesen und er damit der Landessprache in gewissem Umfang mächtig sei. Damit erfüllt er grundsätzlich die Voraussetzungen eines kompetenten Reisenden und glaubwürdigen Berichterstatters.

Seine Entsendung erfolgt allerdings in einem Umfeld komplexer Ambiguisierungen, in denen sich Reiseroman, Initiationsmärchen, Desillusionsroman, Autobiografie und deren spezifische Schreibweisen in einem dichten Netz von Allusionen berühren, überschreiben und löschen. Gleichzeitig werden in den vorgeführten und impliziten medialen Brechungen die Bedingungen und Modi des Schreibverfahrens vorweggenommen, in denen in der Folge die bereiste Welt durch den Erzähler beschrieben werden wird. Die Episode erschließt sich nur in einem *close reading*:

Sie funktioniert über die Inszenierung eines mehrfach synästhetisch, nämlich auditiv, visuell und sprachlich markierten Gefüges: Zunächst ist es das dreimalige Abspielen der archivierten Schallplatte mit dem von Indios stammenden »primitivsten Gesang des ganzen Kontinents, [der den Gesang] eines Vogels nachahm[t], ehe [die Indianer] ihn jagen, damit nach der rituellen Inbesitznahme der Stimme die Jagd günstig verlaufe« (PP27). Erst wird der Gesang Gegenstand einer Fehlrezeption: Der Protagonist hört ihn nicht als Musik, sondern als »monotone[s], von kurzen, offenbar gleichlangen Pausen unterbrochene[s] Gezwitscher. Es ist noch nicht einmal der Gesang eines sonderlich musikalischen Vogels, auf Triller versteht sich der Zwitscherer ebensowenig, wie auf angehaltene Töne, er bringt nur drei Töne hervor.« (PP27) Mit der Verkennung des Gehörten geht seine Kritik als Musikologe fehl.

Das akustische Moment wird von einem optischen begleitet: Der Protagonist betrachtet sich während des Gesprächs in einem Spiegel, der drei Mal erwähnt wird:

»Steif wie ein Kind auf Besuch sehe ich mich in dem schweren Rokokospiegel unter dem Wappen der Esterhazy.« (PP14f)
»Und als ich mich darauf berufe, mir bestimmte, erst vor kurzem aufgenommene Gesänge Primitiver beschaffen zu müssen, kommt es mir vor, als fiele meine Stimme mit einem solchen kupfergonggleichen Echo auf mich zurück, daß ich mitten im Satz steckenbleibe, weil ich die Endung eines organographischen Begriffs vergessen habe. Der Spiegel zeigt mir das jämmerliche Gesicht eines Falschspielers, der mit gezinkten Karten im Ärmel erwischt wird, als das meine. « (PP 30)
»In ein und demselben Körper lebten wir zusammen, zusammengehalten von einer geheimen Architektur, die mitten in unserem Leben, in unserem Fleisch Anwesenheit des Todes war. In dem Wesen, das mich aus dem barocken Spiegel anblickte, agierten in diesem Augenblick der Libertin und der Prediger, die zwei Grundfiguren jeder barocken Allegorie, jeder exemplarischen Moral.« (PP31f)

Zusätzlich tritt ein sprachlich-semantisches Moment hinzu: Im Regal in einer Ecke des Arbeitszimmers stehen Bücher, die über die notierte Musik und deren Texte als Auslöser der Memoria des Protagonisten funktionieren und ihre Inhalte damit für die Selbstwahrnehmung freigeben: »dort [...] stand ein Band mit Kalbslederrücken neben den Bußpsalmen, der gerade absichtlich hier zu stehen schien: die ›Representazione di anima e di corpo‹«. (PP32)

Das Gespräch wird schließlich in einer theatralen Wendung zu einem Beichtszenario. Das Musikstück löst mit der die Fehlrezeption korrigierenden Benennung des Kurators im Erzähler »wie ein Echo« (PP27) die Erinnerung an sein vergeudetes Leben aus: an die aufgegebene Komposition der Prometheus-Kantate, die berufliche Beschäftigung mit den ›Kunstsurrogaten Film und Funk‹ (PP27), die wissenschaftliche Arbeit im Organographischen Institut und damit auch an seine Theorie der magisch-rhythmischen Mimesis. Mit Orlando di Lassos *Bußpsalmen* und Emilio di Cavalieris Oratorium *Spiel von Seele und Körper*[56], deren Inhalt und Bedeutung der Protagonist als Musikwissenschaftler kennt, überschreibt sich die biografische Erinnerung mit der barocken Vanitasthematik von Frömmigkeit und Weltentsagung als Voraussetzung für ein ›Neues Leben im Jenseits‹. Wie die im Medium ihrer schriftlichen Aufzeichnung vermittelten Werke nicht ästhetischen Genuss, sondern aufgrund ihrer Materialität nur Erinnerung und Reflexion auslösen können, ist auch die Selbstwahrnehmung des Protagonisten an die verdoppelnde Abbildung im Spiegel abgegeben: sie kann nur noch über die visuelle Wahrnehmung des eigenen Bildes versucht werden. Der barocke Pönitenzdiskurs wird damit durch den neuzeitlichen Diskurs der Seinsvergewisserung durchkreuzt, in dem der Spiegel – als symbolische Grundform[57] – als das Medium für das Selbstbild und damit als Symbol des gespaltenen Verhaltens des Menschen zu sich selbst fungiert.[58] Die Begegnung mit dem Spiegelbild führt

56 Emilio de Cavalieri (1550-1602) war Komponist, Organist, Diplomat, Choreograph und Tänzer an der Schwelle von Renaissance und Barock. Vgl. Ludwig Finscher (Hg.), Die Musik in Geschichte und Gegenwart. Allgemeine Enzyklopädie der Musik; begründet von Friedrich Blume, Kassel/Stuttgart: Gemeinschaftausgabe von Bärenreiter Verlag und J.B. Metzler 2000, Band 4, S. 463-468; Damit ist über die Koinzidenz von Orchestermusik und Tanz auch im Subtext des Verweises ein intermediales Element angesprochen: *Rappresentazione di anima e di corpo* ist eines der ersten Werke des Musiktheaters überhaupt; es ist oratorisch angelegt, aber vom Komponisten selbst für eine szenische Aufführung als geistliche Oper konzipiert. Uraufgeführt wurde es 1600 in Rom. Die Allegorien der Klugheit und der Lust streiten um Seele und Körper. Der Text ist in siebensilbigen Distichen verfasst, die aus der volkstümlichen Dichtung kommen. Das Werk ist in 3 Akte und 91 Nummern gegliedert, seine dramatischen Elemente sind von den florentinischen *sacre rappresentatione* beeinflusst. Darüber hinaus verweist die Erwähnung Cavalieris auch auf eine biografische Parallele zu Carpentier, der ebenfalls Musiker und Diplomat war.

57 Vgl. zum Spiegelmotiv und seine Funktion im ästhetischen Diskurs: Erik Peez: Die Macht der Spiegel. Das Spiegelmotiv in Literatur und Ästhetik des Zeitalters von Klassik und Romantik (= Europäische Hochschulschriften, Reihe 1, Vol. 171), Frankfurt am Main: Peter Lang Verlag, 1990.

58 Vgl. zu den utopischen und heterotopischen Eigenschaften des Mediums Spiegel: Michel Foucault: »Andere Räume«, in: Karlheinz Barck (Hg.), Aisthesis: Wahrnehmung heute oder Perspektiven einer anderen Ästhetik. Essays (= Reclam Kunstwissenschaften1352), Leipzig: Reclam Verlag 1991, S. 34-46, hier S. 39: »Der Spiegel ist nämlich eine Utopie, sofern er ein Ort ohne Ort ist. Im Spiegel sehe ich mich da, wo ich nicht bin: in einem unwirklichen Raum, der sich virtuell hinter der Oberfläche auftut [...] Aber der Spiegel ist auch eine Heterotopie, insofern er wirklich existiert und insofern er mich auf den Platz zurückschickt, den ich wirklich einnehme; vom Spiegel aus entdecke ich mich als abwesend auf dem Platz, wo ich bin, da ich mich dort sehe.«

hier nicht mehr zu einer jubilatorischen Annahme im Sinn Lacans, sondern zur Erfahrung von Entfremdung:

»Dann spreche ich weiter, aber tonlos, abgerissen, wie in düsterer Erregung. Wie ein Sünder vor dem Beichtstuhl, wenn er den schwarzen Sack seiner Verfehlungen ausschüttet, sich unter dem Ansporn einer Art von Euphorie bis zur Selbstverachtung heruntersetzt, so schildere ich jetzt vor meinem Lehrer in den schmutzigsten Farben, in häßlichstem Pechschwarz die Nutzlosigkeit meines Daseins: die Betäubung tagsüber, nachts die Bewußtlosigkeit. Meine Worte vernichten mich, als würden sie von einem anderen [sic] gesprochen, einem Richter, den ich in mir herumschleppe, ohne es zu wissen, der sich meiner physischen Mittel bedient, um sie auszusprechen, so daß ich, während ich mich höre, zutiefst darüber erschrecke, wie schwer es ist, wieder ein Mensch zu werden, wenn man erst einmal aufgehört hat, ein Mensch zu sein. [...] Es war jetzt, als schwiege ich und der Richter spräche durch meinen Mund weiter.« (PP31)

In der Spaltung des Ich in den Komponisten-Musikologen und Angestellten der »Tin-Pan-Alley« (PP30), Freund und Lügner, Bekenner und »Falschspieler«, Libertin und Prediger wird der Erzähler zum Anschauenden und Angeschauten zugleich. Der Geschaute erfährt sich im Blick des anderen als Gegenstand, das wird zu Selbst- und Weltentfremdung. Das eigene Dasein bekommt eine Dimension, die dem Subjekt selbst prinzipiell unzugänglich ist.[59] Der Blick auf sich selbst als auf einen andern befragt ›dialogisch‹ dessen Unzugänglichkeit, die nicht erschlossen, sondern nur noch in einer Häufung von Bildern eingeholt werden kann: die Jugend des Protagonisten, seine Erlebnisse während des Krieges, die getroffenen Lebensentscheidungen, fantasierte Alternativen (wie ein Leben als materiell gefährdeter Außenseiter und Künstler) kippen unter wachsender affektiver Beteiligung, die von Beschämung über Zorn, Resignation zur Selbstverachtung reicht, in die Gewissheit der Leere der eigenen Existenz, die nur noch in einem Bußritual inszeniert, aber nicht mehr wirklich bewältigt werden kann. Was entsteht, ist unter den Genre-Bedingungen von Beichte und Selbstreflexion ein autobiografischer, literarischer Text.

Zwischen autobiografischer Erinnerung, Desillusion und Flucht und dem Beginn einer Reise in eine utopische Welt, die im Wiedererlangen der künstlerischen Möglichkeiten zugleich die Möglichkeiten seiner Vergangenheit einholt, muss auch die Initiation des Protagonisten in ein neues Leben fraglich werden. Zielt die Initiation auf die Aneignung mythischer Werte, kann sie nur um den Preis ihres Gelingens reflexiv gemacht und erzählt werden:

59 Vgl. dazu Eco: Über Spiegel und andere Phänomene (= dtv wissenschaft 11319), München: Deutscher Taschenbuch Verlag 1995, S. 38: »Daß das Spiegelbild unter den Duplikaten das singulärste ist und Merkmale von Einzigartigkeit aufweist, erklärt eben gerade, warum die Spiegel so viel Literatur inspiriert haben: diese virtuelle Verdopplung der Reize (die manchmal so funktioniert, als wäre sie eine Verdopplung sowohl meines Körpers als Objekt wie auch meines Körpers als Subjekt, der sich selbst gegenüberzutreten scheint, diese Enteignung des Bildes, diese permanente Versuchung, mich selbst für einen anderen zu halten, all dies macht die Spiegelerfahrung zu einer absolut singulären Erfahrung auf der Schwelle zwischen Wahrnehmung und Bedeutung.«

Damit ist die Lektüre der Reise als Initiationsgeschehen durch die kommentierende Reflexion des Protagonisten von Anfang an irritiert und kann nur noch metonymisch als Kontrafaktur einer Initiationsreise unter den Bedingungen der Moderne gelesen werden. Die Desillusionierung ist nicht Ergebnis, sondern bereits Voraussetzung der Reise. Beides affiziert die Glaubwürdigkeit des Berichtes. Die Reise, die er »während seiner Ferien zu Ende führen kann« (PP33), wird zur Flucht aus einer prekären Lebenssituation. Intensiviert wird der Eindruck durch das Ende der Episode: Der Protagonist nutzt die Gelegenheit, um aus dem Haus zu entkommen: »Ich mußte unbedingt etwas trinken. In diesem Augenblick interessierte es mich nur, in eine nahegelegene Bar zu kommen. An ihren Wänden hingen Photographien von Rennpferden« (PP34). In diesen Fotos wird die paradoxe Situation des Protagonisten durch die Konfrontation von extremer Bewegung und deren (durch das Medium der Fotografie vermittelter) gewaltsamer Stillstellung gespiegelt und der – durch die Reibung zwischen Inhalt und Form sowie Referent und Medium entstehende – Druck auf den Rahmen als Metapher seiner Situation *inter textus* ins Bild gesetzt.

Wird auf diese Weise der Protagonist nicht als der ideale Reisende und damit auch als unzuverlässiger Berichterstatter gezeichnet, so wird durch eine Reihe von zusätzlichen Signalen seine Aufrichtigkeit weiter ambiguisiert: Das Belügen des Kurators über seine Kenntnisse der aktuellen Musikwissenschaft, die Ausreden und Ausflüchte, die Rechtfertigungsargumente und Bußposen werden in der Dramaturgie der Episode als Ausweis schonungsloser Selbstreflexion, gleichzeitig aber auch als Signale für die radikal subjektive Lesart seiner selbst und der Welt genutzt. Damit wird die affektlose Objektivität, die als Voraussetzung realitätskonformer Berichterstattung gilt, weiter in Zweifel gezogen.

Diese Funktion hat auch der spätbarocke Rahmen des Spiegels, in dem sich der Erzähler sieht: Einerseits verweist er auf den (barocken) allegorischen Diskurs, andererseits lässt er sich über die deutliche Benennung des »Wappen[s] der Esterhazy« auch als inhaltlich ambiguisierendes Signal lesen, das das Bild des Protagonisten zum Bild eines Lügners macht: Der Name alludiert nicht nur das dem Musikologen sicherlich bekannte Mäzenatentum der österreichisch-ungarischen Adelsfamilie, die Joseph Haydn, Franz Liszt, Franz Schubert und unzählige Architekten und Maler gefördert hat, und in deren Sommerresidenz im ungarischen Fertöd in eigenen Gebäuden untergebrachte Opern- und Marionettentheater allabendlich bespielt wurden, sondern im Zusammenhang mit den wiederholten Verweisen im Roman auf die Dreyfus-Affäre auch auf Major Ferdinand Walsin-Esterhazy, der im Revisionsverfahren des historischen Spionageprozesses durch Zeugen als der tatsächliche Verräter und Lügner genannt wurde. Über das Esterhazy-Wappen wird also das Lügenmotiv erneut buchstäblich in den Text gespiegelt.

Intensiviert wird die relativierende Instanziierung auch durch die auffallende Dichte der intermedialen Bezüge der Episode, die über die komplexen und einander durchkreuzenden Perzeptionen die Vermitteltheit von Wahrnehmung und damit auch des beschreibenden Berichtens als Medienkritik freilegt und zugleich performativ macht. Zunächst ist es eine Serie verfremdender synästhetischer Beschreibungen, die die Entkoppelung von sinnlicher Wahrnehmung und medialer Enkodierung problematisieren:

Die erwähnten Werke der Musik, das Pangue Linguae der Mönche von Sankt Gallen, der seltene Druck [sic] der Ektoechos des San Juan Damasco, eine Erstausgabe [sic] eines Ziffernbuchs für Vihuela-Spieler, die Bußpsalmen und das in Kalbsleder gebundene Werk Cavalieris sind nur im Medium ihrer schriftlichen Aufzeichnung, also im Modus okzidentaler Musiknotation, und damit nur über Dekodierung und Erinnerung zugänglich. Darüber hinaus wird die Materialität des Mediums über den Umweg der besonderen Qualität der Schriften (Erstdruck, seltene Ausgabe, Kalbsledereinband) als Museumsbestand hervorgehoben. Das markiert einerseits die Bewältigung der ›zerdehnten Situation‹ des kulturellen Gedächtnisses durch die Speicherfunktion des Mediums Schrift, das es erlaubt, Musik in Form eines Artefaktes aus der augenblicklichen Erfahrung und dem Gedächtnis auszulagern und im Rahmen von Aufschreibesystemen und medialer Kompetenz einem jederzeit möglichen *retrieval* zur Verfügung zu stellen, damit also ein Abwesendes anwesend zu machen. Andererseits werden damit indirekt auch die Hinfälligkeit, Konservierungsbedürftigkeit, die Lückenhaftigkeit und Kontingenz der zur Verfügung stehenden Bestände und die notwendige Lektürekompetenz problematisiert.

Auch die erwähnten Musikinstrumente werden nicht in erster Linie über ihren Klang, sondern über ihre Morphologie und Materialität beschrieben,

> »Instrumente aus Holz, gebranntem Ton, Geschirrkupfer, Schilfrohr, Därmen und Ziegenfellen, [die] Urmütter [...] der verschiedenen Arten, Töne hervorzubringen, die mit tausendjähriger Gültigkeit fortleben sollte unter dem wunderbaren Firnis [sic] der Instrumentenbauer aus Cremona oder im Prunk der theologischen Flöten der Orgel.« (PP28f)

Der Jagdgesang der Indianer ist über eine Schallplatte vermittelt, die als Dokument auf einem technischen Gerät dekodiert werden muss, dessen technikmediale Funktion durch seine umsichtige Handhabung betont wird. »Der Kurator [legte sie], sorgsam eine Nadel mit weicher Spitze wählend, auf ein Grammophon.« (PP26)[60] Das Hörerlebnis wird auf zweierlei Weise zu einem Akt der Fehlrezeption: Der Erzähler erkennt das Gehörte nicht als Musik, obwohl er es in den Termini seiner Fachsprache beurteilt, und ordnet es einem anderen Fachbereich, nämlich der Ornithologie zu; zusätzlich vergleicht er es zunächst mit der Botschaft eines anderen Mediums: »Er bringt nur drei Töne hervor, immer die gleichen, mit einem Timbre wie ein Morsealphabet in einer Telegraphenkabine.« Seine Fehllektüre verweist auf das Fehlen des Kontexts und damit auf die potentiell jederzeit mögliche Fehlrezeption einer medial vermittelten Botschaft. Ohne den Hinweis des Kurators, dass es sich bei dem Gehörten um Musik handle, hängt es wie bei einer Fla-

60 Die Beschreibung alludiert einen literarischen Prätext, nämlich das Kapitel *Fülle des Wohllauts* aus dem *Zauberberg* von Thomas Mann, in dem das vom Verwaltungsdirektor unter großem Kostenaufwand erworbene Grammophon von Behrens in Betrieb genommen wird: (»[...] und setzte die schwere Spitze des Stahlstiftes behutsam auf den Plattenrand«. Thomas Mann: Der Zauberberg, Frankfurt am Main: Fischer Taschenbuch Verlag, 1979, S 674) und damit auch die Reflexion des Verhältnisses von Kunst und den technischen Medien ihrer Übermittlung, die im Zauberberg eindrucksvoll inszeniert und thematisiert wird.

schenpost von der Entscheidung des Rezipienten ab, nach welchem medial adäquaten Dekodierungsverfahren er die Botschaft entschlüsselt. Damit ist implizit auch das den Roman leitmotivisch durchziehende Thema von De- und Rekontextualisierung eingebracht. Pointiert wird die Darstellung der Dekodierungsproblematik durch ein scheinbar unbedeutendes Detail: Der Erzähler nimmt, die adäquate Dekodierung verfehlend, den Tonträger und das erwartete »Zwangskonzert« seiner avancierten Medienkompetenz entsprechend zunächst *visuell* wahr: »Wenigstens wird [es] nicht lange dauern, höchstens zwei bis drei Minuten, nach dem Durchmesser der berillten Zone zu schließen.« (PP26) Damit wird eine weitere Variante von Fehllektüre vorgeführt: Der Protagonist dekodiert die Zeichen auf der Schallplatte nur partiell, nämlich aus der visuellen Erfahrung auf die Länge des (akustischen) Hörerlebnisses schließend, adäquat; der Inhalt selbst bleibt in dieser alternativen Rezeption unzugänglich. Das auf der Schallplatte Anwesende bleibt abwesend.[61]

Umgekehrt wird die visuelle Wahrnehmung im Spiegel synästhetisch durch eine akustischen verdoppelt, »als fiele meine Stimme mit einem [...] kupfergonggleichen Lügenecho auf mich zurück« (PP30), die wiederum über die Beschreibung der Materialität des Instruments das Hörerlebnis präzisiert. Der Gesang der Indianer evoziert die visuell vermittelten »Darstellungen von Rentieren und Bisons auf Höhlenwänden [die den Zeichner und Jäger im] Besitz des Bildes zum Herrn der Beute« (PP29) machen, wobei das Bild durch das Dépaysement der nordamerikanischen Fauna im anvisierten südamerikanischen Kontext zusätzlich verfremdet wird.

Die synästhetische Entgrenzung affiziert auch den Körper (»Die ungleichmäßig ausgeleierten Sprungfedern des Sessels bohren sich spitz wie ein Büßergürtel in mein Fleisch und zwingen mir eine ungewohnte Haltung auf.« – PP24) und konstituiert und affirmiert damit auch über die physische Wahrnehmung das durch die Texte und die szenische Gestaltung vermittelte Beichtritual.

Auch die Nachricht vom Überleben des Indianerstammes ist medial – nämlich in einem pragmatischen und im Diskurs der Wissenschaft – vermittelt: durch die Wahrnehmung von Händlern und Forschern, die die beobachtete Verwendung der gesuchten Instrumente beschreiben, wodurch – in einem geregelten dekodierenden Indizienverfahren zu erschließen – die Existenz des Stammes »so gut wie erwiesen war.« (PP33)

Damit erweist sich die radikale Betonung sinnlicher Wahrnehmung und medialer Vermittlung als Subtext der gesamten Episode: Noch bevor das eigentliche Gespräch beginnt, fragt der Protagonist, der, um sich besser auf den Beginn seiner Ferien vorbereiten zu können, seine Uhr am Vortag nicht aufgezogen hat, den Kurator nach der Zeit, und erhält, gemessen an der Genauigkeit seiner Beobachtung (die Uhr »steht auf drei Uhr zwanzig«) eine zunächst befremdliche Antwort: »[d]as sei ganz unwichtig: durch den Regen sei es vor der Zeit dunkel geworden, Junitage seien die längsten des Jahres.« (PP26) Die mediatisierte, entsinnlichte Zeitwahrnehmung im Modus normier-

61 Zur Darstellung eines impliziten Mediendiskurses von Unmittelbarkeit, Wiederholbarkeit, Maschine und Kunst vgl. Barbara Beßlich: »Vom Nutzen und Nachteil des Grammophons für das Leben Hans Castorps. Narratologische, intermediale und reproduktionsästhetische Betrachtungen zum ›Zauberberg‹«, in: Schmidt/Valk (Hg.), Literatur intermedial. S. 153-166, insb. S. 161ff.

ter technisch-mechanischer Abläufe, arbiträrer Enkodierung und kompetenter Entschlüsselung, also die chronometrische Konzeptualisierung der Zeit, wird durch den Verweis auf körperliche Wahrnehmung und Erfahrung ersetzt. Das ›natürliche‹ Gefühl für ihren Ablauf, die Lichtverhältnisse bei bedecktem Himmel oder die jahreszeitlich variante Dauer des Tageslichtes werden als alternative, ursprüngliche Wahrnehmung erinnert.

Durch subtile Karnevalisierung pointiert wird die Unzuverlässigkeit sinnlicher Wahrnehmung auch in der angedeuteten Wahrnehmungsveränderung durch psychoaktive Substanzen: Der Kurator raucht, seines Hustens wegen, schließlich auch eine Zigarette aus Stechapfelkraut (womit auch der naturmedizinische Komplex und damit Gedächtnis- und Wissensmedien des Romans vorweggenommen werden), beide trinken Tee mit Rum, da der Mensch »schließlich zu allen Zeiten und auf allen Breitengraden Getränke erfunden hätten, die ihn ein wenig berauschten« (PP25). Damit ist zunächst die Schärfung der Sinne und veränderte und vertiefte Wahrnehmung impliziert, die einerseits programmatisch im Surrealismus und andererseits in autochthonen Kulturen durch die (geregelte rituelle) Verwendung von Rauschmitteln hergestellt wird. Das bringt die Initiationsthematik des Romans in einer Brechung noch einmal an die Textoberfläche. Andererseits insistiert im situativen Rahmen die Vorführung der sich durch Berauschung ergebenden Veränderung der Perzeption (die in ihrer affektintensivierenden Wirkung explizit beschrieben wird – »[ich] fühlte Zorn in mir aufsteigen, den zwei schnell hinuntergestürzte Gläser Rum noch anheizten« PP27) auf die Anfälligkeit sinnlicher Wahrnehmung und irritiert damit erneut jede Wahrnehmungsgewissheit.

Schließlich ist es der Ort der Begegnung selbst, der als Organographisches Institut und Archiv seine Signifikanten über radikale Entsinnlichung und wissenschaftlich präformierte Wahrnehmung entkontextualisiert und verfremdet.[62] Im musealen Zugriff werden unter dem Druck von Klassifikationsentscheidungen die Instrumente zu Objekten wissenschaftlicher und his-

62 Vgl. als ein Beispiel für viele im Text verstreute Kommentare PP255f: »Vor ein paar Tagen habe ich den Ursprung der Musik *erlebt* [Herv. auch im Folgenden d.V.] Was ich *gesehen* habe, ist älter [...] Zwar bestätigt, was ich gesehen habe, die *These* derer, die behaupten, die Musik verdanke der Magie ihren Ursprung. Aber ihre Überlegungen *stammen aus Büchern*; auf *psychologische Abhandlungen* stützen sie ihre *kühnen Theorien* [...] *Ich hingegen habe erlebt*, wie sich die gesprochene Sprache auf den Gesang zubewegt, ohne schon Gesang zu sein. Ich habe *erlebt*, wie aus der Wiederholung desselben einsilbigen Worts ein Rhythmus entsteht; ich habe *erlebt*, wie [...] ein musikalisches Thema entstehen kann. [die anaphorische, dreimalige Wiederholung redupliziert selbst den magischen Charakter im performativen Sinn beschwörenden Sprechens.] Ich denke an andere, ebenso trügerische Theorien und male mir aus, wieviel Staub meine Beobachtungen in manchen, Bücherthesen verschriebenen Musikerkreisen aufwirbeln wird. Es wäre auch gut, wenn ich einige der in ihrer elementaren Art so schönen Lieder der hiesigen Indios mitbrächte; mit ihren eigenartigen Tonskalen würden sie auch mit der allgemein herrschenden Theorie aufräumen, die Indios könnten nur in der Fünftonleiter singen [...].« Damit ist erneut die Frage medialer Vermitteltheit ins Spiel gebracht, die über eine Aufzeichnung auf einem Tonträger jenen Verwerfungen anheimfällt, die im Hören der Schallplatte des Kurators schon angeklungen sind.

torischer Reihungen, zu Elementen eines nie erreichbaren Vollständigkeitsparadigmas, dessen Hybridität (Judenharfen, kleinen Orgeln, eine inkaische Kena, die Trompete des Juan de San Pedro) unmittelbare sinnliche Wahrnehmung durch ein unendliches rationales Verweisspiel von Texten ersetzt.

Zusätzlich zu Betonung und Infragestellung sinnlicher und synästhetischer Wahrnehmung wird die Episode von einer Reihe von Oppositionen durchzogen, in denen mediale Grenzen überschritten werden: Das *Gespräch* zwischen Kurator und Erzähler wird in seinem Verlauf immer mehr zu einem Beicht-*Ritual*, in dem zunächst der Kurator, schließlich aber er selbst zum Beichtvater wird. »In diesem Augenblick [agierten] der Libertin und der Prediger, die zwei Grundfiguren jeder erbaulichen Moral.« (PP32) Es endet zunächst mit einem Verweis auf Inszenierung und Zurichtung: »Als ich schwieg, war es, als fiele ein *Theater*-Vorhang [sic], als würden die Lichter gelöscht« (PP32), der die Vertauschung der Gesprächs-›Genres‹ gewissermaßen kommentiert.

Das Bild des Protagonisten im Spiegel, nach den Regeln der Physik ein virtuelles, aufrechtes, seitenverkehrtes oder symmetrisches Abbild, das nur in Anwesenheit des Abgebildeten also in Präsenz seines Referenten[63], existiert, wird durch die Rahmung des Barockspiegels zu einem *Bildnis* verfremdet.

Auch die Oppositionen von Jagdzauber-*Magie*[64] und *Wissenschaft*, Kunst und Kunstsurrogaten in Form von Massenmedien wie »Film und Funk« (PP27), von Wissen und Ignoranz (»Aus Mangel an Übung unterlaufen mir die lächerlichsten Fehler bei der Anwendung von Fachwörtern, ich werfe die Klassifikationen durcheinander, verwechsle selbst die wichtigsten Daten, die ich früher einmal sehr genau kannte« PP30), von Natur und Kultur, von primitivem Indianerstamm und modernen wissenschaftlichen Methoden, von autochthonen, noch genutzten Musikinstrumenten und klassifizierten, konservierten Museumsbeständen, von direkter und über Medien (Telegraf, Telefon) vermittelter Kommunikation machen Verstehens- und Übersetzungsaufgaben sichtbar, die den Roman als Handlungsgeneratoren durchlaufen werden. Schließlich wird auch die oppositionelle Spannung der Zeitebenen, an deren Diskursangeboten die Episode partizipiert, nämlich jene zwischen Barock und Neuzeit dramaturgisch genutzt, aber nicht aufgelöst. Damit präfiguriert sie die Simultanitätspoetik des Romans, in der die unterschiedlichen Epochen angehörenden Beschreibungs- und Argumentationsmodi verifizierend und verfremdend genutzt werden und damit Wahrnehmung und Beschreibung als zeitbedingt, wenn auch als simultan darstellbar markieren. (»Ich erfahre aus den spöttischen Berichtigungen meines Zuhörers, daß [die

63 Siehe dazu Eco: Spiegel, S. 46: »Darum etabliert das Spiegelbild niemals ein Verhältnis zwischen Typen, sondern immer nur zwischen Einzelfällen (was eine andere Art ist, das Imaginäre vom Symbolischen zu unterscheiden).«

64 Vgl. Ernst Cassirer: Die Philosophie der symbolischen Formen (= Bd.2 Das mythische Denken), Darmstadt: Primus Verlag 1994 218: »Und dieses mythische Ritual [des Jagdzaubers] ist nicht nur Spiel und Maske, sondern ein integrierender Teil des ›wirklichen‹ Jagdzuges, sofern von seiner genauen Beobachtung der Erfolg der Jagd wesentlich abhängig ist. [...] In alledem zeigt sich, daß Tier und Mensch für die primitive Anschauung in einem durchgängigen magischen Zusammenhang stehen, daß ihre magische Wirksamkeit ständig ineinander übergeht und ineinander aufgeht.«

Bibliografien] durch neue [sic] Spezialarbeiten längst überholt sind.« – (PP30)

In der Kurator-Episode ist also nicht nur der Erzähler als bedingt glaubwürdig ausgewiesen. Sie verhandelt gleichzeitig die Bedingungen von Wahrnehmung und Beschreibung und ihre potentielle Unzuverlässigkeit, die Selbstverständlichkeit medialer Umcodierungen, deren Abhängigkeit von Kontexten und schließlich die Rhetoriken der Medien selbst sowie ihre Glaubwürdigkeit.

4.3 Der zweite Zeuge. Mouche. Texte

Die Zweizeugenregel (*testis unus-testis nullus*) unterstützt den Wahrheitsanspruch durch das Erfordernis eines zweiten Augenzeugen, dessen Bericht sich mit jenem des ersten Zeugen decken muss. Mouches Teilnahme an der Reise macht auch sie zur Zeugin, die das äußere Geschehen ebenso wie der Protagonist erlebt, wahrnimmt und reflektiert. Damit kann sie, affirmativ und – indirekt – auch über ihren Dissens, seine Glaubwürdigkeit erhöhen und seine Darstellung bestätigen. Im Roman ist diese rhetorische Funktion realisiert und gleichzeitig von Anfang an unterminiert und karnevalisiert. Niemand erscheint weniger geeignet als Mouche, glaubwürdige Zeugin der Reise zu sein. Nicht nur steht sie als Geliebte des Reisenden und, wenn man so will, als Frau, die historisch gesehen erst spät als Zeugin zugelassen wird, von vornherein unter dem Verdacht der Voreingenommenheit, auch ihre Charakterzeichnung durch den Erzähler lässt ihre Fähigkeit, das Gesehene wahrzunehmen und richtig zu interpretieren, fraglich erscheinen.

Zunächst ist es ausgerechnet Mouche, die den Vorschlag macht, die Expeditionsreise nur vorzutäuschen und stattdessen die Gelegenheit zu einer Urlaubsreise zu nützen: Man könne in die große tropische Stadt fahren, »die für ihre schönen Strände und ihre pittoreske Folklore berühmt« (PP43) sei, dort eine angenehme Zeit verbringen und gelegentlich Ausflüge in den nahen Urwald unternehmen, »Keine Menschenseele würde je erfahren, ob ich die für meine Sammlertätigkeit vorgeschriebene Route eingehalten hätte.« (PP43) Im Verlauf der Reise wird Mouche vom Erzähler immer deutlicher desavouiert, sie wird zu seinem »weiblichen Felsklotz auf den Schultern« (PP77), zu einer »Bürde« (PP177), derer es sich schließlich entledigt.

Mouche hat sich »intellektuell auf dem großen Jahrmarkt des Surrealismus gebildet« (PP35), ihre Ansichten sind geprägt von ihrem »dogmatischen Festhalten an Ideen und Attitüden, die sie in den Brasserien von Saint-Germain de Prés aufgeschnappt hatte« (PP36). Ihr Wissen ist eklektisch, Moden unterworfen, lückenhaft, ihre Bildung ein Pastiche aus unterschiedlichen Quellen unterschiedlichster Qualität, oberflächlich und ungenau. Ihre Lektüre orientiert sich am jeweiligen Zeitgeschmack, ihre Kritik entspricht der Haltung ihrer Kreise, alles abzutun, »was den hehren Grundsätzen bestimmter Künstlerkreise [...]« (PP60) zuwiderläuft. Auch ihre astrologische Kompetenz ist nur Pose: (»Es wäre nutzlos gewesen, sie [angesichts des realen bestirnten Himmels nach den Sternbildern der Hydra, des Schiffes Argo, des Schützen, den Konstellationen, mit denen ihr Studio ausgeschmückt war] zu fragen, denn außer dem Großen Bären kannte sie die Sternbilder so wenig wie ich.« (PP62) Sie erweist sich den Strapazen der Reise und dem Mangel an Komfort weder körperlich noch psychisch gewachsen. Was sie für den

Protagonisten ausgemacht hat, ihre Erotik und Schönheit, verliert sich. Ihr Aussehen verfällt unter den klimatischen und hygienischen Bedingungen und erweist sich damit als ebenso artifiziell und unzuverlässig[65] wie ihre Bildung: »Ihre helle Haut war wie beschlagen, ihr rotes Haar hing grün verfärbt in Strähnen unter dem Kopftuch hervor, ein Ausdruck von Mißlaunigkeit machte sie überraschend alt.« (PP127) Zwischen Langeweile, Müdigkeit, Ekel kann sie nicht aussprechen, was sie sagen möchte, »wie unausstehlich sie diese Reise fand, die sie doch selbst mit Sätzen voll hochliterarischen Jubels so eifrig betrieben hatte, [...aufgeladen als] ›Flucht aus der Alltäglichkeit‹, ›unverhoffte Begegnung[ ]‹, und [als] des entrückten Dichters Vision von ›unglaublichen Floriden‹« (PP157). Das erwartete, durch Fotos, literarische Texte medial präformierte, pittoreske Abenteuer stellt sich nicht ein. Wo sie das Vorgefundene nicht zur Selbstdarstellung nützen kann, wie im Kreis der Kanadierin, (deren Gäste im Haus in Los Altos, drei junge Künstler aus der Hauptstadt, »rings um die Hängematte [standen,] in der Mouche wohlig ausgestreckt diese Art von Anbetung bereitwillig gestattete. Es gab nur ein Thema: Paris« – PP91), langweilt sie sich. Die die Stadt erschütternde Revolution, weite Strecken der Reise verschläft sie. Für ihr gleichgültiges Desinteresse und ihre Unfähigkeit, das Vorgefundene zu verstehen, ist das Land ein »Landschaftspanorama von gleichbleibender monotoner Größe«, die Reise selbst »ein zielloses Herumirren von einem Ort zum anderen ohne jeden bedeutenden Zwischenfall [...]« (PP158). Ihre erotischen Eskapaden mit der Kanadierin, mit dem Goldsucher Yannes und die versuchte erotische Annäherung an Rosario erweisen auch ihre moralische Unzuverlässigkeit. Schließlich erkrankt sie ernsthaft. Monsalvatje begleitet sie zurück zum Flusshafen, von wo aus sie die Heimreise allein antreten kann.

Mouches mangelnde körperliche, psychische und intellektuelle Eignung für die Anforderungen einer Reise ins Unbekannte zeichnen deren Bedingungen indirekt nach und führen damit kontrastierend auch die Fähigkeit des Protagonisten vor Augen, den Strapazen gewachsen sein, sich für das Neue zu interessieren und daran teilzuhaben. Kann die rhetorische Funktion des Zeugen bei einer wissenschaftlichen Reise neben einfacher Affirmation auch darin bestehen, im Streitgespräch einen Dissens sichtbar zu machen, der als wissenschaftliches Gespräch objektivierbar wird, also über das Genre der Auseinandersetzung selbst Glaubwürdigkeit herstellt, so geht sie hier darin auf, über ihr Versagen die Folie abzugeben, auf der seine Kompetenz abgebildet wird. Mouches als vorurteilsvoll denunzierte Verweigerung und ihre Unfähigkeit, Unbekanntes zu verstehen und in differenzierter Lektüre zu würdigen, erlauben es dem Erzähler-Protagonisten, seine Lesart der Dinge als die adäquate und richtige zu präsentieren.[66] Ein genauerer Blick verrät aller-

65 »Meine Freundin war schlau genug, die Aufmerksamkeit, die sie ihrem Gesicht und ihrem Körper angedeihen ließ, zu verschweigen, damit andere glaubten, sie sei über solche einer Intellektuellen unwürdigen Eitelkeiten hoch erhaben« (PP156)

66 Als ein Beispiel für viele: »Ihre Haltung war so literarisch, verdankte sich so sehr jenem Geist, in dem heute Matrosenkneipen und neblige Kais verherrlicht werden, daß sie mir in ihrer Unfähigkeit, sich in welcher Situation immer von den Gemeinplätzen ihrer Generation zu befreien, plötzlich unglaublich grotesk vorkam. Sie mußte sich ein Seepferd kaufen, um sich an Rimbaud zu erinnern, wo eine Reliquie in naiver kolonialer Handwerkskunst zu haben gewesen wäre, sie mußte sich ausgerechnet in

dings die Ironie, die auch die Interpretation des Protagonisten als Sprachspiel sichtbar macht, das unangemessen ist und letztlich unverbindlich bleibt. Während Mouche das Ende der Revolution – sich im Badeanzug sonnend – im Hotelpatio erwartet, ist es nicht die Neugier des reisenden Berichterstatters, sondern der triviale Wunsch nach Zigaretten, der den Protagonisten auf die Straße und damit mitten in die Ereignisse bringt. Nachts am Ufer des Flusses an einem alten Schiffsfriedhof erzählt sie »Nichtigkeiten« (PP140) in unangemessen heiterer Stimmung, während er zwar nicht einmal das andere Ufer sehen kann, den Fluss und seinen »fortzeugende[n] Rhythmus« aber von seinem aberhunderte Meilen entfernten Ursprung an imaginiert. Die buchstäblich literarische Überhöhung der Szene kulminiert im Bild Rosarios, die sich das Haar löst und beginnt, »es mit langsamen und schlafnahen Bewegungen zu kämmen.« Das sich im semantischen Feld zwischen Schiffswracks[67], Fluss und sich kämmender Sirene einstellende Bild ist zu deutlich, als dass es nicht als Allusion auf Heinrich Heines *Loreley*[68] gelesen werden könnte, die als okzidentales Versatzstück die romantische, vorgeblich authentisch lateinamerikanische Fluss-Nacht-Szene ironisch bricht. Gleichzeitig verweist der metaleptische Aspekt der Szene darauf, dass der Protagonist längst dem – selbstproduzierten – Gesang der Sirene erlegen und zum Opfer der eigenen Fiktion geworden ist. Als eine Gruppe von Prostituierten mit Ballkleidern, hochhackigen Schuhen und glitzerndem Schmuck zum Fest des Dorfheiligen in die Hafenstadt am Fluss kommt, missversteht Mouche den Kontext und wird, als sie sich mit den Frauen, die sie »formidable« findet, anfreunden will, selbst für eine von ihnen gehalten. Die Interpretation der Situation durch den Protagonisten unterscheidet sich letztlich nur durch Befrachtung mit historischem Wissen und sentimentaler Mittelalter-Sehnsucht von der ihren: Das als »Theatercoup« verfremdend aber noch angemessen beschriebene Eintreffen der auffallenden Frauen mit ihren Paketen und Koffern wird zu einem in lebhaften Farben ausgemalten Szenario, in dem die Wanderprostituierten »wie die Basen jener mittelalterlichen Dirnen [...], die früher einmal von Bremen nach Hamburg und von Antwerpen nach Gent auf die Jahrmärkte gezogen waren« (PP133), in einer Weise überhöht werden, die ins Komisch-Absurde umschlägt. Der unpassende Vergleich projiziert

einem Theater, das dem Schloßgarten von Lammermoor seinen Duft zurückgab, über die romantische Oper lustigmachen, und sie begriff nicht, daß die Prostituierten in Romanen über den Ausbruch aus sozialen Schranken sich hier in eine Mischung aus gewinnsüchtiger Jahrmarktsdirne und ägyptischer Maria ohne Ruch der Heiligkeit verwandelt hatten.« (PP137)

67 Das im Detail beschriebene Schiff ist im Übrigen nicht wie ein Wrack, sondern wie eine Abbildung aus einem historischen Schiffskatalog als intaktes Schiff beschrieben, dessen Bugfigur sich im Licht des Feuers wie die Venusstatue eines Romans der Romantik belebt: »[...] ein alter Segler von eleganter Bauart, mit holzgeschnitzter Galionsfigur, einer Amphitrie, deren nackte Brüste zwischen den bis zu den Klüsen ausgebreiteten Flügeln hervorsahen. Wir standen nahe am Schiffsrumpf, als die Figur, die über unseren Häuptern zu schweben schien, plötzlich von einer wetterwendischen Lohe in Rot getaucht wurde.« (PP140)

68 Hier ließe sich unter Hinweis auf die im ersten Teil des Romans erwähnte »Brentanosche« [sic] Buchhandlung (PP20) auch Brentanos Ballade *Zu Bacharach am Rheine* denken.

den Ort des Geschehens, also die reale Stadt, die von ihrem kürzlich erschlossenen Ölquellen lebt und damit unmittelbar an einer technischen Moderne partizipiert, in eine längst vergangene Epoche zurück und macht ihn darüber hinaus zur Bühne eines privaten Memorialtheaters. Mag das evozierte Bild das reale Ereignis in seiner Lebendigkeit treffend beschreiben, so ist durch die analogische und damit zeitauflösende Denkform des Simile das Geschehen so radikal verfremdet, dass sich die Frage stellen lässt, welche der beiden Lesarten das Ereignis gründlicher verfehlt.[69]

Die Beschreibung von Mouches zunehmendem »Exotismus« als »nicht weniger auffällig als früher an den christlichen Höfen der Turban der Botschafter der hohen Pforte« (PP138) ist so ungemessen übertrieben, dass deutlich wird, dass das, was der Protagonist an ihr rügt, *mutatio mutandis* auch auf ihn selbst zutrifft.

»Als ich bemerkte, wie falsch oder unglücklich ihre Reaktionen auf dieses Land waren, das uns so sehr überraschte, weil wir ganz unvorbereitet und ohne Kenntnis seiner Vergangenheit waren, uns nicht in Büchern informiert hatten, fragte ich mich, ob ihre [die Italienreise beschreibenden] scharfsinnigen Bemerkungen über die geheimnisvolle Sinnlichkeit der Fenster im Palast Barberini, die Putenobsession an Deckengewölbe von San Giovanni di Laterano, die beinahe weibliche Intimität von San Carlo alle Quattre Fontane mit seinem schattigen, ganz auf Rundungen abgestellten Kreuzgang nicht nur willkommene, auf die Stimmung des jeweiligen Tages zugeschnittene Zitate waren, die sie in kleinen Schlucken aus den allgemein zugänglichen Quellen, aus Gelesenem und Gehörtem übernommen hatte.« (PP88f)

Der Erzähler beschreibt seine so störend eloquente Geliebte in ihrer privaten und erotischen Beziehung bemerkenswerterweise als »im Sprechen sehr zurückhaltend, fast wortkarg« (PP35f), als verfüge sie über keine eigene Sprache. Tatsächlich erhält Mouche in seinem Bericht durch die autobiografisch perspektivierte Darstellung keine eigene Stimme. Ihre Ansichten und ihr Verhalten werden durch seinen kritischen Kommentar metadiegetisch gebrochen. Ihre Eloquenz in Gesellschaft denunziert er als mediales Pastiche, als Echo von Lektüren, modischen Diskursen, Posen des jeweiligen Zeitgeistes. Aber auch seine Interpretationen der vorgefundenen Wirklichkeit sind Widerhall von Gelesenem, Gesehenem und Gehörtem, ein Gewebe von benutzten Fäden, Zitaten, Anspielungen, Parodien. Damit wird nicht nur sie als sein, sondern auch er als ihr Echo lesbar. Insofern, als Mouche zum verzerrten Spiegel seiner Rede wird, erweist sich zwar der Vorwurf ihrer Inkompetenz auf der Ebene der Handlung als verständliche Attitüde eines zunehmend angeödeten, besserwisserischen Liebhabers, auf der poetologischen Ebene wer-

69 Auf Carpentiers Nutzung analogischer Denkformen hat auch Gerhard Wild unter Bezugnahme auf die Vorliebe Carpentiers für eine barocke Ästhetik hingewiesen; vgl. G. Wild, Paraphrasen, S. 47: »Über diese kann auch Carpentiers metaphorischer Gebrauch von Versatzstücken der okzidentalen Kultur und die Usurpation von vordergründig diffamierten Avantgardetechniken sinnvoll definiert werden: Schließlich handelt es sich bei dem von Carpentier vorzugsweise genutzten poetischen Verfahren – dem surrealistischen *Cadavre exquis*, dem *dépaysement*, der Tendenz zur fingierten Intermedialität, den interkulturellen Paraphrasen, der Stilmischung – um Techniken, die ihre Herkunft auf den Analogismus zurückführen.«

den allerdings auch seine Rede als Spiel und ihre Poetik der Überhöhung und Abschweifung ostentativ zur Schau gestellt.[70]

Wird Mouche als Augenzeugin während der Reise, sowie später durch ihre verspätete, einseitige und verfälschende Sensationsgeschichte in der Presse, zu einer Instanz, die die Lesart und Darstellung des Protagonisten durch ein komplexes Spiel von Glaubwürdigkeit und Unglaubwürdigkeit zugleich relativiert und affirmiert, so wird sie auf der Ebene des Textes zu einer Romaninstanz, die als Geschäftszeugin des Schreibens fungiert, das über den Text und seine Negation abgewickelt wird.

Als das Palimpsest sich überschneidender Sprechweisen verdichtend fungieren auch die immer wieder genannten Zeugen des kulturellen Gedächtnisses: die Autoritäten, die der Erzähler evoziert, die großen Reisenden, Pater Servando de Castillejo, Christoph Kolumbus, Philipp von Hutten, Nikolaus Federmann, die Brüder Schomburgk, Sir Walter Raleigh ... deren als Texte vermittelte und durch ihn perspektivisch referierte Berichte weitere Lesarten und Schreibweisen eintragen. Während diese auf der Handlungsebene als affirmative Integratoren wirken[71], rufen sie auf der Textoberfläche und in ihrer fast autoreferentiell vorgeführten Zurichtung und Nutzung einen Effekt der Zerstreuung hervor und machen ihre Doppelfunktion auch auf der poetologischen Ebene wirksam: Die Kom-Position von Textfragmenten, die den Roman zu einem komponierten Text machen, lässt in der Verwischung der Grenzen, im Vergessenmachen seines Pastichecharakters, im extrem perspektivierenden Modus ihrer Darstellung eben jene Grenzüberschreitungen und Collagen als sein Eigentliches sichtbar werden.

4.4 Das Artefakt. Die Musikinstrumente

Wie in der Ambiguisierung der Experten- und der Zeugenfunktion im ethnographischen Bericht ist auch jene des Evidenz generierenden Artefakts vorgeführt, genutzt und gleichzeitig relativiert. Das von der Reise mitgebrachte Objekt bestätigt zunächst das ›Dort-gewesen-Sein‹ des Reisenden. In ihm verdinglicht sich die physische Präsenz des Reisenden am Ort seiner Auffindung. Es wird zum Sachbeweis seiner berichtenden Darstellung.[72]

70 Das geschieht selbst noch in der absurden Volte der Selbstwahrnehmung des Protagonisten als Passagier auf »Boschs Narrenschiff« (PP153), die ihn zu einer der Personen macht, die die auf dem Bild dargestellte Todsünden der Maßlosigkeit (der Beschreibungen und Vergleiche?) und der Völlerei (Bildungswissens, der Lektüre von Büchern?), möglicherweise (das Bild wurde im Nachhinein verändert) auch jene der Wollust (die Lust am Text ?) begehen.

71 Ein Beispiel stellvertretend für viele: »Heute im Morgengrauen haben wir uns eingeschifft. Ich habe viele Stunden lang die Ufer betrachtet, und was ich gesehen habe, unterscheidet sich kaum von dem, was Pater Servando de Castillejo berichtet hat, als er vor dreihundert Jahren in seinen Sandalen über diese Erde zog.« (PP142)

72 Vgl. J. Stagl: Neugier, 148: »Aufgrund ihrer ›Kontiguität mit dem Körper des Reisenden‹ haben Ethnographica stets den Besuch ferner Länder und Völker bezeugt.«; – vgl. auch Christian Kiening: Das wilde Subjekt. Kleine Poetik der Neuen Welt, Göttingen: Vandenhoeck & Ruprecht 2006, insb. Kap. 5, »Sinnliche Gegenwärtigkeit«, S.

Was – im Roman diese rhetorische Funktion des Artefakts realisierend – aus dem lateinamerikanischen Urwald mitgebracht werden soll, sind Musikinstrumente, ein *Idiophon*: »ein Mittelding zwischen Trommel und Perkussionsstab, von deren Existenz nicht einmal Schaeffner und Curt Sachs etwas bekannt war« (PP33), und ein Krug mit zwei Rohrmundstücken, »den bestimmte Indios bei ihren Bestattungszeremonien benutzten: Pater Servando des Castillejo hatte sie 1561 in seiner Abhandlung ›De barbarorum Novi Mundi moribus‹ beschrieben, doch waren sie in keiner organographischen Sammlung vertreten«.

Schon der Auftrag ist bemerkenswert: Nicht zufällig gefundene Gegenstände in ihrer reinen Materialität, die erst nachträglich interpretiert, in ihrer Beweisfunktion genutzt und in das okzidentale Museum eingebracht werden, sondern bereits beschriebene und klassifizierte Objekte, deren Fehlen Lücken in den bestehenden Sammlungen schließen sollen, sind Gegenstand des Auftrages. Gesucht wird auch nicht das unbekannte Kuriose, Monströse oder Wunderbare, das traditionell Objekt der Wunder- und Raritätenkammern der Reisenden und ihrer Gönner und Auftraggeber ist. Was gefunden werden soll, ist nicht das Unerwartete, schlechthin Andere, sondern das, was ein bestehendes klassifikatorisches System bestätigt, das als Schriftnetz musikologischen Wissens vorgängig über die Gegenstände gelegt ist. Die systematische Klassifikation lässt nichts Neues zu.[73] Unter dem Homogenisierungspostulat der Wissenschaft ist auch das mitgebrachte Artefakt immer schon Bestandteil einer Reihe, die es vervollständigt, exemplifiziert und affirmiert. Sein Wert ergibt sich nicht aus seiner Alterität, sondern aus seiner Homologie mit der klassifikatorischen Rubrik, in die es weniger eingebracht als aus der heraus es gesucht wird. Was an ihm entziffert wird, sind die Zeichen der eigenen Schrift.

Zusätzlich gebrochen ist die Unmittelbarkeit der Aussagekraft der Musikinstrumente durch die literarische Genese ihrer Bedeutsamkeit: Sie sind nicht als tatsächlich vorhandene Gegenstände klassifiziert, sondern medial vermittelt in dem zwischen literarischem und (als Variante einer Informationsvisualisierung) bebildertem Sachtext angesiedelten Werk eines reisenden Mönches, wo sie über ihren Kontext (die Bestattungszeremonien) gelesen werden. Nun scheinen sie über diesen Kontext, dessen Existenz durch die »Fortdauer eine jüngst von Forschern und Händlern bezeugten [also wieder medial vermittelten] Sitte« (PP33) als gesichert erscheint, *in corpore* auffindbar.

Die Bedeutung und der Wert der Objekte, den sie für die Wissenschaft haben, wird auf der Handlungsebene zunächst unterlaufen: Mouche schlägt vor, stattdessen Fälschungen herstellen zu lassen:

163ff; – Gisela Ecker/Claudia Breger/Susanne Scholz (Hg.), Dinge – Medien der Aneignung. Grenzen der Verfügung (= Kulturwissenschaftliche Gender Studies; Band 3), Königstein Taunus: Ulrike Helmer Verlag 2002.

73 Vgl. etwa: »Hier lag die Hirtenflöte, der ursprüngliche Vorläufer der Orgel. Und hier stand vor allem, feierlich und bedrückend, wie alles, was mit dem Tod zu tun hat, der Krug mit den zwei seitlichen Röhren – genau wie auf der Abbildung in dem Buch, in dem er zum ersten Mal erwähnt wurde.« (PP222)

»[...] ein paar einwandfrei und wissenschaftlich glaubwürdige ›primitive‹ Instrumente [...], die der Malerfreund nach meinen Zeichnungen und Maßangaben makellos anfertigen würde, denn er sei ein großer Liebhaber primitiver Kunst und in kunsthandwerklichen Arbeiten Kopien und Reproduktionen von [...] teuflischer Geschicklichkeit.« (PP43f)

Der Protagonist lehnt ab. Dennoch ist mit der Fälschungsfantasie ein Verdacht eingebracht, der die Authentizität der gesuchten Instrumente als relativ, instabil und fragwürdig erweist und darüber hinaus auch Museumsobjekte schlechthin affiziert: Wenn der befreundete Fälscher »Madonnen aus dem XIV. Jahrhundert mit abgeblätterter Vergoldung, Insektenstichen und Rissen« (PP44) anfertigt oder einem Museum eine »in wenigen Wochen gemalte und gealterte Venus von Cranach« verkauft, erscheint Authentizität als generell problematisch.

Nachdem der Erzähler sich, überredet von Mouche, auf die Reise eingelassen hat, will er die Instrumente, die bei einem primitiven Stamm gefunden werden sollen, zunächst nur – möglicherweise auch als Repliken – in den Trödlerläden und Antiquitätengeschäften der lateinamerikanischen Stadt suchen. Im Verlauf der Reise, die ihm wegen der Vielfalt ihrer Eindrücke, des neu erwachten Lebensgefühls (»[...] in weniger als zwei Wochen hatten sich in mir solche Umschwünge, Veränderungen und Rückläufe abgespielt« PP189) und der Gegenwart Rosarios immer wichtiger wird, wird die Suche auch zum Vorwand, mit dem er die Weiterfahrt Mouche gegenüber begründet: »Ich hätte vor, den Auftrag der Universität auszuführen und mich demzufolge auch dorthin zu begeben, wo ich die Musikinstrumente, die ich suchen sollte, finden würde.« (PP159) Der Adelantado stellt ihm in Aussicht, dass er sie in einem der Dörfer nur wenige Tagereisen entfernt finden werde. Schließlich erreicht er in einer Urwaldsiedlung sein Ziel:

»Neben einem Glutbecken lagen die Musikinstrumente auf dem Boden, die zu sammeln mir Anfang dieses Monats aufgetragen worden war. Wie ein Pilger, der endlich ergriffen vor der Reliquie steht, um deretwillen er zwanzig Länder durchwandert hat, fuhr ich mit der Hand über die im Feuer gebrannten Verzierungen, über den kreuzförmigen Griff des Walzeninstruments [...] Und hier stand vor allem, feierlich und bedrückend, wie alles, was mit dem Tod zu tun hat, der Krug mit den zwei seitlichen Röhren – genau wie auf der Abbildung in dem Buch, in dem er zum ersten Mal erwähnt wurde.« (PP222)

Die Auffindung der Instrumente wird in einer Parodie der Gral-Suche beschrieben, die durch eine imaginierte musikalische Begleitung »opernhafte« Züge oder solche eines Hollywood-Films annimmt: »[...] das äußerte sich seltsamerweise durch einen großen Kontrapunkt Palestrinas, der mit der brausender Majestät all seiner Stimmen in meinem Kopf erschallte.« (PP223) Um sich vom Gefühl einer uneingelösten Verpflichtung zu befreien, reist der Protagonist mit den Musikinstrumenten in die Stadt zurück, wo er sie dem Kurator übergeben will.

Die abschließende Restitution des Sachbeweises (der nun trotz der anvisierten Täuschungsmanöver und gerade wegen deren freizügiger Zurschaustellung als ›doch‹ authentisch aufgewertet ist) in seine rhetorische Verifikationsfunktion wird auf der Handlungsebene durch ihre Funktion als Rechtfertigungsargument für die Heimkehr unterlaufen. Die Instrumente binden den Protagonisten aber nicht nur an seinen Auftraggeber, sondern auch an ihren Ort in den Aufschreibesystemen[74] der Kultur. Anders als das zurückgelassene Kompositionsmanuskript der Threnodie im Urwald sind die Urwaldinstrumente in der Welt organographischer Institute, der Opern, Konzerte, der Technik der Musiknotation, in der Welt der Schallplatten, Synchronisationsmaschinen, des Papiers und des Schreibens als integrier- und lesbar insinuiert. Diese Asymmetrie, die zunächst als Handlungsgenerator genutzt wird, kann in beiden Richtungen als Zivilisationskritik gelesen werden, erschöpft sich aber nicht darin. Die Instrumente können in eine Klassifikation eingehen (etwa die Hirtenflöte als Vorläufer der Orgel), aber sie gehen nicht restlos darin auf. Ihre schiere Objekthaftigkeit leistet einen Widerstand, der nicht bewältigt wird.

4.5 Wissensordnungen. Aufschreibesysteme. Das Museum

Im Organographischen Institut mit seinen historischen Instrumenten trifft der Protagonist nicht nur den Kurator, der die Objekte auf seinen Karteikarten verzeichnet und sie damit systematisiert und wiederauffindbar macht, sondern bemerkenswerterweise auch eine alte *taube* [sic] Magd, die dort Hilfsarbeiten verrichtet. Sie lässt sich als Parodie der *Aoide*, der Muse der Musik lesen, deren Taubheit in einer absurden Umkehrung darauf verweist, dass der museale Zugriff trotz seines systematisierenden Anspruchs und seines Vollständigkeitsparadigmas das Wesentliche verfehlt, das als Residuum nie auflösbarer Andersheit ungehört und ›ungelesen‹ bleibt und gewissermaßen als untergründige Konterbande den Vorrang des Signifikanten vor dem Signifikat behauptet. Von da aus kann er (wie die afrikanischen und asiatischen Idole in der Galerie der Großstadt – siehe 6.2) resemantisiert und als enigmatisches Objekt in andere Signifikationsspiele eingebracht werden, die seine museale Stillstellung auflösen, ihn aber nie erschöpfen können.[75]

74 Hier verstanden in der Terminologie Friedrich Kittlers, vgl. A. Nünning (Hg.), Lexikon Literatur und Kulturtheorie, S. 306; unter Aufschreibesystemen werden sowohl primär technische Medien, die dem Speichern von Daten dienen, als auch das Netzwerk von Techniken, Institutionen, Pädagogiken verstanden, die einer Kultur die Adressierung, Speicherung und Verarbeitung relevanter Daten erlauben.

75 Zum proto-musealen Artefakt wird (neben anderen Objekten) auch jene Axt, die von den Männern im Verlauf der Reise im Urwald gefunden wird, und die die Faktizität der sie begleitenden Erzählung über die Entdeckung und Eroberung Lateinamerikas verbürgt: »Der Pionier stand auf und hielt, eine Schattengestalt vor dem Feuer, eine Axt an den Lichtschein, die mir schon am Nachmittag ihres merkwürdigen Profils wegen aufgefallen war: die Schneide, kastilische Schmiedearbeit, steckte an einem Stiel aus Olivenholz, der schwarz geworden war, ohne sich vom Eisen zu lösen. Ins Holz hatte ein Soldat, der einmal Bauer gewesen war, mit der Messerspitze ein Datum eingeritzt – und dieses Datum stammte aus der Zeit der Konquista. Während wir geheimnisvoll erregt die Waffe von Hand zu Hand gehen ließen, erzählte uns der Pionier, wie er sie gefunden hatte.« (PP183) Die Koinzidenz von Präsentation und Fundort, der zumindest den ursprünglichen räumlichen Kontext noch evozieren kann, erlaubt eine ›Lektüre‹ des Gegenstandes, die seiner ursprünglichen Funktion und Ge-

Über die Platzierung und Lesbarkeit des Artefakts im okzidentalen Wissenssystem ist dieses selbst als relativ indiziert. Es wird im Roman im Paradigma der Zeitreise mit einer Reihe anderer Wissenssysteme und epistemischer Darstellungsordnungen konfrontiert, die gleichen relativen Geltungsanspruch zugestanden bekommen, wie dies Claude Lévi-Strauss in seinem Buch *Das wilde Denken*[76] getan hat: Der chthonisch-magische Weltbezug der einheimischen Bevölkerung, ihre abergläubischen Vorstellungen und Praktiken als analogische Strategien der Wirklichkeitsbewältigung, aber auch Mouches vor dem Hintergrund der Moderne ›regressive‹ Astrologie, der integrale Weltbezug der vorgefundenen Welterzählungen, deren mythische Struktur und ihre narrative und theatrale Vermittlung oder die protowissenschaftliche Elementenlehre[77], die in der deutlichen Unterscheidung der Reiche der Erde (das Tellurische), des Wassers (der im Regen versinkende Urwald – PP289f), des Feuers (die Stadt des Feuers und dessen Ursprung) und der Luft (das Reich des Vogels – PP259f – und der Vogelgötter) abgebildet wird. In der Figur des Pflanzensammlers und Botanikers Doktor Montsalvatje tritt über dessen »kuriosen« Stammbaum »aus Alchimisten und Häretikern« (PP180) implizit das fünfte Element der Alchimie dazu (womit das Gold der thematisierten El Dorado-Suche in einer Transformation auf eine metaphysische Ebene gelangt). Montsalvatjes Vorfahr, »Raimundus Lullus« verweist über seinen Namen auf den Neuplatonismus und die Logik. Seine Sammlungen referieren – gewissermaßen in einer Zeitraffung – die erratische Sammlung des Schmetterlingssammlers, die von Foucault als ›Ordnung der Dinge‹ beschriebenen frühneuzeitlichen Wissenstableaus, die Wunderkammern und ein wissenschaftlich klassifizierendes Ordnungssystem.

Alle diese Ordnungen sind gültige Welterklärungsmodelle mit je eigener Rationalität und eigenen Speicher-, Darstellungs- und Kommunikationsmedien, die, vermittelt durch die Metapher ihrer synchronen Existenz, als gleichberechtigt dargestellt sind: »[Ordnungen], die, solange sie auf heimischem Gebiet ihre [...] Funktion erfüllten, niemals barbarisch gewesen waren« (PP323). Erst ihre Lektüren und Fehllektüren unter den Bedingungen anderer Wissensordnungen und eines modernen Wissenschaftsbegriffs lassen sie als defizient erscheinen. Erneut sind damit das Zerreißen der Signifikantenkette, Interpretationsbedürftigkeit und die Performanz der Rezeption thematisiert, moderne Wissenschaft, Archiv und Museum (des Organographischen Instituts, der Universität) als Aufschreibesysteme relativiert und die Medialität des Wissens deutlich gemacht.

schichte nahekommen kann, die historische Distanz aber in eine fetischistische Aufladung des Gegenstandes selbst verschiebt, der auratische, fast hypnotische Qualität bekommt: »Aus dem kalten Eisen strömte das Wunder in unsere Fingerspitzen. Wir ließen uns einfangen von den seltsamen Begebenheiten und sehnten uns nach noch größeren Wundern.« (ebd.)

76 Vgl., Claude Lèvi-Strauss: Das wilde Denken (=stw 14), Frankfurt am Main: Suhrkamp 1973. S. 20ff.

77 Vgl. dazu: Gernot Böhme/Hartmut Böhme, Feuer Wasser Erde Luft. Eine Kulturgeschichte der Elemente (= beck'sche reihe; 1565), München: Verlag C.H. Beck 1996.

4.6 Glaubwürdiges Schreiben. *Evidentia*

Neben Augen-Zeugenschaft und dem mitgebrachten Beweisgegenstand ist es das glaubwürdige Schreiben, die *demonstratio ad oculos*, die die Evidentia des Reiseberichts herstellt. Sie wird durch Fülle, Vollständigkeit und genaue Beschreibung erreicht, die im Roman zunächst durch den *ordo naturalis* der Tagebucheinträge – die Akkuratesse und Vollständigkeit insinuieren – entstehen. Unterstützt wird der Eindruck von Dichte durch die simultane Präsenz historischer Varianten und Modi der Reisebeschreibung im Text, die abgebildet, genutzt und gleichzeitig im mediengeschichtlichen Horizont des Romans vorgeführt werden. Dazu gehören etwa die (seit der frühen Neuzeit) Betonung der sinnlichen Erfahrung und der Aufforderung dadurch Wissen zu erwerben, die, wie Brenner feststellt, zum »[...] toposhaften Argumentationsarsenal der Neuzeit«[78] gehört, oder die in der Folge unter bestimmte Prämissen und Bedingungen gestellte untersuchende Erfahrung, die die unendliche Vielfalt der Wirklichkeit und das wahrgenommene Einzelne unter partiellem Empirieverzicht in einem neuen Homogenitätspostulat unter Kategorien, Strukturen und Gesetze fasst und das, was sie nicht auf diese Weise erfassen kann, als kurios oder monströs wahrnimmt und damit zum Exotischen macht.

Gleichzeitig wird die Evidentia durch ein komplexes Zusammenspiel verschiedener Erzählinstanzen und Fokalisierungsmodalitäten[79] intensiviert, die einander überschreiben, unterlaufen, ergänzen, konfrontieren und bestätigen. Hermann Herlinghaus hat auf die intrikate Integration verschiedener Erzählstrategien im Roman hingewiesen:

»Da ist sowohl ein erzählendes wie ein erzähltes - sozusagen ein sich selbst reflektierendes - Ich. Der subjektive Gesichtskreis des [...] Protagonisten wird bestätigt und distanziert, das Erzähler-Ich durch eine personale Instanz unterwandert. Der Leser mag auf indirekte Weise einen Teil seiner selbst in das Ich der Figur investieren, ohne daß er sich zur Einfühlung herausgefordert fühlt. Reflexion und Erinnerung sind an szenisch-wahrnehmendes Erzählen gekoppelt; die ›Kompetenz‹ der Sinne bestimmt die Melodie der Erzählung, und sie wird sich auf der argumentativen Ebene als eine Grundfrage erweisen. Existiert letzthin ein räsonierendes Subjekt, so ist dessen ›Autorität‹ mit erzähltechnischen Mitteln relativiert: Das Agieren des Erzählers in einem Raum zwischen ›Ich‹ und ›Er‹ bedeutet - in neueren Termini - Dezentrierung eines selbstbewußten Erzählerstatus.«[80]

78 P. Brenner: »Erfahrung der Fremde«, S. 28: Hier auch der Hinweis auf die ›metaphorische‹ Bedeutung des Reisens für die frühe Neuzeit und als Beleg dafür die Divina Commedia: »Der von Dante erfundene Odysseus strebt über die durch die Säulen des Herkules bezeichneten Grenzen der bekannten Welt hinaus. Er sucht die ›sinnliche Erfahrung‹ der Welt dort nach der Sonne‹ (›non vogliate negare l'esperienza, die retro al Sol‹) und fordert seine Gefährten auf [...]: ›Erkenntnis suchet auf und Tüchtigkeit‹. [...] Die sinnliche Erfahrung des Neuen wird zum Akt der Herausforderung und der menschlichen Selbstbehauptung, der sich gegen hergebrachte Frageverbote und überhaupt gegen die traditionelle Vorstellung von der Welt als eines geschlossenen Kosmos auflehnt.«

79 Vgl. zu Erzählperspektiven in Carpentiers Werk auch: C. Armbruster: »Wunderbare Wirklichkeit«, S. 82-134; insb. 119f; R. Gonzáles-Echevarria: Pilgrim, S. 158f.

80 H. Herlinghaus: A. Carpentier, S. 103.

Paradoxerweise unterstützt diese Dezentrierung über ihren reflexiven Aspekt sowohl die Dichte der Prosa als auch deren Plausibilität. Sie insinuiert über die Applikation und Inszenierung unterschiedlicher Perspektiven nicht nur auf der poetologischen, sondern auch auf der Handlungsebene (im mit Mouche ausgetragenen Konflikt oder in der fiktiven Ego-Alter-Ego-Struktur des imaginären Gespräches mit dem Vater) eine sich selbst bedenkende Ratio, die den Effekt erhöhter Glaubwürdigkeit erzeugt.

Dezentrierend funktioniert zunächst auch die Struktur des Romans. Unter Hinweis auf Gérard Genettes Unterscheidung zwischen Fiktion und Diktion[81] hat Ottmar Ette den Reisebericht als »friktionale Literatur«[82] bezeichnet. Der Roman als Reisebericht partizipiert an dessen potentieller Friktionalität, die nun – rezeptionsästhetisch gewendet – den Leser zu erhöhter Mitarbeit herausfordert. Gegenstand dieser Mitarbeit wird allerdings bald die Friktion zwischen vorgeblichem Reisebericht und Roman selbst: Die plausible Beschreibung der Reise, die im *genus humile* in notwendiger und hinreichender Weise entsteht, wird durch eine Schreibweise des *genus grande* in Form überhöhender Überschreibung, immer weiter führender Referenzen und Verweise und eine forcierte Reflexivität unterlaufen, die zunehmend die Schreibweise des Textes selbst als das eigentliche Thema des Romans erkennbar macht. Analog zur in der Intermedialitätstheorie beschriebenen Dominanzbildung *inter media* lässt sich hier eine Dominanzbildung *inter genera* beschreiben. Der Roman absorbiert den Reisebericht, der dem Text vor allem seine Verifikationsstrategien und seine Struktur der Bewegung im Raum und in der Zeit für dessen Darstellung der Wahrnehmungs- und Mediengeschichte leiht. Sie wird auch an den Reisebildern selbst abgehandelt. Die durch die strukturelle Dialogizität zwischen den Textsorten[83] sich ergebende Dezentrierung wird durch deren ›kannibalisierende‹ Verschränkung abgefangen. Wieder ist es die Dezentrierung selbst, in diesem Fall jene des kritischen Arrangements der Textsorten, die erhöhte Glaubwürdigkeit befördert.

Schließlich ist es die Intermedialität des Schreibens, die für Glaubwürdigkeit sorgt: Die Nutzung von bildlichen und architektonischen Prätexten für die Beschreibung der Landschaften, die ›Vertonung‹ der Beschreibungen durch erkennbare musikalische Werke, der Rekurs auf an filmischen Verfahren geschulte Sehweisen, die Intensivierung des Theatralisch-Szenischen der einzelnen Episoden unterstützen – über ihren Appell an (fiktive) multisensu-

81 O. Ette: »Est-ce que«, S.48

82 Ebd., S. 49: »Der Reisebericht ist gekennzeichnet durch ein eigentümliches Oszillieren zwischen Fiktion und Diktion, ein Hin- und Herspringen, das es weder auf der Produktions- noch auf der Rezeptionsseite ermöglicht, eine stabile Zuordnung zu treffen. [...] Im Gegensatz zum Roman bildet der Reisebericht eine Hybridform nicht nur bezüglich der aufgenommenen Gattungen und seiner Redevielfalt, sondern auch hinsichtlich seiner Eigenschaft, sich dem Gegensatz zwischen Fiktion und Diktion zu entziehen. Der Reisebericht schleift die Grenzen zwischen beiden Bereichen ab.«

83 Vgl. dazu: Jörg-Ulrich Fechner: »Permanente Mutation – Betrachtungen zu einer ›offenen Gattungspoetik‹«, in: Horst Rüdiger (Hg.), Die Gattungen in der Vergleichenden Literaturwissenschaft (= Komparatistische Studien; Beiheft zu »arcadia«, Zeitschrift für Vergleichende Literaturwissenschaft Band 4), Berlin/ New York: de Gryter 1974, S. 1-32; – ebenso: Gerhard R. Kaiser: »Zur Dynamik literarischer Gattungen«, ebd., S. 32-62.

elle Wahrnehmung – die Hypotypose und intensivieren die entstehenden imaginativen Textbilder. Dient intermediales Schreiben also auf der Handlungsebene integrativer Verdichtung, so wird es auf der poetologischen Ebene erneut zunächst zu einer dezentrierenden Bewegung, die über die Inzitation fremd-medialer Prätexte die eigene Schreibweise irritiert und als disponibel erweist. In dem Maß, in dem Wahrnehmung, Medialität und Schreiben als Romanthemen sichtbar werden, wird der – im Text auch immer wieder reflektierte – Rekurs auf intermediales Schreiben auch als Fokussierung produktiv: Die Historizität von Wahrnehmung und Subjektivität wird durch ihre Darstellung und – poetologisch gewendet – durch die Applikation historischer Wahrnehmungsweisen und unterschiedlicher Subjektivitätskonstitutionen im Schreibverfahren selbst ›verdoppelt‹ und damit als reflektierte Bedingung des Schreibens glaubwürdig gemacht.

5. Bilder. *Blickführungen*

In seinem Essay über Probleme des zeitgenössischen lateinamerikanischen Romans verweist Carpentier auf Kontexte des Schreibens[1], die sich in den Bildern und Blickführungen auf der Textoberfläche von Los pasos perdidos und in dessen dispositionellen Schemata in vielfältiger Ausformung ausmachen lassen. Es sind dies die Kontexte der Proportion eines Kontinents, der – anders als die ›lieblichen Landschaften‹ der Alten Welt – keine gute und friedliche Natur bereithalte, sondern

»[...] ein Kontinent der Hurrikane, der Zyklone, der Erdbeben, der Seebeben, der Überschwemmungen [ist], die einer noch wenig gezähmten, ihren ersten Erschütterungen noch sehr unterworfenen Natur durch ihre Regelmäßigkeit einen furchtbaren Herzschlag verleihen. Das ist kein Stoff, der für den Romancier des Typischen, des Bodenständigen, des Pittoresken leicht zu nützen wäre. Hier müssen gültige Beziehungen zwischen den Menschen Lateinamerikas und den chthonischen Kontexten hergestellt werden.«

Zu diesen Kontexten gehören auch solche der Entfernungen (»Die Entfernung ist hart und tantalisch aus dem gleichen Grund wie die Bilder, die sie erzeugt: Luftspiegelungen außer Reichweite des Betrachters.«[2]), die im Schema des Reiseberichts und der verzweigten Reisen der einheimischen Bevölkerung, in der Kartografie des Landes und ihren weißen Flecken oder über die Thematisierung der Verkehrsmittel realisiert werden. Auch die Kontexte der Zeitverschiebung[3] werden über die Dauer der Reise selbst und über

1 Vgl. A. Carpentier: »Roman in Lateinamerika«, S. 49; vgl. auch ebd., S. 26: »Ich will diese Kontexte hier aufführen, auch wenn der Aufzählung manches von einem Schiffs- oder Pferdekatalog aus der Zeit der Konquista an sich hat. Durch Nachklang oder Echo, durch die Wechselbeziehungen von Außen und Innen, werden diese Kontexte den amerikanischen Menschen definieren.«

2 Ebd., S. 32; vgl. ebd., »Wer das Goethehaus in Weimar besucht, lernt ein Gebäude kennen, das sowohl mit dem Menschen, der es bewohnt, wie mit der Stadt, in der es steht, konsubstantiell ist [...]. Aber ich möchte mir die möglichen Größenverhältnisse eines im mexikanischen Amamameco lebenden Goethe vorstellen: im Vordergrund sein grauer Gehrock, und der Vulkan im Hintergrund. Wie ich auch immer davon geträumt habe, Richard Wagner hätte das Angebot wahrgenommen und ›Tristan und Isolde‹ in Rio de Janeiro uraufgeführt, mit einer Brangäne, einem Kurwenal zwischen den Gipfeln des Tijuca und des Zuckerhuts.«

3 Ebd., S. 32; vgl. ebd., S. 32f: »Das Drama der Zeitverschiebung wirkt sich aber auch auf Aktivitäten aus, die weit über die literarische oder künstlerische Tätigkeit hinausgehen: in einer generellen Verspätung gegenüber der Gegenwart, die schreckliche Folgen haben kann. [...] Nach endlosen Diskussionen und vielem Kopfzerbrechen akzeptieren unsere jungen Leute politische Realitäten zu einem Zeitpunkt, da diese

die Fantasie einer territorialisierten Zeit abgetragen, die die ›Verspätung‹ Lateinamerikas über hybride, bewegte oder sich in permanenter Transformation befindliche Bilder als die Gleichzeitigkeit des Ungleichzeitigen abbildet.

Literarische Texte arbeiten immer mit Bildlichkeit, Visualisierungen und Räumen. Umberto Eco hat dargelegt, wie man einen Raum mit Worten darstellen könne[4], und nennt zunächst dafür (unter Verweis auf die großen antiken Rhetoriker, von Hermogenes bis Longinos, von Cicero bis Quintillian) die Hypotypose oder *evidentia* [5], die er allerdings nicht als besondere rhetorische Figur beurteilt.[6] Die Sprache erlaubt jederzeit (im Alltag und erst recht in der Kunst) die Beschreibung von Personen, Szenen, Gegenständen, und »sie gestattet es aufgrund vielfältiger Techniken, die sich nicht auf eine Formel oder Instruktion reduzieren lassen, wie es bei Tropen und den rhetorischen Figuren im eigentlichen Sinn vorkommt« (ebd.). Als Desiderat nennt Eco eine Typologie von Techniken der Darstellung/Evokation des Raumes und schlägt einige vor: Denotation, minutiöse Beschreibung, Aufzählung, Akkumulation und Beschreibung mit Verweis auf persönliche Erfahrung des Adressaten.

Als unmittelbarste, einfachste und mechanische ist die *Denotation*, etwa die Aussage, wie viele Kilometer zwei Orte voneinander entfernt sind. Eine solche Aussage veranlasst den Adressaten nicht notwendig dazu, sich einen Raum vorzustellen, obwohl er damit ein Bild assoziieren kann.

Die *minutiöse Beschreibung* ergänzt eine einfache Raumdarstellung um jene Details, die größere hypotypotische Kraft haben: in Ecos Beispiel z.B.: links auf dem Platz steht eine Kirche, rechts ein Palast – eine Angabe, die reichen würde, um einen Raum wiedererkennbar zu machen, in Carpentiers Roman etwa den Platz zwischen Kaserne und Musikpavillion in Los Altos (siehe 5.7), um zum Beispiel Verwechslungen auszuschließen. Hypotypose liegt dann vor,

> »[...] wenn gerade so viel gesagt wird, wie nötig ist, um den Adressaten zu einer Mitarbeit zu bewegen, in der er die Leerstellen auffüllt und Einzelheiten aus eigener Ini-

Realitäten anderswo schon so gefestigt sind, daß sie die ursprünglichen Ziele hinter sich gelassen haben.«

4 Siehe zum folgenden Abschnitt: Umberto Eco: »Les sémaphores sous la pluie«, in: ders.: Die Bücher und das Paradies (= dtv 34276), München: Deutscher Taschenbuch Verlag 2006, S. 189-211, (Schriftfassung eines am 29. September 1996 gehaltenen Vortrages im Centro die Studi Semiotici e Cognitivi der Universität San Marino für einen Kongress über die Semiotik des Raumes), hier S. 210: »Und in der Tat, warum sollten wir annehmen, daß Wörter sichtbar machen, wo sie doch gerade erfunden worden sind, um von dem zu sprechen, was wir nicht vor Augen haben und folglich nicht mit dem Finger zeigen können? Das Höchste, was Wörter tun können (da sie emotionale Wirkungen erzeugen), ist, unsere Vorstellungskraft anzuregen.«

5 Vgl. ebd., S. 198: »[...] die bisweilen gleichgesetzt, bisweilen als verwandt beschrieben wird mit der *illustratio*, der *demonstratio*, der *ekphrasis* oder *descriptio*, der *enárgeia* usw.«

6 Vgl. ebd., S. 209: »Die Hypotypose beruht also nicht - wie dies bei den Tropen und den Redefiguren der Fall ist - auf einer semantischen Regel, die man kennen muss, um das Gesagte zu verstehen.«

tiative ergänzt. Anders gesagt: Die Hypotypose muss nicht so sehr etwas sichtbar machen, sie muss vielmehr Lust darauf machen, etwas zu sehen.«[7]

Sie muss besondere Relevanz anbieten, etwa eine Gefühlsreaktion verbal hervorheben und sie dem Leser »gewissermaßen [...] befehlen – (›mitten auf dem Platz war etwas Schreckliches‹) oder auf einer Einzelheit zu Lasten anderer [...] insistieren« (ebd., S. 201). Eine zu große Anzahl von Details hindert den Adressaten daran, sich ein Bild zusammenzusetzen (Das Gesamtbild von Los Altos ergibt sich nicht wirklich ›visuell‹), kann allenfalls gerade dies in verfremdender Absicht provozieren.

Ohne besondere Relevanz zu erzeugen, evoziert die Technik der *Aufzählung* das Entstehen räumlicher Bilder. In einer Art panoramischen Schwenks lassen sich so narrativ Räume und deren Horizonte (Skylines) darstellen, deren Einzelbilder leicht in die Vorstellung integrierbar sind. Die einzelnen Objekte können aber auch inkongruent oder unerwartet sein und eben dadurch überraschen und den Leser (wie etwa in der Beschreibung der Landschaft der Urformen, siehe 5.15) zur Kooperation bewegen, indem er sich an der Konstruktion der Bilder/des Raumes beteiligt.

Bei der *Akkumulation* als »erregte Häufung von Ereignissen« (ebd., S. 203) müssen diese Ereignisse (wie in der Replikengalerie, siehe 5.1 oder dem Venusberg, siehe 5.5) inkongruent oder außergewöhnlich sein und ermöglichen dadurch ein besonders plastisches Bild, oder – über das rhythmische Element der Häufung – weniger visuelles als klangliches Vergnügen oder eines, das aus der diskursiven Beschäftigung mit der Anordnung der Elemente selbst entsteht.

Die Beschreibung mit *Verweis auf persönliche Erfahrungen* des Adressaten, die Eco als fünfte Variante nennt, ist weniger eine Technik als eine anthropologische Grundtatsache, die sich bei jeder Hypotypose einstellt: Der Adressat bringt ein, was er selbst bereits gesehen oder erfahren hat, er aktiviert bestehende Erkenntnismuster und bestehende körperliche Erfahrungen. Dazu gehört auch die Evokation interozeptiver und propriozeptiver Erfahrungen, etwa jene der Mühsal der Fortbewegung durch den Raum. Auf eine Hypotypose, die etwas in Erinnerung ruft, was man nie gesehen/erlebt hat (etwa die Kanufahrt im Urwald, siehe 5.12) reagiert der Adressat, »[...] indem [er] so tut, als ob [er] es gesehen hätte, und zwar genau auf der Basis der Elemente, die einem der hypotypotische Ausdruck liefert. [...] Die Hypotypose kann sich die Erinnerung, die sie braucht, um sich zu realisieren, auch schaffen«[8].

In jedem Fall gilt, dass der Adressat an der Konstitution des Bildes mitarbeiten muss. Die Hypotypose ist also für Eco

»[...] unter anderem, als Denkfigur, die ähnlich der Ironie und anderen verwandten Figuren komplexe Textstrategien erfordert und sich niemals durch ein rasches Zitat oder eine Formel exemplifizieren lässt, ein semantisch-pragmatisches Phänomen, [...] ein Musterbeispiel für interpretierende Mitarbeit. Nicht so sehr Darstellung als vielmehr Technik zur Stimulierung des Lesers, sich eine visuelle Darstellung zu konstruieren.«[9]

7 Ebd., S. 199.

8 Ebd., S. 206f.

9 Ebd., S. 210.

Der Adressat kann aber in allen von Eco angeführten Fällen vermeiden, an der Visualisierung mitzuarbeiten, indem er die Signale ignoriert, oder aber – etwa ihre Überfülle oder Inkongruenz als einen Hinweis interpretiert – nicht den Raum selbst, sondern etwas durch diesen Raum Dargestelltes sehen (Mouches Atelier, siehe 5.4, die Theatervorführung der Oper, siehe 6.4, das Vergehen der Zeit, siehe etwa Ruinen, 7.3).

Unter Verweis auf literarische Beispiele schlägt Eco vor, z.B. Techniken der Fokussierung methodisch zu untersuchen: die Simultanmontage (wie jene der Jahresversammlung der Landwirte in *Madame Bovary*, in der Tribüne, Platz und Rasthaussaal überblendet werden, oder in der umgekehrt durch die zeitliche Engführung ein visueller Eindruck erzeugt wird), die Froschperspektive, die Vogelperspektive, die allmähliche Verschiebung des Blickwinkels. Dazu gehören schließlich auch anamorphotische Verfahren, panoramische Sehweisen oder zerstreuende Blicke, die gewohnte Sehzusammenhänge auflösen und dadurch verfremdende Wahrnehmung ermöglichen. In den Ortsbeschreibungen von *Los pasos perdidos* können solche Sehweisen, aber auch Fokalisierung, Perspektiven und Blick-Konventionen nachgewiesen werden.

Gleichzeitig thematisiert und alludiert der Roman in extremer Dichte bildnerische Kunstwerke, deren Visualisierung zunächst als Sonderfall der allgemeinen Kategorie der Visualisierung aufgefasst werden kann. Mit dem verstärkten Interesse an Bezügen zwischen den Medien sind die künstlerischen Bilder literarischer Texte Gegenstand differenzierter Untersuchungen geworden, die deren Medialität (die Medien des gemalten oder gezeichneten Bildes, der wissenschaftlichen Zeichnung, der Landkarte, der Architekturskizze, der Fotografie) auf ihre eigenen medialen Aspekte hin befragen, ihre dispositionellen Verfahren reflektieren und ihre Funktion im narrativen Text problematisieren.[10]

Die im Roman zitierten und alludierten Bilder und ihre Signifikationsweisen sowie ihr Gebrauch im Text scheinen einem Katalog intermedialer

10 Vgl. Renate Brosch: »Visualisierung in der Leseerfahrung: Fokalisierung – Perspektive – Blick«, in: dies./Tripp, (Hg.), Visualisierungen, S. 47–86; – Wendy Steiner: »Pictorial Narrativity« in: Ryan (Hg.), Narrative across the Media, S. 145-177; – Gabrielle Blell: »›Seeing comes before words, and can never be quite covered by them.‹ Zum Verhältnis von (Kunst-)Bildern und Sprache«, in: Drexler/Klinger (Hg.), Bilderwelten, S. 3-24; – A.K. Reulecke: Geschriebene Bilder; – Werner Wolf: »Intermediale Erzähltheorie«, in: A. Nünning/ V. Nünning (Hg.), Erzähltheorie, S. 23-104; – Thomas Eicher: »Was heißt (hier) Intermedialität«, in: ders./Bleckmann (Hg.), Intermedialität, S. 11-28; – Gottfried Boehm: »Das bildnerische Kontinuum. Die Transgression der Gattungsordnung in der Moderne«, in: Neumann/Warning (Hg.), Transgressionen, S. 19-38; – Rolf Günther Renner: »Schrift-Bilder und Bilder-Schriften. Zur Beziehung zwischen Literatur und Malerei«, in: Zima (Hg.), Literatur intermedial, S. 171-208; – Monika Schmitz-Emans: »Die Intertextualität der Bilder als Gegenstand der Literaturwissenschaft«, in: Foltinek/Leitgeb (Hg.), Literaturwissenschaft, S. 193-230; – F. Mosthaf: Metaphorische Intermedialität, S. 79ff; – Wolf Kindermann: »Narrative Malerei und ›malerischer Diskurs‹. Formen intermedialer Interdependenz im Amerika des 19. Jahrhunderts«, in: Helbig (Hg.), Intermedialität, S. 204-218; – Heinrich F. Plett: »Bildwechsel. Impressionistische Intermedialität im Fin de Siècle«, ebd., S. 219-230; Ernst H. Gombrich: Kunst und Illusion. Zur Psychologie der bildlichen Darstellung, Berlin: Phaidon 2004.

Verfahren und Fragestellungen entnommen. Von der *Ekphrasis* über die Nutzung von Bildern für eine *ars memorativa*, die Anwendung der *Moduslehre*, eine Emblematik *sui generis*, literarische Historienmalerei, die Nutzung von Bildtiteln, Bildbeschreibungen und Bilddeutungen, die Anwendung bildkünstlerischer Verfahren im Text[11], Verfahren des use und mention/refer to[12] sind in unterschiedlichen Graden von Strukturalität, Selektivität und Dialogizität in den Text integriert und bereichern sowohl seine Semantik als auch die Komplexität des Erzählverfahrens. Carpentier nutzt damit den Umstand, dass, wie auch Thomas Eicher festgestellt hat, generell dem »[...] erzählerischen Akt der Fiktionalisierung von Bildern [...] kaum Grenzen gesetzt [sind]; so werden Bilder im eigentlichen Sinn umerzählt, und die Lektüre erzählter Bilder wird ein wahrhaftes Abenteuer.«[13]

Ann Kathrin Reulecke hat den Vorschlag gemacht, solche Bilder als geschriebene Bilder zu bezeichnen, da ihre Beschreibungen »[...] keine ›Bild-Beschreibungen‹ im eigentlichen Sinne mehr sein wollen«[14]. In ihnen gehe es vielmehr um das Verhältnis von Bild und Wort »[...] ›nach‹ der Bildbeschreibung.«[15] Sie konfrontieren Sprache und Bildlichkeit, loten in diesem impliziten Dialog ihre jeweiligen Grenzen aus und ermöglichen in der Wahrnehmung ihrer Differenz und ihrer Darstellungsbedingungen eine Neubestimmung ihrer eigenen Möglichkeiten und damit eine Neubestimmung ihres wechselseitigen Verhältnisses.

Insofern als die Funktion von Carpentiers Textbildern und der Kunstwerke im Text weniger darin besteht, in der Konstruktion von imaginären Räumen aufzugehen als vielmehr eine ästhetische Reflexion zu ermöglichen, seien hier einige grundlegende Überlegungen vorangestellt: Der Roman enthält referentielle Passagen, die Bilder beschreiben, solche, die sie interpretieren, Episoden, die in ihrer Schreibweise imitativ an der Darstellungskonventionen von Bildern orientiert sind. Er verwendet bildliche Verfahren zur Konstruktion von Landschaften, die erst durch ihre Beschreibung entstehen (siehe 5.10), und thematisiert damit das Drama der Repräsentation, das darin besteht, dass »[...] die [bedeutsamen] Effekte der Wirklichkeit mittels eines Mediums so eingefangen werden, daß sie überhaupt erst bedeutsam werden«[16]. Die genannten und alludierten Kunstwerke werden zumeist nicht Gegenstand einer Ekphrasis, also ihrer Übersetzung in Sprache, sondern stattdessen – durch die Art ihrer Verwendung – Gegenstand einer Problematisierung des *wie* ihrer Darstellungen, ihrer Symbolisierungsformen und medialen Bedingtheit, die bis an die Grenze des Sichtbaren geführt wird. Diese ästhetische Ebene wird explizit formuliert, auf der Handlungsebene vorgeführt und durch eine (durch die benützten Verkehrsmittel der Reise akzentu-

11 Siehe zu entsprechenden Katalogen: Hans Holländer: »Literatur, Malerei und Graphik«, in: Zima (Hg.), Literatur intermedial, S. 129-170, hier S. 135ff; – T. Eicher: »Was heißt hier Intermedialität«, S. 23ff; – Ulrich Weisstein: »Einleitung. Literatur und bildende Kunst: Geschichte, Systematik, Methoden«, in: ders. (Hg.), Literatur und Bildende Kunst. Ein Handbuch, S. 11-33, hier S. 20ff.

12 T. Eicher: » Was heißt hier Intermedialität«, S. 25.

13 Ebd., S. 21.

14 A.K. Reulecke: Geschriebene Bilder, S. 8.

15 Ebd., S. 32.

16 Ebd., S. 12.

ierte) Inszenierung verdeutlicht, die die Blickführungen der Kunstwerke als mediale Komponente freilegt. Gleichzeitig werden die vorgefundenen realen Landschaften einerseits als literarische, also mediatisierte, Landschaften kenntlich gemacht, damit ist das Problem von Repräsentation und Vorgängigkeit angesprochen, andererseits werden sie durch eine reflexive und gelegentlich ironische Schreibweise selbst zu bildnerischen Kunstwerken ›geschrieben‹, über die das Thema Medialität an sich abgehandelt wird.

Die Textepisoden, in denen Bilder und Blickführungen, geschriebene Bilder, aber auch andere Bildmedien wie Landkarten, Fotografien, wissenschaftliche Zeichnungen und *tableaus vivants* thematisiert, problematisiert und appliziert werden, sind im Folgenden nach strukturästhetischen Gesichtspunkten und nicht nach ihrer chronologischen Ordnung im Text angeordnet. Manche Hinweise auf thematische Zusammenhänge (etwa die wiederholte Thematisierung bestimmter Aspekte oder die autoreferentielle recollagierende Verwendung eigener Textelemente) erhellen daher erst im Zusammenhang des gesamten Abschnitts. Der jeweiligen Ästhetik und Thematik entsprechend, werden die einzelnen Episoden überblickshaft oder aber in einer gewissermaßen mikroskopischen und Zeitlupen-Darstellungsweise untersucht, die vor allem die vom Text dem Leser zugemutete Mitarbeit des Lesers leistet und produktionsästhetisch wendet. Das Konzept der Intermedialität wird dabei wie eine anamorphotische Linse[17] funktionalisiert, die – wie es Walter Benjamin für die Fotografie festgestellt hat – als Dispositiv ›das Verschollene und das Verschlagene‹ der Textoberfläche aufsucht und den ›Chock‹ einer »heilsame[n] Entfremdung«[18] zwischen ihr und den textuellen Tiefenstrukturen für eine vertiefte Interpretation fruchtbar macht.

Der Abschnitt beginnt mit der – für die Ästhetik des gesamten Romans – programmatischen Beschreibung der Replikengalerie, der ein Abschnitt folgt,

17 Ein Anamorphot ist eine Linse zur Erzeugung oder Entzerrung anamorphotischer Abbildungen. Als anamorph wird die Eigenschaft bezeichnet, in zwei zueinander senkrecht stehenden Richtungen Strahlbündel verschieden stark zu brechen. Ein so erzeugtes Bild ist entweder auseinandergezogen oder zusammengestaucht. Anamorphoten werden dazu verwendet, um Filme im *scope-(Cinemacope, Panavision)* Verfahren zu erzeugen und zu projizieren. Hier wird der Begriff als Metapher für die konzeptuelle Brechung durch das Konzept der Intermedialität verwendet. Als Anamorphose bezeichnet man die Umformung und nachträgliche Entschlüsselung von Bildern mithilfe optischer Verfahren durch bestimmte Blickwinkel, Spiegel oder Prismensysteme. Seit dem Mittelalter entstehen in Kirchen anamorphotische Gemälde, auf denen versteckte Botschaften entschlüsselbar sind, auch die illusionistische Deckenmalerei, die die räumlichen Gegebenheiten perspektivisch vom Betrachter-Standpunkt aus korrigierend ausgleicht, bedient sich anamorphotischer Verfahren. Eines der bekanntesten anamorphotischen Gemälde ist Hans Holbeins d.J. *Die Gesandten* von 1533, auf dem aus einem flachen Winkel von links unten her betrachtet ein Totenkopf sichtbar wird. Anamorphotisch nennt man auch mithilfe von Zerrspiegeln hergestellte Abbildungen. Vgl. Brockhaus, Brockhaus Naturwissenschaften und Technik, Mannheim: (Erster Band, A-EK), S. 47f. - .A. Brockhaus, 1989 Enzyklopädie, Band 1 A-Ab; S. 553, Lemma Anamorphose.

18 Walter Benjamin: »Kleine Geschichte der Photographie«, Gesammelte Schriften, Band II-1 (= stw 237), Frankfurt am Main: Suhrkamp Verlag 1977, S. 368-385, hier S. 379.

in der die zeichnerische Zurichtung der Signifikanten an einigen Beispielen explizit gemacht und ihre Grenzen problematisiert werden. Es folgen drei Abschnitte, die an Wahrnehmungs- und Darstellungsweisen der ästhetischen Moderne und des Surrealismus geschulte Beschreibungen vorstellen, und ein Kapitel (Fensterbilder), in dem die (mit der vorgeführten Wahl des Blickwinkels und des Bildausschnittes verbundene) ästhetische Perspektivierung der Textbilder – und damit des Schreibens selbst – problematisiert wird. Im daran anschließenden Bild der Andenstadt Los Altos werden sowohl deren Bildlichkeit als auch die explizit gemachte Nutzung und genretypische Beschreibungsleistung des gewählten Darstellungsmediums – des Bilderbogens – dargelegt. Die folgenden Abschnitte beschreiben die sich auf der Reise ergebenden Bilder, die eine – in umgekehrter zeitlicher Richtung – vorgeführte Archäologie von Bildlichkeit, Schaugewohnheiten und ihren medialen Bedingungen (von der Luftaufnahme, über das Panorama, die Rahmenschau, das Einzelbild und das Nicht-Sehen) freilegen und dabei – unter anderem über die Thematisierung der Verkehrsmittel – den Technik-medialen Aspekt des Schauens akzentuieren. Dabei wird sich zeigen, auf welche Weise die auf der Handlungsebene insinuierte ›Zeitumkehr‹ durch die Darstellungsweisen des Romans selbst erzeugt wird. Schließlich werden in vier einzelnen Episoden (Das fotografische Dispositiv, Fotos, Das Kaleidoskop, Das impressionistische Gemälde/Farbklänge) die Störung, Transgression und Auflösung von Bildern und Bildlichkeit im Text beschrieben und als Leistung einer forcierten intermedialen Schreibweise sichtbar gemacht, die über einen hohen Grad von Autoreferentialität ihre eigenen Schau- und Darstellungsgewohnheiten reflektiert.

5.1 Die Replikengalerie I

Während der Erzähler-Protagonist nach seiner Zusage, die Reise antreten zu wollen, in den Räumen der Universität auf den Kurator wartet, gelangt er in einen großen leeren Saal, der sich zu seinem »[...] Vergnügen [als] Galerie für Kunstreproduktionen – Photographien von Gemälden und Gipsabgüsse – ein Museum für Studenten der Kunstgeschichte« (PP47) erweist. Sie sind – von einer Ausnahme abgesehen – als vorbildliche europäische Kunstwerke und Beispiele einer kontinuierlichen Kunstgeschichte in der Reihenfolge ihrer Entstehung ausgestellt. Der Betrachter schreitet sie allerdings in entgegengesetzter Reihenfolge ab. Die Konstruktion der Episode nimmt als *mise en abyme* die gegenläufige Chronologie vorweg, in der der zivilisationsmüde Protagonist auf der Reise in den lateinamerikanischen Urwald an den imaginierten Ursprung einer Prähistorie gelangt, die seinem idealisierten Bild einer unzerstörten und unzerstörbaren ursprünglichen Wirklichkeit Lateinamerikas entspricht. Gleichzeitig und scheinbar beiläufig indiziert sie über die Erwähnung einer »verfehlte[n] Reise, eine[r] frustrierende[n] Pilgerfahrt« auch schon den ambivalenten Ausgang dieser Forschungsreise, deren Fluchtcharakter durch die erinnerte Flucht des Erzählers vor der politischen Realität Europas in dessen Museen parallelisiert wird.

Bei den vorgestellten Kunstwerken handelt es sich – selbst bei den anonymen Objekten der Prähistorie – um Signifikanten, die auf reale Werke verweisen. Ihre Beschreibung ist kontaminiert durch die Memoria des Erzählers, der im Abschreiten der Galerie die Bilder durch sein biografisches Erinnern hindurch betrachtet, das sich verfremdend über die reine Aufzählung und eine rudimentäre Ekphrasis legt. Das Lesen der Bilder wird dadurch zu einem Akt wieder-erlebender und umschreibender Lektüre: Die Episode lässt nicht mehr klar erkennen, wann von den ausgestellten Bildern selbst und wann von erinnerten Bildern oder der Erinnerung an das Sehen von Bildern die Rede ist. Es ist auch nicht ekphrastische Beschreibung, die die Bilder dem Leser vorstellbar macht, sondern das im Roman vorwiegend applizierte Verfahren des Rekurses auf dessen Enzyklopädie, die die Beschreibungskürzel zuordnet und als rezeptionsästhetische Aktivität die indizierten Kunstwerke als bildnerische Prätexte einbringt.

»Durch die Universalität bestimmter Bilder, einer impressionistischen Nymphe, einer Manetschen Familie, einer geheimnisvoll blickenden Madame Rivière, war ich plötzlich in die längst vergangenen Tage zurückversetzt, in denen ich die Enttäuschung über eine verfehlte Reise, eine frustrierende Pilgerfahrt durch die entheiligten heiligen Stätten der Kunst in der nahezu fensterlosen Welt der Museen zu verwinden gesucht hatte. Monatelang streifte ich damals durch die Läden der Kunsthandwerker, saß in den Opernlogen, besah Gärten und Friedhöfe auf romantischen Stichen, erlebte mit Goya die Kämpfe des 2. Mai oder folgte ihm auf die Beerdigung der Sardine unter die unheimlichen Masken, die mehr nach betrunkenen Büßern und Teufelsfratzen aus Mysterienspielen als nach Fastnachtslarven aussahen. Nachdem ich mit Le Nains Bauern ein wenig gerastet hatte, geriet ich mitten in die Renaissance durch das Bildnis eines jener Condottieri, die zwischen fahnengeschmückten Säulen reiten und auf Pferden sitzen, die mehr nach Marmor aussehen als nach lebenden Rössern. Bisweilen lebte ich gern mit den Bürgern aus dem Mittelalter, die so ausgiebig ihren Gewürzwein tranken, sich zur Beglaubigung ihrer Stiftung mit der Madonna malen ließen, Spanferkel mit angesengten Zitzen tranchierten, ihre flämischen Hähne kämpfen ließen und wachsgesichtigen, weniger lüstern als fidel aussehenden Dirnen in den Ausschnitt langten [...]. Eine Eisenschnalle, eine barbarische mit schmiedeeisernen Zinken gespickte Krone versetzten mich in das merowingische Europa der tiefen Wälder, der weglosen Gegenden, der Schwärme jener berühmt- berüchtigten Ratten, die eines Markttages geifernd vor Tollwut in den Hauptplatz einer Stadt eingefallen waren. Dann kamen die Steine von Mykene, der Grabschmuck, die schweren Töpferwaren eines ungeschlachten, wagemutigen vorklassischen Griechenlands, duftend nach Rinderbraten über offenem Feuer, ungebleichter Wolle. [...] So kam ich Stufe um Stufe zu den Vitrinen mit Harken, Äxten und Messern aus Silex, vor denen ich stehenblieb, fasziniert von der Nacht des Magdalénien, Solutréen, Abbévillien an jenem allerersten Anfang der Menschen, jener Grenze des Möglichen. [...] Goyas Chronos gab mich der Neuzeit zurück auf dem Weg über geräumige Küchen und noble Speisekammern. Dort entzündete der Küchenmeister seine Pfeife an einem glühenden Holzspan. [...] Vor den altbekannten Bildern fragte ich mich, ob sich die Menschen früherer Zeiten ebenso sehr in vergangene Epochen zurückgesehnt hatten, wie ich an diesem Sommermorgen, als hätte ich sie erlebt, von bestimmten Lebensweisen träumte, die der Mensch für immer verloren hat.« (PP47f)

Das Bild Goyas, *Chronos*, markiert einen Wendepunkt (»Goyas Chronos gab mich der Neuzeit zurück«), scheint aber nicht das letzte Bild zu sein, das der Betrachter sieht. Noch einmal evoziert er ›frühere Zeiten und vergangene Epochen‹, die ihn zu Reflexion über Zeit und Verlust anregen. Das Bild, das wie ein Einbruch in seine imaginäre Zeitreise zum Umkehrpunkt wird, lässt sich als Präfiguration des Einbruchs der modernen Technik in die Prähistorie von Santa Monica lesen, der mit dem unerwarteten Auftauchen eines wie aus einer anderen Welt kommenden Suchflugzeuges den Aufenthalt des Protagonisten unvermittelt beendet, indem es ihn in die Zivilisation und damit in ›die Zeit‹ zurückbringt.

Auf die Funktion der vorgestellten Kunstwerke als Handlungsgeneratoren des Romans wurde wiederholt hingewiesen.[19] Ihre Implikationen erschöpfen sich allerdings nicht in ihrer allegorischen Qualität, sondern überschreiten sie vom Präfigurativen hin zum autoreferentiellen und poetologischen Metatext. Michael Rössner hat darauf hingewiesen, dass es sich bei *Los pasos perdidos* um einen streng durchkomponierten Roman handelt.[20] Die Episode der Replikengalerie macht deutlich, dass dies nicht nur für das komplexe Arrangement der Elemente auf der Ebene der erzählten Handlung, sondern auch für die unter der Oberfläche des Reiseberichts rekurrenten Themenstränge und für die Ästhetik des Romans selbst gilt. Die Replikengalerie führt, wie auch das Archiv des Organographischen Instituts (siehe 4.4), im Spiel zwischen Wahrnehmung, Vermitteltheit und Erinnerung den Subtext des imaginären Museums und damit jenen der (medial) vermittelten Memoria weiter. Gerhard Wild hat auf die subtile Beziehung zwischen Romanfabel und Wahrnehmungskritik der Passage hingewiesen. Angesichts des Umstandes, dass für den Erzähler-Protagonisten

»[...] die semantische Verbindlichkeit der ›zweiten Sprache‹ der Kunst jenseits der diskursiven Bruchlinie ›Aufklärung‹ nur mehr als Leerstelle erscheint, so muß für die ausgeklügelte Relation von Romanstruktur und *mise en abyme* ein außerhalb der herkömmlichen, d.h. allegorischen Verstehbarkeit situierter Sinn liegen. Wenn ferner über das Schicksal des Protagonisten historische Konventionen okzidentaler aisthesis bewältigt werden, so liegt es nahe, diese Konzeption auf die [...] Bildwerke zu übertragen. [...] Trotz des großen Bekanntheitsgrades der Kunstwerke ist der Bezug auf sie insofern desautomatisiert, als er auf ein in der Episode abwesendes Schönes anspielt. Ordnung und Auswahl der Werke selbst bezeichnen dabei einen im Okzident stabilen

19 Vgl. G. Wild: Paraphrasen, S. 169ff; Die Werke der französischen Impressionisten markieren jene Welt des 19. Jahrhunderts, die im Opernbesuch in der lateinamerikanischen Stadt emphatisch bejaht wird. Le Nains Bauernszene, die das Leben auf dem Land als romantisiertes Idyll zur Darstellung bringt, lässt sich als Verweis auf die vormoderne bäuerliche Welt, die des Urwaldes und seiner Dörfer lesen. Die Bilder des Mittelalters und der Renaissance bereiten den Rosario-Komplex des Romans und dessen vorgestellte mythisierte Geschlossenheit und Ursprünglichkeit vor. Goyas Gemälde *El Dos de Mayo* kann als Vorgriff auf die Revolutionsepisoden in der lateinamerikanischen Großstadt interpretiert werden, das karnevaleske Personal der *Beerdigung der Sardine* auf das durch einen Larven-Karneval kontaminierte Mysterienspiel in Santiago. Die archaischen Werke präfigurieren die im Roman evozierte Epoche der Eroberungen, Kolonisation und Gründungen: der Adelantado, der Pater Fray Pedro, und der Goldsucher Yannes partizipieren an dem durch diese Werke eingebrachten historischen Kontext. Selbst die Ermordung des Missionars durch die Indianer wird in der Präsentation eines steinzeitlichen Messers antizipatorisch indiziert.

20 Vgl. M. Rössner: Verlorenes Paradies, S. 233.

Diskurs über dieses Schöne, das über das Paradigma ›ästhetische Kanonbildung‹ abrufbar ist.«[21]

Die rückwärtsgewandte Ästhetik des Protagonisten, der – wie die Zeitreise in den Urwald zeigt – pessimistisch von der Dekadenz der Weltalter ausgeht, und sich in vergangene Epochen zurücksehnt (von bestimmten Lebensweisen träumte, die der Mensch für immer verloren hat), lässt ihn, wie sich in der Folge zeigt, der im Museum dargestellten Entwicklung der Kunst ablehnend gegenüber stehen. Dennoch erweist ein Blick auf die Kunstwerke selbst, wie Wild feststellt,

»[...] Carpentiers Auswahl der fiktiven Werke [... als] differenzierten Blick auf die Kulturgeschichte als Evolution von Wahrnehmungsweisen der Wirklichkeit mittels der Kunst. Wenn diese auf unterschiedlichen Niveaus als Signifikanten historischer Bewusstseinszustände aufgefasst werden, vermögen die Werke deren Wahrnehmungssubjektivismus in ihrer zeitbestimmten Bedingtheit aufzuzeigen.«[22]

Konsequent identifiziert Wild die Kunstwerke »[...] von der ›ninfa impresionista‹ bis zu den Steinen aus Mykene« als »auf der Linie des Irrealen«: »Vom Impressionismus als Primitivismus einer den Signifikatscharakter des Werkes verleugnenden Perzeptionsweise [...] zum ambivalenten Expressionismus der ›pinturas negras‹«[23], vom romantisierenden Idyll Le Nains, das niemals als realistisches Abbild der bäuerlichen Wirklichkeit gedacht war, bis zur ironischen Brechung des auf Pathos abzielenden Renaissancegemäldes, dessen Condottiere auf einem Pferd sitzt, das mehr nach Marmor als nach einem lebenden Pferd aussieht, bringen die Bilder nicht nur ihren jeweiligen Bildgegenstand zur Darstellung. Es handelt sich um Kunstwerke, die die Bedingungen ihrer Rezeption durch Wahrnehmungsbrechungen explizit machen, indem sie in Thema oder malerischem Verfahren und in ihrer Materialität illusionsstörende, karnevaleske oder ironische Elemente integrieren. Mit der subtilen Zusammenstellung der Galerie, die unter der Oberfläche der referierten affirmativen Wahrnehmung durch den Erzähler einen gegenläufigen Subtext inszeniert, ist der auf der Handlungsebene vertretene Realismus- und Authentizitätsanspruch des Protagonisten ambiguisiert.

Der medienarchäologische Ansatz Carpentiers wird in der Episode zusätzlich durch die Themen Authentizität und Memoria überschrieben. Bei den vorgestellten Kunstwerken handelt es sich nicht um Originale, sondern um Kopien, die über die Konnotation von technischer Reproduzierbarkeit nicht nur sich selbst, sondern auch ihre Vermitteltheit explizit zur Schau stellen. Die Abwesenheit der Originale wird durch die Materialität der Kopien selbst paradox intensiviert: Als Fotografien oder Gips-Abgüsse von – gerade auch über ihren spezifischen Materialcharakter – auratischen Kunstwerken sind sie Parodie: Der impressionistische Farbauftrag oder die Aquatinta Technik der Goya-Blätter werden in den Kopien trivialisiert und zu reinen Farb- und Zeichnungsschauwerten verflacht, der Gipsabguss der Äxte und Messer aus

21 G. Wild: Paraphrasen, S. 171f.

22 Ebd., S. 172f.

23 Ebd., S 172.

Silex [24] [sic] oder von Objekten der griechischen Kultur, die kunstgeschichtlich gerade wegen der Weiße ihres Marmors geschätzt wurden, karikiert eben jene Materialität, die den Gegenstand eigentlich ausmacht. Die beliebige Reihenfolge der Betrachtung der Kunstwerke erweist sich als Kontrafaktur ihrer jederzeitigen Verfügbarkeit als Kopien in beliebigem Material. Als ihm bereits bekannte Werke öffnen sie sich über das Scharnier ihrer universalen physischen Verfügbarkeit auch jener totalen psychischen Vergegenwärtigung[25], also der Memoria des Betrachters, der sie durch das Ausfantasieren und Beleben ihrer Bildinhalte oder durch die biografischen Erinnerungen an seine Europareise anreichert und überschreibt und damit ihre Grenzen narrativ bis zur Unkenntlichkeit auflöst. Der Auflösung der Bildgrenzen korrespondiert jene der Narration, die wie in einem filmischen Verfahren Gemälde und Erinnerungsbilder überblendet und nicht mehr ausweist, wann vom augenblicklichen Kunsterlebnis und wann von der durch die Wahrnehmung in Gang gesetzten Memoria die Rede ist. Die Hypotypose, die den Raum nur über die generellen Charakteristika eines Galerieraums sichtbar gemacht hat und auch die Bilder selbst nicht wirklich zur Anschauung bringt, sondern stattdessen an Erfahrung, Enzyklopädie und Mitarbeit des Lesers appelliert, verwischt und verliert sich im virtuell unbegrenzten Raum der Memoria, der nicht mehr gezeigt, sondern allenfalls – in den personal monologisierenden Gedankenstrom des Erzählers einsteigend – nachvollzogen werden kann. Für den Protagonisten fungieren die Kunstwerke nur noch als Auslösereize und Impulsgeber, die seine privaten Archive aktivieren. Ihre poetologische Funktion besteht darin, als vom Leser zu dechiffrierende Kürzel einen komplexen, narrativ ökonomisch verdichteten Kontext aufzurufen, der die Lesart des Protagonisten als extrem perspektivierte und ideologisch motivierte Fehllektüre ausweist. Sie können also, nachdem sie dem kritischen Leser subtil einen poetologischen Metakommentar angezeigt haben, buchstäblich in der Fülle der Archivbilder verschwinden und werden auf der Ebene der erzählten Geschichte in einer autoreferentiellen Pointe selbst zu pasos perdidos – verlorenen Spuren.

Die Episode der Replikengalerie weist einerseits thematisch (wie auch das Archiv des Organographischen Instituts) auf alle jene ›Museen‹ und museumsähnlichen Räume und Tableaus voraus, die der Protagonist auf seiner

24 Feuerstein, der durch seine mineralogische Beschaffenheit (vor allem seine Härte) und durch die mit ihm verbundenen differenzierten Bearbeitungstechniken zum Leit-Material des Paläolithikums und seiner Kulturen wird.

25 Vgl. G. Wild: Paraphrasen, S. 364: (in anderem Kontext, aber auch hier relevant) »Man ist [...] versucht, an das Bestreben der Computertechnologie zu denken, elektronische Datenbanken als leidlich vollkommenen Platzhalter eines letztlich stets Abwesenden - des kulturellen Gedächtnisses - zu etablieren. Diese Koinzidenz resultiert aus der gemeinsamen Wurzel elektronisch kodierter Abbilder und der sprachlichen Repräsentation des real absenten Schönen, die Derrida [..] als ›Supplement‹ Charakter beschrieben hat: Wenngleich das Fiktive mit dem bloß ›medialen‹ Status der Zeichensysteme korreliert, so begründet es zugleich die Präsenz des Wahrzunehmenden in der Reproduzierbarkeit. Der Verlust eines Teils der Identität, wie ihn jede ›Kopie‹ mit sich bringt, eröffnet in Carpentiers Poetik gleichzeitig die Möglichkeit fiktiver Teilhabe. Zwar verliert europäische Kunst im Kopiervorgang ihre ›Aura‹ [...]. Jedoch ermöglicht die mediale ›Entmaterialisierung‹ den Bestand von Prätexten im fremden Kontext.«

Reise vorfinden oder herstellen wird: den Trödelladen des Zoroastro und dessen Wunderkammer-Charakter, die Sammlungen des Missionars, die mittelalterliche und frühneuzeitliche Bestiarien und Herbarien evozierenden Beschreibungen der vorgefundenen Fauna und Heilpflanzen, sogar noch auf das Koffermuseum Duchamps und die im Orchesterpodest des Nachtclubs zusammengetragenen und museal präsentierten Objekte. In all diesen Szenen trifft, wie in der Replikengalerie, die Wahrnehmung des Erzählers auf Signifikanten und Blick- und Wissensordnungen, die sie ausbeutet, parodiert und über selektive Lektüre als Material für die Darstellung und Deutung des Vorgefundenen neu arrangiert. Dabei liegt der Schwerpunkt weniger auf den dargestellten Inhalten als auf den in ihnen wirksamen Konfigurations- und Schaustrategien, die nahelegen, eine textstrukturierende Information nicht auf der Oberfläche der Gemälde selbst, also weniger in ihrem Beitrag zur Hypotypose, als in ihren dispositionellen Mustern, also in der Sichtbarmachung ihrer ›Herstellung‹ zu suchen und sie auf das poetische Verfahren des Romans zu beziehen.

Gleichzeitig lässt sich die Episode als Manöver einer Strategie intermedialer *Markierung* der Reduktionsstufe lesen. Das betont beiläufige (der Protagonist gelangt zufällig in den Saal) Einbringen des imaginären Museums scheint in erster Linie durch die Ereignisse auf der Handlungsebene motiviert. In einer durch den Fortgang des Textes nahegelegten Reinterpretation erweist es sich aber in der musikalischen *Thema-und-Variation*-Struktur des Romans als Einführung eines Motivs (Emphase durch Position) das (erst im Nachhinein) in seinen wiederholenden Variationen durch das erneute und forcierte Einbringen bildmedialer Prätexte seine rezeptionslenkende Bedeutung freisetzen wird: Durch nachfolgende Frequenz, Kontamination, Repetition, Addition, also durch ein Verfahren der Häufung und der Emphase durch Quantität stellt sich die Episode als Initialmoment einer Serie von Lektüreanweisungen heraus, die den Leser von Anfang an auf bildnerische Kunstwerke verwiesen haben. Im Verlauf des Romans werden die bildmediale Prätexte zunächst noch explizit benannt, dann aber nur noch über Vergleiche, genretypische Darstellungsweisen und Blickführungen suggeriert oder über die Applikation einer Moduslehre nahegelegt, sodass über Häufigkeit und Gewöhnung ein Sensibilisierungseffekt entsteht, der auch Bildverweise erkennbar macht, deren Markierung nur noch im Zusammenhang der Gesamtmarkierungsstrategie erkennbar ist, oder die überhaupt unmarkiert[26] bleiben.

26 Vgl. zum Verzicht auf Markierung J. Helbig: Markierung, S. 155ff, hier S.156: »Aus produktionsästhetischer Sicht ergeben sich drei funktionale Felder der Nichtmarkierung, je nachdem, ob eine unmarkierte Einschreibung tendenziell (1) allen, (2) nur einigen oder aber (3) keinem Rezipienten verborgen bleiben soll.« Helbig bezeichnet die Intention des Autors, eine Referenz lediglich einer bestimmten Teilmenge von Rezipienten zu offenbaren, als »für die Intertextualitätsfoschung insgesamt ergiebiger, weil hier nuancierte Schreibweisen erforderlich werden und eine intendierte Leserrolle meist in klaren Umrissen hervortritt« (ebd., S. 157).

5.2 Pygmalions Zeichnung. Portraits

Auf die fast paradigmatische Aufspaltung des Weiblichen in unterschiedliche Frauenfiguren im Roman Carpentiers wurde wiederholt hingewiesen.[27] Dabei geht es an dieser Stelle nicht in erster Linie darum, dass die drei Frauen sich auf der Handlungsebene unterschiedlichen Realitätsbereichen zuordnen lassen, sondern vor allem um ihre erzählerische Zeichnung im Roman, die sich zu ihrer Darstellung unterschiedlicher, im Folgenden zu differenzierender Darstellungsmodi und bildmedialer Genres bedient.

Rosario wird über ihr Aussehen, ihre Kleidung, die ihr zugeschriebenen Tugenden und den scheinbar zeitlosen Hintergrund, vor dem sie sich bewegt, wie eine mittelalterliche Allegorie beschrieben und in ihrer auf diese Weise abstrahierten, ikonischen Physiognomie sicht- und wiedererkennbar gemacht. Von Mouche entwickelt der Text hingegen kein Bild, das eine synthetisierende Vorstellung von ihr möglich macht. Sie scheint in der jeweiligen Situation, in den erotischen Augenblicken zwischen ihr und dem Erzähler, zwischen Freunden, anderen Menschen und in unterschiedlichen Diskursen aufzugehen und dadurch unsichtbar zu werden. Wie der fragmentierte Frauenkörper eines kubistischen oder surrealistischen Gemäldes gewinnt sie in der Beschreibung keine Ganzheit. Ihr Aussehen ergibt sich relational, als die Summe verstreuter Details (Beine, Brüste, rotes oder grünes Haar ...). Als Schattenfrau neben der Ehegattin und als verschwiegene Reisegefährtin wird sie, wenn sie aus ihrer Umgebung heraustritt, zur destruktiven Megäre (»Das wutverzerrte, sardonische, geifernde Gesicht Mouches tauchte über uns auf, ein Gorgonenhaupt unter wirren Strähnen« PP94) und zugleich immer noch lockenden Sirene stilisiert (»Ein bekanntes Parfum läßt mich hochfahren [... Mouche] hatte selbstverständlich nichts von ihrer alten Kunst [...] verloren« PP329f) und partizipiert allenfalls an dem diesen Figuren eigenen Bilderfundus. Wenn überhaupt, wird ihr Gesicht als geschminkte Maske beschrieben, die in dem Maß, in dem die Reisegesellschaft in den Urwald eindringt, aufgrund der klimatischen Bedingungen ruinös wird, aber kein darunterliegendes Gesicht freigibt.

Die Ehefrau Ruth schließlich figuriert als Damenbildnis, das in seiner Funktion bürgerlicher Repräsentation auch bedrohliche Dimensionen bereithält.

5.2.1 Die Frau im Spekulativ

Der Erzähler berichtet von Ruth nahezu ausschließlich in strenger subjektiver Perspektivierung, die dem Leser keinen eigenen Blick auf sie erlaubt. Das Gefängnis ihres Schauspieler-Berufes ist auch zu seinem geworden: Um ihre Karriere zu fördern, hat er seiner »Zukunft eine andere Richtung gegeben und materielle Sicherheit in einer Stellung gesucht, die [ihn] ebenso zum Gefangenen machte wie sie« (PP14). Ruths beruflicher Erfolg hat auch die Ehe zerstört und in Routine erstarren lassen: »Sonntags kam ich gewöhnlich am späten Augenblick in ihr Bett, in Erfüllung dessen, was ich für meine Pflicht als

27 Vgl. C. Armbruster: Das Werk, S. 218ff; G. Wild: Paraphrasen, S. 143; – F. Wolfzettel: »Los pasos perdidos«, S. 250f; – H. Herlinghaus: Alejo Carpentier, S. 112; – M. Rössner: Verlorenes Paradies, S. 233.

Ehemann hielt, obgleich ich nie so recht wußte, ob dieser Akt tatsächlich einem echten Verlangen Ruths entsprach« (PP12). Die extrem perspektivierte Darstellung (auch jene in den szenischen Momenten der Beschreibung) erlaubt keine andere Deutung der Beziehung als jene, die der Erzähler selbst autorisiert. Er beschreibt sich als durch ihren Lebensentwurf in Abhängigkeit geraten und benützt diesen Umstand auch als zusätzliche Motivierung für die Reise, die anzutreten er noch zögert. Ruth wird während seiner Ferien auf Tournee sein, die zu erwartende Stille im Haus wird ihm zu einer »unbestimmten Bedrohung« (PP15), der er durch die Reise entkommen kann.

Diese Beschreibung macht über die optischen Dispositive, die sie verwendet, den Blick auf die Frau als Blick[28] explizit sichtbar. Vor dem Spiegel neue Rollen probend (PP12) verflüchtigt sich Ruth in der Verdopplung zum buchstäblich virtuellen Bild ihrer selbst, auch das Gespräch mit dem Ehemann (»während sie die fetten Schminkfarben über ihr unruhiges Gesicht schmierte, erklärte Ruth mir im Spiegel, daß die Truppe gleich nach der Vorstellung eine Reise an die andere Küste des Landes antreten müsse« – PP14) wird durch die Virtualität des Bildes und die durch den Spiegel entstehende Rahmung des Gesichtes zum Gespräch mit einem Bildnis. Noch in der Erinnerung an den Ehebeginn, an die Zeit des »Leben[s] als Paar am Siebten Tag« (PP13), bleibt sie in der Metapher sprachliches Bild.

Unterlaufen wird diese in jedem Sinn reflexive Wahrnehmung nur durch ein scheinbar unauffälliges Detail: Ruths physische Anwesenheit ist nur aus Spuren zu erschließen, in denen »die Unordnung des hastigen Aufbruchs noch Anwesenheit der Abwesenden war. Im Kissen war noch die Mulde, den der Kopf eingedrückt hatte, ein Buch war am Ende eines Kapitels aufgeschlagen. Flecken von einer verschütteten Lotion fühlten sich noch feucht an.« (PP14f). Diese Spuren erweisen sich als die Nullstufe der Referenz. Sie unterlaufen jenen Zugang, der voraussetzt, dass es keinen zeichenfreien und interpretationsunabhängigen Zugang zur Welt gibt: In Spuren wird, so Sybille Krämer, die »[...] reine Zeichenhaftigkeit der Welt mit der Dinghaftigkeit, Körperlichkeit und Materialität der Welt«[29] verbunden. »Spuren gehören der Welt der Dinge an. Nur kraft eines Kontinuums in der Materialität, Körperlichkeit und Sinnlichkeit der Welt, ist das Spurenhinterlassen und Spurenlesen [...] möglich.«[30] Erst im Kontext gerichteter Wahrnehmung dieser Materialität, insofern, als sie deren Ordnung stören, werden aus Dingen Spuren, die in eine neue Ordnung narrativ integriert werden. Damit wird ihre Lektüre zu einer ›Vorgeschichte des Textlesens‹. Die Anwesenheit der Spur »[...] zeugt von der Abwesenheit dessen, was sie hervorgerufen hat«[31], sie präsen-

28 Vgl. R. Brosch: »Visualisierungen«, S. 78: »Man weiß, daß unser Blick ein anderes Subjekt zum Objekt machen kann, aber das andere Subjekt kann auch unseren Blick erwidern und ihm standhalten.« Eine solche Blickerwiderung ist bezeichnenderweise nicht beschrieben, allenfalls ergibt sie sich vermittelt über das Medium des Spiegels.

29 Vgl. zu den Attributen der Spur wie Abwesenheit, Materialität, Störung, Unmotiviertheit, Narrativität und Polysemie, Medialität: Sybille Krämer: »Was also ist eine Spur? Und worin besteht ihre epistemische Rolle? Eine Bestandsaufnahme«, in: dies/Werner Kogge/Gernot Grube (Hg.), Spur. Spurenlesen als Orientierungstechnik und Wissenskunst (= stw 1830), Frankfurt am Main: Suhrkamp Verlag 2007, S. 11-36, hier S.13.

30 Ebd., S. 15.

31 Ebd., S. 13.

tiert statt zu repräsentieren. Die Wahrnehmung des Erzählers markiert von dieser ›Urszene‹ des Lesens her autoreferentiell den Abstand seiner Lektüre Ruths zu ihrer realen Präsenz, den er in immer neuen Distanzierungen aufrechterhält.

Bezeichnenderweise beschreibt er Ruth am Romanbeginn in der Rahmung des Theaters und vor dessen täuschend perspektivierten Kulissen und künstlichem und durch seine Größe (»Zwergmagnolien« PP9, die Parkbüsche darstellen sollen) illusionsbildendem Bühnendekor, als eine »immer die gleichen Gesten, die gleichen Wörter« (PP11) benützende Schauspielerin, die vom eigenen Erfolg vernichtet wird[32], weil er es ihr nicht erlaubt, andere Rollen anzunehmen als jene der Hauptfigur in dem seit über fünf Jahren gespielten Stück aus der Zeit des Sezessionskrieges. In der Beschreibung erscheint sie in immer neuen Verkleidungen:

»Ihre kurzen Eskapaden im Kopfputz der Porzia oder in den wallenden Gewändern der Iphigenie [...] verschafften ihr kaum eine Erholung, denn unter den neuen Kostümen suchten die Zuschauer doch nur die altgewohnte Krinoline, und in der Stimme, die sich als die der Antigone ausgab, fand jedermann den dunklen Tonfall der Arabella wieder.« (PP10f)

Als wäre sie ihrer eigentlichen Persönlichkeit verlustig gegangen, finden sich unter den Kostümen von Theaterrollen immer nur Kostüme weiterer Rollen. Auch dem Ehemann entzieht sich die Frau unter den fremden Kleidern. Als er zwischen »halb aus der Kommodenschublade gezogenen Kleidern und Tuben mit Theaterschminke« auf sie wartet, kommt Ruth von der Bühne,

»[...] gefolgt von Beifallsklatschen, auf mich zu und löste hastig die Haken an ihrem Mieder. Mit dem Absatz warf sie die Tür zu, an der das Holz von der so oft wiederholten Geste abgewetzt war, und der über den Kopf hochgeschleuderte Krinolinenrock breitete sich von Wand zu Wand auf dem Teppich aus. Als er aus der Spitze hervorkam, wurde ihr lichter Körper [sic] wieder neu für mich und anziehend, ich ging auf ihn [sic] zu, um ihn irgendwo zu liebkosen, aber da verschwand die Nacktheit auch schon unter herabfallendem Samt, der wie die Stoffreste roch, die meine Mutter, als ich noch ein Kind war, im verborgensten Winkel des Mahagonischrankes aufbewahrte.« (PP13)

Zwischen den Drapierungen des weiblichen Körpers und dem nur für Augenblicke kurz sichtbaren nackten Körper bleibt die Frau selbst unsichtbar. Das sich entziehende Natürliche, das zunächst nur durch die Zurichtungsnotwendigkeit des Theaters hinter immer neuen Verkleidungen des Weiblichen stets verlorengeht, bildet das Verlorengehen der realen Frau selbst ab, deren Nacktheit nicht natürlich[33], sondern schließlich, in dem Augenblick, in dem

32 Implizit ist damit auch die mangelnde Medienkompetenz eines Publikums thematisiert, das nicht zwischen der Schauspielerin und ihrer Rolle, also nicht zwischen Realität und Fiktionalität unterscheiden kann.

33 Vgl. A.K. Reulecke: Geschriebene Bilder, S. 288f: »Sombarts Argumentation zufolge ist das Genre des weiblichen Aktes, das vermeintlich alles zu sehen gibt, ein Schirm, der [... mehr] verdeckt als enthüllt. [...] Der weibliche Akt ist insofern eine Phantas-

hinter den verschiedenen Frauenbildnissen eine unbekleidete Frau wie ein Aktbild erscheint, selbst Kostüm ist. Dass die Beschreibung Ruths mit der Beschreibung eines illusionären Bühnenraums koinzidiert, verbirgt hinter der erzählerischen Selbstverständlichkeit, mit der eine Schauspielerin auf der Bühne beschrieben wird, die Selbstverständlichkeit der bildlichen Zurichtung der Frau durch den männlichen Blick auf der Bühne seiner Wünsche.

Schließlich wird sie in der Umkleideszene – in einer durch einen sinnlichen Reiz ausgelösten Verschiebung – zur Mutter, die sich dem Kind entzieht und deren (in immer neuen Varianten vorgeführte) Kleidung fetischisiert und zum ambivalenten Substitut der Frau werden kann. Das Spiel zwischen Zurichtung und Entziehung, in das die Partner verstrickt sind, wird tatsächlich zu einem ›Sezessionskrieg‹: Als Mutter-Figur wird Ruth durch die vermutete Schwangerschaft zu einer Bedrohung: Als der Erzähler-Protagonist von seiner Reise zurückgekommen ist, befürchtet er, sich deswegen von ihr nur noch unter Schwierigkeiten lösen zu können. Nun verselbständigt sich die Zuschreibung, die nie die wirkliche Frau und die reale Beziehung in den Blick genommen hat. Die erzählerisch zum Leben erweckte Schauspielerin spielt in seinen Augen nun »die Rolle ihres Lebens« (PP310), »daß man ihr am liebsten Beifall klatschen möchte» (PP311) Vor den Gästen des Willkommensempfangs gibt sie die liebevolle Gattin,

> »[...] die mit einem Glas oder einem Leckerbissen in der Hand auf mich zu[kommt], um mich eine Sekunde lang tief gerührt zu betrachten und in einer so heimlichen Geste meinen Körper zu streifen, daß jeder glaubt, der einzige zu sein, der sie gesehen hat, Sie kommt und geht, fügt hier ein geistreiches Wort an jemandes Shakespeare Zitat, gibt dort vor der Presse eine kurze Erklärung ab [...] und während sie sich allen darbietet [...ist sie] Genoveva von Brabant bei der Heimkehr in ihr Schloß, ist sie Penelope, die Odysseus lauscht [...] ist sie eine durch treues Ausharren erhöhte Griseldis. [...] Als wir das Rathaus verlassen, habe ich den Eindruck, daß nur noch der Vorhang fallen und die Lichter erlöschen müßten. Ich habe mit all dem nichts zu tun.« (PP311f)

Der Protagonist unterscheidet nicht mehr zwischen Fantasie und Realität, was in seiner Aufzählung von literarischen Figuren deutlich gemacht wird: In seiner Perspektive des Verhältnisses zu Ruth und in seiner extrem perspektivierten Darstellung des Szene wird die reale Frau, die möglicherweise wirklich besorgte Ehefrau ist, zu einem bedrohlichen puppenhaften Automaten. Dass seine Sichtweise auf Ruth strukturell die Ermöglichungsbedingung für diese Verselbständigung erst hergestellt hat, ist ihm nicht bewusst und wird nur durch die auffallende Beteuerung »Ich habe mit all dem nichts zu tun« als Verleugnung sichtbar. Schließlich wird der subjektive Blick auf Ruth in einem perspektivischen Medium extrem veräußerlicht und damit gewissermaßen zusätzlich objektiviert: Ruth wird fotografiert (»sie erstarrt in der richtigen Pose, wenn ein Photograph ihr auflauert« PP311). Das Unbehagen des Protagonisten markiert auf der Ebene der Erzählung das Unbehagen über das – in seinen Augen – Lügenhafte der Darstellung und damit auch über die Unwahrheit der entstehenden Fotografie, gleichzeitig aber auch das Bewusstsein von deren medialer Überzeugungskraft.

magorie, die nicht Repräsentation einer materiellen Realität, sondern Ausdruck einer psychischen Realität ist.«

Die implizite Poetik der Frau, die der narrativen Zurichtung Ruth zugrundeliegt, legt den Vergleich mit E.T.A. Hoffmanns Erzählung *Der Sandmann*[34] nahe. Wie dem Nathaniel der romantischen Schauer-Geschichte verwischt sich ihm die Grenze zwischen dem Realen und dem Irrealen. In seiner Perspektive des Verhältnisses zu Ruth und in seiner extrem perspektivierten Darstellung der Szene wird Ruth – wie Clara im Blick durch das Perspektiv [sic] Spalanzanis – zu einer aufgezogene Olympia, die den präparierten Text, ihre ›Rolle‹, darbietet und dabei scheinbar mächtiger wird als ihr Erzeuger. Die Struktur des Pygmalion-Mythos tritt ein weiteres Mal deutlich durch einen ›Zauber‹ an die Textoberfläche, diesmal allerdings in Gestalt eines Erstarrungszaubers, der die Verlebendigung rückgängig machen soll. »Eine hoheitsvolle, kaum mehr weibliche Statue, stand sie auf dem Teppich, eine unerbittliche Macht.« (PP317)[35] Gebannt – freilich nicht bewältigt – kann ihre Macht nur noch durch diese verdinglichende Rückverwandlung in ein Kunstwerk [sic] werden. Auch das optische Dispositiv selbst, das die Herstellung ihres Bildes erst möglich gemacht hat, wird zur Fotografie verdinglicht und damit zum Kürzel einer abstrakten Macht, die nicht mehr kontrollierbar ist: jener der Medien. Die Boulevard- und Familienzeitschriften werden schließlich durch ihre Parteinahme für das Bild der verlassenen Ehefrau in einer »Schlachtenkomödie« (PP326) den Ruf des Protagonisten als seriöser Forscher ruinieren.

5.2.2 Die Frau als Allegorie. Lektüren I

Mit der Schaffung einer weiblichen Kunstfigur durch den Erzähler-Ehemann ist der auch die Geschichte vom Sandmann konfigurierende Pygmalion-Mythos deutlich konnotiert. Während seine Struktur im Ruth-Kontext aus der Dynamik der Beziehung erschlossen werden muss, wird die Vorlage im Rosario-Komplex des Romans an die Text- Oberfläche geholt und buchstäblich nachgezeichnet.

Der Protagonist begegnet Rosario, in die er sich verliebt und die seine Gefährtin auf der Reise werden wird, als die Reisegesellschaft den Höhenzug der Anden überquert hat und das Fahrzeug mit dem Abstieg beginnt. Er beschreibt sie wie ein Maler sein Modell für eine Zeichnung und entwickelt ihr Bild, indem er über die Konturen des Gesichts im verlorenen Profil zunächst eine Fläche herstellt, die er schließlich durch Schattierungen und Höhungen

34 Vgl. E.T.A. Hoffmann: Der Sandmann, Berlin: Nicolai 1921. Nathanael, der Olimpia, der beweglichen Holzpuppe des Coppelius, verfallen war und nun von seinem Wahnsinn geheilt scheint, erblickt durch das Perspektiv - ein Fernglas - , durch das er von einem Turm schaut, seine neben ihm stehende Verlobte Clara und versucht, sie in einem neuerlichen Anfall von Wahnsinn vom Turm zu stürzen.

35 Als Statue wird auch die kanadische Malerin beschrieben, die über ihre Beziehung zu Mouche die Männlichkeit des Protagonisten herausfordert: »Zum dritten Mal begegnete ich dieser Frau mit dem ein wenig eckigen Körper, deren Gesicht durch die gerade Nase unter der niedrigen Stirn etwas unerschrocken Statuarisches [sic] hatte« (PP78), »[...] so empfand ich sie jetzt von Stunde zu Stunde deutlich als eine störende Kraft.« (PP87)

plastisch erscheinen lässt. Die an Picasso erinnernde zeichnerische und bildende Zurichtung könnte nicht deutlicher zum Ausdruck kommen[36]:

»Von meinem Sitz aus konnte ich nicht einmal die Hälfte ihres Gesichtes sehen, aus dem das Jochbein hervortrat, während das zur Schläfe hin verlängerte Auge unter einer Braue, die Willensstärke verriet, in tiefem Schatten lag. Das Profil war von der Stirn zur Nase sehr rein, doch unter diesen unbeweglichen [sic], stolzen Zügen war der Mund unerwartet voll und sinnlich. Die schmale Wange verlief flach bis zum Ohr, das eben so deutlich durchmodelliert war wie das Gesicht in seinem Rahmen aus schwarzem, da und dort von Zelluloidkämmen zusammengehaltenem Haar.« (PP106f)[37]

Das wie unter einem Zeichenstift im Rahmen des Haares entstehende Gesicht ist Kunstwerk und Frau zugleich. Die szenische Vignette um bildschaffendes männliches Subjekt, ›Bild‹ und Frau markiert nun unmittelbar Ovids Metamorphosen als poetologischen Subtext: Der zölibatäre Pygmalion bearbeitet »[w]eißes Elfenbein [...] mit glücklicher Kunst und/Gab ihm eine Gestalt, wie sie nie ein geborenes Weib kann/Haben, und ward von Liebe zum eigenen Werke ergriffen.«[38] Reulecke hat auf den entscheidenden Umstand hingewiesen, dass Pygmalion nicht Kunst herstelle, anstatt wirklich zu lieben, sondern dass »Kunst und ›männliches‹ Begehren [...] einander bedingen, [...] [d]enn Pygmalions Kunst besteht darin, ein Frauenbildnis herzustellen, das er liebt«[39]. Das Verhältnis von Künstler und Kunstwerk ist das einer Liebesbeziehung. Für Pygmalion sind die realen Frauen enttäuschend, weil sie nicht ideal sind, so wie im Roman Ruth und Mouche die Wünsche des Protagonisten frustrieren. Im Kunstwerk schafft Pygmalion die ideale Frau, der er erliegt; seine Kunst besteht darin, »eine so perfekte Mimesis der Wirklichkeit zu sein, daß die Kunst sich in Vergessenheit bringen kann«[40]. So wird auch Rosario für den Erzähler schließlich, als sie die Stadt Santa Monica erreicht haben, zum Inbegriff von ursprünglicher, ›natürlicher‹ Weiblichkeit, »eine Frau wie sie sein soll, stark und unverbildet, meinem Wunsch immer erreichbar [...]« (PP254). Bezeichnenderweise verwendet Rosario, um von sich selbst zu sprechen, nie das Personalpronomen der ersten Person, sondern das

36 Siehe Anhang, Abbildung 1.

37 Es mag an dieser Stelle forciert erscheinen, auf den Material-Aspekt des Kammes hinzuweisen. Im Verlauf des Romans (und dieser Studie) wird aber durch die Dichte immer wieder platzierter Mikroverweise und durch die Thematisierung von Medientransfer, der Materialität der Dinge und Medien ein Subtext des Materiellen lesbar, der die Anmerkung angemessen erscheinen lässt: Der seit 1856 hergestellte Kunststoff, der entdeckt worden war, als man nach einem preiswerten Ersatzmaterial für das Elfenbein von Billardkugeln suchte, lässt sich als subtiler Verweis auf den Transfer materieller Kultur einerseits (afrikanisches Elfenbein, amerikanischer Kunststoff) und das Medium des Films und des Schreibens andererseits lesen: Mit der Entwicklung des Zelluloid-Films wird die fotografische Platte abgelöst, Rollfilm und Kleinbildfilm entstehen und ermöglichen die Entwicklung des Kinofilms, Schreibgerätehüllen von Kugelschreibern und Füllfedern werden lange Zeit aus diesem Material hergestellt.

38 Ovid: Metamorphosen (= dtv 12456), München: Deutscher Taschenbuch Verlag 1997, (Aus dem Lateinischen von Erich Rösch), S. 247ff; S. 259.

39 A.K. Reulecke: Geschriebene Bilder, S. 277.

40 Ebd., S 277; - vgl. Auch Ovid, Metamorphosen, S. 250ff.

Possessivpronomen der zweiten: ›Deine Frau‹, eine Wendung, die auch der Erzähler immer – sie im schriftlichen Text kursiv hervorhebend – verwendet, um von ihr zu sprechen: »*Deine Frau* röstet hinter mir ein paar Maiskolben auf dem Feuer [...]« (PP286). Die Hervorhebung macht die Wendung zum Zitat ihrer Rede, verbirgt damit die Zurichtung der Frau durch seine Rede und die diskursive Naturalisierung ihrer Rolle, indem sie sie als von der Frau selbst gewählt erscheinen lässt.[41] Folgerichtig unterstellt er ihr auch geringere Kompetenz, ihn zu ›lesen‹ als umgekehrt:

»*Deine Frau* begreift nicht, daß dieser Entschluß für mich schwerer wiegt, als es den Anschein hat. [...] Ich glaube auch nicht, daß es sie die gleiche Mühe gekostet hat, wie umgekehrt mich, ihre Denkweise der meinen anzupassen, um mit mir leben zu können. [...] Ich jedoch mußte [...] eine ganz neue Wertordnung aufstellen, um zu begründen, was einen Mann meiner Bildung an eine Frau bindet, die ganz Frau und nur Frau ist.« (PP253)

Die Szenen am Herdfeuer [sic], dem Topos weiblicher Häuslichkeit schlechthin, werden mehrdeutig durch die Lektüre der Odyssee Homers und deren Lotophagen-Episode überschrieben (PP254). Liest der Erzähler darin die Bestätigung seiner Zivilisationskritik, so beinhaltet sie damit auch den Verweis auf das Illusionäre seiner Situation.

5.2.3 Lektüren II

Der bildschaffende Künstler als Konkretisation des Pygmalion-Mythos ist Gegenstand zahlreicher Studien zur Intermedialität geworden. An dieser Stelle interessiert vor allem die konkrete poetologische Implikation des Mythos für den Roman *Los pasos perdidos* selbst. Als *mise en abyme* legt er zwei Spuren, die – über die egozentrische/konservative Naivität des Erzählers hinaus – poetische Strategien des Textes offenlegen:

Zunächst zeichnet der Erzähler sein Bild im Zusammenhang mit vorgängigen oder die Bildherstellung begleitenden Lektüren[42], die sich sowohl als naive Absicherungs- und Homogenisierungsstrategien des Erzählers als auch als reflexive poetologische Strategien des impliziten Autors interpretieren lassen, und schließlich wird durch die Hierarchie der Inszenierung, die dem

41 PP229: »Und ich entdecke in dieser ständigen Wiederholung des Possessivpronomens eine solide Begrifflichkeit, eine so treffende Bestimmung [sic] der Verhältnisse, wie ich sie niemals in dem Wort Gattin gefunden habe. *Deine Frau* [Herv. i.O.) ist eine Aussage vor jedem Vertrag, vor jedem Sakrament. In ihr liegt die ursprüngliche Wahrheit der Gebärmutter.«

42 Vgl. Michel de Certeau: »Die Lektüre: Eine verkannte Tätigkeit«, in: Barck/Gente et al. (Hg.), AISTHESIS, S. 295-298, hier S. 295f: »Lesen bedeutet [...] in einem vorgegebenen System herumzuwandern (im System des Textes, analog zur baulichen Ordnung einer Stadt oder eines Supermarktes). [...] Lesetätigkeit [...] dieses durch die Seiten Driften, die Metamorphosen und Anamorphosen des Textes durch das reisende Auge, die Phantasieflüge und Meditationen [...erweist die Leser als] Reisende; sie bewegen sich auf dem Gelände des Anderen, wildern wie Nomaden auf Feldern, die sie nicht beschrieben haben und rauben gar die Reichtümer Ägyptens, um sie zu genießen.«

männlichen Part das Anschauen, dem weiblichen das Angesehenwerden zuordnet, auch die Funktionsweise der symbolischen Ordnung berührt, die das jeweils Angeschaute weiblich konnotiert und so die Darstellung und namensgebende Eroberung des lateinamerikanischen Urwaldes durch den Erzähler als die Unterwerfung eines Weiblichen impliziert.

Die erste bemerkenswerte Lektüre erfolgt zeitgleich mit der zeichnerischen Beschreibung des *in actu* entstehenden Gesichts Rosarios: Die physiognomische Deutung (Stolz, Willensstärke, Sinnlichkeit) unterläuft und verschleiert den Vorgang der Bildherstellung, indem sie als Vorgängiges eine Natur (der Frau) und ihre Natürlichkeit unterstellt, die nach bestimmten Lektüreregeln gelesen werden können, und deren Abbildung im Bild oder im Text immer nur den Charakter des Nachträglichen hat. Dass der Erzähler die aus der Antike stammende und zur Zeit der Reise nur noch als Pseudowissenschaft geduldete Physiognomie[43] subtil in Anschlag bringt, weist auf die zeitliche Verschiebung voraus, die mit Rosario in seiner Wahrnehmung einsetzt[44], und in der er sie in einer fantasierten vormodernen Gegenwart und als deren Idealbild platzieren wird. Schon in der zweiten Begegnung beschreibt er Rosarios Kleider als fremdartig und der Vergangenheit zugehörig: »Sie war weder gut noch schlecht angezogen, ihre Kleider waren außer der Mode [...] alles sehr sauber und gestärkt, steif wie Spielkarten, beinahe wie aus einem Kleiderschrank der Romantik [...]« (PP110). Die derealisierende Zuschreibung löst Rosario aus dem Zusammenhang ihrer tatsächlichen Lebenswelt, die zunächst nicht beschrieben wird, und bringt sie in die definitorische Gewalt des Erzählers, der sie in seinen fantasierten zeitlosen Lateinamerika-Kosmos einpassen und zur Bestätigung eben dieser Fantasien heranziehen wird. Ruth wird später Rosario treffend als »deine Atala« (PP317)[45] bezeich-

43 Vgl. U. Eco: Spiegel, ›Die Sprache des Gesichts‹, S. 71-82. Hier auch der Hinweis auf das zeichnerische Verfahren des Comic Strip: »Damit sind wir beim Comic strip. Tatsächlich sind Comic und Karikatur die Orte, in denen die Physiognomie den operativen Wert einer Stenographie gewinnt und mit wenigen emphatisierten Strichen eine ganze Seelen- und Sittengeschichte skizziert. Ausgehend von den Vorurteilen (und zum Teil von der antiken Weisheit) einer natürlichen Physiognomik, die sie benutzt und bekräftigt.« (Ebd., S. 80.) Vgl. auch Ursula Renner: »Ein Setzkasten physiognomischer Lettern – Johann Caspar Lavaters Bildarchiv«, in: Gerhard Neumann/Claudia Öhlschläger (Hg.), Inszenierungen in Schrift und Bild (= Schrift und Bild in Bewegung Bd. 7), Bielefeld: Aisthesis 2004, S. 17-48.

44 Im Roman hat die Physiognomik denselben epistemischen Status wie Mouches Astrologie, die Herbarien des Montsalvatje oder die vorgeführten Medizinpraktiken: Als immer auch visuell dargestellte Tableaus sind sie Formen vormoderner Wissenschaft, deren Simultanität mit der amerikanischen Gegenwart vorgeführt wird, und deren Anordnungs- und Wissensstrukturen – wie etwa jene der Analogie – in der Poetik des Romans genutzt werden.

45 Atala ou Les Amours de Deux Sauvages Dans le Désert ist der Titel des 1801 erschienenen »epochemachenden« Romans von Francois René, Vicomte de Chateaubriand: In der Liebesgeschichte zwischen dem Exilfranzosen René und der Halbindianerin Atala wird das versuchte Aushandeln eines lebensmöglichen Kompromisses zwischen unterschiedlichen Lebensformen in einem Gemälde stilisierten indianischen Lokalkolorits, »der pittoresken Szenerie eines ungebundenen Naturdaseins«, und der Idealisierung des zivilisatorischen Zugriffes (im Roman in Form des katholischen Mis-

nen und sie so auch als illusionistischen Romantext, als literarische Lektüre, identifizieren. Subtil erinnert die Passage auch an den Orpheus-Mythos der Ovid'schen Metamorphosen. Nachts sitzt der Erzähler in der Herberge an einem großen Holzfeuer. »Ich sah dem Spiel der Flammen zu, als der Schatten [sic] einer Person vor mir auftauchte [...] Es war die Frau, die wir am Morgen gerettet hatten« (PP108), die über das semantische Feld von Künstler Frau, Schatten und Rettung die aus der Unterwelt geholte Eurydike alludiert.

Weitere Lektüren schieben sich verschleiernd über die Zeichnung. Zunächst ist es jene der vom Erzähler positiv bewerteten Mestizierung der Rassen, als deren Idealbild Rosario gezeichnet wird, schließlich die Lektüre der Kunst:

»Durch Haar und Backenknochen war sie India, durch Stirn und Nase mittelmeerisch und Negerin durch die feste Rundung der Schulter, und die auffallend breiten Hüften. [...] Fest stand, dass diese Summe von Rassen Rasse besaß. Durch ihre erstaunlichen, ohne jede Aufhellung tiefschwarzen Augen erinnerte sie an Gestalten auf archaischen Fresken [sic], die den Beschauer von vorn wie von der Seite aus einem mit Tusche gezogenen [sic] Kreis aus intensiv anblicken. Durch die Assoziation von Bildern kam ich auf *La Parisienne* von Kreta und stellte fest, daß das Blut dieser aus dem Paramo und dem Nebel aufgetauchten Reisenden nicht stärker gemischt sein konnte als das all der Rassen, die sich Jahrhunderte hindurch im Mittelmeerbecken mestiziert hatten.« (PP107)

Die Vermischung der »großen Rassen der Welt, [der] entlegensten und unterschiedlichsten, die Jahrtausende lang nicht wußten, daß sie auf dem gleichen Planeten lebten« (PP107), wird vom Erzähler positiv bewertet.[46] Sie schafft eben jene Bevölkerung Lateinamerikas, die er nun als dessen Eigentliches sieht. Dennoch ist die Ironie nicht zu übersehen, die durch die offensichtliche Unangemessenheit des Vergleichs mit der dem okzidentalen Diskurs des Kunstschönen zugehörigen *La Parisienne von Kreta* die Beschreibung unterläuft und die Lektüre subtil als Fehllektüre markiert. Dass das gewählte Bild selbst schon Ergebnis einer vergleichenden und wertenden Wahrnehmung ist, in der die Schönheit der Frau auf einer antiken kretischen Abbildung mit einem zeitgenössischen Schönheitsideal abgeglichen und auf eine reale anwesende Frau projiziert wird, pointiert das Verfahren zusätzlich. Als doppelt vermittelte Zuschreibung attribuiert es der lateinamerikanischen Frau ein zweifach gebrochenes Bild von Schönheit, in dem auch sie selbst zu einem ›Bild von Frau‹ wird. Schließlich ist es eine doppelte Lektüre, die zwischen Erzähler und Frau vermittelt: Während der Weiterfahrt in die Urwaldstadt holt Rosario ein »verschrammt[es], auf schlechtem Papier gedruckt[es]«

sionsideals) als zum Scheitern verurteilt vorgeführt. (Vgl. Kindlers Literatur Lexikon, München: Deutscher Taschenbuch Verlag, Band 2, Lemma: Atala).

46 Vgl. J. Joset: Historias cruzadas, S. 28, S. 30; C. Armbruster: Wunderbare Wirklichkeit, S. 218ff; V. Kanev: Lo Real Maravilloso, S. 40. Die Zeichnung der Mestizin Rosario erweist sich auch als Echo auf das Konzept einer neuen kosmischen Mischrasse und Mischkultur, der *raza cósmica,* des *identitären Essays* von José Vasconcelos aus dem Jahr 1925. (Vgl. zu Vasconcelos: Alfons Knauth: »Die lateinamerikanische Avantgarde«, (Ringvorlesung RUP. 12.1.2000) in: URL: http://homepage.ruhr-uni-bochum.-de/niels.werber/Avantgarden/Knauth.htm [14.5.2008], S. 14).

(PP128) Buch aus der Tasche, das der Erzähler als »Die Geschichte der Genoveva von Brabant« identifiziert. Die Frau liest langsam, lässt ihre Augen »geruhsam von Anfang bis Ende jeder Zeile wandern« (PP129) und nimmt lebhaften Anteil am gelesenen Geschehen, an

»[...] Abenteuern, die freilich nicht immer so ausgingen, wie sie es sich wünschte. Manchmal hielt sie bei einer neuen Untat, die gegen die unselige Genoveva verübt wurde mit dem Ausdruck der Empörung inne und kehrte noch einmal zum Anfang des Absatzes zurück, zweifelnd, ob ein solches Ausmaß an Bosheit denn möglich sei. Und las zum zweiten Mal die kummervolle Begebenheit, wie verstört über die Ohnmacht angesichts der Tatsachen. Ihr Gesicht spiegelte tiefe Unruhe, als die finsteren Absichten Golos deutlicher zutage traten.« (PP129)

Die (dem Erzähler offenbar bekannte) Geschichte wird auch als Text im Text über das Entziffern des Körperausdrucks, über das Minenspiel der Frau, zur Kenntnis genommen. Der Beobachter liest die Physiognomie der Lesenden und das Lesen selbst ineinander – und damit auch deren Gelesenes mit. Damit wird die Genovevalegende zum Zentrum der Beschreibung, in der die Geschichte, die für die Frau in der Lektüre erst entsteht, als der Text, in dem er die Frau entziffert, vorgängig und aktuell zugleich ist. Diese in der doppelten Lektüre entstehende Auflösung und Neuordnung des Wahrgenommenen verrät (wie schon die Fehllektüre des Publikums, das Ruth mit ihrer Theaterrolle verwechselt) die Überschichtung des Körpers durch das Imaginäre in Gestalt eines literarischen Textes. Dass die Geschichte der Genoveva als mittelalterliche Legende Teil der Folie ist, auf der er Rosario abbildet, erweist sich als hinter dem Spiel von Wiederholung und Erfindung verborgenes Konstruktionsprinzip der Passage. Als besondere Pointe lässt sich der Umstand interpretieren, dass die Unfähigkeit Rosarios, dem Buch als Medium kompetent und kritisch gegenüberzutreten, es als von einem Autor verfasst zu lesen, gleichzeitig sowohl ihre beschreibende und später tatsächliche Inbesitznahme durch den Erzähler ermöglicht als auch verhindert: Als er ihr zuletzt vor seiner Rückreise in die Großstadt im Urwald sein Kantaten-Manuskript als Pfand für seine Rückkehr zurücklässt, wird eben diese Unfähigkeit, das Buch als Buch zu verstehen und daher die Gabe angemessen zu würdigen, zum Hindernis für sein ›Besitzrecht‹ an der Frau. Ihre mangelnde Kompetenz zur Lektüre wird zur Fehllektüre seiner Absichten: Das Pfand ist für Rosario nur ein Bündel Papier ohne Bedeutung, sie betrachtet sich als verlassen und heiratet den Sohn des Adelantado.

Es ist bemerkenswert, dass schon die erste Begegnung mit Rosario im Zeichen einer Fehllektüre gestanden ist, die als präfigurierendes Indiz für den Verlauf ihrer Beziehung und für die subtile Poetik des impliziten Autors interpretiert werden kann: Der Erzähler ist auf die unbekannte Frau, die die Reisegesellschaft an einer Brücke als Buspassagier aufgenommen hat, über ein akustisches Initiationsmoment aufmerksam geworden. In einem kleinen Dorf, »das mir trotz der hochbarocken Kirche wegen der rund um den Hauptplatz gedrängten Dächer und den gewundenen gebirgspfadengen Viehwegen, die in ihn einmündete, von erstaunlich kastilischem Zuschnitt zu sein schien« (PP105), wird er durch den Schrei eines Esels »an eine Ansicht von Toboso« und an eine Lesebuchlektion erinnert, die er nun zu memorieren versucht. Es handelt sich um die ersten Sätze des Don Quijote, die er sich auswendig aufsagt, die er aber nach dem Wort Jagdhund nicht mehr fortsetzen kann. Als die Frau, um eine objektiv vorhandene topografische Stelle in der Landschaft zu benennen, deren Namen, La Hoya, nennt, fällt ihm über den Gleichklang im Spanischen ein anderes, nämlich das Wort ›Olla‹, ein und er kann nun den Lesebuchtext fortsetzen:

»In einem Dorf in La Mancha, auf dessen Namen ich mich nicht entsinnen kann, lebte unlängst ein Edler, der eine Lanze und einen alten Schild besaß, einen dürren Klepper und einen Jagdhund. [...] Eine Olla, mehr von Rinder- als von Hammelfleisch, des abends gewöhnlich kalte Küche, des sonnabends arme Ritter und freitags Linsen, sonntags aber gebratene Tauben zur Zugabe verzehrten drei Viertel seiner Einnahmen.« (PP106)

Die Homophonie des spanischen *la hoya*, die Grube, und *olla*, der Eintopf der ländlichen spanischen Küche, bringt ihn angesichts des lateinamerikanischen Dorfes, das er schon als kastilisches wahrgenommen hat, in den Assoziationsraum des Don Quijote und in jene Zeit, in die er Rosario projizieren wird. Die situative Bedeutung des Wortes, das die Frau ausgesprochen hat, entgeht ihm. Diese Fehllektüre ist es, die ihn, als er den Text Cervantes' rezitiert, auf die Frau aufmerksam macht, die »zur rechten Zeit« das hilfreiche Wort ausgesprochen hat. Das Wort selbst fungiert nur noch als Auslösereiz für den Zugriff auf seine Archive, aus denen sich die Memoria speist. Der situative und der sprachliche Kontext bleiben außerhalb seiner Wahrnehmung. Dass das produktive Missverstehen des gehörten Wortes gerade auch die beständigen Fehllektüren des erinnerten Don Quijote parallelisiert, lässt sich – in der Vorführung der Verwechslung von Fiktivität und Pragmatik – als Hinweis darauf lesen, dass auch die Welt des Protagonisten und dessen Flucht in einen paradiesischen Zustand, der durch kreative Fehllektüren gekennzeichnet ist, einen prekären Realitätsstatus haben wird. Gerhard Wild hat zutreffend festgestellt, dass Carpentier »[...] nicht von ungefähr auf Cervantes bibliophilen Träumer zurück[-verweist], dessen Ausfahrten der Restitution eines ›goldenen Zeitalters‹ dienen, das den Ennui einer fremdbestimmten Alltagswelt in der gelebten Literatur aufheben soll«[47]. Bemerkenswert ist, dass schon die Erinnerung selbst medial gebrochen ist: Nicht das reale Spanien, sondern eine durch die Lesebuchlektüre vermittelte Imagination eines ›Spanien des Don Quijote‹ wird als eine die Wirklichkeitswahrnehmung unterwandernde Lektüre zum Auslösemoment der folgenden Fehllektüren. Diese Vorführung des Gegensatzes von, wie Wild beschreibt, »pragmatisch-lebensweltlicher und subjektiv-literarischer Perzeption«[48] innerhalb des Verständigungs- und Verstehensprozesses der Szene macht sie zu einem *mise en abyme* der Poetik des Erzähler-Protagonisten und zu einem Ironiesignal des impliziten Autors selbst.

Sowohl die Landschaften, die der Protagonist durchreist, als auch Rosario haben ihren Ort in einer aus Bruchstücken von Memoria und Archiv assemblierten Idealwelt, die mit den realen Kontexten, wie auch Gerhard Wild gezeigt hat, nur über die Brücken initiatorisch genutzter Wahrnehmungen verbunden ist. Insofern, als mit Rosario die Liebe als mögliche neue Wahr-

47 G. Wild: Paraphrasen, S. 136.

48 Ebd., S. 149.

nehmungsform auftaucht, bekommt die Frau selbst die Funktion der Sprache. Als Doppelgängerin der *Malinche*[49], die der Sprache des Landes und der Sprache seiner Kultur mächtige Dolmetscherin, wird sie zur Übersetzerin, die den Protagonisten in die fremde Welt und ihm die fremde Welt übersetzen könnte. Beides misslingt: Indem er die Frage an sie immer auktorial selbst beantwortet, ihr also nicht das Wort lässt, ihr das Wort nicht lässt, muss sie als Bild verstummen und kann ihm keine Wirklichkeit zeigen. Dass er ihr auch unterstellt, ihn nicht lesen und damit übersetzen zu können, schließt die Lücke der Beziehung zwischen ihnen als Möglichkeit einer neuen Diskursform ebenso, wie ihr hilfreiches Wort jene seines Rezitationstextes geschlossen hat. Stattdessen setzt er als Inhaber der Sprache Frau und Landschaft in eins, so dass sie einander schließlich als Äquivalente vertreten:

»Von Morgen zum Abend und vom Abend zur Nacht wurde [Rosario] authentischer, echter, stand sicherer in einer Landschaft, deren gleichbleibende Merkmale umso deutlicher hervortraten, je näher wir dem Strom kamen. Zwischen ihrem Fleisch und diesem Stück Erde entstanden Beziehungen, traten zutage in der sonnengebräunten Haut, der gleichen Beschaffenheit des Haars und der Einheitlichkeit der Formen [...] gleich Werken, die aus derselben Töpferscheibe hervorgingen [...].« (PP138)

Auf diese Weise semantisieren sich auch zunächst zufällig wirkende Textelemente, die das spanische Wort rosa – Rose in seinen homonymen Ableitungen variieren und in denen die Frau Rosario immer schon gelesen werden konnte: von den künstlichen Kletterrosen der Theaterkulissen der Eingangsszene des Romans, der nur künstlichen Rose im Gürtel der Schauspielerin-Ehefrau, die das Artifizielle ihres Ambientes indiziert, über das emblematisch wirkende Bild des Rosenstrauches (rosal) neben einer Pinie unter der siebenten Laterne in Los Altos, dem im Trödlerladen gefundenen Rosenkranz (rosario), der als wertvoll und authentisch klassifiziert wird, den Rosenkranz betenden Frauen im Hinterzimmer eines Ladens bis hin zu dem immer wieder eingebrachten Hinweis auf die Heilige Rosa von Lima – »Sanctae Rosae Limanae, Virginis, Patronae principalis totius Americae Latinae [sic]« (PP18) ist diese Parallelisierung von Kontinent und Frau – verdichtet zu einem ikonischen Kürzel – Subtext der erzählten Geschichte.[50] In dem Maße, in dem

49 Malinche, Malintzin, Tenepal, Malinalli, Marina; möglicherweise Tochter eines aztekischen Herrschers, Dolmetscherin und Geliebte von Hernán Cortés. Zur Rezeption der Malinche Figur zwischen Prinzessin und Verräterin in Geschichte und Kunst, vgl. Claudia Leitner: Eine Glanzrolle für den Sopran, S. 37-165, insb. S. 145f.

50 Vgl. zum Motiv C. Armbruster: Wunderbare Wirklichkeit, S. 218f. Darüber hinaus alludieren die Rose und ihre Varianten im Text weitere Kontexte, vgl. zur Bedeutung der Rose für die Avantgarde A. Knauth: »Lateinamerikanische Avantgarde«, S. 16: »[das kreationistische] demiurgische, magisch-imaginative [Konzept Vicente Huidobros und dessen berühmtes Gedicht Altazor von 1916] eine fast *experimentelle Demonstration des schöpferischen Sprachprozesses* [...] Dekonstruktion und Rekonstruktion der normalen Wörter und Sätze. [...] Schöpfung der *Wortrose*; Modernisierung u.a. mittels der technischen *Windrose* der zeitgenössischen Nautik und Aeronautik sowie der drahtlosen Telegraphie. [...] vgl. auch den Namen der chilenischen Dichtergruppe ›Rosa náutica‹ (1922), der Huidobro eng verbunden war; anagrammatische Kodierung der Rose im Titel des Großgedichts *Altazor/ Rosa alta* (nach südamerikanischer

die Bilder von Land und Frau sich verdichten, wird Rosario schließlich zum Emblem Lateinamerikas.[51]

5.2.4 Die symbolische Ordnung

Damit ist, als zweite Spur des Pygmalion-Komplexes, die symbolische Ordnung als solche ins Spiel gebracht. Ann Kathrin Reulecke hat, kunsttheoretische, tiefenpsychologische und feministische Argumente zusammenfassend[52], darauf hingewiesen, dass das Verhältnis von Weiblichkeit und Repräsentation nicht akzessorisches Kapitel einer Problematisierung des Verhältnisses von Schrift und Bild ist, sondern dass umgekehrt sämtliche Aspekte der Schrift-Bild-Relation »[...] in der einen oder anderen Weise mit der Geschlechterdifferenz verknüpft sind, so daß das Problemfeld der Repräsentation eigentlich überhaupt nicht mehr ohne die Frage der Geschlechterdifferenz analysiert werden kann«.[53] Die Repräsentation der Geschlechter ist medial determiniert, Weiblichkeit ist dabei nicht durch ideale Bildinhalte, sondern durch den Status des Bild-Seins als Oberfläche und Projektionsfläche definiert. Siegrid Weigel stellt unter Verweis auf die mittelalterliche und barocke Allegorie dar, dass die Personifikation von abstrakten Begriffen und Ideen als weibliche Figuren auf eine universale Bildfunktion der Frau hinweise, »[...] die mit der historischen ›Subjektlosigkeit‹ von Frauen«[54] korreliere. Dadurch referiert die dargestellte Frau nicht mehr auf eine reale Frau und kann zum Zeichen für etwas anderes werden. Der Körper der Frau wird zum Zeichenkörper und damit zum ikonischen Material der Darstellung »[...] anderer Bedeutungen wie der Natur, der Politik oder des Menschlichen«.[55] Über Gleichsetzung von Frau und Naturwüchsigkeit kann, so Weigel, auch das durch das Bild eines Weiblichen dargestellte Abstraktum seinen Konstruktionscharakter zu Vergessen bringen und den Status einer Repräsentation von Natur beanspruchen. Mit Blick vor allem auf das Genre der Aktmalerei

Aussprache des Z als s) ›hohe Rose‹ [...] – Zerlegung und neue Zusammensetzung sowie Erweiterung des Ausgangswortes ›rosal‹ / ›Rosenstock‹, *Permutation, Iteration* und *paronomastische Expansion* oder *Substitution* als operationelle Regeln der ling. Transformation Kreation: theoretisches Oszillieren des Dichters zwischen *orphischer Urwortsuche* und *experimentellem Konstruktivismus*;« (Herv. i.O.).

51 Vgl. K.D. Ertler: Geschichte des lateinamerikanischen Romans, S. 183: »Für den Erzähler bündelt sich der Mythos des autochthonen Amerika in der indigenen Bezugsperson Rosario, die im Text explizit als idealtypische Verkörperung der fremden Kultur, als Emblem des eigentlichen Amerika fungiert.« Zur Frau als Allegorie eines Kontinents vgl. Annegret Pelz: Reisen durch die eigene Fremde. Reiseliteratur von Frauen als autogeographische Schriften (= Literatur-Kultur-Geschlecht; Studien zur Literatur- und Kulturgeschichte, Kleine Reihe Band 2), Köln, Weimar, Eine: Böhlau Verlag 1993, insb.: ›Mythische Geographie des europäischen Weiblichen‹ und das an Roland Barthes Mythosbegriff orientierte Kapitel ›Die Allegorie der Europa als semiologisches System‹, beide ebd., S. 20-45.

52 Vgl. zum Folgenden: A.K. Reulecke: Geschriebene Bilder, insb. ›Das Geschlecht der Bilder‹, S. 269–342.

53 Ebd., S. 270.

54 Sigrid Weigel, zit. ebd., S. 274, FN 8.

55 Ebd.

der Moderne und dessen Blickordnung sieht auch Reulecke das Entscheidende nicht in der binären Kodierung der Geschlechter von Aktivität und Passivität, sondern darin, dass »[...] die Hierarchie der Geschlechter an eine spezifische Inszenierung der Blicke [gebunden erscheint], in welcher dem männlichen Part das Sehen und dem weiblichen das Angesehenwerden zugeschrieben wird«.[56] Die Objektwerdung der Frau ist also nicht nur erklärbar durch reale ökonomische und sexuelle Ausbeutung, sondern mit »[...] Funktionsweisen der symbolischen Ordnung, in welcher der aktive Blick und die Herstellung von Bildern untrennbar verbunden sind mit der psychosexuellen Konstitution des *männlich* markierten Subjekts. Das weibliche Subjekt hat einen objektivierten Status, am Ort des Anblicks und des Erscheinens.«[57] (Herv. i.O.).

Es existiert also unabhängig von den konkreten Subjekten eine »[...] prüfende, sehende, abbildende« Instanz, die männlich konnotiert ist, während »das angesehene Objekt, das ja im Prozess der Kunstherstellung durch das gemalte Bild ersetzt wird, weiblich konnotiert ist«.[58]

Studien zur kulturellen Konstruktion der Geschlechter und zur sprachlichen Verfasstheit des Subjekts zeigen, dass Weiblichkeit auch als relationale Größe innerhalb der Kultur zu begreifen ist. Sowohl die umfassende Beschreibungsmacht des Protagonisten-Künstlers als auch die erotische und agonale Eroberungsmetaphorik, die ihn als Entdecker unter den Bedingungen des 20. Jahrhunderts mit den Konquistadoren Lateinamerikas verbindet, markieren das repräsentierte Land, dessen Natur und Landschaften, in der Verschränkung kultureller und sexueller Differenz als weiblich konnotiert: Das Fremde,

> »[...] so beispielsweise der Indio bei den Eroberern Lateinamerikas, [wird] nicht nur mit dem Dunklen, Fremden, Barbarischen, Logosfeindlichen, Peripheren assoziiert, er wird auch mit traditionell weiblichen Attributen beschrieben und so aus dem männlichen Wertesystem verbannt. Dazu gehört, daß er nackt, liebenswert, selbstlos, furchtsam, scheu, gehorsam oder apathisch ist. Im Bewußtsein seiner ›weiblichen‹ Inferiorität verbleibt ihm nur die Opferrolle im kolonialen System. Die patriarchalische Unterscheidung von Geist und Natur, Form und Stoff, Gesetz und Chaos, Subjekt und Objekt, Selbst und Anderes wird auf die Geschlechter (Mann-Frau) und ebenso auf die Kulturräume übertragen.«[59]

Ob in der poetischen oder komparativen Beschreibung oder unter dem Zugriff der Naturwissenschaften werden sie entdeckt, erobert, gezähmt, fruchtbar gemacht, in wissenschaftliche Systematiken und politische Hierarchien

56 Ebd., S. 272.

57 Ebd..

58 Ebd..

59 Vgl.: Interdisziplinäres Projekt an der Universität Trier: »IDENTITÄT UND DIFFERENZ. Geschlechterkonstruktion und Interkulturalität«, Prof. Viktoria Schmidt-Linsenhoff (Kunstgeschichte), Dr. Astrid Swift (Anglistik), Prof. Dr. Karl Hölz (Romanistik), Prof. Dr. Herbert Uerlings (Germanistik); »Das Subjekt und die Anderen«, in: URL: http://www-alt.uni-trier.de/~linsenho/projekt.htm [25.06.08].

eingeordnet und mit Namen[60] beschrieben. Die Eigenschaft des fremden Landes ist vor allem die, beschrieben zu werden. Insofern, als es nicht beschreibbar ist, bleibt es außerhalb jeglicher Repräsentation, allenfalls weißer Fleck auf der Landkarte.

5.2.5 Das Misslingen der Zeichnung Pygmalions. Nicasio

Als weißer Fleck und das Misslingen der Zeichnung Pygmalions wird damit eine bisher in der Forschung kaum beachtete Passage interessant, die die Grenzen des Beschreibungsprozesses im Subtext einer grellen Szene untergründig problematisiert.

In einer Höhle in der Nähe von Santa Monica lebt der an Lepra erkrankte Nicasio, der die Stadt nicht betreten darf. Der Erzähler sieht ihn zum ersten Mal, als er im »Fensterrahmen« seines Hauses erscheint um zu betteln.

»Unter einer Zipfelmütze sind Überbleibsel eines Gesichts zu sehen, faulige Fleischlappen, die noch haften geblieben sind um das klaffende Loch, und darüber zwei ausdruckslose Augen wir hartgewordene Tränen, die ebenfalls zerfließen, sich verflüssigen werden in der allgemeinen Auflösung dieses Wesens [...], das ein heiseres Gurgeln ausstößt [...].« (PP287f)

Das Gesicht lässt sich eben noch in seiner Formlosigkeit beschreiben, verfestigt sich aber nicht in einer Kontur, sondern scheint in proteischer Verwandlung zwischen Form und Unform buchstäblich zu zerfließen.[61] Der Rahmen [sic] bleibt, wie eine unbemalte weiße Leinwand umfassend, leer. In ihm bildet sich nur noch der Be-Schreibprozess selbst ab. Schließlich schwärzt sich die Bildfläche: Als Nicasio versucht, ein Mädchen zu vergewaltigen, beschließen die Männer ihn zu töten und verfolgen ihn im Wald, »Ich hob die Waffe und richtete sie auf das schwarze Loch im Gesicht des Unglücklichen«, der – als nicht mehr beschreibbar – zum Etwas wird: »Dieses Etwas mußte vernichtet, vertilgt, den Raubvögeln überlassen werden.« (PP294) Marcos tötet ihn mit zwei Schüssen: mit einer Gewehrkugel und mit einer Ladung Schrot. »Nicasio kniete noch immer an derselben Stelle, aber sein

60 Vgl. PP267: »An manchen Morgen möchte ich Naturforscher, Geologe, Ethnograph, Botaniker, Historiker in einer Person sein, um alles zu begreifen, zu notieren, so weit wie möglich zu erklären.« PP179: »Der Pflanzensammler [überschüttet uns] mit einem Schwall lateinischer Ausdrücke zur Bestimmung nie gesehener Pilze, von denen er eine Probe zwischen den Fingern zerreibt, und erklärt uns, weshalb er überzeugt sei, daß er sie auf die richtigen Namen getauft habe.« Als ironisches Gegenbild lässt sich die kleine Szene lesen, in der die Kolonisation von Santa Monica durch den Adelantado beschrieben wird: »In Puerto Anunciación tauscht er [Gold] um und bringt Sämereien, ersteigerten Hausrat, Landwirtschaftsgeräte und Schreinerwerkzeuge mit. [...] Als nächste kamen die trächtige Ziege und das abgesäugte Kalb, für das die Indios erst einen Namen erfinden müssen [sic], denn ein solches Tier haben sie noch nie gesehen.« (PP247)

61 Dass der fallende Regen die Sicht zusätzlich trübt, betont indirekt das Mediale des Schauens: Wie optische Linsen schieben sich die Regentropfen zwischen Betrachter und Objekt und behindern durch Lichtbrechungsvorgänge das Entstehen eines eindeutigen Bildes.

Gesicht löste sich auf, verlor den Umriß eines Menschengesichts, zerfloß, ein roter Fleck, der nach und nach zerfiel und ohne Eile, wie schmutziges Wachs, auf die Brust rann.« (PP 294) [62] Das bildliche Darstellung ermöglichende Farbspektrum, das, wie Gerhard Neumann in seiner Studie zu E.T.A. Hoffmann schreibt, als »[...] übereinandergelegter Farbfächer« nur noch »[...] optisch ›gesetzte[s]‹ Weiß [ergibt], das alles oder nichts von Wahrnehmung ist«[63], aus dem jegliches Abbild entstehen kann, und das in der Szene als sein Gegenteil, die jegliches Abbild negierende Schwärze – das schwarze Loch im Gesicht – erscheint, verweist über seine Fähigkeit zur Allesverwandlung auf die Figur der Anamorphose, der perspektivischen Umformung von Bildern, die im Umformungsprozess selbst (wie etwa in einem Zerrspiegel) in ständiger Verwandlung unbestimmbar sind. In der poetologischen Zeichnung wird die perspektivische zur perspektivierenden Gestaltung. Das legt den Hinweis auf den zur literarischen Figur gewordenen metaphorischen *Anamorphoten* nahe, wie Gerhard Neumann den Kohlenbrenner in Hoffmanns Erzählung *Des Vetters Eckfenster* nennt, in diesem Fall eine kaum beschreibbare Figur »[...] von gar seltsamem Bau, auf den ersten Blick muß man sie für bucklig erkennen, doch vermag man bei näherer Betrachtung durchaus nicht anzugeben, wo ihnen denn eigentlich der Buckel sitzt«.[64] Der zwergenhafte Mann hat für seine Größe riesenhafte Hände und Füße, sein Aussehen ist nicht wirklich fassbar, man sieht eigentlich auch nur seine Füße, wenn er mit dem riesigen Kohlensack auf dem Rücken über den Markt geht. Er ist »Pagliasso, der Tausendsassa«[65], Störer, integrierende Figur und Außenseiter zugleich,

> »[...] Improvisateur, Parasit der Gesellschaft, in der er lebt, ein Störer und Ermöglicher der Kommunikation [...] ein Agent der Semiose [...] das punctum saliens zwischen wahrnehmendem Auge und wahrgenommener Welt. [...] Hier in des Vetters Eckfenster, wird diese Figur nicht nur zum ersten Mal als Person in das erzählte Geschehen eingeführt, sondern als wahrnehmungsstrategisch relevant, als zentrales Element in der Wahrnehmungssituation der Moderne diagnostiziert. [...] Sie wird von Hoffmann aus dem Schwarz-Weiß, dem Plus-Minus als notwendiger Bedingung jeder Zeichenproduktion, herausinszeniert und in das Spiel des Bunten, das das Chaos der Welt ist, eingelagert.«[66]

62 Marcos hat zunächst den zögernden Protagonisten zum Schießen gedräng: »Ich zielte zum zweiten Mal. Aber da waren zwei Augen, zwei wimpernlose Augen fast ohne Leben, und blickten mich an. Vom Druck meines Fingers hing es ab, ob sie erloschen. Zwei Augen auslöschen, zwei Menschenaugen. [...] Zornig riß mir Marcos das Gewehr aus der Hand.« (Zu Angeschautwerden, Blick, Magie des Blicks siehe unten: Landschaft der Ebene, Angeschautwerden, eine Fotografie, Kap. 5.13).

63 Vgl. zum Folgenden Gerhard Neumann: »Stil als Wahrnehmungsexperiment. - E.T.A. Hoffmanns poetologische Novelle ›Des Vetters Eckfenster‹«, in: Daniel Jacob/Thomas Krefeld/Wulf Österreicher (Hg.), Sprache, Bewußtsein, Stil. Theoretische und historische Perspektiven, Tübingen: Günther Narr Verlag 2005, S. 167-196, hier S. 180f.

64 E.T.A. Hoffmann: »Des Vetters Eckfenster«, in: Späte Werke, München: Artemis Verlag 1965, S. 612-637.

65 G. Neumann: »Stil als Wahrnehmungsexperiment«, S. 180.

66 Ebd., S. 180f.

Als Störer und Außenseiter ohne gesellschaftlichen Ort – über seine Funktion als ausgestoßener Sündenbock im Sinne René Girards[67] – beweglicher Ermöglicher der (politischen) Kommunikation über Zugehörigkeit und Fremdheit in Santa Monica ist Nicasio das Andere der Gesellschaft, das Andere des Aussehens und der beschreibbaren Sichtbarkeit.

In dem Maß, in dem die in Bildern gezeichneten Frauen durch eben dieses Gezeichnetwerden (eine abgeleitete) Identität erlangen, bedeutet das Nicht-gezeichnet-werden-Können den symbolischen Tod. Auch die Konturen der Autorschaft zerrinnen in der Unfähigkeit, ein adäquates Bild der Realität wiederzugeben, die – bezeichnenderweise beginnt die Lepra mit weißen Flecken auf der dunklen Haut – nur noch als Leerstelle über ihre Ränder beschrieben werden kann. Die als Verbrechen des Aussätzigen (»der Aussatz des Leviticus« PP 287) dargestellte Gewalt transfiguriert sein Vermögen, sich der Repräsentation zu entziehen als aktives Tun. Der unerhörten Verweigerung kann nur noch mit derselben Gewalt geantwortet werden, einem Tötungsakt, der ihn auslöscht und damit endgültig aussetzt. Vor seiner Ermordung bittet Nicasio darum, beichten zu dürfen. Die Männer verweigern es ihm, auch das Wort wird ihm nicht mehr erteilt. Dass die Tötung durch die Kugel nicht ausreicht, sondern das Gesicht durch den Schrotschuss vollständig zerstört werden muss, verrät die wahre Natur der Tötungsgeste: Sie verleugnet nicht nur die in einer metonymischen Verschiebung als Vergewaltigung eines Weiblichen beschriebene kolonialistische vergewaltigende Unterwerfung durch Eroberung und Beschreibung.[68] Die Szene lässt sich als strukturelle Permutation des Umstandes lesen, dass es der gewaltsame okzidentale Zugriff auf die Welt ist, der an diesem Nullpunkt der Repräsentation versagt und auf die ungeheure Kränkung der Autor-Potenz nur noch mit Auslöschung antworten kann. Die Verstoßung des Unbeschreibbaren aus der Gemeinschaft auf der Handlungsebene bildet die Ausstoßung dessen, das nicht beschreibbar ist, aus dem poetologischen Vermögen des Textes ab. Es entspricht der poetologischen Logik des impliziten Autors, dass mit dieser Tat der Aufenthalt des Protagonisten in der Welt der Prähistorie, der *selva*, der fantasierten Ursprünglichkeit zu Ende ist: Als die Männer in die Stadt zurückkommen, erscheint das Flugzeug, das ihn in die Zeit, die Zivilisation, die Ordnung der Moderne zurückbringen wird. Mit dem Ende der Beschreibbarkeit der Welt wird sie für ihn unbewohnbar.

Als *mise en abyme* kommentiert die Nicasio-Episode den Schreibprozess selbst: Sie zeigt die Grenzen der Erzählung des Protagonisten als Ende seiner Welt: Was er nicht wahrnehmen und nicht über seine Memoria ordnen kann, bleibt außerhalb seines Berichtes. Indem sie das Unvermögen des Beschreibens zeigt, markiert sie dessen Unvollständigkeit und weißen Flecken auf der

67 Vgl. René Girard: Der Sündenbock, Zürich, Düsseldorf: Benzinger 1988. Die mimetische Krise der Gesellschaft wird durch die Ausstoßung eines Sündenbocks als einheitsstiftende Polarisierung von Gewalt aufgelöst, dadurch werden Identität und Ordnung der Gesellschaft wiederhergestellt. Das Opfer als Tat wird ›vergessen‹.

68 Im Übrigen ist die Lepra eine Krankheit, die erst durch die Kolonialisierung und den nachfolgenden Sklavenhandel nach Lateinamerika gekommen ist. Vgl. Tzvetan Todorov: Die Eroberung Amerikas. Das Problem des Anderen (= edition suhrkamp 1213, Neue Folge Band 213), Frankfurt am Main: Suhrkamp Verlag 1985, insb. ›Verstehen, Nehmen und Zerstören‹, S. 155-176.

poetologischen Ebene als Leerstellen und buchstäbliche ›schwarze Löcher‹, insinuiert damit aber ein *tertium comparationis*, das – obwohl nicht dargestellt – doch darzustellen wäre: Das Reale der Lacan'schen Register Reales – Symbolisches – Imaginäres, das immer schon durch das Symbolische strukturiert ist, das stets hinter dem durch die Signifikation entstandenen Bild verschwindet, um, wie Reulecke für geschriebene Bilder diagnostiziert,»[...] gleichzeitig stets zu intervenieren«.[69]

Der Ausschluss, der als Gewaltakt gezeigt ist, weist damit auch auf die Gewalt des Schreibens selbst als Akt symbolischer Kolonisation zurück und ruft damit noch einmal die historischen Namens-Gebungen (von denen des Kolumbus über die Alexander von Humboldts bis zu jenen ›orientalistischer‹ Literatur) auf, die Be-Schriftung des Landes durch die poltischen Grenzziehungen und die Netzlinien der modernen Verkehrsmittel der von Nordamerika aus organisierten Eisenbahn- und Luftverkehrserschließung, die Be-Zeichnungen seiner Natur und Kulturprodukte in den Klassifikationen der Naturwissenschaften, den Kategorien der ethnologischen Erfassung, den Katalogen der Museen, in denen den Besprochenen die eigene Sprache entzogen wird.[70] Gleichzeitig verweist sie damit auf ein Jenseits des Beschriebenen, das widerständig, sich entziehend, sprachlos und unbefragt existiert.

Indem der implizite Autor die Grenzen der Beschreibbarkeit durch den Erzähler vorführt, zeigt er dessen dichtes Signifikantennetz als relativierbar und unvollständig: Mit dem Mittel der Verflüssigung der Bilder, in der gegenläufigen Inszenierung der Leerstellen, der medial erzeugten Wahrnehmungsverfremdung, der subtilen aber persistierenden Infragestellung der Ästhetik des Protagonisten, den leitmotivisch eingesetzten Fragen von Authentizität und Medialität der Erinnerung sorgt er dafür, dass die Beschreibungen kritisch unterlaufen werden, sodass sichtbar wird, dass sie etwas bebildern sollen, das notwendig nur durch diese Bilder, aber doch nicht hinreichend durch sie, also nur in der gegenläufigen Bewegung ihrer Subversion dargestellt werden kann.

---

69 A.K. Reulecke: Geschriebene Bilder, S. 12.

70 Als drei Beispiele für zahllose: Die Inbesitznahme neuer Inseln, vgl. Christoph Kolumbus: Der erste Brief aus der Neuen Welt (=Universalbibliothek Nr. 18079), Stuttgart: Phillip Reclam 2000, S. 13: »[...] im Namen unseres durchlauchtigsten Königs nach feierlicher Verlautbarung und dem Hissen der Fahne [...] ohne dass mir irgendjemand widersprochen hätte (*contradicente nemine*)« und die Namensgebungen durch Christoph Kolumbus, ebd., S. 15: »Die Inder nennen diese Insel allerdings Guanahani. Ich bezeichnete auch jede Insel mit neuem Namen, und zwar nannte ich eine Santa María de Concepción, eine andere Fernandina, eine weitere Isabela, wieder eine andere Juana, und so ließ ich auch alle übrigen benennen.«; - Der 1493 auf Betreiben Papst Alexanders VI zwischen Spanien und Portugal geschlossenene *Vertrag von Tordesillas*, der, auf der päpstlichen Bulle *Inter Caetera* von 1493 beruhend, die Trenn-*Linie* [sic] zwischen den Einflussgebieten der spanischen Könige und den Portugiesen auf einer Linie von 370 spanischen Leguas westlich der Kanarischen Inseln festlegt; - Die Neubenennung unbekannter Früchte, vgl. Garcilaso de la Vega: Comentarios Reales (Selección y prólogo de Augusto Cortina), Buenos Aires: Espasa Calpe 1964, , S. 96:: »[...] Otra fruta se llaman los indios pácay, y los espanioles guaba [...], la fruta que los espanoles llaman peras [...] llaman los indios palta [...].«

5.3 Der Trödelladen »Rastro di Zoroastro«. Das surrealistische Tableau. Quodlibet

»Es war ein Haus mit verschnörkelten Fenstergittern, alte Katzen lagen in allen Auslagen, auf dem Balkon dösten ein paar Papageien, die mit ihrem verstaubten, zerzausten Gefieder wie wucherndes, aus der grünlichen Fassade aussprossendes Moos aussahen. Von den Instrumenten, die mich interessierten, wußte der Trödler-Antiquar nichts, aber stattdessen lenkte er meine Aufmerksamkeit auf andere Gegenstände, zeigte mir eine große Music-Box [una grán caja de música - auch Spieluhr, Musikautomat, Korr. d.V.], in der ein paar vergoldete Schmetterlinge, auf Hämmerchen montiert, in einer Art Hüpfkonzert Walzer und Polka tanzten. Auf den Tischen standen Bilder von blumenumrankten Nonnen, die gerade die Gelübde abgelegt hatten, daneben Vasen, die aus Koralinhänden wuchsen. Eine heilige Rosa von Lima, unter einem wimmelnden Aufflug von Cherubim einem Rosenkelch entschwebend, hing neben einer Stierkampfszene an der Wand. Mouche bekam Lust auf ein zwischen Kameen und Korallenbäumen aufgestöbertes Seepferdchen, obwohl ich ihr sagte, daß wir das gleiche überall bekommen würden. Das ist Rimbauds schwarzer Hypokamp, antwortete sie und zahlte den Preis für die staubige literarische Chose. Ich hätte gern ein Filigrankreuz [rosario filigranado - einen Rosenkranz in Filigranarbeit, Korr. d.V.] aus der Kolonialzeit gekauft, das in der Vitrine lag, aber da echte Edelsteine darin eingelassen waren, war es mir zu teuer.« (PP56)

Der disparate Fundus des Rastro und dessen Anordnung im Laden und den Vitrinen erinnert an ein dem *hasard objectiv* verpflichtetes surrealistische Tableau – oder ein Paragone-Quodlibet[71] – und erzwingt zunächst eine Wahrnehmungsweise, die den Effekt des Surrealen evoziert. Die Vielfalt seiner Trouvaillen, die aus der bruchstückhaften Konfrontation und Kombination unzusammengehöriger Dingrelikte und Fundstücke entstehende Gruppierung ist einer Poetik der Ironie und Verspieltheit, des Zufalls, dem Heterogenen und Passageren verpflichtet und erfordert eine Rezeption, die sich auf das Überraschende, Unzusammenhängende, das Durchkreuzen gewohnter Sinnzusammenhänge einlässt.

Dem Sehen des Ensembles und seines zufälligen Arrangements folgt in der Episode eine (vom kulturellen Wissen abhängige) Abfrage der Konnotation oder Denotation der heterogenen Signifikanten, die das Tableau auflöst. Die Gegenstände werden Objekte einer enzyklopädischen Rekontextualisierung: Mouche konnotiert das Seepferdchen mit Rimbauds Hypokampos. Der Erzähler bezeichnet es als »staubige literarische Chose«, er kann Mouches Zuschreibung also lesen, ergänzt sie aber um ein distinktes Werturteil, das seinem extra-okzidentalen Wissen und seiner situativen Bewusstheit entspringt: Das wirklich begehrenswerte Objekt ist nicht ein Seepferdchen, das – gewissermaßen als Element einer unendlichen Serie von ›Natur-Kopien‹ – überall gefunden werden könnte, sondern wären das naive Bild der heiligen Rosa und der auf die Historie verweisende Rosenkranz aus der Kolonialzeit,

71 Als (malerisches) Quodlibet wird die Zusammenstellung verschiedener Gegenstände in einem Gemälde bezeichnet, das heterogene Dinge in den Zusammenhang eines malerischen Ganzen bringt und dabei auch einen *trompe-l'œil* Effekt hervorruft; vgl. Bildanhang, Abbildung 2.

dessen Authentizität durch seine echten Steine insinuiert wird. Diese gewissermaßen kenntnisreichere Zuschreibung macht aus dem Laden und der zufälligen Anordnung disparater Elemente (die über ihre ästhetische Qualität beschriebenen, gleichsam präparierten und in ihrer haptischen Eigenart verfremdeten Vögel[72], die Walzer und Polka tanzenden Schmetterlinge, die Bilder und Trouvaillen) eine Spielart der Wunderkammer, die als kulturelle Form – nämlich als Darstellungsmodus einer Wissensordnung – auf die Frühneuzeit verweist und damit ein zusätzliches temporales Element der erzählten Geschichte platziert.

Die Verbindung von Aisthesis und Memoria wird im Fortgang der Episode schließlich explizit gemacht:

»Als wir aus dem [...] Laden traten, streifte meine Hand an einen Stock Basilienkraut. Betroffen blieb ich stehen, da ich den Duft entdeckte, den ich zum ersten Mal auf der Haut eines kleinen Mädchens geatmet hatte - Maria del Carmen, die kleine Tochter des Gärtners - als wir im Hinterhof eines Hauses unter einem alten Tamarindenbaum Mann und Frau spielten, während meine Mutter auf dem Klavier irgendeine allerneueste Habanera übte.« (PP65f)

Die zunächst mit der Rimbaud-Allusion ins Spiel gebrachte Synästhesie wird durch den über die olfaktorische Wahrnehmung eingeführten indirekten Verweis auf die Madeleine-Episode aus Marcel Prousts Roman *A la recherche du temps perdu* um die Dimension persönlicher und kollektiver, insbesondere literarischer Erinnerung erweitert und nimmt dabei ein musikalisches Element auf: Im Modus »gegenläufiger Vertonung« wird dem Tableau nun eine langsame, melodische *Habanera*[73] unterlegt, eine aus Havanna stammende hybride Musikform im synkopierten 2/4 Takt, die als kreative Paraphrase okzidentaler Musik aus der Überschreibung des europäischen Kontertanzes mit afrikanischen und kubanischen Elementen zu Beginn des 19. Jahrhunderts entstanden ist, zur Folklore wird und auf dem Umweg über Spanien in einem komplexen Kulturtransfer und über mehrfachen Medienwechsel (Kontertanz, Folklore, Oper, Paartanz, Musikballade) zurück in andere lateinamerikanische Länder gelangt.[74]

72 Die wie Moos aussehenden Vögel erinnern an die Experimente des Surrealismus mit der Verfremdung von Materialien und Oberflächen, hier an die Pelztasse (1936) der surrealistischen Künstlerin Meret Oppenheim.

73 Vgl. Dale Olsen/Daniel E. Sheehy (Hg.), South America, Mexico, Central America, and the Caribbean, New York (= The Garland Encyclopedia of World Music Volume 2), London: Garland Publishing Company 1998, S. 362, S. 987; vgl. auch: Ludwig Finscher (Hg.), Enzyklopädie, Musik in Geschichte und Gegenwart, Stuttgart: Bärenreiter Verlag und J.B. Metzler 2000;Sachteil, Band 5, S. 807f; - Alejo Carpentier: La música en cuba, Madrid: siglo ventiuno de españa editors, sa. 1987, insb. ›Introducción a la contradanza‹, ebd., S. 303-31.

74 Eine der populärsten Habaneras, El arreglito, wird in Bizets Oper *Carmen* zur Arie *L'amour est un oiseau* rebelle; vgl. auch: Carpentier: »Lateinamerika im Schnittpunkt historischer Koordinaten und ihre Auswirkung auf die Musik«, in: ders., Stegreif und Kunstgriffe, S. 95-117, hier S. 113: »Mit der Habanera geschah das gleiche wie mit den [...] Sarabanden und Chaconnes, die natürlich und spontan auf amerikanischem

Die zunächst visuell angelegte Episode wird so einerseits zu einem fiktiven multimedialen Wahrnehmungsexperiment und führt andererseits implizit und autoreflexiv über den in der Visualisierung des Ladens inszenierten Kulturtransfer des Surrealismus nach Lateinamerika dessen kreative Transposition in ein genuin lateinamerikanisches Ambiente vor. Die erinnerte Habanera, die das Dépaysement des surrealistischen Ambientes zunächst intensiviert, lässt sich darüber hinaus als ironischen Kommentar zu einer kolonialistischen Konzeption von ›Einfluss‹ lesen, der nicht nur in Richtung Europa-Neue Welt verläuft, sondern – als auch gegenläufiges Transgressionsphänomen kreativer Metamorphosen – als wechselseitiger Prozess gezeigt wird.

Die subtile Intermedialität der Szene karnevalisiert und semantisiert Genese und Zeitlichkeit des Tableaus in einer Weise, die nun endgültig die surrealistische Präsentation unterläuft und sie als poetische Taktik, als Ironie, freilegt. Damit zeigt sich, dass der Fundus des Rastro di Zoroastro weitere *Fährten*[75] gelegt hat, die der Erzähler nicht explizit macht, die der Leser aber entsprechend seiner eigenen Enzyklopädie aufnehmen und mit der Memoria vermitteln kann. Die Music-Box (Spieluhr) mit den Polka und Walzer tanzenden Schmetterlingen stellt in der, an den Traum und seine primärprozesshaften Verfahren erinnernden, Verdichtung ein hybrides Objekt dar, dessen Konnotationen aus weitreichenden Kontexten stammen: Sie verweist einerseits auf die serielle, technische Reproduzierbarkeit von Musik und nimmt damit den im Roman geführten Diskurs von Authentizität und Imitation sowie den technischen Aspekt der Medien auf. Als Objekt nordamerikanischer Provenienz mahnt sie die funktionale und punktuelle Übernahme fremder (hier: US-amerikanischer) Medien an, die sie durch den Hinweis auf mit Europa konnotierte Walzer und Polkas akzentuiert und historisch vertieft. Im Bild der tanzenden Schmetterlinge, also in einer Überschreibung durch die *leyenda negra*, wird schließlich auch eine Erzählung von Verlust eingespielt: In seinem *Sumario de la natural historia de las indias* berichtet Gonzalo Fernández de Oviedo (wie auch Gacilaso de la Vega in seinen Comentarios[76]) von Objekten aus reinem Gold, die Palastschmuck und Geschenke für die Götter waren und unter denen sich auch goldene Schmetterlinge fanden, die so leicht waren, dass sie schwebten, wenn man sie in die Luft warf. Die Spanier schmolzen sie, die indianische Kunstfertigkeit und die religiöse Bedeutung ignorierend – oder aber unfähig, die Objekte als in einem anderen Kontext werthaltig wahrzunehmen, – zu Goldbarren.[77] In Analogie zu Homi

Boden entstanden waren und dann durch einen Prozeß der Fixierung und Stilisierung in den Salon, den Konzertsaal, die Oper Eingang fanden.«

75 *Rastro* bedeutet im Spanischen auch Spur, Fährte.

76 Vgl. Garcilaso de la Vega: Comentarios reales, primera parte, Cap. XV, S. 59: »La fábrica y ornamento de las casas reales« beschreibt den Schmuck der herrschaftlichen Häuser: »[...] Pusieron muchas figuras de hombres y mujeres, y de aves del aire y del agua, y de animales bravos, como tigres, osos, leones, zorras, perros y gatos cervales, venados... todo de oro y plata vaciado al natural in su figura y tamaño [...], y las ponían por los paredes que parecían haberse nacido en ellas. Sembraban las paredes de lagartijas, y *mariposas* [Herv.g d.V.], ratones y culebras grandes y chicas, que parecían andar subiendo y bajando por ellas.«

77 Vgl. Raoúl Porras Barrenechea: »Ora y leyenda del Peru«: »Y el desvalijo continuó por los huaqueros de la época republicana, como aquel empírico coronel La Rosa, que

Bhabhas Konzept vom dritten Ort ließe sich die Maschine als ein Objekt eines »dritten Stils«[78] lesen, das das historische Trauma über den Weg ästhetischer Verfremdung abbilden kann. Dabei treibt der Umstand, dass die im Objekt alludierte *leyenda negra* selbst schon hybrider Text ist, in dem sich der Diskurs des Eroberers und des Eroberten auf komplexe Weise überschreiben[79], das Verfahren ins Extrem und lässt es wie ein Vexierbild funktionieren, in dem Narration und Reflexion ständig auf irritierende Weise ineinander übergehen, ohne einander zu tilgen oder aber das Augenblickshafte ihres Zusammenwirkens auf Dauer zu stellen.

Gleichzeitig ist das Objekt der Musikmaschine durch ein surrealistisches Gemälde überschrieben, dessen Elemente als Bruchstücke in einer intermedialen Bricolage nicht nur auf die Hybridisierung der Musikbox, sondern auch auf jene der sie beschreibenden Poetik hinweisen. Das auch in der Revolutionsepisode des Romans als Prätext evozierte Bild Salvador Dalís *Sechs Erscheinungen Lenins auf einem Flügel* aus dem Jahr 1931 mit den golden leuchtenden Kugeln auf den Tasten des Klaviers und den über das Notenblatt ausschwärmenden Insekten[80] erweist sich als mögliche Vorlage für das Bild der auf Hämmerchen montierten goldenen Schmetterlinge: Über eine – dem Verfahren des Traums ähnliche – Verdichtung und Verschiebung schreiben sich seine Insekten und Goldaureolen in eine Art intermedialer Kontrafaktur in das Romanbild ein.

Bezeichnenderweise verweist der Kuriositätenhändler den Erzähler auf die Musikbox, nachdem dieser nach den gesuchten autochthonen Instrumenten gefragt hat, beantwortet also dessen Frage naiv oder ironisch, jedenfalls mit einem doppelbödigen Angebot, in dem das Spiel von Original und Fälschung auf der Handlungsebene ein weiteres Mal aufgenommen und durch diese Verdopplung gewissermaßen reflexiv gemacht wird. Er bietet ein Ersatzobjekt an, das die ihrerseits ersetzten (nicht im Urwald, sondern in einem Laden gefundenen Instrumente) vertreten soll. Damit wird auch die Rekontextualisierung der Signifikanten problematisiert und als einer von vielen möglichen Zügen im Signifikationsspiel vorgeführt. Gleichzeitig wird das

repartió sus trofeos arqueológicos con el viajero Squier y confesó a Wiener que había hecho fundir más de cinco mil mariposas de oro, de apenas un miligramo de espesor, lindos juguetes con alas de filigrana, a los que se podía, por su levedad, lanzar al aire y ver revolotear alegremente venciendo la pesantez hasta caer en tierra.« [Herv. d.V.], URL: http://sisbib.unmsm.edu.pe/bibvirtual/libros-/linguistica/le-gado_quechua/oro.htm [20.12.2007].

78 Vgl. A. Carpentier: »Roman in Lateinamerika«, S. 21: »Und doch entdecken wir allmählich, daß sie etwas besitzen, was wir den ›dritten Stil‹ nennen können: den Stil der Dinge, die keinen Stil haben.«

79 Schon die heterogenen Quellen weisen den Text als Kompilation oder Montage aus. Dazu gehören: das *Book of Martyrs* des englischen Protestanten John Foxe, die *Exposisión de algunas manas de la Santa Inquisitión Española* des spanischen Protestanten Reginaldo Gonzáles de Montes, die Predigten des Antonio des Montesino in Santo Domingo, vor allem aber Bartolomeo de las Casas' *Brevíssima relación de la destrucción de las Indias* und die *Historia del Mondo Nuovo* von Girolamo Benzonis. Außerdem wurde den einzelnen Berichten von ihren Gegnern Unwahrheit, Übertreibung, willkürliche Lückenhaftigkeit und gezielte Fehlinterpretation vorgeworfen.

80 Siehe Bildanhang, Abbildung 3.

autochthone Instrument als einfaches Medium einer hybriden, synkretistischen Musikmaschine gegenübergestellt, die in einer gegenwärtigen Alltagskultur über ihre Verbreitung und unbefragte Akzeptanz eine sekundäre Autochthonie erlangt, und zu einem Gegenstand der Folklore wird.

Das zunächst flächige Arrangement – die Raumdeixis der Erzählung platziert die Gegenstände *daneben* oder *auf-neben-zwischen*-einander – erhält durch die Semantisierung seiner Bestandteile Tiefenwirkung, die von der Zeit der rücksichtslosen Eroberung und Ausbeutung des Kontinents über seine verwaltungstechnische Kolonialisierung, die Überformung durch europäische symbolische Formen wie Katholizismus, Stierkampf, Literatur, Musik, die *Historia*, die ästhetische Entkontextualisierung im Salon präsentierter exotischer Nippsachen bis zu neuen Medien der Gegenwart reicht.

Diese über die ekphrastische Beschreibung und ihre Konnotationen erzielte Wirkung extremer zeitlicher Tiefe lässt sich als die intermediale Applikation eines anderen Stilmittels des Surrealismus verstehen, dessen Malerei durch tiefe Horizonte und tiefe, gelegentlich scheinbar ins Unendliche gehende Perspektive gekennzeichnet ist. Das Flächige, Sinnbezüge vermeidende malerische Arrangement, das – wenn überhaupt – nur durch die Funktion ›Trödelladen‹ zusammengehalten ist, wird also narrativ abgetragen und in Zeit- und Raumtiefe sowie in Bedeutungszusammenhängen re-konstruiert.

Die Funktion des malerischen Quodlibets oder surrealen Tableaus, das als Textgenerator die Produktion der Erzählung vorantreibt, geht auf der Erzählebene darin auf, als *Ironia* im Sinn von uneigentlichem Sprechen auf ein Eigentliches zu verweisen, das jenseits des Bildes liegt und erst durch dessen Auflösung erschlossen werden kann. Gleichzeitig wird es zu einer Metapher der Textpoetik selbst: Auf der poetologischen Ebene bildet es das Verfahren seiner Herstellung und auch den entstehenden Text als Tableau ab und legt – als erstes vorgestelltes Bild der lateinamerikanischen Welt – programmatisch deren in der Folge realisierten Beschreibungsmodus frei: Entkontextualisierung, Verfremdung, intermediale Überschreibung, Montage, das *recycling* der eigenen Signifikanten und ein hohes Maß an Autoreferentialität.

5.4 Mouches Studio. Vom White Cube über die Collage zum Happening

Als *white cube*, der im Verlauf seiner Beschreibung allerdings einige Transformationen durchläuft, lässt sich zunächst Mouches Studio lesen. Eine allfällige Möblierung des Raumes tritt in der Erzählung zurück. Erwähnt wird nur ein Klavier. Dominant ist der Geruch von »frischer Farbe«.

»Auf dem Klavier war ein Zettel, durch den Mouche mir auftrug, auf sie zu warten. [...] Auf der Wand hinter dem Flügel waren schon die Hydra, das Schiff Argo, der Schütze und das Haar der Berenike in Umrissen skizziert, die demnächst dem Studio meiner Freundin ein zweckmäßig absonderliches Aussehen verleihen sollten. [...] So also pinselte Mouche [...] die schönsten Schicksalskarten aus ihren Wasserfarbtöpfchen und Tuschefläschchen, von Jupiter im Krebs bis Saturn in der Waage.« (PP34)

Die Sternbilder an den Wänden von Mouches Atelier sind buchstäblicher ›Hintergrund‹ für ihr Geschäft mit der Astrologie, das der Erzähler (»Nachdem ich anfangs weidlich über ihre astrologische Kompetenz gespottet hatte, mußte ich schließlich zugeben, daß das Geschäft mit den Horoskopen einträglich war« PP34) nur in kommerzieller Hinsicht ernst nimmt: Mouche bezieht ihre bricolage-artige Gelehrsamkeit aus »bizarren Traktaten« und – auf den Rat des Freundes hin – »durch Anleihen bei *De Coeleste Fisionomiae, Prognosticum supercoeleste* und anderen pittoresken [sic] lateinischen Texten«, was ihren Bildern »einen Anstrich von Feierlichkeit« gibt. Damit wird ihre wirkungsästhetische Zurichtung deutlich gemacht.

Wollte man in kunsthistorischer Sicht tatsächliche Gemälde suchen, die in der lapidaren Beschreibung der Malereien des Studios aufgehen könnten, so ließe sich, wenn man etwa an die »große Ausstellung abstrakter Kunst« (PP19) denkt, die der Erzähler im selben Abschnitt seines Berichtes erwähnt hat, Joan Mirós in sich abgeschlossene Bildserie *Konstellationen* und einzelne Gemälde daraus nennen wie z.B. *Ziffern und Sternbilder, in eine Frau verliebt* von 1941 oder *Frauen, Vögel, Sterne* von 1942, die 1945 unter größtem Publikumsinteresse in New York gezeigt wurden.[81]

Der Umstand, dass Mouches Kenntnisse der Astrologie offenbar Pastiche- und Montage- Charakter haben, affiziert auch die Wandbilder selbst, die durch die eingebrachte Anspielung auf das im Roman immer wieder angemahnte Thema von Authentizität und Imitation ambiguisiert werden. Schon ihre Vorlage, astrologische Sternbilder, sind Bilder im Sinn des Wortes: auf einem Projektionseffekt beruhende, künstlich hergestellte Figurationen, die ohne Rücksicht auf den wirklichen physikalischen Zusammenhang zwischen den einzelnen Sternen oder deren tatsächliche Entfernung voneinander imaginiert werden. An der Atelierwand erscheinen sie darüber hinaus ohne erkennbare Ordnung, auch ohne jene astrologischer Gesamtdarstellungen, isoliert und in willkürlicher Platzierung angebracht. Sie sind Dekoration, sollen Stimmung und Ambiente für die Beratung von Mouches Kunden erzeugen. Sie bleiben als Ensemble von ›Bildern von Bildern‹ reine Abbildung, die keinen Versuch unternimmt, einen allfälligen astrologischen Kosmos – von seinen antiken[82] und neuzeitlichen Zusammenhängen und Darstellungskonventionen bis zur Praxis der Gegenwart – abzurufen oder gar einzubringen. Der Verweis auf den vom Erzähler angeratenen Text *De coeleste* markiert die Differenz zwischen der Kunst der Astrologie und der von Mouche realisierten Schwundvariante. Was entsteht, ist nicht der mit mythischen Symbolen gefüllte und damit gewissermaßen sakralisierte Raum einer Seherin, sondern nur dessen täuschende Vorspiegelung. Die Illusion, die erzeugt wird, ist auch nicht die bildhafte illusionistischer Wandmalerei, sondern eine gleichsam textuelle, die das Illusionäre der astrologischen Vorhersage oder

81 Vgl. Janis Mink: Joan Miró – 1893-1983, Köln: Benedikt Taschen Verlag 1993, S. 54, S. 66 ff; ebd., S. 71: »Als sie im Januar 1945 gezeigt wurden, waren dies 23 Guachen die ersten europäischen Bilder in New York. Trotz ihrer kleinen Formate und der Tatsache, daß sie auf Papier gemalt waren (sie wurden in einer Diplomatentasche ins Land geschmuggelt), machten sie einen ungeheuren Eindruck auf ihr Publikum.« Das Vorwort des Ausstellungskataloges war von André Breton verfasst worden. Der Erfolg der Ausstellung schließt an jenen an, den die Einzelausstellung von Mirós Bildern im Museum of Modern Art in New York 1941 gehabt hatte.

82 Das heutige Sternbild Haar der Berenike etwa, das in der Antike als Asterismus bekannt ist, gilt dort nicht als eigenes Sternbild, sondern als Teil des Löwen.

zumindest das Fragwürdige von deren Gebrauch in diesem Studio verrät. Gleichzeitig wird implizit, gewissermaßen als subtiler Medienkommentar, die interpretative Übersetzung von Bildern in Sprache thematisiert. Im Kontext der Astrologie ist diese Übersetzung Kunst, *ars divinatoria*. Wird sie in Mouches Praxis nur in einer Schwundvariante realisiert, so erscheint sie auf der Negativfolie dieser ionischen Präsentation doch als grundsätzlich möglich und präfiguriert damit nicht nur die im Roman immer wieder thematisierte Überschreibung der Natur mit Zeichen, sondern auch die Lektüre des Buches der Natur sowie die Lektüre und Umschrift der vorgefundenen und zu Bildern, Inszenierungen und imaginären Räumen verdichteten Realität des bereisten Landes.

Darüber hinaus sind die gemalten Bilder als ästhetische Objekte selbst hybridisiert: Die Tatsache, dass es sich um Wandgemälde handelt, zitiert zwar die vorneuzeitliche Verbindung des (in diesem Fall offensichtlich *Secco*-)Bildes mit der Architektur (paraphrasiert damit auch das lateinamerikanische präkoloniale Wandbild wie z.B. jenes der Mayastadt Bonampak[83] und seine Welt- und Jenseitsabbildungen), erweist sich aber als dessen Parodie: Nicht nur sind die Inhalte willkürlich, auch ihre Ordnung ist beliebig. Damit funktionieren die gemalten Sternbilder wie moderne Tafelbilder.

Zusätzlich kontaminiert ist die Darstellung des Raumes und seiner Wandbilder durch die Allusion der *Murales*, also jener großformatigen Wandbilder, die – die vorhispanische Tradition aufnehmend – seit den 1920er Jahren als Selbstdarstellungs- oder Propagandainstrumente zu einer eigenen lateinamerikanischen (mexikanischen) Stilrichtung werden und auch eine eigene Tradition[84] entwickeln. Als Außenbilder auf zumeist öffentlichen Gebäuden haben sie dekorative, aber – angesichts der hohen Analphabetenquote – wie eine *biblia pauperum* vor allem auch informative oder (geschichts-)aufklärerische Funktion, die der Bevölkerung, wenn auch in vereinfachter Form und idealisierten Abbildungen, die Lesbarkeit ihrer Welt vermittelt.[85] In den Innenraum eines privaten Ateliers transponiert, durch ihr Dépaysement in

83 Bonampak ist ein 1946 wiederentdecktes Mayazentrum im mexikanischen Bundesstaat Chiapas, dessen außerordentliche Fresken einzigartig sind und zu den herausragenden Kunstwerken des präkolonialen Amerika zählen. Der dem Ort von einem seiner Erforscher, Sylvanus Morley, verliehene Name bedeutet ›bemalte Wand‹.

84 Vgl. z.B. Diego Rivera mit seinen in materialistischer Tradition gemalten narrativen, klassisch-dekorativen Wandbildern, die auch die Folklore einbeziehen; José Clemente Orozco, dessen monumentale Arbeiten mit Zeichen, Figuren und Themen arbeiten, die dramatisches Geschehen symbolisieren; David Alfaro Siqueiros und dessen kühne Handhabung der Perspektive und die Einbeziehung von Mosaik und Relief; Rufino Tamayo, Antonio Ruíz u.a. Vgl. Giulio Carlo Argan (Hg.), Die Kunst des 20. Jahrhunderts 1880-1940 (= Propyläen Kunstgeschichte), Berlin: Propyläen Verlag o.J., S. 282f.

85 Vgl. Walter Bruno Berg: »Gesamtromanistik und Lateinamerikanistik«, in: Romanistische Zeitschrift für Literaturgeschichte, 29. Jahrgang, Heft 3/4, 2005), Heidelberg: 2005, S. 369-383, hier S. 277. »Die lateinamerikanische Medienkultur ist eine Bilderkultur. Ihr programmatischer Beginn ist die mexikanische Wandmalerei, mit der der erste Kulturminister der Revolutionsregierung – José Vasconcelos – in bewusster Anknüpfung an die, für Analphabeten geschaffenen, Bilderbibeln des Mittelalters die ideologischen Inhalte der Revolution zu popularisieren suchte, um damit gleichzeitig, mit den Mitteln der ›Kunst‹ nämlich, deren Protagonisten zu ›zivilisieren‹.«

einer nordamerikanischen Großstadt ironisiert und durch Auswahlwillkür und entstellende Fehllektüre trivialisiert, sind sie nicht nur ironische Markierung der Differenz zwischen analogischer Weltdeutung und aufklärerischem Bildungsideal, die im Roman immer wieder inszeniert wird. Sie werden auch zum Signum einer zerbrechenden Memoria, die die Bruchstücke beliebig neu kombiniert und als benutzbares Pastiche funktionalisiert. Eine verbindliche Ästhetik geht in der Mischung privater Vorlieben auf und wird zu einem eklektischen Privatstil, der dadurch den Charakter der privaten Sprachspiele annimmt, die der Erzähler am Milieu der dem Surrealismus verfallenen Freunde Mouches vorführt und ablehnt. Die Ästhetik des Studios wird damit zur degenerativen Variante dessen, was er auf der Handlungs- und Kommentarebene des Romans als *mestizaje* und kreolische Hybridität begrüßt und als eigentliche Qualität der lateinamerikanischen Realität setzt.

Die Malereien, die den ursprünglichen astrologischen Abbildungskanon in jeder Weise karnevalisieren, werden im Atelier als transgressive Bilder im gebauten Kontinuum inszeniert, das seinerseits als neutraler Hintergrund fungiert.[86] Allenfalls entsteht durch die (nicht im Detail beschriebene) Anordnung der Bilder ein horizontauflösendes, entgrenztes *Raumbild*[87], das sich erst durch den Betrachter, der den visuellen Anweisungen der einzelnen Elemente folgt und dadurch zum Akteur wird, in einen virtuellen Raum, allenfalls in eine Installation, verwandelt. Das in einem Studio zunächst nicht überraschende Klavier wird damit zu einem deplatzierten, verfremdeten oder den Raum zusätzlich verfremdenden zufälligen Objekt. Der wie ein Klient zum Warten angehaltene Liebhaber, der zum Zeitvertreib einige Tasten auf dem Klavier anschlägt, intensiviert den Eindruck von Zufälligkeit durch sein Spiel selbst: »um etwas zu tun, setzte ich mich hin und spielte auf den Tasten herum, kombinierte wahllos [sic] Akkorde, ein Glas in Reichweite der letzten Oktav.«

Die lapidare Beschreibung des Raumes, die implizite Einladung zum Schauen eines Kunstwerks und der Verzicht auf genaue Blickführung, die jedes Objekt im Raum, also auch das Trinkglas oder – in einer szenischen Lektüre – den Erzähler selbst am Klavier sitzend zu fokussieren und beliebige Blickreihenfolgen zu realisieren erlaubt, unterstreichen die (buchstäbliche) Oberflächlichkeit und Beliebigkeit des evozierten Raum-Kunstwerkes, das – die Grenze zwischen ästhetischem Gebilde und Realität überschreitend – unauffällig auch noch als Gesamtkunstwerk parodiert ist: Nicht nur Malerei, sondern auch (Klavier-)Musik und (»ein Glas in Reichweite der letzten Oktave«) Geschmacks- sowie (»es roch nach frischer Farbe«) Geruchs-Sinn erinnern an die Gesamtkunstwerksprojekte etwa des Wagner-Verehrers und Synästheten Alexander Skrajabin.[88] Die Ironie ist deutlich: das ambitioniert, gelegentlich auch mit eindringlichem Nachdruck eingeforderte neue Gesamt-

86 Zum white cube als »Bühne ihres Auftritts« und Medium der Inszenierung von Bildern vgl. Gottfried Boehm: »Das bildnerische Kontinuum«, S. 36.

87 Vgl. El Lissitzkys *Prounen-Raum* (1923), beschrieben ebd., S. 32.

88 Etwa jenes, das in Indien mit tausenden von Mitwirkenden unter einer Hemisphäre und unter Einbeziehung sämtlicher Künste und Sinneseindrücke aufgeführt und bis zur kollektiven Ekstase wiederholt werden sollte. Skrajabin geht von sechs verschiedenen Künsten aus: Musik, Wort, plastische Bewegung, Spiel der Düfte, Licht und Malerei, die im Werk zu integrieren sind.

kunstwerk findet – gewissermaßen zu einem Modell miniaturisiert – in einem privaten Studio Platz und wird dem Leser als Kabinettstück präsentiert.

Ins Extrem gebracht, aber nicht unberechtigt, scheint – sowohl angesichts der Bedeutung szenischer Momente für die im Gesamttext realisierte Darstellungsstrategie der Erzählung als auch der Betonung des Theatralischen für die lateinamerikanische Realität auf der Erzählebene des Romans – eine weitere Lesart der Szene als aktionistisches Kürzel: Tritt der agierende Erzähler, gewissermaßen als die Grenze zwischen Künstler und Werk durch den eigenen Körper auflösendes *ready-made* seiner selbst in den Fokus, lässt sich die Szene zwischen Wandgemälden, Klavier, Brief, Trinkglas und dem minimal agierenden Erzähler auch als Performance lesen, deren einziges Publikum der Leser ist. Mag eine solche Lektüre an dieser Stelle auch exzessiv erscheinen, wird sie durch die Schreibweise des Romans in der Folge plausibel: Die subtilen Hinweise der Szene auf multimediale Aufladung und Theatralisierung lassen sich (wie schon der Verweis der Replikengalerie auf bildnerische Prätexte) als die markierende Einführung eines Motivs, also als erste Hinweise auf forcierte Inszenierung interpretieren, die sich im Laufe des Textes verdeutlicht und durchsetzt und schließlich zum Argument seines eigentlichen Themas verdichtet. Die irritierende Mehrdeutigkeit des evozierten Bildes verweist auf das paradoxe Verfahren des impliziten Autors: Die Reflexion rezeptionsästhetischer Phänomene wird einerseits auf Handlungsebene vorgeführt und andererseits wirkungsästhetisch gewendet zu einer Mehrheit von Leseanweisungen genutzt. Dabei erweisen sich Mouches Collage-Technik, die De- und Rekontextualisierung von Bedeutungselementen, die in der beschriebenen Studio-Szene implizit, auf der Handlungsebene immer wieder explizit denunziert werden, auf der poetologischen Ebene als eben jene transgressiven intertextuellen und intermedialen Strategien, die das *mestizaje* der lateinamerikanischen Realität über die konstruktive Verschmelzung und Mestizierung der eingebrachten Diskurse herstellt. Auch die in ihr angelegte Theatralisierung weist im Kontext der im Roman immer wieder thematisierten und genutzten avantgardistischen und surrealistischen Ästhetik auf die fragmentierende und re-inszenierende Schreibweise und auf die Herstellung der imaginären Räume des Textes voraus.

5.5 Der Venusberg. Ein Pastiche

Die in der Beschreibung von Mouches Atelier begonnene Auflösung des Raumes und seiner Bilder wird in einer weiteren Episode intensiviert.

»Ich bin unter der Leuchtreklame in gotischer Schrift vor dem Venusberg angekommen, dem Lokal, in dem Mouche und ich so oft gemeinsam getrunken haben. Ich gehe den Vergnügungssüchtigen nach und steige in den Keller hinunter, wo die Wände perspektivisch bemalt sind: wüstendürre, gleichsam luftlose Ebenen, auf denen Gebeine herumliegen, eingestürzte Tore, Fahrräder ohne Fahrer, Krücken als Stützen für eine Art steinerne Phalli, und im Vordergrund stehen, wie von Verzweiflung überwältigt, ein paar halbabgehäutete Greise und bemerken nicht die Anwesenheit einer blutlosen Gorgo, in deren von grünen Ameisen zerfressenen Leib die freigelegten Rippen klaffen. An anderer Stelle liegen ein Metronom, eine Klepsydra und eine Schnecke auf dem Gesims eines griechischen Tempels, an dem schwarzbestrumpfte Frauenbeine die Säulen und rote Strumpfbänder die Astragale ersetzen. Das Podest für das Orchester ist eine Konstruktion aus Holz, Stuck und Metallteilen, und in den Vertiefungen, kleinen beleuchteten Grotten, sind Gipsköpfe, Seepferdchen, anatomische Tafeln ausgestellt, und da ist auch ein Mobile angebracht: zwei Wachsbrüste, so an einer Drehscheibe befestigt, daß die Brustwarzen bei jeder Drehung vom Mittelfinger einer Marmorhand gestreift werden. In einer geräumigen Grotte stehen stark vergrößerte Photographien von Ludwig II. von Bayern, dem Kutscher Hornig und dem als Romeo kostümierten Schauspieler Joseph Kainz vor einem Panorama aus dem Wagner- oder Rokoko- oder besser Münchner-Stil-Schlössern dieses Königs, den ein neuartiges Lob der Narrheit in Mode gebracht hat, eine jetzt längst überholte Mode, der aber Mouche in Reaktion auf den vermeintlichen Esprit bourgeois bis vor kurzem angehangen hat. Die Decke imitiert ein durch Schwamm oder Sickerwasser unregelmäßig grün verfärbtes Kellergewölbe.« (PP 321f)

Nach der Rückkehr in die amerikanische Großstadt wird zunächst noch einmal die Stadt selbst zum Thema pastichierender Zivilisations- und Kunstkritik durch den Erzähler-Protagonisten. Zugespitzt wird sie in der intermedial angelegten Beschreibung des mit Kunstreproduktionen dekorierten Bar-Ambientes, das detailreich evoziert wird. Die Beschreibung bedient sich dabei auf der poetischen Ebene erneut jener dekontextualisierenden Techniken, die der Erzähler-Protagonist auf der Handlungsebene im Namen essentialistischer Zuschreibungen und des Konzepts einer Lesbarkeit von Welt denunziert. Das von ihm beklagte Zerreißen der Signifikantenkette wird poetologisch als Spiel mit der semantischen Unverbindlichkeit des eingebrachten Bilderkatalogs vorgeführt und genutzt. Zu der inszenierten Stilmischung und der fast zum Exzess getriebenen Re-Kombinationsästhetik tritt sowohl auf der Ebene der Beschreibung als auch im poetischen Verfahren selbst allerdings ein dezidiertes synthetisierendes Moment, das die totale Zerstreuung und Entgrenzung der Signifikanten einerseits weiter befördert und gleichzeitig aufhebt: In der Beschreibung des Nachtclubs vervielfachen sich die schon in der Replikengalerie und im Salon Mouches praktizierte Zerstörungen und Überschreibungen, um schließlich über das Kippmoment ihrer schieren Menge ein Kitsch-Environment herzustellen, das als Produkt der Zerstörung der Semiose als neues Signifikat erscheint und ironisch das Aufgehen auch der Avantgardekunst im wirtschaftlichen Verwertungszusammenhang vorführt.

Der Nachtklub zeigt sich zunächst als malerisch-architektonisches *Pastiche* surrealistischer Kunst, deren Deautomatisierungspoetik durch die Fragmentierung und Kontamination der Versatzstücke und durch ihre explizite Dekorfunktion zugleich illusionsbildend intensiviert und als unterhaltendes Spiel (der Vergnügungssüchtigen) ironisiert wird. Seine Bestandteile verweisen auf erkenn- und benennbare Werke der bildenden Kunst. Aber schon die referierten Kunstwerke werden nicht als solche, sondern nur noch als Zitate oder Bildkürzel in das Rekombinationsspiel eingebracht: das Metronom Man Rays, Salvador Dalís Schneckenmotiv, seine wüstenähnlichen Landschaften mit tiefliegendem Horizont und die architektonische Re- Konstruktion des weiblichen Körpers. Wiedererkennbar und damit markiert werden auch René Magrittes deplatzierte Objekte, de Chiricos perspektivische, luftlos anmutende Landschaften, Filmbilder und Fotografien Luis Buñuels (die Säulen und Astragale, die auf Buñuels Obsession für Frauenbeine verweisen) und schließlich Marcel Duchamps *ready-mades*, wie etwa dessen *Fahrrad-Rad* von 1913, oder seine optischen erotischen *Concetti* (zwei Wachsbrüste an einer Drehscheibe befestigt), deren Konkretisation im beschriebenen Objekt durch dessen kinetischen Charakter zusätzlich durch Alexander Calders *Mobiles* überschrieben ist. Der Verweis auf Duchamp markiert außerdem über dessen Konzept der radikalen ›Beseitigung‹ der Kunst noch eine absurde Volte: Sein bekannter Kommentar zum Vorderrad des Fahrrades auf einem Hocker, (dieser komische Apparat hatte keinen Zweck außer den Kunstcharakter loszuwerden), verdeutlicht die *ready-mades* als reine Betrachtungsweise; sie sind nicht mehr klassisches Kunstwerk, das sie in jeder Weise überschreiten, sondern Ergebnis einer ästhetischen Haltung und können, z.B. auf den Wandbildern des Nachtclubs, nur noch als das Gegenteil ihrer selbst repräsentiert werden.

Die zitierten Werke dienen als Schablonen, die zur Zeit der Erzählung (und nach dem Surrealismus als Kunstbewegung) nur noch als surreales Motivrepertoire funktionalisiert werden und dadurch ornamentalen Charakter erlangen. (Es ist daher kein Zufall, dass der Erzähler das Ambiente des Clubs im Fortführen der Erzählung als »Rahmen«[89] identifiziert.) Sie werden zu Ruinen, die nur noch ihre Bruchstücke an neue Assemblagen abtreten, die nun wie in der Parodie einer Galerie oder in einem Museum für Surrealismusklischees platziert sind. Ihr – über den Medienwechsel vorgeführter – kunsthandwerklicher Charakter erinnert zwar noch einmal an die im Roman leitmotivisch eingesetzten Fragen nach dem Text und seiner Überschreibung, nach Original und Imitation, nach Aura und Inflation, lässt sie aber – eben über die buchstäbliche Inflation der Anspielungen – obsolet erscheinen. Wie der im Original verschollene Flaschentrockner Duchamps, der seinen ersten großen Auftritt mit mehr als 20 Jahren Verspätung erst als Replik und schließlich in Fotos von Man Ray hat und gerade durch seine Klassifikation als Kunstwerk seinen eigentlichen Charakter verliert (im Verlust seiner Aura erst zum Mythos wird), geht auch die potentielle und nun auch gar nicht mehr thematisierte Authentizitätsdiskussion im paradoxen und unverbindlichen Spiel endloser Verweise auf.

89 PP322: »Nachdem ich den Rahmen rekognosziert habe, betrachte ich die Menschen um mich.«

Die Gesamtszene des Clubs, das Kellerlokal des Venusbergs, das für seine Besucher durch eine abwärtsführende Treppe erreichbar ist, nimmt über einen doppelten Verweis weitere intertextuelle und intermediale Momente in sich auf. Erinnert das Ambiente einerseits an die literarische Dante'sche Hölle oder – über die Beschreibung des Geschehens als »unterirdisches Ritual« (PP122) – an das magische Theater im dekorierten Kellerlokal aus Hermann Hesses Roman *Der Steppenwolf*[90], wird es durch den Hinweis auf im Raum präsentierten Kunstwerke Duchamps ein weiteres Mal verfremdet: Es erinnert an dessen Idee der *Boite en valise*, eines tragbaren Koffermuseums[91], das in einer Schachtel miniaturisierte, kompliziert gefaltete Kunstwerke enthielt, und als alludiertes, mobil konzipiertes Objekt beiläufig den im Roman immer wieder vorgestellten Rekurs auf das Museum als Garanten stabiler Repräsentation parodiert.

Die Materialkombination des Orchesterpodests, das über seine Beschreibung nicht wirklich vorstellbar wird, aus Holz, Stuck und Metallteilen, wirkt grotesk. Gewissermaßen folgerichtig gibt es in ihm *grotten*-ähnliche Nischen, in denen sich Objekte befinden, die über ihre stilistische und materielle Differenz radikal deplatziert sind. Sie verfremden das vorgestellte Milieu zusätzlich und machen es zur Travestie einer Spoliensammlung oder zu einer karnevalisierten Kunst- und Wunderkammer unter den Bedingungen der modernen Großstadtzivilisation, die auch an Kurt Schwitters' *Merzbau* (eine grottenartige Collage-Skulptur mit Erinnerungsstücken) als Prätext denken lässt. Ihr kaum nachvollziehbares Dépaysement im Nachtclub wird nur durch ihre Erinnerungsfunktion motiviert – und gleichzeitig parodiert: Die Lourdes-Grotte aus Los Altos, die Gipsköpfe der Replikengalerie, das (von Mouche mit Rimbaud assoziierte) Seepferdchen aus dem Trödelladen und die anatomischen Tafeln als Kontrafaktur des Bilderbogenpräsentation von Los Altos, damit als Medien der Informationsvisualisierung, verweisen auf Signifikanten und Schreibverfahren der Erzählung selbst, die nun als Produkte des Schreibvorgangs erinnert, der totalen Entkontextualisierung ausgesetzt und im Text *recycelt* werden. Diese an Cervantes' Don Quijote erinnernde autoreferentielle Wendung[92] markiert den Collage-Charakter des poetischen Ver-

90 Vgl. zur Hesselektüre Carpentiers A. Carpentier: »Roman in Lateinamerika«, S. 36: »Hemingway und Faulkner waren unsere Hausautoren, noch ehe sie in Frankreich bekannt wurden. Zu gleicher Zeit gelangten aus den spanischen Verlagshäusern [...] Übersetzungen, gute oder schlechte, von den Werken der deutschen Literatur zu uns (Hermann Hesse, Broch), ebenso Werke der skandinavischen, der italienischen (ab 1922 der gesammelte Pirandello), der sowjetischen Literatur. [...] Die Kenntnis all dessen gab uns einen größeren Überblick, als europäische Intellektuelle ihn im allgemeinen haben.«

91 Von 1936-1941 entwickelte Duchamp die Idee eines tragbaren Koffermuseums, der *Boite en valise*. In der im Koffer befindlichen Schachtel fanden durch ein speziell entwickeltes Faltsystem seine reproduzierten und miniaturisierten Kunstwerke Platz, sie wurden dadurch transportabel und jederzeit präsentierbar.

92 Der Text wird damit gewissermaßen zu einem ›Museum‹ seiner eigenen Signifikanten. Michel Foucault paraphrasierend ließe sich sagen: »Der Text [...] schließt sich in sich selbst, dringt in seine eigene Tiefe und wird für sich zum Objekt seiner eigenen Erzählung. Der erste Teil [Elemente des ersten Teils ...] spielt [spielen] in dem zweiten Teil die Rolle, die anfangs die [zitierten Kunstwerke] innehatten.« (Hinzf. d. V.), vgl.

fahrens und zeigt die eigenen Textsignifikanten als disponibel und in einem *remix/mash up* rekombinierbar. Gleichzeitig ist damit, wenn man die Cervantes-Anspielung weiterführt, über die ›unechte‹, also nicht autorisierte Fortsetzung von dessen Roman durch Alonso Fernández de Avellaneda (*Segundo tomo del ingenioso hidalgo Don Quixote de la Mancha*), auf die Cervantes in seinem zweiten Band anspielt, das Thema von Original und Kopie noch einmal subtil in einem intermedial verfremdeten Capriccio angemerkt.

Die raumbeschreibende Hypotypose, die über minutiöse Beschreibung und Akkumulation verfährt, scheitert. Die Lust etwas zu sehen wird durch die Quantität der beschriebenen Details behindert und abgelenkt. Die an den linearen Verkaufskatalog einer Kunstgalerie oder an mittelalterliche Aufzählungsverfahren erinnernde und als solche in der Szene deplatzierte Beschreibung gibt keine Anhaltspunkte, irgendein Element als besonders relevant anzusehen. Was statt eines in der Hypotypose entstehenden konkreten Interieurs gezeigt wird, sind – über die intendierte Überforderung des Blicks – Überfluss, Dichte und das Verfahren selbst: die repetitive Überschreibung, Fragmentierung und Rekonstruktion der abgerufenen Signifikanten. Der Zusammenprall von thematisierter surrealistischer Kunst (als Dekoration verfremdete moderne Kunstwerke) und dem Stil ihrer Darstellung (die scholastisch anmutende detailreiche Linearität der Aufzählung) erzeugt einen satirischen Effekt. Die Beschreibung des Nachtclubs erweist sich damit als parodierendes Musterbeispiel intermedialer Thematisierung.

Endgültig absurd erscheint die Grotte mit den Photographien von Ludwig II. von Bayern, von dessen Kutscher Hornig und schließlich vom als Romeo kostümierten Schauspieler Joseph Kainz vor einem Panorama der Schlösser Ludwigs. Inhaltlich motiviert ist sie nur noch durch den in absurder Stil- und Medienmischung (eine Leuchtreklame in gotischer Schrift) präsentierten Namen des Nachtclubs, der auf den synkretistischen heidnisch-christlichen Mythos des Tannhäuser verweist. Über Richard Wagners Oper *Tannhäuser* wird die Anwesenheit der vorgestellten Fotografien plausibel. Gleichzeitig ist mit dem damit verbundenen impliziten Hinweis auf Literatur, Oper, Schauspiel, Musik, Architektur, Film und Fotografie die Reihe der in der Episode evozierten Künste (Malerei, Plastik, *ready-mades*) verdichtet; ihnen wird damit die gleiche Anfälligkeit für subversive Umschriften unterstellt, die an den Werken der bildenden Kunst sinnfällig vorgeführt wird. Darüber hinaus hat ihre Repräsentation (ebenso wie jene der museal beleuchteten Objekte in den Nischen der Orchesterbühne als im Roman realisierte Handlungsgeneratoren) autoreferentielle Erinnerungsfunktion und poetologische Verweis-Funktion: Bezeichnenderweise wird der Imitationscharakter der Grottendecke über das Verfahren seiner Herstellung als *Trompe-l'œil* – eines der exemplarisch genutzten Genres der Paragone-Malerei – explizit gemacht: »die Decke imitiert ein durch Schwamm und Sickerwasser unregelmäßig grün verfärbtes Kellergewölbe«.

Gerhard Wild hat zu einer differenzierten Würdigung der Poetik der Episode auf den Umstand hingewiesen, dass der »[...] scheinbar willkürliche Hinweis auf das ideengeschichtliche Ambiente Wagners und Ludwigs II. [...] in einer historischen Ableitung der [...] vorgetragenen Polemik gegen die

---

Michel Foucault: Die Ordnung der Dinge (= stw 96), Frankfurt am Main: Suhrkamp Verlag 1974, ›Repräsentieren/Don Quichotte‹, S. 80).

europäische Moderne Konsistenz«[93] gewinne, da es sich »[...] [s]truktur-ästhetisch [...] bei dieser Kritik um den Merkmalskatalog aller [von Carpentier geschätzten] antiklassischen Stile [handle], die sich von den älteren Manierismen der Spätantike bis zu dem von Hocke als ›Neo- Manierismus‹ bezeichneten Stilkonglomerat ›Moderne‹ erstrecken« (ebd.). In der Venusberg-Episode wird also in einem Medienwechsel *sui generis* auch eine theoretische Position, die Carpentier in zahlreichen publizistischen Texten formuliert hat, in eine komplexes und widersprüchliches Kunstwerk in Form eines bildnerischen Pastiches umgeschrieben.

Die Umschrift des Ambientes wird schließlich, dessen karnevaleske und theatrale Elemente aufnehmend, im Fortgang der Episode weitergeführt und durch ein entgrenztes Erinnerungs- und Erfindungsspiel als szenisches Spiel bis zur buchstäblichen Ernüchterung ausgereizt (siehe 6.2).

5.6 Bildfenster. Fensterbilder. Der Flaneur im Urwald

Nicht nur der Verlust seines Ortes innerhalb der Welt, in der der Erzähler lebt und der Wunsch, eine Existenz in einem ›Außerhalb‹ zivilisatorischer und persönlicher Entfremdung zu verwirklichen, wird in einer Reihe von Fensterblicken[94] , also an der heiklen Stelle zwischen Innen und Außen (wieder lassen sich bildnerische Prätexte von Caspar David Friedrich bis zu Magritte ausmachen) buchstäblich sichtbar gemacht. Auch das transmediale poetologische Problem von Übersicht und Fokus, von distanziertem oder teilnehmendem Beobachter ist in den Bildfenstern markiert und verweist auf eine Wirkungsästhetik des *gewählten Bildfeldes*, der *Rahmung*, der Auslassung und Leerstellen, der Perspektivierung künstlerischer Gestaltung. Die Szenen spielen damit eine pointierte Reflexion der Blickästhetik sowohl des Protagonisten als auch einer ›Rahmungsästhetik‹ des Textes selbst ein.

Die wenigen Blicke aus dem Inneren erweisen den Protagonisten als prekär beheimatet und führen gleichzeitig die beständige Reflexion seiner Blickästhetik vor: Aus den Fenstern der Wohnung in der amerikanischen Großstadt zeigt sich die »schlecht proportionierte« Stadt mit ihren Funktionsgebäuden, Kirchen, Kliniken, mit Leichenhaus und Entbindungsanstalt im Stil einer Architektur, »die angesichts zunehmender Herrschaft des Vertikalen das Augenmaß verloren hat« (PP17). Das »in den Schwaden eines lauen Dunstes« und »wie eine Replik [sic] in Grau« gezeichnete Bild des Ausblicks beschreibt geschlossene Fassaden, undurchdringliche Flächen, die nur von

93 G. Wild: Paraphrasen, S. 139.

94 Vgl. Albrecht Koschorke: Die Geschichte des Horizonts. Grenze und Grenzüberschreitung in literarischen Landschaftsbildern, Frankfurt am Main: Suhrkamp Verlag 1990, insb. S. 70ff: ›Das Bild als Fenster‹, hier S. 71: »Die neuzeitliche Kunst [...] zeigt das Interieur als nach vorne unabgeschlossene Raumbühne, um es nach hinten hin, also in einer Richtung von innen nach außen, durch Fensterblicke [...] zu öffnen.« Bemerkenswerterweise sind auch die scheinbar intakten Innenräume des Textes zumeist aufgebrochen: Die immer wieder erwähnten Spiegel an den Wänden öffnen den Innenraum (auch als Metapher subjektiver Identität) auf unendlich fortführbare (Selbst-)Reflexion hin, die Herberge im Urwald hat eine gesprungene Wand, Regen dringt in die Häuser von Santa Monica.

den »langen Reihen gleichförmiger Fenster« (PP18) unterbrochen werden, in denen es nichts zu sehen gibt. Sie können nur noch gezählt werden.

Der sektoriale Blick aus dem Dachfenster des Hotels auf die lateinamerikanische Stadt und die Revolutionsereignisse kann als voyeuristischer Blick eines Unbeteiligten nur im Bildausschnitt erscheinende Details erfassen, die weniger das Draußen der Revolution als die buchstäbliche Begrenztheit des eigenen Blickwinkels vorführen und mit den Begrenzungen der Sichtbarkeit auch jene des perspektivierenden Verstehens anmerken. Wieder werden der Blick selbst, seine Bedingungen und die Wahl des Beobachterstandpunktes reflexiv: »Ich ging eine Leiter suchen, um an das Fensterchen eines Badezimmers im vierten Stock hinaufzureichen, aus dem man gefahrlos hinaussehen konnte« (PP72).

Damit wird eine Poetik des Schauens thematisch, das sich seiner selbst bewusst wird. Mit den beschriebenen Fensterbildern wird als Spielart intermedialen Schreibens implizit die kunsttheoretische Diskussion der Funktion des Gemäldes seit der Durchsetzung perspektivischen Malens überhaupt ins Bild gesetzt. Der Rahmen des Bildes, der davor nur wie eine syntaktische Klammer die Bildzeichen zu einer Gruppe zusammengefasst hat, legt in der perspektivischen Malerei einen Ausschnitt fest, den der Künstler aus der Unbegrenztheit des Sichtbaren als Ausschnitt wählt. Der Blick hinaus wird »[...] Konstrukteur und Agens des Bildes«[95]. Es ist, wie Albrecht Koschorke unter Betonung der sich daraus ergebenden Umkehrung im Verhältnis von Objekt und Subjekt der Sichtbarkeit feststellt, zu einer

»[...] transparenten Fläche geworden, hinter der und durch die hindurch Raumtiefe hergestellt wird. Alberti faßt in seinem Traktat ›Della pictura‹, der ersten theoretischen Grundlegung der Zentralperspektive, das Gemälde als ein ›rechtwinkliges Viereck von beliebiger Größe auf, welches ich mir wie ein geöffnetes Fenster vorstelle, wodurch ich das erblicke, was hier gemalt werden soll.‹ [...] [Der neuzeitliche Bildbegriff] führt aus der vorkünstlerischen Realität heraus in eine ästhetische Ordnung. [...] Das Bildfenster ist Ausblick in eine bereinigte, nach mathematischen Prinzipien von Grund auf rekonstruierte, erst allmählich mit dem Zuwachs an malerischen Fertigkeiten sich empirisch auffüllende [...] Welt.«[96]

Nur in einem einzigen vom Protagonisten erinnerten Fensterbild gibt es einen – mehrfach medial vermittelten – Dialog zwischen Innen und Außen: Das elterliche Haus »mit den getünchten Säulen« in der lateinamerikanischen Stadt seiner Kindheit birgt in der Tiefe des ehemals herrschaftlichen Interieurs »ein[en] Kronleuchter aus geschliffenem Kristall, auf dem kleine Regenbögen aufschimmerten, wenn durch die fächerartig angeordneten blauen, weißen und roten Glasscheiben in der Rundbogentür zum Salon die letzten Sonnenstrahlen ihn streiften« (PP120). Das Kind ist eben von der Schule gekommen, nun versinkt es im zu großen Schaukelstuhl und befasst sich mit der Lektüre eines Schulbuches; die Mutter ist mit ihrem Klavierspiel beschäftigt, während weiter hinten zwischen ihren rußigen Töpfen die Negerin ein Lied aus der Kolonialzeit singt. Die Lichtbrechungseffekte ergeben sich als mehrfach zwischen dem von außen eindringenden Sonnenlicht, den bunten

95 A. Koschorke: Horizont, S. 72, (Verweis FN 7).

96 Ebd.

Glasfenstern im Inneren des Hauses und dem geschliffenen Glas vermitteltes Spiel, das keine Formen hervorbringt sondern nur seine Materialität und Potentialität zeigt: die Möglichkeit des Lichtes schlechthin, sich in seine Spektralfarben aufzufächern und Gegenstände zur Erscheinung zu bringen. Das Innen des Hauses, sein Angebot von Verortung und Geborgenheit und das Außen berühren sich, ohne sich in Bildern zu konkretisieren. Mag die visuell und akustisch betonte Szene (wie auch ihre Parallele, das durch olfaktorische und haptische Sinneseindrücke intensivierte erotische Abenteuer im Wäschekorb der Negerin) auf der Handlungsebene – in Analogie zum psychoanalytischen Begriffs des Initialtraums – als initiale Erinnerung gelesen werden, so ist sie gleichzeitig der Moment einer ästhetischen Initiation, die – gewissermaßen als Urszene der Gestaltung – vor jeglicher Perspektivierung zunächst die reine Medialität und Sinnes-Wahrnehmung an sich betrifft: Licht, eine einfache Tonfolge, den Geruch von Espartogras, die taktile Wahrnehmung des Körpers der Maria del Carmen.

Die Blicke in die Auslagen oder geöffneten Türen der Galerien der Großstadt oder in die Wohnräume der lateinamerikanischen Städte und Dörfer sind voyeuristische Blicke des Flaneurs, der sich durch die Stadt treiben lässt und sie aus einer Haltung der Distanz und Reflexion wahrnimmt, ohne die Bildgegenstände zu fokussieren.

Einzig ein Interieur wird zu einem Bild verdichtet[97]: Beim Heimweg vom Opernbesuch gelangen Mouche und der Protagonist in der Nacht an ein koloniales Herrenhaus, dessen

»[o]ffene [...] Fenster den Blick freigaben auf einen Salon mit alten, goldgerahmten Gemälden, und [wir] entdeckten neben einem prachtvollen General in Käppi und Achselschnüren und drei exquisit gemalten Damen auf Spazierfahrt in einer Kalesche ein Bild der Taglioni mit kleinen Libellenflügeln im Rückenausschnitt. In den Kristallüstern waren die Lichter angezündet, und doch war in den Gängen, die in andere erleuchtete Räume führten, keine menschliche Gegenwart zu bemerken. Es war, als sei vor einem Jahrhundert zu einem Ball gerüstet worden, zu dem niemand gekommen war. Kurz darauf ertönte, vierhändig auf einem Klavier gespielt, dem das Tropenklima den Klang eines Spinetts verliehen hatte, der pompöse Auftakt zu einem Walzer. Dann bauschte ein Luftzug die Vorhänge, und der ganze Salon schien in einem Aufflug von Tüll und Spitzen zu verschwimmen. Der Zauber war gebrochen.« (PP61f)[98]

Die zeitenthobene Anmutung des Salons lässt ihn mit seinen goldgerahmten Gemälden wie ein vom Fensterausschnitt gerahmtes Gemälde wirken, in dem selbst wieder Kunstwerke dargestellt sind, die kenntnisreich kommentiert

97 Siehe zu Subjektstabilisierung, zerstreutem Blick, Fokussierung und Rahmung Kap.5.9.

98 Das sich dem Flaneur bietende Bild erinnert an Walter Benjamins Beschreibung der »Interieurs des 19ten Jahrhunderts: Der Raum verkleidet sich, nimmt wie ein lockendes Wesen die Kostüme der Stimmungen an. Der satte Spießer soll etwas von dem Gefühl erfahren, nebenan im Zimmer könne sowohl die Kaiserkrönung Karls des Großen, wie die Ermordung Heinrichs IV, die Unterzeichnung des Vertrags von Verdun wie die Hochzeit von Otto und Theophano sich abgespielt haben.« (Walter Benjamin: ›das Interieur, die Spur‹, Gesammelte Schriften, V-1, S. 286).

werden.[99] Das Dépaysement eines europäisch anmutenden Interieurs in der lateinamerikanischen Stadt, die zwischen Moderne, kolonialer Größe, folkloristischer Einfachheit und politischem Chaos gezeichnet ist, zeigt die von Carpentier immer wieder thematisierte Kultiviertheit eines bürgerlichen amerikanischen Milieus in einem geschriebenen Bild. Wird in der Beschreibung der Opernaufführung ein imaginiertes Ereignis des 19. Jahrhunderts als *soziales Theater* gezeigt (siehe 6.5), so wird hier der Eindruck, als »sei [in den erleuchteten Räumen] vor einem Jahrhundert zu einem Ball gerüstet worden« (PP62), zu einem *Erinnerungs-Gemälde*, das seine Wirkung aus der Stillstellung seiner Signifikanten bezieht und damit subtil auf die Wahrnehmungsbedingungen der Illusions-Stiftung hinweist: Als sich im Wind die Vorhänge bauschen, bricht der Erstarrungszauber und gibt die Passanten der Gegenwart zurück. Es erweist sich damit als ironisch gebrochenes *ready-made*, als situativ bedingte Betrachtungsweise, die allerdings nicht einen beliebigen Alltagsgegenstand sondern Signifikanten benutzt, die Elemente eines klassischen Kunstdiskurses sind.

Das Fensterbild als Bildnis (als die Kontrafaktur eines *Kunstkabinetts*[100]) bringt damit weniger eine lateinamerikanische Realität oder deren Abbild als vielmehr den Prozess seiner Herstellung durch seine Rezeption als Bild in den Blick. Dass Bildinhalt (ein Interieur ›des 19. Jahrhunderts‹) und Erzeugung des Bildes unterschiedlichen Epochen zugeordnet werden, intensiviert den medienarchäologischen Aspekt der Episode, indem es ihn zusätzlich zu seiner Darstellung im optischen Dispositiv nun auch auf eine Zeitachse projiziert.

Walter Benjamin hat beschrieben, dass der Flaneur der Großstadt den Außenraum zum Interieur macht: »Die Straße wird zur Wohnung für den Flaneur, der zwischen Häuserfronten so wie der Bürger in seinen vier Wänden zuhause ist. Ihm sind die glänzenden, emaillierten Firmenschilder so gut und besser ein Wandschmuck, wie im Salon dem Bürger ein Ölgemälde.«[101] Dass nun ausgerechnet ein Interieur und dessen Ölgemälde Gegenstand seiner Betrachtung werden, erweist sich erneut als ironische, die Genres und Medien karnevalisierende Spiegelung eines theoretischen Textes in einem geschriebenen Bild.

Die Figuration des Bildes im Bild und die damit verbundene Wahrnehmungs- und Schaugewohnheiten werden in anderem Zusammenhang und an anderer Stelle des Romans in doppelter Permutation einerseits als Bild in Form eines *tableau vivant* und andererseits als Zeit-Fenster wiederholt: Als

99 Das explizit benannte Bildnis (der Beschreibung nach ein Ölgemälde) der Taglioni mit den kleinen Libellenflügeln verweist möglicherweise auf die Lithographie von Chalon und Lane des Victoria- und Albert Museums in London und damit auf ein reales Bildnis einer realen Person: Marie Taglioni, Nachkomme schwedischer, italienischer und polnischer Vorfahren, wurde mit dem Ballett La Sylphilde (1832) zu einer der berühmtesten Tänzerinnen ihrer Zeit und des romantischen Balletts. Sie setzte erstmals den Spitzentanz als lyrisches Ausdrucksmittel ein. Vgl. Brockhaus, Bd. 21, Lemma Taglioni, S. 504.

100 Vgl. Bildanhang, Abbildung 4.

101 Walter Benjamin: ›Das Paris des Second Empire bei Baudelaire‹, Gesammelte Schriften, I-2, S. 539.

der Protagonist im Urwald nach seiner ersten Begegnungen mit den Indianern des ›Paläolithikums‹ in einem weiteren Habitat von Indianern auf Menschen stößt, die in der »Nacht der Zeiten [... leben, in] eine[m] Bereich, der die Grenzen des Menschen in eben jene finstere Nacht der Zeiten zurückversetzt« (PP231), werden ihm in einem Schlammloch Gefangene dieses Stammes gezeigt, Menschen, die auf einer noch weiter vorgängigen Kulturstufe stehen. Das Bild evoziert Kafkas *Ein Bericht für eine Akademie*, seine Erzählung *Ein Hungerkünstler* oder Rilkes Gedicht *Der Panther* als literarische Prätexte, in denen das Bild des angeschauten Gefangenen in seiner zwischen anthropologischer Konstante und Barbarei ausgespannten Verstörung zur Sprache gebracht wird. Gleichzeitig markiert es damit deutlich auch den kolonialen Kontext einer Geschichte des Menschen-Schauens, von den von Kolumbus zu Demonstrationszwecken nach Spanien mitgebrachten Indianern bis zu den Völkerschauen und Menschenzoos des 19. Jahrhunderts[102], das als der Bruch jeglichen sozialen Blick-Tabus Angst auslöst (der Erzähler erschrickt, »[m]ir schwindelte«, PP232), diese aber durch soziale Sanktionierung, Habitualisierung und eine Blickdisziplin abfängt. Mit dem Textbild ist erneut ein Aspekt der Geschichte des Schauens thematisiert.

Wird die Szene in einer sozial- und kulturkritischen Wende aufgelöst[103], so steht an ihrem Ende (durch ein kontrapunktisches »und doch« eingebunden) bemerkenswerterweise als Vermittler ein Kunstwerk, »eine in der Sonne hartgewordenen Lehmfigur, eine Art henkelloser Krug: darin zwei Löcher nebeneinander am oberen Rand und ein Nabel, mit dem Finger in den hochgewölbten Teil eingedrückt, als der Lehm noch weich war. Das ist Gott. Mehr als Gott. Es ist die Mutter Gottes [...].« (PP233) Als Anfang und Ende der Signifikantenkette erscheint als Garant einer Lesbarkeit von Welt die Kunst. Ist der Krug in der autochthonen Welt ›vor der Geschichte‹ magischer, mythischer, archetypischer Gegenstand, so erscheint er dem Erzähler in der Gegenwart als Objekt einer Kunstreligion, die die verlorene ursprüngliche semantische Verbindlichkeit durch Lesarten ersetzt. Er verweist auf einen ursprünglichen, aber nicht mehr rekonstruierbaren Zusammenhang. Es scheint kein Zufall, dass der primitive Krug im Erzähler die Erinnerung an einen schlechthin klassischen Text der Kunst abruft: »Es ist die Mutter in Einsamkeit, um sie kein Ort, noch weniger eine Zeit«. Das über das Signal ›Faust‹ ausgewiesene Zitat markiert die angestrebte Aufhebung der Zeit und den Wunsch nach einer Rückkehr zu zeitlos gültigen Urformen. Damit öffnet

102 Vgl. zu den Menschenzoos des ausgehenden 19. Jahrhunderts, zur kolonialen Propaganda und zu einer kolonialen Anthropologie: Peer Zickgraf: »Tödliche Verwandlungen - Koloniale Menschenzoos und die Schaffung von ›Untermen-schen‹«, in: URL: http://www.freiburg-postkolonial.de/Seiten/zickgraf-menschenzoos.htm [01.05.2008], (erstmals erschienen in: iz3w, Nr. 258 (Januar/Februar 2002), S. 35-37); - Urs Bitterli: Die ›Wilden‹ und die ›Zivilisierten‹. Grundzüge einer Geistes- und Kulturgeschichte der europäisch-überseeischen Begegnung, München: C.H. Beck 1991, ›Eingeborene auf Besuch‹, S. 180-206.

103 »Daß irgendwo noch Gefangene dieser Gefangenen existierten und diese sich ihrerseits für die höhere, auserwählte und befugte Art halten könnten, [...] Es gibt nichts Gemeinsames zwischen diesen Wesen und mir. Nichts. Auch mit ihren Herren [...] habe ich nichts zu schaffen.« (PP232f)

er ein ›Fenster‹ in eben diese Zeit, das einen perspektivischen Blick auf das Davor aber keine Möglichkeit der Rückkehr zulässt. Sie ist nur noch in einer Re-Ritualisierung simulierbar, die das Signifikat stets verfehlt (siehe 6.2).

5.7 Los Altos. Der Bilderbogen

Während in der Trödelladen-Episode die unterschiedlichen Objekte als zufälliges Tableau präsentiert werden, das den Blick des Betrachters zunächst frei schweifen lässt und die narrative Vertiefung des Wahrgenommenen als Hinzugekommenes oder Kommentar platziert, organisiert die Beschreibung der Stadt Los Altos ihren Gegenstand in einem Bildgenre, das den Blick a priori autoritativ zurichtet und lenkt und damit dem Erzähler unterwirft:

»Bei Nacht sah der an den Berghang geschmiegte Ort wie eine Bilderbogen-Stadt aus, deren erbauliche und höllische Partien von den Straßenlaternen aus der Dunkelheit hervorgehoben wurden. Diese 15 insektenumschwärmten Straßenlaternen hatten die gleiche isolierende Funktion wie Altarkerzen oder Theaterscheinwerfer: sie zeigten in vollem Licht die Stationen es Kalvarienberges. Wie auf einer Allegorie des gottseligen und des lasterhaften Lebens, wo die Bösen immer unten schmoren müssen, beleuchtete die erste Laterne die Fuhrmannskneipe [...] Die zweite Laterne schaukelte über dem Haus der Lola, wo [...] die Carmen, die Ninfa und die Esperanza [...] saßen und warteten. Im Kreis der dritten Laterne drehten sich Kamele, Löwen und Strauße eines Karussells [...], solange die Walze mit dem ›Schlittschuhläuferwalzer‹ ablief. Wie vom Himmel des Ruhms herab, goss die vierte Laterne weißes Licht auf die Statue des Dichters [...] Verfasser einer Hymne auf die Landwirtschaft [...]. Unter der fünften Laterne war außer zwei schlafenden Eseln nichts Bemerkenswertes. Die sechste strahlte die Lourdes-Grotte an, ein [...] mühsam errichtetes Bauwerk, das umso bemerkenswerter wurde, wenn man bedachte, dass an derselben Stelle eine natürliche Grotte hatte zugemauert werden müssen. Die siebte Laterne gehörte den schwarzgrünen Pinien und dem Rosenstrauch [...] an einem stets geschlossenen Säulenportal. [...] Dann war die Kathedrale an der Reihe [...] im Licht der achten Laterne, die an einem besonders hohen Pfosten hing. [...] Die neunte Laterne leuchtete über dem Athenäum nebst einem kleinen Museum. [...] Verschlossen, geheimnisvoll [...] nahm die Freimaurerloge das gesamte Umfeld der zehnten Laterne ein. Dann kam das Augustinerkloster in einer Allee [...]. In die nächste Laterne mussten sich die Kaserne und der dorische Pavillon teilen. Im Kegel der dreizehnten Laterne [...] saß ein verwaschener Bronzecaudillo. [...] Weiter oben unter der vorletzten Laterne wartete [ein] steinernes Denkmal. [...] Dahinter lag undurchdringliche Nacht. Und am Ende, so weit oben, dass es aussah, als käme es aus der Anderen Welt, beschien das alleroberste Licht die drei Holzkreuze. Vor einem Hintergrund von Sternen und Wolken endete die Bilderbogenstadt. [...] Alles übrige waren Lehmziegel, die im Dunkel mit dem Lehm der Berge zu verschmelzen schienen.« (PP86f).

Der Erzähler hat Los Altos bereits zwei Mal durchstreift, die Wiederholung hat der Szenerie nichts von dem Zauber genommen, »den die allzu abgegriffenen, viel zu oft photographierten Steine in anderen bereits musealen Dörfern verloren hatten« (PP84), und präsentiert ihn nun in einer anderen artifiziellen Form, der offenbar unterstellt wird, über die fotografische Abbildungsgenauigkeit hinausgehend imstande zu sein, das nicht referentiell Abbildbare über ein Verfahren der Verfremdung sichtbar zu machen.

Die dem Bilderbogen inhärente Narrativität erweist ihn als *mixed-media* grundsätzlich ebenso der bildenden Kunst wie auch dem literarischen Genre der Erzählung zugehörig. Präsentiert wird er dem Publikum in der Regel in proto-theatralischer Form, etwa von einem Erzähler, dessen Darbietung auch musikalisch untermalt wird, dazu kommen mit der Zeit auch spektakuläre Lichtspiel- oder Nebel-Effekte. Dieser Ausbau der Schauwerte und seine Vorführung an Festtagen oder auf Jahrmärkten rücken ihn in die Nähe des aus der barocken Theatermalerei und aus der Vedutenmalerei stammenden Panoramas, das als illusionistisches Schaubild in der Form eines perspektivisch-plastisch wirkenden Rundbildes ähnliche Themenbereiche, etwa geschichtliche, landschaftlich-topografische Inhalte, die Stadt und ihre Umgebung, Gebirgslandschaften, schließlich auch Schlachtenszenen, präsentiert.[104]

Topografie, Geschichte, soziale Realität der Stadt Los Altos werden aus ihrer zeitlichen, topografischen und moralischen Tiefenstruktur gelöst und zunächst gewissermaßen in eine Schautafel verflacht. Da die erzählende Begleitung – oder Führung – der Wahrnehmung allerdings konstitutives Element des Genres Bilderbogen ist, erhält das Bild neben seinem Schauwert den Charakter eines mnemotechnischen Hilfsmittels und wird in Analogie zum Erinnerungspalast eine artifizielle Erinnerungslandschaft *sui generis*. Die extrem perspektivierte Bildgestaltung, die den natürlichen Sehwinkel des menschlichen Auges außer Kraft setzt und das Vorgefundene wie eine Fisch-

104 Der Bilderbogen als Medium der Informationsvisualisierung entsteht mit der Möglichkeit der Papieraufbereitung Ende des 14. Jahrhunderts als Nachfolger der auf Pergament oder Holz gemalten Andachts- oder Heiligenbilder. Bald Gegenstand populärer Massenkunst wird er in hohen Auflagen hergestellt und durch fliegende Händler vertrieben, was ihn zu einem Vorläufer der illustrierten Zeitung macht. Seit dem Ende des 18. Jahrhunderts wendet er sich nicht nur mehr an ein kleinbürgerlich-ländliches (Holzschnitte) oder an das städtisch-höfische (Kupferstiche) Publikum, sondern orientiert sich an der Zielgruppe Kinder/Jugendliche, wozu kostensparende Vervielfältigungsmöglichkeiten (Lithographie), Schablonenmalerei und zusätzliche Attraktivität durch Farben beitragen. Öffentlich einem breiten Publikum präsentiert, soll er informieren, belehren, erbauen und unterhalten. Dabei bedient er jedes vorstellbare Interesse des Publikums und präsentiert religiöse Themen, Porträts von Herrschern und ihren Familien, Trachten, Militaria, Darstellungen der Tier- und Pflanzenwelt, die Abbilder unerreichbar ferner Landschaften, und vor allem auch Bildberichte von Aktualitäten: Kriege, Hochzeiten und Beerdigungen von Prominenten, Naturkatastrophen. Die Aussage des zunächst einseitig bedruckten Bogens wird hauptsächlich von großen und deutlichen Abbildungen getragen, die durch erläuternde oder ergänzende Bildunterschriften ergänzt werden. Er ist einfach zu verstehen, das macht ihn auch bei der ungebildeten Bevölkerung beliebt. Seine Gestaltung ist vielfältig: Einzelbilder, Bildgeschichten mit und ohne schriftlichen Text, Ausschneidebögen wie Papiertheater, Aufstellfiguren, Ankleidepuppen, Konstruktionsbögen machen ihn nicht nur zu einem informativen, sondern gewissermaßen auch zu einem interaktiven Medium.

augen-Kameralinse abbildet, dabei unterschiedliche Blickpunkte und Sehwinkel also simultan zur Darstellung bringt, verliert ihre irritierende Wirkung. Das Zurechtrücken der ›wirklichen‹ Blickwinkel, die ›Korrektur‹ der ›tatsächlichen‹ Größenverhältnisse und die Auflösung der Fragmentierung werden dem Erzähler übertragen.[105] Gerade aus der Spannung zwischen Bild und Bilderklärung entsteht der rezeptive Gewinn der Geschichte. Er ist allerdings nur zu haben, wenn das Publikum das spontane Anschauen suspendiert und sich der rezeptionslenkenden Diegese des Erzählers überlässt. Dessen Vortrag wird als Zwiesprache des allwissenden Erzählers mit dem Bild theatralisiert, das gewissermaßen als Stichwortgeber seinen Monolog unterbricht. (Dieser Informationsvorsprung wird in der Szene durch den Umstand akzentuiert, dass der Erzähler den Ort schon zwei Mal durchwandert hat und ihn nun »zum dritten Mal durchstreift« PP86.) Dabei verstärkt die Rezeptionssituation die autoritative Position des Erzählers, der – mit Blick auf das Publikum – Inhaltsbreite und Tiefe seines Vortrags variieren kann. Dass die Bilder (wie etwa bei einem Dia-Vortrag) nacheinander abgerufen werden, berührt den potentiellen Simultan-Charakter des Bilderbogens nicht, dessen Elemente gleichzeitig anwesend und erzählerisch jederzeit auch in einer anderen Reihenfolge realisiert werden könnten.

Zur Beschreibung von Los Altos präsentiert der Erzähler dem Leser ein Nachtbild, das es ihm erlaubt, die Perspektivierung durch die Lichtkegel von Straßenlaternen zu intensivieren, die wie Theaterscheinwerfer bestimmte Partien aus der Dunkelheit hervorheben – und andere unsichtbar machen. Das Fehlen eines rahmenden Bildrandes – »alles übrige waren Lehmziegel, die im Dunkel mit dem Lehm der Berge zu verschmelzen schienen« (PP87) – lässt dabei die bildliche Darstellung wie ein um 90° gedrehtes, vertikal gestelltes Panorama funktionieren und überschreitet so – buchstäblich an den Rändern – die Präsentationsform bereits durch eine andere, die erst später in der Erzählung explizit gemacht wird.

Die extreme Vertikale des evozierten Bildes und die sich stufenweise von unten nach oben bewegende Erzählung spielen den Prätext der Divina Comedia Dantes ein, der auch sprachlich alludiert wird: »erbauliche und höllische Partien, [...] die Stationen eines Kalvarienberges, [eine] Allegorie des gottseligen und des lasterhaften Lebens, wo die Bösen immer unten schmoren müssen« (PP84f) evozieren das erhabene Drama des Pilgerweges durch die Höllenkreise und auf den Paradiesberg. Das unterste, das Syntagma scheinbar aufnehmende Bild der Schnaps trinkenden Fuhrleute und der Betrunkenen, die vor der Kneipe auf den Fässern schlafen, wirkt wie einem Breitformat Brueghels oder einer Höllenszene von Hieronymus Bosch entnommen und wird nur durch die Erwähnung des landestypischen Pisco und Charandaschnaps über ein Dépaysement situativ gleichzeitig präzisiert und subtil verfremdet. Was sich in dieser Verschiebung andeutet, wird in der Folge sowohl

105 Der Bilderbogen als *mixed-media* wird auf Jahrmärkten, Plätzen, Straßen ... durch einen Erzähler gezeigt, der, die Abbildungen erklärend, eine ›Geschichte‹ erzählt. Seine Rhetorik erinnert an jene der *Moritaten*, bei denen allerdings die schaurige Geschichte im Vordergrund steht, deren Dramatik durch Musik (Gesang, Drehorgel) und durch Leinwandbilder oder Moritatentafeln (auf die der Erzähler mit einem langen Stock weist) zusätzlich gesteigert wird.

in der paraphrasierten (mittelalterlichen) Ordo-Struktur als auch in den einzelnen Bildern selbst radikalisiert: Lässt der topografische Aufstieg im Kontext zunächst eine Hierarchie der sozialen und moralischen Orte und Topoi (von der alltäglichen Kneipe und dem Bordell, über Orte und Symbole weltlichen Wissens und weltlicher Macht zu jenen der Kirche – bis zu den drei Kreuzen des Kalvarienberges) erwarten, wird stattdessen die Struktur durchgehend karnevalisiert. Kaserne, Freimaurerloge, Kathedrale, Museum, die Siedlung der Indios, Bronzestatue, Vergnügungspark und Augustinerkloster ... finden sich in scheinbar zufälliger Anordnung, die jede hierarchische Ordnung parodiert und die in der fünften Szene endgültig ironisiert wird: Der Ort bleibt leer, was er ›bedeuten‹ könnte wird durch ein triviales Bild substituiert (»Unter der fünften Laterne war außer zwei schlafenden Eseln nichts bemerkenswertes« – PP85), wobei eben die Leerstelle die eigentlich erwartete/mögliche bedeutungsvolle Ordnung noch einmal alludiert, um gleichzeitig deren Fehlen über eine komische Frustration explizit zu machen.

Die einzelnen Örter und Orte selbst werden in einer Abfolge von Panoramablick, Totale und moderater Nahaufnahme in einer Poetik des Blicks präsentiert, die an E.T.A. Hoffmanns *Des Vetters Eckfenster*[106] oder an ein filmisches Verfahren erinnert. Die rezeptionslenkende Strategie geht dabei in den präsentierten Szenen und Details auf und bleibt damit zunächst implizit.

Auch die einzelnen lichtbeschienenen Orte erweisen sich als karnevalisierte Gebilde: das unter »chinesischen Lampions« stehende Sofa im Haus der Lola, »das früher einmal einem Richter vom königlichen Gerichtshof gehört hat[te]«, ist dort ebenso ortsfremd wie der Schlittschuhläuferwalzer des Riesenrades in einem tropischen Land. Die literarische Rilke-Allusion, die über das sich im Kreis drehende Karussell mit einem Löwen den eleganten Jardin du Luxembourg in Paris evoziert, ist in dem Maße überhöht, wie das Bild »einer, den Dichter mit dem Zeigefinger anleitenden, nur noch einarmigen Muse« nachdrücklich parodiert ist: Der »wie von einem Ruhmeshimmel herab mit Licht übergossene« Dichter, der Andrés Bello sein könnte, Gelehrter und Schriftsteller, Freund Alexander von Humboldts, Lehrer Simón Bolivars und Verfasser einflussreicher Werke, darunter einer grundlegenden spanischen Grammatik, wirkt über seiner marmornen Schreibtafel wie ein belehrter Pennäler. Eine stehengebliebe Uhr wird über das Geschwätz alter Frauen in eine Ankündigung des jüngsten Gerichtes übergeführt, der Zweckbau der Kaserne kontrastiert mit dem dorischen Musikpavillion, im klassizistischen Athenäum finden kulturelle und vaterländische Veranstaltungen – wohl je mit eigenem Publikum – statt. Das kleine Museum beherbergt eine surreal anmutende Collage: Neben einer lokaladäquaten, durch ihre Vollständigkeit zugleich ambitionierten und bizarren Sammlung von in Spiritus eingelegten Giftschlangen findet sich da auch eine nationale Reliquie (»der Ring [...] an dem eine Nacht lang die Hängematte des Helden von [...] los Riscos

106 Zum Wechsel von Gesamtansicht und Detailblick, von frei schweifendem Schauen und konsequenter Blickführung, also zur rezeptionsgeleiteten Wahrnehmung der Aussicht – im Fall der Geschichte Hoffmanns – auf das Getümmel des Marktplatzes und dessen erzählerische und poetologische Funktion vgl.: G. Neumann: »Stil als Wahrnehmungsexperiment«, S. 167-196.

gehangen hatte«), deren ikonische Bedeutung durch die schiere Trivialität des Objektes selbst parodiert wird.

Im Portrait Napoleons aus den X-Buchstaben einer Schreibmaschine kontaminiert die reduktionistische, maschinelle Herstellung das bedeutungsvolle Sujet, das traditionell (auch in der Niederlage des Helden) Gegenstand quasi hagiographischer Ölmalerei ist und dessen Deplatzierung im Übrigen nur über den Diskurs nationaler Befreiung und ihre europäischen Vorbilder aufgelöst werden kann. Im absurden Objekt eines Reiskorns, »auf welches jemand mehrere Abschnitte des Don Quijote geschrieben hat[te]«, treffen sich auf surreale Weise die Unendlichkeit des säkularen Textuniversums, weltfremdes Kunsthandwerk und bibliophile Spielerei. Die Siedlung der Indios, »ein schwarzer von Kerzen und Glutofen zitternder Streifen«, bleibt enigmatisch verdunkelt, also nicht nur durch ihre Platzierung am ›oberen‹ Rand des Bildes, sondern auch durch das Fehlen detaillierter Beschreibung auffällig distanziert.

Völlig karnevalisiert erscheint die Lourdes-Grotte, »ein aus Zement und von weit her geholten Steinen mühsam errichtetes Bauwerk, das umso bemerkenswerter wurde, wenn man bedachte, daß an derselben Stelle eine natürliche Grotte hatte zugemauert werden müssen«, in der sich hybride Materialität und konzeptueller Synkretismus, das Verschütten der autochthonen Natur und deren artifizielle Wiederherstellung auf höchst anspielungsreiche Weise vermischen.

Los Altos erscheint in dieser Präsentation als eine hybride Welt, in der das Widersprüchliche als barocke Alltagswelt synthetisiert wird, und in der autochthone und europäische Kontexte scheinbar mühelos gleichzeitig integrierbar und miteinander in Dialog zu bringen sind. Das erzählerische Verfahren erreicht dies zunächst durch eine Verdichtungs-, Verweisungs- und Verschiebungsbewegung, die etwa in der Figur des Dichters exemplarisch wird. Der »berühmte [...] Sohn der Stadt« wird erst über den Werkverweis (eine Hymne auf die Landwirtschaft) als Kontrafaktur von Andrés Bello erkennbar. In ihm werden konkurrierende und einander kreuzende Kunst- und Identitätsdiskurse eingeführt[107], die für Hispanoamerika nicht nur zeitgenössisch, sondern auch transhistorisch relevant sind: das spannungsreiche, dysfunktionale Nebeneinander von Mutterland und Kolonien, die an der europäischen Literatur (und ihr parallel laufende, aber zeitlich verschobene) orientierte Entwicklung barocker, manieristischer, klassizistischer, romantischer Literatur in Lateinamerika, die Frage nach lateinamerikanischen Klassikern, nach der Beschaffenheit des eigenen Kontinents, nach aufgeklärter (Rechts-) Politik. Andrés Bello ist Schriftsteller, Jurist, Arzt, Universitätsgründer, Di-

107 Vgl. Dieter Ingenschay: »Die Literaturen Kolumbiens und Venezuelas«, in: Michael Rössner (Hg.), Lateinamerikanische Literaturgeschichte, Stuttgart: J.B. Metzler 1995, S. 160-167, hier S. 161: »Bello gibt ein Beispiel dafür, wie einerseits von der europäischen Aufklärung inspirierte politische Ideen wie die Einheit Amerikas propagiert werden und andererseits das Wissen um die lateinamerikanische Alterität ihn als Schriftsteller in die verzweifelte Situation bringt, im bereits von Revolutionen und Restauration überholten ästhetischen Gestus der Alten Welt über die Schönheit einer anderen Welt zu schreiben, deren langer Weg zur Selbstfindung gerade erst beginnt.«

plomat, Europareisender und Philosoph. 1781 in Caracas geboren, entspricht er dem Typus des europäischen Universalgelehrten des 18. Jahrhunderts. Als ausgewiesener Kenner der Literatur des spanischen Siglo de Oro und der lateinischen Klassiker, spricht er neben Spanisch auch Griechisch, Französisch und Englisch und bringt als Kulturvermittler und Übersetzer Plautus, Bojardo, Byron und Victor Hugo, damit also auch zeitgenössische europäische Literatur nach Lateinamerika. Dennoch manifestiert sich in seinem schriftstellerischen Werk, vor allen in seinem fragmentarisch gebliebenen Epos América (ein Teil davon ist der erwähnte und in der lateinamerikanischen Literatur kanonische Text *A la agricultura de la zona tórrida* aus dem Jahr 1826), so Ingenschay, »[...] ein dezidierte[r] Amerikanismus, dem das Programm einer Befreiung von der Beeinflussung durch Europa zugrunde liegt«[108]. Bello setzt klassische Gattungen der Alten Welt und deren mythologische Bilderwelt aus Antike und Renaissance nicht kopierend und unreflektiert ein, sondern um damit »abendländische Kunst im ›amerikanischen‹ Sinn zu überschreiben«[109]. Auch die von ihm verfasste, kanonisch gewordene *Gramática de la lengua castellana de uso de los americanos* versucht in diesem Sinn als erste ihrer Art in einer Vereinheitlichungsbemühung die sprachliche Realität Lateinamerikas von jener Spaniens dezidiert abzusetzen, um ihr dadurch ein ähnliches Schicksal zu ersparen, wie es das Lateinische mit der Aufsplitterung in die verschiedenen romanischen Sprachen erfahren hat. Damit ließe sich die weibliche Figur mit dem strengen, ausgestreckten Finger auch als Allegorie der freien Kunst der Grammatik lesen.[110] Als Begründer und Herausgeber von Zeitschriften in verschiedenen Ländern des Kontinents (Biblioteca Americana 1823, Repertorio Americano 1826/27 und El Araucano 1830-53 und Verfasser von Gesetzestexten (darunter des Código Civil de Chile) ist Bello auch Symbolfigur einer neuen pan-lateinamerikanischen und politischen Identität. Seine Übersetzungen der Schriften Alexander von Humboldts prägen »[...] das Verständnis der Lateinamerikaner über ihren Kontinent; in ihrer spezifischen Kombination von aufklärerischer Weltsicht und exakt-naturwissenschaftlicher Beobachtung der Natur des Kontinents vermitteln diese Texte erstmals ein fundiertes Wissen, von den Ressourcen, die die Neue Welt darbietet«[111]. Wenn der Dichter im Bild mit einer Muse dargestellt ist, so erinnert dies nicht nur an die Musenanrufungen Homers und Hesiods am Beginn ihrer großen Werke[112], sondern auch daran, dass sich nach Bellos Wunsch »[...] die Muse der Alten Welt [...] in der Welt des Regenwal-

108 Ebd., S. 162.

109 Ebd..

110 Die Grammatik gilt als eine der sieben freien Künste der Antike. Vgl. Ernst Robert Curtius: Europäische Literatur und lateinisches Mittelalter, Tübingen: Francke Verlag 1993, S. 48f: » [In der Allegorie erscheint sie] als hochbetagte Greisin, die sich ihrer Abstammung vom ägyptischen König Osiris rühmt. Später hat sie lange Zeit in Attika zugebracht, erscheint jetzt aber in römischen Gewande: In einem elfenbeinernen Kästchen führt sie Messer und Feile mit, um die Sprachfehler der Kinder zu behandeln.«

111 D. Ingenschay: »Literaturen Kolumbiens und Venezuelas«, S. 161.

112 Darunter auch an Hesiods Erga, Tage und Werke, die neben Mythen auch Fabeln Sinnsprüche und Ratschläge für das bäuerliche Leben [sic] enthalten.

des unter dem ›Kreuz des Südens‹ niederlassen« möge. Sie lässt sich also auch als Darstellung eines Anspruches lesen, der die hispanoamerikanische Literatur als ebenbürtig an die Weltliteratur angeschlossen sehen möchte.[113]

Die Verweisdichte auch nur eines einzigen der präsentierten Bilder lädt auch alle anderen Szenen potentiell auf, denen ebenso umfangreiche hybride Bedeutungsfelder unterstellen werden können. Auch deren Anordnung wird so neu lesbar und markiert und verortet spezifische lateinamerikanische Dialogfelder wie etwa jenes zwischen Katholizismus, spanischer Kolonie, Freimaurertum (dem fast alle lateinamerikanischen Befreier, vor allem auch der *Libertadór* Simón Bolivar nahestanden), der Aufklärung, der nationalen Befreiung, den Naturwissenschaften, dem autochthon Indigenen, der Moderne und einer synkretistischen Lebenspraxis.

Ist es einerseits eine Verdichtungs- und Verschiebungsstrategie, die das Einbringen heterogener Prätexte ermöglicht und deren Integration vorantreibt, so gelingt dies andererseits auch über das narrative Stillstellen der Zeit: Die stehengebliebene Uhr und der Umstand, dass die Szenen eigentümlich menschenleer bleiben (die wenigen, die gezeigt werden, schlafen, wie die Maultiertreiber vor der Kneipe, oder warten – wie die Mädchen der Lola – auf etwas, das sich offenbar nicht im Augenblick ereignet), geben ihr die Anmutung der Welt *Rip Van Winkles* und lassen sie wie ein zeitloses Sittenbild erscheinen. Eine Lesart im Modus von Bachtins Rabelais Lektüre kann in der Kneipenszene, im Geschwätz der alten Frauen, in den politischen Versammlungen und Festen, den Museumsobjekten oder der einarmigen Muse Darstellungen der Sprache des Marktplatzes, volkstümlich-festliche Motive oder eine Variante grotesker Körperkonzeption auffinden, die, vom Erzähler an der Bildoberfläche hergestellt, auf den Inhalt der einzelnen Szenen zurückwirken und so einen satirischen Effekt erzeugen.[114]

Die im Eingang der Episode der Fotografie unterstellte Stillstellung und Zerstörung ihres Sujets eignet auch dem Modus der Bilderbogen-Präsentation: Das sozial und eben auch historisch Heterogene wird in der Aufhebung oder Parodie der Hierarchien und der historischen Zeit als Polyphonie der Stimmen im Sinne Bachtins eingeschrieben. Die heterogenen Signifikanten sind als atemporale, jederzeit synchronisierbare Oberflächen dargestellt, deren zeitliche und soziale Bedeutung erst durch die potentiell unabschließbare Bewegung der Memoria eingebracht wird. Dadurch entsteht – *inter textus* – ein panoptisches und pantextuelles Universum, dessen epische Integration nur über die gewählte Präsentation, nicht aber über die – nie wirklich erreichbare – Semantisierung des Inhalts gelingt. Der anfangs alludierte Paradies-

113 Was nach dem »Boom« der lateinamerikanischen Literatur in Europa in den 1980er Jahren selbstverständlich erscheint, war 1950 noch nicht mit gleicher Selbstverständlichkeit anzunehmen. Vgl. zur Rezeption lateinamerikanischer Literatur: Anne Sperschneider: Zum Rezeptionsverlauf der hispanoamerikanischen Literatur in Deutschland 1950-1990 (= Schriftenreihe Poetica 38), Hamburg: Kovač 1999, zu ›Boom‹ und ›Weltliteratur‹, Übersetzungen, Publikationen, Rezeptionsverläufen, insbes. S. 81ff.

114 Vgl. Michail M. Bachtin: Rabelais und seine Welt. Volkskultur als Gegenkultur (= stw 1187), Frankfurt am Main: Suhrkamp Verlag 1995, sowie ders.: Literatur und Karneval. Zur Romantheorie und Lachkultur (= Fischer Wissenschaft), Frankfurt am Main: Fischer Verlag 2000.

berg Dantes nimmt so nicht nur im Bildaufbau Züge des Brueghel'schen Turmes zu Babel an, der die Aufhebung der Sprachverwirrung als angestrebte, gleichzeitig aber auch als unmögliche *Übersetzungs*-Aufgabe markiert. Die Fülle dessen, was Los Altos ›bedeutet‹, ist gebändigt, aber nicht bewältigt. Die in schier unübersehbarer und potentiell unabschließbarer Verweisdichte eingeführten Signifikanten (wie Borges in anderem Zusammenhang beschreibt, »eine Aufzeichnung, Häufung ... Ballung«[115]), machen den Ort des Erzählers gewissermaßen zu einem Borges'schen *Aleph*, von dem aus – die kleine Andenstadt Los Altos als Brennglas nutzend – die ganze Welt (zumindest jene des Romans) überblickt werden könnte.[116]

Die ästhetische Komponente der Blickführung in der Episode selbst wird in der Szenerie mehrmals implizit aufgenommen: Schon die Engführung mit der Vorstellung von den Stationen eines Kreuzweges evoziert einen in einer (Aufwärts-)Bewegung zurückzulegenden Weg, der zunehmend differenziert wird. Ist es zunächst der – über die Erwähnung des Augustiner- Klosters – alludierte Hinweis auf Petrarcas Besteigung des Mont Ventoux und die darin problematisierte Änderung der Perspektive durch den (im paraphrasierten Fall physischen) Aufstieg[117], so wiederholen korrespondierend die am Riesenrad auf- und absteigenden Gondeln – *en miniature* – die sich in der vertikale Bewegung der Erzählung einstellende Verschiebung des Ausblicks, die allerdings nur partiell realisiert wird: Dem Leser wird im Verlauf der Beschreibung kein weiterer Standpunkt zugewiesen, der ihm neue Perspektiven ermöglicht. Der Erzähler holt die einzelnen Szenen narrativ aus dem Gesamtzusammenhang in die Blickachse, die vom Platz über der Brücke aus die einzelnen Elemente reiht. Durch die Erwähnung von Heiligenbildern (»die Siedlungen der Indios mit ihren an Heiligenbilder erinnernden Geburten und Totenwachen«) wird die Betonung der Perspektivierung scheinbar unterlaufen. Als hintergrundslose, mit Goldgrund unterlegte Bilder oder aber als einfache gedruckte Heiligenbildchen zeigen solche Bilder keine Raumtiefe. Ihre Perspektive ist nicht in einem Optischen, sondern in einem religiösen und textuellen Hintergrund zu suchen, der in den Verweisen auf Kalvarienberg, Klos-

115 Jorge Luis Borges: »Das Aleph«, in: El Aleph, Erzählungen 1944-1952 (= Werke in 20 Bänden, Bd. 6, Fischer 10582), Frankfurt am Main: Fischer Taschenbuch Verlag 1992, S.131-148, hier S. 134.

116 Ebd., S. 142ff: Der Freund des Erzählers Carlos Argentino findet in Rückenlage, unter Beachtung eines ganz bestimmten Winkels und in absoluter Dunkelheit an der neunzehnten Stufe unter der Kellertreppe seines Hauses in der Calle Garay in Buenos Aires das Aleph – »[...] den Ort, an dem, ohne sich zu vermischen, alle Orte der Welt sind, aus allen Winkeln gesehen [...].«, das belebte Meer, Morgen und Abendröte, die Menschenmassen Amerikas, alle Spiegel des Planeten, ein Durchgang in der Calle Soller, die gleichen Fliesen, die er vor 30 Jahren im Flur eines Hauses in Fray Bentos gesehen hat, Schnee, Metalladern, einen Sonnenuntergang in Querétaro, der die Farbe einer Rose in Bengalen widerzustrahlen scheint, sein Schlafzimmer und niemanden darin, Tiger, Dampfkolben, ein persisches Astrolabium, Heereszüge, das Räderwerk der Liebe und die Veränderung des Todes ...

117 Vgl. 5.9.5.

ter, Kathedrale oder die Lourdes-Grotte thematisiert wird.[118] Als Elemente einer Historie des Abbildens und Schauens bleiben sie aber innerhalb des Perspektive-Diskurses der Episode und vertiefen ihn um seine philosophie- und ästhetikgeschichtliche Dimension. Damit erweisen sich auch das Säulenportal unter der siebenten Laterne, die Kathedrale und der »verschlossen[e]« Freimaurertempel als Elemente dieses Gesprächs: Sie werden seltsam flach, wie gemalte Fassaden beschrieben, die ihre dreidimensionale Wirkung nur dem Einfall des Laternenlichtes und den sich ergebenden Schatten verdanken.[119] Im Zusammenspiel mit der Statue des Bronze-Caudillos auf dem sich aufbäumenden Pferd und dem steinernen Denkmal des Bogenschützen lassen sie sich als parodierte Paraphrasen des *Paragone* lesen, der als Argument im Streit um die Rangfolge der Künste haptische Qualitäten und die Mehrdimensionalität der Skulptur gegen die durch Farbe (Farb-Schattierung) und Perspektive erreichte Vielansichtigkeit der Malerei ausspielt.[120] So wie sich auf den Spiegel-Bildnissen der Paragonemalerei des 16. Jahrhunderts oder in Giorgones verlorengegangenem Paragone-Bild Gegenstände oder Figuren wechselseitig in ihren reflektierenden Oberflächen spiegeln, spiegeln sich auch die Signifikanten von ›Los Altos‹ als aufeinander verweisende Elemente unterschiedlicher Themenkomplexe im Gesamtbild und dessen Details gleichzeitig.

Das Portrait Napoleons wird als poetologische Aussage über das genutzte Beschreibungsverfahren lesbar: Die Summe an sich vieldeutiger Zeichen (in diesem Fall das schriftliche Zeichen »X« erzeugt in einer De- und Rekons-

118 Vgl. A. Koschorke: Horizont, S. 55: »Von den Heiligen Bildern des Mittelalters gilt das Wort des Dichters:›Um sie kein Ort, noch weniger eine Zeit‹. Mit dem ideellen Goldgrunde verschwanden [später] Ort- und Zeitlosigkeit, die der Gläubigkeit gemäß gewesen waren.«

119 Vgl. etwa das – allerdings zwei Jahre nach dem Roman entstandene – Gemälde René Magrittes: L'Empire des Lumieres, 1954 (Musées royaux des Beaux-Arts de Belgique, Brüssel): Die flächige Fassade des Hauses wird frontal von einer Straßenlaterne beleuchtet, die dem ausgeleuchteten Teil Tiefenwirkung gibt, während der Rest des Hauses vor dem hellen Himmel wie ein zweidimensionaler Scherenschnitt wirkt. Der Schatten zweier Säulen und eines Portikus gibt der Fläche architektonisches Volumen. Doch die beiden Säulen, die im Bild zwischen Fassade und Laterne existieren müssten, damit ein solcher Schatten entstehen kann, fehlen. Das Bild verweist – wie in einem ironischen Paragone-Gespräch – auf seinen Herstellungsmodus als (illusionsbildende) Malerei.

120 An der Emanzipation der bildenden Künste um 1500 sind Architektur, Skulptur und Malerei gleichermaßen beteiligt. Schon bald beginnt die Diskussion um die Rangfolge der Künste, wobei vor allem Malerei und Bildhauerei in einen direkten Wettstreit treten, der in der Kunsttheorie (zuerst durch Leonardo da Vinci, der in seinen Schriften explizit Stellung für die Malerei nimmt) aber auch in manifestartigen Kunstwerken ausgefochten wird. Diese Werke können einen direkten Vergleich zwischen den Künsten anstellen oder aber die besonderen Eigenschaften (perspektivische, koloristische Mittel, Mehrdimensionalität, haptische Qualitäten Material) ihrer Gattung thematisieren, die sie über die jeweils andere Gattung erheben sollen.

truktionsbewegung über die Sehgewohnheiten des Betrachters und eine konstitutive Distanz[121] nicht nur das Bild Napoleons, sondern, dasselbe Verfahren nutzend, auch jenes von Los Altos, das sich der schieren Summe und der Anordnung seiner Bestandteile und nur notwendig, aber nicht hinreichend deren isolierten Inhalten verdankt. Dass dies nicht in natürlichem, sondern im künstlichen Licht von Straßenlaternen geschieht, ist nicht nur funktionale Komponente, sondern wirkt wie ein weiterer Kommentar zur wirkungsästhetischen Zurichtung des Blicks, der seinen Gegenstand zwischen dem Nichts der Dunkelheit und dem Etwas des Lichtes hervortreibt. Ironisch intensiviert wird diese autoreferentielle Geste *e contrario* durch die Beschreibung ›den Umständen geschuldeter‹ Helligkeitsbereiche und -niveaus: Die achte Laterne hängt »an einem besonders hohen Pfosten und [reicht] deshalb [sic] bis an das Ziffernblatt der Uhr«, Allee und Kapuzinerkloster sind schlecht beleuchtet, »weil zu viele Insekten die elfte Laterne verdunkel[te]n.« In der Rummelplatzszene schließlich gelangt der Präsentationsmodus der gesamten Episode noch einmal zu reflexiver Darstellung, der Text weist auf sich selbst zurück: Ist doch der Jahrmarkt der Ort, an dem Schaubilder und Panoramen fliegender Schausteller dem Publikum dargeboten werden. Erzähler und Zuhörer (Leser) könnten selbst Figuren in der beschriebenen Szenerie sein.

Die vertikale Weitwinkelperspektive und die große Zahl übereinandergestellter Orte machen es dem Leser schwer, tatsächlich ohne besondere Mühe ein optisches Bild der ganzen Stadt zu ›sehen‹. Er muss, da der Erzähler ihn nicht durch den Raum selbst bewegt, sondern ihn »auf dem Brückchen über dem Wildbach« fixiert, in seiner Vorstellung den Kopf weit in den Nacken legen, um die obersten Stationen noch in der evozierten Struktur platzieren und eine mögliche Topografie herstellen zu können. Seine Beteiligung an der Konstruktion des Bildes ist erschwert, möglicherweise sogar unmöglich gemacht. Die Überdeterminierung des Bilderbogens, seine nicht arretierbare Verweisbewegung zwischen den evozierten Szenen und deren möglichen Implikationen sowie die extreme Dehnung der Perspektive legen also eine andere Lesart nahe. Das ästhetisch hergestellte optische Panorama verwandelt sich in ein Panorama im metaphorischen Sinn: Der evozierte topografische Ort wird zu einem Ort der Bedeutungskonstitution, die im Rundblick die eingebrachten Signifikanten zusammenschaut.

Die Hypotypose, die zuerst über eine Aufzählung ein Blickfeld erzeugt und es minutiös beschreibend durchwandert, geht in eine Akkumulation inkongruenter und außergewöhnlicher Elemente über und verweist über die Überforderung oder Frustration des Blickes auf ihre eigentliche Intention:

121 Vgl. A. Koschorke: Horizont: S. 68: »Eine funktionierende Zentralperspektive setzt einen angemessenen und unverrückbaren Abstand zwischen Betrachter und Bildfläche, je nach Größe des Bildes voraus: ›Wisse nämlich, daß keine Malerei der Wirklichkeit entsprechen wird, wofern nicht eine bestimmte Distanz vom Beschauer festgehalten ist‹, schreibt Alberti [... FN 31]« Andernfalls wird ein auf dem synthetischen Vermögen der Gesamtanschauung beruhender Gesamteindruck unmöglich; vgl. ebd.: »Das Bild zerspringt; es verwandelt sich in letzter Konsequenz in eine dispersive Fläche zurück. Solche Grenzfälle der Perspektive machen den Übergang zur Aperspektivität in der Kunst der Moderne selbst noch als Konsequenz und zugleich Dissoziation der visuellen Tiefenflucht denkbar.«

Was gezeigt wird, ist nicht ein wirklicher Ort Los Altos, sondern eine idealtypische lateinamerikanische Kleinstadt, die nicht als Gefüge räumlicher Orte, sondern als Anordnung lateinamerikanischer Topoi entsteht. Der auf der Ausdrucksebene benannte Raum ist auf der Inhaltsebene nicht Objekt ästhetischer Raum-Wahrnehmung, sondern Raum der Memoria, die das dichte Signifikantennetz und dessen karnevaleske Un-Ordnung sinnstiftend liest. Nicht ein Raum-Bild wird *inter media* in der Schrift vermittelt, sondern die Herstellung eines Raumes, der nun zur mnemotechnischen Erinnerungslandschaft des Lesers wird, vermittelt über ihre implizite Intermedialität – gewissermaßen als trojanisches Pferd – die Schrift selbst: das Netzwerk eines über eine Strategie intertextueller und interkultureller Paraphrasen medial erzeugten Textuniversums.

Dieses eingebrachte Textuniversum erweist sich also als das Ergebnis eines Rahmungsexperiments, das ästhetikgeschichtlich etablierte Formatierungen malerischer Genres und Sichtweisen und deren Beglaubigungseffekte nutzt. Der Bilderbogen, etwa in der Manier William Hogarths, der als mehr- oder einsträngige Bilderserie ein eigenes narratives Potential entwickelt[122], die Positionierung von Erzähler und Leser in einem imaginären Sprech- und Blicktheater und der damit verbundene Pseudo-Dialog, der Guckkasteneffekt[123], die panoramische Überdehnung der Vedute, der an Callot erinnernde

122 Vgl. auch Hogarths *A Rake's Progress* (1735) oder *Marriage à-la-mode* (1743) als Vorläufer der modernen Karikatur bzw. des Cartoons. Ein weiterer, deutlicher Hinweis auf Hogarth findet sich in einer Lithographie, die in einem Lebensmittelladen der Großstadt hängt, der den Namen *Der Glaube an Gott* trägt: Sie zeigt »das Elend des auf Borg und den Wohlstand des bar verkaufenden Händlers« (PP80). Im Übrigen integriert Hogarth in einer Art malerischer Collage satirisch in vielen seiner Bilder Anspielungen auf die Gemälde großer Meister der Malerei. Vgl. zur Erzählstruktur von Bilderserien: W. Wolf: Intermediale Erzähltheorie, S.56, S. 58ff.

123 Als eines der ersten Massenmedien präsentiert der (zumeist ebenfalls als Jahrmarktsattraktion aufgestellte) Guckkasten ab der zweiten Hälfte des 18. Jahrhunderts Ansichten von Sehenswürdigkeiten, exotischen Szenen, Naturbildern (von Landschaften bis zu Naturkatastrophen) und theatralischen Darstellungen und prägt, wie auch der Bilderbogen, das Bild breiter Volksschichten von ›der Welt‹. Anders als die *Camera Obscura,* in der ein Bild projiziert wird, zeigt der Guckkasten unter Nutzung der Zentralperspektive künstlich beleuchtete Bilder, zumeist Drucke - mit Guachefarben kolorierte Kupfer- und Stahlstiche und Radierungen - direkt. Die Distanz zwischen Guckloch und Bild ist sehr klein und im Inneren des Kastens ist eine lupenartige Linse eingefügt; durch die Dunkelheit der Umgebung verstärkt sich die räumliche Wirkung. Später verwendete Transparentbilder, die auf beiden Seiten bedruckt sind, erlauben im Wechsel von Auf- und Durchlicht besondere Tiefenwirkung. Sequenzen werden erzeugt, indem die auf Walzen aufgezogenen Bilder weiterbewegt werden. Eine zusätzliche narrative Funktion erfüllen die eingefügten Bild-Über- oder Unterschriften.

grotesk-burleske Capriccio- Stil der einzelnen Szenen[124], die filmische Abfolge von Totale und Detail, selbst die Zoom- Bewegung, die die Schrift auf dem Reiskorn wie unter einer Lupe sichtbar macht, verweisen nicht nur auf das jeweilige Objekt der Wahrnehmung, sondern auf die Medien der Wahrnehmung selbst und ihre ›Wirklichkeit‹ konstituierende Kraft.

Nicht von ungefähr erinnert das Verfahren, das seine eigene Vermitteltheit zur Schau stellt, an eine andere (literarische) Landschaft: Jorge Luis Borges berichtet in seiner Erzählung *Tlön, Uqbar, Orbis Tertius* von der ›Entdeckung‹ eines unbekannten Landes.[125] Der Ich-Erzähler Borges und dessen Freund Adolfo Bioy Casares finden zufällig in einem einzigen Exemplar der *Anglo-American Cyclopaedia* [sic] (New York 1917) einem wortgetreuen, »[...] wenn auch missbräuchlichen Nachdruck der Encyclopaedia Britannica von 1902« einen Eintrag unter dem Lemma: Uqbar. Der Eintrag findet sich in keinem anderen Exemplar dieser Ausgabe, auch nicht in anderen »Atlanten, Kataloge[n], Jahrbücher[n] geographischer Gesellschaften, Memoiren von Reisenden und Geschichtsschreibern« (ebd., S. 18). Die beiden Freunde, die über den Ursprung des Enzyklopädie-Artikels rätseln, finden allerdings im Lauf der Zeit andere Quellen und Indizien, die auf die Existenz von Orbis Tertius hinweisen: eine Verschwörung von Intellektuellen, die seit Generationen in mühevoller Arbeit eine Welt namens Tlön konstruieren. Eines Tages findet sich ein Buch von 1001 [sic] Seiten: »A First Encyclopaedia of Tlön, Vol. XI, Hlaer to Jangr...«,

> »[...] ein umfangreiches methodisches Fragment der Gesamtgeschichte eines unbekannten Planeten [...]. mit seinen Bauwerken und seinen Spielkarten, dem Schrecken seiner Mythologien und dem Gemurmel seiner Sprachen, mit seinen Kaisern und Meeren, mit seinen Mineralien und seinen Vögeln und seinen Fischen, mit seiner Algebra und seinem Feuer, mit seiner theologischen und metaphysischen Polemik. Das alles gegliedert, zusammenhängend, ohne ersichtliche Lehrabsicht oder parodistische Färbung.«[126]

Epistemologische, linguistische und geografische Arbeiten beschreiben Philosophie, Sprache, Literaturkritik[127] und Topografie des Landes, auch die

---

124 Vgl. etwa die Capriccios aus 1617 oder *Les Petites Miseres* und *Les Grandes Miseres* aus 1633, die später zum Vorbild für Francisco de Goyas berühmte Serie *Los Desastros de la Guerra* werden.

125 Jorge Luis Borges: »Tlön, Uqbar, Orbis Tertius», in: Fiktionen (= Werke in 20 Bänden, Band 5, Fischer 10581), Frankfurt am Main: Fischer Taschenbuch Verlag 2001 S. 14-34.

126 J.L. Borges: »Tlön, Uqbar, orbis tertius«, S. 20. Beachte insbes. den Verweis auf eine (didaktische, parodistische) Produktionsästhetik.

127 Ebd., S. 27: »Auch in den literarischen Gebräuchen ist die Idee eines einzigen Subjekts allbeherrschend. Nur selten tragen Bücher den Namen des Verfassers. Den Begriff des Plagiats gibt es nicht; man geht davon aus, daß alle Werke das Werk eines einzigen Autors sind, der zeit- und namenlos ist. Die Kritik pflegt Autoren zu erfinden; sie greift zwei einander unähnliche Werke heraus – das ›Tao Te King‹ etwa und die ›Märchen aus Tausendundeiner Nacht‹ – schreibt sie demselben Autor zu und bestimmt

konkrete Erscheinungsform in ihm vorfindlicher Gegenstände. Schließlich tauchen solche *hrönir* genannten Objekte und weitere 40 Bände der aus Tlön stammenden *Ersten Enzyclopädie von Tlön* auf der Erde auf.

Sowohl über ein System von Verweisen auf reale und fiktive Quellen, reale und fiktionale Orte, Menschen und Ereignisse (wie etwa auf Berkley und dessen idealistisches Konzept oder auf die Rosenkreuzer) als auch über eine komplexe Zeitmatrix und über eine differenzierte Beweis-Strategie, die von Fußnoten bis zu einer editorischen Notiz reicht, lässt der Erzähler eine Welt aus Schrift entstehen. Ermöglicht und beglaubigt wird die Existenz von Tlön durch den Rekurs auf etablierte Perspektiven, Panoramen, Dispositive im metaphorischen Sinn[128], die wie die optischen Perspektiven des Carpentier'schen Erzählers Realität herstellen, organisieren und affirmieren. Während Carpentier in seinem Roman über die Topografie des Landes ein Schriftuniversum herstellt, das dieses Land repräsentiert, zeigt Borges die Fabrikation eines ganzen Landes und dessen Topografie aus ›Schrift‹.

Dass grundsätzlich jeder Text Akteur dieser Fabrikation werden kann, wird von Borges scheinbar beiläufig vorgeführt. Bei Carpentier erweist sich jegliches Bildgenre als nutzbar. Der Umstand, dass seine Repräsentation von Los Altos ein Nachtbild ist, also diskontinuierlich nur ausgeleuchtete isolierte Ausschnitte als Träger von Bildern verwendet, kann nicht darüber hinwegtäuschen, dass auch der dunkle Raum dazwischen bedeutungsvoll wird: Ihm können in zunehmend ›dichter Beschreibung‹ immer neue Inhalte abgewonnen werden. Das narrativ genutzte neuzeitliche Gefüge der Bildordnung mit seiner, wie Gottfried Boehm sie nennt, »Handvoll altbekannter Gattungen«[129], also Bildtypen wie dem Historienbild, dem Genre, dem Portrait, der Landschaft, das von einer »prästabilisierten Harmonie« (ebd.) zwischen der Darstellung und einer bildfähigen Realität ausgeht, in dem vieles nicht Bild werden kann, öffnet sich in der fortlaufenden Beschreibung und durch sie

dann fein säuberlich die Psychologie dieses interessanten homme de lettres [...].«

128 Bemerkenswert sind die Ironie und die implizite Wahrnehmungskritik folgender Überlegung, ebd., S. 21: »Heute weiß ich, daß es ein Kosmos ist, und daß die verborgenen Gesetze, die ihn lenken, wenn auch nur provisorisch formuliert worden sind. Ich will nur daran erinnern, daß die offensichtlichen Widersprüche im elften Band der beweiskräftige Prüfstein dafür sind, daß es die anderen geben muß: so durchaus klar und richtig ist die darin gewahrte Ordnung.«

129 Vgl. G. Boehm: Das bildnerische Kontinuum, S. 19f: »Die Ordnung wirkt sich auf die Bilder [...] aus. Sie enthält Legitimitätskriterien und regelt den Umfang dessen, was überhaupt dargestellt werden kann: was sich erzählen läßt (Historie), was sich im Alltag ereignet (Genre), was den menschlichen Körper auszeichnet an der Grenze von Natur und Kultur (Aktbild), wer jemand ist (Portrait), was die Natur ist (Landschaft) und: was die Dinge sind (Stilleben).« Ebd. auch der Hinweis auf »[...] offene Flanken [des Systems wie etwa die Gattung der] erkenntnisleitenden Zeichnung im Dienste der Wissenschaft [...] die sich von Leonardo da Vinci bis Ernst Mach und darüber hinaus reich entfaltet hat, [wie die künstlerische Experimentalarbeit,] die noch auf der Suche war, sich noch nicht zu einer definitiven Bildform verfestigt hatte« oder das Ornament.

zum *»bildnerischen Kontinuum«*[130], das jederzeit »[...] alles was irgendwo sichtbar ist oder sichtbar gemacht werden kann« (ebd.) als möglichen Bildgegenstand betrachtet. Jedes Bild kann »[...] Metapher der Wirklichkeit schlechthin [werden und eine] Totalität [repräsentieren] wie unbestimmt sie begrifflich auch sein mag«[131]. Augenfällig wird dies in der Verwendung von transgressiven Bildgenres wie dem *Capriccio* oder der surrealistischen *Object-trouvée*-Ästhetik des Museums, dessen Bestandteile darüber hinaus den vordergründig benützten Bilderkanon unterlaufen, indem etwa das Portrait Napoleons den Verbund unterschiedlicher Medien andeutet oder die ikonische Aufladung eines Gegenstandes, nämlich des Hängemattenringes des Kriegshelden, diesen zum Objekt, also zu einem transgressiven Artefakt macht.

Das beschauliche, antiquiert und zeitenthoben scheinende Bild der Stadt, ist nur an der Oberfläche wie ein konventionelles Bilderkabinett zu lesen, dessen dicht hängende, durch die Dunkelheit gerahmte und zugleich voneinander getrennte Elemente nur auf ihre jeweilige Binnensphäre verweisen. Seine Herstellung verdankt sich einem weit progessiveren Verfahren als der Platzierung klassifizierbarer Einzelbilder und macht sowohl in der narrativ initiierten Verweisbewegung als auch in der Verwendung transgressiver Bildgenres die Topografie des Ortes metaphorisch zu einem *white cube*, der für das in der Moderne ortlos gewordene Bild zur Auftrittsbühne wird. Der Anschein konservativer Beschaulichkeit einer lateinamerikanischen Kleinstadt auf der Erzählebene erweist sich auf der poetologischen Ebene als durch die Verwendung avancierter intermedialer, die Idylle der Szene durchkreuzender Techniken hergestellt. Gleichzeitig wird in der Passage die auf der Handlungsebene explizit beschriebene Blickführung als erneute Markierung der Strategie des Textes selbst deutlich, der seine Signifikanten über Perspektivierung, Fokussierung und ein Spiel mit affirmativ oder irritierend genutzten Blick- und Wahrnehmungskonventionen herstellt.

Die Episode erweist sich als ein Musterbeispiel impliziter Intermedialität. Sie imitiert bis an die Grenzen ihrer Möglichkeiten ein fremdes Medium, den Bilderbogen, indem sie den narrativen Text unter ikonischer Zeichenverwendung (Werner Wolf), nach einer (in diesem Fall explizit gemachten) bildnerischen Blickführungsstrategie strukturiert.

130 Ebd., S. 28; vgl. auch S. 29: »[Dieses Kontinuum] setzt das freie Gleiten über das Sichtbare oder sichtbar Gemachte voraus, das sich an jeder Stelle zu einem Bild verfestigen kann.«

131 Ebd., S. 30.

5.8 Die Vogelperspektive. Eine Kamerafahrt. Die Landkarte[132]

5.8.1 Orte

Während die Beschreibung der Stadt Los Altos im Genre des Bilderbogens deren Signifikanten verdichtend und ent-temporalisierend arrangiert, verfährt die Beschreibung anderer Reise-Landschaften im von der Reise geborgten Modus der Bewegung in der Zeit. Die dichte Überschreibung der Bilder einer ›lateinamerikanischen Realität‹, die das Schaubild Los Altos ausmachen, und die auktorial perspektivierende Diegese seiner Beschreibung werden nun in der Darstellung der Entfernungen und Dauer der Reise narrativ abgetragen und den Blick- und Raumlogiken der jeweiligen Situation und ihren Schau-Bedingungen überlassen. So strukturieren über die Bewegung im Raum und in der Zeit diese Modi der Bewegung und die wechselnden Dispositive der Anschauung und des Blicks einerseits als intermedialer, poetologischer Subtext die Beschreibungen, während sie andererseits an der Textoberfläche paradigmatisch zur Darstellung kommen. Damit wird die Landschaft der Reise auch zu einer Landschaft der Medien, ihrer Durchquerung, Wahrnehmung und Beschreibung.

Der Text durchläuft sie, wie schon in der Episode der Replikengalerie angedeutet, in der Umkehrung ihrer Geschichte. Der erste und der letzte Blick auf das fremde Land erfolgen vom Flugzeug aus, dessen Fenster die Rahmung des klassischen Landschaftsgemäldes noch zitieren, den Blick von einem, wie Buci Glucksmann den fiktiven Betrachterstandort des Kartenbenutzers nennt, »[...] dimensionslosen Punkt zwischen den Dimensionen«[133] aus aber freigeben für die ikarische Perspektive einer »All-Schau«, die nomadisch verfährt:

»Sie kennt kein Halten und achtet weder menschliche noch kosmologische Grenzen, sondern lernt dem ›Flug der Vögel‹ ein Umherschweifen ab, das sie in einen dimensionslosen Raum versetzt [...] Blick des Phantasmas, Motor des Unbekannten, Welt-

132 Zur Landkarte als Text vgl. Roland Barthes: Das semiologische Abenteuer (= edition suhrkamp, SV 1441), Frankfurt am Main: Suhrkamp Verlag 1988, insb.: ›Semiologie und Stadtplanung‹, S. 199-209, hier S. 199: »Der menschliche Lebensraum, die ›oekumene‹, wie wir ihn aus den ersten Karten der griechischen Geographen: Anaximander, Hekataios oder aus der geistigen Kartographie eines Mannes wie Herodot ersehen können, bildet einen richtiggehenden Diskurs mit seinen Symmetrien, seinen Oppositionen von Orten, mit seiner Syntax und seinen Paradigmen. Eine graphisch ausgeführte Weltkarte von Herodot baut wie eine Sprache, ein Satz und ein Gedicht auf Oppositionen auf; warme Länder und kalte Länder, bekannte Länder und unbekannte; dann auf die Opposition zwischen den Menschen auf der einen Seite und den Ungeheuern und Schimären auf der anderen usw.« Vgl. zur Landkarte auch: Karl Schlögel: Im Raume lesen wir die Zeit. Über Zivilisationsgeschichte und Geopolitik, München, Wien: Carl Hanser 2003, insb. ›Was Karten zeigen. Erkenntnis und Interesse‹, S. 81-87.

133 Christine Buci-Glucksmann: Der kartographische Blick der Kunst, Berlin: Merve Verlag 1997, S. 21.

Auge, in dem sich [...] das Wunderbare [...] mit seiner Kehrseite [...] dem Tod verschränkt. [...] Der Mensch befindet sich in einem Universum, das ihm einen Platz zumißt und ihn vermessen werden läßt, denn der Gesichtspunkt, von dem aus betrachtet wird (von hoher Warte) sammelt und streut den Blick auf einen unerreichbaren Ort [...]. Hier hat das Auge die Funktion eines Brennpunkts und die Reise zielt auf die ›Konstruktion einer Figur des Anderen‹ wie auch auf eine ›räumliche Figuration‹ der Grenzbereiche.«[134]

Als habitualisierte mediale Anschauungsform erlaubt dieser »der Schwerkraft enthobene« (ebd.) und gewissermaßen deterritorialisierte Blick »[...] eine befremdende Dissemination des Raums, eine zahlenmäßige und dimensionale Vervielfachung, die jegliche innere Hierarchie zerstört«[135]. Die Beschreibung des Raumes wird jene einer »Entrückung«, in der die Theologie eines ubiquitär anwesenden Gottes als »[...] Theologie des Sehens gewendet und einem ganz anderen Blick dienstbar gemacht [wird], dem mikroskopischen und makroskopischen Blick eines kosmischen Auges, das sich des Realen auf seiner Oberfläche bemächtigt«[136]. Was entsteht, ist eine azentrische, unhierarchische, parataktische, relativistische und homogene Raumstruktur. Die Vogelperspektive erlaubt die analytische Fragmentierung des Raumes durch mehrere Fluchtpunkte, die im Text narrativ durch die beschriebene Schwenk- und Sinkflug-Bewegung des Flugzeuges motiviert und moderiert wird. Sie bietet dem Auge die sich nähernde Stadt wie in einer Kamerafahrt dar, erlaubt aber dennoch keine wirkliche hypotypotische Integration (keine Skyline – Eco) der beschriebenen Elemente in ein vollständiges Bild der Stadt.

Der Raum der Reise selbst erscheint durch das Flugzeug, das hunderte von Kilometern in wenigen Stunden zurückzulegen erlaubt, annihiliert. Seine Wahrnehmung wird durch die Inszenierung der Ankunft ersetzt, die unvermittelt eine neue Landschaft zur Erscheinung bringt.[137] Der Bewältigungsaufwand, der die Überwindung der Natur (der Schwerkraft, der realen Entfernung) ermöglicht, wird in der Beschreibung der auftauchenden Stadt ab-

134 Ebd., S. 13ff.

135 Ebd., S. 15.

136 Ebd., S. 16.

137 Ottmar Ette hat festgestellt, dass »[...] in der Beschäftigung mit dem Reisebericht die Frage nach dessen Orten überraschend selten gestellt worden [ist]« O. Ette: Literatur in Bewegung, S. 22. Vgl. zur Inszenierung von Abschied, Ankunft, Höhepunkt, Ankunft, Rückkehr zum Eigenen: ebd., S. 48ff; – vgl. dazu auch: Wolfgang Schivelbusch: Geschichte der Eisenbahnreise. Zur Industrialisierung von Raum und Zeit im 19. Jahrhundert (= fischer taschenbuch 14828), Frankfurt am Main: Fischer Taschenbuch Verlag 2000; zur Beschreibung, auf welche Weise Ankunfts- und Abreiseorte selbst im Zuge der Erschließung durch die neuen Verkehrsmittel den Charakter eines »Vergnügungsparks« annehmen, siehe ebd. S. 40: Schivelbusch beschreibt den Wahrnehmungseffekt, dass »[...] der Bahnhof als Eingangsvestibül in diese Landschaften [... wie die] gleichberechtigten Vergnügungsinstitutionen Buchhandlungen, Theater [...] die Reise in eine mit der Eisenbahn erreichbare Gegend in nichts anderes denn [... den] Besuch eines Theaters oder einer Bibliothek «[verwandelt]«.

gebildet, die als Schauplatz eines fortgesetzten Kampfes zwischen Natur und kultivierendem menschlichen Zugriff beschrieben wird:

»Auf dem schmalen Streifen Sand zwischen dem Meer und den Hügeln, auf denen Philip II Befestigungsanlagen hatte anlegen lassen, habe die Bevölkerung jahrhundertelang angekämpft gegen das sumpfige Schwemmland, das Gelbe Fieber, die Insekten, die Unverrückbarkeit schwarzer Felsklippen, die da und dort aufragten, unerklimmbar, einsam, glattgespült, aerolithische Wurfgeschosse aus himmlischer Hand. Diese nutzlosen Monolithe, die zwischen Gebäuden, Türmen, modernen Kirchen, Antennen, alten Glockentürmen, Kuppeln aus der Jahrhundertwende hoch emporragten, verfälschten die Maßstäbe, setzten einen anderen, der nicht der des Menschen war, als wären sie Bauwerke zu unbestimmtem Zweck aufgerichtet, das Werk einer unausdenklichen, in der Nacht finsterer Zeiten versunkenen Kultur.« (PP51)

Der Blick schweift und fokussiert zugleich immer wieder skalierend, vertauscht die Maßstäbe, bildet die Geschichte der Stadt im Tableau ihrer Erscheinung und ihres immerwährenden Verfalls ab. Die Hybridität der Stadt zwischen ihrer historischen Anlage und den Elementen einer modernen Metropole einerseits und einer an die Prähistorie und an den Mythos verwiesenen Natur andererseits bedient sich einer Rhetorik des Ruinösen und Fragmentarischen, die in der virtuellen ›Ortlosigkeit‹ des Betrachters die polyperspektivischen und fraktalisierenden, vergrößernden, diminuierenden und anamorphotischen Schau- und Beschreibungsvarianten des Romans vorwegnimmt. Dabei funktioniert die ekphrastische Beschreibung wie ein Konvolut übereinandergelegter Architekturfolien, die die Darstellungsformen mittelalterlicher symbolischer Weltkarten und deren komplexe Ikonologie in einem Verfahren der Diaphanie in jene deskriptiver und geometrisierter Veranschaulichungskonventionen der Neuzeit einblenden und damit beide gleichzeitig sichtbar machen. Die in ptolemäischer Tradition am mathematischen Problem der Übertragungsprojektion der Erdoberfläche auf die plane, metapicturale Karten-Fläche orientierte geografische Beschreibung als visuelle Form einer Zeichenschrift (die abstrahierte Küstenlinie, der Gebirgsrücken, Fluss- und Straßenverläufe … im Raster konventioneller Projektions- und Orientierungsmodi) wird durch Weltbeschreibung ergänzt: Der Erzählung des Protagonisten werden die Erklärungen eines mitreisenden Journalisten – eines Schreibers – in indirekter Rede referiert hinzugefügt. Sie ergänzen die subjektive Anschauung durch den Hinweis auf medial – in diesem Fall durch seriöse Zeitungen und Zeitschriften – vermitteltes Wissen, das als notorisch vorgeführt wird. Diese ergänzenden Bemerkungen funktionieren wie die *Parerga* der ornamentalen Kartuschen vorneuzeitlicher Karten. Diese Ornamente sind, so Buci-Glucksmann,

»[…] als parerga bekannt, [sie] sind nicht Supplemente des *ergon*, schlichtes Beiwerk (hors-d'oevre) der Wahrheit in der Malerei [Derrida]. Die Kartuschen (*cartuccio*, Karte oder Tafel, Träger von Inschriften), meist von Engeln oder mythologischen und allegorischen Figuren gehalten, bringen immer ein *als-ob* ins Spiel. Bald Schirm, bald unbeschriebenes Blatt, bald Spiegel, schwarz, weiß oder karmesinrot, sind sie Ornamente im lateinischen Wortsinn, der *ornatus* Quintillians. Etwas, das Effekte der Lust und des Stils erzeugt, eine Wendung oder eine Manier, die ihren Gegenstand benennt. Ihre historische und strukturelle Funktion ist, die Karten zu betiteln und zu kommentieren.«[138] (Herv. i.O.)

Das zwischen Bild und Schrift, also *inter textus* entstehende Gebilde an der Grenze zwischen Wissenschaft (Karte) und Kunst (*parerga*) wird narrativ in einem Verfahren impliziter Intermedialität in die Zweistimmigkeit von Beschreibung und Kommentar übertragen, die das Bildlich-Sprachliche der Kartuschen in den Dialog auf der Textoberfläche überführt und damit das grafische Übersetzungsszenario der Karte inszeniert.[139] Diese Zweistimmigkeit begleitet und ermöglicht die dehierarchisierende, zugleich makroskopische und mikroskopische Wahrnehmung, die den die Stadt markant durchschneidenden Verlauf der »ältesten, von den Stadtgründern an geeigneter Stelle mit der Schwertspitze gezogenen Straßen der Kolonialstädte« (PP52) und vergleichsweise winzige ornamentale Details wie die »Schlangenstäbe, Kreuze und geflügelten Genien« auf den Gebäuden und Denkmälern, den großflächigen Raster der Stadtviertel und die »glattgeschorenen Rasenflächen« (alle PP53) gleichzeitig und mit gleicher visueller Schärfe und Bedeutungsfülle sichtbar machen und damit das Heterogene zu einem Bild synthetisieren kann. In die projizierte Oberfläche (die Karte als »Simulacrum des ikarischen Blicks«[140]), in der die Welt abwesend ist, werden wie in einer Bilderkammer Gedankenbilder eingetragen, die unendlich vermehrt werden können: von den Heimsuchungen durch tropische Gewitter über die halbbekleideten, aus Blechdosen trinkenden Menschen der Armenviertel, den Schimmel auf den Serumampullen des Krankenhauses bis zum abstrakten Bild der die Verhältnisse vorbildlich regelnden Gesetzestexte ermöglicht der Blick auf die Landkarte, die das Land bedeutet, ihre Auffaltung durch einen skalierenden, projektiven und memorialen Schaumodus. Er bringt so sowohl das zusammenfassend Verallgemeinernde als auch das Singuläre zur Anschauung, »[...] denn wenn das Winzige die Unendlichkeit mittels einer Projektionsebene verhüllen kann, ist die Welt in einem eingeschränkten Raum beschrieben, der

138 C. Buci-Glucksmann: Kartographischer Blick, S. 56.

139 Ebd., S. 222f: »Ihre Bilder erzeugen unreine, analoge Bilder, die eine Kopplung des Sichtbaren und des Lesbaren in einem diagrammatischen Sein vornimmt [...] Sich über eine Karte zu beugen, sie zu handhaben, bedeutet folglich immer, ein narratives Szenario zu konstruieren, so kurz und so fortsetzungslos es auch immer sei. Karten erzählen immer Geschichten, die die projizierte Reise um eine geistige und verzeitlichte innerpsychische Reise verdoppeln. Der projektive Raum der Karten als Ort aller Übertragungen der Kunst, läßt die geologischen, tektonischen und archäologischen Kräfte des Bildes hervortreten, seine ›Sites‹ und ›Nonsites‹, seine Bahnungen und geistigen Landschaften. [...] Deshalb können die Banalisierung, Serialisierung, Wiederholung, Vergrößerung und Miniaturisierung der Bilder auf eine ›Abstraktion‹ an der Oberfläche‹ hinauslaufen, für die all jene Prozeduren der ›Prä-Visualisierung‹ durch Codes [...] in zahlreichen künstlerischen Praktiken wieder zum Einsatz kommen.« Vgl. auch: Christina Ljungberg: »Cartographic Strategies in Contemporary Fiction«, in: Clüver/Plesch/Hoek (Hg.), Orientations, S. 155-172.

140 Vgl. zum Folgenden: C. Buci-Glucksmann: Kartographischer Blick, S. 25, S. 80ff.

den richtigen Abstand zum Auge festlegt«[141]. Die Projektion auf die Fläche einer ›narrativen Karte‹ erweist sich als das visuelle Korrelat der Simultanitätsrhetorik des Romans und damit ebenso als wahrnehmungstheoretisches Dispositiv, das – in Gestalt der »[...] flächenhaft ausgebreiteten Überschau, die auf einem Kartennetz beruht«[142] – zum Vollständigkeit suggerierenden diegetischen Rahmen der eingebrachten Signifikanten wird.

Das führt zu Transformationen des sich durch die Vogelschau ergebenden Kartendispositivs im Roman. Zunächst ist es der rekurrente Hinweis auf den Flug der Vögel, der – jenseits der durch technische Verkehrsmedien erreichbaren Gegenden und jenseits der gangbaren Wege – ein »Reich des Vogels« (PP259) beschreibt (»Allgegenwart des Vogels, der das Zeichen des Flügels über die Schrecken des Urwalds stellt« – PP340), das nur noch in der virtuellen Schau von oben sichtbar ist. Damit ist einerseits die Entdeckung des Kontinents durch Christoph Kolumbus als historischer Prätext alludiert: Ottmar Ette hat angemerkt, dass »am Beginn der heutigen Gestalt Amerikas eine Vogelschau«[143] steht. Nach dem Vorbild der Portugiesen, »[...] welche den größeren Theil der Inseln, die sie besitzen [aufgrund ihrer] Beobachtungen des Fluges der Vögel entdeckt«[144] hätten, hatte Kolumbus 1492 unter dem Druck der erschöpften Mannschaften nach der Sichtung von Vogelschwärmen jene Kursänderung beschlossen, die ihn schließlich an die Küste der Insel Guanahani führte, der er den Namen San Salvador gab. »Es waren die Vögel gewesen, welche die drei spanischen Schiffe in die Inselwelt der Karibik [statt an die Küste Floridas] geführt und damit den weiteren Fortgang der Weltgeschichte nicht unwesentlich mitbeeinflußt hatten.«[145] Diese aus der alten Welt in eine neue mitgebrachte hermeneutische Bewegung des Zeichenlesens ist, so konstatiert Ette, Bestandteil einer Bricolage aus

141 Ebd., S. 70.

142 O. Ette: Literatur in Bewegung, S. 27.

143 Ebd., S. 85; vgl. auch Christoph Kolumbus: Bordbuch. Aufzeichnungen seiner ersten Entdeckungsfahrt nach Amerika 1492-93, München: Heinrich Hugendubel Verlag 2006, S 32f: »[Da] eine Unmenge Vögel von Norden gegen Südwesten flogen, woraus man schließen konnte, dass sie zur Schlafenszeit das Land aufsuchten oder vielleicht vor dem Winter flohen [...] und da ich ferner davon unterrichtet war, dass die Portugiesen die meisten in ihrem Besitz befindlichen Inseln dank dem Vogelflug entdeckt hatten, so gab ich meine Zustimmung, die westliche Kursrichtung aufzugeben und Kurs auf West-Südwest zu nehmen. Zwei Tage lang solle man diese Fahrtrichtung innehalten.«

144 Alexander von Humboldt: Kritische Untersuchungen, zit. bei O. Ette: Literatur in Bewegung, S. 86, FN 4. Vgl. auch Paul Barz: Christoph Columbus (=dtv portrait, dtv 31083), München: Deutscher Taschenbuch Verlag 2006, S. 84.

145 O. Ette: Literatur in Bewegung, S. 87, FN 6; ebd. auch der Hinweis auf Humboldts Feststellung: »Niemals hat der Flug eines Vogels gewichtigere Folgen gehabt; Denn die Änderung des Windstrichs am 7. Oktober entschied die Richtung, nach welcher die ersten Ansiedlungen der Spanier in Amerika stattfinden sollten und gefunden haben.«

»[...] Bruchstücken geographischer Vorstellungen und Illusionen, etymologischer Fehldeutungen, aus der griechischen Antike stammender Mythen oder ganz materiell orientierter Wunschträume [...], in welcher Goldgier, Amazonentrauma, Antropophagieangst und Bennennungslust als Stationen und Elemente eines Weges erscheinen [und als Entwurf] jener amerikanischen Träume, die sich von Beginn an als komplexe Verschachtelung abendländischer Kulturfragmente zu erkennen geben.«[146]

In den Verweis auf diese Mythen der Alten Welt werden im Roman in synkretistischer Verdichtung jene der Neuen eingefügt: »So wie die Kultur anderer Völker durch das Pferd oder den Stier geprägt ist, so steht die Kultur des vogelgesichtigen Indio unter dem Zeichen des Vogels. Der fliegende Gott, der Vogelgott, die gefiederte Schlange stehen im Mittelpunkt seiner Mythologien« (PP259).[147]. Mit der altamerikanischen Mythologie ist auch der – unterdessen als von europäischen Vorstellungen kontaminierte und als hybrides intertextuelles Pastiche beurteilte – Mythos der Ankunft neuer, weißer Menschen aus dem Osten verknüpft, die von den Indianern angeblich als Götter erwartet wurden.[148] Damit ist die Passage der Ankunft des Suchfluges im Urwald als Travestie der geschichtlichen Fiktion zu lesen, die die von politischen Interessen motivierte, simplifizierende und zugleich ideologische Lesart der Eroberung des Kontinents unter den Bedingungen der Moderne aufgreift und damit die geografische Verortung und die Homogenisierung des Raums als Form der Eroberung darstellt.[149]

Ist es also einerseits der Blick von oben, der direkt oder über die Lektüre von Zeichen neue Weltgegenden zur Anschauung bringt und in der kartografischen Fixierung ihr Wiederauffinden garantiert[150], so wird im Roman das kartografische Dispositiv auch gewendet und in der Freilegung eines Medienwechsels, nämlich in der umgekehrten Bewegung der Entstehung der

146 Ebd., S. 89.

147 Siehe auch PP340: »Von dem Vogel-Geist der Eskimos [...] bis zu den Köpfen auf Feuerland, die ihre Ohren als Flügel benützen [...] ein schillernder Aufmarsch himmlischer Hoheiten. Donnervogel, Tau-Adler [...] allen voran die große Triade der gefiederten Schlange: Quezalcóatl, Gucumatz und Culacán [...].«

148 Vgl. dazu: T. Todorov: Eroberung Amerikas, insb.: ›Moktezuma und die Zeichen‹, S. 80-120.

149 Um diese Einordnung in einen homogenen Raum und in eine homogenisierte Zeit zu verhindern und Santa Monica in der Heterotopie einer prähistorischen Landschaft zu erhalten, erfindet der Protagonist seine abenteuerliche Fluchtgeschichte, in der er die Stadt verschweigt, (»ich würde damit die übelste Sorte von Leuten auf die Spur von Santa Monica de los Venados setzen« – PP309).

150 Ein Aspekt dieser Wiederauffindbarkeit ist die Möglichkeit, die eigene Position in einem homogenen und abstrakten Raum nach habitualisierten Vorstellungsbildern jederzeit zu verorten: »Erschrocken fahre ich mit der Hand [...] nach dem Wecker, der, wenn überhaupt, dann viel weiter oben [sic] auf der Landkarte, klingelt, tausende Kilometer von hier entfernt.« (PP57)

Karte aus der anschauungslosen Narratio gezeigt.[151] Der Adelantado prägt sich als junger Mann »die ausgefallenen Namen von Flüssen ein, die in keinem Buch stehen; behext durch den pertikutierenden Klang von Namen wie *Cataniapo* oder *Cunucunuma*, träumt er vor Landkarten« (PP246). Das musikalisch-sprachliche Initiationsmoment der topografischen Namen führt ihn, einer imaginären Landkarte folgend und »verirrt zwischen namenlosen Bergen« (PP246), durch das Land, schließlich gründet er eine Stadt, deren Existenz und Ort er verschweigt, um ihre Einschreibung auf der Landkarte zu verhindern.[152]

»Der Urwald, erklärte er mir, umfasse zwar ein unermeßlich großes Gebiet, sei mit seinen Gebirgen, Abgründen, Schätzen, Nomadenvölkern [sic] und Spuren untergegangener Kulturen doch eine in sich geschlossene Welt. [...] ein verborgener Staat, eine chiffrierte Landkarte, ein weites Pflanzenreich mit sehr wenigen Türen. [...] Um in diese Welt zu gelangen habe sich der Pionier die Schlüssel zu verborgenen Eingängen erst suchen müssen; nur er kenne einen bestimmten Einschlupf zwischen Bäumen, den einzigen im Umkreis von fünfzig Meilen, [...] nur er kenne den Lianenweg, [...] nur er das Schlupfloch im Dickicht. [...] Er verstünde sich auf die Geheimschrift der geknickten Zweige, der Einschnitte in die Rinde, des nicht abgefallenen, sondern aufgestellten Astes.« (PP162)

151 So argumentiert etwa auch Kolumbus im Tagebuch seiner dritten Reise die Tatsache, dass das Land, das er sucht, tatsächlich ein Festland sein müsse, mit textuellen Verweisen: »Des weiteren bestätigt mich die Aussage Esras im 4. Buch, Kpt. 6, wo es heißt, sechs Teile er Welt seien trockenes Land und ein Teil Wasser, und dieses Buch heißt der heilige Ambrosius in seinem Hexameron gut und auch der heilige Augustinus [...]. Außerdem bestätigen mich die Aussagen vieler kannibalischer Indianer, die ich bei anderen Gelegenheiten hatte ergreifen lassen und die sagten, im Süden ihrer Inseln sei Festland« (Historia, I, 138 des Las Casas zit. bei T. Todorov, Eroberung Amerikas, S. 23,. Weiters ebd., S. 24f: Kolumbus »glaubt auch (und er ist zu jener Zeit nicht der einzige) an Zyklopen und Sirenen, an Amazonen und Schwanzmenschen, und sein Glauben, der eben so stark ist wie der des heiligen Petrus, erlaubt es ihm auch, sie zu finden. ›Außerdem glaube ich, aus ihren Reden verstanden zu haben, [...] noch weiter entfernt treffe man Männer an, die nur einäugig seien, und solche, die eine Hundeschnauze hätten‹ (›Bordbuch‹, 4.11.1492), ›Der Admiral sagt, er habe am Vortag, als er zum Goldstrom fuhr, drei Sirenen gesehen, die hoch aus dem Meer sprangen, doch seien sie nicht so schön, wie sie immer beschrieben würden [...]‹ (9.1. 1493)«. Auch der christliche Mythos vom irdischen Paradies fließt in die imaginäre Karte seiner Reisen ein; vgl. C. Kolumbus: Bordbuch, S. 248: (Eintrag vom 21.2.1493) »Die Theologen und philosophischen Weisen haben mit ihrer Behauptung wohl recht, dass das irdische Paradies im äußersten Osten liege, da dieser ein überaus mildes Klima besitzt, während jene Inseln, die ich jetzt entdeckt habe, ›das Ende des Ostens‹ sind.«

152 Vgl. PP242: »Man kann Gründer einer Stadt sein [...], die auf den Landkarten nicht verzeichnet ist und den Greueln einer Epoche entzogen ist [...].«

Damit werden die in den Baum am Fluss, also gewissermaßen in den Körper der Natur selbst geritzten Wegmarken zu Zeichen auf einer imaginären und narrativen Schatzkarte, deren Lektüre nur Eingeweihten möglich ist, und die auf diese Weise den genuin politischen Charakter der Karte als Schrift der Macht berührt.[153] Gleichzeitig unterläuft die Schatzkarte die Konstruktion eines homogenen Raums: Sind in diesem auch die (noch) unbekannten Orte als weiße Flecken, also zumindest als der Ort des Unbekannten, konfigurierbar (im Text werden sie als »die große unerforschte [...] geographische Zone, [der] große grüne Fleck auf der Landkarte« PP306 bezeichnet), so entziehen sich diese Orte als Heterotopien ihrer kartografischen Einschreibung in einen homogenisierten Raum. Sie bleiben Räume der Narration, die auch durch den modal abgetönten Verweis der Nota (»Santa Monica de los Venados ist das, was Santa Elena del Uarirén in den Jahren seiner Gründung gewesen sein mochte« PP353f) die allenfalls sich ergebene topografische Angabe durch die zeitliche Verschiebung zu einer literarischen Figur, zum Chronotopos eines verlorenen Ortes macht.

Das sagenhafte Manoa, von dem Bruder Pedro – »Erzähler am Feuer, wie es sich gehört« (PP181) – berichtet (»Und plötzlich erscheint, wie vom Mondlicht eingefärbt, wie eine Luftspiegelung El Dorado« ebd.), nimmt aus den hybriden Mythen und den Hinweisen der nach dem sagenhaften Goldland befragten Indianer, aus den Paradiesmythen der Alten Welt und den Gold-Fantasien der Eroberer und Entdecker über mehrfache inhaltliche und formale Transformationen Gestalt an[154] und erscheint in den frühneuzeitlichen Berichten und zeitgenössischen Karten an wechselnden Orten, vom Gebiet der Muisca im Gebiet des heutigen Kolumbien bis zur Laguna di Paramaibo in Guyana, schließlich mit der Evidenz eines wissenschaftlich kartierten Ortes.[155] Das lässt sich als Anspielung auf die alten Paradies- und Welt-

153 Vgl. C. Buci-Glucksmann: Kartographischer Blick, S. 180: »Denn die Existenz der Karte ist ohne ihre Politik nicht denkbar, seit den Phöniziern hat bis jetzt noch jedes Imperium die Karte zum Staatsgeheimnis erklärt. Die byzantinische Kontrolle über die ptolemäischen Karten, die Schaffung eines staatlichen Kontrollwesens in Portugal (die Casa de India) oder Spanien (die Casa de Contracción). [...] Tatsächlich sind Karten der Einsatz politischer und militärischer Macht.«

154 Die Transformation, die die Erzählung durchläuft, ist bemerkenswert, da sich in ihr ein epistemischer Wechsel abbildet: *El Dorado*, der vergoldete *Mann*, die Gottheit, ein Häuptling oder ein Opfer-Priester, der in der autochthonen Mythologie das Jenseitige und die *Gabe* an dieses Jenseitige als *Figur* darstellt, wird – in Verkennung ihrer symbolischen Bedeutung – metonymisch im *topografischen* Dispositiv der Konquistadoren zum *Ort* des Opfers (dem See oder der Stadt), an dem Gold zu *finden* ist. Der immateriell rituelle Aspekt wird verdinglicht – rituelle Performanz wird unter den Bedingungen frühneuzeitlicher Territorialisierung zu ›Verfügen über Orte‹. Die Differenz zwischen beiden bleibt paradox im gemeinsamen Namen El Dorado sichtbar, der zu einem Kürzel des kulturellen Gedächtnisses und der Verschiebung selbst wird.

155 1596 publiziert Sir Walter Raleigh nach seiner Expedition nach Lateinamerika auf der Suche nach dem sagenhaften Gold-Land seinen Bericht *The discoverie of the large rich, and bewtiful empyre of Guiana*, dem er auch

karten lesen, deren ›Richtigkeit‹ weniger in der genauen geometrischen Vermessung als in ihrer Darstellung eines Weltbildes wurzelt, das ihre Objektivität garantiert und ihre Darstellungskonventionen (etwa die Wahl des Weltmittelpunkts oder die axiale Ausrichtung) begründet. Damit wird im Roman ein Medium in seiner Entwicklung vorgeführt, das unter dem epistemischen Druck neu entstehender Weltbilder seine Inhalte und Darstellungsmodi verändert und gleichzeitig neue Vorstellungen von der Welt befördert. Die ikonische Karte wird zu einem Medium geometrischer Repräsentation.

Poetologisch gewendet wird das Kartendispositiv schließlich in der pseudoauktorialen (scheinbar allwissenden und allsehenden) Perspektive des Protagonisten, die durch das Einspielen eines zeitlichen (historischen) und räumlichen Überblicks simuliert wird. Sie stellt sich über die Medienwirkung der benützten und evozierten Medien her (die Vollständigkeit insinuierende schriftliche Enzyklopädie, das imaginäre Museum, die Landkarte als zuverlässige referentielle Abbildung, nicht zuletzt die Gegenwärtigkeit überzeitlicher Mythen), die die eingeschränkte (›tunnelartige‹) Sicht der autobiografischen Schreibweise des Romans ursurpiert und den Bericht über den Verlauf der Reise durch erklärende, kommentierende und kritische Parerga überschreibt. Nicht zuletzt die Rezeption des Romans als Beleg einer genuin lateinamerikanischen Identität oder als authentischer Reisebericht bestätigt die suggestive narrative Herstellung einer imaginären Kartografie des Romans. Die Auffaltungen der einzelnen Szenen, ihre scheinbar unendliche Vervielfältigbarkeit, die sich dadurch ergebende Dissemination des Raumes der Reise selbst erweisen sich als Momente einer ikarischen Poetik. Autoreflexiv pointiert wird sie in einer bisher kaum beachteten Beschreibung einer Verdopplung des Blicks: Am Feuer rufen Bruder Pedro und Montsalvatje den Mitreisenden die Geschichte und Mythen der Konquista in Erinnerung, die Geschichte »der Riesenkönigin Cicanohora«, jene von Fischmenschen, Fabelwesen, »Karbunkelhündchen, die einen strahlenden Edelstein zwischen den Augen trügen«, der »Hydra«, dem »Bezoarstein«, »Tachonachas, unter deren Riesenohren sich fünf Menschen niederkauern konnten«, Menschen «deren Beine [...] in Vogel-Strauß-Krallen endeten«, und »Amazonen« (alle PP 183f), Fabelwesen also[156], die zunächst noch einmal an jene erinnern, die in den zeitgenössischen Erzählungen tradiert und auf den zeitgenössischen

eine *Schilderung der großen und schönen Stadt Manoa (welche die Spanier El Dorado nennen)* anfügte. Siehe den *Parime lago* auf dem Kartenblatt *Brasilia* im Vol. XI des Atlas Mayor von Johannes Blaeu (Joan Blaeu) von 1665: Joan Blaeu: Atlas Mayor of 1665 (= Nachdruck der: GEOGRAPHIA; quae est cosmographiae blavianae, pars prima, qua orbis terrae tabvlis ante oculos ponitur et descriptionibvs illvstratvr; Amsterdami, MDCLXV, nach dem Original aus der Österreichischen Nationalbibliothek Wien), Köln/London/Los Angeles u.a.: Taschen, o.J.

156 Vgl. dazu: Peter Wegmann: »Gefürchtet – Gejagt – Im Bilde gebannt: Phantastische Bewohner entlegener Lebensräume in der Kunst der Renaissance und des Barock«, in: Hans-Konrad Schmutz (Hg.), Phantastische Lebensräume, Phantome und Phantasmen. Aufsätze des Zürcher Symposions der Schweizerischen Gesellschaft für Geschichte der Medizin und der Naturwissenschaften vom 10. und 11. Oktober 1996. Marburg an der Lahn: Basilisken Presse 1997, S. 89-118.

Landkarten in deren Parerga- Kartuschen oder im leeren Raum zwischen den befahrenen Küsten abgebildet sind. Im Verlauf des Berichtes verschiebt sich die tatsächliche Erzählinstanz: Die Rede Montsalvatjes wird zur Wiedergabe von Reiseberichten anderer, die ins kollektive Gedächtnis eingegangen sind, von Mythen, Märchen und jenen Geschichten, die im Urwald an den Lagerfeuern erzählt werden, sodass schließlich ein eigentlicher (intratextueller) Erzähler nicht mehr auszumachen ist.[157] Die Schilderung wird zu einem kollektiven und zugleich anonymen Text, der unterschiedliche Räume und historische Epochen auf einem narrativen Tableau integriert, das das epistemische System einer abgeschlossenen topografischen Karte und deren Ergänzung des individuellen Blicks und seines beschränkten Gesichtskreises durch einen kollektiven Überblick evoziert und inszeniert. In dieses Tableau schreiben sich auch die Teilnehmer durch ihr Zuhören und ihre Imagination ein.[158] Schließlich setzt Montsalvatje fort:

»An der Pazifikküste seien Zeichnungen von derart ungeheuren Ausmaßen entdeckt worden, daß die Leute seit undenklichen Zeiten darüber hinweggegangen seien, ohne zu merken, daß sie den Fuß darauf setzten; als sollten sie von einem anderen Planeten aus gesehen werden, waren diese Zeichnungen von Völkern entworfen worden, die als Schrift ein Knotensystem benutzten und jede Erfindung des Alphabets mit dem Tode bestraften.« (PP185)[159]

---

157 Die Verschiebung der Erzählperspektive wird in einer Vignette explizit gemacht: »Mit seiner schweren Hornbrille, der sonnengebräunten Glatze, den kurzen, sommersprossigen Händen und fleischigen, an Seesterne erinnernden Fingern verwandelt sich der Pflanzensammler in meiner von seinen Worten angeregten Phantasie in eine Art Erdgeist, in einen höhlenbewachenden Zwerg.« (PP181)

158 Vgl. PP203: »Wir sind Konquistadoren auf der Suche nach Manoa. Bruder Pedro ist unser Kaplan, bei dem wir beichten, falls wir an der Schwelle des Reiches tödlich verwundet werden. Der Pionier könnte ganz gut Philipp von Hutten sein, der Grieche Micer Kodros, der Astrolog, und aus Falke wird Balboas Hund Leoncico. Mir selbst lege ich in dieser Expedition die Rolle des Trompeters Juan de San Pedro zu [...]. Und die Indios sind eben die Indios.«

159 Die Nazca-Linien, die neuer Forschung zufolge zwischen 600 und 100 v. Chr. entstanden sind und die in den 1920er Jahren wiederentdeckt werden, als die ersten kommerziellen Fluglinien die peruanische Nazca-Wüste überfliegen, sind seit 1994 in die Weltkulturerbe-Liste der UNESCO aufgenommen. Es handelt sich dabei um Geoglyphen außerordentlichen Ausmaßes. Die Linien auf der ebenen Fläche, die aus der Vogelperspektive als Dreiecke, trapezförmige Flächen, Menschen, Vögel, Affen und andere Tiere erkennbar werden, sind bis zu 20 km lang, die Figuren selbst erreichen eine Größe von 10 bis mehreren hundert Metern. Ob es sich dabei um zeremonielle Artefakte, um Kalender oder agrikulturelle ›Aufschreibesysteme‹ handelt, ist nach wie vor Gegenstand wissenschaftlicher Forschung. Einem breiten Publikum bekannt wurden sie durch das 1968 vom Sensationsautor Erich von Däniken veröffentlichte umstrittene Buch, in dem sie als Landebahnen außerirdischer Besucher interpretiert werden. Inwiefern eine Lektüre von Carpentiers 15 Jahre vor Dänikens Buch erschienenem

In diesem Blick- und Perspektivenwechsel von der unmittelbaren *körperlich-sinnlichen* Wahrnehmung zu einem ›*planetarischen*‹ Blick, der erst das Ganze in seiner Gestalt erfassen kann, erscheint das poetische Verfahren des Spiels zwischen autobiografischer und pseudoauktorialer Erzählhaltung abgebildet. Dem wahrheitsverbürgenden autobiografischen Reisebericht wird die Raum und Zeit überblickende Kommentar-Perspektive als sein Supplement hinzugefügt, das die Zusammenschau des Entlegendsten und Heterogenen in ein und demselben Text ermöglicht: Jene antiker Mythen und einer lateinamerikanischen Beerdigungsszene, der modernen Ölpumpen und des Robotermythos des Popol-Vuh, der okzidentalen Physiognomik und der Beschreibung indianischer Gesichter, oder der Kulturen des Mittelmeerbeckens und der Kulturen Amerikas, also jener »großen Rassen der Welt, die entlegendsten und die unterschiedlichsten, die Jahrtausendelang nicht wußten [sic], daß sie auf dem gleichen Planeten lebten« (PP107).[160]

Die prononcierte Zusammenfügung des Heterogenen, die ständige Überschreitung von Raum- und Zeitgrenzen und schließlich die auffallende Dichte und Autoreflexivität der Verfahren anderer Künste im Roman und deren komplexe Integration legen es nahe, dieses kartografische Verfahren der Abbildung des Verschiedenen auf einer integrierenden Kartenfläche auf die Poetik des Textes zu übertragen: Damit ließe sich sagen, dass der Roman seine Partizipation an den Schreibweisen anderer (verschiedener) Künste und diese Künste selbst in ein bewusstes (autoreflexives) Verhältnis zueinander setzt und sich damit als jener Ort erweist, an dem – pointiert und paraphrasierend formuliert – das Narrative, das Theatrale, ekphrastische Beschreibungen, musikalische und architektonische Strukturen, ›die Jahrhundertelang nicht wussten [nicht ausreichend theoretisch reflektierten], dass sie an der selben Textur weben‹ gleichzeitig an der Figuration des Wahrnehmbaren und damit an der Sinnkonstitution beteiligt sind.

5.8.2 Die Zeit

Der raschen Annäherung und beschreibenden virtuellen Inbesitznahme der Großstadt vom Flugzeug aus korrespondiert der rasche reale Verlust der Landschaft bei der Abreise. In ihm bildet sich die durch je unterschiedliche Verkehrsmittel entstehende ›Entfernung‹ zwischen den Orten ab, die den Aspekt der Dauer der Reise in die Distanzwahrnehmung einfügt.

»Ich kann es kaum fassen, daß diese Henochstadt, in der es noch keine Schmiede gibt [...] nur drei Flugstunden von der Hauptstadt entfernt sein soll. Das hieß, daß man die achtundfünfzig Jahrhunderte zwischen dem vierten Buch der Genesis und dem Jahr,

---

Roman und dessen ›planetarische‹ Fantasie Däniken beeinflusst hat, mag eine interessante Frage sein. Auffallend ist, dass Dänikens Buch wie die Herberge in der Urwaldstadt des Romans heißt *Erinnerungen an die Zukunft.*

160 Vgl. auch PP139: »Daß eine ganze Kultur [jene der Moderne] mit ihren Verzerrungen und Ansprüchen mich von dieser [Rosarios] Stirn trennte, hinter der vielleicht nicht einmal eine klare Vorstellung von der Kugelgestalt der Erde oder von der Aufteilung der Landkarte in Nationen herrschte.«

das für die dort Lebenden gilt, in hundertachtzig Minuten zurücklegen und über Städte, die heute dem Mittelalter, der Konquista, der Kolonialzeit oder der Romantik zugehören, in die Epoche zurückkehren kann, die manche ohne weiteres der Gegenwart gleichsetzen - als ob nicht auch hier Gegenwart wäre. [...] Rings um mich schließen sich die Vorhänge [der Bäume, der Wolken]. Landschaftselemente werden mir fremd, die Ebenen schieben sich ineinander, der Weg spricht nicht mehr zu mir. [...] Eine Wolke verdichtet sich hinter uns, und um besserer Flugbedingungen willen, steigen wir in den opalisierenden Dunst auf, der uns von allem abschneidet.« (PP296ff)

Die Distanz, die als Effekt der technischen Medien ihrer Beschreibung und Bewältigung beschrieben wird, wird in die Historizität der technischen Entwicklung – von der Erfindung des Rades über Leonardos Flugmaschinen, die Ballone und Montgolfieren des 18. Jahrhunderts, die Segelflugmaschinen des 19. Jahrhunderts und schließlich der Motorflugzeuge – übersetzt:

»Die Menschen des Neolithikums fliehen entsetzt vor dem Flugzeug, [...] nicht hundertundfünfzig Meter, sondern fünfzehnhundert Jahre trennen die Maschine vor dem Indio-Chef, der sie, den Bogen in der Hand, herausfordernd betrachtet. Zum ersten Mal dröhnt in dieser Weltabgeschiedenheit ein Explosionsmotor; zum ersten Mal wird die Luft von einem Propeller herumgewirbelt, und die zwei Runde, die dort, wo die Vögel ihre Beine haben, nebeneinander herabhängen, bringen nichts Geringeres als die Erfindung des Rades in unsere Gegend.« (PP294f)

Damit sind Geschichte und Technik im weitesten Sinn, so wie die Geschichte der menschlichen *techné* selbst als Handlungsgeneratoren des Textes zur Sprache gebracht und im weiteren Kontext einer Ablösung des Mythos durch moderne Formen des Weltverständnisses platziert.

5.9 Die Überquerung der Anden. Das Panorama

Evoziert der Erzähler zur Beschreibung der Stadt Los Altos das Medium des Bilderbogens, das er durch verwandte Blick-Strategien modifiziert und anreichert, so nutzt er zur Darstellung der Überquerung der Anden das optische Paradigma des Panoramas und dessen Standortbestimmung und Blickführung. Damit wird zunächst eine Darstellung der Topografie des bereisten Landes mit einer Engführung von intertextuellen, ästhetikgeschichtlichen und subjektphilosophischen Diskursen möglich, die auf die Landschaft selbst zurückwirken und sie als Objekt naturwissenschaftlicher und metaphorischer Interpretation ausweisen, in Frage stellen und hybridisieren. Zum anderen wird die auf der Erzählebene immer wieder vorgeführte und auch als Charakteristikum der lateinamerikanischen Realität behauptete Simultanität auf poetologischer Ebene durch die Verwendung simultanitätserzeugender Schauweisen begleitet und zugleich herbeigeschrieben und arrangiert. Schließlich gehören zur Befreiung des Blickes auf den freien Horizont auch sein Pendant: die gleichzeitige neue ›Einkerkerung‹ des Blicks, die das Romanthema Flucht aus dem Gefängnis aus der Poetik des Horizonts abzuleiten erlaubt, sowie das Motiv der Selbstreflexion, die sich nun nicht mehr über die Metapher des Spiegels, sondern über einen perspektivischen Blick vollzieht.

5.9.1 Der Blick auf sich selbst

Zunächst besteht der ›Eintritt‹ in das tatsächliche Panorama des Gebirges wie auch beim Dispositiv des künstlichen Panoramas in einem Aufstieg auf jenen Punkt, von dem aus sich die Aussicht darbietet. Die Reisenden bewegen sich vom tiefer gelegenen Ausgangspunkt in die Höhe der Berge, wobei diese Aufwärtsbewegung durch den Umstand modifiziert ist, dass sie in einem Verkehrsmittel geschieht und dadurch an der durch die Autobusreise konfigurierte Ästhetik partizipiert.[161] Die körperliche Anstrengung des Aufstiegs wird der Leistung der Maschine übertragen, allerdings in der Metaphorik menschlicher Mühe beschrieben und damit anthropomorphisiert:

»Mit quietschenden Achsen und Staub in den Nordostwind wirbelnd, kletterte der Autobus höher, kletterte über den Abgrund geneigt, mit solcher Anstrengung, daß es schien, als hätte jede überwundene Höhe das verbeulte Chassis unsagbare Leiden gekostet«. (PP102)

Die Anstrengung der Fortbewegung bleibt also spürbar und akzentuiert damit die Höhe des Gebirges, den steilen Anstieg und die Ausgesetztheit des Weges einer Landschaft, deren

»[...] Berge wuchsen und wuchsen. Jetzt, da die Gipfel in der Sonne lagen, ragten sie zu beiden Seiten immer schroffer und düsterer empor, wie schwarze Äxte, die Schneide in unaufhörlich brausend aus den Schluchten aufsteigendem Wind. Die Landschaft erweiterte ihre Maßstäbe, stellte neue, erdrückende Proportionen auf.« (PP102)

---

161 Subtil findet sich im Fahrzeug selbst (wie auch schon in den Verweisen auf den lateinamerikanischen Urwaldroman, vor allem auf die Geschichte der Kautschuksammler in *La voragine*) der Hinweis auf die *Materialität* des Verkehrs-*Mediums.* Der für die Autoindustrie, die Autoreifen, unentbehrliche Kautschuk stammt ursprünglich aus Mittelamerika, wird schon in den vorkolonialen indigenen Kulturen genutzt und (nach Entdeckung des Verfahrens der Vulkanisierung durch Charles Goodyear) als Rohstoff für den Gummi zur Quelle des Reichtums Brasiliens. Das Außer-Landes-Schmuggeln von Kautschuksamen mit Duldung der Kolonialbehörden und der Anbau in Asien und Afrika bringen Konkurrenz, Preisverfall und Niedergang der betroffenen Regionen. Ironisch wird damit die Wahrnehmungsschulung durch technische Verkehrsmittel wie den Autobus an die Materialität und technische Kompetenz der autochthonen Kulturen rückgebunden. Implizit ist damit erneut ein Kontext markiert, der auch auf die lateinamerikanische Avantgarde verweist. Vgl. A. Knauth: »Lateinamerikanische Avantgarde«, S. 1: »Die Vulkanfiber – gemäß Meyers Konversationslexikon – diente vornehmlich der Herstellung von Koffern und Dichtungen, bzw. Dichtungsringen. In einem der wichtigsten Manifeste der lateinamerikanischen Avantgarde, dem Manifiesto Martìn Fierro des Argentiniers Oliverio Girondo von 1924 wird der – aus Vulkanfiber hegestellte – Koffer als ein futuristisches Kunstwerk, eine ›obra de arte‹ gepriesen, vor allem bei Ozeanreisen auf Ozeanriesen, die ›geschmackvoller als Renaissance-Paläste‹ sind.«

Diese sich im Verlauf der Fahrt stets neu ergebenden Proportionen von Mensch und Natur werden zunächst aus der Sicht des Erzählers und von seinem gewissermaßen durch den Autobus erweiterten Körper aus beschrieben: Das Gebirge erweist sich als außerordentlich hoch, das Maßverhältnis zu den Reisenden wird durch die Länge und Dauer des Weges zum scheinbaren Ziel und durch dort immer neu auftauchende und noch zurückzulegende Wegstrecken zum tatsächlichen Zielpunkt zum Ausdruck gebracht:

»Als wir glaubten, am Ende dieser Auffahrt über hunderte von Kurven und enge Kehren die Höhe erreicht zu haben, entdeckten wir einen anderen, noch steileren, noch zerklüfteteren Grat, zwischen vereisten Gipfeln, die mit ihren gewaltigen Höhen die zuvor erklommene Höhe weit überragten.« (PP102)

Dieser subjektiven Perspektive wird nun eine weitere hinzugefügt, die wie von einem entfernten Standpunkt aus die Landschaft und das sie durchquerende Gefährt von außen darstellt und dabei die Proportion Mensch-Natur über eine sich perspektivisch ergebende Größenänderung beider beschreibt, in der der Mensch und sein Fahrzeug immer kleiner werden: der Autobus wird zu einem

»[...] Gefährt, das unter immer höheren Bergen immer kleiner wurde [...] Bei seinem Aufstieg durch die Schlucht war das Fahrzeug immer mehr geschrumpft, stand, wie es sich auf seinen runden Hinterbeinen vorwärtsschob, den Insekten näher als den Felsen.« (PP102)

Nicht mehr aus der Sicht, oder besser, nicht mehr vom Standpunkt des Reisenden aus, der, die Berge ins Maßlose wachsen sehend, sich selbst zunächst als unverändert groß wahrnimmt, sondern von einem dritten Beobachtungspunkt aus, der dem Geschehen ›gegenüber‹ liegt, wird der Ablauf dargestellt und in eine scheinbar objektive Relation überführt. In einem gleichsam filmischen Blick durch das Objektiv einer Kamera, die Bewegung in der Abfolge von Bildern darstellt, sieht sich der Erzähler von außen als betrachtetes Objekt, das, den Gesetzen der Optik gehorchend seine Größe entsprechend dem Bildausschnitt und der darin befindlichen Objekte relativiert findet. Dass die Beschreibung ein dem surrealistischen Film Louis Buñuels entlehntes Element (das sich auf seinen Hinterbeinen vorwärtsschiebende Insekt) aufnimmt, erscheint – die Logik des realisierten Blicks buchstäblich aufnehmend – als konsequente Zuspitzung. Dieser kinematographische Blick von außen – auf sich selbst – als medial ›erlernte‹ Fähigkeit erlaubt in der Erzählung schließlich auch eine differenzierte Selbstwahrnehmung, die die Dimension der Umgebung miteinzubeziehen erlaubt und als zusätzliche, mediendiskursiv erzeugte Wahrnehmungsgewohnheit schließlich eines tatsächlichen dritten und distanzierten Beobachtungspunktes nicht mehr bedarf. Er erweist sich nun als ins Innen der Reflexion verlegt und stellt dort gewissermaßen metaphorisch die ›Distanz des Subjekts zu sich selbst‹ her:

»[Nun] war es mit unserem Ansehn als Menschen zu Ende [...]. Wir waren winzige Wesen, stumm, mit starren Gesichtern in diesem Hochland [...] weit oben waren andere Wolken, die [...] niemals die Menschen zu Gesicht bekämen, die sich zwischen den Dingen im Menschenmaßstab bewegten.« (PP103)

Was hier geschieht, ist nichts weniger als die Selbstaufgabe des Subjekts an das optische Paradigma. Anders als im Spiegel der Kurator-Episode, in der der Erzähler sich selbst als virtuelles Gegenüber erlebt, mit dem er reflektierend in Dialog tritt, ist die Selbstbeobachtung der Reisepassage an eine dritte Perspektive veräußerlicht, die statt des subjektiven Gesprächs des Subjekts mit sich selbst einen objektiven, nicht mehr direkt befragbaren Blick inszeniert, der von ihm selbst nur mehr wie von einem Dritten realisiert werden kann.[162]

Die Szene wiederholt und intensiviert eine scheinbar unauffällige Miniatur des Romanbeginns: Der Erzähler ergeht sich, um der ermüdenden Routine seines Berufs zu entkommen, in ausschweifenden Vergnügungen »bis Trinken und Feiern mich [...] aufs Bett streckten und ich, um Schlaf zu finden, eine schwarze Maske über die Augen legte, unter der ich, wenn ich schlief, aussehen mußte, wie Fantomas im Ruhestand. Das spaßige Bild gab mir die gute Laune zurück.« (PP17) Auch dieser Außenblick auf sich selbst ist doppelt als filmischer Blick kodiert: nicht nur die veräußerlichte Perspektive, sondern auch der abgerufene Vergleich, nämlich der mit einer Filmfigur[163], bilden die Entfremdung des Subjekts im filmischen Paradigma ab.

Die Beschreibung der Entstehungsbedingungen des Außenblicks auf sich selbst legt seine panoramische Optik frei. Als Visiotypie, also gewissermaßen als optische Denkform, erzeugt dieser Blick durch den Wechsel des Mediums den Eindruck distanzierter Objektivität. Dadurch wird seine metaphorische Qualität, sein ›Abstand‹ zur angeschauten Realität durch die zwingende Evidenz des Bildes ersetzt. So erlangt es auch Objektivierungs- und Beglaubigungsfunktion in einer Erzählung, die an der Genregrenze von (fiktionalem) Forschungsbericht und (fiktionaler) Autobiografie auf objektivierende Erzählverfahren rekurriert, um den diesen Textsorten implizit inhärenten Wahrheitsanspruch zu bedienen.

5.9.2 Horizont. Befreiung. Gefängnis

Schließlich ist das Ende des Anstiegs der Andenüberquerung erreicht. Dem Blick nach unten zeigen sich Täler, Gründe, Schlüfte, der Rundumblick zeigt nie betretene weiße Gipfel und Vulkane, über denen nur noch Wolken fliegen. Die Landschaft bietet sich als Panorama dar.

Der Begriff Panorama ist ein griechisches Kunstwort, das sich aus *pan* (= alles) und *hórama* (= sehen) zusammensetzt. Als malerisches Genre und als Begriff entsteht es am Ende des 18. Jahrhunderts und wird, so Eberhard Roters, sogleich von der Öffentlichkeit so selbstverständlich aufgegriffen, »als

162 Vgl. Bildanhang, Abbildung 5.

163 Pierre Souvestres und Marcel Allains Roman über den genialen und skrupellosen Verbrecher Fantomas, dem zwischen Februar 1911 und September 1913 im Monatstakt 31 und schließlich zwischen 1926 und 1963 vierzehn weitere, nach dem Tod Souvestres nur noch von Marcel Allain verfasste Fantomas-Abenteuer folgten, wurde mehrfach als Kino- und Fernsehproduktion verfilmt: 1913 von Louis Feullade als kurzer Stummfilm von 1146 Metern, 1932 durch Paul Féjos in Spielfilmlänge, 1937 durch Ernst Moermann in Kurzfilmlänge, 1946 durch Jean- Louis Bouquet und Jean Sacha als Spielfilm, 1948 durch Solange Térac und Robert Vernay.

habe man nur darauf gewartet. In den allgemeinen Sprachgebrauch [geht] es zur Charakterisierung jeglicher Art von Weitsichten und Rundblicken ein« und wird schließlich »[...] als Metapher zur Kennzeichnung der Bewußtseinslage des 19. Jahrhunderts insgesamt [...] charakteristisch«.[164] Bemerkenswert ist der Umstand, dass »fast gleichzeitig mit seiner ersten Verwendung als *terminus technicus* [...] das Wort auch in übertragenen Bedeutungen auf[taucht]«[165], verallgemeinernd im Sinn von Rundblick, Überblick sowohl im Bereich unmittelbarer Landschafts- oder Stadtbetrachtung als auch metaphorisch in Kunst, Literatur, Geschichte, der Beschreibung allgemeiner Verhältnisse.

Das Verlangen nach der Erweiterung des Blickwinkels, das sich auch im zeitgenössischen Interesse an Turmbesteigungen und ihren Ausblicksmöglichkeiten artikuliert, lässt das namengebende technische Panorama in den Genres der Theatermalerei[166] und der Stadtansicht[167] entstehen, die in der Vedute das Breitformat als Bestandteil der künstlerischen Ausdrucksform verwendet. Bei den zu Schauzwecken öffentlich ausgestellten Panoramen wird dieser Blinkwinkel, der normalerweise 46° beträgt, zumeist auf 180°, gelegentlich auch zur Rundumsicht von 360° erweitert.[168] Das ermöglicht,

---

164 Eberhard Roters: Jenseits von Arkadien. Die romantische Landschaft, Köln: DuMont Buchverlag 1995, insb. ›Panorama - Die Erweiterung des Blickwinkels‹, S. 110-129, hier S. 111; vgl. auch: Stefan Oettermann: Das Panorama. Die Geschichte eines Massenmediums, Frankfurt am Main: Syndikat 1980; hier S.7: »Der Erfinder des Wortes ist unbekannt, das genaue Datum des ersten Gebrauchs nur eingrenzbar: zwischen 1787 und 1795, vermutlich aber nicht vor 1792.«

165 S. Oettermann: Panorama, S. 8; - vgl. auch: A. Koschorke: Horizont, S. 156: »Verallgemeinernd läßt sich sagen, daß der Blick über Körperhaftigkeit und Enge des Vordergrunds hinweg zu einem nach allen Seiten hin offenliegenden Horizont eines der prägenden kollektiven Wahrnehmungsmuster für das aufstrebende Bürgertum des späten 18. Jahrhunderts bildet. Alles, was metaphorisch den gesellschaftlichen und kulturellen Aufbruch dieser Epoche charakterisiert - in Metaphern der Übersicht, der Entdeckung, des Niederreißens von Schranken und Hindernissen jeder Art - wird kognitiv in der individuellen Raumerfahrung antizipiert und eingeübt.«

166 Vgl. S. Oettermann: Panorama, S. 20f: »Als direkte Vorläufer werden immer wieder spätbarocke Deckenfresken in Kirchen und barocke Bühnenmalereien genannt, die ja, zumindest was die Perfektion der Perspektive betrifft, den Rundgemälden sehr ähnlich sind. [Das] Panoramatheater in der idealen Form [...] wurde niemals verwirklicht, [dennoch wird es - über Schinkel - zum] Beginn der bürgerlichen Bühnengestaltung« die die barocke, höfische Kulissenbühne ablöst.

167 Vgl. E. Roters: Arkadien, S. 114.

168 Als öffentlich ausgestelltes Rundbild wird das vermutlich von Robert Barker erfundene und 1787 patentierte Panorama innerhalb kurzer Zeit zu einem populären Massenmedium. Varianten entstehen: Längen- und doppelte Längenpanoramen, Szenen- und Zimmerpanoramen, das Myriorama, das Diorama u.a. Ab den 1830er Jahren werden die Bilder mit einem dreidimensionalen Vordergrund mit Requisiten und Figuren versehen und

wie Martin Andree beschreibt, ein »[...] ›entrahmtes Bild‹, dessen ›360-Grad-Blick‹ eine mimologische ›Totalisierung‹ ist«[169]. Obwohl der extrem überdehnte Sehwinkel im Panorama oder in Veduten erstmals systematisch realisiert wird, beschränkt er sich nicht auf diese: Aus der Tradition der holländischen illusionsbildenden *Kamerabilder* entstanden, wird er weiterhin verstärkt in der in der Malerei realisiert. Caspar David Friedrichs *Der Mönch am Meer* (1808-10) oder sein Gemälde *Gebirgslandschaft mit Regenbogen* (um 1810) zeigen exemplarisch für die zeitgenössische Malerei (von Francisco de Goya über William Turner bis zu Gustave Courbet) Landschaften mit tiefem Horizont und überdehntem Blickwinkel.

Damit im malerischen oder technischen Panorama eine exakte topografische und perspektivische Darstellung möglich wird, wird das Panoramabild als Aneinanderreihung von Bildabschnitten hergestellt, die einander in einem um einen Mittelpunkt sukzessive gedrehten imaginären Rahmen folgen. Allerdings ergibt sich bei der nachfolgenden zylindrischen Anordnung der einzelnen Bildsektoren ein unerwünschter Effekt: Sie erscheinen verzerrt, alle waagrechten Linien unterhalb oder oberhalb der Körpermitte des Betrachters wirken wie nach unten oder oben gekrümmt.[170] Die sich ergebende Verzerrung des Gesamtpanoramas kann nur vermieden werden, indem die einzelnen Bildabschnitte selbst über ein System gekrümmter Linien korrigierend verzogen werden. Stephan Oettermann hat auf den Umstand deutlich hingewiesen,

auch in eigens dafür errichteten Gebäuden untergebracht. In der Folge entfaltet und befördert das Panorama eine bereits disponierte Seh-Bereitschaft und Sehgewohnheit, die eine neue Wendung der Subjektentwicklung ermöglicht und buchstäblich abbildet, indem es sie als *Visiotypie* - also als optische Denkform - abbildet. Zur Entstehung der Faltpanoramen, die seit ca. 1800 zunächst als Souvenir-Ansichten von Aussichtsbergen und schließlich als ›Gebrauchstexte‹ Blick und Wahrnehmung der europäischen Alpen prägen und dabei sowohl naturwissenschaftliche, geologische, morphologische, geografische und topografische Interessen als auch die Lust am Sehen, die Orientierung auf noch zu besteigenden Bergen oder die Erinnerung an vergangene Bergtouren wie auch kommerzielle, touristische Interessen befriedigen, siehe: Anton Holzner: »Rundum Berge. Faltpanoramen: so weit das Auge reicht - im Taschenformat«, in: Walter Klier (Red.), Berg 2002 (= Zeitschrift 126), München/Innsbruck/-Bozen: Alpenvereinsjahrbuch S. 172-175. Die perspektivische Konstruktion vieler der weitwinkeligen Landschafts- und Stadtdarstellungen als auch der Panoramen im engeren Sinn werden mithilfe der Camera Obscura hergestellt, die als Vorläuferin des Fotoapparats gilt. Vgl. dazu: E. Roters: Arkadien, S. 120.

169 M. Andree: Archäologie der Medienwirkung, S. 127 unter Berufung auf A. Koschorke (FN 404) und Norbert Bolz (FN 405).

170 Vgl. dazu den Hinweis bei A. Koschorke: Horizont, S. 65: »Schon den Renaissancemalern wurden die Abweichungen und Randverzerrungen bewußt, die durch die strenge Befolgung der Planperspektive bei unbeweglichem Auge entstehen. Sie verminderten sie, sei es durch konzilianten Umgang mit den Regeln, sei es durch die Wahl eines günstigen Verhältnisses zwischen Betrachterdistanz und Abmessungen des Gemäldes.«

dass nicht die Landschaft den sie erschließenden, malerischen Blick, sondern umgekehrt die Technik des Blicks das Landschaftspanorama konstituiert:

»Der Eindruck, dass [das Panorama] nach der natürlich sich ergebenden Rundumsicht benannt ist und nicht umgekehrt das Naturphänomen nach einer besonderen Art der Abbildung der Natur [suggeriert] dass das Panorama als Kunstform dem Panorama als einer seit ewigen Zeiten vorhandenen Naturform nachgebildet ist. [...] Das Panorama [ist] vielmehr bildlicher Ausdruck, ›symbolische Form‹ eines spezifisch modernen, bürgerlichen Natur- und Weltverständnisses. [...] So erscheint das Panorama in einer Hinsicht als eine Maschine, in der die Herrschaft des bürgerlichen Blicks gelernt und zugleich verherrlicht wird, als Instrument zur Befreiung und zur erneuten Einkerkerung des Blicks, als erstes optisches Massenmedium im strengen Sinne.«[171]

Oettermann hat auch auf den im medienhistorischen Zusammenhang dieser Studie bemerkenswerten Umstand der Patentierung des technischen Panoramas im Jahr 1787 aufmerksam gemacht: »Die Zeitgenossen hielten hier eine Kunstform für eine technisch-naturwissenschaftliche Neuerung. Das dokumentierten sie durch die selbstverständliche Verleihung eines Patentes, das das Panorama auf eine Stufe mit der Watt'schen Dampfmaschine stellt [...].«[172] Damit sind die medialen Bedingungen, unter denen sich der Panorama-Blick realisiert, als technische Bedingungen verstanden und in den Horizont der technisch-industriellen Umwälzungen des 19. Jahrhunderts gerückt, die als eines ihrer Produkte über Mobilität, arbeitsteilige Verfahren, Fragmentierungserfahrungen und Entäußerung ein neues Selbstverständnis des Subjekts erzeugt.[173] Gleichzeitig ist damit der seit der Cartesischen Wende entscheidend in Gang gekommene Abschluss einer Universalisierung und Homogenisierung des Weltbildes impliziert, die den vorneuzeitlichen Kosmos, in dem jeder Mensch und jedes Ding seinen natürlichen Ort und seine Bestimmung hat, und das Nebeneinander distinkter differenzierter Räume, die je eigenen Prinzipien unterworfen sind, durch die Vorstellung einer offenen Welt ersetzt, die einer prinzipiellen Ergründbarkeit zugänglich ist.[174]

171 S. Oettermann: Panorama, S. 7f.

172 Ebd., S. 7.

173 Vgl. S. Oettermann: Panorama, S. 21: »[...] das Panorama erscheint als säkularisierter, buchstäblich auf das Niveau des Betrachtes abgerutschter Himmel. Hier hat sich die Perspektive geradezu verkehrt: Aus dem gläubigen Aufschauen zu den himmlischen Heerscharen [etwa des barocken Kirchenhimmels] wurde die musternde Bestandsaufnahme der umgebenden Natur, die es zu unterwerfen und der Nutzbarmachung in kapitalistischen Verwertungszusammenhängen zuzuführen galt: von der göttlichen All-Schau – dem optischen Organisationsprinzip [der barocken] Deckenbilder, in dessen Zeichen, dem Dreieck mit dem Auge in der Mitte, die gesellschaftliche Hierarchie des Absolutismus ihren Ausdruck findet – von der göttlichen Allschau zum Panorama.« Vgl. auch A. Koschorke: Horizont, S. 143: »Die Überschau des Menschen vollzieht die Schöpfung der Welt zum zweitenmal. Es ist dieser durch den gesellschaftlichen Aufbruch des Bürgertums des 18. Jahrhunderts aktualisierte Auftrag, die Natur dem Menschen zuzueignen und vom Menschen her zu durchdringen [...].«

174 Vgl. dazu P. Brenner: »Erfahrung der Fremde«, S. 21-24.

Horizont[175] und Gipfel bedingen einander: Der erhöhte Standpunkt des Betrachters erlaubt ihm, den Horizont vollständig zu überblicken, das Wahrnehmungsmuster der Rahmenschau (siehe 5.12) wird durch die rings um den Horizont laufende Landschaft gesprengt. Der Betrachter ist selbst in das Gesehene hineinversetzt. Das Ich wird, wenn es sich auch dabei selbst nicht sehen kann, zur Mitte in dieser Allmacht des Blicks. Gleichzeitig ist der Horizont doppelt bestimmt: total als Limesfigur des Sichtbaren und partikular als Grenze eines ausgewählten Bereiches des Sichtbaren, der mit jedem realisierten Bild andere mögliche Bilder nicht realisiert. Erhöhter Standpunkt und Horizontumkreis werden zu Konstanten des Schaupanoramas. Darüber hinaus werden Standpunkt und Horizont als epistemische Kategorien auch metaphorisch zu Konstanten einer neuen Welt-Sicht und eines neuen Weltverständnisses.

»Auch für die Entdeckung einer anderen ›neuen‹ Welt war der Horizont von ungeheurer Bedeutung. Erst mit dem ›Einklinken‹ des Gewirrs perspektivischer Flucht- und Konstruktionslinien im Augenpunkt auf dem Horizont gewann der bis dahin schwankende Schauraum Solidität. [...] Mit der Einführung des Horizonts in die Welt des Abendlandes wird nicht nur die Entdeckung neuer, bis dahin ungeahnter Welten hinter dem Horizont möglich, auch die Entdeckung und Erforschung einer neuen Welt, die von ihm eingeschlossen wird, nimmt mit der Ausrichtung des Sehens auf die Zentralperspektive ihren Anfang.«[176]

175 Vgl. A. Koschorke: Horizont, S. 11: »Der Horizont ist ein neuzeitliches Phänomen. Als Bezugslinie des Sehens gewinnt er in dem Maß Bedeutung, in dem die Gesetze der Perspektive für die Landschaftswahrnehmung bestimmend werden. [...] Kulturhistorisch steht der Vertiefung des Blickraums und dem dadurch bedingten Erscheinen der Horizontlinie in spätmittelalterlichen Landschaftsprospekten die spekulative Eroberung der Raumtiefe des Kosmos zur Seite. Es ist das Kernstück der Kulturgeschichtsschreibung der Renaissance, den geistigen Zusammenhang der Aufschließung von optischer, geographischer und kosmischer Ferne hervorzubringen. Doch nicht nur einer solchen zeitlichen Koinzidenz, sondern auch ihrem motivischen Ursprung nach gehören Horizont, Grenze des Bekannten und Weltgrenze auf das engste zusammen. [...] Der Horizont im neuzeitlichen Verständnis, der vom Standpunkt eines betrachtenden Subjekts abhängt und sich mit ihm verändert, geht aus dem Bezugskreis älterer, vorperspektivischer Weltrandvorstellungen hervor.«

176 S. Oettermann: Panorama, S. 9. Oettermann datiert diesen Moment des Einklinkens »mit dem ersten zentralperspektivisch ›richtigen‹ Gemälde, dem Abendmahl von Dirk Bouts, etwa auf 1465«. Ebd.; – vgl. auch A. Koschorke: Horizont, S. 77: »Dem geöffneten Horizont der Raumerfahrung korrespondiert ein auf die Zukunft hin offener – und das heißt, menschliche Gestaltungsfreiheit ermöglichender – Horizont der Geschichte. Raum- und Zeitgrenzen sind dabei nicht als phänomenale Gegebenheiten an der Seite anderer Erfahrungstatsachen zu verstehen. Der Horizont ist nicht neben den Dingen, die sich perspektivisch auf ihn beziehen. Vielmehr ist er das Verhältnis zwischen der Sichtgrenze und dem, was sie umschließt, für die Struktur der ganzen Wahrnehmungswelt bestimmend. Die Grenze ist zugleich Produkt und Negativ der Gegebenheiten. Sie modelliert das

Die (literarische) Verarbeitung der neuen Weltsicht wird zum Motor eines spezifisch neuen Umganges mit der Welt. Die Fähigkeit zur Verarbeitung solcher Erfahrungen »[...] setzt schon einen Umbruch im Denken voraus, der von solchen Erfahrungen begleitet und durch sie beschleunigt, kaum aber initiiert werden konnte.[177]« Die Dinge, die früher gewissermaßen übereinandergestapelt gedacht wurden, ordnen sich jetzt in einem Hintereinander. Mit der Gewinnung des Raumes ändert sich die Beziehung der Dinge zueinander grundlegend.[178] Der Raum selbst ist, wie Koschorke beschreibt, kein »[...] neben anderen in symbolischer Abbreviatur ausgeführtes Bildelement mehr, sondern notweniges Medium der Anschauung. Was nicht in dieser räumlichen Kohärenz erscheint, kann nicht dargestellt werden. Der Bildraum wird zum neuen Definitionsmittel von Sichtbarkeit.«[179] Das graduelle Ende der symbolischen Darstellungsweise des Mittelalters führt über die Strukturgewalt der Perspektivierung und ihrer »extensionsloser Setzung eines Cogito [zu einer] enzyklopädischen Vollständigkeit in ein[em] System des Wissens«[180]. Ernst Cassirer beschreibt in seiner Philosophie der symbolischen Formen die virtuelle Homogenität des Raumes als abstraktes Ideal:

»Der homogene Raum ist [...] niemals der gegebene, sondern der konstruktiv-erzeugte Raum - wie denn der geometrische Begriff der Homogenität geradezu durch das Postulat ausgedrückt werden kann, dass von jedem Raumpunkt aus nach allen Orten und nach allen Richtungen gleiche Konstruktionen vollzogen werden können. Im Raum der unmittelbaren Wahrnehmung ist dieses Postulat nirgends erfüllbar. Hier gibt es keine strenge Gleichartigkeit der Orte und Richtungen, sondern jeder Ort hat

---

Sichtbare, indem sie es in seiner virtuellen Überschreitung zeigt. Man könnte sagen: das System der Wahrnehmung, das eine Epoche konstituiert, ist nicht bloß durch das Feld der von den Systemgrenzen eingeschlossenen internen Data gegeben, sondern durch die Modalitäten, in denen es seine Überschreitung entwirft und festlegt.« [Herv. i.O.].

177 Vgl. ebd., S. 49: »[Der Horizont] ist kein Bildmotiv im herkömmlichen Sinn, für das die Ikonographie zuständig wäre, sondern zunächst eine technische [sic] Größe. Fluchtpunkte und Horizontlinie müssen festgelegt sein, wenn ein Gemälde perspektivisch richtig konstruiert werden soll. Eine Geschichte des Bildhorizonts hat es folglich weder mit einer Art piktoralem Urphänomen noch mit einem Kompositionselement zu tun, das in lockerer Koordination mit den übrigen Bildteilen einem immanenten Bedeutungswandel oder gewissen semantischen Umbesetzungen gehorcht. Vielmehr ist der Horizont die allgemeine Resultante der visuellen, mathematischen und zumal am Anfang theologischen und philosophischen Bedingungen, die bei der Konstitution des Bildganzen wirksam sind. ›Denken‹ von ›Grenze‹ ist von der Ordnung der geschlossenen Totalität abhängig und bildet zugleich ihren Bezugspunkt. [...] Die Eroberung des Tiefenraums [...] vollzieht sich auf dem Weg des Subjektzentrierung der Bilder.«

178 P. Brenner: Die Erfahrung der Fremde, S. 20; - vgl. auch Martin Klepper: »Visualität und Textualität - Symptome einer schwierigen Beziehung am Beispiel der literarischen Perspektive«, in: Brosch/Tripp (Hg.), Visualisierungen, S. 87-108; insb. S. 89f.

179 A. Koschorke: Horizont, S. 79.

180 Ebd., S. 87f.

seine eigene Art und seinen eigenen Wert. Der Gesichtsraum wie der Tastraum kommen darin überein, daß sie im Gegensatz zum metrischen Raum der Euklidischen Geometrie ›anisotrop‹ und ›inhomogen‹ sind.«[181]

Für Erwin Panofsky bedeutet das perspektivische Sehen sowohl den »Triumph des distanzierenden und objektivierenden Wirklichkeitssinns« als auch den »Triumph des distanzverneinenden menschlichen Machtstrebens« die »Befestigung und Systematisierung der Außenwelt«, eine »Objektivierung des Subjektiven« und die »Erweiterung der Ichsphäre«[182]. Paradoxerweise bringt die Freisetzung des Blicks im Panorama auch ihr Gegenteil hervor: eine neue Form der Einkerkerung:

»[...] den scheinbar freiesten Blick auf die unverstellte Landschaft bietend, unterstellt [das Panorama] den Betrachter vollkommen und viel enger als alle anderen Versuche bildlicher Wiedergabe von Landschaft vorher. [...] Das Panorama, ein Gemälde ›sans bornes‹ [...] ist zugleich ein vollkommener Kerker des Blicks. Nirgends kann er über den Rahmen hinausschweifen, weil es keinen Rahmen gibt. Unentrinnbar fixiert diese Maschine [sic] den Blick auf die (wenn in der Kunstform auch nur scheinbare, gemalte) äußere Wirklichkeit. Ebenso unentrinnbar ist die Natur dem panoramatischen Blick [...] ausgeliefert.«[183]

Die in der Landschaft gemachte Entdeckung des Horizonts als Befreiung des Blicks und zugleich seiner neuerlichen Begrenzung »[...] korrespondiert direkt mit der ökonomisch-politischen Situation des Bürgertums unter dem Absolutismus«[184], das sich der Realität neuer Einengungen und Begrenzungen gegenübersieht, die als »diffuses Gefängnisgefühl«[185] wahrgenommen werden. In der Tat entsteht fast zeitgleich mit dem Panorama das Projekt des Panopticons, das an die Variante des Géoramas anschließt, dessen Abbildungsgegenstand – den astronomischen Kosmos – aber durch den Kosmos lebensweltlicher Verhältnisse ersetzt[186]: zunächst im Bereich der Manufaktur

181 Ernst Cassirer: Philosophie der symbolischen Formen, S. 105.

182 Erwin Panofsky: »Die Perspektive als ›symbolische Form‹«, in: Hariolf Oberer/Egon Verheyen (Hg.), Aufsätze zu Grundfragen der Kunstwissenschaft, Berlin: Spiess 1992, S. 99-168, hier S. 123.

183 S. Oettermann: Panorama, S. 17; vgl. auch A. Koschorke: Horizont, S. 181: »Die Rede vom Kerker der Sinnenwelt gehört zu den Gemeinplätzen nicht nur der Erbauungsliteratur, sondern auch der empfindsamen Profandichtung der Aufklärungszeit.«

184 S. Oettermann: Panorama, S. 17.

185 Ebd., S.18.

186 Als Sonderfall eines Panoramas gilt das The Great Globe genannte Géorama, das der englische Geograph und Kartograph James Wyld zwischen 1851 und 1862 als ein gewissermaßen invertiertes Panorama in London betrieb: In einer Hohlkugel, deren fünfstöckiger Aufbau über Stufen begehbar war, waren von den Aussichtsebenen aus die Landkarten der fünf Kontinente zu sehen: »Es handelte sich [...] um die Einstülpung der Erdoberfläche auf die Innenseite des Globus [...]. [Der Great Globe zeigte] in geradezu grotesker Verkehrung nicht den Ausblick in die unermeßliche Weite des Kosmos, sondern das Panorama holte den Horizont vielmehr

als Modell einer idealen Herstellungs- und Kontrollmaschine, deren Arbeitskräfte durch den beobachtenden Blick zu pünktlichen Arbeitern erzogen und überwacht werden sollten. Zum Gefängnis wird das Panopticon oder *Inspection-House* als Projekt des Staatsrechtlers und Utilitaristen Jeremy Bentham: ein zylindrisches Gebäude, dessen Einzelzellen in vier bis sechs Stockwerken ringförmig um einen zentral gelegenen Beobachterturm geordnet sind, sodass die Gefangenen aus Überwachungs- und erzieherischen Gründen jederzeit beobachtet werden können, ohne selbst zu wissen, wann genau der beobachtete Blick auf sie realisiert wird. Michel Foucault beschreibt in seinem Buch Überwachen und Strafen diese hierarchische Überwachung als eine des »zwingenden Blicks«, als den Blick einer Anlage,

»[...] in der die Techniken des Sehens Machteffekte herbeiführen und in der umgekehrt die Zwangsmittel die Gezwungenen deutlich sichtbar machen. Langsam bauen sich im Laufe des klassischen Zeitalters jene ›Observatorien‹ [...] auf, denen die Wissenschaftsgeschichte so wenig Aufmerksamkeit gewidmet hat. Neben der großen Technologie der Fernrohre, der Linsen, der Lichtkegel, die mit der Gründung der neuen Physik und Kosmologie Hand in Hand gingen, entstanden die kleinen Techniken der vielfältigen und überkreuzten Überwachungen, der Blicke [...]; eine lichtscheue Kunst des Lichtes und der Sichtbarkeit hat unbemerkt in den Unterwerfungstechniken [...] ein neues Wissen über den Menschen angebahnt.«[187]

In diesem »Panoptismus« (Foucault) wird das Panopticon als »[...] architektonischer Apparat [zu einer] Maschine«[188], deren Machtausübung vom Machtausübenden konzeptuell und zunehmend auch real unabhängig ist: Die Überwachung kann und muss nicht jederzeit erfolgen, es genügt, dass sie jederzeit *möglich* ist, und sie ist nicht mehr an tatsächliche Machthabe als ihre Voraussetzung gebunden. Die Maschine stellt vielmehr jenen Beobachtungsort zur Verfügung, der demjenigen, der ihn einnimmt, Macht verleiht. Was entsteht, ist eine Disziplinargesellschaft, in der sich die Mechanismen der Überwachung allmählich »desinstitutionalisieren«[189] und schließlich – als panoramatischer oder panoptischer Blick – verinnerlicht werden können. Damit vollzieht sich »[...] die radikale Säkularisation der göttlichen Allschau,

aus der Unendlichkeit des Weltalls in die vertrauteren Dimensionen des heimatlichen Erdkreises zurück.« S. Oettermann: Panorama, S. 22.

187 M. Foucault: Überwachen und Strafen, S. 221.

188 Ebd., S. 258; vgl. auch: ebd., S. 288: »Die Ausweitung der Disziplinarmethoden gehört in eine breite historische Strömung hinein. Die ungefähr gleichzeitige Entwicklung anderer Technologien - agronomischer, industrieller, ökonomischer Technologien. Auffallend ist jedoch, daß man neben der Montanindustrie, neben der beginnenden Chemie, neben den Methoden der staatlichen Finanzverwaltung, neben den Hochöfen und der Dampfmaschine den Panoptismus nur wenig gefeiert hat. Man sieht in ihm kaum mehr als eine kleine bizarre Utopie [...]. Und doch hatte man mit dem Panopticon die abstrakte Formel einer sehr wirklichen Technologie: *der Technologie der Individuen* [Herv. d. V.]. [...] Ein historischer Vergleichspunkt ließe sich eher in der Technik der ›Inquisition‹ finden.«

189 Ebd., S. 271.

die Demokratisierung des göttlichen Blicks durch Internalisierung«[190]. Foucault beschreibt, dass das Panoptikum zugleich die Formel für seine Verallgemeinerung liefert, durch die die Gesellschaft schließlich zu einer von Disziplinarmechanismen durchsetzten Gesellschaft wird. In der Internalisierung des Blickes macht sich das Subjekt schließlich gleichzeitig zum Beobachteten und Beobachter seiner selbst. Insofern erweisen sich auch die im Roman thematisierten und problematisierten Massenmedien als panoptische Maschinen.

Oettermann hat darauf hingewiesen, dass das Phänomen zunehmender Disziplinierung und das diffuse Gefängnisgefühl auch in der zeitgenössischen Kunst im Spannungsfeld von »Gefängnis, Freiheit und Unendlichkeit«[191] thematisiert wird, wie sie auch in Goethes Werther angelegt sind. 1750 erscheinen die 14 Radierungen Giovanni Battista Piranesis mit dem Titel *Invenzioni Capriciose di Carceri*. Ein neues literarisches Genre entsteht, das bis in die Gegenwart aktuell bleibt: die Beschreibung von Gefängnis und Flucht. 1787 erscheint die Autobiografie des Freiherrn von Trenck, in der er über seine zahllosen und abenteuerlichen Fluchten berichtet, im gleichen Jahr der Bericht Giacomo Casanovas über dessen Ausbruch aus den Bleikammern von Venedig (*Histoire de ma fuite des prisons de la République de Venise qu'on appelle les Plombs*), dem andere ähnliche Erzählungen vorangehen und folgen. 1794 veröffentlicht Xavier de Maistre sein – die Berichte über große Reisen parodierendes – Buch *Voyage atour de ma chambre*, die minutiöse Beschreibung einer Arrestzelle. 1844-46 schließlich erscheint als weiterer Markstein Dumas' *Der Graf von Monte Christo*. In zahlreichen Varianten wird das Thema beengender Lebensumstände und des Gefühls des Ungenügens auch in der romantischen Literatur durchgespielt, dessen Helden – sich befreiend – in blaue Fernen aufbrechen oder wie Lord Byron in Griechenland oder Maxim Gorki im Kaukasus den Wunsch nach Freiheit und Befreiung in einem fernen Land realisieren wollen.

Die Komplementärbeziehung von panoramatischer Freiheit und Gefängnis wird auch in *Los pasos perdidos* immer wieder aufgerufen und sowohl als Handlungsgenerator als auch als Initiationsmoment der Reflexion genutzt. Schon in der ersten Szene des Romans, der ursprünglich den Titel Flucht nach Manoa trug, verweist ein »leere[r] Käfig« (PP9) im »Kulissengefängnis« (PP10) des Theaters scheinbar beiläufig auf das Thema. Dieses Theater und die vertraglich eingegangenen Verpflichtungen binden die Frau des Protagonisten Ruth an das »Gefängnis« (PP13) ihres Berufs, der auch ihren Mann zum »Gefangenen« (PP14) des gemeinsamen Lebensentwurfs und einer Lebenspraxis macht, die in der Folge in immer neuen Metaphern und Bildern der Einkerkerung beschrieben wird: Vom Berufsgefängnis, der »Teufelsinsel«[192], vom Gefängnis der öffentlichen Meinung, vom Hamsterrad der

190 S. Oettermann: Panorama, S. 35.

191 Ebd., S. 17.

192 Die Teufelsinsel (Ile du Diable) ist die kleinste und nördlichste Insel der Salutinseln vor der Küste von Französisch-Guyana und war von 1852 bis 1945 französische Strafkolonie. Der scheinbar beiläufige Verweis geht in zwei Richtungen: Einerseits präfiguriert er das endgültige Ziel der Reise des Protagonisten, die im (geografischen) Hochland von Guyana gelegene Stadt Santa Monica, andererseits lässt er sich über das im Text zitierte

Betriebsamkeit im Ordo der modernen Großstadt, der »tagtäglichen Tyrannei der Epoche« (PP29), dem Gefangensein des Protagonisten im Netz der Verführungsstrategien Mouches und des Rachefeldzugs Ruths, über die nur noch zu kommentierende Bindung an die im Detail vorgeführten Dispositive der Wahrnehmung, die als relativ gezeigt, aber nicht überschritten werden können, bis zum Funktionieren der modernen Medien als Panopticon und dem »Ende der Ferien« des Sisyphus wird die Erfahrung fixierender Verortung im Roman durchdekliniert. Die Reise wird so zum prekären Versuch der Wiederaneignung von Bewegungs- und Kreativitätsfreiräumen, die allerdings nur noch in Sprachspielen gefunden werden können. Die Flucht selbst scheitert.

»Aber nichts von alledem war für mich bestimmt, denn die einzige Rasse Mensch, der es verwehrt ist, sich aus ihrer Zeit zu lösen, sind die Künstler: sie müssen nicht nur den unmittelbar Vorangegangenen, dem in greifbaren Zeugnissen dargestellten Gestern voraus sein, sondern sie nehmen auch den Gesang und die Formen des ihnen Nachfolgenden vorweg und schaffen neue, greifbare Zeugnisse im vollen Bewußtsein alles dessen, was bis heute geschaffen worden ist. [...] Bleibt abzuwarten, ob ich nicht unter den hämmernden Schlägen des Galeerenaufsehers, der irgendwo auf mich lauert, taub und stimmlos werde.« (PP351f)

Der Künstler, der sein Werk, die in der *selva* komponierte Kantate, anderen übermittelt, also an die beschworene Zukunft weitergereicht wissen möchte (»Ein Kunstwerk ist für die anderen bestimmt, und besonders die Musik, da sie die Mittel besitzt, eine große Zuhörerschaft zu erreichen« – PP285), bleibt Gefangener der Aufschreibesysteme, die sowohl Kodierung als auch die Dekodierung garantieren und damit erst ermöglichen, dass das Kunstwerk, das zunächst nur Artefakt der Notenschrift okzidentaler Tradition ist, durch die Aufführung als Kunstwerk realisiert oder zumindest als Partitur gelesen wird:

»Vielleicht wartete irgendwo ein junger Mann auf das, was ich zu sagen hatte und fand über meine Botschaft in sich selbst den Weg in die befreiende Welt. Das Vollendete war nicht vollendet, solange nicht ein anderer es betrachtet hatte. Aber hatte auch nur ein einziger es gesehen, dann war es und konnte durch das bloße Wort eines namengebenden Adam Schöpfung werden.« (PP300)[193]

J'accuse Émile Zolas auf Alfred Dreyfus beziehen, der hier seine Strafe verbüßte.

193 Die Allusion auf Rainer Maria Rilkes Brief an einen jungen Dichter ist deutlich markiert. Das Bewusstsein der Abhängigkeit wird in eine Fortleben-Phantasie transformiert und imaginiert damit nicht nur eine Genealogie von Werken, sondern auch eine von Lehrer und Schüler als Verbindungsglied eines fortlaufenden Kunstdiskurses. Damit wird auch die literarische Kodierung performativ: sie erweist sich als ein ›Gespräch unter Künstlern‹. »Sie fragen, ob Ihre Verse gut sind. Sie fragen mich. Sie haben vorher andere gefragt. [...] Sie senden sie an Zeitschriften. Sie vergleichen sie mit anderen Gedichten, und Sie beunruhigen sich, wenn gewisse Redaktionen Ihre Versuche ablehnen. [...] Erforschen Sie den Grund, der Sie schreiben heißt; prüfen Sie, ob er in der tiefsten Stelle Ihres Herzens seine Wurzeln ausstreckt, gestehen Sie sich ein, ob Sie sterben müßten, wenn es Ihnen

Vor allem aber ermöglicht nichts dem Erzähler, sich vom eigenen – ständig Beschreibungen und Kommentare produzierenden – Wissen zu befreien, das ihm den Weg zur ersehnten ursprünglichen Freiheit verstellt. »Und der Gedanke war schrecklich, daß es in dieser Welt ohne Verstecke [...] keinen Fluchtweg gab außer der Phantasie.« (PP118)

Auch die Fantasie erweist sich schließlich an die Memoria rückgebunden, die die Erfahrung des Gefangenseins in literarischen Bildern einspielt: In einer deutlich an Kafka[194] angelehnten Szene irrt der Protagonist während der Revolutionsereignisse in der Stadt auf der Suche nach Mouche durch die Hotelgänge. Ohne sich dessen bewusst zu sein, gelangt er immer höher.

»Als ich mit einemmal auf schmaleren, mit gelbem Linoleum ausgelegten Stufen stand, begriff ich, daß ich nach einer langen Wanderung über den vierten Stock hinausgeraten war. [...] Dennoch setzte ich meinen Weg fort [...]; auch das Gebaren von Leuten, die spöttisch zur Seite traten, um mich passieren zu lassen, konnte meine Ausdauer nicht beirren. Auf einem scharlachroten Teppich von Wegbreite lief ich durch endlose Korridore an numerierten - unerträglich numerierten - Türen vorbei, sie im Vorübergehen zählend, als gehörte auch das zur Aufgabe, die mir auferlegt war.« (PP76)

Das Gefühl gehetzter Suche wird durch ein Bild aus dem Borges'schen Labyrinth-Kosmos kontaminiert. Der Erzähler hat das Gefühl, immer durch dieselben Gänge gelaufen, denselben Orten und Gegenständen schon begegnet zu sein, die sich in einer verdichteten Erinnerung an andere Hotels, andere ähnliche Orte »dort« über die augenblickliche Wahrnehmung legen. »Es war, als verbüßte ich die grausame Strafe, eine Ewigkeit lang zwischen Zahlen gehen zu müssen, zwischen den Tabellen eines riesigen, in die Wände eingelassenen Kalenders, zwischen einer labyrinthischen Chronologie, vielleicht der meines eigenen Daseins.« (PP76f) In den schäbigen Räumen des »allerobersten Stockwerkes« wird ihm die Vergeblichkeit seiner Suche bewusst. Draußen, vor dem Hotel, ist unterdessen auch der revolutionäre Befreiungsversuch gescheitert. So wie die Sisyphusarbeit des Protagonisten, wird auch er vergeblich wiederholt werden.

5.9.3 Der Abgrund

Muss die bildliche Repräsentation im Paradigma der Simultanität, um den Rundblick den Sehgewohnheiten entsprechend fehlerfrei darstellen zu können, die einzelnen Segmente korrigierend zurichten und damit gewissermaßen verfälschen, kann die narrative Beschreibung des Panoramas im zeitlichen Abtragen der Bildinformation dieser Zurichtungsnotwendigkeit entgehen, indem sie die Verschiebung der Bildfluchtlinien durch die Bewegung des Betrachters selbst ersetzt oder aber die Veränderung und damit Neujustierung des jeweiligen Blickwinkels implizit (etwa durch deiktische Angaben

versagt würde zu schreiben.« Siehe: URL: http://www.rilke.de/briefe/170203.htm [16.04.200808].

194 Als Prätexte lassen sich etwa *Der Process*, *Das Schloß* und - über die Allusion einer großen Bestrafungsmaschine - auch die Erzählung *In der Strafkolonie* lesen.

wie ›links davon‹) oder explizit (›der Blick richtet sich nach links‹) beschreibt oder vorschreibt und damit die ursprünglich raumerschließende Bewegung in der Landschaft durch die imaginierte Bewegung des Blicks ersetzt.

Diese Bewegung des Blickes und damit die sich von der Passstraße aus eröffnende Landschaft wird schließlich über die der Busreise inhärente Ästhetik beschrieben (und damit als kollektiv zugängliche und als Schaumodus etablierte Wahrnehmungsweise genutzt): Im sich ergebenden Parallel-Panorama lässt die Geschwindigkeit des Verkehrsmittels als in die Bewegung umgesetzte Zeit den Eindruck entstehen, die an sich ruhende Landschaft sei der bewegte, der Reisende selbst ein unbewegter Akteur.[195] Die beschleunigte Bewegung durch den Raum bedarf mutatio mutandis einer Wahrnehmungsweise, wie sie Wolfgang Schivelbusch für die Eisenbahnfahrt beschrieben hat:

»Ihre Geschwindigkeit, den Raum verkleinernd, lässt Gegenstände und Szenen in einer unmittelbaren Folge erscheinen, die ihrem ursprünglichen Hier und Jetzt gemäß verschiedensten Bereichen angehören. Der Blick aus dem Abteilfenster, der solche Szenenfolgen aufnimmt, ist durch eine neuartige Fähigkeit gekennzeichnet, [...] das Unterschiedene, wie es jenseits des Abteilfensters abrollt, unterschiedslos aufzunehmen, die Szenerie [...] erscheint, ohne ausdrücklich so genannt zu werden, als Panorama, [dessen] Flüchtigkeit die Erfassung des Ganzen, d.h. einen Überblick möglich macht.«[196]

Schivelbusch spricht in diesem Zusammenhang vom »Ende des Vordergrundes, jener Raumdimension, die die wesentliche Erfahrung des vorindustriellen Reisens ausmacht«[197]. Dieser Vordergrund wird, da er aus dem bewegten Fahrzeug nicht mehr oder nur unter Gefahr für den Körper erreicht oder

195 Als Parallelpanorama überwindet das in Amerika erfundene Moving Panorama zunächst das - *einen* Augenblick durch minutiöse Detailfülle wiedergebende - klassische (etwa Schlachten-)Panorama durch Panoramen, deren Bildleinwände auf Rollen gezogen und dann an den (bei Flusspanoramen etwa hinter den Fenstern eines nachgebildeten Dampfers) sitzenden Zuschauern vorbeigeführt und umgespult (›entwickelt‹) werden. Als Zeitpanoramen sind sie gewissermaßen die Vorläufer der Filmrolle und bereiten die Wahrnehmung filmisch repräsentierter Bilder vor. Vgl. E. Roters: Arkadien, S. 129f: »In den panoramischen Gemälden, die vor allem seit der zweiten Hälfte des 19. Jahrhunderts entstanden, bereitet sich jene Sichtweise vor, deren Ergebnisse in unserem Jahrhundert die großen Ausstattungsfilme sind. [...] die Panoramen [laufen] konzeptuell schon auf die filmische Inszenierungstechnik [zu]. [...] Das Kino hat das Panorama abgelöst.«

196 W. Schivelbusch: Eisenbahnreise, S. 58: »[...] obwohl die nahegelegenen Gegenstände rasant vorbeizuflattern scheinen, entziehen sich die entlegeneren Felder und Bäume durchaus nicht der Betrachtung, sie verharren lange genug im Blickfeld, um einen bleibenden Eindruck zu hinterlassen.«

197 Ebd., S. 61.

überwunden werden kann, als unüberbrückbarer Abstand[198] zwischen dem Subjekt und der betrachteten Welt wahrgenommen und als Abgrund metaphorisiert. Der Bruch zwischen dem reflexiven Bewusstsein des zum Zuschauer eines virtuellen Bewegungsgeschehens gewordenen Reisenden und dem tatsächlichen körperhaften Dasein in der Landschaft, in der er nicht Zuschauer, sondern Beteiligter ist, muss, bevor er als theatralischer Genuss erlebt werden kann, zwangsläufig als Trennungserfahrung Angst machen. Ein Teil dieser Angsterfahrung wird somatisiert: Die Reaktionen der ersten Eisenbahnreisenden gleichen in auffälliger Weise jenen der Panoramenbesucher, die zum ersten Mal aus dem dunklen Gang auf die Plattform der Rotunde gelangten und auf die von Details wimmelnde Leinwand blickten. Auch sie wurden von einem Schwindel erfasst, einem Gefühl der Unwirklichkeit. Oettermann beschreibt, dass viele Besucher dem anfänglichen Schwindel durch die Fixierung auf das Geländer entgegenwirkten, an das sie sich klammerten.[199] Das Panorama, auch das Parallelpanorama der beschleunigten Fahrt durch die Landschaft, erfordert eine neue, keineswegs natürliche Form des Sehens, die erst erlernt werden muss. Panoramen üben in diese neue Wahrnehmungsform ein.

Dabei sind es im Roman tatsächlich Schluchten und Vulkankrater, die aus dem Nebel, zu dem sich der Anblick des Vordergrunds verschleiert, auftauchen und den Erzähler denken lassen,

»[...] daß unter dem schillernden Gewoge eine Leere gähnte, so gewaltig wie die Entfernung, die uns von unserer Erde trennte. Denn von hier, von diesem unerschütterlichen, nie betretenen, die Gipfel weiß umhüllenden Eis aus gedacht, schien die Erde mit ihren Tieren, Bäumen und Winden, etwas anderes, diesem hier Fremdes zu sein: eine für den Menschen geschaffene Welt.« (PP103)

Die Angst hervorrufende Wahrnehmung des Abgrundes wird auch in der Beschreibung der näheren Umgebung intensivierend wiederholt: Das Fahrzeug »wird brutal gebremst [sodass] wir mitten auf einer kleinen Steinbrücke stehenblieben, unter der ein Wildbach in so großer Tiefe dahinbrauste, daß seine Wasser nicht zu sehen waren, obwohl sein reißendes Gefälle uns wie Donner in den Oren dröhnte« (PP104). Das Erlebnis des realen Abgrundes der konkreten Landschaft korrespondiert mit der im Roman immer wieder thematisierten Ich-Spaltung, die als Abgrund der eigenen Psyche metaphorisiert wird: Die Kluft zwischen dem Begehren nach Freiheit, Selbstbestimmung, Authentizität, der Freiheit von der Geschichte und der Gefangenschaft in einer Scheinwelt kann durch den Erzähler nur noch reflektierend und kommentierend überbrückt werden. »Der Graben der verlorenen Jahre zwischen

198 Ebd.: »Indem durch die Geschwindigkeit der Vordergrund aufgelöst wird, geht diese Raumdimension dem Reisenden verloren. Er tritt aus dem ›Gesamtraum‹, der Nähe und Ferne verbindet, heraus. Zwischen seine eigene Position und die von ihm wahrgenommene Landschaft tritt, was Richard Lucae [...] die ›fast wesenlose Schranke‹ genannt hat.«

199 S. Oettermann: Panorama, S. 49. Vgl. auch: A. Koschorke: Horizont, S. 159: »Um 1800 löst ein endloser Rundblick in der Regel euphorische Gemütserregung aus, die durch einen peripheren Schwindelreiz weniger getrübt als verstärkt werden [sic].«

dem heutigen ich, das ich irgendwann einmal sein wollte, hat finstere Untiefen erreicht.« (PP31) In schier schwindel-erregender Fülle evoziert der Protagonist immer wieder dichte Bilder eines idealisierten Lebenshorizonts, von dem ihn das Abgründige seiner konkreten Lebenspraxis, des Berufs, des Lebens in der in Ruinenbildern beschriebenen Großstadt trennen. Dass er diesen Abgrund weder durch die fantasierte Aufhebung der Zeit noch durch ein Leben jenseits des jetzigen Lebens bewältigen, sondern nur noch buchstäblich und immer vergeblich mit Texten ›auffüllen‹ und überschreiben kann, wird sowohl zum Handlungsgenerator als auch zum poetologischen Metakommentar. Der als disponibel erkannte eigene Standort erweist sich als Bedingung für diese Wahrnehmung von Selbst-Distanz und Dissonanz und ist gleichzeitig das Verhinderungsmoment ihrer Aufhebung. Das überwältigende Schwindelgefühl der Exzentrizität des eigenen Daseins wird zum Lebensgefühl und zu einer Konstituente seiner Existenz als Künstler.

5.9.4 Jenseits

Das erreichte Höhenplateau, das sich als Jenseits des Abteilfensters« entwickelt, wird als Jenseits[200] des Menschen erlebt.

»Wir waren winzige Wesen, stumm, mit starren Gesichtern in diesem Hochland, wo sich nur noch filzige Kakteen behaupten konnten, die sich wie Flechten, wie Blumen auf einer Kohlenhalde in einem Boden ohne Erde festklammerten. [...] weiter oben waren andere Wolken, die, weil sie höher standen, niemals die Menschen [in den Tälern] zu Gesicht bekämen, die sich zwischen den Dingen im Menschenmaßstab bewegten. Wir waren auf der Wirbelsäule des sagenhaften Westindien, dort, wo die Rückenwirbel der Anden, auf beiden Seiten von Gipfeln flankiert, im Halbmond, fast wie ein Schnee einschlürfendes Fischmaul, die Winde ablenkten oder abschwächten, die von Ozean zu Ozean ihren Weg suchten. Nun kamen wir an Krater voll geologischer Rückstände, deren Ränder schauerlich schwarz oder mit traurigen Felsbrocken wie mit versteinerten Tieren gespickt waren. Sprachlose Angst überkam mich.« (PP103)

Die Hypotypose der Topografie verfährt sparsam, akkumuliert allenfalls in der Beschreibung der Vegetation, verweist aber grundsätzlich auf den Erfahrungs- und Wissenshorizont des Rezipienten. Anders als in der (durch die Wahl des Bilderbogen-Modus) extrem auktorialen Blickführung der Los Altos-Episode ist hier der Blick an den Betrachter des Panoramas freigegeben, das als Simultanbild jeden seiner Blicke potentiell privilegiert. Jede der möglichen Perspektiven kann der jeweils anderen vorausgehen, erweist sich als gleichberechtigte und theoretisch simultan realisierbare Anschauung. Am Scheitelpunkt des Aufstiegs, an der prekären Grenze zwischen der Welt der Menschen und dem darüber und ringsumher liegenden Jenseits eröffnet sich ein in jeder Bedeutung des Wortes unbeschränkter Horizont.

---

200 Vgl. W. Schivelbusch: Eisenbahnreise, S. 61»Der Raum, aus dem der Reisende heraustritt, wird diesem zum Tableau (bzw. indem die Geschwindigkeit ihn in dauernd sich verändernde Perspektiven bringt, zur Bilder- oder Szenenfolge). Der panoramatische Blick gehört, in Unterschied zum traditionellen Sehen à la Ruskin, nicht mehr dem gleichen Raum an wie die wahrgenommenen Gegenstände.«

Dieser höchste Punkt und die durch ihn ermöglichte panoramatische Sicht auf die Topografie werden im optischen Dispositiv auch als metaphorisches Panorama funktionalisiert und zum Schnittpunkt einander kreuzender literarischer, historischer und philosophischer Diskurse gemacht, die ihn in mehrfacher Hinsicht als Schwellenort ausweisen.

Der Blick, der das Rückgrat des Kontinents und damit darüber hinausgehend gewissermaßen den ganzen Kontinent von Ozean zu Ozean erfasst, alludiert – gewissermaßen als Akt visueller Landnahme[201] – noch einmal deutlich dessen Entdeckung und Eroberung, die statt eines aufgrund falsch oder anders perzipierter Raumvorstellungen erwarteten Goldlandes in Asien einen neuen Erdteil vorfand. Damit wird die Raumperspektive auch zu einer temporalen Perspektive: Der Panoramablick vom Andenplateau wiederholt metaphorisch die korrigierende Kartierung und affirmiert das auf den frühen Landkarten mit Ungeheuern und Fabelwesen beschriebene Land (»Landkarten von Inseln, die mit Galeonen und Windrosen umrankt waren« PP20) als reale Weltgegend, die mit eigenen Augen gesehen, durchreist und erfahren werden kann. Das markiert die zahllosen Entdeckungs- und Reiseberichte von Christoph Kolumbus bis Ulrich Schmidl, von Francisco Hernández de Cordoba bis Hans von Staden und Bartolomeu Diaz als Prätexte, die die Suche nach dem realen Land zwischen legendären Berichten wie jenen vom alttestamentarischen Goldland Ophir, kartografischen Irrtümern, mittelalterlichen und frühneuzeitlichen Weltvorstellungen und *Ordo*-Konzepten, der Idee einer *translatio imperii* und den tatsächlichen Erfahrungen und Entdeckungen auf ihren Reisen abbilden. Die anthropomorphen Wind-Allegorien auf den Karten der Entdecker werden zu realen Luftströmungen der Atmosphäre über den Anden, die – durch die konkrete Topografie beeinflusst – zum ebenso konkreten Klima der Landschaft beitragen. Die historischen, mühseligen und auf unzuverlässigen Informationen fußenden Gebirgsüberquerungen, wie etwa jene des Vasco Nunez de Balboa im Jahr 1513[202], deren Ziel durch die Erzählungen einheimischer, zum Dienst erpresster Führer oder die Wunder- und Angstfantasien der Konquistadoren selbst stets mythisch aufgeladen waren, werden nun unter veränderten technischen und epistemischen Bedingungen wiederholt.

Darüber hinaus ist der Blick von Ozean zu Ozean eine Kontrafaktur jener Weltrandbeschreibungen der sagenhaften Reisen in das irdische Paradies, die das epische Schema der Reisen an das Ende der Welt (Weltende, wunderbare Begebenheiten, die Unübertretbarkeit der Schwelle zum Paradies) durch die Beschreibung einer Progression von Blicken auf ein Zentrum und Ziel hin ersetzen. Dabei schreibt sich nun das unerreichbare Paradies, das in den antiken Legenden durch magische Hindernisse oder in einer unüberwindbaren Hierarchie von Blicken unzugänglich bleibt, in die Homogenität des geografischen Raums ein: Seine Unerreichbarkeit ist vorläufig und aufhebbar, der Ort

201 *Longa manu traditio* ist auch juristisch die Inbesitznahme durch die narrative, beschreibende Bezeichnung und deren Protokollierung von einem erhöhten Platz (etwa einem Turm) aus.

202 Vgl. Peter Danner: »Ärzte, Humanisten, Konquistadoren. Das Besteigen der Berge in der frühen Neuzeit«, in: Theil (Hg.), Berg 2005, S. 178-197.

der Seligkeit selbst verschiebt sich weiter hinter den Horizont. »Ihm sich anzunähern, heiß fortan, sich in eine unendliche Bewegung zu versetzen.«[203]

Die Beschreibung des mühevollen Anstiegs im Morgengrauen und das überwältigende Gipfelerlebnis mit seiner Erschütterung der Schaugewohnheiten markieren auch Francesco Petrarcas Besteigung des Mont Ventoux als literarischen Prätext. Petrarcas Bericht steht in einer langen Reihe seit der Antike verfasster Texte über tatsächliche oder fantasierte Bergbesteigungen aus verschiedensten Gründen: zu Handels- oder militärischen Zwecken, als Pilgerreisen, wissenschaftliche Exkursionen zur Erforschung der Natur oder der Astronomie.[204] 1732 schreibt der Naturwissenschaftler und Dichter Albrecht von Haller sein Gedicht *Die Alpen*, das zum Impulsgeber einer neuen Wahrnehmung des Gebirges wird. Seit 1800 wird das Interesse an den Bergen populär[205]; die schneebedeckten Gipfel, die bis dahin als unwirtlich gegolten hatten und nur aus der Ferne betrachtet wurden, werden im nun beginnenden Alpinismus zunehmend erobert: bestiegen und wissenschaftlich beschrieben. Das lässt die damit verbundene Seherfahrung als Erweiterung des Blickfeldes, also die Erfahrung des Horizonts und des Gipfels ins allgemeine Bewusstsein rücken. Als Kategorien erweiterter Wahrnehmung sind sie, wie Roters beschreibt, »[...] Kennzeichen der fortschreitenden Industrierevolution; denn der Mensch nimmt nicht einfach alles wahr, was er vor sich hat, sondern nur das, wozu er durch die in ihm geweckten Bewußtseinsimpulse angeregt ist«[206]. Im Rahmen großflächiger historischer Prozesse steht also auch die Entwicklung des Reisens seit dem Beginn der neuzeitlichen Philo-

203 Ebd., S. 23.

204 Ein Überblick findet sich bei P. Danner: »Herrscher, Mönche und Soldaten. Das Besteigen der Berge im Mittelalter«, in: Klier (Red.), Berg 2002, S. 90-117; vgl. auch: ders.: »Die schönsten Sagen des klassischen Altertums. Das Besteigen der Berge in der Antike«, in: Klier (Red.), Berg 2000 (=Alpenvereinsjahrbuch, Zeitschrift 124) München/Innsbruck/Bozen: Deutscher Alpenverein et al., S. 75-94.

205 Vgl. A. Koschorke: Horizont, S. 161: »In seinen ästhetischen Entwürfen, in der Metaphorik seiner ideologischen Selbstdefinition hat das Bürgertum der Jahrzehnte um 1800 die Berghöhen okkupiert. Die hergebrachten Beschränkungen des Sehens lösten keine Beruhigung, sondern idiosynkratische Regungen aus. Nichts soll die Aneignung einer freien Übersicht über die Verhältnisse behindern dürfen.« Manierismen und Schwundstufen dieser Faszination durch die Alpen bleiben (bis zu ihrer Neubelebung durch das moderne Bergsteigen) lange erhalten. Walter Benjamin berichtet in seinem Aufsatz zur Geschichte der Fotografie über die dekorative Ausstattung bürgerlicher Portraitfotos des beginnenden 20. Jahrhunderts, bei der nicht nur die Staffage von Postamenten, Balustraden, polierten ovalen Tischchen, sondern auch - die Mode des Wanderns und der Sommerfrischen in den Bergen zitierend - Kulissen mit Berglandschaften Verwendung fanden: »[...] und endlich- um die Schande vollzumachen, wir selbst: als Salontiroler, jodelnd, den Hut gegen gepinselte Firnen schwingend.« (W. Benjamin: »Kleine Geschichte der Photographie«, S. 375).

206 E. Roters: Arkadien, S. 117.

sophie in einer »lockeren aber offenkundigen«[207] Beziehung zur Herausbildung der Erkenntnistheorie.

Insofern, als die Beschreibung des Höhenpanoramas trotz ihrer relativen Kürze in ihrem differenzierten Subtext die Abbreviatur eines erkenntnistheoretischen und subjektphilosophischen Prozesses mit abbildet, beschreibt sie auch den erkenntnistheoretischen und subjektphilosophischen Standort des Protagonisten: Es sind weniger die Bücher, die er gelesen hat, die ihn von Rosario trennen, als der Umstand, dass sie »vielleicht nicht einmal eine klare Vorstellung von der Kugelgestalt der Erde« (PP139) hat, also gewissermaßen in einer Welt vor jeder Perspektive lebt.

Trotz des im Roman beschriebenen panoramischen Ausblicks auf der Passhöhe wirken die Figuren noch – wie Roters die Figuren in Caspar David Friedrichs Gebirgsansichten nennt, als – »Rückenfigur [ihrer] selbst«[208]. Nur im fantasierten Blick von Ozean zu Ozean erscheint der Protagonist als die Mitte des Sichtbaren, sein Blick durchschneidet die Landschaft: Der Weg endet nicht am Aussichtspunkt, sondern führt als Pass-Straße in das Jenseits des Blicks weiter.

Die Passage erinnert nicht nur an Alexander von Humboldts Beschreibungen des vulkanischen *Pico Teid*e auf Teneriffa oder seiner Exkursion nach *Caripe* in Venezuela im September 1799, die er der Schmalheit des Anstiegs und Einsamkeit wegen mit der Überquerung des Gotthardt-Passes vergleicht[209], oder an den Bericht von der Ersteigung des Berges *Silla* in Caracas am Anfang des Jahres 1800.[210] Die wiederholte Erwähnung der Vulkane auf

---

207 P. Brenner: »Erfahrung der Fremde«, S. 28.

208 E. Roters: Arkadien, S. 120; - Vgl. auch A. Koschorke: Horizont, S. 67: »Die romantische Landschaftsmalerei vertieft die Illusion räumlicher Unendlichkeit, indem sie noch das dem Raumstreben entgegenwirkende räumliche Gefüge auflöste. Sie stellt der Anschauungskonvention der perspektivischen Distanzierung mit Vorliebe Verfahrensweisen entgegen, die den Betrachter unmittelbar dem Dargestellten auszusetzen scheinen. Sie weist ihm einen Ort zu, der sich nicht mehr in der neutralen Zone diesseits der Bildillusion befindet, sondern von ihr beherrscht und angewiesen wird. Ein bekanntes Kunstmittel bei den Fernlandschaften ist die verschwindend klein in den Vordergrund gestellte Rückenfigur in der Tradition religiöser Einführungsfiguren, die den Betrachter zu einer Art Aufspaltung zwischen sich und seinem Repräsentanten im Bild zwingt.« Siehe auch Bildanhang, Abbildung 6.

209 Vgl. Alexander von Humboldt: Reise durch Venezuela: Auswahl aus den amerikanischen Reisetagebüchern. Hrsg. von Margot Faak (= Beiträge zur Alexander von Humboldt-Forschung; 12), Berlin: Akademie Verlag 2000, S. 141.

210 Ebd., 180f. Vgl. auch die Besteigung des Vulkans Puracé in Kolumbien oder der Vulkane Pichincha bei Quito im Mai 1802 und des Chimborazo im Juni anlässlich seines Aufenthaltes in Quito in der ersten Hälfte des Jahres 1802.: »Die Indianer führten uns zuerst durch Ebenen, die mit Fragmenten von [...] schwarzen Felsbrocken bedeckt waren, ähnlich den gebrannten Steinen des Cotopaxi. Wir gelangten zum Fuß des erloschenen Vulkans Yanaurcu [...].« Siehe Alexander von Humboldt: Über einen Versuch den Gipfel des Chimborazo zu ersteigen, Berlin: Eichborn Verlag 2006, S. 81.

dem Hochplateau und die zahllosen Goethe-Paraphrasen im Gesamttext des Romans und die scheinbar beiläufige Bemerkung zu Goethes Italienischer Reise[211] verweisen auch auf dessen Gebirgs- und Panoramenbeschreibungen wie etwa jene seiner Besteigung des Brocken 1777:

»Ich stand wirklich am siebenten Dezember in der Mittagsstunde, grenzenlosen Schnee überschauend, auf dem Gipfel des Brockens, zwischen jenen ahnungsvollen Granitklippen, über mir den vollkommen klarsten Himmel, von welchem herab die Sonne gewaltsam brannte. [...] Unter mir sah ich ein unbewegliches Wogenmeer nach allen Seiten die Gegend überdecken und nur durch höhere und tiefere Lage der Wolkenschichten die darunter befindlichen Berge und Täler andeuten.«[212]

Das unter den Bedingungen panoramischen Schauens sich einstellende Gefühl von Weltverlust und eine produktionsästhetische Beobachtung hat Goethe in der Beschreibung einer Schiffspassage von Neapel nach Palermo artikuliert: »Hat man sich nicht ringsum vom Meere umgeben gesehen, so hat man keinen Begriff von Welt und von seinem Verhältnis zur Welt. Als Landschaftzeichner hat mir diese große simple Linie ganz neue Gedanken gegeben.«[213] Auch seine Beschreibungen der bei seinen Bergbesteigungen entdeckten mineralogischen, botanischen, klimatischen Phänomene lassen sich, so wie jene Humboldts, als Subtext der Szene lesen.

Darüber hinaus zeichnet der Erzähler-Protagonist hier ein Bild konkreter Landschaft. In seinem Essay Probleme des zeitgenössischen Romans in Lateinamerika nennt Carpentier eine Reihe von Kontexten, die zu thematisieren sind, wenn man »eine [...] umfassende Darstellung des lateinamerikanischen Menschen«[214] versuchen möchte. Für die Episode der Adenüberquerung scheinen die Kontexte der Entfernung und der Proportion bedeutsam:

---

211 Aus dem Kontext als Allusion von Goethes Italienischer Reise zu lesen: »Und dabei hatte Mouche doch immer so klug über die Italienreise gesprochen, die sie vor unserer Begegnung gemacht hatte.« (PP88) Vgl. zu den Goethe-Paraphrasen im Text D. Schäfer-Sackreuther: Carpentier-Goethe, S. 104ff.

212 Johann Wolfgang von Goethe, Sämtliche Werke in 18 Bänden, Wien: Kremayr & Scheriau, o.J.; (Unveränderter Nachdruck der Artemis Gedenkausgabe zu Goethes 200. Geburtstag am 28. August 1949), Bd.2, S. 596. Vgl. auch Goethes Tagebucheintragung vom 8. September 1786 zur Überquerung des Brennerpasses in: J.W. Goethe: Italienische Reise, erster Teil, in: Sämtliche Werke, Bd. 11, S. 7-614, hier S. 17f.: »Auf den gebahntesten Wegen steigt man eine Schlucht herauf, [...] die den Augen unzählige Abwechslung bietet. Wenn der Weg nah am schroffen Felsen hergeht, ja in ihn hineingehauen ist, so erblickt man die Seite gegenüber [...]. Nun wurde es dunkler und dunkler, das einzelne verlor sich, die Massen wurden immer größer und herrlicher, endlich, da sich alles wie ein tiefes, geheimes Bild vor mir befand, sah ich auf einmal wieder die hohen Schneegipfel vom Mond beleuchtet, und nun erwarte ich, daß ich auf dieser Grenzscheide des Südens und Nordens eingeklemmt bin.« Ebd. S 17f.

213 J.W. Goethe: »Italienische Reise; erster Teil«, in: Sämtliche Werke, Bd. 2; 252.

214 A. Carpentier: »Roman in Lateinamerika«, S. 26.

»Die Entfernungen und die Größenverhältnisse [sind] weitere wichtige Kontexte. Die Dimensionen, in denen der amerikanische Mensch lebt, diese Gebirge, diese Vulkane, die das Gebirgspanorama der Schweiz oder die Pyrenäen erdrücken würde. [...] Aber Entfernung und Disproportion sind keine Elemente des Pittoresken nach dem Geschmack unserer biederen nativistischen Schriftsteller, die Amerika am liebsten so sehen möchten, wie ein Franzose die Normandie sieht. Malerisch ist, wie der Name besagt, was auf einem Gemälde, einem Bild Platz findet. Und ich habe nie gesehen, daß die Anden oder nur ein Teilstück der Anden in einem Bild Platz gefunden hätten. [...] Aber Entfernung und Disproportion sind keine Elemente des Pittoresken. [...] Die Disproportion ist grausam im Vergleich zu dem Modul, der pythagoreischen Eurhythmie, der Schönheit der Zahl, dem Goldenen Schnitt.«[215]

Poetologisch wird der Blick in das Jenseits eines Gebirgszuges also auch dazu genutzt, das jenseits bekannter literarischer Texte ungesehene Lateinamerika über die Performanz eines Netzes intertextueller Bezüge in die Geografie und die ›geschriebenen Landschaftsbilder‹ der Weltliteratur einzutragen.[216]

5.9.5 Das Erhabene

500 Jahre davor ist das Erlebnis des Gipfelblicks noch unerhört. In seinem als Brief an den Theologieprofessor und Augustinermönch Diongi Roberti da Borgo San Sepolcro verfassten Bericht beschreibt Petrarca ein außergewöhnliches Unternehmen: die Besteigung des Mont Ventoux in Begleitung seines jüngeren Bruders Gherardo am 26. April 1336.[217] Nur »vom Drang beseelt, diesen außergewöhnlich hohen Ort zu sehen«, von dem Verlangen geleitet, »die ungewöhnliche Höhe dieses Flecks Erde durch Augenschein kennenzulernen« (ebd., S. 16) , also zunächst keineswegs des Ausblickes wegen, hat er lange den Wunsch gehegt, den höchsten Berg der Gegend zu besteigen und setzt nun – insbesondere nach Lektüre der in der Geschichte des Livius erwähnten Besteigung des Berges Haemus in Thessalien durch Philipp von Mazedonien[218] (die als historisches Beispiel sein eigenes Verlangen gleich-

215 Ebd., S. 31f.

216 Vgl. G. Wild: Paraphrasen, S. 245: »Dieses Plädoyer für die ›Amerikanisierung‹ der Literatur des Subkontinents sollte nicht als ästhetische Krähwinkelei eines intellektuellen Träumers in der Karibik fehlgedeutet werden. Vielmehr kommt dem literarischen Text hier aufgrund seiner spezifischen intertextuellen Produktivität eine besondere Stellung zur Setzung und Vervielfältigung kultureller Wissensbestände zu.«

217 Francesco Petrarca: Die Besteigung des Mont Ventoux. Familiarum rerum libri IV 1 (= Universalbibliothek 887), Stuttgart: Reclam 1996, (übersetzt und herausgegeben von Kurt Steinmann), S. 15.

218 Vgl. zum Aspekt der Entdeckung der Landschaft Jean Gebser: Ursprung und Gegenwart. 1. Teil: die Fundamente der aperspektivischen Welt (= dtv 5921), München: Deutscher Taschenbuchverlag 1973, S. 42: »Daß diese Bergbesteigung Philipps nicht mit der Petrarcas in ihrer Bedeutung gleichgesetzt werden darf, geht aus der Betonung hervor, die Livius darauf legt, daß man die Meere von dort aus sah, während er das Land, das eben noch nicht zur Landschaft geworden war, gar nicht erwähnt; diese Erwähnung der Meere ist durchaus als ein Hinweis darauf aufzufassen, daß der antike

sam rechtfertigt) – sein Vorhaben in die Tat um. Nach dem beschwerlichen Aufstieg über zahllose Serpentinen (auf der Suche nach dem bequemeren Weg versucht Petrarca immer wieder dem steilen direkten Anstieg auszuweichen) gelangen die Wanderer an ihr Ziel. Die um die eingeschobenen Reflexionen, Rückblicke, theologischen Betrachtungen – und damit um etwa zwei Drittel ihrer Länge – gekürzte Beschreibung des überraschenden Panoramas klingt schließlich so:

»Der Berg ist von allen der höchste; die Waldbewohner nennen ihn ›Söhnlein‹, warum weiß ich nicht, [...] in Wahrheit scheint er der Vater aller benachbarten Anhöhen zu sein. Auf seinem Gipfel ist ein kleines Plateau. Dort erst setzten wir uns erschöpft zum Ausruhen nieder. [...] Zuerst stand ich, durch den ungewohnten Hauch der Luft und die ganze freie Rundsicht bewegt, einem Betäubten gleich da. Ich schaute zurück nach unten: Wolken lagen zu meinen Füßen. [...] Ich wendete meinen Blick gegen Italien, wohin mein Herz sich stärker hingezogen fühlt. Die Alpen selber - eisstarrend und schneebedeckt - [...] sie zeigten sich mir ganz nah, obwohl sie weit entfernt sind [ich] wandte mich [aus der Reflexion über sein Leben, das Los des Menschen, den Betrachtungen über die Zeit, erwacht] gegen Westen - man hatte mich nämlich gemahnt und gleichsam geweckt, ich solle zurückblicken und sehen, was zu sehen ich gekommen war, die Zeit zum Aufbruch dränge, da die Sonne sich schon neige und der Schatten des Berges wachse. Der Grenzwall der gallischen Lande und Spaniens, der Kamm der Pyrenäen, ist von dort nicht zu sehen, nicht weil soviel ich weiß, irgendein Hindernis dazwischenträte, nein, allein infolge der Schwäche der menschlichen Sehkraft. Die Berge der Provinz von Lyon hingegen zu Rechten, zur Linken sogar der Golf von Marseille und der, der an Aigues-Mortes brandet, obwohl dies alles einige Tagereisen entfernt ist. Die Rhone lag geradezu unter meinen Augen.«[219]

Der weltumspannende Weitblick und die Fokussierung der Details sind in der Beschreibung gleichermaßen präzise. Gemeinsam wirken in ihnen Faszinosum und Schrecken zugleich. Auffallend ist das Oszillieren zwischen diesem überwältigenden Anschauen, der Kenntnisnahme der vorerst unerhörten Erweiterung des Blickfeldes und dem sofort gewissermaßen zurückweichenden Blick nach innen: die Betrachtung des eigenen Lebens[220], das Gefühl der Sehnsucht nach der italienischen Heimat, das Nachdenken über den Weg der menschlichen Seele schieben sich zwischen die Blicke. Ihre Formulierung nimmt deutlich mehr Raum ein als die Beschreibung der Landschaft selbst. Vor allem die Reflexion der Zeit (»Ein neuer Gedanke nahm mich darauf in Beschlag und führte mich von der Betrachtung des Raums hin zu der der

---

Mensch nicht den Raum sah, sondern die Seele, deren Bild [...] immer das Meer war. Bei dieser Gelegenheit sei bemerkt, daß die bekannten Bergbesteigungen, die Hadrian, Strabo und Lucilius unternommen haben, von diesen Römern aus vorwiegend administrativen und praktischen Überlegungen erfolgten und nicht aus ›ästhetischen‹ Gründen.«

219 F. Petrarca: Mont Ventoux, S. 17 ff.

220 Vgl. Eckhard Lobsien: Landschaft in Texten. Zur Geschichte und Phänomenologie der literarischen Beschreibung, Stuttgart: Metzlersche Verlagsbuchhandlung 1981, S.10: »Die Bergbesteigung ist durch eine subjektive Beziehung motiviert. Der Berg als Bestandteil der Biografie soll von einer bloßen Ansicht zu einem Schauplatz konkreten Erlebens werden.«

Zeit.« Ebd., S. 19.) erscheint als Wirkung übermächtiger Unvertrautheit.[221] Gleichzeitig wird im Bedenken der Schwäche der Sehkraft das Wahrnehmungsvermögen selbst, wie Eckhard Lobsien in seiner Studie zu literarischen Landschaftsbeschreibungen konstatiert, »[...] als zentraler Bestandteil des Landschafterlebnisses«[222] reflektiert. Das Erschrecken vor der so ungewohnten Aussicht, die nur schrittweise und unterbrochen von langen Reflexionen realisiert wird, muss im Innenraum der Psyche und an einem vertrauten Bedeutungshorizont festgemacht und damit stabilisiert werden: Petrarca öffnet, Augustinus' Lektüre im Mailänder Garten gewissermaßen paraphrasierend, dessen mitgebrachte Bekenntnisse an einer beliebigen Stelle und findet, »[...]im Zorne mit [sich] selbst darüber, daß [er] jetzt noch Irdisches bewunderte« statt der allein bewunderungswürdigen Seele – Augustinus' Mahnung: »›Und es gehen die Menschen zu bestaunen die Gipfel der Berge und die ungeheuren Fluten des Meeres und die weit dahinfließenden Ströme und den Saum des Ozeans und die Kreisbahnen der Gestirne – und verlassen dabei sich selbst.‹« (Ebd., S. 25) Daraufhin beendet Petrarca endgültig die Betrachtung des Ausblicks, »[ich ...] wandte das innere Auge auf mich selbst und von Stunde an konnte keiner mich reden hören, bis wir ganz unten angelangt waren« (ebd.). Kurt Steinmann beschreibt den wahrnehmungstheoretischen und epistemischen Aspekt des Ereignisses:

»Mit der Besteigung des Mont Ventoux beginnt ein neues Natur- und Weltbewußtsein, eine Weltergriffenheit, ja eine Weltverfallenheit, die kühn sich löst vom mittelalterlicher Weltverneinung, um dann, im Glauben, die ästhetische Erfahrung der Landschaft, die Lust des Schauens gefährde das Heil der Seele, wieder zurückzukehren in jene mittelalterliche Welt, aus der sie sich soeben noch zu befreien schien. Beide Ereignisse, die Erklimmung des Mont Ventoux wie die Entfesselung der schwer zähmbaren Elementarkraft stellen Zäsuren im geschichtlichen Ablauf dar, sind Ausgangspunkte neuer Denk- und Anschauungsweisen, jenes erst nachträglich als befreiend und epochal erkannt, dieses unmittelbar danach als verheerend erlitten, beide entsprungen dem Drang des Menschen, gesetzte Grenzen zu überspringen.«[223]

Werden also im Mont Ventoux-Bericht die Weite des Panoramas und die Überwältigung durch den Anblick als moralische Disproportion erlebt und zugunsten der Unermesslichkeit der Seele aufgelöst, bleibt in Carpentiers

221 Vgl. J. Gebser: Ursprung, Teil I, S. 43ff: »Eben noch sieht er die damals neue Wirklichkeit, aber aus der erschütternden Wirkung flieht er ›aus dem Raum in die Zeit zurück‹, flieht aus dieser ersten Raumerfahrung zurück in den Goldgrund der Sieneser Meister«, also in das unperspektivische in-der-Welt-Sein unter dem Innenhimmel des Mittelalters, der erst in den ersten landschaftsbezogenen Himmelsdarstellungen der Brüder Lorenzetti (etwa 1327/28) oder Francesco Assis seinen einschließenden Charakter verliert, und nun vom Blickpunkt des Malers aus dargestellt wird. Mit Petrarcas Brief beginne eine »neue Art der Naturbetrachtung, die realistisch, rational und individuell ist« (ebd.) und die Entwicklung einer neuen Art der Landschaftsmalerei ermöglicht.

222 E. Lobsien: Landschaft in Texten, S. 11.

223 Kurt Steinmann, ›Grenzscheide zweier Welten – Petrarcas Besteigung des Mont Ventoux‹, Nachwort, ebd. S. 40.

Episode der Andenüberquerung das optische Paradigma stabil: Das ungleiche Größenverhältnis wird zugunsten der gewaltigen Landschaft interpretiert.

Im Roman wird in der vergleichsweise lakonischen Beschreibung des panoramischen Ausblicks die Überwältigung durch das Erhabene, das der Erzähler in der Kunst ablehnt, in der Natur gefunden und in ihr Recht gesetzt. Der wortreichen Ablehnung erhabener Kunst durch den Protagonisten, ihrer Denunziation als täuschend, anmaßend und lügenhaft, werden hier ein »authentisches« Bild und ein Bild von Authentizität gegenübergestellt: In einem Distanz überwindenden Blick werden die Ozeane, Gebirge, Eis und Winde zur Erfahrung von Größe, Unermesslichkeit, Unerreichbarkeit, die zugleich verzückt und erschüttert.[224]

Um diese Erschütterung abzuwehren, wird allerdings in einer Diätetik des Blicks durch eine Reihe von Selektionstechniken die Aussicht nicht in ihrer simultan überschaubaren Weite, sondern nach dem Prinzip eines panoramischen Schwenks gezeigt. Die Wolken trennen als Distanzierungsmittel das Oben vom Unten, und die Totalität des Gesichtsfeldes wird in eine fließende Abfolge einander an den Rändern überblendender einzelner Anblicke zerlegt. Täler und Gipfel, das Hochland mit seiner Flora, der gekrümmte Grat der Anden, die Vulkane werden nun im beruhigenden Nacheinander beschrieben. Die durch die Beschreibung der Fortbewegung in ihre einzelnen Sequenzen zergliederte Szenerie erscheint erst nachträglich als Gesamtbild. Die in zeitlicher Abfolge erschienenen Teilmomente werden, wie auch Koschorke für die überwältigende Erfahrung des Erhabenen beschreibt, »[...] gewissermaßen nachträglich im Dunkelkasten hinter den Sinnen wirkender Verstandestätigkeit«[225] zu ihrer Totalität zusammengefasst. Dass sich die separaten Einzelheiten »zu einem Bild zusammenfügen, liefert die Gewähr, daß das Subjekt, wenn nicht physisch, so doch kognitiv der Größe der Natur gewachsen ist«[226].

Sind es also zunächst der Schwindel, Angst, Erschütterung, die die Überforderung des Seh- und Wahrnehmungsvermögens durch die Natur kennzeichnen, so kann in einer kognitiven Wende über Zuhilfenahme der Zeit ein Verfahren der Segmentierung die unmittelbare bedrohliche Gewalt der Natur in eine Sequenz einzelner Bilder zerlegen, deren Wahrnehmung nach gewohnten Mustern verfahren und die Überwältigung abwehren kann. Erst dort, wo das Subjekt angesichts der Überforderung durch nicht einschätzbare Größe auf die Erweiterung der eigenen Einbildungskraft verwiesen ist und sie als solche erkennen und realisieren kann, wobei es die eigene Überlegenheit als moralisches Wesen erlebt, wird in der Erhabenheitserfahrung schließlich die

---

224 Vgl. zum Erhabenen: Mittelstraß (Hg.), Enzyklopädie Philosophie und Wissenschaftstheorie; – Nünning (Hg.), Lexikon der Literatur- und Kulturtheorie; – Karlheinz Töchterle: »Über das Erhabene«, in: Martin Sexl (Hg.), Einführung in die Literaturtheorie (= UTB 2527), Wien: Facultas Verlag 2004, 46f.

225 A. Koschorke: Horizont, S.126.

226 Ebd.; vgl. ebd., S. 25: Das Movens der Erhabenheitserfahrung besteht darin, »[...] daß sie der Spannung eines krisenhaften Übergangs die Qualität des Unendlichen von der additiv unbegrenzten Varietät des Phänomens auf ein dem Sehen selbst innewohnendes, subjektives Vermögen, überträgt«.

zunächst nicht ertragbare visuelle Präsenz, der Naturschrecken, ins Bild übertragen und dort – gewissermaßen als Bestätigung der ideellen Selbstbehauptung des Menschen – aufgesucht.

Während der Text also den Ausblick in einer Serie einander folgender Bildausschnitte referiert[227], verschiebt er die reale Unbegrenztheit des Gesamtblickes in ein optisches Jenseits der einzelnen Bilder: Die Tiefe der Schluchten und Höhe der Berge, der virtuelle Blick von Ozean zu Ozean können nur gedanklich realisiert werden und bleiben damit außerhalb der sinnlichen Wahrnehmung. So können sie aus der Memoria gefüllt werden, die Bekanntes und damit Versicherndes einspielt und die Überforderung auf bekannte Räume oder die Tiefe der historischen Erzählung verteilt. Damit arbeitet die erzählende Bewegung der perspektivischen Sehweise entgegen. Diese arbeitet, so Koschorke,

»[...] der Neigung des menschlichen Raumerlebens entgegen, einzelne Zonen und Gegenstandsbereiche für sich wahrzunehmen und affektiv zu besetzen. [...] Im idealen Sehraum sollen die Strukturen einer individuellen Aufmerksam ungültig sein, die diskontinuierlich und assoziativ verfährt, die den Raum als Gefüge von Einzelbildern wahrnehmen läßt und je nach der Stärke der lokalen Eindrücke ordnet, die nicht dem geometrischen Reglement eines gleichbleibenden Distanzpunktes [...], sondern einer impulsiven Teilhabe am Gesehenen gehorcht. [...] Die ideale Wahrnehmung soll von allen Beimischungen innerer Bilder freigehalten werden. Die permanente Neigung des Bewußtseins, dem aktuell Sichtbaren Wissen und Erinnerung beizufügen, das fragmentarisch Aufgenommene - und jede Perspektive ist Fragmentierung - in Richtung auf eidetische Ganzheiten zu supplementieren, muß stillgestellt sein. [...] Das Auge soll gewissermaßen starr geöffnet sein, damit nicht die Aktivität der Einbildungskraft die Perzeptionen beeinflußt.«[228]

Die dem Blick opponierende Erzählbewegung ist nicht nur der Notwendigkeit linearen Erzählens geschuldet. Sie wiederholt die für den gesamten Roman charakteristische initiatorische Nutzung des Wahrgenommenen für einen Zugriff auf die Archive. In der Episode geschieht dies freilich unter den Bedingungen der Überforderung: In der relativen Kürze der Beschreibung bleiben die Bezüge implizit.

Wird die bedrohliche Natur des Andenpasses ausschnittweise und in einer Verschiebungsbewegung beschrieben und bleibt damit innerhalb des Bewältigungs- und Repräsentationsvermögens des Erzählers, taucht die vorausgehende, sprachlos machende Angsterfahrung noch einmal in einer Vignette auf, die die Episode nun abschließt. Das nicht auf einen Begriff zu bringende Erhabene, das den Blick überfordert und in der Erfahrung keine Erklärung findet, stellt die eigene Lebensfähigkeit im Angesicht seiner Übermacht in Frage. Die die gewohnte Erfahrung verletzende Entgrenzung des Blickes wird metonymisch als eine Verletzung der Körpergrenzen erlebt: Die im Zwischenraum von Höhe, Distanz und Kälte einerseits und der wahr-

227 Vgl. ebd., S.136: »Literatur kann die von den Erhabenheitstheoretikern verlangte virtuelle Simultanität ihrem Gattungscharakter nach nicht unmittelbar erzeugen. In Wahrheit ist auch in der Landschaftsmalerei diese Zeitlosigkeit der Überschau nur eine, wenn auch konstitutive, Fiktion.«

228 Ebd., S. 62f.

genommenen ›Kleinheit‹ des Menschen andererseits zugemutete Erfahrung kann so in (körperlichen) Katastrophenbildern, etwa in einer Erstarrungsfantasie erfasst werden:

»Hinter dem Krater jenes Vulkans [...] steckten seit einem halben Jahrhundert acht von der Höhenkrankheit überraschte Mitglieder einer wissenschaftlichen Mission noch immer im Eis wie in einer Vitrine. Dort oben säßen im Kreis, in den Gebärden angehaltenen Lebens, in denen der Tod sie überrascht hätte, und blicken starr aus dem Kristall, das ihre Gesichter wie durchsichtige Totenmasken bedeckt.« (PP105)

Der Begegnung mit dem Erhabenen antwortet das Subjekt mit Angst, »verstört von der tellurischen Drohung« (PP104), und der Unfähigkeit zu sprechen, die sich auf der Erzählebene in der Kürze der Horizontschilderung und auf der Handlungsebene im Verstummen der Reisegesellschaft ebenso äußert wie – durch weitere Umstände zusätzlich motiviert – beim beginnenden Abstieg in der Unfähigkeit der am Wegrand angetroffenen Frau, auf die Fragen der Reisenden zu antworten.

»Wir sprachen sie an, aber sie antwortete nicht. Wie verstört, mit verschleierten Augen und zitternden Lippen [saß sie am Wegrand]. Es schien, als kehre sie von weither zurück und entdecke die Welt voller Staunen. [...] Sie [...] bat mit einer in der Luft brüchigen Stimme, wir sollten sie nicht wieder sterben lassen [...] Erst jetzt begreife sie, daß sie beinahe gestorben wäre.« (PP104f)[229]

Die eingespielten Szenen vertiefen sowohl das Landschaftserlebnis als auch die damit verbundene Angst. Lässt sich die Passage als Paraphrase von Alexander von Humboldts Bericht über die versuchte Besteigung des Chimborasso lesen, die den Zustand der Frau zusätzlich als Höhenkrankheit erklärt, deren Symptome Humboldt nach seiner zweiten Südamerika- Expedition erstmals beschrieben hat[230], so ist sie darin doch nicht ausgeschöpft. Wie die

229 Als möglichen Prätext der Episode vgl. A. v. Humboldt: Amerikanische Reise, S 235: »Wir fanden [am Weg von Calabozo nach San Fernando Apure] eine [...] Indianerin mit leerem Kruge unter einer Palme Abends 4 Uhr sterbend vor; vor Durst und Staub konnte sie fast nicht reden. Zu ihrer Rettung hatten wir Wasser und Wein; sie kam zu sich, wir gaben ihr zu essen [...].«

230 Vgl. A. v. Humboldt: Brief an Wilhelm von Humboldt aus Lima vom 25. November 1802, in: ders., Chimborazo, S. 109: »Selbst noch zwei oder drei Tage nach unserer Rückkehr in die Ebene empfanden wir ein Unwohlsein, das wir in diesen hohen Regionen nur den Wirkungen der Luft zuschreiben konnten, deren Analyse 20% Sauerstoff ergeben hatte. Die uns begleitenden Indianer hatten uns bereits vor dem Erreichen dieser Höhe verlassen, wobei sie sagten, dass wir die Absicht hätten, sie zu töten.« Reisetagebuch vom 23. Juni 1802, ebd., S. 86: »Auch das Atmen wurde stark beeinträchtigt, und noch unangenehmer war, daß alle Übelkeit, einen Drang sich zu erbrechen verspürten. [...]. Außerdem bluteten uns das Zahnfleisch und die Lippen: Das Weiße unserer Augen war blutunterlaufen. Wir fühlten alle eine Schwäche im Kopf [...].«

von Goethe auf seiner Italienischen Reise beschriebene Seekrankheit[231] scheint sie nicht auf einen medizinischen Befund reduzierbar: Sie enthält auch eine, wie Koschorke für ähnliche Erfahrungen diagnostiziert, »wahrnehmungspsychologische Komponente«[232]. Die Überforderung des Blicks führt bei der Frau zu einer Erfahrung von Todesnähe, die erst im Gespräch mit den Reisegefährten wieder aufgelöst werden kann.

Allerdings ist es diesmal nicht (wie bei Petrarca) ein Text religiöser Daseinsversicherung, der schließlich mit dem Wiederfinden eines Ortes gegenüber dem Erhabenen erlaubt, auch die Sprache wiederzufinden, sondern mit Cervantes' Don Quijote ein säkulares Kunstwerk der Moderne, das die Signatur dauernder Verunsicherung und medial präformierter Wahrnehmung trägt, laut Gerhard Wild »derjenige Text [...], der am radikalsten die Lesbarkeit erlebter Wirklichkeit [...] problematisiert«[233].

5.9.6 Panoramisches Erzählen

Als panoramisch erweist sich schließlich auch das Erzählen im Roman selbst: Das autobiografische Moment der Erzählung[234], das seine extrem subjektive Perspektive zur Behauptung eines größtmöglichen Authentizitätsanspruches textsortenadäquat nutzt, durch eine personale Instanz verdoppelt und schließlich durch den auktorialen Tonfall der begleitenden Kommentare und die auktoriale Anmutung der benützten Mediendispositive zusätzlich einen Autoritätsanspruch behauptet, wird – durch den reflexiven Abstand und die Flexibilität der Erzählmodi selbst – zu einem alles überblickenden panoramischen Verfahren. Es ergibt sich als Effekt der komplexen Kontamination einer Erzählweise der Autodiegese und interner Fokalisation durch die Pseudo-Nullfokalisierung auktorialen Erzählens und die extradiegetisch angelegte Nota. Memoria und Wissen des Erzählers sind scheinbar unbegrenzt und erlauben ihm, jede Begegnung über die Archive seines Wissens und seine Erfahrung zu verstehen und in einem Bedeutungshorizont zu verorten. Auch die Usurpation anderer Stimmen bringt deren Perspektiven in sein Vermögen: Sie werden zu metadiegetischen Binnenerzählungen, deren Poetik in den Bilderkabinetten des Textes, also auf der Handlungsebene, autoreferentiell buchstäblich abgebildet wird. Sie werden in das Gesamtpanorama der Geschichte bruchlos eingefügt und bewerkstelligen damit die nahtlose Integration heterogener Elemente, die – so wie das Panorama – die einzelnen Blick- und Erzählbereiche nicht voneinander abgrenzt. Schließlich lässt sich auch

231 J.W. Goethe, »Italienische Reise«, S. 246f, Eintrag vom Freitag, 30. März; »Nun war kein Land mehr zu sehen, der Horizont ringsum ein Wasserkreis, die Nacht heller und schöner Mondschein. Ich hatte jedoch dieser herrlichen Ansichten nur Augenblicke genießen können, die Seekrankheit überfiel mich bald. Ich begab mich in meine Kammer, wählte die horizontale Lage [...].«

232 Vgl. A. Koschorke: Horizont, S. 153f.

233 G. Wild: Paraphrasen, S. 147.

234 Vgl. zu Erzählebenen und Erzählinstanzen bei Carpentier auch: Georges Güntert: »Alejo Carpentier: ›El siglo de las luces‹«, in: Roloff/Wentzlaff-Eggebert (Hg.), Der Hispanoamerikanische Roman, S. 291-304, hier S. 301f; – Beltrán-Vocal: Novela Española, S. 291ff.

die erzählerische Auflösung der Zeit als panoramisch beschreiben. Die Historie wird in ein Tableau der Gleichzeitigkeit aufgelöst, das von einem Punkt aus überblickt werden kann.

5.10 Reisebilder. Die Bilderserie. Replikengalerie II

Die Reise führt buchstäblich in die Mitte des Wahrzunehmenden selbst. Die sich einstellende Überforderung durch die heterogene Fülle und den Verlust eines Ortes des ›Gegenüber‹, der Perspektivierung erlaubt, das Schwindelerregende des Reisepanoramas werden im Text zweifach arretiert: Einerseits werden durch die Thematisierung der benützten Verkehrsmittel sowohl die Orte, die sie durchqueren, als auch die mit der Bewegung im Raum verbundenen Beobachterstandorte und deren Schaubedingungen (auch in ihrer historischen Bedingtheit) reflektiert und damit ästhetisch und subjektstabilisierend produktiv gemacht. Andererseits sind es die sich unter diesen Voraussetzungen ergebenden einzelnen Bilder selbst, die das Panorama in überschaubare Abschnitte fragmentieren und damit dem abendländischen Kanon bestimmter Blickgewohnheiten und Darstellungskonventionen (wieder) zugänglich machen.[235] Der jeweils wahrzunehmende Ausschnitt wird in einen Rahmen gefügt, der es erlaubt, dem dadurch entstehenden Bild gegenüber den Blick zu zentrieren.

Die wahrgenommenen Landschaften (Schiffslandeplätze, Städte, Dörfer, architektonische Ensembles, Landschaftsräume), deren spezifische ästhetische Zurichtung ihre bildnerischen Prätexte auf unterschiedliche Weise markiert (siehe unten), fügen sich in einer durch die sich nun verlangsamende Reisebewegung strukturierten Rahmenschau zu einem narrativen künstlichen (Parallel-)Panorama.[236] Dessen Konstituenten entstehen gewissermaßen als

235 Siehe zur Historizität des Sehens und damit auch zu jener des sich wandelnden Verhältnisses zwischen Sichtbarem und Unsichtbarem: Haupt/Stadler (Hg.), das unsichtbare sehen, S. 8: »Was sichtbar und was unsichtbar erscheint, entscheiden Diskurse und Techniken des Sehens. Sichtbares und Unsichtbares sind historisch wandelbar. [...] Die Aufgabe von Kunst und Literatur ist in diesem Zusammenhang eine doppelte. Einerseits leisten sie die ästhetische Annäherung an das (noch) nicht Sichtbare, wobei die Auseinandersetzung mit den technischen Gegebenheiten selbst, den apparativen und medialen Entwicklungen, seit dem ausgehenden 18. Jahrhundert immer mehr in den Vordergrund rücken, andererseits verzeichnen sie die bei solchen Grenzverschiebungen entstehenden Defizite: Die Dialektik der Aufklärung gilt auch für den Bereich der optischen Medien.«

236 Das Panorama – hier verstanden als Bildmedium – ist unter anderem auch eine populäre technische Einrichtung, ein Rundbau mit Sichtfenstern, in dem mit Hilfe einer *Camera obscura* oder des projektiven Verfahrens einer *Laterna magica* Bilder, zumeist Reisebilder, Stadt- und Landschaftsansichten sichtbar gemacht und vor dem Publikum vorbeigeführt werden. Vgl. Walter Benjamin, Berliner Kindheit um neunzehnhundert (= Bibliothek Suhrkamp, Band 966), Frankfurt am Main: Suhrkamp Verlag 1987, S. 14: »Das Kaiserpanorama: Denn weil die Schauwand [...] Kreisform hatte, passierte jedes sämtliche Stationen, von denen man aus durch je ein Fenster-

eine Reihe von Landschaftsgemälden in einer Serie unterschiedlicher Einstellungen von der topografischen Über- und Rundsicht über unterschiedliche Betrachterstandorte, unterschiedliche Sehwinkel und über eine spezifische Bewegungsmetaphorik, die klassische Landschafttopoi (*locus amoenus*, *locus horribilis*, *locus extra tempus*, Idylle, Utopie, die bukolische Landschaft ... das Erhabene, das Schöne, das Neue, das Pittoreske) in ›lateinamerikanischen‹ Varianten erzeugen, ihre Gegenstände aber auch in einer rhetorischen Struktur von Kontrasten (Nähe und Ferne, oben und unten, lieblich und wild, zugänglich und verborgen) und Variatio abbilden. Diese Vielfältigkeit (Gebirge und Flussläufe, Schutthalden, Felsformationen, Tafelberge, Schluchten, Wasserfälle, Ebenen, Urwald, Inseln, Dörfer, Indiosiedlungen, Lagune, Flugfeld, Metropole), die von einem kontinuierlich in der Reisebewegung sich verschiebenden narrativen Blickpunkt aus entsteht, wird als Reisepanorama in einer Doppelbewegung zum Rahmen der Handlung im Sinne Lotmanns und zu den Ereignissen des Reiseberichtes selbst.

Landschaft ist grundsätzlich mehr als eine bloße Ansammlung von Naturgegenständen, topografischen Formationen und Farbwirkungen. Sie ist ein Naturausschnitt, der in einer besonderen Weise wahrgenommen und nicht über eine (topografische) Addition, sondern über eine ästhetischen Struktur zu einem Ensemble oder Bild, also zu einem ästhetischen Gegenstand, formiert wird.[237] Landschaft ist also nicht ›natürlich‹ gegeben, sie wird erst, wie Lobsien feststellt, »[...] zu Bedingungen einer besonderen Orientierung konstruiert, sie erschließt sich in bestimmten beschreibbaren Leitungen eines historischen Bewußtseins«[238], Kenntnisse, Erwartungen, eine an künstlerischen

paar in seine schwach getönte Ferne sah. [Da] war ein Klingeln, welches wenige Sekunden, ehe das Bild ruckweise abzog, um erst eine Lücke und dann das nächste freizugeben, anschlug. Und jedes Mal, wenn es erklang, durchtränkten die Berge bis auf ihren Fuß, die Städte in ihren spiegelklaren Fenstern, die Bahnhöfe mit ihrem gelben Qualm, die Rebenhügel bis ins kleinste Blatt, sich mit dem Weh des Abschieds. [...] Doch ehe ich mir schlüssig werden konnte, erbebte der ganze Bau, von dem mich die Holzverschalung trennte; das Bild wankte in seinem kleinen Rahmen, um sich alsbald nach links vor meinen Blicken davonzumachen.«

237 Vgl. zum Folgenden: Schmeling/Schmitz-Emans (Hg.), Landschaft; insb. Monika Schmitz-Emans: »Landscapes as ›texts‹« ebd., S. 247-264; - Elmar Treptow: Die erhabene Natur. Entwurf einer ökologischen Ästhetik, Würzburg: Königshausen und Neumann 2001, insb. ›Die gegensätzliche Einheit der praktischen, der theoretischen und der ästhetischen Aneignung der Natur, Entfernung und Annäherung des Menschen im Naturverhältnis‹, S. 69-82; - Frederic Jameson: The Geopolitical Aesthetic. Cinema and Space in the World System, London: Indiana University Press 1992; - E. Lobsien: Landschaft in Texten

238 Vgl. E. Lobsien: Landschaft in Texten, S. 4: »Im ständig wechselnden Kontrast zu ihrer tatsächlichen Entwicklung und Bearbeitung wurde und wird die Landschaft zur Fluchtwelt, zur Idylle, in der die Zwänge des Alltags und der erlebten Widersprüche der Arbeitswelt aufgehoben sind. Dem entspricht auch, daß die in der Kunst stilisierten Landschaften die Wahrnehmung der äußeren Natur präformierten. Von Claude Lorrain bis zur Matterhorn-Postkarte zieht sich die Kette der verbindlichen Wahrnehmungs-

Abbildungen präformierte Rezeptionshaltung, das subjektive Vermögen liegen ihr immer voraus. Ihre Wahrnehmung ist also ein produktiver Akt, der die Landschaft zuallererst konstituiert. Das heißt, dass die Landschaft ihren Ort im wahrnehmenden Subjekt selbst hat. Insofern, als sie in Abhängigkeit von einem wissenschaftlich abstrahierenden Umgang mit der Natur steht, ist die Erfahrung von Landschaft ein spezifisch modernes Phänomen. Erst mit der Entlastung von ihren symbolischen Funktionen sind die Phänomene der Natur ästhetischer Erfassung zugänglich, die Kunst kann sich ihnen neu zuwenden:

»In der Kunst wird [...] das Problem der Naturwahrnehmung selbst thematisch, und das Ideal der Schönheit geht von seiner primären Bindung an das menschliche Portrait auf die Darstellung von Naturgegenständen über, so daß die Landschaftsmalerei zum Prototyp der Schönheitsdarstellung avanciert.«[239]

Gleichzeitig wird sie in einer ›pathetic fallacy‹ zum Gegenstand der (Mit-) Darstellung subjektiver Befindlichkeit, die im Text über die Figur des Protagonisten als Sentimentalisierung (im Sinne der *sentimental journey)* und als Ideologisierung realisiert wird.[240]

---

modelle, die den beschriebenen Entlastungseffekt am besten zu bewirken versprechen, wenn sie auch einer zunehmenden Automatisierung unterliegen.«- ebd., S. 4ff: »[Der Hinweis auf die Begriffsgeschichte zeigt], daß mit Landschaft immer Natur in einer besonderen Perspektive gemeint ist. Für die englische Tradition weist das Oxford Englisch Dictionary aus, daß ›landscape‹ zunächst ein Fachausdruck der Malerei war und erst sehr viel später in der uns geläufigen Verallgemeinerung gebraucht wurde. Ursprünglich ist mit ›landscape‹ die bildliche Darstellung der Natur, also eine bestimmte Gemäldegattung gemeint. Erst im 18. Jahrhundert wird der Begriff auf den von der Malerei abgebildeten Gegenstand, also die Natur selbst übertragen. Die Wahrnehmung der natürlichen Landschaft ist ebenso wie ihre literarische Darstellung durch die Malerei vorgeprägt. [...] Natur [wurde] mit den Augen des Landschaftsmalers gesehen [und wurde zur] ›Nachahmung der Kunst durch die Natur‹ insofern, als Natur immer nur zu Bedingungen vorgegebener oder erlernter Wahrnehmungsmuster zugänglich ist.« Vgl. auch Schmeling/Schmitz Emans: Landschaft, S. 12: »Damit die sichtbare Welt [...] als ›Landschaft‹ gesehen wird, bedarf es eines sehenden Subjekts. Durch das Sehen dieses Subjekts verwandelt sich Natur in Landschaft.«

239 Ebd., S. 8. Vgl. auch: Schmeling/Schmitz-Emans: Landschaft, S. 23: »Die gemalte Landschaft und das neuzeitliche Portrait entstehen gleichzeitig und illustrieren die zentrale Stellung des Subjekts in der Welt, das dieser eine zentralperspektivische Ordnung gibt. Doch ist dies nur eine Seite des komplexen Sachverhalts. Denn das menschliche Betrachter-Ich wird nur deshalb zum Zentrum der Welt, weil diese kein absolutes Zentrum mehr hat.«

240 E. Lobsien: Landschaft in Texten, S. 8: »Und so kommt es zu dem paradox erscheinenden Ergebnis, daß die wissenschaftliche Suche nach Gesetzmäßigkeiten hinter den Naturphänomenen und ihre fortschreitende Formalisierung eine Kunst herbeiführen, die Natur als Landschaft im Aspekt von

5.10.1 »Landschaft«. Verkehrsmittel. Orte. Blickführungen

Da Landschaft ›Natur im Modus ästhetischer Einstellung‹ und immer schon bildmedial präformiert ist, erscheint »[...] die Kompetenz der Literaturwissenschaft, die sich auch beim Thema Landschaft nun einmal auf die Analyse von Texten beschränkt«[241], in ihrer Frage nach den in den Texten implizierten Lektüren zu liegen, also »[...] nach den Voraussetzungen, mit denen Texte bei ihren Lesern notfalls auch kontrafaktorisch rechnen« (ebd.). Lobsien stellt fest, dass

> »der wesentliche Unterschied zwischen der gemalten und der poetischen Landschaft [...] denn auch nicht in dem naiven Scheinkontrast von räumlicher und zeitlicher Dimension [liegt], sondern vor allem darin, daß in dem sprachlichen Gegenstandsentwurf ungleich mehr von den Bedingungen möglicher Gegenstandserfahrung erkennbar wird.«[242]

In der zweifach verschobenen literarischen Beschreibung der Landschaft entfalten sich jene Prozeduren und Konstitutionsbedingungen, die dem Sachverhalt Landschaft vorausliegen; in ihnen »[...] vollzieht sich so etwas wie eine verbale Rekonstruktion der Erfahrungsbedingungen von Landschaft« (ebd. 84). Das Vermögen der Literaturwissenschaft zur Reflexion intermedialer Verfahren realisiert sich also in diesem Fall darin, in den Landschaftsbeschreibungen deren verborgene mediale Konstitution wieder freizulegen.

Der Text selbst realisiert diese Freilegung der prozeduralen Konstitution von Landschaften zunächst buchstäblich über die Darstellung des Reiseprozesses.[243] Dabei reduziert er die Parallele zur Malerei zunächst auf rein formale Verfahren wie Kontraste, Variation, Vielfalt, die Erregung von Neugier oder diegetische Blickführung.

Nach den Reiseetappen im Flugzeug, in der Eisenbahn und im Autobus, also nach dem Flughafen der großen Stadt, den Zusteigestationen der kleinen Orte und den auf technischem Weg hergestellten terrestrischen Verkehrsnetzen (»Schienenwege und Straßen liegen hinter uns, man reist mit dem Schiff, stromauf- oder stromabwärts« PP143) sind es die natürlichen Verkehrswege der Flüsse, die den Reisenden zur Verfügung stehen, und die zunächst mit dem Flussdampfer, dann mit Segelbooten (»Auf dem vom Mast weit abgehobenen Dreieckssegel – dem alten Galeerensegel – spielte das Licht der unter-

---

›darkness‹ und ›mutability‹ erscheinen läßt, während das mittelalterliche Naturbild gerade umgekehrt durch ›stability‹, ›definitness‹ und ›luminousness‹ ausgezeichnet war. Die wissenschaftliche Bearbeitung der Natur schafft einen Freiraum für neue Zugänge, den die Kunst mit der Projektion von Gestalten und Dispositionen moderner Subjektivität füllt.«

241 Ebd., S. 20.

242 Ebd., S. 76.

243 In welchem Maße die gewählten Fortbewegungsmittel auf die Beschreibung der Landschaften einwirken, deren Kennenlernen überhaupt erst ermöglichen, wird exemplarisch am Beispiel des Reitpferdes reflektiert: »Würde das Reich des Pferdes auf der Landkarte ausgespart bleiben, wie im Mittelalter noch unbekannte Länder, dann würde der vierte Teil dieser Hemisphäre weiß bleiben.« (PP148)

gehenden Sonne« – PP176) und schließlich mit Ruderbooten (»Segel werden wir von nun an nicht mehr zu Gesicht bekommen.« – PP 200) auf immer kleiner werdenden Flüssen bewältigt werden. Zuletzt wird der Weg zu Fuß fortgesetzt. Zu Beginn lässt der Blick aus den Fahrzeugen – nach dem Rundpanorama des Blicks vom Andenpass – in erster Linie sektoriell realisierte panoramische Landschaften des Fernblicks entstehen, die immer wieder von – durch die Unterbrechungen der Reise möglich werdenden – ›Nahaufnahmen‹ ergänzt werden, wie etwa jener des kleinen Andendorfes in einer der »durch die Landarbeit entstandenen Lichtungen« (PP108) oder der »Stadt der Pferde« (PP146f). Die den Fluss entlang führende Bootsfahrt erlaubt in ihrem Verlauf immer weniger Fernblick, der zunächst narrativ über den Rekurs auf die Berichte früherer Reisender durch den ›Fernblick in die Historie‹ ersetzt wird.[244] Schließlich machen die Schaubedingungen das Gesehene über die lineare, gleichförmige Verschiebung des tiefgelegten Beobachterstandpunktes zur Fläche und Blickbarriere der Waldränder: »[Die] riesenhaften Bäume [verschlossen] nun die Ufer immer dichter.« (PP153) Der Durchschlupf an der Vichada, die Bootsfahrt im Gewitter oder die Fußwege erweisen den Gesichtssinn zuletzt als unzulänglich, erst jenseits des Urwaldes in den Landschaften der großen Ebenen wird der Blick wieder freigegeben.

»Als wir vor Puerto Anunciación ankamen, [...] wurde mir klar, daß wir das Reich des Pferdes hinter uns gelassen hatten und nun in das Reich des Hundes eintraten. Hinter den Dächern ragten die ersten Bäume empor, die Vorhut des noch fernen Urwaldes. [...] Vereinzelt [...] erhoben sie sich aus dem unwegsamen mangrovendurchwachsenen Gestrüpp, dessen schleichendes Fortwuchern in einer einzigen Nacht die Wege auslöschte. [...] Und jenseits der grünen Masse, die alle südwärtsführenden Straßen abschnitt, verliefen Wege und Pfade unter einer solchen Wucht tiefhängender Äste, daß ein Reiter nicht mehr durchkam. Hingegen konnte der Hund mit seinen Augen auf Kniehöhe des Menschen sehen, was sich unter den trügerischen Malangas, in den Höhlen umgestürzter Baumstämme oder unter dem dürren Laub verbarg. Der Hund mit seiner witternden Nase, seinem feinen Geruchssinn, seinem Rücken, der durch Haarsträuben Gefahr anzeigt [...]. Der Hund lieferte die an seinem Gefährten verkümmerten Sinne, das Auge seiner Nase, seinen Vierfüßlergang; sein hilfreiches Aussehen als Tier unter Tieren im Tausch gegen den Unternehmungsgeist [...].« (PP154f)

Damit wird die Geschichte okzidentaler Blick- und Bildästhetik in ihrer Umkehrung von Panorama, Überhöhung, Perspektive zur Fläche und schließlich der ›tunnelartigen‹ Sicht noch einmal über die sich ergebenden Landschafts-

244 Vgl. PP174: »Sie [Mouche] habe diese Granitbarrieren sehen wollen, die Grenze für jedes größere Schiff seit der Zeit, als die ersten Entdecker Amerikas in Zorntränen ausgebrochen waren angesichts des schauerlich brodelnden Beckens, des gewaltsam hochgeschleuderten Wassers, der in brüllendem Wirbel tanzenden Baumstämme. Sie stand im Begriff, das großartige Schauspiel literarisch auszuschmücken [...].« Als Prätexte lassen sich Lektüren vermuten, etwa jene der Tagebuchaufzeichnungen Alexander von Humboldts aus dem Frühjahr 1800 über die Wasserfälle an den Flüssen Orinoco und Casiquiare oder des Berichtes Sir Walter Raleighs von den Stromschnellen des Orinoco, schließlich auch eine literarische, nämlich Edgar Allen Poes *Im Strudel des Mahlstroms*.

bilder explizit gemacht und schließlich in eine Wahrnehmung durch den Körper und die Nahsinne zurückgeführt.[245]

Die Beschreibung der Verkehrsmittel – und damit der durch sie bedingten Mediatisierung der Wahrnehmung – bildet also zunächst ein visuelles Wechselspiel von Distanz und Nähe ab.[246] In der Reisebewegung im Zug, im Autobus, auf dem Schiff bleibt die Wahrnehmung distanziert, geht der Körper gewissermaßen verloren. Annegret Pelz hat unter Hinweis auf Roman Jacobson darauf aufmerksam gemacht, dass, semiotisch gesehen,

»[...] die Hohlformen [der Fahrgehäuse] das Bewegungsgesetz des [...] Signifikanten als einen unendlichen Übergang von einer Maskerade zur andern [bedeuten], als eine Verkettung von Bildern, die der Kontiguitäts- bzw. Berührungsassoziation der Metonymie entspricht. [Im Fahrzeug] (unendliche Verschiebung-Metonymie) und Gehäuse (Verdichtung-Metapher), materialisiert sich die nie zustandegekommene Beührungsassoziation, das unstillbare und unendliche Begehren nach Annäherung des reisenden [...] Körpers an die Fremde. Dabei ist der Wagen das Vehikel eines Aufschubs [...].«[247]

Die sich medial ergebende Distanz zwischen Reisendem und Betrachter wird im Text über die Dominanz des visuellen Fernsinns abgebildet, dessen Bedingungen immer wieder reflektiert werden. Gleichzeitig werden den immer

245 Vgl. e contrario PP102: »Doch was jetzt begann, lag jenseits aller Bilder, die ich aufgenommen hatte, als ich die Welt nicht mehr allein durch den Tastsinn erfuhr.«

246 Vgl. A. Pelz: Gehäusefahrten, S. 41: »Das Auge [...] verfügt [laut Barthes] über die zwei Extreme des Sehens: das verschlingende und das objektivistisch getarnte als zwei optische Einstellungen desselben Auges.« Das Spiel von Distanz und Nähe beschreibt Barthes als ein Wechselspiel zwischen leeren und geografisch erfüllten Orten. Vgl. Roland Barthes: Mythen des Alltags (= edition suhrkamp, SV 92), Frankfurt am Main: Suhrkamp Verlag 1964, S. 100: »Ich kann, wenn ich in einem fahrenden Auto sitze und die Landschaft durch die Scheibe betrachte, meinen Blick nach Belieben auf die Scheibe oder auf die Landschaft einstellen. Bald erfasse ich die Anwesenheit der Scheibe und die Entfernung der Landschaft, bald dagegen die Durchsichtigkeit der Scheibe und die Tiefe der Landschaft. Das Ergebnis dieses Alternierens ist jedoch konstant. Die Scheibe ist für mich zugleich gegenwärtig und leer, die Landschaft ist für mich zugleich irreal und erfüllt.«

247 A. Pelz: Gehäusefahrten, S. 103; ebd., S. 103f: »Roman Jacobson veranschaulicht die metonymische Berührungs- und Verschiebungs-Assoziation am Beispiel eines im Zug oder in der Gondel fahrenden Helden [...], d.h. zweier ›Gegenstände‹, ein Gehäuse und eine Person, die sich reziprok anthropomorphisieren. Indem sich die mechanische Bewegung des Zuges auf den [...] Helden überträgt, überträgt sich die Lebendigkeit des Helden auf das zu selbständigem Leben erweckte Gehäuse. [...] Die geschaffene metonymische Verbindung von Reisendem und Gehäuse wird an und für sich zum Gegenstand unserer Wahrnehmung, die Reisenden verschwinden, weil das Gehäuse auf ihre Anschaulichkeit unmittelbar entfärbend und entseelend wirkt. Unsere Wahrnehmung der reisenden Person wird durch das Gehäuse ersetzt.«

einfacheren Verkehrsmitteln, die im Gegenlauf ihrer geschichtlichen Entwicklung vorgeführt werden, Landschaften parallelisiert, die als immer zeitferner und älter, schließlich als prähistorisch erscheinen.[248] Auf diese Weise verschiebt sich die reale Distanz zwischen Betrachter und Landschaft in die metaphorische Distanz der Geschichte.

Der – auch die Wahrnehmung konfigurierende – Zusammenhang zwischen dem Reisenden und seinem Fahrzeug entspricht jener Figur, die Paul Virilio die Metempsychose des Passagiers nennt, das Aufgehen des Passagiers in seinem Transportmittel, das seine Bewegungs- und damit Wahrnehmungsbedingungen, den Verlust der Unmittelbarkeit, auf den Reisenden überträgt.[249] Auf der Textoberfläche des Romans taucht diese Metempsychose in einer Vignette auf, die die ›Verwandlung‹ des Passagiers/Protagonisten in sein Verkehrsmittel in einem durch Historisierung und Fiktionalisierung distanzierten Kommentar abbildet: Sie beschreibt die Entdeckung von Ländern »in die das Kreuz Christi nicht im Staub schleifend, sondern zu Pferde eingezogen war, aufragend, emporgehoben von Männern, die für Zentauren [sic] gehalten wurden.« (PP148)

Was sich – von den Fahrzeugen aus gesehen – ergibt, ist einerseits Landschaft im panoramischen Blick. Dieser panoramische Blick sieht, wie Schivelbusch beschreibt,

»[...] die Gegenstände, Landschaften usw. durch die Apparatur hindurch, mit der er sich durch die Welt bewegt. Diese Apparatur, d.h. die Bewegung, die sie herstellt, geht ein in den Blick, der folglich nur noch mobil sehen kann. Die Mobilität, für ein traditionell organisiertes Sensorium [...] Agent der Wirklichkeitsauflösung, ist für den panoramatischen Blick die Grundlage der neuen Normalität: Eine Erfahrung von Verflüchtigung gibt es für diesen Blick nicht mehr, weil die verflüchtigte Wirklichkeit seine neue, normale Wirklichkeit geworden ist, oder anders gesagt, weil der Raum, in dem die Verflüchtigung sich am deutlichsten zeigte, der Vordergrund, für den panoramischen Blick keine Existenz mehr hat.«[250]

248 Das sich dabei einstellende Gefühl von Verlust, das im Roman über die Beschreibung ›ursprünglicher‹ Landschaften abgewehrt und gerade dadurch deutlich gemacht wird, scheint der ›Landschaft‹ inhärent zu sein: vgl. Schmeling/Schmitz Emans, Landschaft, S. 25f: »›Landschaft‹ ist immer schon ein ›sentimentalisches‹ Konzept im Sinne Friedrich Schillers gewesen. Die Darstellung, ja bereits die Konzeption von ›Landschaft‹ stand stets im Zeichen des Bewusstseins von Zeitlichkeit und Geschichtlichkeit, und das heißt von Vergänglichkeit; oft deuteten Landschaftsdarstellungen konkret auf die Ausbeutung der Natur durch den Menschen, auf Niedergang und Verfall hin. (Dies würde bedeuten, dass die Landschaftskunst seit jeher zumindest latent einen anti-idyllischen Zug besessen hätte).«

249 Paul Virilio: »Metempsychose des Passagiers«, in: Barck/Gente et al. (Hg.), AISTHESIS, S. 83-96, hier S. 87f: »die Bewegung, die das Fahrzeug vermittelt, zerreißt und foltert den Körper, dem seine Eigenbewegung genommen wird – eine sensorische Deprivation des Passagiers. Mitgefahren – mitgefangen – die Gewalt der Fahrt läßt uns keinen anderen Ausweg als weitere Beschleunigung und den Verlust der Unmittelbarkeit. [...] Die Gewalt der Geschwindigkeit ist nichts als Auslöschung.«

250 W. Schivelbusch: Eisenbahn, S. 61f.

Andererseits wird dieser distanzierte Blick immer wieder durch markierte Unterbrechungen der Reise in besonderen Landschaften und an besonderen Orten ergänzt, die – durch das Stillstellen der Fortbewegung – diesen Vordergrund wieder sichtbar machen. Die visuelle Distanz wird scheinbar durch Nähe und Teilnahme ersetzt.[251] Die zu Fuß zurückgelegten Etappen und die so erreichten Orte lassen neben die visuelle Wahrnehmung des Fernsinns auch jene haptischer, taktiler, akustischer, olfaktorischer – also körperhafter Sensationen treten, die Nähe und Berührung erzeugen.[252] Dennoch wird die reale Distanz des Protagonisten nur virtuell aufgegeben: Die (in der präformierten Bildlichkeit der Beschreibungen verborgene) Distanz zur unmittelbaren Wahrnehmung verschiebt sich nun metonymisch in jene explizit reflektierenden Kommentars, der in den ›Nahaufnahmen‹ (siehe unten) zuweilen extreme Dichte annimmt. Diese kommentierenden Exkurse sind der Rhetorik des Reise- und Erfahrungsberichtes unangemessen: zu umfangreich, zu häufig, moralisierend, ideologisch. Das Spiel zwischen visueller Ferne und Nähe wird zu einem diskursiven Spiel zwischen Erfahrung und Text.

Die ›moderne‹ Darstellung der vorgefundenen Natur ist vordergründig nur abhängig von den verschiedenen ästhetischen Haltungen, die das Subjekt, der Reisende, frei und ohne Berufung auf einen letzten Grund wählt. Erst diese Unabhängigkeit erlaubt die Konstitution einer Landschaft im modernen Sinn, während etwa die an der einheimischen Bevölkerung vorgeführte verbindliche Hermeneutik, die in der Natur sinnbildlich deren Zeichen liest, auch im Text keine Landschaften generiert.

Gleichzeitig werden die voraussetzungslose Wahrnehmung der Landschaft und das interesselose Wohlgefallen an ihr ambiguisiert. Das geschieht einerseits über die Poetik des Textes als Reiseroman. Lobsien stellt fest, dass

> »[...] in Reiseberichten [...] Landschaft immer unter dem Vorzeichen von Zwecksetzungen [steht. Sie] ist in Funktionszusammenhänge eingelassen, sieht sich zur Metapher für anderes genommen. Der Zwang zu einer geschlossenen Darstellungsform bedeutet immer auch schon eine Vorentscheidung über die Identitätskontur des mitdargestellten Subjekts, das sich in den modifiziert reproduzierten Wahrnehmungsakten des Deskriptionsaufbaus ausdrückt. Insoweit bewegen sich alle Textlandschaften

---

251 Vgl. A. Pelz: Gehäusefahrten, S. 42: »Im Gegensatz zur Bilderlust des Auges, die ein Kontakt auf Distanz ist, ist die Einverleibung - der Kontakt aus der Nähe - der Wunsch und zugleich das Problem des reisenden [...] Körpers.«

252 Siehe zum Entwurf einer Rhetorik des Gehens, die Michel de Certeau, ausgehend von einer Homologie zwischen Sprach- und Wegfiguren, entwirft und als eine textuelle und empirische Praxis beschreibt: Michel de Certeau: Kunst des Handelns, Berlin: Merve, 1988; insb.: ›Praktiken im Raum‹, S. 179-238, hier S 194 » Das Gehverhalten spielt mit der Raumaufteilung, so panoptisch sie auch sein mag. Es ist ihr weder fremd (es bewegt sich nicht woandershin) noch konform (es bezieht seine Identität nicht aus ihr). [...] Es läßt sie in eine Vielzahl seiner Bezugspunkte und Zitate eindringen (gesellschaftliche Modelle, kulturelle Gebräuche, persönliche Faktoren). Dabei wird es selber zum Resultat einer Reihe von Begegnungen und Gelegenheiten, die es unaufhörlich verändern und zum Emblem des Anderen machen [...].«

im Zirkel eines Modells von Subjektivität, das nur ein begrenztes Spektrum von Artikulationsweisen zuläßt, darin Landschaft zu den Bedingungen vorformulierter Anschauungsformen darstellt und wieder nur das schon ausgearbeitete Profil des Subjekts zur Erscheinung bringt.«[253]

Die Reise des Protagonisten, die zwischen Forschungsreise und Flucht aus der Unerträglichkeit des eigenen Lebensentwurfes in der Zivilisation oszilliert, produziert in diesem Sinne eine ihrerseits zwischen Forschungsbericht (der Bericht für den Kurator) und Urwaldroman (der als Vorlage konkret genannt wird) oszillierende Beschreibung, die nicht nur die vorgefundene Wirklichkeit, sondern über die dargestellten Landschaften auch den Protagonisten selbst konturieren: Einerseits ist er neutraler, sammelnder, Fakten registrierender – und damit immer über epistemische Filter selektierender – Wissenschaftler, andererseits sentimentaler, zivilisationsmüder Aussteiger, der die Wirklichkeit, die er vorfindet, zu einer zeitenthobenen Utopie stilisiert, zu einem lateinamerikanischen Arkadien unter den Bedingungen des zwanzigsten Jahrhunderts[254], das ihm eine Wiederbegegnung mit den Ursprüngen ermöglichen soll[255]: Jenen der Kunst, der Malerei, der Schrift, der Zivilisation. Die Landschaften werden zunehmend zu einem *modus discendi* der Allegorie, der Blick auf das Land wird zu einem Blick auf etwas anderes.

Auch auf der Handlungsebene wird die beschriebene Natur zunehmend zur Folie, auf der sich die Idiosynkrasien und Ideologien des Protagonisten abbilden, dessen rückwärtsgewandte Ästhetik sie zu imaginären Welten stili-

253 E. Lobsien: Landschaft in Texten, S. 119.

254 Vgl. Marie-Anne Hansen-Pauly: »Revisiting Arcadia«, in: Schmeling/Schmitz-Emans (Hg.), Landschaft, S.195-212, hier S. 195ff: »The name of Arcadia conjures a pleasant rural setting, shepherds piping their songs in peaceful surroundings, a simple way of life far away from urban stress, a kind of paradise or utopia. [... It] evokes a host of connotations with Greece and classical literature, with Renaissance writers and pastoral poetry, with painting, gardening and music. [...] The question is rather to enquire how a mythical landscape of classical literature has come to survive across the centuries to be taken up again and again by various writers and artists. [...] The setting is but a backdrop to mental conflict and inescapable fate [...]. What seems constant about Arcadia is an opposition of this peaceful, secluded and immutable Eden to another place that craves progress and displays struggle for power. It is that other world outside Arcadia, which has changes across the ages, from one poet to another, in its aspirations and values. So is it what is beyond Arcadia which defines every new Arcadia? Could it be that Arcadia cannot be imagined without its foil or a counterpart?"

255 Diese Sehnsucht nach einer Wiederbegegnung mit dem Verlorenen beschreibt auch Claude Lévi-Strauss, der in der ethnologischen Beschreibung und im Reisebericht die Trauer um die verlorene Unberührtheit der Welt feststellt. Vgl. Claude Levi Strauss: Traurige Tropen (= stw 240), Frankfurt am Main: Suhrkamp Verlag 1978, S. 31: Nur noch Reisen »[...] geben uns die Illusion von etwas, das nicht mehr existiert und doch existieren müßte, damit wir der erdrückenden Gewißheit entrinnen, daß zwanzigtausend Jahre Geschichte verspielt sind.«

siert. Sie stellt deren Exotik anhand von Bruchstücken und Ruinen entsprechend seiner Kontrastwünsche her. Die an Mouche und sich selbst wahrgenommene Fremdheit (»mein eigener Exotismus [wurde mir] bewußt« PP138) erscheint weniger das Produkt der »tausend Bücher, die ich gelesen hatte« oder der Differenz, die »eine ganze Kultur mit ihren Verzerrungen und Ansprüchen« (PP139) herstellt, sondern als Effekt der exotisierenden Beschreibung des Vorgefundenen, die von der impliziten, immer schon malerischen Konfiguration der Landschaften bis zu deren subjektiver Lektüre durch das sentimentale Individuum vorgeführt wird.

Zu einer bemerkenswerten paradoxen Transformation dieses Exotismus wird die Identifikation mit den Figuren der imaginierten Vergangenheit, die über die metaleptische Verschmelzung mit den Gegenständen der Landschaftsbilder sich diesen angleicht und damit das Subjekt sich selbst gegenüber exotisch macht: »Wir sind Konquistadoren auf der Suche nach dem Reich Manoa. Bruder Pedro ist unser Kaplan [...] Der Pionier könnte ganz gut Philipp von Hutten sein [...]. Mir selbst lege ich in dieser Expedition die Rolle des Trompeters Juan de San Pedro zu.« (PP203) Die Illusion produziert Wirklichkeit, indem das Illusorische (imaginativ) realisiert wird: Nicht mehr der Protagonist beschreibt die Landschaft, sondern die Landschaft ›schreibt‹ ihn.

Begleitet wird die Beschreibung der sich verändernden Fortbewegungsmodalitäten durch jene veränderter Zeitwahrnehmung, die sich nun an den Eigenzeiten der Orte orientiert (»So oder so muß der Reisende sich unabänderlichen Zeiten fügen. Hier gehorchen die Reisen der Menschen dem Gesetzbuch der Regenfälle.« PP143[256]) und durch die beschriebenen Veränderungen des »Lichtes«, in dem die Landschaften erscheinen[257]: Von den Straßenlaternen der Großstadt über den Ausfall der Elektrizität und damit des Lichtes im Hotel bis zur Feststellung, »daß wir den elektrischen Strom hinter uns gelassen hatten, daß man hier noch in der Petroleum- und Kerzen-Epoche lebte« (PP156), werden die Effekte künstlichen Lichtes, aber auch jene des natürlichen Lichtes und die damit verbundenen Schau-Bedingungen und -Gewohnheiten reflektiert: Das Ende des Tages wird nicht mehr chronometrisch festgestellt, sondern am Quaken der Frösche, »im Gesirr der Nachtinsekten, die die Taginsekten [ablösen]« (PP177), erkannt. »Die Sonne, der Mond, das Lagerfeuer und manchmal ein Blitz werden die einzigen Lichter

256 Vgl. PP143: »Ich stelle fest, daß ich, der eingefleischte Zeitvermesser, der von Berufs wegen auf das Metronom und von Amts wegen auf den Chronographen schaut, seit Tagen an keine Uhr mehr denke und den Stand der Sonne nur noch mit Hunger und Schlaf in Verbindung bringe. Als ich entdecke, daß meine Uhr gar nicht aufgezogen ist, breche ich, allein mitten in dieser Ebene ohne Zeit, in schallendes Gelächter aus.«

257 Vgl. A. Carpentier: »Roman in Lateinamerika«, S. 38f: »Das Licht, bestimmte Besonderheiten des Lichts, verändern aus dem Blickwinkel des lateinamerikanischen Romanciers die Perspektiven, die Entfernungswerte und die Grundrisse. [...] Für den Autofahrer fangen die Gebäude dann an, sich eins um das andere zu drehen, denn die Perspektiven [...] unterliegen der gleichen Belichtung innerhalb einer anscheinend ›luftlosen Atmosphäre‹, die an den Hintergrund auf manchen Bildern von Balthus oder an deutsche Expressionisten erinnert.«

sein, die unsere Gesichter bescheinen.« (PP199) Als Extreme dieser Bedingungen lassen sich einerseits die Verdunkelung des Tageslichtes durch das Naturereignis der einfallenden Schmetterlingsschwärme und andererseits seine besondere Intensität lesen: Das Licht ist »in diesen Breitengraden« so hell und gleichzeitig »so fremd und neu, daß ich mir […] Brillen mit dunklen Gläsern kaufen mußte« (PP62). Dass damit das Vorgefundene erneut im durch die Sonnenbrillen ›künstlich‹ abgetönten Licht gesehen wird, lässt sich als Hinweis auf die Überforderung durch das Neue, auf buchstäblich gefilterte Rezeption und die sich dadurch ergebende Verfremdung und Artifizialität der Beschreibung lesen.[258] Es verweist damit implizit – und über das moderne technische Medium der Sonnenbrille medial/materiell reflektiert – nicht nur erneut auf die im Roman immer wieder verhandelte Wahrnehmungsbrechung, sondern auch auf eine ihrer spezifischen historischen Erscheinungsformen, nämlich jene der Rahmenschau, die eine an Kunstwerken geprägte Rezeption auf die Wahrnehmung der Landschaft durch ein Schauglas überträgt.[259]

5.10.2 Bilder. Genres. Repliken

Um die Dichotomie zwischen einer »[...] institutionalisierten Lektüre«, die die Orte des Reiseberichts »[...] vorwiegend unter ihrem referentialisierbaren, textexternen, also auf die außersprachliche Wirklichkeit bezogenen Aspekt«[260] untersucht, und andererseits der auf Referenz verzichtenden Lektüre phantastischer Reiseberichte theoretisch aufzulösen, hat Ottmar Ette einen Lektüremodus vorgeschlagen, der zwischen dem Realitätskonformen und dem Fiktiven ständig pendelt, um die Polysemie des untersuchten Textes nicht durch textexterne Referentialisierung oder innerliterarische Fiktionalisierung zu vermindern und zu fixieren, kurz: die Bewegungsvielfalt, die Dynamik und Unbestimmtheit nicht einzuschränken.

Ein solcherart beweglicher Modus scheint gerade für die Lektüre von Carpentiers Roman sinnvoll, dessen Lektüren als authentischer Reisebericht den Text um seine spezifisch literarischen und reflexiven Aspekte verkürzen, während das Außerachtlassen seiner (komplex implizierten und über ein

258 Vgl. Paul Virilio: »Der Film leitet ein neues Zeitalter der Menschheit ein«, in: Barck/Gente et al. (Hg.), AISTHESIS, S. 166-195, S. hier S. 174: »[der Träger dunkler Brillen] verbirgt [...] seine Retina, vor allem aber den Bereich der ›macula‹ [...] den Bereich der höchsten Empfindlichkeit [in der] Furcht, von Bildern überflutet und vom intensiven Licht [...] überrascht zu werden.«

259 Vgl. E. Lobsien: Landschaft in Texten, S. 64: »Die zur Grand Tour aufbrechenden Aristokraten führten [...] geprägte Vorstellungen von idealer Landschaft mit sich. Häufig befand sich in ihrem Gepäck auch ein ›Claude Glass‹: ›This was a tinted reflecting glass, often oval or circular, and the viewer stood with his back to the landscape, moving the glass until the perfect scene appeared framed as if in a picture. With the help of this glass, travelers saw scenes very like those in Claude's pictures, or, in mountainous places, landscapes after Salvator Rosa.« - Watson: Picturesque landscapes, London, 1979, zit. ebd. FN 36.

260 . O. Ette: Literatur in Bewegung, S. 48.

Spiel von Instanziierungen dennoch abgesicherten) Positionierung in einem zeitlich und geografisch referentialisierbaren Raum den Blick vor allem auf die Reflexivität seiner Schreibverfahren verstellt, die erst vor dem Hintergrund dieser realen Verortung und der realen Zeitbedingungen, also des Lateinamerikas der späten Vierzigerjahre, ihre Wirksamkeit entfalten.

Ette nennt zu diesem Zweck ästhetische reiseliterarische Orte (Abschied, Höhepunkt, Ankunft, Rückkehr[261], (die Liste ließe sich erweitern um Orte des Katastrophischen, Heterotopien, den Ort der größten Entfernung von der Welt des Herkunftsortes ...) und Bewegungsfiguren der Reise (der Kreis, das Pendeln, die Linie, der Stern, das Springen), die als aufzufüllende Topoi Reiseberichte strukturieren und Orte und Schreibverfahren produktiv vermitteln (siehe 7.8). Neben der Reflexion der Reise- und Schaubedingungen wird im Roman das Vorgefundene also in topische – bildnerische – Rahmungen gefügt, die die Signifikanten erkennbar in okzidentalen Genres konfiguriert und damit die Medialität der entstehenden Bilder bewusst markiert.[262] Dabei durchlaufen die Beschreibungen ein prononciert visuell-malerisches Programm, das in der Museumsepisode vor Antritt der Reise bereits als Vorentwurf sichtbar geworden ist. Gleichzeitig werden auch die in der Replikengalerie vorgeführten Überschreibungen der bildnerischen Prätexte in der Poetik des Textes exzessiv umgesetzt.

Paradoxerweise bleibt der reiseliterarische Ort der Ankunft selbst, der in Verfremdung des Topos gleichzeitig zu einem Ort imaginärer Wiederkehr wird, in auffallender Weise bildlos. Die Landebahn, das Büro der Zollbehörden, die dort wartenden und den Beamten Auskünfte gebenden Menschen bleiben sparsam beschriebene Reise-Versatzstücke, die allenfalls durch ihre betont flüchtige Erwähnung vor dem zeitgenössischen Kontext eine verfremdende Wirkung entfalten mögen. Die visuelle Wahrnehmung wird zunächst durch jene anderer Sinne verdrängt: Die Stille durch die vorübergehende, dem Flugzeuglärm geschuldete »Ertaubung«, die benommen machende »andersartige Luft«, eine umspringende »Brise«, »ein Geruch nach warmem Espartogras, nach Meerwasser«, »der Gestank von faulen Schalentieren« brechen die okzidentale Hierarchie der Sinne und deren Privilegierung des Visuellen durch den Einbruch der »niedrigen« haptischen, olfaktorischen Sinne.[263]

261 Ebd., S. 49; vgl. auch: O. Ette, »Est-ce que«, S.49ff; ebenso: F. Wolfzettel: Reisebericht, S. 8.

262 Damit werden sie nun auch explizit zu, wie Ette beschreibt, literarischen Landschaftsdarstellungen, »[...] die eine Besetzung des in ihnen Dargestellten mit metaphorischen oder allegorischen Bedeutungen in eine Nachträglichkeit zur Darstellung selbst rücken, die folglich in der Rezeption einen Spielraum zwischen Konstitution und Interpretation öffnen und damit ein gewisses Spektrum möglichen Leseverhaltens zulassen« (Lobsien: Landschaft in Texten, S. 43).

263 Vgl. zur Hierarchie der Sinne und ihren historischen Modifikationen: Waltraud Naumann-Beyer: Anatomie der Sinne im Spiegel von Philosophie, Ästhetik, Literatur_(= Studien zur Literatur- und Kulturgeschichte, Kleine Reihe Bd. 19), Köln: Böhlau 2003, insb. ›Ent-Zifferungen: Fünfzahl, Vielzahl, Unzahl der Sinne‹, S.1-20, und ›Ordnung und Unordnung der Sinne‹, S. 113-237; vgl. auch V. Roloff: »Surrealismus, Medienästhetik«, S. 21: »Mit der Korrespondenz der Sinne geht es auch um die Reflexion der Brüche

Die optische Wahrnehmung bleibt zunächst undifferenziert und nimmt bemerkenswerterweise zuerst ihr Medium selbst wahr, »eine Art wiedergefundenes Licht« (alle PP54). Auch die auditive Wahrnehmung erfasst zunächst nicht den Inhalt sondern den fast körperhaften Klang der Sprache (siehe 7.10).

Akustik, Haptik, der Bewegungssinn, das Olfaktorische bleiben im Roman als – gelegentlich irritierender – Subtexttext präsent: Sie unterlaufen und stören das Visuelle fortwährend, indem sie ihm widersprechen, die Beschreibungen emotional intensivieren, die Eindrücke für die Memoria des Protagonisten öffnen oder die Medialität der Erfahrung akzentuieren. In der Schilderung der Landschaften der Reise ist es aber naturgemäß der Gesichtssinn, der die Beschreibungen dominiert und über die Nutzung habitualisierter Visiotypien beim Rezipienten in Form geläufiger Bildgenres die vorgefundenen Signifikanten in Bildern konfiguriert.

Als eine von vielen *Genreszenen*[264] beschrieben wird das Großstadt-Viertel mit (den Schrift und Bilder zu pragmatischen *interart*-Objekten verbindenden) Aushängeschildern der kleinen Läden, »die an das Kunsthandwerk früherer Zeiten erinnerten« (PP63), und in denen in »blumenumrankten Lettern« deren Namen stehen. »Tuttilimundi, Zum Golden Stiefel, König Midas und Klingende Harfe.« Ein Globus, der sich über einem Buchantiquariat im Wind dreht und an der Ecke ein Mann, der »unter einem knoblauchgespickten Kalbsschlegel die Glut in seinem Feueröfchen [anfacht], während das Fett im beizenden Rauch aufspritzte und den Duft von Thymian, Limonen und Pfeffer verströmte«, ergänzen das Tableau. Die Szene erinnert und dupliziert unter den Bedingungen des Dépaysements jene des Flanierens durch die amerikanische Großstadt und die Beschreibung der Bücher des Brentano'schen Buchantiquariats sowie der in den Schaufenstern ausgestell-

und Grenzen der Sinneswahrnehmung, die Ohnmacht der Sinne wird zur Bedingung der ästhetischen und künstlerischen Inspiration, von daher ist nicht die romantische Idee eines Gesamtkunstwerks Leitfigur des Surrealismus, sondern eine ›ars combinatoria‹, in der die Interferenzen, Spannungen und Kontraste zwischen Bild und Text, Sprache und Musik ausgespielt werden, z.B. durch die chaotische Mischung und Konfusion der Sinne, analog zum Traum. [... Es geht] um die Faszination, Proliferation und Analyse innerer Bilder, die für die intermediale synästhetische Praxis konstitutiv sind [...].«

264 Die Genremalerei als gemalte Abbildung von Alltagsszenen (Menschengruppen, Szenen, Handlungen, also die Schilderung von Lebensformen und ihrer settings entsteht als Variante der realistischen Malerei um 1500. Ihre Vorläufer sind die genreartigen Bilder der Stundenbücher (vor allem jene der flämischen Stundenbücher des 15. Jahrhunderts.) Ihren Höhepunkt erlebt die Genremalerei in der niederländischen Malerei des 17. Jahrhunderts. Die neuere Forschung entschlüsselt zunehmend ikonografische Kontexte der Bilder und hat viele vermeintliche ›Genreszenen‹ als Bilder identifiziert, die ihre Grundlage in populären Theaterstücken oder Sprichwörtern hatten und damit auch als intermediale Moralschule gelesen werden können. Als solche Genreszenen lassen sich neben anderen etwa auch das Treiben in der Stadt der Pferde (PP146f), Rosario am Kupferkessel der Küche (PP169), die nähende Rosario (PP175) lesen.

ten Fotos. Zudem macht sie das bereits in der Replikengalerie durch die Erinnerung des Protagonisten überschriebene Genrebild der Spanferkel tranchierenden Männer zu einem *tableau vivant*. Wird dieses in einer an Gemälde Brueghels erinnernden Streuung des Blickes auf unterschiedlich perspektivierte und fokussierte Handlungsorte durch die Beschreibung der Bäcker beendet, die im Halbschatten eines Untergeschosses »singend arbeiten«, so wird sie gleichzeitig durch das harmonische Arrangement wie auf einem Le Nain'schen Bauernbild idyllisiert. Zugleich wird die Assoziation durch das Angebot der Händler ironisch gebrochen, die neben Bratfischen auch »Sangria und eisgekühlte [sic] Ananas« feilbieten. Zusätzlich wird im Fortgang der Szene sowohl durch die pathosnahe literarische ›Erinnerung‹[265] (Markierung durch Codewechsel) als auch durch mediale Verweise ihre Zurichtung als ›Gemälde‹ über den Verweis auf Bildkunstwerke, die als *mise en abyme* funktionieren, reflexiv gemacht: Der Protagonist entdeckt in einem Schaufenster »eine Gravüre mit Marinera tanzenden Zambos« (PP64) und wenig später »eine Erschießung Maximilians« oder eine »alte Ausgabe von Marmontels ›Incas‹«, deren Illustrationen ihn an die freimaurerische Ästhetik [sic] der Zauberflöte erinnern.

Zwischen der Gravüre, die eine ›amerikanische‹ Tanzszene abbildet, und die ethnographische Realienabbildung oder selbst eine das Genre karnevalisierende Gesellschaftsszene sein könnte[266], dem malerischen oder grafischen Historienbild, dem musikalisch, literarisch und politisch unterlegten Verweis auf das kolonisations- und religionskritische Werk *Les Incas* Jean-Francois Marmontels (Historiker, Enzyklopädist des 18. Jahrhunderts, Opernkomponist, Verfasser von Theaterstücken und den für die Lebhaftigkeit ihrer Gesellschaftsbilder und -tableaus gelobten *Contes moraux*) spannt sich erneut ein imaginärer Bilderbogen von okzidentalem Wissen, biografischer und textuell vermittelter Erinnerung, intermedialer Zurichtung und autoreferentieller

265 Vgl. PP63f: »In staunendem Entzücken blieb ich stehen. Seit so langer Zeit hatte ich nicht mehr gesehen, wie das Mehl durch die Hände rann, hatte es völlig vergessen in einem Land, wo das Brot [...] nachts wie eine Sache, derer man sich schämen mußte, in geschlossenen Lastwagen angefahren wurde« Ist bis hierher die Assoziation des Protagonisten biografisch plausibel, so wird sie in der Folge historisch, literarisch und über ein geografisches Dépaysement verfremdet und überhöht: »[... das Brot hatte] aufgehört, das Brot zu sein, das man mit der Hand bricht, das Brot, das der Vater verteilt, wenn er es gesegnet hat, das Brot, das ehrfürchtig entgegengenommen wird, ehe man über der breiten Schüsselvoll Lauchsuppe seine Rinde bricht oder es mit Öl und Salz bestreut, um einen Geschmack wiederzufinden, der [...] der große mittelmeerische Geschmack [ist], den schon die Gefährten des Odysseus auf der Zunge geschmeckt hatten.«

266 Mit den Zambos - als Nachkommen afrikanischer und indianischer Vorfahren - ist erneut das Motiv des Mestizaje eingebracht. Die Marinera ist ein Paartanz im ¾ Takt mit Verneigungen, schnellen Drehungen und Stepptanz-ähnlichen virtuosen Kurzschritten, der über seine Eleganz und seine Raumfiguren sowohl an den Stierkampf als auch an den europäischen Reihentanz als Vorbilder erinnert. Die Musik wird von einer Blasmusikformation mit starker Rhythmusgruppe gespielt. Vgl. Olsen/Scheehy (Hg.), World Music, S. 994.

Ironie. Als solch ironisches *mise en abyme* lässt sich die über Rekurs auf ein *script*[267] vermittelte Figur des erwähnten König Midas lesen: Wie ihm in einer ›transmedialen‹ Transformation auf seinen Wunsch hin alles zu Gold wird, was er berührt, wird dem Protagonisten, der das Neue in seine imaginäre Enzyklopädie eintragen will, alles zu medial transformierbarem, integrierbarem und letztlich immer schon gekanntem Wissen.

Die Häufung der Signifikanten, deren verfremdende Komposition, die auch an Arbeiten Brueghels, Hogarths oder Goyas und deren transgressive Ironie erinnern, und nicht zuletzt die Aufladung der Episode durch die Referenz auf unterschiedliche künstlerische Medien und deren Ästhetiken (die Grafik, die Fotografie, die Musik – verdichtet und personifiziert in der Gestalt Marmontels) weisen auf die Ästhetik der Genreszene selbst und damit als Markierung durch Addition auf deren Artifizialität zurück.

Das gilt auch für die Abendgesellschaft der Oper, die im barockenklassizistischen Interieur, (zwischen klassizistischen Marmorbüsten und dem »Rokokogeblümel im Geländer« – PP58) eine *Gesellschaftsszene* des 19. Jahrhunderts präsentiert (siehe 6.5), oder für die ›Genreszenen‹ auf dem Flussdampfer, die durch das explizite Zitat des Narrenschiff-Szenarios des Hieronymus Bosch auch auf jenes des Sebastian Brant verweist und damit erneut ein intermedial angelegtes Kunstwerk[268] einbringen. Dabei markiert der ästhetische Kunstgriff gleichzeitig einen Wechsel der narrativen Ebene: Indem der Text den mitreisenden Protagonisten selbst zu einem der Narren und damit in einer innerfiktionalen – durch die inadäquate Überhöhung ironisch gebrochenen – Metalepse zu einer Figur seiner eigenen Fiktion macht, legt er in Cervantes'scher Manier über dieses Ironiesignal frei, dass der Protagonist das Vorgefundene nicht erlebt, sondern – es lesend und schreibend – zur Erfahrung macht und damit Gefahr läuft, der eigenen Fiktion zu erliegen.

Zum extrem verfremdeten ›ethnologischen‹ Genrebild wird schließlich die Beschreibung des Alltags im Indianerdorf, die durch ihre explizite Diätetik des Blicks und ihre Blick-Führung, also durch den Verweis auf malerische Verfahren, als Genreszene *sui generis* markiert ist.

267 Vgl. W. Wolf: »Intermediale Erzähltheorie«, S. 69: »Am wichtigsten unter den Lesehilfen für die narrative Rezeption [einer Bildsequenz] sind jedoch sicher die ›intermedialen‹ Anleihen beim verbalen Medium.« – Titel, verbale Texte innerhalb der Bilder, die – wie auch das Bild im Bild – den Eindruck entstehen lassen, »[...] als ob hier eine quasi hypodiegetische Ebene als Ersatz für die in Gemälden nicht existente extradiegetische Ebene epischer Erzählung und die von dort wiederholt vernehmbare Stimme eines kommentierenden und deutenden auktorialen Erzählers fungiert«.

268 Insofern, als etwa zum Rezeptionserfolg des Brandt'schen Narrenschiffes (gedruckt 1494) vor allem auch dessen Illustrationen beitrugen, ist dieser intermediale Hinweis deutlich. Stellt man zeitgenössische Lektüregewohnheiten und Lesekompetenz in Rechnung, lässt es sich möglicherweise sogar als mixed-media Kunstwerk bezeichnen. In jedem Fall trägt nicht nur der Text, sondern tragen auch die Abbildungen zur Sinnkonstitution bei. In der Tat haben in der Folge zahlreiche Künstler (darunter Hans Holbein d.J. – noch in Illustrationsabsicht, oder Hieronymus Bosch, Antoine Watteau ...) das volksliterarische, satirische Thema zum Gegenstand reiner Bilddarstellungen gemacht.

»Fast erschlagen von solcher Größe [des Berges im »Hintergrund«] richte ich meinen Blick [sic] wieder fügsam auf Menschenhöhe. Entlang einem schwarzen stehenden Wasser standen mehrere Hütten. Ein Kind kam auf schwankenden Beinen zu mir gelaufen [...] Weiter hinten [sic] trugen Indios eine Stange, von der, an den Kiemen durchspießt, Fische hingen. Und noch weiter hinten saßen ein paar Mütter mit ihren Säuglingen an der Brust und webten. [...] Um mich herum war jeder mit der ihm angemessenen Arbeit beschäftigt, friedlich teilten sich alle in die Aufgaben eines Lebens, das einem urtümlichen Rhythmus gehorchte.« (PP220)

Als *Historiengemälde*[269] in Gestalt eines Schlachtenbildes lässt sich die Beschreibung der Revolution lesen, die – unter den ästhetischen Bedingungen der Moderne – seine Breitformat-Optik in die polyperspektivische und skalierende Darstellungsweise moderner Bilder wie etwa Picassos *Guernica* überführt. Der Verzicht auf eine einheitlichen Überblick und damit wirkungsästhetisch Sinn garantierende Perspektive ist nicht nur den Standortwechseln des Protagonisten geschuldet, die wie in einem kinematografischen Verfahren abgewickelt werden. Sie fokussiert unterschiedliche Bilder der Gewalt, die sie in Nahaufnahmen und unterschiedlichen Blick-Winkeln zeigt und gleichzeitig verfremdet. Die zur Revolutionspartei übergelaufenen Hotelangestellten in ihren improvisierten Uniformen, die grotesken Zerstörungen auf dem Vogelmarkt, das getötete Pferd, dem, damit man es wegschaffen kann, in einer karnevalesk beschriebenen Szene die Beine abgehackt werden müssen, überschreiben die Caprichos Goyas, dessen Gemälde *Das Begräbnis der Sardine* oder die Aquatinta-Drucke *Los Desastres de la Guerra*, auf die in der Parallelszene zur Revolution[270] in einer expliziten Markierung über die wörtlich genaue Übereinstimmung von beschreibendem Romantext und Werktitel deutlich verwiesen wird: »Aber die Schrecken des Krieges sind Menschenwerk. In Kupfer gestochen oder eingeschwäzt mit den Tinten der Radierung, hat jede Epoche die ihren hinterlassen«. (PP122) Gleichzeitig evozieren sie in der filmischen Strukturierung der Episode (siehe 6.6) jene

269 Als Ereignisbild oder Geschichtsmalerei stellt das Historienbild, oft durch Legenden angereicherte, geschichtliche Ereignisse dar. Vorformen finden sich seit der Antike als Wandmalereien, Reliefs oder Mosaiken wie etwa die Darstellung des siegreichen Kampfes Alexander des Großen gegen den Perserkönig Darius im sogenannten Alexandermosaik in Pompei. Als Schlachtengemälde erlangt es seit dem Barock weite Verbreitung; aber auch andere historische Ereignisse - Krönungen, Revolutionen, Triumphzüge ... - werden zum Bildgegenstand von Historiengemälden.

270 Das Thema der Zerstörung durch den Krieg wird in der Szene wiederholt, in der der Protagonist - im Radio Beethovens Neunte Sinfonie hörend - sich an seine Europareise und Kriegserlebnisse erinnert: »Es waren apokalyptische Wanderungen gewesen zwischen Mauern, so zerschossen, daß sie wie die Buchstaben eines unbekannten Alphabets aussahen, Wanderungen durch Krater, in denen Statuen in Trümmern lagen, durch Klöster ohne Dach, auf Wegen, abgesteckt von enthaupteten Engeln, vorbei an einem Abendmahl, das durch die Bombardierung unter freiem Himmel stand, und endete in Staub und Asche dort, wo jahrhundertelang das größte Archiv für Ambrosianischen Gesang gestanden hatte.« (PP122)

Szene aus Buñuels und Dalís Film *Chien andalou*, die Titus Heydenreich folgendermaßen beschrieben hat: »[...] zwei Konzertflügel an Seilen durch einen bürgerlichen Salon geschleift [...] und auf den Flügeln liegen – mit über der Tastatur baumelnden Köpfen – die Kadaver zweier Esel«.[271]

Die ästhetische und historische Spanne zwischen klassischem Historiengemälde, Goyas scharfer Zeichnung des Grauens, den Kriegsbildern des Expressionismus und Picassos malerischer Anklage ermöglicht, über den Umweg der Intermedialität (die Markierung fremdmedialer Prätexte) das Transhistorische der Revolte abzubilden, deren Gründe und Sinn der Protagonist trotz seiner Erkundigungen bei den Einheimischen nicht finden kann. Sie wird zum Bild und Beispiel periodisch wiederkehrender Gewalt ästhetisiert: Der Protagonist vergleicht sie mit einem Religionskrieg oder mit »einer Geschichte zwischen Ghibellinen und Welfen [... oder] als lieferten sich Menschen aus verschiedenen Jahrhunderten über die Zeiten hinweg eine erbitterte Schlacht« (PP66f). Der unpassende und überhöhende Vergleich macht deutlich, dass es zuletzt weniger um historische als um ästhetische Erfassung geht: »Eh bien, c'est gai« ruft zuletzt die kanadische Malerin, wie bei einem Schauspiel zusehend, als eine Mörserkugel in den Glockenturm der Kathedrale einschlägt.

Zu einem an die Darstellung von Totentänzen[272] erinnernden Bild wird die Beschreibung der desorientierten Hotelgesellschaft während der Revolution in der Großstadt stilisiert: »Wer ein Gewerbe betrieb, versuchte eine Werkstadt oder ein Büro einzurichten, wie um anderen zu beweisen, daß man sich in einer anomalen Situation in einer dauerhaften Beschäftigung verankern muß.« (PP70) Geschäftsleute studieren den Inhalt ihrer Aktenmappen, der Pianist übt am Klavier Triller und Mordenten, der österreichische Kappellmeister dirigiert in seinem Zimmer »mit herrlichen Gebärden das ›Requiem‹ von Brahms vor dem Spiegel und gab einem großen, imaginären Chor die fugenartigen Einsätze« (ebd.). Die Abteilung eines Ballettensembles [sic] übt »an der Barstange, während die Primaballerina in dem freien Raum zwi-

271 Titus Heydenreich: »Arkadien im Negativ«, in: Link-Heer et. al. (Hg.), Luis Buñuel, S. 102-119; hier S. 113f. Siehe zum Sujet Goyas Radierung, Bildanhang, Abbildung 7.

272 Siehe zum Totentanz als künstlerischem Genre: Franz Link (Hg.), Tanz und Tod in Kunst und Literatur (= Schriften zur Literaturwissenschaft, Band 8), Berlin: Duncker und Humblot 1993; insb. Walter Salmen: »Zur Praxis von Totentänzen im Mittelalter«, ebd., S. 119-126; so wie Gerd Kaiser: »Totentanz und verkehrte Welt«, ebd., S. 93-118; der *Totentanz* ist eine seit dem 14. Jahrhundert aufkommende bildliche Darstellung der Gewalt des Todes über das Menschenleben in einer Reihe von allegorischen Gruppen. Ursprünglich bildet er den Stoff zu dramatischer Dichtung und szenischer Aufführung in kurzen, meist vierzeiligen Wechselreden zwischen dem Tod und anfangs 24, nach absteigend geordneter Rangfolge geordneten Personen. Totentänze, wie der 1424 gemalte von Paris, aber auch Teppiche, Steinbilder, Holzschnitte, Drucke und Buchmalerei zeigen die Reihe dramatischer Stationen nebst den dazugehörigen Versen, die auch als Lehr- und Bußgedichte gelesen werden können. In musikalischer Form sind Totentanzlieder Lieder, die etwa von umherziehenden Händlern gesungen werden, um Gottes Strafgericht (z.B. die Pest) abzuwenden.

schen den an die Wand geschobenen Tischen langsame Arabesken beschrieb« (ebd.). Andere Gäste versuchen die drohende Gefahr durch Ablenkung zu vergessen. Die Szene wird schließlich auch explizit als Totentanz markiert: »Während andere um uns herum sich dem Spiel mit dem Tod hingaben, fanden wir eine seltsame, geschärfte Lust in unseren Umarmungen. Es war etwas von der Liebesraserei auf Totentänzen in unserer Gier.«

Die fast beispiellose *mixed-media*[273] Ästhetik des Totentanzes zwischen Bild und Schrift (etwa in der Buchmalerei oder den spätmittelalterlichen Zeichnungen und Holzschnitten) und – insofern als der Totentanz seit dem Beginn des 15. Jahrhunderts als Wandgemälde oder Relief in Kirchen, Klöstern, Karnern und auf Friedhöfen erscheint – zwischen Bild und Plastik bzw. Architektur wird, über den Zwischenschritt der scheinbar beiläufigen Vorführung des Totentanzes als musikalisches Sujet[274], in ihre ursprüngliche mittelalterliche theatralische Ästhetik rückgeführt[275], in der der Totentanz in szenischer Aufführung die meist vierzeiligen Wechselreden zwischen dem Tod und den – anfangs in absteigender Rangfolge geordneten – Personen vorführt. An die Stelle von Papst, Kaiser, Kaiserin, Kardinal und König – hinab bis zu Bauer, Jüngling, Jungfrau, Kind – treten allerdings als Akteure die (in ihren Lebens- und Berufszusammenhängen wie etwa in den Totentanzbildern von Hans Holbein d.J. fast genremäßig gezeigten) Gäste, die sich zufällig im Hotel aufhalten. Auf diese Weise unterläuft und karnevalisiert, wie es für den Totentanz nicht unüblich ist[276], das Totentanz-Personal des Textes die ständisch-hierarchische Struktur der Vorlage, die stattdessen metonymisch in die zwischen Keller und Dachkammern explizit vorgeführte architektonische Hierarchie der Hotelräume transformiert wird. Der metaphorische Tanz wird

273 Vgl. W. Salmen: »Praxis von Totentänzen«, S, 119; hier neben dem Hinweis auf die »[...] literarisch, bildlich wie auch musikalisch vermittelte Vorstellung« auch jener auf jene Totentänze, »[...] die nicht imaginär waren, sondern real vollzogen wurden an der Bahre von Verstorbenen, auf Grabhügeln oder auf Friedhöfen im Umkreise von Kirchen«.

274 Etwa: Hector Berlioz: *Symphonie Fantastique* (1830), Franz Liszt: *Totentanz: Paraphrase über Dies Irae*; Modest Mussorgski: *Lieder und Tänze des Todes* (1875), Camille Saint-Saens: *Danse Macabre*; Hugo Distler, Alban Berg u.v.m.; ebenso Requiems der Musik des 19. und 20. Jahrhunderts.

275 Zur Frage der Entstehung des Totentanzes aus deutschen Spielmannsmotiven, Jedermann-Passionsspielen, den französischen *dances macabres* oder den *Vadi mori*-Vergänglichkeitsgedichten vgl. Hans Schadewald: »Totentanz und Heilberufe«, in: Link (Hg.), Tanz und Tod, S. 69-91, insb. S. 71f.

276 Vgl. in diesem Zusammenhang: Gerd Kaiser: »Totentanz und verkehrte Welt«, S. 96: »An [der] Lust des Entlarvens [der Fastnachtsbräuche], der Travestie und des Erniedrigens hat der Totentanz nicht nur teil; er ist die radikalste Variante dieser materialistischen Haltung. [...] So wie die Spottlust des Fastnachtsbrauchs nicht beim Geistlich-Sakralen stehenbleibt [...] so ist auch hier der Totentanz die wirklich radikale, weil allgemeine und unaufhebbare Entlarvung der Welt. [...] [Schließlich führt] die Nähe von Fastnachtsspiel und Totentanz während der ideologischen Kämpfe der Reformationszeit bis zu einer Vermischung der Gattungen.«

in ironischer und absurder Brechung zur Übungsstunde einer Ballett-Truppe, die durch die paradox stumme, nur im Medium der Körpergestik des Dirigenten vermittelte Musik, das *memento mori* des Brahms'schen Requiems, und das scheinbar alltägliche Geklapper von Schreibmaschinen ›musikalisch‹ intensiviert und über zahlreiche konkrete Details zugleich trivialisiert wird. Zusätzlich wird er – in der Beschreibung der Vorkommnisse im Hotel, vom Spott der Menschen in den Obergeschossen über die insinuierte sexuelle Gier, das Kartenspiel, den Zorn des Goethe zitierenden Kapellmeisters, die Unterhaltungsmusik aus den Grammophonen oder das hemmungslose Saufgelage als Vorführung von Lust, Gier, Völlerei ... durch eine Allegorie der Sieben Todsünden überschrieben, während die aus den Leitungsrohren dringenden Insekten die Vanitassymbolik barocker Bilder einbringen.

Das multimediale Genre des Totentanzes wird in alle Richtungen überschritten. Die Realisierung seiner historischen und medialen Varianten, malerische, musikalische, rituelle Gestaltungen durchdringen einander, treiben die Profanierung und Transgression auf die Spitze, karnevalisieren, wie Renate Lachmann für das Bachtin'sche Karnevals-Konzept beschreibt, durch »Degradierung, Mesalliance und Familiarisierung«[277] noch die karnevaleske Form selbst, die die künstlerische Form und ihre Gegenfolie, das politische Geschehen ›draußen‹, bis an die Grenzen herausfordert. Wird im Genre des Totentanzes das Unüberschaubare und Überfordernde der Erfahrung, also in einer dem okzidentalen Kanon entstammenden Form eine gegenwärtige lateinamerikanische Revolte, ästhetisch stabilisierend abgebildet, so verweist die extrem transgressive Gestaltung der Szene auf jenen Rest von Undarstellbarkeit, der die Überschreitung der psychischen und physischen Grenzen des Individuums durch die Ereignisse in die Überschreitung der Darstellungskonvention verschiebt: Die Episode wird zu einem Beispiel impliziter Intermedialität in Gestalt einer Parodie. Sie stellt damit gleichzeitig fast exemplarisch die Carpentier'sche Ästhetik der Assemblage und der vielfachen Überschreibung zur Schau, die in der intermedialen Transgression vorfindlicher Formen deren ›Dazwischen‹ hervorbringt.

Gleichzeitig präfiguriert sie in der Beschreibung der aktuellen Revolte die Erinnerungen des Protagonisten an den Weltkrieg in Europa, die vor der Hintergrundmusik der Neunten Symphonie Beethovens aus dem Radio einen vom Krieg und der Zeit ruinierten »kaum bekannten Totentanz auf den Holzbalken des Beinhauses von Saint Symphorien in Blois« (PP118) evoziert. Wird durch dieses Erinnerungsbild des Protagonisten das Versagen der okzidentalen Kultur vor barbarischen Ideologien (mit ihren Bildern von Konzentrationslagern, zerstörten Kulturgütern) und hemmungsloser Kriegslust – ironischerweise immer noch in einem Kunstwerk – metaphorisiert, so ist es nun tatsächlich ein Künstler in corpore, der durch einen Zufall, am Fenster von einer Kugel getroffen, stirbt. Als der Protagonist in die Hotelhalle zurückkehrt, findet er den zwischen Silberleuchtern aufgebahrten Kappellmeister vor. Die »Probe« (des Konzerts, des Balletts, der ästhetischen Zurichtung) ist zur Wirklichkeit des Todes geworden. Die bis dahin extrem bewegte Szene erstarrt zum Bild verstörter, stummer Menschen, die – wie die Figuren auf

277 Renate Lachmann im Vorwort zu Michail Bachtin: Rabelais und seine Welt. Volkskultur als Gegenkultur (= Fischer Wissenschaft), Frankfurt am Main: Suhrkamp Verlag 1987, hier S. 21f.

Totentanzbildern – zu ›Gespenstern‹ werden. Die Fliegen, die den von außen hereindringenden Aasgeruch wahrnehmen, und nun um »die Lichter surren, [...] über die Hände [kriechen und] um das Haar der Frauen« (PP83f) fliegen und die erhabene Szene stören, werden zu realen Indizien der Transgression. Erneut ist in einer Metalepse der Protagonist zur Person der eigenen literarischen Fiktion geworden.

Zu an okzidentalen Vorbildern orientierten *Porträts* werden nicht nur die Darstellungen der Frauen im Text, sondern (markiert durch die Referenz auf das Medium der Architekturplastik) zum Beispiel auch jene des Yannes: »Der Bergmann, breitschultrig und schmalhüftig, hatte einen fast raubvogelartigen Blick, und sein Gesicht mit dem schmalen Bart hätte durch die Entschlossenheit und Kraft des Profils aus einem Triumphbogen stammen können.« (PP135f) Erneut karnevalisiert ein das Sujet überhöhender Vergleich die Zeichnung der Figur und weist ihr über das zum »Triumphbogen« gehörige bildliche und semantische Repertoire einen literarischen Ort und die dazugehörige Topik zu, die durch den Verweis auf die Homer- und Xenophon-Lektüren Yannes intensiviert wird (selbst sein einäugiger Hund trägt mit Polyphem noch einen literarisch befrachteten Namen).[278] Auch seine Brüder sehen aus wie »Abgüsse von Profilen aus antiken Torbogen« (PP178), das Profil einiger der Indianer wird als »von einzigartigem Adel« (PP219) zeichnerisch-physiognomisch klassifiziert, die aufgeblähten Bäuche der Gefangenen des Indianerstamms erinnern an Zeichnungen »auf Anatomiebildern« (PP232).

Als surrealistisch überschriebene barocke *Stillleben* erscheinen nicht nur die malerisch arrangierten Details der Totentanz-Episode, des Organographischen Instituts, des Trödelladens oder der Herbarien Montsalvatjes, sondern erscheint, gewissermaßen als Kontrafaktur eines Küchenstücks, auch die Beschreibung des »Radios uralter Bauart [...] das zwischen Maiskolben und Schlangengurken auf dem Küchentisch stand« (PP110), in dem sich auch ein ironischer Verweis auf Bretons Diktum [...] Surrealismus [sei] die »Begegnung einer Nähmaschine und eines Regenschirms auf einem Operationstisch«[279] ausmachen lässt. Durch sein Dépayesment völlig travestiert erscheint das *nature morte* der Gerätschaften im Indianerdorf, in dem nicht einmal (als Vanitassymbol) ein Spiegel fehlt und das über die dargestellten Fische zu einer Variante des Jagdbeutestilllebens wird: »An den Palmblattwänden hingen Pfeile und Bogen für Fischfang und Jagd, Blasrohre, Köcher mit vergifteten Pfeilen, Kürbisflaschen und ein paar handspiegelförmige [sic] Kellen. [...] Vor dem Eingang rösteten drei lange rötlichviolette Fische an spitzen Stangen über der Glut.« (PP218f)

Zum expressionistischen Gemälde in der Variante eines Nocturnes wird die Beschreibung des überraschend nach einer Wegbiegung auftauchenden Tals der Flammen, dessen Ölfelder und Förderpumpen als Eindringen der Technik in den Dschungel an die Stadt- und Maschinen-Ästhetik zum Bei-

278 Der literarische Verweis wird auch bildlich umgesetzt: Vgl. PP241: Yannes verlässt die Reisegruppe auf der Suche nach Gold »und wie er in der Morgenfrühe mit nacktem Oberkörper und geschulterten Rudern auf sein Boot zugeht, erinnert er erstaunlich an die Gestalt des Odysseus«.

279 Gerhard Wild: »Instrucciones para sonar – Instrucciones para soñar«, in: Link-Heer/Roloff (Hg.), Luis Buñuel, S. 180-203, hier S. 189.

spiel Lionel Feiningers oder Max Beckmanns oder an Ludwig Meidners Bild *Brennende Stadt* und dessen Feuersturm erinnern, die den im Text narrativ beschriebenen Effekt durch den Feuerschein virtuell bewegter Gegenstände malerisch darstellt.[280] Gleichzeitig wird die Szene über die apokalyptische Semantik der Beschreibung als »göttliches Strafgericht«, »flammender Dornbusch«, »Feuerbaum ...« (PP131) zu einer Höllenvision Boschs oder einem barocken Weltgericht, das schließlich über die Allusion anderer Weltenbrände und Waberlohen (die Namen der Maschinen erinnern an Wagneropern) theatralische und opernhafte Züge annimmt und in diesem Durchlauf der Bildgenres und durch die Überdetermination der Hinweise seine artifizielle und zuletzt beliebige Zurichtung zu einer *Kulisse* der Reise markiert:

»Neben den entfesselten Bränden arbeiteten unermüdlich, mit sinnverwirrender Regelmäßigkeit, die großen Bohrmaschinen und sahen aus wie der Schattenriß großer Vögel die in immer gleichen Abständen mit der Bewegung des baumhöhlenden Spechts ihre Schnäbel in den Boden bohrten. Es lag etwas unheimlich Starres, Besessenes, Bösartiges in ihren Silhouetten. [...] Man war versucht, ihnen die Namen böser Geister zuzulegen - und ich machte mir ein Vergnügen daraus, sie Rabengerippe, Eisenaasgeier oder Teufelsdreizack zu nennen.« (PP131f)

Über ihre explizite Blickführung, die thematische Engführung von übermächtiger Natur und Schiffskatastrophe und die visuelle Konfiguration (die Perspektive des Passagiers selbst und die vom blitzerhellten Hintergrund des Himmels schwarz abgesetzte Figur des Bruder Pedro) lässt die Beschreibung der Flussfahrt im Ruderboot über die gefährlichen Stromschnellen inmitten eines ›erhabenen‹ Gewittersturms an ein *Seestück* in der Variante eines Schiffbruch-Gemäldes denken.

Zur *Vedute* gerät (unter den Bedingungen des geografischen Dépaysements) durch seine Weitwinkeloptik, die bildnerische Ausrichtung an Anlageplänen kolonialer Gründungen und das verfremdende Beschreibungsvokabular der Anblick von Santa Monica:

»Was ich hier sehe [...] ist eine etwa zweihundert Meter breite, mit der Machete freigehauene Esplanade und an deren äußerem Ende ein großes Haus aus lehmverkleideten Rohrgeflecht mit vier Fenstern und einer Tür. Daneben, zu beiden Seiten eine Art Scheune oder Stall, zwei kleinere, aber in der Bauweise gleiche Häuser. Dazu an die zehn Indianerhütten [...]. In der Stimme des Pioniers zittert der Stolz, als er sagt: ›Das ist der Hauptplatz... Hier, das Regierungsgebäude... [...] Dahinter liegt das Indianerviertel [...]‹ und zu Bruder Pedro gewandt, fügt er hinzu: ›Gegenüber dem Regierungsgebäude errichten wir die Kathedrale.‹« (PP242f)

Selbst die Landschaften, Felsen, Geröllhalden, Bäume werden in ihrer Beschreibung zu literarisch lesbaren mythischen Landschaften, deren Beschreibung an okzidentalen Gemälden orientiert ist. Als ein Beispiel für viele mag das folgende genügen, das die Landschaft zu einer archäologischen *Bestandsskizze* verfremdet:

280 Siehe Bildanhang, Abbildung 8.

»Auf den Abhängen lagen Granitblöcke wie versteinerte Tiere, saurier- und tapirgestaltig: Aus einer stillen Flußniederung erhob sich ein dreigliedriger Wall wie ein barbarischer Kenotaph [...]. Alles in dieser mineralischen, fast baumlosen Landschaft atmete Geheimnis. Zwischen spärlichen, weit auseinanderliegenden Büschen türmten sich hin und wieder Basaltanhäufungen, lagen fast rechteckige Monolithe wie Ruinen hocharchaischer Tempel, Menhire oder Dolmen – Überreste einer verschütteten Totenstadt, in der alles zu Stille und Reglosigkeit geworden war. Als hätte hier einmal eine seltsame Kultur geblüht, von Menschen hervorgebracht, die anders als die bekannten Menschen gewesen waren, und hätte beim Versinken in der Nacht der Jahrhunderte Spuren einer Architektur hinterlassen, deren Zwecke niemand mehr kannte. Eine Art blinder Geometrie waltete in der Verteilung dieser aufragenden oder umgestürzten glatten Steine, die in Serien bis zum Fluß hinabreichten: Serien rechteckiger Blöcke, Serien tafelartiger Steine, gemischte Serien und dazwischen, sie verbindend, ein von Plättchen wie mit Fliesen ausgelegter und in Abständen mit zerbrochenen Obelisken gesäumter Weg.« (PP176)

Die Beschreibung im Genre einer architektonischen Raumskizze oder der Übersichtszeichnung eines Archäologen unterstützt nicht nur die Hypotypose, indem sie ein Bildmodell nutzt, das die Signifikanten zu konfigurieren erlaubt. Sie integriert auch deren inhaltlichen oder genrespezifischen temporalen Marker in die Sinnkonstitution. Obwohl es eine gegenwärtige Landschaft ist, erscheinen ihre Konstituenten im Medium der archäologischen Beschreibung als antike oder prähistorische Objekte, die auf das Ensemble zurückwirken und es zu einem Bild einer antiken oder prähistorischen Stätte und seine Konstituenten zu Artefakten machen.

5.10.3 »Moduslehre«. Effekte des Schreibens

Der intermediale Rekurs auf die ›Handvoll altbewährter Bildgattungen‹, die beständig eingespielt werden, dient also nicht nur der visuellen Veranschaulichung, sondern nutzt sie auch als Handlungsgeneratoren der Reise in die Vergangenheit.[281]

Das pointierte Simultanitätsparadigma des Romans zeigt sich als abhängig von den durch die Reisebewegung selbst nahegelegten Beschreibungsverfahren, die auch an der Historizität unterschiedlicher malerischer Genres partizipieren und in der Anwendung historisch markierter Malweisen, also in der Applikation einer Art Moduslehre[282], den vorgefundenen Landschaften, Begebenheiten und Ereignissen eine Geschichtlichkeit durch die ästhetische

281 PP226: »Mit einem Mal wird mir klar, daß ich seit dem Fronleichnamszug in Santiago de los Aguinaldos im frühen Mittelalter lebe [...].«

282 Vgl. Holländer: »Literatur, Malerei, Grafik«, S. 135f: »[Die Moduslehre] stammt aus der rhetorischen und musikalischen Tradition. Modi sind Tonarten. Sie entsprechen in der Architekturtheorie den Säulenordnungen. Poussins berühmter Modusbrief zeigt, wie er die artistischen Mittel dem Gegenstand entsprechend einzusetzen beabsichtigte. Der Modus ist also die Wahl eines bestimmten Stils für ein Bildthema, zum Beispiel: dorische Ordnung für heroische Themen.«

Formierung des Blickes erst hinzufügen[283], um sie dann im Paradigma der Gleichzeitigkeit eines Ungleichzeitigen wieder aufzulösen. Walter Benjamin konstatiert zur Frage der Lesbarkeit und ›Historizität‹ der Bilder:

»Diese Bilder sind durchaus abzugrenzen von den ›geisteswissenschaftlichen‹ Kategorien, dem sogenannten Habitus, dem Stil etc. Der historische Index der Bilder sagt nämlich nicht nur, daß sie einer bestimmten Zeit angehören, er sagt vor allem, daß sie erst in einer bestimmten Zeit zur Lesbarkeit kommen. Und zwar ist dieses ›zur Lesbarkeit‹ gelangen ein bestimmter kritischer Punkt der Bewegung in ihrem Innern. Jede Gegenwart ist durch diejenigen Bilder bestimmt, die mit ihr synchronistisch sind.«[284]

Gleichzeitig wiederholt die Serie der Reisebilder ihre ›Vorlage‹, das Abschreiten einer Bildergalerie und deren medientheoretische Reflexion, als augmentierende Variation (wieder lässt sich an die musikalische Struktur von Thema und Variation denken) und wird über ihr ironisch gebrochenes Verfahren der Wiederholung, wiederholten Medienwechsels und verfremdender Präsentation selbst zu einer Replikengalerie. Damit wird der Rekurs auf das (in der Replikengalerie implizit präsente) imaginäre Museum zu einem Rekurs auf das Museum des Imaginären, das die Überschreibung des Realen durch das Imaginäre buchstäblich sichtbar macht. In seinem Kommentar zur Replikengalerie-Episode hat auch Gerhard Wild auf das medienarchäologische Programm des Romans hingewiesen:

»Die gegen den Strich organisierte kunstgeschichtliche Entwicklung verdeutlicht die schicksalhafte Valenz des Parameters Geschichte innerhalb der okzidentalen aisthesis als einer vom chronos abhängigen Daseinsform, in der Wahrnehmung von Welt immer mit traditionsbestimmter und interpretierender Transformation von Welt zusammenfällt.«[285]

Die Überschreibung durch das imaginäre Museum wird im Text selbst reflexiv gemacht. Wenn der Protagonist angesichts der vorgefundenen Landschaften und Begebenheiten explizit auf seine Enzyklopädie rekurriert, so lässt sich darin ein rezeptionsästhetischer Kommentar ausmachen, der die mediale Vermitteltheit dieser Enzyklopädie und ihre Funktion als Generator präformierter Wahrnehmung anspricht:

»Aus hundert Bildern kannte ich ihre Häuser mit den derben roten Ziegeldächern, die riesigen Küchen, die mit Nägeln beschlagenen Eingangstüren. Ich kannte die Sitte, den Geldsack am Gürtel zu tragen, paarweise zu tanzen, ohne sich zu berühren, Zupfinstrumente allen andern Instrumenten vorzuziehen, Hähne kämpfen zu lassen oder rings um einen Spießbraten ein großes Saufgelage zu veranstalten. Ich kannte die Blinden und Lahmen in ihren Gassen, die Zugpflaster, das Quecksilbersublimat und

283 »Und hier ist diese Vergangenheit plötzlich Gegenwart, die ich atme, hier nehme ich plötzlich die ungeheure Möglichkeit wahr, durch die Zeiten zu reisen wie andere durch die Räume.« (PP227)

284 Walter Benjamin: »Passagenwerk. Aufzeichnungen und Materialien«, Gesammelte Schriften,V-1, S 79-654, hier S. 577f.

285 G. Wild: Paraphrasen, S.72.

die Heilsalben, mit denen sie ihre Schmerzen lindern. Aber ich kannte sie nur über den Firnis der Pinakotheken.« (PP227)

Mit der Überschreibung der vorgefundenen Wirklichkeit durch das Einlesen des imaginären Museums okzidentaler Kunst (und damit auch von dessen historischen Markern) werden Ästhetik und Historizität der Gattungen (des ›barocken‹ Stilllebens, der ›Renaissance‹-Vedute, der Genreszene ›des 17. Jahrhunderts‹ ...) gezielt genutzt. Erneut wird dies in einem (auto-)poetologischen Kommentar explizit gemacht: Wenn der Protagonist Rosario beschreibt –

»Und was die Kleidung betraf, so sah Rosario dem Roman vermutlich ähnlich, wie manche Maler der Frührenaissance das Evangelium betrachtet hatten, die demzufolge die Gestalten der Passionsgeschichte nach Art der Würdenträger ihrer Zeit kleideten und gelegentlich einen Pilatus im Staat eines Florentiner Magistrats kopfüber in die Hölle schickten« (PP130f)

– so beschreibt er damit indirekt sein Verfahren malerischer Zurichtung als an einer Wirkungsästhetik ausgerichtet, die mit der Applikation historischer Schaugewohnheiten und der Wahl des jeweiligen Abbildungsmodus (in einer Moduslehre *sui generis*, die als privates Sprachspiel genutzt wird) auch eine zeitliche Semantik einbringt und als Handlungsgenerator nutzt.

Auffallend ist, dass die Deutlichkeit der intermedialen Markierung im Verlauf des Romans abnimmt. Das lässt sich einerseits als der gesamten Markierungsstrategie geschuldet ausmachen, die in den anfänglich expliziten Hinweisen einen Generalverweis eingebracht hat, an den nur noch gelegentlich erinnert werden muss. Andererseits ist darin ein Verfahren auszumachen, das zwar die durch die anfänglich deutliche Markierung erhöhte Sensibilität nutzt, die rezeptionslenkend die Herstellung imaginierter Bilder befördert, sich aber durch zunehmende Abschwächung (vom expliziten Verweis über das Simile, Metonymien, Verweise auf Signifikationsweisen bis zur Nullstufe der Markierung) zum Vergessen bringt und damit die hergestellten Bilder ›naturalisiert‹.

5.11 Leerstellen. Die verschwundene Landschaft. Ihr Supplement. Andere Räume

Die Relativierung der Reise-Distanzen durch die benutzten Verkehrsmittel verändert die Art und Weise, wie das Subjekt in Beziehung zu anderen Subjekten und zu Zeit und Raum tritt, fundamental[286] und kann aufgrund der Be-

286 Vgl. zum Folgenden: W. Schivelbusch: Eisenbahnreise; – Ingeborg Breuer/Peter Leusch/Dieter Mersch: »Geschwindigkeit ist Gewalt. Paul Virilios Sicht der Moderne«, in: dies. (Hg.), Welten im Kopf. Profile der Gegenwartsphilosophie. Frankreich/ Italien (= Rotbuch Taschenbuch 1046), Bonn: Rotbuch Verlag 1996, S. 219-232; – Hartmut Rosa: Beschleunigung. Die Veränderung der Zeitstrukturen in der Moderne (= stw 1760), Frankfurt am Main: Suhrkamp Verlag 2005, hier S. 161: Ist die (technische) Beschleunigung selbst »[...] eine Folge kultureller, ökonomischer und sozial-

nutzungsbedingungen- und konventionen die durchreisten Landschaften virtuell auch zum Verschwinden bringen.[287]

Schivelbusch hat die veränderte Raum- und Zeitwahrnehmung beschrieben, die das damals neue Verkehrsmittel Eisenbahn hervorgerufen hat. Das Maß der zurückgelegten Entfernung ist nicht mehr unmittelbar sinnlich erfahrbar, das Verhältnis von widerständiger Natur (der räumlichen Entfernung und der Überwindung von Höhenunterschieden) und Bewegungsapparat wird in neuen Verarbeitungsformen integriert.[288] »Als vernichtet erlebt wird [in der Frühzeit der Eisenbahnfahrt] das überlieferte Raum- Zeitkontinuum. Es ist geprägt von der organisch in die Natur eingebundenen alten Verkehrstechnik. Deren mimetisches Verhältnis zum durchreisten Raum läßt diesen im Bewußtsein als lebendige Einheit erscheinen.«[289] Das Maß der zurückgelegten Entfernung und der überwundenen Höhenunterschiede ist ablesbar in der als natürlich empfundenen Dauer des Gehens, in der physischen Ermüdung des Gehenden oder der Reit- und Zugtiere, in der Abfolge voneinander unterschiedenen, isolierten Orten. Die mechanische Kraft schafft ihre eigene neue Räumlichkeit, der geografische Zusammenhang entsteht nicht mehr aus dem Wechsel der Landschaften, Landschaft wird zu Raum, die Wahrnehmung wird zunächst ärmer und ›unnatürlicher‹, die Welt scheint zu schrumpfen. Waren Kutsche und Straße in die Landschaft eingebunden und gaben der Raumerfahrung des Reisenden dadurch konkrete Orientierung, so führt die Fahrt mit der Eisenbahn – auf technisch begradigten Strecken – zunächst zu

struktureller Voraussetzungen [so] revolutioniert [sie ihrerseits] die dominierenden Formen der Selbst- und Weltdeutung [...] und damit die Gestalten der Subjektivität und der Sozietät«.

287 Vgl. M. Schmitz-Emans: »Optische Künste«, S. 228: »Das Wissen um die Abhängigkeit der sichtbaren Welt vom Blick und seinen Medien erzeugt ambivalenterweise ein vertieftes Bewusstsein davon, dass sich ganze Dimensionen der Welt dem Blick entziehen. Anders gesagt: Je mehr das Gesehene vom Sehenden abhängt, desto mehr wird vom gedachten Ganzen unsichtbar; das Ganze entzieht sich, weil der Blick jeweils bedingt und seine Reichweite relativ ist.«

288 W. Schivelbusch: Eisenbahnreise, S. 15f: »Indem die Verkehrsbewegung [...] aus ihrer organischen Bindung gelöst wird, verändert sich ihr Verhältnis zum Raum, den sie bewältigt, grundlegend. Vorindustrielle Verkehrsbewegung ist Mimesis an die äußere Natur. Schiffe treiben mit Wasser- und Windströmungen, Bewegung zu Lande folgt den natürlichen Unebenheiten der Landschaft und ist eingebunden in die physische Leistungskraft [des Gehenden, des Reit- oder Zugtieres.] Die Natur wird nun [...] zum Opfer des neuen mechanischen Bewegungsapparates Eisenbahn, welche – so eine oft verwendete Metapher – mit der Gewalt eines Projektils durch sie hindurchschießt. Vernichtung von Raum und Zeit (annihilation of time and space) lautet der Topos, mit dem das frühe 19. Jahrhundert beschreibt, wie die Eisenbahn in den bis dahin unumschränkt herrschenden natürlichen Raum einbricht. Ob und wie und welche Bewegung stattfindet, das hängt von nun an nicht mehr ab von der Natur dieses Raumes, sondern von der mechanischen Kraft, die sich ihre eigenen neue Räumlichkeit schafft.«

289 Ebd., S. 39.

einem desorientierenden Wirklichkeitsverlust der Wahrnehmung, die erst durch ein neues abstraktes Wahrnehmungsmodell ersetzt werden muss. Die Orte und Landschaften werden unabhängig von ihrer geografischen Entfernung einander so nahe, wie die Eisenbahn, später das Automobil, sie verfügbar macht.

»Auf der einen Seite schließt die Bahn neue Räume auf, die bisher nicht verfügbar waren auf der anderen Seite geschieht dies, indem der Raum vernichtet wird, nämlich der Raum dazwischen. Dieser Zwischenraum oder Reiseraum, der im langsamen und arbeitsintensiven ecotechnischen Transport sozusagen voll ausgekostet wurde, verschwindet im Eisenbahntransport. Die Eisenbahn kennt nur noch Start und Ziel [...] nur Abfahrt, Aufenthalt und Ankunft als Orte. [...] Mit den Räumen dazwischen verbindet sie nichts.«[290]

Die Gehäusefahrten im Flugzeug, der Eisenbahn, dem Autobus, auf dem Flussdampfer bringen tatsächlich Raum ›zum Verschwinden‹. Die Landschaften der Reise von der Hauptstadt in die kleine lateinamerikanische Stadt bleiben unsichtbar: »Mit der kleinen Schmalspurbahn [...] waren wir kurz nach Mittag in Los Altos angekommen« (PP84), zahlreiche in Verkehrsmitteln, etwa dem Autobus, dem Dampfschiff oder den kleinen Booten zurückgelegte Etappen bleiben Lücken im Bericht.

Einer der Effekte, der sich mit dieser Veränderung der Raumwahrnehmung einstellt, ist mit dem Verlust der Aura[291] der Landschaft auch jener der (lokalen) Zeit, die durch eine homogenisierte und aus dem natürlichen (und lokalen) Raum-Zeitgefüge gleichsam gelösten Zeit ersetzt wird, die sich nicht mehr an unmittelbar sinnlicher Qualitäten (hell und dunkel, sommerheiß und winterkalt) orientiert. Die Landschaft verliert ihre Eigenzeit in konkretem Sinn: die tatsächliche Sonnenzeit der einzelnen Orte wird in dem Maß problematisch, in dem die Eisenbahn sie miteinander verbindet und überregionale Fahrpläne notwendig werden. Die astronomische Zeit der einzelnen Orte wird also aufgegeben zugunsten einer abstrakten Zeit, deren Notwendigkeit aus dem beschleunigten Verkehr zwischen den Orten entsteht. Die mechanische Uhr ermöglicht die Trennung von Raum und Zeit, die, so Hartmut Rosa, nun »[...] nicht nur unabhängig von den Raumqualitäten, sondern überhaupt unabhängig von einem konkreten Aufenthaltsort zu bestimmen«[292] ist. Schließlich wird der Raum als Funktion der Zeit konzeptualisierbar und in der Moderne zu einem Bereich des »[...] Kontingenten, Optionalen und Transitorischen«[293].

Der Verlust der Eigenzeit der durchreisten Orte affiziert einerseits die Zeitwahrnehmung des Reisenden, sie wird durch die heterochrone Dauer der

290 Ebd.

291 Insofern, als Hier, Jetzt und Ferne konstitutiv für Benjamins Aura-Begriff sind, erscheint es legitim, in der Verfügbarmachung der Landschaft – etwa durch neue Verkehrsmittel oder den Tourismus, die den Landschaften über die Vernichtung des Zwischenraums ihre Abgeschlossenheit nehmen – eine ähnliche Bewegung wie jener der Reproduktion des Kunstwerkes zu sehen: das Hier und Jetzt wird entwertet.

292 H. Rosa, Beschleunigung, S. 167.

293 Ebd.

Reise zwischen Abreise- und Ankunftsort ersetzt. Andererseits wird auch der Raum zur abstrakten, leeren Distanz; seine Ausdehnung wird nun an der Dauer der Reise gemessen. Durch das Ausblenden der Reise selbst und durch das virtuelle Aneinanderrücken der Ausgangs- und Zielpunkte werden diese zu Schwellenorten, an denen man eine konkrete Zeit verlässt oder in sie zurückkehrt. Die *durée* der Reise kann nun auf anderes[294] verwandt werden: das Betrachten des Landschaftspanoramas (siehe oben), das Gespräch mit anderen Reisenden, auf die Wahrnehmung der Unterhaltungsangebote in den Salonwägen, auf die Passagiere und die Szenerie an Bord des Flussdampfers, das Schlafen, das Lesen. Vor allem die Lektüre während der Reise

»[...] wird zum Signum des Eisenbahnreisens. Die Verflüchtigung der Wirklichkeit und ihre Wiederauferstehung als Panorama erweisen sich als Voraussetzung dafür, daß der Blick sich vollends von der durchreisten Landschaft emanzipiert und in eine immaterielle Ersatzlandschaft der Literatur begibt.«[295]

Nicht nur der Umstand, dass vor allem Mouche, aber auch der Protagonist weite Strecken der Reise im Flugzeug oder im Autobus verschlafen, sondern auch die Reiselektüre der beiden Frauen realisieren diesen Ersatz der Landschaft: Mouches Lektüre, »ein sicherlich berühmter Roman« (PP128), den sie, die Seiten »rasch [sic] umblätternd«, liest, bildet auch jenen anderen Raum ab, in dem die auktorialen, pointierenden oder gegenläufigen Kommentare des Protagonisten als Lektüre seiner Memoria dem Gesehenen gegenüber blind werden, um es in der Situation einer suspendierten Zeitlichkeit aus einem bildnerischen und weltanschaulichen Kontinuum in einer heterogenen Zeitlichkeit und Räumlichkeit zu (re-)figurieren.[296]

Rosarios »langsame Leseweise« (PP129) und ihre in jedem Sinn mimetische (»dabei buchstabierend die Lippen [bewegend]«), naive Lektüre (»was in den Büchern steht, ist wahr« – P130)[297], bildet nicht nur die in dieser Vi-

294 Vgl. Schivelbusch, Eisenbahn, S. 52: »Es ist gleichgültig, ob Sie Augen im Kopf haben oder blind sind oder schlafen, ob Sie intelligent sind oder dumm; was Sie über das Land, durch das Sie fahren, bestenfalls erfahren können, das ist seine geologische Struktur und seine allgemeine Oberfläche.« Ruskin, zit. ebd., FN 9.

295 Ebd., S. 62; zur Entwicklung der Eisenbahnlektüre und des entsprechenden Eisenbahn- Buchhandels, vgl. ebd., S. 62ff.

296 Als weiteres Beispiel dieser Ersetzung durch andere Räume lässt sich die Passage lesen, in der Mouche im Urwaldgasthof »von den Pyramiden in Mexiko [spricht], von den Festungswerken der Inka, die sie nur aus Abbildungen kannte, von den Treppen des Mont Alban, den aus gebranntem Lehm errichteten Dörfern der Hopi [und sich beklagt], daß nicht auch in diesem Land die Indios solche Wunderwerke errichtet hätten.« (PP15)

297 »Für sie war die Geschichte der Genoveva wahrscheinlich eine Begebenheit, die sich in dem gleichen Rhythmus, in dem sie las, in einem Land der Jetztzeit abspielte. Die Vergangenheit ist unvorstellbar für jemand, der den Kleiderschrank, das Dekor und die Requisiten der Geschichte nicht kennt. Sicher stellte sie sich die Schlösser von Brabant genauso wie die großen [...] Gutshöfe hierzulande vor. Jagden und Reiten waren noch durchaus Sitte auf diesen Gutshöfen, und Rotwild und Stachelschweine

gnette subtil inszenierte Negativfolie der im Roman immer wieder thematisierten kritischen Medienkompetenz des Protagonisten, sondern – trotz der Lektüre – eine andere Art des Reisens ab, die durch ein mimetisches und mythisches Weltverhältnis charakterisiert ist (»Sie kam vom anderen Ende des Landes, hatte Wüsten, Hochebenen und inselreiche Seen durchquert, war durch Urwald und Tiefebenen gereist, um ihrem schwerkranken Vater ein Bild der Vierzehn Nothelfer zu bringen« – PP109). Diese Art des Reisens geht in der Fortbewegung in der Landschaft auf, statt sich ihr gegenüberzustellen.[298] Ihr Raum und ihre Zeit sind nie leer, sondern im Vollzug der Reise erfüllter Raum und erfüllte Zeit: In diesem Sinn können also Rosarios Reise und die Geschichte der Genoveva von Brabant tatsächlich kongruieren. Als diskontinuierliche und zufällige Bewegung, deren Zeitlichkeit narrativ in eine Uchronie verschoben wird, durchquert Rosarios Reise Räume der Heterotopie, die nur angemerkt, aber nicht in Bildern konkretisiert werden können.

Insofern, als das Romanthema der (zumindest temporären) Flucht aus der Zivilisation als deren Anderes eine ›reine‹ Natur statuiert und ausspielt, sind diese ›ungesehenen‹ Räume als ultimative Heterotopien natürliche Landschaften in dem Sinne, als sie in Koinzidenz mit den Lebensumständen ihrer Bewohner als deren Bedingung unreflektiert bleiben. Sie lassen sich als eine Variante des Paradieses vor der Trennung von Wahrnehmung und Erkennen lesen. In diesem Paradies, das, wie Lobsien beschreibt,

»[...] als Ideallandschaft [...] zum Ergötzen der Sinne eingerichtet ist, [erscheint] Natur folglich nicht erst in einem besonderen Modus der Einstellung als Landschaft, denn eine derartige Trennung, die noch andere Umgangsformen mit der Natur voraussetzen würde, läßt sich gar nicht durchführen. Das Bedürfnis, Natur als Landschaft zu sehen, kann im Paradies gar nicht aufkommen, weil es von vornherein befriedigt ist. [...] Diejenigen, für die das Paradies eingerichtet wurde, erleben es als vollkommenen Einklang von Bedürfnissen und Kontext, also als eine Selbstverständlichkeit.«[299]

Auf diese Weise unsichtbar ist – wie das Paradies für seine Bewohner – auch dessen Variante eines metaphorischen weltlichen Paradieses, der Ort der

wurden hier noch mit Hundemeuten gehetzt. Und was die Kleidung betraf, so sah Rosario dem Roman vermutlich ähnlich.« (PP130).

298 Damit konzeptualisiert sich auch der Begriff Entfernung nicht als stabiles Verhältnis zwischen zwei Orten, sondern als die durch die benützten Verkehrsmittel sich ergebende Dauer des zurückzulegenden Weges; vgl. PP229: »Die Vorstellung, einem berühmten, zur Entfaltung der eigenen Existenz besonders geeigneten Ort fern zu sein, kennt Rosario nicht. Für sie, die über Landesgrenzen gereist ist, ohne die Sprache wechseln zu müssen, die aber nie auch nur daran gedacht hat, den Ozean zu überqueren, ist die Mitte der Welt, wo mittags die Sonne auf sie herabscheint. Sie ist eine erdgebundene Frau.«

299 E. Lobsien: Landschaft in Texten, S. 28. Hier auch, unter Hinweis auf Miltons Paradise Lost, die Bemerkung, dass es Satan ist, »[...] der sich als Stellvertreter des Lesers im Paradies umschaut und so dessen Beschreibung motiviert.[...] Für Satan [den Außenseiter] bewirkt die Wahrnehmung des Paradieses einen Verfremdungseffekt«.

(verbotenen) Liebe.[300] Seit dem Mittelalter in ein Außerhalb der gesellschaftlichen Orte (auf die Heide, in die Liebesgrotte Tristans und Isoldes, in den Venusberg) verlegt, bleibt er außerhalb bildlicher Darstellung. Die Insel Santa Prisca, »sie sollten sie lieber San Priapus nennen« (PP175), auf der die Ruinen der aufgelassenen Franziskaner-Niederlassung Zuflucht junger Paare sind, »die sich im Dorf nicht verlustieren konnten« (ebd.), bleibt – diese kulturgeschichtliche und strukturelle Unsichtbarkeit realisierend – anschauungsloser Bericht durch die Ortskundigen.

5.12 Die Landschaft der Ebene. Vom Panorama zum Breitformat. Angeschautwerden. Eine Fotografie?

In der sich im Lauf der Reise ergebenden Bilderserie finden sich vier besonders auffallende Episoden, die hier näher untersucht werden sollen. In ihnen werden das Verhältnis von Bild und Sprache, das Problem von Bilderstellung überhaupt (das Kaleidoskop), die Konkurrenz zwischen narrativem Text und Bild (Landschaft der Urformen) und das Verhältnis von Bild und Betrachter (impressionistisches, expressionistisches ... Gemälde) in transgressiven Textbildern umgesetzt.

Zunächst wird die Reise auf dem Dampfer durch die Beschreibung einer Landschaft unterbrochen, die nicht vom Schiff (dem Verkehrsmittel), sondern von einem Punkt ihrer selbst aus beschrieben wird. Während in der Episode der Andenüberquerung die Möglichkeit eines, wenn auch nur als Serie sektorieller Blicke realisierten panoramischen Schauens vorgeführt wird, erweist sich der Rundblick in der Ebene in der Ruhepause der Flussreise trotz des panoramischen Angebots als Rahmenschau[301] einer Folge von Breitformaten von einem Horizont zum andern.

---

300 Zum topischen Ort der (verbotenen) Liebe vgl. Ursula Frühe: Das Paradies ein Garten - der Garten ein Paradies. Studien zur Literatur des Mittelalters unter Berücksichtigung der bildenden Kunst und Architektur (= Europäische Hochschulschriften: Reihe 18, Vergleichende Literaturwissenschaft Bd. 103), Frankfurt am Main: Peter Lang Verlag 2001, S. 15f; - A. Koschorke: Horizont, S. 22: »In höfischen Romanen des Mittelalters wird gelegentlich die in festen rhetorischen Bahnen verlaufende Episode, daß zwei Liebende die Welt verlassen und auf einer entrückten Insel oder in einem Liebesgarten das Glück genießen, zu der Belehrung benutzt, daß ein irdisches Paradies diesseits [...] nicht erhofft werden dürfe. Zwischen beiden [Liebesinsel und Paradies] herrscht die Beziehung einer schlechten Analogie: sie sind einander entgegengesetzt, statt benachbart und verbunden zu sein.«

301 Zur Rahmenschau vgl. Christian Begemann: »Brentano und Kleist vor Friedrichs ›Mönch am Meer‹. Aspekte eines Umbruchs in der Geschichte der Wahrnehmung«, in: Goethezeitportal, URL: http://www.goethezeitportal.de/db/wiss/epoche/begemann_wahrnehmung.pdf; [20.5.2008], (Erstpublikation: Deutsche Vierteljahrsschrift für Literaturwissenschaft und Geistesgeschichte 64, 1990, S. 89-145; Neupublikation im Goethezeitportal, eingestellt am 17.02.2009), hier S. 14f: Die Rahmenschau ist das »[Prinzip,] das für die Wahrnehmungs- und Kunstgeschichte der frühen

»Die Matrosen sind unten geblieben, sie schneiden am Ufer Futter für die Zuchtstiere, die mit uns unterwegs sind. Ihre Stimmen dringen nicht zu mir. Ohne an sie zu denken, blicke ich in die unermeßliche Ebene, deren Grenzen in einem halbrunden Streifen dunkleren Himmels verfließen. Aus dem Blickwinkel des Kiesels, des Halms überschaue ich im weiten Umkreis einen stattlichen Teil jenes Planeten, auf dem ich lebe. Um eine Wolke zu sehen, brauche ich die Augen nicht mehr zu heben: die regungslosen Zirruswölkchen, die seit ewigen Zeiten hier stillzustehen scheinen, sind in Reichweite meiner Hand, die meine Wimpern beschattet. In großen Abständen Bäume, laubreich, einsam, daneben immer ein Kaktus wie ein riesiger Kandelaber aus grünem Stein, auf dem Sperber sitzen, unbeweglich und schwer wie Wappenvögel. Nichts erzeugt einen Laut, stößt an, rollt oder schwingt. Wenn sich eine Fliege im Flug in einem Spinnennetz verfängt, klingt ihr angstvolles Sirren wie Donnerrollen. Danach ist die Luft wieder still von einem Horizont zum andern, ohne Laut. Über eine Stunde bin ich hier, ohne mich von der Stelle zu rühren, in dem Bewußtsein, daß es nutzlos ist, dahin zu gehen, wo man doch immer die Mitte des Betrachteten ist. [...] Ich wende mich dem Strom zu. Sein Bett ist so breit, daß seine Schnellen, Wirbel und Strudel, die sei-

---

Neuzeit und speziell des 18. Jahrhunderts von größter Bedeutung war. [...] Wie August Langen nachgewiesen hat, etabliert sich im Zusammenhang mit dem Interesse an rationaler Durchdringung der Welt eine ›Kunst des Sehens‹, die auf objektiv ›richtige‹ Aufnahme und Wiedergabe de Gegenstände zielt und den Sehakt daher purifizierenden Beschränkungen unterwirft. Das Sehen soll im Zeichen seiner Verpflichtung auf Präzision, Klarheit und Deutlichkeit neu gelernt werden, und daraus ergibt sich die ›Tendenz, den jeweiligen Apperzeptionsakt, den kleinen Ausschnitt der schärfsten und deutlichsten Wahrnehmung abzusondern, einzufassen und losgelöst zu betrachten. Dadurch erhält das Anschauungsobjekt die Form eines kleinen Bildes‹. [...] Das wird nicht zuletzt im Bereich der Landschaft deutlich. Die Vorliebe etwa für Durchblicke, für die Begrenzung von Fernsichten durch einen rahmenden Vordergrund prägt die Natur nicht allein dort, wo sie wie in der Gartenkunst vom Menschen gestaltet oder wie in der Landschaftsmalerei künstlerisch nachgebildet wird. Selbst die zufällig begegnende Natur wird ihr nach Kräften unterworfen, beispielsweise durch die Wahl eines entsprechenden Beobachter-Standpunktes.« – Vgl. August Langen: Die Geschichte des Horizonts: Grenze und Grenzüberschreitung in literarischen Landschaftbildern Diss. 1989, Darmstadt: Wissenschaftliche Buchgesellschaft, 1965, S. 28f: hier die Anweisung Barthold Heinrich Brockes (1680-1747), FN 64: »›Man darf nur bloß von unsern Händen die eine Hand zusammenfalten,/Und sie vors Auge, in der Form von einem Perspektive halten;/So wird sich, durch die kleine Öffnung, von den dadurch gesehnen Sachen/Ein Theil der allgemeinen Landschaft zu einer eignen Landschaft machen,/Von welcher, wenn man mahlen könnte, ein' eigne nette Schiderey/Zu zeichnen und zu mahlen wäre. [...] Es sey das Sehen eine Kunst, sowohl wie Schreiben oder Lesen‹.« Ebd.: »Man darf annehmen, daß diese Methode der Landschafts- oder Bildbetrachtung in der Zeit sehr verbreitet war. So weist von Rohr [...] auf die Gepflogenheit der Kunstkenner hin, ›bei der Betrachtung von Bildern häufig durch besondere Sehtrichter oder auch durch die hohle Hand den Rahmen wegzublenden und damit den natürlichen Eindruck des einäugig und vom richtigen Standpunkt aus betrachteten Bildes zu steigern suchten‹.«

nen immerwährenden Lauf aufwühlen, zu einem einzigen Puls verschmelzen, der vom Sommer bis zur Regenzeit mit den immer gleichen Pausen und wilden Schlägen seit Urzeiten pocht, lange ehe es Menschen gab.« (PP141f)

Der halbrunde Horizont als Grenze des Sichtbaren ergibt sich von einem Blickpunkt aus, der deutlich benannt ist: Etwas oberhalb des Flusses, vermutlich unweit von dessen Uferböschung, findet sich der Erzähler in einer Landschaft von unermesslicher Weite. Nicht ein der Landschaft gegenüber überhöhter Standpunkt, sondern einer in Augenhöhe (aus dem Blickwinkel des Kiesels, des Halms) erlaubt weniger Überblick, als er den Betrachter zu einem Bestandteil eines Ganzen macht, in dem Blickhorizont und Grenze der Welt ineinander überzugehen scheinen und dabei noch einmal an alte Weltrandvorstellungen erinnern. Die Progression auf das Unbekannte zu wird allerdings nicht mehr versucht. Die Verlegung des Blickpunktes erscheint nutzlos, weil sie das Subjekt immer in der Mitte des Betrachteten belässt.

Wie bei einem breitformatigen Landschaftsgemälde Caspar David Friedrichs verlieren sich die seitlichen Bildränder im Diffusen, nur die nach unten begrenzende Erde, der tiefgelegene Himmel und die seine Raumtiefe insinuierenden Wolken werden erwähnt. Die den Blick abschattend über die Augen gehobene Hand als Schwundstufe einer Diätetik der Blicke, wie sie die Rahmenschau kennzeichnet, begrenzt das Bild nach oben und führt das Auge in die Weite, die nicht mehr als solche beschrieben wird. Was sie zu kennzeichnen scheint, ist Leere. Die lakonisch verfahrende Hypotypose erwähnt nur »in großen Abständen Bäume, laubreich, einsam, daneben immer ein Kaktus [...] wie ein riesiger Kandelaber«, füllt also den Raum sparsam, flächig, eher in einer Seitwärtsbewegung, ohne Varianz anzubieten.[302] Jegliche Fokussierung und damit der Versuch, das Gesehene in seiner Tiefenstaffelung zu beschreiben, unterbleiben. Dabei wird nicht optische Unmittelbarkeit erzeugt, sondern das Unermessliche wird über die Summierung von immer gleichen Einzeldingen beschrieben. Das erinnert an die Malweise der menschenleeren Landschaften de Chiricos oder René Magrittes, wie etwa dessen zwischen 1925 und 1927 entstandenes Gemälde *Die Oase*[303] und ihre karge Auffüllung des Raumes als bildnerische Prätexte der Beschreibung.

Die Tiefe des Raumes wird dadurch, dass kein Versuch mehr gemacht wird sie einzuholen, in die Gleichförmigkeit ihrer Signifikanten verschoben. Deren Integration in ein dadurch entstehendes Landschaftsbild wird dem Rezipienten überlassen. Die scheinbare Endlosigkeit und Monotonie einer para-

302 Damit markiert die Beschreibung die Raumerfahrung der Ebene am Fluss als die (neuzeitliche) eines Koordinatensystems, in das die Körper erst nachträglich eingeschrieben werden. Vgl. A. Koschorke: Horizont, S. 24: »Man kann den Abstand dieser [der aristotelischen] Auffassung eines genuin körperbezogenen Raumes vom neuzeitlichen Begriff des Beziehungsraumes [...] nicht genügend betonen. Der Raum des Aristoteles ist ein Gefäß, der nur existiert, wo Körper ihn umranden. Der Raum des Aristoteles ist kein Beziehungssystem zwischen den Dingen, sondern er ist die von außen her vollzogene Umgrenzung des von einem Ding eingenommenen Volumens. [...] Das schließt die Denkmöglichkeit eines Vakuums [einer Leere] aus.«

303 Siehe Bildanhang, Abbildung 9.

taktischen Landschaft, die nur durch gleichförmige Bewegung durch sie hindurch auszumessen wäre, wird durch dieses Verfahren des Aufschubs intensiviert.

Die Still-Stellung und damit auch die Zeitenthobenheit werden von Beginn der Szene an auf auffallende Weise akustisch-synästhetisch über das explizite Fehlen von Geräusch oder Klang begleitet:

»Stille ist ein Wort aus meinem Wortschatz. Als einer, der es mit Musik zu tun hat, gebrauche ich es öfter als Menschen in anderen Berufen. Ich weiß, wie man mit der Stille spekulieren kann, wie man sie mißt und einsetzt. Doch während ich jetzt auf diesem Stein sitze, lebe ich die Stille: eine Stille aus solchen Fernen und so vielen Schichten aus Stille, daß ein ausgesprochenes Wort wie Schöpfungsdonner über sie hereinbräche. Würde ich etwas sagen, würde ich, wie ich es oft tue, mit mir selber reden - ich würde vor mir selber erschrecken.« (PP141)

Das Stillstellen der Progression wird auf der Ebene des Beschriebenen durch die Erwähnung der schwer und unbeweglich auf den Bäumen sitzenden Sperber und die Anwesenheit eines Hirschen reduplizierend aufgenommen: Die durch fliegende Vögel oder einen (mit sprichwörtlicher Schnelligkeit konnotierten) fliehenden Hirsch entstehende Sogwirkung zum Horizont hin (so wie jene der durch die Hand vom Blick getrennten regungslosen Wolken) wird allerdings sistiert. Die Tiere werden zu bewegungslosen Skulpturen demobilisiert. In eine Nahaufnahme transformiert, redupliziert auch die im Spinnennetz an ihr Ende gelangende Bewegung der Fliege das *still* jeglicher Bewegung.

Die durch den Körper oder eine Drift der Blicke nicht mehr realisierte Tiefe wendet sich vom Horizont her zurück in ein Angeschaut- und Wahrgenommenwerden des Subjektes selbst: »In ziemlicher Entfernung schaut [sic] ein Hirsch aus dem Schilf einer Lagune. Mit elegant gehobenem Kopf steht er so regungslos in der Ebene [...] Als er mich wittert, entfernt er sich gemessen. Ohne Eile läßt er mich mit der Welt allein.« (PP 141) Der Blick zurück[304] auf den Erzähler, der nun im doppelten Wortsinn zur Mitte des Betrachteten wird, schreibt ihn noch einmal in die in den Horizont verfließende Landschaft ein, die dadurch paradoxerweise in der Reichweite [seiner] Hand zugleich ist, und in der Arretierung jeglicher Bewegung und der narrativ hergestellten Immersion als zeitlos intensiviert wird. Gleichzeitig entsteht im Tauschen des Blickes, der etwas anderes ist als Sehen, eine, wie Renate Brosch solche Phänomene nennt, »reziproke Performanz«:

»›Im Tausch der Blicke kann man kein Betrachter sein, weil man Mitspieler ist. Man ist gezwungen, auf einen Blick zu reagieren, der sich unseres Auges [...] bemächtigt. Das Auge kann entweder nur sehen oder blicken, jedenfalls in der intersubjektiven Begegnung‹ [Belting, zit. ebd.]. In diesen Fällen ist der Blick nicht [...] deiktisches Zentrum und Prozess, wie in jeder Wahrnehmung[...]. In diesem optischen Verhältnis ist der Blick keine Wahrnehmung, der man Transparenz des Gegenstandes anlasten könnte,

304 Dieser Blick wird von einem Spiel weiterer Blicke begleitet: Die Sperber, tagaktive Greifvögel, deren ausgezeichnetes Sehvermögen die Jagd auf *beweglich*e (sich bewegende) Beute ermöglicht, schlafen nicht, sondern schauen nach anderen Tieren oder auf den Erzähler.

sondern eher ein Kräftemessen mit dem Gegenstand und eine Zurückweisung der Geltungsansprüche des Gesehenen.«[305]

Während die Visualisierung – in diesem Fall jene der Landschaft – durch den Leser normalerweise unbewusst und widerstandslos ist und über gleitende Veränderungen, Umwandlungen und Anpassungen der Imagination ständig im Fluss bleibt, erzeugt die Fixierung durch den Blick eines anderen einen Moment ästhetischer Stillstellung. Die Beschreibung des unerwarteten Verharrens des Tiers setzt dieses Aussetzen narrativ um. Der zunächst freiwillig nicht progredierende Blick erscheint nun als gebannt. Die durch kein Medium vermittelte Gegenwart magischer und die Körperoberfläche penetrierender Bemächtigung[306] wird durch die scheinbar zufällige Freilegung ihrer vorsprachlichen, buchstäblich verzaubernden Qualität selbst ›gebannt‹ und damit in die Entlastung ihrer sprachlichen Erfassung und einer konzeptuellen, auf die Historie verweisenden Ausweichbewegung gebracht: Der Hirsch sieht aus

»[...] wie ein Denkmal oder ein totemistisches Wahrzeichen [...]. Wie ein mythischer Ahnherr von Menschen, die erst noch geboren werden müssen, der Begründer eines Klans, der sein Geweih auf einen Pfahl nagelt und daraus sein Wahrzeichen, seine Hymne und seine Fahne macht.« (PP141)

Der Moment der ursprünglichen Erfahrung und der Erfahrung des Ursprungs wird also über deren zunächst magische, dann kultische Performanz in ihre kulturelle Er-Fassung und in die Distanz der Zeit verschoben und abgewehrt. Die Immersion in die Landschaft wird dadurch gleichermaßen intensiviert und irritiert. Der implizite Herrschaftsanspruch des ›sprachmächtigen Tieres‹ setzt an die Stelle einer überwältigenden Begegnung, die nicht bedeutet, sondern *ist*, ein bedeutendes Zeichen und bemächtigt sich ihrer durch die Schrift. Damit wird die Drift des Blicks durch die Abdrift des Textes und das Gleiten der Signifikanten substituiert.

Im subtilen Aufbau der Mikroszene, im zeitenthobenen, ephemeren Augen-Blick zwischen Stille, dem Verharren der Körper und dem Bild schlechthin, wird die sprachauslösende Angst nicht genannt: Sie wird nur über die Fluchtbewegung in die Sprache[307], eines Sprechens, das reine Performanz ist,

305 R. Brosch: Visualisierungen, S. 77.

306 Ebd. S. 77f: »Deshalb wird der arretierende ›gaze‹ von der Literatur mit Vorliebe als ihr Anderes entworfen. Das machtvolle Festhalten eines Gesehenen, meist eines menschlichen Gegenübers, mit dem Blick gestaltet die europäische Literatur so häufig, dass man geradezu von einem Topos der Schaulust sprechen kann. Das Einfrieren eines Gesehenen nötigt dem Leser ein Anhalten des imaginativen Bilderstroms ab und erinnert an die ›Magie des Bildes‹ beim konkreten, ästhetischen oder kultischen Objekt. Der ›gaze‹ in der Literatur wiederholt den machtvollen Zauber bestimmter visueller Artefakte. [...] Sehr oft ist in dieser Konstellation [zwischen Schauendem und Angeschauten] ein Macht- oder Herrschaftsverhältnis abgebildet.«

307 Man ist geneigt, dieses Sprechen trotz seiner Kürze und seines angemessenen Bedeutungsinhaltes als Geschwätzigkeit zu bezeichnen: Es ist nicht

sichtbar, die die Immersion zerreißt, indem sie das Subjekt dem Objekt des Sprechens (dem in jedem Sinn be-sprochenen Objekt) gegenüberstellt und damit sich selbst zurückgibt. Bemerkenswerterweise wird das Tier nicht als Jagdbeute oder als klassifizierbares Objekt der Fauna des Landes benannt, sondern über jenes Ereignishafte selbst, das Bild und Sprache auslöst. Die Zeitenthobenheit wird in der primärprozesshaften Bewegung der Poesie schlechthin in ein Zugleich von Vergangenheit und Zukunft übertragen. Insofern ist die Erwähnung des Totemtiers, das erst zum Totemtier werden wird, als *mise en abyme* zu lesen: als jener Punkt des Romans und jene Strategie des Schreibverfahrens, die an den imaginierten Ursprung der Urformen, der Musik, der bildenden Kunst zurück- und von dort durch den Text und seine (Inter-)Medialität ›herauf‹ in die Gegenwart führt.

Sind die Beschreibung von Los Altos oder jene des Rituals der Totenbeschwörung (siehe 6.7) als *mise en abyme* der verdichtenden und collagierenden Poetik oder der Initiationserfahrung des Romans deutlich markiert (das an die Struktur des Märchens erinnernde dreimalige Durchstreifen der Stadt oder die emphatische Feststellung, den Ursprung der Musik erlebt zu haben), so ist jene des Ursprungs des subjektgenerierenden Sprechens und Abbildens selbst fast sprach- und bildlos und nur über die Inszenierung von Stille und Blickverzicht als deren Anderes dargestellt. Der Kairos der Begegnung markiert über die Engführung von Raum und Zeit die Szene als verdichteten Chronotopos[308], in dem sich die Chronotopoi der Schwelle und des Weges überschreiben, damit die in ihrer Konventionalisierung angelegte Sinnstrukturierung zugleich blockieren und anreichern und das Ephemere zur Erscheinung bringen, das Buci-Glucksmann als »die Kartographie der Zeit« beschrieben hat: Dieses Ephemere

»[...] ist weder der stillgestellte reine Augenblick, noch eine reine Zeit, die sich wiederfinden ließe, noch auch das Jetzt einer heterogenen Zeit. Vielmehr ist das Ephemere das Zittern oder der Moiré der Zeit, eine Art Unschärfe, die die Zeit verschleiert, um sie im Kairos des Todes oder des Begehrens zu verleihen und zu entziehen. [...] Ein schwebendes Aufblitzen, eine Zeit, winzig und singulär genug, um in die Insistenz des Vergehens einzutreten. Das Zittern der Zeit in seiner [des Augenblicks] Zerbrechlichkeit.«[309]

Diese Poetik des Aussetzens und das Oszillieren der Szene zwischen Wahrnehmung und Schock markieren unterschiedliche Kontexte, die die unterlas-

nur ein benennendes, sondern gleichzeitig auch ein selbstvergewisserndes Sprechen, das seinen Inhalt ›vergisst‹, um überhaupt einfach zu sprechen und damit eine ›Sprachmagie‹ unter den Bedingungen des zwanzigsten Jahrhunderts appliziert.

308 Vgl. Michail Bachtin: Chronotopos (= stw 1879), Frankfurt am Main: Suhrkamp Verlag 2008; Die Strukturierung von Raum und Zeit im Roman stehen in einem wechselseitigen Abhängigkeitsverhältnis, beide durchdringen einander, der Raum (in diesem Fall der Raum der Reise) gliedert die chronologische Bewegung der Erzählung, die Zeit erfüllt den Raum mit Sinn. Als Raumzeit-Gesetzlichkeit bildet er die ›Weltordnung‹ des Textes, seine Orientierung in Zeit und Raum.

309 C. Buci-Glucksmann: Kartographischer Blick, S. 218.

sene Bewegung im Raum, den Arretierungszauber und die Ausweichbewegung in die Schrift generieren und begleiten.

Weniger der Umstand, dass die Darstellung stillgestellter Bewegung mit einigen Einschränkungen als eine Analogie zur Fotografie gelesen werden kann, sondern vor allem der Umschlag auf der Seite des Rezipienten von der gleichförmig interessierten Betrachtung des Ganzen in die Betroffenheit des Beteiligten durch den punktuellen und »punktierenden« Blick lassen zunächst an Roland Barthes' Bemerkung zu *studium* und *punctum*[310] denken. Das nicht/noch nicht/kaum Sagbare, das Atopische durchbricht das Sagbare, es durchdringt, verletzt. Im Augenblick des verwundenden Angeschautseins ist das diskursive Denken durch das bild- und sprachlose Ereignis aufgehoben[311] und führt das Subjekt in einen Augenblick vor der Zeit von Kunst und Sprache, in das *satori*, die Evidenz.

Die auratische Begegnung und das Ineinanderfließen von Schau-Ort und Zeit lassen auch – wieder zunächst unabhängig von deren Ort in seinem Aufsatz zur Geschichte der Photographie[312] – an Walter Benjamins Definition der Aura denken, »Ein sonderbares Gespinst von Raum und Zeit: einmalige

310 Vgl. Roland Barthes: Die Helle Kammer. Bemerkung zur Photographie (= st 1642), Frankfurt am Main: Suhrkamp Verlag 1989, S. 35ff: In seinen Studien zur Fotografie beschreibt Roland Barthes den »[...] durchschnittlichen Affekt, fast könnte man sagen, eine [...] Dressur«, dem/der das Betrachten (einer Fotografie) unterliegt, als *studium*, »was nicht [...] Studium bedeutet, sondern die Hingabe an eine Sache, das Gefallen an jemandem, eine Art allgemeiner Beteiligung, beflissen zwar, doch ohne besondere Heftigkeit. [...] Das zweite Element durchbricht (oder skandiert) das ›studium‹. Diesmal bin nicht *ich* [Herv.d.V.] es, der es aufsucht (wohingegen ich das Feld des ›studium‹ mit meinem souveränen Bewußtsein ausstatte), sondern das Element selbst schießt wie ein Pfeil aus seinem Zusammenhang hervor, um mich zu durchbohren. Ein Wort gibt es im Lateinischen, um diese Verletzung, diesen Stich, dieses Mal zu bezeichnen, das ein spitzes Instrument hinterläßt; [...] Dies zweite Element, welches das ›studium‹ aus dem Gleichgewicht bringt, möchte ich daher ›punctum‹ nennen; denn ›punctum‹, das meint auch: Stich, kleines Loch, kleiner Fleck, kleiner Schnitt und – Wurf der Würfel. Das ›punctum‹ einer Photographie, das ist jenes Zufällige an ihr, das ›mich‹ besticht (mich aber auch verwundet, trifft).« – Vgl. auch Hubertus von Amelunxen: »Photographie und Literatur. Prolegomena zu einer Theoriegeschichte der Photo-graphie«, in: Zima (Hg.), Literatur intermedial, S. 209-234, hier S. 210: »Während das ›studium‹ den Kontext eines Photos zu erschließen vermag, seine gesellschaftliche Relevanz und Referentialität und somit einen allgemeinen paradigmatischen Status der Lesbarkeit einnimmt, wird mit dem ›punctum‹ das Singuläre des Bildes bedeutet, das jenseits aller Codes [...] den Betrachter besticht, ihn teilt und in ein Gegenüber mit dem Tod setzt.«

311 Vgl. dazu Salvador Dalí, zit. ebd., S. 209 FN: »Zusätzlich zu der enormen Strenge, der das fotografische Faktum auf der einen Seite unseren Geist unterwirft, ist dieses außerdem und VOR ALLEM DER SICHERSTE TRÄGER DER POESIE und der geschickteste Vorgang, um die feinsten Wechselwirkungen einzufangen, die sich zwischen Realität und Surrealität ergeben.«

312 W. Benjamin: »Kleine Geschichte der Photographie«, S. 68-385.

Erscheinung einer Ferne, so nah sie sein mag, [in der] der Augenblick oder die Stunde Teil an ihrer Erscheinung hat.«[313] Benjamin beschreibt die Erfahrung des *Chock*, der beim Betrachter »[...] den Assoziationsmechanismus zum Stehen bringt«[314], als radikales Innehalten vor einem Anderen. Die Parallele zur Fotografie ergibt sich hier vielmehr paradox aus deren medialem, technischem Aspekt: Das »technische Bedingtsein der auratischen Erscheinung«[315] steht zu dieser in keinem Widerspruch. Anders als die Malerei kann die Fotografie vermittels ihrer Technik einem natürlichen Bild am nächsten kommen, »[...] weil an die Stelle eines vom Menschen mit Bewußtsein durchwirkten Raums ein unbewußt durchwirkter tritt. [...] Von diesem Optisch-Unbewußten erfährt [der Mensch] erst durch sie [die Fotografie mit ihren Hilfsmitteln: Zeitlupen, Vergrößerungen] wie von einem Triebhaft-Unbewußten durch die Psychoanalyse.«[316] Insofern, als Technik als Machen der Magie korreliert und beide ineinander übergehen können – »die Differenz von Technik und Magie [ist] durch und durch historische Variable«[317] – erweisen sich Benjamins Überlegungen zur Fotografie als auf die Beschreibung des Augenblicks der auratischen Erfahrung des Protagonisten und ihrer magischen Abwehr applikabel.

Die Blick-Angst des Erzählers angesichts des ihn anschauenden Tiers ähnelt in auffallender Weise jener beim Betrachten der ersten Daguerreotypien, von der Benjamin berichtet: »›Man getraute sich [...] zuerst nicht, [...] die ersten Bilder [...] lange anzusehen. Man scheute sich vor der Deutlichkeit der Menschen, und glaubte, daß die kleinen winzigen Gesichter, die auf dem Bilde waren, einen selbst sehen könnten.‹«[318]

Das führt zu der den Text in einer Unterströmung durchlaufende Schaulust und ihrem Gegenteil, dem Blicktabu, als weitere Kontexte. Beide sind, über ihre Spezifität für den Reisebericht hinaus, anthropologische Konstanten, die die Geschichte des Wahrnehmens von primitiven bis zu modernen Gesellschaften begleiten. Der Blick des anderen (des Tieres, des Totems, des Henkers, des Delinquenten, des Königs, des Gottes) verletzt, weil er mit einer »geheimnisvollen Macht«[319] ausgestattet ist und im magischen Zusammen-

313 Ebd., S. 378.

314 Ebd., S. 385.

315 Ebd., S. 376.

316 Ebd., S. 371.

317 Ebd., S. 373.

318 Ebd., S. 372. Dauthendey, zit. ebd.. Die zahlreichen Verweise des Romans auf Rainer Maria Rilke erlauben, hier auch dessen Gedicht Archaischer Torso Apolls als alludierten Subtext anzunehmen: »[...] Sonst stünde dieser Stein entstellt und kurz / [...] und flimmerte nicht so wie Raubtierfelle [sic] // und bräche nicht aus allen seinen Rändern / aus wie ein Stern: denn da ist keine Stelle, */die dich nicht sieht.* Du mußt dein Leben ändern.« (Hervh. d.V.), Rainer Maria Rilke: Archaischer Torso Apollos, in: Neue Gedichte und der Neuen Gedichte anderer Teil (= it 49), Frankfurt am Main: Insel Verlag, S. 83.

319 Vgl. als Beispiele für den (bösen, hypnotisierenden) Blick: Sigmund Freud: »Krankengeschichten«, in: Gesammelte Werke. Bd. 1-18, Frankfurt am Main: Fischer Taschenbuch Verlag, 1999, Bd. I, S. 249; »Die Masse und die Urhorde«, ebd. Bd. XIII, S. hier S. 140: »Diese geheimnisvolle Macht – oft

hang einer Identität zwischen Objekt und Subjekt und eines Oszillierens zwischen Substanziellem und Funktionellem jederzeit zu einer Emanation von bedrohlichen Kräften werden kann. (Die Rückseite der Bedrohung ist die Beraubung des Subjekts durch die Herstellung seines Bildes.[320]) Ein solcher Bann-Bild- und Sprachzauber wird hier unter den Bedingungen und in der Form der Moderne aber strukturell als Residuum magischer Vorstellungen vollzogen: Der Hirsch wird durch ein mimisches Zeichen, in dem Zeichen und Anschauungsinhalt überschusslos und unmittelbar ineinander aufgehen, das an das Tor genagelte Geweih, ersetzt und damit (narrativ) gebannt. Nennt der Erzähler das Totenbeschwörungsritual des Schamanen als Beginn von Musik (Tanz und Theatralik), so ist in diesem Akt der Be-Zeichnung/Nomination der Beginn der Schrift und der Sprache entzifferbar. Ernst Cassirer stellt fest:

»Alle Schrift beginnt als mimisches Zeichen, als Bildzeichen, wobei das Bild zunächst noch keinerlei Bedeutungs- oder Mitteilungscharakter in sich schließt. Es tritt vielmehr für den Gegenstand selbst ein; es ersetzt ihn und steht für ihn. Auch die Schrift gehört [wie das Sprechen und seine spätere Trennung in Laut und Bedeutung] in ihrem ersten Hervortreten und ihren primären Gestaltungen der magischen Sphäre [als Art dämonischer Doppelgänger des Gegenstandes] an. Erst wenn dieser magische Affekt ver-

---

als tierischer Magnetismus bezeichnet – muß dieselbe sein, welche den Primitiven als Quelle des Tabus gilt, dieselbe, die von Königen und Herrschern ausgeht und die es gefährlich macht, sich ihnen zu nähern. [...] Gerade der Anblick des Häuptlings ist aber für den Primitiven gefährlich und unerträglich, wie später der der Gottheit für den Sterblichen.« – Vgl. auch Frank Gonzales-Crussi: Verbotene Blicke, schamloses Sehen, Berlin: University Press 2007, insb. ›Die gefährliche Macht des Blicks/die physische Kraft des Auges‹, S. 105-128 und die dort angeführten Beispiele von der Antike bis in die Gegenwart in Literatur, Mythos, Philosophie des Blicks, etc.; insb. S. 120f: »Man beachte, dass die Kraft des Auges nicht ausschließlich dem Menschen zugeschrieben wurde. Der Mensch teilte sie mit einigen Tieren, wenigstens mit denen, die glänzende, starre Augen hatten. Montaigne schreibt in seinen Essays, dass er Zeuge eines Beispiels für diese animalische Kraft gewesen ist [...] Plinius berichtet in seiner Naturgeschichte, dass, wenn ein Wolf seinen Blick auf einen Menschen hefte, dieser die Sprache verliere.«

320 Ebd., S. 56f: »Auch das Bild stellt die Sache nicht nur für die subjektive Reflexion eines Dritten, eines Zuschauers dar, sondern es ist ein Teil ihrer eigenen Wirklichkeit und Wirksamkeit. Wie der Eigenname eines Menschen, so ist auch sein Bild ein ›alter ego‹. So sind im magischen Vorstellungskreis Bildzauber und Sachzauber nie scharf getrennt. [...] Wird das Bild eines Feindes mit Nadeln durchstochen oder mit Pfeilen durchbohrt, so wirkt dies magisch unmittelbar auf den Feind zurück. [...] Dieselbe Rolle wie dem Bild fällt insbesondere auch dem Schatten [Herv. i.O.] zu. [...] Tatsächlich scheint hier eine [...] Identifikation vorzuliegen [...], die es überhaupt zu einer strengen Trennung zwischen den Formen des ›abbildlichen‹ und denen des ›urbildlichen‹ Seins nicht kommen läßt. Denn jede derartige Trennung würde etwas anderes verlangen, als die bloß anschauliche Versenkung in den Inhalt selbst.«

blaßt, wendet sich hier die Betrachtung [...] vom Dinglichen ins Funktionale. Aus der unmittelbaren Bilderschrift entfaltet sich die Silbenschrift und schließlich die Wort- und Lautschrift, in welcher das anfängliche Ideogramm, das Bildzeichen, zum reinen Sinnzeichen, zum Symbol geworden ist.«[321]

In diesem Zusammenhang erweist sich das die Stille durchbrechende Wort (»daß ein ausgesprochenes Wort wie Schöpfungsdonner über sie hereinbräche. Würde ich etwas sagen, [...] – ich würde vor mir selber erschrecken«), dessen Wirkung am Beginn der subtil komponierten Episode reflektiert wird, als Vorwegnahme dieses Einbruchs von Sprache in das Ereignishafte der Welt, eines Wortes, das nicht durch seine Tauglichkeit zur Repräsentation, sondern durch seine Wucht (Schöpfungsdonner, Donnerrollen) charakterisiert wird.

Die Passage lässt ein anderes im Text erwähntes Bild, nämlich das wundertätige Heiligenbild, das Rosario ihrem Vater bringen will, als Gegenstück zur beschriebenen und im Bild des Hirschgeweihs symbolisierten Blickangst erscheinen: Statt eines verletzenden oder tötenden Blicks wird der Blick auf das (semiophotische) Bild – in einer Transformation des ursprünglichen Blicktabus – auf magische Weise heilsam.

Das Überschreiben des Ereignisses mit Schrift und Sprache – dem ikonisch-mimischen Zeichen des Hirschgeweihs, dem symbolischen von Wahrzeichen, Fahne oder des heraldischen Wappenvogels (zuletzt auch durch den historischen Diskurs) – erinnert im Zusammenhang mit Carpentiers Auseinandersetzung mit der Wahrnehmungsbrechung des Surrealismus an bildnerische Prätexte, wie etwa René Magrittes *Miroir vivant* von 1926, *L'usage de la parole I.*[322] (1928/29) oder *Le Miroir magique* (1928/29), die eine die Problematisierung des Verhältnisses von Ding und Namen[323] überschreitende magische, auratische Qualität besitzen, gleichzeitig aber auch hinter die Lesbarkeit des intermedialen, Text und Bild kombinierenden Emblems[324] zu-

321 E. Cassirer: Symbolische Formen, II, S. 284f.

322 Die zu Wappenvögeln stillgestellten Sperber lassen in ihrer Metamorphose zu Bestandteilen der Landschaft an Magrittes enigmatisches Bild *Le Domain enchanté* (1951-53) und dessen versteinerte Raubvögel denken. Tatsächlich erwähnt der Erzähler unmittelbar darauf »einen Fels mit dem Profil eines Sauriers«.

323 Vgl. dazu A.M. Hammacher: René Magritte, Köln: Du Mont 1975, S. 30.

324 Vgl. zum Emblem: Hans Holländer: »Literatur, Malerei, Graphik«, S. 136: »[Das Emblem ist] Text- Bild- Kombinationen aus Pictura, Motto und Subscriptio. Die Kunst der Emblematik war vom 16.- 18. Jahrhundert hochentwickelt [... Sie] besetzt [...] den Grenzbereich von Malerei und Literatur, denn beiden gehört sie an.« Zur Geschichte des Emblems, vor allem zu dessen Medienwechseln und deren technischen Voraussetzungen, vgl. Michael Schunck: »Emblematik - eine Einführung«, in: ders. (Hg.), Sinnbild - Bildsinn (= Ausstellungskataloge Trierer Bibliotheken 22), Trier: Zentraldruckerei der Universität Trier 1991, S. 11-22; zur angewandten Emblematik und deren Verwandtschaft mit der zeichenhaften Ausgestaltung der Umwelt durch die Sprache der Architektur oder anderer Symboliken, siehe: Andreas Haus: »Die Entstehung des Emblems als ›Angewandte‹ Kunstgattung. Emblem: Ort des Sinns im großen Chaos«, ebd., S 23-37.

rückgehen, als dessen Parodie sie unter anderem gesehen werden können. Ihre mit Schriftzeichen überschriebenen bildlich dargestellten Gegenstände verweisen ebenso auf die ursprüngliche Identität oder Austauschbarkeit von Gegenstand und Namen vor jeder Opposition von Gegenstand und Bezeichnung. Gleichzeitig wird aus dem Hirschen durch dessen Überschreibung mit Schrift ein paradoxes narratives Emblem, das – in Anlehnung an Magrittes Bild – die Subscriptio ›*Ceci n'est pas un cerf*‹ tragen könnte.

Im Kontext des *Romans* wird durch die Begegnungserfahrung schließlich das im Eingangskapitel präludierte Thema des Gesangs der Indianer als Jagdzauber noch einmal aufgenommen und – in einen Sprachzauber transformiert – in seiner eigentlichen Bedeutung freigelegt. In einer paradoxen Bewegung werden die Erfahrung der Reise, die Begegnung mit dem Land und mit sich selbst durch Sprache abgewehrt und ermöglicht zugleich. Durch das Sprechen wird das Unsagbare als Unsagbares zerstört und gleichzeitig als Gesagtes und daher Sagbares wiederhergestellt. Die Differenz von Erfahrung und Geschriebenem wird zur Erfahrung von Mangel, der immerhin noch benannt werden kann: Die neuen Welten müssen gelebt und nicht beschrieben werden (siehe 5.4).

Im Kontext der *Episode* wird die sie durchlaufende Poetik der Stille über ihre bildschaffende Funktion hinaus dadurch als Poetik sichtbar, die die stumme und zugleich donnerrollende Gewalt der Überwältigung durch den Blick der vorgängigen akustischen und optischen Beruhigung opponierend zur Darstellung bringt.

Dem ›Schöpfungsakt‹ folgt die Rückkehr in eine beschreibbare und beschriebene Welt. Die in der Betrachtung sistierte körperliche Bewegung wird nun als explizite Umkehr realisiert: In der Rückwendung zum Fluss, der jetzt in Nahsicht erscheint, tritt der Erzähler aus dem *locus extra tempus* wieder in die Zeit ein, deren Verfließen buchstäblich mit dem Fließen des Wassers parallelisiert wird. Das nun filmisch-zeitraffende Bild seiner Schnellen, Wirbel und Strudel, die vom Sommer bis zur Regenzeit [sic] in einem gemeinsamen Puls verfließen, kontrastiert mit der vorangegangenen Ruhe, deren flächige Augenblickshaftigkeit nun in die Geschichte, die Prähistorie (lange ehe es Menschen gab) vertieft und gleichzeitig vom magisch-mythischen Ursprung ins Diskursive verflacht wird.

Während die Episode einerseits auf ihrer semantischen Ebene über eine Poetik von Allusionen, intertextuellen und intermedialen Markierungen, bildlichen Überschreibungen und Kontrafakturen aufgebaut wird, lässt sich in ihrer narrativen Struktur eine musikalisch-rhythmische Poetik erkennen, die die semantische Strukturierung über die sorgfältige Komposition paralleler und gegenläufiger fiktiver Vertonung ermöglicht und vertieft:

Als einer, der »es mit Musik zu tun hat [und] weiß, wie man mit der Stille spekulieren kann, wie man sie mißt und einsetzt« (die Autoreferentialität der scheinbar beiläufigen Bemerkung, mit der die Episode bemerkenswerterweise begonnen hat, ist nicht zu übersehen), setzt der Erzähler vor allem über das moderate Tempo, den gleichförmige Rhythmus, dessen allmähliche Beschleunigung und die Pausen der Beschreibung vorauslaufende Hinweise auf deren schließlich erfolgende gänzliche Stillstellung. Als Zeitkunst ist die Musik, wie der Erzähler im Konzertsaal der Großstadt, in den er sich während eines Gewitters geflüchtet hat, feststellt, jene Kunst,

»[...] in der die Zeit nicht länger unzusammenhängende Töne karrt, sondern von einem vorgängigen Menschenwillen zusammengefaßt, eigeteilt, unterworfen [wird], der sich durch Gesten als ein ihren Ablauf bemessener äußert. Oft gehorchte dieser Ablauf Dispositionen, die vor ein oder zwei Jahrhunderten getroffen worden waren. Aber unter dem Titelblatt der Partitur waren in Zeichen die Gebote von Menschen niedergelegt, die noch im Tod [...] Besitzrecht auf die Zeit behielten.« (PP22)

Die Parallelisierung von Zeit und Musik erlaubt, die absolute Stille – die Abwesenheit von Musik – als Zeitlosigkeit zu metaphorisieren. Zeitlosigkeit und Stille erscheinen dann als Variationen ein und desselben Themas. Der Augenblick ultimativer (körperlicher, sprachlicher) Stillstellung, des Erstarrens des Blickes wird damit, ebenso wie die auf ihn hin- und von ihm wegführende Erzählweise, als musikalisch strukturiert lesbar.

Über diese Struktur von Thema und Variation hinaus lässt sich – unter dem Vorbehalt der Unschärfe und einer prekären Analogie (siehe 6.11) – der Hinweis auf die Stille am Beginn der Episode als Einführung eines Themas: Stille (*Subjekt*) durch die erste Stimme (jene des kommentierenden Protagonisten) lesen, das von der zweiten Stimme (jener des mit der Landschaft verschmelzenden Erzählers) als *Comes* aufgenommen wird, indem er es in das Bild einer »unermeßlichen [optisch ruhigen] Ebene: Stillstand« transformiert. Das *Kontrasubjekt* verbindet dann in seiner Antwort in der Stillstellung der Wappenvögel auf den Kakteen Stille, Zeitlosigkeit und Landschaft. Im Durchführungsteil verbinden sich Sprache (der Kommentar), Optisches (Bilder und Skulpturen) und Akustisches (Donnerrollen, das Sirren der Fliegen, die metaphorische Stille der Landschaft) als weitere Stimmen in einem lebhaften Dialog, in dem das Thema – Stille/Aufhebung der Zeit – in Mikroepisoden – als Verharren des Hirschen und der Vögel, der Verzicht auf Verlegung des Standpunktes durch den Erzähler, die Gleichförmigkeit der Bäume und Kakteen – von einer Stimme zur anderen wandert. In einer Engführung treffen sich alle im Augenblick des Angeschautwerdens, also in der Zeitlosigkeit des Ereignisses, dann lösen sie sich wieder voneinander und führen das Thema in *Augmentation* (die, gemessen an der Kürze der Episode, relativ lange, dilatierende Reflexion zum Totemtier) und in Diminuation (das zeitraffende, geräuschvolle, rasche Fließen des Flusses) weiter. Zuletzt bildet das Thema Stille in einer Umkehrung die *Schlusskadenz* und gelangt dabei gleichzeitig – vom Kompositorischen in das Semantische re-transformiert – wieder an die Textoberfläche.

Die Bauform der Episode lässt sich also mit Vorsicht und *mutatio mutandis*, wie etwa Paul Celans Gedicht *Todesfuge*, mit dem Kompositionsschema einer Fuge vergleichen.[325] Die zahlreichen expliziten Hinweise des Romantextes auf Johann Sebastian Bach, die Kunst der Fuge, *das Wohltem-*

325 Vgl. zu einer ausführlichen Darstellung des Kompositionsschemas der Fuge: Honegger/Massenkeil (Hg.), Großes Lexikon der Musik, Band III, Lemma: Fuge; – Hermann Keller: Das Wohltemperierte Klavier von Johann Sebastian Bach, Kassel: Bärenreiter Verlag 1965, S. 24-31; – Knud Jeppesen: Kontrapunkt. Lehrbuch der klassischen Vokalpolyphonie, Leipzig: Breitkopf & Härtel Musikverlag 1971; – Ulrich Michels (Hg.), dtv-Atlas zur Musik. Band 1 u. 2, München: Deutscher Taschenbuch Verlag 1977, Band 1, S. 117-120.

perierte Klavier, *das Notenbüchlein der Anna Magdalena Bach*, die Beschreibung seiner selbst als »kleiner Kontrapunktist« unterstützen eine solche Lesart, ebenso wie das Imitations-Element der Fuge (*Fughetta*) selbst, in dem das Romanmotiv von Original-Imitation-Varianz nun auf der kompositorischen Ebene realisiert wird.

Dadurch gewinnt das Musikalische der Episode eine Materialität *sui generis*, die als Verdinglichung der Zeit erlebbar wird, die für den Protagonisten, »durch die Unterwerfung unter den Rahmen einer Fuge oder die Form einer Sonate beinahe ein Gegenstand [sic] wurde« (PP23). Der Text realisiert damit auf exemplarische Weise eine implizite intermediale Referenz in Form von *verbal music* (siehe 6.8), die über die Applikation eines formalästhetischen Verfahrens die Erfahrung der unbegrenzten Ebene und der Flucht vor dem Angeschautwerden nicht nur thematisiert, sondern auch in der poetischen Struktur der Episode als *fuga* verdoppelt.

Auch der diskrete, trotz der Komplexität im Verfahren fast unauffällige Einsatz intermedialer Schreibweise, die Sparsamkeit der den Sinnenreiz auslösenden Signale, die vor allem über ihr Gegenteil (Stille, Verharren, der Verzicht auf detailliertes Ausfüllen der Bilder) eingespielt werden, sind in diesem Sinne wie ein konzentrationssteigerndes, paradox intensivierendes Pianissimo musikalisch-prozedural gesetzt, das den Raum des Begegnungsereignisses fast materiell herstellt.

Trägt in der Szene selbst diese musikalisch eingesetzte Stille deren *punctum*, so wiederholt sich dies auf der Makroebene des Textes: Die Episode als *mise en abyme* seines Sprechens ereignet sich als das buchstäblich verschwiegene *punctum* der variantenreichen, aber in der Rahmenschau gleichförmig und gewissermaßen unaufgeregt und still zusammengehaltenen Beschreibung der Landschaften der Reise, also auch am Ort der größten ›Stille‹ des Textes.

Erneut konfiguriert sich der Text über ein dichtes Netz intermedial vermittelter Bezüge. Über die Sprache, den Körper (das Anhalten der Bewegung, die Verletzung), akustische Synästhesie, die musikalische Komposition der Episode und das Übereinanderlegen unterschiedlicher bildlicher Medien und Blickdisziplinen, also durch die gleichzeitige Berührung von Kognitivem, Empfindung und Gefühl in einer komplexen Landschaftsarchitektur und Komposition, entstehen die Beschreibung einer Landschaft und eines Ereignisses, die als vor jeglicher Sprache, Kunst, Gesellschaft und als vor jeglicher Medialität als Nullpunkt des Repräsentierens und Bedeutens gesetzt werden. Es scheint, als seien dieser sich jeder linearen, eindimensionalen und monomedialen Beschreibung entziehende Nullpunkt, der Augenblick, die Begegnung, die Landschaft, das Ritual jenseits des Nullpunktes der Geschichte im Diesseits der Referenz überhaupt nur in einer polymedialen Schreibweise (weniger darstell- als) evozierbar.

Die forcierte Nutzung der Möglichkeiten intermedialen Schreibens – dessen Potenzierung, Überschreibung, dichte Integrierung durch Mentales, Optisches, Akustisches und Haptisches – und seiner musikalischen Organisation lassen sich als der Versuch der Wiederherstellung der Totalität der auratischen Erfahrung lesen. Intermediales Schreiben erscheint hier als der (wirkungsästhetisch zu realisierende) Traum von der Restitution ganzheitlicher

Erfahrung durch das Zusammenfügen der in ihre Teile zerbrochenen Wahrnehmung.

5.13 Fotos. Das fotografische Dispositiv

Während der die Immersion in die Landschaft der Ebene unterbrechende Blick den Protagonisten wie das *punctum* einer Fotografie berühren kann, werden die im Roman rekurrent erwähnten tatsächlichen Fotografien selbst nahezu ausschließlich als de-auratisierte Objekte in ihrem Verwertungszusammenhang und damit als entfremdend vorgeführt. Im Subtext der jeweiligen Thematisierung findet sich also eine Medienwirkungsreflexion abgebildet, die nicht nur die Verschiebung des Verhältnisses von Original und Kopie, sondern auch eine Legitimitätsdebatte anmerkt, die, wie Petra Löffler feststellt, »[...] nicht nur ein Symptom für die Krise der idealistischen Ästhetik, ihres Werkbegriffs und ihrer Selektionsverfahren (Original, Genie versus Reproduktion, Apparat), sondern auch für die des abbildtheoretischen Verhältnisses von Welt und Bild«[326]ist.

Die Fotos des Protagonisten, die für die Medienberichte über die Suchkampagne zusammengestellt werden, »alle Photographien, die es von mir gab, [...] selbst das Photo von meiner Erstkommunion [...], auch eine Aufnahme in Uniform vor den Ruinen von Monte Cassino und eine, wo ich mit einem schwarzen Soldaten vor der Villa Wahnfried stehe« (PP306), entäußern[327] über ihre Verfügbarkeit als Kopien sein Privateben für ein intendiertes Publikum, das nicht ihre Lektüre realisiert, sondern sie als illustratives Beiwerk oder entleertes Ornament in den Zeitungen findet, die die technische Reproduzierbarkeit der Fotografie in ihrer massenhaften technischen Reproduktion als Massenprodukt reduplizieren.[328]

326 Petra Löffler: »Bilderindustrie: Die Fotografie als Massenmedium«, in: Kümmel/Scholz/Schumacher (Hg.), Geschichte der Medien, S. 95-124, hier S. 97.

327 Vgl. R. Barthes: Helle Kammer, S. 109: »Das Zeitalter der Photographie entspricht genau dem Einbruch des Privaten in den öffentlichen Raum oder vielmehr der Bildung eines neuen privaten Werts: der Öffentlichkeit des Privaten: das Private wird als solches öffentlich konsumiert.«

328 Vgl. S. Krakauer: »Das Ornament der Masse«, in: ders., Das Ornament der Masse. Essays (= st 371), Frankfurt am Main: Suhrkamp Verlag 1977, S. 50-63, hier S. 33f: »Die Absicht der illustrierten Zeitungen ist die vollständige Wiedergabe der dem Photographischen Apparat zugänglichen Welt; sie registriert den räumlichen Abklatsch der Personen, Zustände und Ereignisse aus allen möglichen Perspektiven [...] Noch niemals hat eine Zeit so gut über sich Bescheid gewußt, wenn Bescheid wissen heißt: ein Bild von den Dingen haben, das ihnen im Sinn der Photographie ähnlich ist. [...] In den Illustrierten sieht das Publikum die Welt, an deren Wahrnehmung es die Illustrierten hindern. [...] Noch niemals hat eine Zeit so wenig über sich Bescheid gewußt. [...] Ihr Nebeneinander [jenes der Fotografien] schließt systematisch den Zusammenhang aus, der dem Bewußtsein sich öffnet. Die ›Bildidee‹ vertreibt die Idee, das Schneegestöber der Photographien verrät die Gleichgültigkeit gegen das mit den Sachen Gemeinte.«

Die in ihnen – und ihrer Häufung – immer entgehende ›Idee‹ wird in den Fotografien Ruths zur inszenierten Lüge: Sie posiert für die Pressefotografen in der (vorgetäuschten) Haltung der Besorgnis oder der Erleichterung der liebenden Ehefrau, um einem über die Bilder hergestellten und herzustellenden Image Nachdruck zu verleihen. Das zufällige und von der Mitarbeit des Rezipienten (seiner Bereitschaft, sich ›treffen‹ zu lassen) abhängige *punctum* wird nur noch in der Schwundvariante persuasiver Emotionalisierung wirkungsästhetisch als dessen Anderes hergestellt und erzeugt damit eine Parodie.

Als endgültig in ihrem wirtschaftlichen Verwertungszusammenhang aufgehende und damit entleerte Fotografien werden jene der Werbung vorgeführt: »Ein Photo von Ruth im Schmuck geliehener Diamanten als Werbung für einen Juwelier« (PP20) im Schaufenster eines Ladens insinuiert über den Umstand des nur für das Foto ausgeliehenen Schmucks doppelte Unwahrheit: Nicht das einmalige, das individuelle Gesicht, sondern die Tatsache seiner Berühmtheit macht es zum Gegenstand der Fotografie. Ihr Referent ist nicht Ruth, die jederzeit durch eine andere bekannte Persönlichkeit ersetzbar ist, also nicht die Frau selbst, sondern die Kombination des bekannten, schönen Gesichtes[329] mit den Juwelen, die eine Reklame-Botschaft übermitteln soll. Der aus ihr abzulesende Konsum-Appell stört und verhindert als Rezeptionsanweisung die Suche nach jenem Rest des Bildes, der sich der Lektüre damit auf zweifache Weise entzieht.

Besteht die *narratio* der Werbefotografie in einer bereits erzählten und als zu lesen aufgetragenen Geschichte jenseits einer eindeutig identifizierbaren Realität[330], so werden die Fotografien in Mouches »Maquette«, dem mit »Photomontagen von Monstren und Statuen« (PP35) illustrierten Buch mit ihren Gedichten in künstlerischem Zusammenhang als Bestandteile einer Bricolage verwendet, die ihre Montagetechnik explizit macht, die Fotos dabei gebraucht, benützt, durch ihre Fragmentierung und Rekombination semantisch überkodiert, überschreibt und dabei zerstört.

Die pittoresken Strände, von denen Mouche spricht, als sie vom Reiseauftrag erfährt, sind möglicherweise über fotografierte Abbildungen in massenhaft verbreiteten Reiseprospekten vermittelt, in den Hotelzimmern der lateinamerikanischen Großstadt hängen »über den immer gleichen Gerätschaften [...] auf gleiche Weise angeordnet unter irgendeinem kitschigen Bild der Madonna« Bilder von »den Niagarafällen oder dem Schiefen Turm zu Pisa« (PP76) ebenso kulinarische, technisch (re-)produzierte Dekoration, wie die »Photographien von Rennpferden« in der Bar, in die sich der Erzähler nach

329 Vgl. (mutatio mutandis) Roland Barthes: ›Das Gesicht der Garbo‹, in: ders.: Mythen des Alltags, S. 73-75, hier S. 74: »Das Gesicht der Garbo steht für jenen flüchtigen Augenblick, in dem der Film eine existentielle Schönheit aus einer essentiellen Schönheit gewinnt, in dem der Archetypus das Faszinierende vergänglicher Gesichter durchscheinen läßt.«

330 Vgl. auch V. Roloff: »Surrealismus, Medienästhetik«, S. 17: »Die durch die Medien und Werbung geprägte Wirklichkeit ist [...] prinzipiell inszenierbar, konstruierbar, theatral. Die Versuche einer Unterscheidung zwischen realen, sinnlich erfassbaren, virtuellen, medialen, geträumten und imaginären Wirklichkeiten erscheinen nicht nur zweifelhaft, sondern letztlich vergeblich.«

dem Gespräch mit dem Kurator flüchtet. Das Dépaysement der europäischen oder nordamerikanischen Architekturen und Landschaften im lateinamerikanischen Kontext hat dabei weniger verfremdende als entleerende Wirkung: Die Fotografien werden zum beliebig durch anderes ersetzbaren Bestandteil des Interieurs, das als ubiquitär einförmige und anonyme Hotelarchitektur eine Art von Wohnlichkeit bereitstellt, die ihre beruhigende Standardisierung und Neutralität[331] aus der Massenhaftigkeit und dem Klischee-Charakter ihrer Objekte bezieht und die über die Fotos aufgerufene Insinuation einer Einbindung in berühmte Weltgegenden durch die Beliebigkeit der Auswahl und die stereotype Präsentation gleichzeitig herstellt und vernichtet.

Die Stadt Los Altos hat einen »Zauber, den die allzu abgegriffenen, viel zu oft photographierten Steine in anderen [...] Dörfern bereits verloren hatten« (PP84). Was hier zur Sprache gebracht wird, ist weniger ein Rest von Blick- und Bild-Angst oder die Angst vor Beraubung durch das Bild als die narkotisierende Gewöhnung des Blicks durch die Verfügbarkeit von Bildern, die als visuelle Allgemeinplätze und kodifizierte Sprach/Schauspiele allenfalls naive Klischeebilder oder serielles Kunsthandwerk sind.

Das Serielle verletzt durch seine Massenhaftigkeit, so Barthes, das Noema der Fotografie, deren *Ça a été*, indem es seine Einförmigkeit metonymisch auf das Foto überträgt, das als »[...] einförmige PHOTOGRAPHIE [Herv. i.O.] alle Voraussetzungen [besitzt], um alltäglich zu sein«[332]. Damit geht seine Betrachtung im flüchtigen *studium* eines Inflationären auf, das den Referenten infiziert und verleumdet.

Insofern, als die Fotografie, wie Eco feststellt, ein semiosisches Phänomen ist, ist sie anfällig für dieses Spiel mit Inhalten. Als auf der Platte »[...] in anderes Material übersetzt[e] Intensitätsverhältnisse [der Lichtstrahlen] im Reinzustand und Pigmentationsverhältnisse[n]«[333], ist sie Abdruck oder Spur, Ergebnis einer »Projektion von Material zu Material« (ebd.). Diese Heteromaterialität bewirkt eine (in der Ontogenese des Subjekts sich ergebende) Täuschung in der

> »[...] Bestimmung des Referenten jenes eigen-uneigentlichen Namens oder ›flauen‹ Designators, den das fotografische Abbild darstellt. [...] Die Auswirkungen dieser ersten Fehler spiegeln sich in unserer Haltung zur Fotografie. Zeugnis dafür, daß etwas dagewesen sein muß, das sich auf der Platte eingedrückt hat (und oft als Beweis dafür benutzt), weckt die Fotografie gleichwohl stets den Verdacht, daß jenes Etwas nicht dagewesen sei. Wir wissen, daß man - sei's durch Inszenierung, sei's durch optische Tricks oder mysteriöse Spiele mit Emulsionen, Solarisationen und dergleichen - das Bild von etwas Nichtvorhandenem erscheinen lassen kann. [...] Das Foto kann lügen. Wir wissen es sogar dann, wenn wir naiv und fast gläubig annehmen, daß es nicht lügt. Der objektive Referent wird vermutet, aber er läuft ständig Gefahr, sich in reinen

331 Vgl. PP76: »Plötzlich brachte mich etwas mir sehr Bekanntes zum Stehen, hatte ich, schwankend, das unheimliche Gefühl, daß ich gar nicht verreist war, daß ich noch immer dort war auf meinen täglichen Gängen durch irgendein stilloses, unpersönliches Gebäude. Ich kannte doch diesen Feuerlöscher mit der aufgeklebten Gebrauchsanweisung, ich kannte doch seit langer, langer Zeit diesen roten Teppich auf dem ich ging.«

332 R. Barthes: Helle Kammer, S. 50.

333 U. Eco: Über Spiegel, S. 56.

Inhalt aufzulösen. Ist ein Foto das Foto eines oder dieses bestimmten Menschen? Die Antwort hängt davon ab, welchen ›Gebrauch‹ wir von dem Foto machen. Manchmal nehmen wir, stillschweigend zum Allgemeinen übergehend (zum Universellen, zum Inhalt), das Foto von X, als ob es das Foto von Y wäre. Das ist kein einfacher Wahrnehmungsfehler [...], es ist die Tatsache, daß in jedem Abdruck, sei er auch so detailgetreu wie auf dem belichteten Film, die allgemeinen Charakterzüge schließlich die besonderen überwiegen. [...] Der Eindruck von Referenz zerfällt sofort in ein Spiel mit Inhalten.«[334]

Dieses Allgemeine, das durch seine serielle Vervielfältigung gesteigert wird, bringt das Besondere zum Schweigen und setzt im Gebrauch das Noema unter Verdacht. Die im Roman vorgeführten gebrauchten Fotos werden damit zu Argumenten einer Medienkritik, die einerseits den Gebrauch vorführt und denunziert und andererseits das Eigentliche der Fotografie als den durch den Gebrauch sich ergebenden Verlust markiert.

So werden auch die »Fotografien von Kindern, die bei der Bombardierung offener Ortschaften getötet worden waren, [auf die man] auf Schritt und Tritt [...] auf diesem Kontinent stieß« (PP117) oder die »Bilder von Erschießungen [...], die von den Zeitungen veröffentlicht wurden,« (PP123) in (medien-)kritischem Bewusstsein Gegenstand eines *studiums*, das sich auf ihre Referentialität bezieht: »›Bildung verpflichtet‹, pflegte mein [den Sohn auf die Bilder hinweisender] Vater damals zu sagen« (PP123).[335] Die kritische Kontextualisierung rettet die Wahrheit des Referenten und damit die Geschichte vor dem *mort plat*, den Barthes als Ergebnis der auf der fotografischen Fläche fixierten Diachronie der Geschichte diagnostiziert hat.[336] Nur die Daguerreotypien auf dem Friedhof der Großstadt (»unter schimmligem Glas [...] ein Student mit fiebrigen Augen, ein Veteran aus dem Grenzkrieg, eine lorbeerbekränzte Dichterin« PP64) oder das imaginativ zu einer Fotografie stillgestellte Tableau der um den – während einer Aufführung auf der Bühne verstorbenen – Kollegen trauernden Schauspieler, die in Kleidern erscheinen, »die an eine Daguerreotypie erinnerten« (PP11), haben eine Anmutung von Originalität und Aura, dem Plötzlichen, nicht Notwendigen, Nebensächlichen des *punctum*. Sie ermöglichen Begegnung mit dem Dargestellten im Modus persönlichen, verweilenden Sich-betreffen-Lassens, das auf den Fotos deren nicht entzifferbaren Rest sucht: Das sich der puren Repräsentation entziehende Moment von Einmaligkeit und Dauer, das paradox durch

334 Ebd., S. 57f.

335 Zur aufklärerisch-didaktischen Medienwirkung der Fotografie und damit einem impliziten Verweis auf Mediendiskurse vgl. auch PP123: »Dieses Losungswort einer neuen Ritterschaft des Geistes umschreibt seinen Glauben an einen durch Bücher bewirkten Untergang der Unmenschlichkeit. Als Manichäer, der er auf seine Weise war, sah er die Welt als einen Kampfplatz an, auf dem das Licht der Buchdruckerei wider die Finsternis der uranfänglichen Tierhaftigkeit stritt, der Ursprung jeder Grausamkeit, in der alle Menschen befangen waren, die von Unterricht, Musik und Laboratorien nichts wußten.«

336 R. Barthes: Helle Kammer, S. 102ff. – vgl. auch: Bernd Stiegler: »Das Sichtbare und das Unsichtbare. Kleine Wahrnehmungsgeschichte der Photographie«, in: Haupt/Stadler (Hg.), das unsichtbare sehen, S. 141-159.

den Verweis auf ihr Referentielles, durch die Grabinschriften, begleitet wird. Ihre Platzierung am heterotopen Ort des Friedhofs[337] in einem ›Außerhalb‹ der Zeit und des unmittelbaren gesellschaftlichen Zusammenhangs inszeniert gleichzeitig die Zeitlichkeit der Fotografie auf der Handlungsebene: Jenes »Singuläre des Bildes [...], das jenseits aller Codes, jenseits der stilistischen Prägnanz des Photos, den Betrachter besticht, ihn teilt und in ein Gegenüber mit dem Tod setzt: ›immer wird hier die ZEIT zermalmt‹ (Barthes]«[338]. Das fotografische Bild bedeutet das Dargestellte »[...] als ein Vergangenes, als einen Verlust« (ebd., 221), es »[...] bricht den Augenblick aus einer im Bild [...] nie erreichten Zeit heraus« (ebd. 223) und ist damit auf radikale Weise inaktuell. Lassen die Fotos auf den Grabsteinen Noema und Tod aus ihrer Verborgenheit hervortreten, so wird im Arrangement der kleinen Trauergesellschaft das *es-wird-gewesen-sein* buchstäblich (und durch die Tatsache, dass es sich bei den Beteiligten um Schauspieler handelt, pointiert) im Augenblich seiner Herstellung in Szene gesetzt.[339]

Das fotografische Dispositiv des Romans erschöpft sich allerdings nicht in der (motivgeschichtlich aufzulösenden) Thematisierung und der metaphorischen Verwendung der Fotografie. Während für den Protagonisten auf seiner Reise auch so etwas wie ein *daguerreotypisches Portrait* der lateinamerikanischen Verhältnisse im Sinne Flauberts entstehen mag, erhält es vor allem auf der poetologischen Ebene produktionsästhetisch gewendet medientheoretische Funktion. Wenn, wie Amelunxen feststellt,

> »nicht das figurativ Bildhafte, die photographische Ikonographie [...] also das Verhältnis von Photographie und Literatur [bestimmt], sondern der dem Medium Photographie technisch bzw. physikalisch-optisch inhärente Bezug zur Zeit – sein indexikalischer Bezug zum *Zeit-Punkt* des Referenten, [muss] jede vergleichende Annäherung an diese beiden Medien [...] die Zeit zum Gegenstand machen.«[340] (Herv. i.O.)

Die intermediale Schreibweise Carpentiers löst diesen Zeitbezug und die durch das Fotografische unter Druck geratene Referenz auf das Reale, die »Paradoxien in der Bezeugung des Realen«[341], auf zweifache Weise ein:

Einerseits lässt sie sich auf die Sisyphus-[sic]Arbeit ein, die Zeit, wie es Amelunxen für das fotografische Dispositiv beschreibt, zu fragmentieren, »[...] den Augenblick [die neue Übersetzung des Optischen] bis zu seiner unmöglichen, letzten und reinen Präsenz immer wieder zu teilen. So wird die

337 M. Foucault: »Andere Räume«, S. 41.

338 Vgl. zum Folgenden: H. Amelunxen: »Photographie«, S. 209-234; hier S. 210, der Verweis auf R. Barthes: FN 1.

339 Vgl. ebd., S. 223: »Diese [...] Übersetzung des Optischen in eine Überlieferung, die den Augenblick ihres Werdens (der zugleich Fixierung ist) einer späteren Entwicklung vorbehält, ›um die unscheinbare Stelle zu finden, in welcher, im Sosein jener längst vergangenen Minute das Künftige noch heute und so beredt nistet, das wir, rückblickend, es entdecken können‹ [W. Benjamin, FN 39], dieses ebenfalls nicht einzulösende Versprechen der medientechnischen Übersetzung kann in Analogie zur ›Nachreife‹ [...] gesehen werden.«

340 Ebd., S. 213.

341 Ebd.

Einfältelung zu einer Zerstückelung, dem kaleidoskopischen Blick vergleichbar« (ebd., S. 222). Die Spiegelungen, Bewegungen innerhalb der beschreibenden Reise-Bilder, die fließenden Übergänge, Fragmentierungen und Sprünge, etwa in der Begegnung mit dem Hirschen, dem Tanz der Bäume (5.16), der als Kaleidoskop beschriebenen Episode an der Vichada (5.14), die polytemporalen und multiperspektivischen Blicke auf die unter ihrem Ansturm zu Ruinen werdenden Architekturen (7.1, 7.3), die Unerschöpflichkeit, Löschungen und Überschreibungen der Beschreibung von Los Altos, die komplexe Schichtung der Blicke in den szenischen Darstellungen, selbst die kommentierende Brechung der narrativ hergestellten Szenen markieren auf der Textoberfläche das nicht in die Sprache Übersetzbare als Fehlendes und statuieren es damit. Dieses Fehlende stört die Glätte der Erzählung, indem es immer neue Einschreibungen verlangt, es irritiert ihre (in der Rhetorik des Reiseberichts) forcierte Linearität, betreibt die ventrilokutionäre Zerlegung von Totalitäten durch die Polyphonie des Sprechens und macht in der Überlagerung medialer Dispositive die Zwischenräume des Textes sichtbar.

Damit »verstößt [der Text] fortgesetzt gegen den naiven Grundsatz, eine im Leser ›ästhetisches Vergnügen‹ hervorrufende Erzählung zu sein, und wird statt dessen ein Werkzeug der Erforschung, Modus einer [...] Erkenntnis [...]«[342]. Die Lektüre wird zu Arbeit im Freud'schen Verständnis, die die heilsame Entfremdung (Benjamin) zur Bearbeitung der Differenz zwischen konventionalisierter und originärer Anschauung fruchtbar macht, jener Differenz, die im Roman durch das Einspielen auf provokante Weise radikal subjektivierter Anschauung fortwährend problematisiert wird.

Andererseits setzt *Los pasos perdidos* das Zeitmoment des fotografischen Dispositives auf der Handlungsebene inszenatorisch um und macht es damit zu einem Argument seiner Medientheorie: Insofern, als das fotografische Bild als eine Emanation des Referenten »[...] unweigerlich auch die Zeit des Referenten«[343] beerbt und die zeitlich nachgeordnete Übersetzung »[...] sich einer anderen Zeit [hinzufügt]«[344], lässt sich die im Roman extensiv –und gelegentlich ironisch – vorgeführte, durch Zeit und Medienwechsel sich ergebende Wahrnehmungsbrechung als reflektierendes Sichtbarmachen dieses Übersetzungsvorganges lesen. In den sowohl auf der Textoberfläche als auch in den Subtexten disseminierten Passagen – auch in den scheinbar konsistentesten Bildern des Romans – lösen Zeitsprünge[345], Inkongruenzen, Leerstellen und Überschreibungen das fotografische Dispositiv ein. Damit erweisen sich diese Zeitsprünge, Zeitumkehrungen, die Uchronien und Synchronien, die vordergründig auch als Charakteristika einer lateinamerikanischen Realität gelesen wurden, als wahrnehmungstheoretisches Dispositiv, das produk-

342 A. Carpentier: »Roman in Lateinamerika«, S. 11.

343 H. Amelunxen: »Photographie«, S. 218.

344 Vgl. Walter. Benjamin: »Die Aufgabe des Übersetzers«, Gesammelte Schriften, IV-1, S. 9-21, hier S. 10.

345 Dazu gehören nicht nur die Zeitumkehrphänomene der Handlungsebene, sondern unter anderem auch das variierende Verhältnis von erzählter Zeit und Erzählzeit, anaphorische Passagen oder Inkonsistenzen in der Datierung des Reisetagebuchs: ab »Dienstag, 12. Juni« ist die Zuordnung von Wochentag und Datum gelegentlich fehlerhaft.

tionsästhetisch gewendet, die Vermitteltheit jeglicher Wahrnehmung als Romanthema inszenatorisch zur Anschauung bringt.

5.14 Bildverlust. Das Kaleidoskop

In der weiteren Steigerung der Transgression löst sich jede ›malerische‹ Abbildung im totalen Sichtverlust auf. In der undurchdringlichen Barriere der am Wasser stehenden Urwaldbäume öffnet sich eine Lücke.

»Die Indios [ruderten] immer langsamer, und auch der Hund blickte mit gesträubtem Nackenhaar in die gleiche Richtung wie sein Herr. [...] ›Da ist der Eingang!‹... Zwei Meter vor uns stand ein Stamm gleich allen anderen, weder höher als sie noch schuppiger. Aber in seine Rinde war ein Zeichen eingeritzt: drei senkrecht übereinanderstehende Vs, die so ineinandergeschoben waren, das das eine dem anderen als Behältnis diente, eine Zeichnung, die sich ins Unendliche fortsetzen ließe, die sich hier aber nur vervielfältigte, wenn sie sich im Wasser spiegelte [sic]. Neben dem Baum wölbte sich der Einschlupf, aber er war so eng, so niedrig, daß ich es für ausgeschlossen hielt, das Boot durchzubringen. Und doch schob sich unser Fahrzeug in den engen Tunnel [sic], wenn es auch so wenig Spielraum hatte, daß die Seitenwände an den aufgebogenen Wurzeln scheuerten. Mit den Rudern, den Händen mußten Hindernisse und Schranken beseitigt werden, damit wir die unglaubliche Fahrt im erstickten Dickicht fortsetzen konnten.« (PP204)

Die Passage durch den Urwalddurchschlupf (PP204-208), als deren literarische Vorlagen unter anderem Conan Doyles Roman *Lost World* oder Joseph Conrads *Heart of Darkness* genannt wurden[346], markiert auch die mythische Fahrt in die Unterwelt als einen ihrer Prätexte: Das durch einen Führer angeleitete Eindringen in eine unbekannte, gefahrvolle Welt, das mit einem die (körperliche) Integrität des Protagonisten verletzenden, ihn ›öffnenden‹ ›Opfer‹ – ein Holzstück fügt dem Protagonisten eine blutende Wunde zu – beginnt.[347]

Die Fahrt durch den tunnelartigen Durchschlupf führt in Enge, Hitze, Feuchtigkeit, Dunkelheit, Orientierungsverlust, Kampf, Schmerz und ein Reich unablässiger Metamorphosen: Früchte und Pflanzensamen lösen sich

346 Vgl. F. Wolfzettel: »Los pasos perdidos«, S. 246; hier auch der Hinweis auf Jules Vernes Roman *Superbe Orénoqu*‹ aus dem Jahr 1899, »den Carpentier kannte und in einem Essay von 1952 behandelt«.

347 Insofern, als in der Passage die bekannte Welt verlassen wird, lässt sich die Vichada Passage als Variante einer Reise durch eine Weltrandzone lesen. Vgl. zur Weltrandzone A. Koschorke: Horizont, S. 14: »Die Weltrandzone bildete eines der von Dämonen, Tierwesen und anderen mythologischen Geschöpfen am dichtesten besiedelten und belebten Gebiete. [...] Wer eine Reise in das Land unternahm [...] mußte mit besonderen Kräften ausgestattet sein [...] Im Symplegaden-Motiv der Argonautensage - der sich öffnende und schließende Felsspalt, der das äußerste Heck des Schiffes kappt - und in einer entsprechenden Episode der Homerischen Odyssee reichen solche Vorstellungen auch in die griechische Heroenwelt hinein.«

unter dem Anprall der Ruder zu Staubwolken auf, schöne Wasserpflanzen erweisen sich als Fallen für Insekten, »Trauben schmutziger, mit einem Firnis rötlicher Pollen überzogener Blasen« (PP204) werden zu Holothurien, was Oberfläche des Wassers scheint, erweist sich als eine Heerschar von Wasserflöhen, sein Untergrund wird zu einem »Gewimmel von Schlangen« (ebd.), ein Hügel unter dem Anprall des Bugs zu einem sich ins Wasser ergießenden Termitennest, was fest erscheint, verwandelt sich in bewegliche Ameisen, Wasserläufer, Mücken, das wenige einfallende Tageslicht wird durch das Blätterdach moosgrün gefärbt. Nichts behält seine Form, alles ist in ständiger Verwandlung, Moder und Verwesung zersetzen das Feste, jeder Anblick täuscht, ist nur Tarnung und Mimikry, jedes Bild ist optische Täuschung, die beim Hinsehen zerfällt. Nicht nur der sich ständig verwandelnde Weg, auch die Dauer der Fahrt ist nicht mehr nachvollziehbar, zuletzt wird auch der Körper ein weiteres Mal in einer realen und symbolischen Metamorphose affiziert: Der ins Boot fallende Feuerschwamm, hautreizende Pflanzenfasern, Schwärme von Moskitos verändern das Aussehen der Männer selbst, deren Aussehen sich dem der Umgebung angleicht: »[Sie] waren schmutzig und schmierig [...] ihre Gesichter zeigten bereits die Wachsfarbe, die alle Urwaldgesichter unter der geringen Sonneneinwirkung einnehmen.« In der Irritierung des Auges, das keine dauerhaften Bilder mehr wahrnehmen kann, werden die Nahsinne aufgewertet. Gerüche, haptische Qualitäten, die taktile Wahrnehmung, der Körper selbst ermöglichen nun eine Wahrnehmung, die der Gesichtssinn nicht mehr zu leisten vermag.

Schließlich wird die Irritation der visuellen Wahrnehmung, die weder stabile Beobachterstandpunkte besetzen noch dauerhafte Bilder generieren kann, in einem Kommentar der optischen Bedingungen reflektiert, der damit die verstörende Bildlichkeit ins Auge zurückverlegt:

> »[Wir] erlebten ein ähnliches Phänomen wie die Bergsteiger, wenn sie sich im Schnee verirren: in einer Art Orientierungsverlust, einer Seekrankheit der Augen, verloren wir das Gefühl für die Senkrechte. Es war nicht mehr festzustellen, was Baum, was Spiegelung [sic] auf dem Wasser war, wir konnten nicht mehr unterscheiden, ob das Licht von oben oder von unten kam, ob das Dach Wasser oder das Wasser Boden war, ob die Spalten im Laub nicht Lichtschächte im Wasser waren. Da Stämme, Äste, Lianen sich in stumpfem oder spitzen Winkel [sic] im Wasser brachen, glaubte man überall phantasmagorische Wege, nicht vorhandene Schlupflöcher, Gänge und Ufer zu sehen. Die Störung der Wahrnehmung, die ununterbrochene Abfolge winziger Sinnestäuschungen in Reichweite der Hand verstärkte in mir ein unsäglich beklemmendes Gefühl der Verstörung und totalen Verwirrung. Es war, als zwänge mich jemand, mich bis zum Schwindel um mich selbst zu drehen [sic].« (PP206)

Im Hinblick auf den im Roman so deutlich eingespielten Rekurs auf bildmediale Prätexte überrascht es nicht, dass der reiseliterarische Ort des *locus horridus* mit dem *status infirmis* des totalen Bild- und Orientierungsverlustes koinzidiert. Das Vorgefundene wird nicht mehr auktorial fragmentiert und recollagiert, es zerfällt gewissermaßen von selbst und refiguriert sich selbständig zu unvorhergesehenen Formen.

Nicht nur der Tunnel, wie der dunkel gehaltene Raum zwischen Auge und Bild beim Guckkasten oder den ersten Dioramen genannt wird, und der im Text durch den schmalen Wasserlauf unter dem Blätterdach und zwischen den Wurzel- und Pflanzenwänden evoziert wird, auch die Optik sinnverwirrender multipler Spiegelungen, die Drehbewegung des Schwindels und die spitzen und stumpfen Winkel der entstehenden Konfigurationen lassen in der Episode an die Optik des Kaleidoskops denken.[348] Das Kaleidoskop als optisches Gerät ist neben dem verspiegelten Tunnel durch die Autonomie des Benutzers charakterisiert. In ihm koinzidieren die Position von Produzenten, der durch jede Bewegung Bilder erzeugt, und – einzigem – Rezipienten. Die Bilder des Augenblicks fallen mit seiner Wahrnehmung zusammen. Was das Kaleidoskop (wie die Kamera) kennzeichnet, ist, wie Timm Starl beschreibt, seine »Funktion als Produktionsmittel, das Bilder hervorbringt, die ihre ›Vorbilder‹ [...] in neue Räume überführen. [Es übersetzt] seine Objekte in flächige Darstellungen und verfremdet sie damit«.[349]

Diese Optik fragmentiert die Abbilder ihrer Bildgegenstände, reduziert die vorgefundenen Formen auf eine Abstraktion des Realen[350], setzt sie in symmetrischen Konfigurationen zusammen, die sich mit jeder Bewegung erneut verändern. Ihre Bilder sind zufällig, transitär und empfindlich für die kleinste Bewegung. Das Aleatorische, das Walter Benjamin in seinem Passa-

348 Vgl. Brockhaus. Naturwissenschaften und Technik, Dritter Band IO-NG, Mannheim: F.A. Brockhaus 1989: Kaleidoskop, aus gr. kalós - schön- eidos - Bild- skopein - schauen: ›Schönbildschauer‹, ist ein optisches Gerät, das häufig als Kinderspielzeug verwendet wird. Ursprünglich schon den Griechen bekannt, wird es 1817 vom schottischen Physiker David Brewster zum Patent angemeldet. In der Regel ist ein Kaleidoskop ein Rohr, an dessen Ende sich zwischen einer matten und einer transparenten Glasplatte eingelegte kleine, farbige Objekte befinden, Am gegenüberliegenden Ende des Rohrs befindet sich ein kleines rundes Sichtfenster. Im Rohr selbst sind der Länge nach drei oder vier Spiegel angebracht, die einander an den Längskanten berühren. Darin spiegeln sich die Gegenstände mehrfach, so dass symmetrische farbige Muster entstehen, die sich bei jeder Drehbewegung ändern. - Im Übrigen ist hier wohl an eine Variante des Kaleidoskops zu denken, das Teleidoskop genannte offene Kaleidoskop, das statt der Glasplatten mit den dazwischengeschobenen Objekten eine fest installierte Linse besitzt. Beim Durchsehen bildet ein Ausschnitt der Umgebung das Muster, das sich durch horizontale und vertikale Bewegung verändert.

349 Timm Starl: »Kritik der Fotografie«, in: URL: http://www.kritik-der-fotografie.at/18-Kaleidoskop.htm [26.08.2008].

350 Als Abstraktion des Realen wird die kaleidoskopische Optik zum Nukleus der Beschreibung abstrakten Malerei in der Abendgesellschaft in der amerikanischen Großstadt. Während sie der Protagonist dort ablehnt, strukturieren ihre Verfahren auf der poetologischen Ebene der Passagen-Szene deren Bildlichkeit. Erneut verdankt sich die Schreibweise des Textes avancierteren Verfahren als der prononciert vorgetragenen rückwärtsgewandten Ästhetik des Protagonisten. Vgl. auch: Roloff: »Surrealismus, Medienästhetik«, S. 16: als Grund für die Aktualität des Surrealismus beschreibt er, dass die Surrealisten »Die Wirklichkeit reflektieren und verrätseln [...] sie in Vexierbilder verwandeln, das Biomorphe mit dem Anthropomorphen verschmelzen und so insgesamt alle schlüssigen Konfigurationen [...] unterlaufen.«

genwerk als Charakteristikum der Bilder des 19. Jahrhunderts bezeichnet (*Le triomphe du Kaléidoscope ou le tombeau du jeu chinois*[351]) triumphiert über Absicht. Insofern, als hier eine reale Umgebung sich ständig deformiert, sind die sich stets neu konfigurierenden Bilder verfremdet, immer ein Anderes ihrer ursprünglichen Erscheinung. Die Destabilität wirkt auf den Betrachter zurück.[352] Die Angst, die sich beim Protagonisten einstellt (»Aber aus der Hinterwelt des Instinkts stieg eine unbestimmte Angst in mir auf und zwang mich, tief Luft zu holen, ohne daß ich je genügend Luft bekam.« – PP207) ist mehr als nur Reflex auf die gefahrvolle Situation der Passage und mehr als ein Echo des *horror* des Kurtz in Conrads Roman. Sie ist die Panik des Subjekts am Punkt absoluter Sichtbarkeit und der Nullstufe des Bildes zugleich, seiner Vervielfältigung und ständigen Transition. Benjamin hat auf die Zweideutigkeit der Spiegelungen hingewiesen,

»[die] die Räume märchenhaft ausweitet und die Orientierung erschwert. Denn mag diese Spiegelwelt auch mehrdeutig, ja unendlich vieldeutig sein - zweideutig bleibt sie doch. Sie blinzelt - immer ist dieses Eine und nie Nichts, aus dem ein anderes sogleich heraussteigt. Der Raum der sich verwandelt, tut es im Schoße des Nichts.«[353]

Während in einer ähnlichen Situation befremdlicher Metamorphosen der Protagonist am Kraterrand eines Tafelberg-Abgrundes einen stabilen Standpunkt findet, der auch den Blick auf die unter ihm liegende, in Bosch'scher Manier beschriebene Hölle fremdartigster, allomorpher Vegetation stabilisiert[354] und ihn damit seiner selbst als Betrachter gegenüber den – dadurch beschreibbar werdenden – Objekten seiner Betrachtung versichert, macht hier jede Bewegung des Bootes die Stabilität des Bildes zunichte. Obwohl die Figurationen durch die Einwirkungen des Betrachters entstehen, wirken sie zuletzt doch auf ihn zurück: Der sich durch ihr Spiel einstellende Schwindel verhindert jedes Stillstellen der Blickachsen. Das Kaleidoskop wird zu einer optischen Maschine, die sich nicht beherrschen lässt. Damit wird es – in einer poetischen Transformation – zu einer der Maschinen des im Roman als Subtext mitlaufenden Prometheusmythos und des von Bruder Pedro erzählten Robotermythos des Popol-Vuh: Weniger das metaphorische Kaleidoskop als die ›Maschine‹ habitualisierten und präformierten Schauens, seine automatisierten Visiotypien und die Bedeutungs-Produktion erweisen sich als eine verselbständigte, übermächtige Kraft:

»Das Popol-Vuh ist, glaube ich, die einzige Kosmogonie, in der die Maschine - die Tragödie des Zauberlehrlings - als Bedrohung vorausgeahnt wird. [... Bruder Pedro

351 W. Benjamin: Gesammelte Schriften, VI, Abbildung 6.

352 PP206: »Ich fragte mich, ob die Ruderer überhaupt noch eine genaue Vorstellung von den Bootskörpern hatten.«

353 Walter Benjamin: ›Spiegel‹, Gesammelte Schriften, V-2, , S. 672.

354 PP262: » ›Das ist die satanische Pflanzenwelt, die vor dem Sündenfall das irdische Paradies umgab‹. Ich sehe in den Kochkessel der Dämonen hinunter und fühle, wie mir schwindelt vor tiefen Abgründen: Würde ich mich der Faszination des hier Gesehenen hingeben, dieser Welt vor aller Geburt, würde ich mich, das weiß ich, hinabstürzen, würde eintauchen in dieses unheimliche Gewirr von Blättern [...].«

erzählt] ein Stück aus dieser Schöpfungsgeschichte, wo berichtet wird, wie die Gegenstände, die der Mensch geschaffen und am Feuer benützt hat, gegen die Menschen aufstehen und sie umbringen: in einer furchtbaren Apokalypse vernichten Tonkrüge, Schüsseln, irdene Töpfe, Mahlsteine, ja selbst Häuser unter dem Gebell der wütenden, ebenfalls rebellierenden Hunde eine ganze Generation von Menschen.« (PP260)

Die Erfahrung permanenten Zerfalls und des dadurch ausgelösten Schwindels entsteht erst durch das vorgängige Einüben eines stabilen Blicks auf stabile Bildgegenstände. Das Unvermögen, die vorgefundenen Signifikanten in solch stabile Schemata zu fügen, wird als Verweigerung und Aufstand der Gegenstände selbst erfahren, die jede (Ab-)Bildlichkeit unterlaufen und sich stattdessen – in der im Mythos erzählten Vertauschung von Subjekt und Objekt – dem Blick als eine Serie regelloser selbstbestimmter Metamorphosen darbieten.

Was sich vor allem verwandelt, ist der Raum an sich, der in der gespiegelten Vertauschung von unten und oben, links und rechts seinen Horizont verliert und sich unendlich auszudehnen scheint. Dieser vervielfältigte Raum bietet keine Orientierung mehr und wird tatsächlich zum bildgenerierenden und bildervernichtenden Nichts. Die ortlos gewordenen passageren, gespiegelten Bilder affizieren als ihre eigenen unheimlichen Doppelgänger damit den Betrachter als ein Übermächtiges, dem gegenüber er sich nicht mehr positionieren kann. Was beim (Kinder-)Spielzeug Kaleidoskop als absichtsloses Vergnügen willkommener Effekt ist, bewirkt beim Reisenden Verstörung und Ohnmacht.

Die Passage ist nicht nur als einer der dramatischen Höhepunkte des Textes bemerkenswert. Sie verweist ein weiteres Mal, und diesmal unmittelbar über das Medium der Optik und deren physikalische Gesetze, auf das Entstehen des Bildes im Betrachter. Diesmal ist allerdings nicht er es, der es als ›Souverän des Textes‹ durch das Arrangement seiner Konstituenten konfiguriert: Die Passion des Protagonisten, der fortwährend aus Bildern Bilder herstellt, wird zur *Passion* eines sie erleidenden Betrachters. Wie er selbst findet sich auch der Text nicht mehr einem Sachverhalt gegenüber, den er abbilden kann, ohne sich auf dessen Prozesshaftes einzulassen. Er tut dies einerseits in einer Poetik des Unheimlichen (im Sinne Freuds), die den beschriebenen Ort zum *locus suspectus* macht.[355] Über dessen klassisches Arsenal von Dunkelheit, apokalyptischem Getier, wie es sich in den Ornamenten der Gotik oder den Bildern Boschs[356] oder des Manierismus findet, über die fortwährende Transformation von Bekanntem und Unbekanntem und eine Metaphorik des Kampfes zwischen Tod und Leben bildet er das Drama der Selbstvergewisserung des Subjekts ab, das seine Metamorphose in den sich beständig auflösenden Bildern der Umgebung buchstäblich gespiegelt findet.

Andererseits verweist das optische Spiel der Vertauschung von unten und oben, von Wasser und Himmel auf die im Roman immer wieder angespro-

355 Das Verschlingende taucht denn auch in Gestalt eines verwesenden Krokodils auf, unter dessen Haut sich bereits Schwärme grünlicher Fliegen drängen.

356 Das Bild des Tunnels lässt auch an jenen ›Tunnel‹ der Mitteltafel des Weltgerichtstriptychons (um 1500) des Hieronymus Bosch denken, durch den die geretteten Seelen ins Paradies aufsteigen.

chene Rückläufigkeit der Zeit bis vor den ersten Tag der »Schöpfung«, also auf eine Zeit vor dem Menschen, »als Wasser und Himmel noch nicht geschieden waren« (PP237). Diese Auslöschungsangst, die in der Angleichung der Männer an die Umgebung bildhaft wird, verweist erneut auf den Zerfall von Autorschaft und Subjekt. Wie in der Begegnung mit dem leprakranken Nicasio (siehe 5.2) markiert die Unfähigkeit, die proteische Verwandlung mithilfe stabilisierender Bildlichkeit zu rezipieren und zu beschreiben, die Grenzen der Beschreibung und damit des Textes selbst, der seiner Gegenstände nur noch in schier endloser Spiegelung von deren virtuellen Bruchstücken, also über eine Poetik der Häufung seiner Signifikanten, habhaft werden kann.

Anders als in der Begegnung mit dem Hirschen verweist der Kommentar des Protagonisten nicht mehr auf ein textuelles Universum, in dem die Erfahrung abgefangen und platziert werden kann. Er bezieht sich nur mehr auf das Sehen selbst, das in seiner Wahrnehmungsfunktion und deren Frustration zum Thema wird. Damit ist auf die Textoberfläche der Handlungsebene erneut über eine implizite intermediale Referenz eine poetologische und mediale Fragestellung eingespiegelt, die als autoreferentieller Kommentar gelesen werden kann. Insofern ist die bestandene Probe (»ich begriff, daß ich die erste Probe bestanden hatte« PP208), die auf der Ebene des Reiseromans einen von dessen *rites de passage* realisiert, in der Passagenszene eine, die – über den intermedialen Rekurs auf das optische Paradigma – die Autorschaft selbst betrifft und in der Koinzidenz von Reise- und Schreibbewegung (*se mettre en route* – siehe 4.1) auch die Anfälligkeit des Schreibprozesses bis an die Grenzen von dessen Auslöschung ein weiteres Mal problematisiert.

5.15 Der Mann im Bild[357]. Transgressionen

Ebenfalls in einem transgressiven Bild erscheint die Landschaft jenes Ortes am Fluss, den die Reisenden nach der gefahrvollen Bootsfahrt durch das Gewitter erreichen. Lässt er sich einerseits – seiner Inszenierung auf der Handlungsebene wegen – als reiseliterarischer Ort eines Höhepunkts lesen (der Protagonist nennt ihn bezeichnenderweise die Landschaft der Urformen), so ist er andererseits durch seine extreme Ästhetik bemerkenswert, die ein fast extravagantes Beispiel dysfunktionaler intermedialer Schreibweise darstellt. Im kleinen Indianerdorf ist der Protagonist nach ein paar Stunden Schlaf aufgestanden:

»[Ich] trat vor die Hütte und blieb stehen, überwältigt, den Mund voller Ausrufe, die mich doch aus dem Staunen nicht befreien konnten. Hinter gigantischen Bäumen ragten riesige Massive aus schwarzem Gestein wie ein Wall auf, steilrecht abfallend, wie mit dem Bleistift [sic] aufgezogen: Gegenwart und Wahrheit sagenhafter Monumente.

---

357 Auf den Gemälden des Hieronymus Bosch taucht neben den Gesichtern der abgebildeten Menschen, die oft nur als Fratzen gezeichnet sind, in einer einzelnen Figur immer wieder ein und dasselbe enigmatische, nachdenkliche Gesicht auf, das der Forschung Rätsel aufgegeben hat. Unter anderem ist dieses Gesicht als Selbstbildnis oder spirituelles Selbstbildnis des Malers gedeutet worden.

Ich mußte mich in die Welt des Hieronymus Bosch zurückdenken, in das imaginäre Babel auf den Bildern phantastischer Maler, in die ausgefallensten Darstellungen der Versuchung dieses oder jenes Heiligen, um irgend etwas zu finden, das dem hier Gesehenen nahe kam.« (PP219)

Die Suche nach bildnerischen Prätexten – und damit das Verfahren der Beschreibung der Landschaft – wird explizit gemacht, bemerkenswerterweise wird eine solche Bildlichkeit aber nicht in einer vorgetragenen Hypotypose eingelöst. Der Leser ist stattdessen gezwungen, auf seine Kenntnisse der abendländischen Kunst zurückzugreifen und die erwähnten Bilder imaginativ vom insinuierten tiefgelegten Beobachterstandpunkt aus in den Rahmen des narrativen Landschaftsbildes, zwischen den unteren Bildrand des Bodens vor der Hütte und die Kontur des Gipfelgrats einzutragen. Dabei erweisen sich die Bildvorschläge als irritierend, die inferentiellen Spaziergänge des Lesers (Eco) werden frustriert. Nicht nur sind die rätselhaften, zum Teil bis heute nicht entschlüsselten Gemälde Boschs keine Landschaftsgemälde, sondern personalreiche Apokalypsen-Höllen-Weltzustands-Bilder[358], vor allem ist der Beobachter-Standpunkt – auch jener der Bosch'schen Versuchung des Heiligen Antonius« – deutlich hochgelegt, sodass sich die Landschaften sowohl in einem Abwärts- als auch Gegenüber- und Fern-Blick darbieten. Erst durch diesen malerisch-perspektivischen Fernblick werden die Berge im Hintergrund als außerordentlich hoch erkennbar. Dieselbe Blickführung kennzeichnet etwa auch Brueghels Gemäldevarianten des Turmbaus zu Babel. Der Blick kann am Turm vorbei ungehindert in die Ferne bis zu einem sich in 2/3-Höhe verlierenden, ebenen Horizont schweifen. Gerade einen solchen Blick lässt die ›Rahmenvorgabe‹ des Textes aber nicht zu. Die Platzierung der vorgeschlagenen Bildinhalte in der durch den Text insinuierten Rahmung erweist sich als unmöglich, die Hypotypose wird eingefordert und verhindert zugleich. Auch die unmittelbar folgende ergänzende narrative Auffüllung der Fläche durch den Text selbst widerspricht den zitierten Gemälden. Sie beschreibt hinter dem Wall der Bäume und dem hohen Massiv im Fortgang eine »meilenhohe gotische Kathedrale«, deren »schwindelnde Höhe«, einen »Sitz der Götter« (PP220), also eine Architekturformation, die wie die meisten im Text beschriebenen Architekturen (vgl. 7.1, 7.4) durch extreme Betonung der Vertikale gekennzeichnet ist.

Insofern, als sich die Beschreibung des Protagonisten und die explizit eingebrachten Bildvorlagen zu keinem Gesamtbild der Szene synthetisieren lassen, also keinen Raum, auch (außer der zunächst irritierenden Erinnerung an die Gemälde Brueghels und Boschs) keinen Raum der Memoria generieren, der sich als (Bild-)Thema ergibt, stellt sich die Frage, ob die wechselseitige Störung von Rahmen und Bildprätext durch eine – hypotypotisch dysfunktionale – intermediale Überschreibung stattdessen über den Umweg der Irritation des Rezipienten den Wahrnehmungsprozess selbst abbildet, der damit zum eigentlichen Thema wird. Die Diegese wird durch Mimesis ersetzt: Die Überschreibung der Narratio durch das bildliche Medium dient nicht synmedial angelegter textueller Sinnkonstitution, sondern bringt – als implizite literarische Medienreflexion – in ihrer Verhinderung durch gegenläufige Inhalte ihren prozesshaften Charakter zu Bewusstsein. Damit erwiese

358 Siehe Bildanhang, Abbildung 10.

sich der Prätext des Brueghel'schen Turmbau zu Babel zunächst weniger durch seine mediale als durch seine semantische Funktion motiviert, die erneut das Thema einer Sprachverwirrung und der (schier unmöglichen) Übersetzung als Versprachlichungs- und Vermittlungsprozess einbringt, dessen die vorgefundene (lateinamerikanische) Wirklichkeit bedarf. Der Verfremdungseffekt und damit die Wahrnehmungsbrechung, die über Fragmentierung und paradoxe Kombination entsteht, erweist sich als Variation des Wahrnehmungs-Themas des Romans, das auch in der Ruinensinfonie innerhalb der Sinfonie Beethovens und auch hier über den Umweg intermedialer, konkret musikalischer, Referenz angesprochen wird.

»Der Sturm der Blechinstrumente und Pauken, der später, zum Echo abgeschwächt wiederkehren wird, bildet den Rahmen für eine Wiederaufnahme [sic] der schon gehörten Themen. Aber sobald diese Themen sich aufschwingen, sich durchsetzen, wieder das werden wollen, was sie waren, werden sie abgebrochen, zerstückelt, in Fetzen gerissen und in eine Art zukunftsträchtiges Chaos geschleudert.« (PP122)

Gleichzeitig wird der wirkungsästhetische Einsatz einer solchen Verfremdung in einem autoreferentiellen Kommentar formuliert: »Diese Ruinensymphonie gäbe eine dramatische Hintergrundmusik ab, denke ich, der ich an einer ›déformation professionnelle‹ leide, für einen Dokumentarfilm über meine Wanderungen als Militärdolmetscher gegen Ende des Krieges.« (Ebd.) Damit ist einerseits die (in diesem Fall über die Veräußerlichung in einem Film fantasierte) Ästhetisierung des Wahrgenommenen markiert, andererseits – über die Variante gegenläufiger Vertonung – wie im Werbefilm des Protagonisten die Funktion der intermedialen Überschreibung angesprochen. Kann sie einerseits synmedial in sinnkonstituierender Intensivierung und Ergänzung der unterschiedlichen Signifikationssysteme aufgehen, so kann sie andererseits gegenläufig und dissonant eingesetzt werden, um so die Erzeugung von Sinn nicht nur zu stören oder unmöglich zu machen, sondern darüber hinaus auch die ästhetische Formierung der Wahrnehmung über deren provokative Frustration reflexiv zu machen.

Auch der Bosch'sche Bildprätext erweist sich so in einem zweiten Schritt als Abbildung der Irritation sowohl des Lesers als auch des Protagonisten semantisierbar. Die Überforderung des Reisenden angesichts der Landschaft, seine Unfähigkeit, sie zu sehen und zu beschreiben, seine Verstörung lassen sich als jene Überforderung, Transgression und Desorientierung lesen, die die Gemälde des Hieronymus Bosch[359] ihrem Betrachter in ihrer zwischen mit-

359 Vgl. Ludwig von Baldass: Hieronymus Bosch, Wien: Verlag Anton Schroll & Co 1943; Stefan Fischer: »Hieronymus Bosch«, in: Stefan Fischer (Hg.), Biographisch-bibliographisches Kirchenlexikon (= Band XXVI), Nordhausen: Verlag Traugott Bautz 2007, Spalten 161-172, hier Sp. 166f: »[Seine Kunst ist]aus einem elitären, aber religiös-moralischen Reformbestreben statt aus einer renaissancehumanistischen Imitatio-Haltung begründet. Boschs Ästhetik widersteht der Tendenz der Zeit nach formaler Schönheit und kompositioneller Perfektionierung, nach Proportion und Imitatio. [...] Stattdessen entwickelt er besonders in den großen Triptychen eine antiklassisch-groteske, anspruchsvolle allegorische Bildsprache, in der er das im Spätmittelalter durchaus gebräuchliche Mischwesenprinzip perfektio-

telalterlicher Buchmalerei, manieristischer Groteske und surrealer Verfremdung oszillierenden Ästhetik zumuten. Mittels ihrer die Genres travestierenden und den Blick zerstreuenden Malweise erzeugen sie beim Rezipienten Irritation, Abwehr und Faszination zugleich. Die albtraumhaften, grotesken, oft verzerrten, in ihren Größenverhältnissen das perspektivische Sehen irritierenden menschlichen Figuren, deren Deformation zu dämonischen Mischwesen, die enigmatischen zoomorphen und anthropomorphen Symbole und die scheinbar willkürliche Platzierung der Bildgegenstände auf der Malfläche erzwingen eine multiperspektivische Sehweise, die zunächst keine Bedeutungskonstitution ermöglicht. Sie erlaubt kein einfaches, sondern allenfalls avanciertes ästhetisches Vergnügen und fordert die Mitarbeit des Betrachters, der nicht nur zeitgenössische theologische Diskurse einlesen, sondern auch unterschiedliche Fokussierungen vornehmen, irritierende Torsionen der Blickachse hinnehmen und das zunächst nicht integrierbare Verstörende und Disparate akzeptieren muss.[360] Wie die im Text vorgeschlagenen Elemente der Landschaft der Urformen nicht oder nur mit Mühe integrierbar sind, so erzeugen auch aus Urformen kombinierte Bildgegenstände (menschenförmige Gestalten mit Vogelköpfen und Rattenbeinen, Mühlsteinen als Kopfbedeckung, verdrehte Körperachsen, aus Körperteilen collagierte Objekte, die einer anamorphotischen Sehweise bedürfen ...) Irritation, Unlust und erheblichen Verstehensaufwand, dessen Erfolg immer wieder suspendiert werden muss. Wie auch immer der durch keine Diegese geführte Blick schweift, es lassen sich keine (oder nur travestierende und ihre Vorlagen ruinierende) Bildgeschichten[361] synthetisieren, die einzelnen Bildelemente bleiben isolier-

niert.« Bosch wurde mit geistlich frühhumanistischen Dichtern wir Dante, Murner, Rabelais u.a. verglichen, seine Vorlagen liegen nur zum Teil in der Tafelmalerei. Seine Themen kommen aus peripheren und ephemeren Bildmedien (Drolerien in Buchmalerei und Chorgestühl, Einblattdrucke), aus der Literatur, aus Heiligenlegenden. Seine Bedeutung liegt »in der vorausweisenden ikonographischen und gestalterischen Innovationskraft für die Landschaftsdarstellung und das Genre, das Groteske und Phantastische, [...] in satirischer Moraldidaxe, Mystikpropädeutik und der Reflexion über das Materielle und Bildliche.« Zu den Sprichwörtern in Boschs Bildern vgl. Manfred Brambeck: Das Sprichwort im Bild (= Akademie der Wissenschaften und der Literatur, Abhandlungen der geistes- und sozialwissenschaftlichen Klasse, Jahrgang 1987 10), Stuttgart, Wiesbaden: Franz SteinerVerlag 1987.

360 S. Fischer (Hg.), Kirchenlexikon: Sp. 168 »Ein Labyrinth von anspielungsreichen Zeichen fordert die Sinne und den Geist durch rhetorische Verknüpfung und Vielgestaltigkeit (accumulatio, oppositio, Ironie, ›visuellen‹ Neologismen) heraus und überrascht den Betrachter beständig, so daß auch ein höfisches Publikum an Boschs Kunst Gefallen finden konnte. Schönheit empfindet der Betrachter so nicht durch das Ansehen des harmonischen Bildkunstwerkes auf sinnlicher Ebene, sondern muß diese durch intensive, reflektierende Betrachtung in sich (im Bereich Seele/Geist) bilden.«

361 In einer Travestie der biblischen Schöpfungsgeschichte (linker Innenflügel des *Garten der Lüste*) ist es z. B. Jesus, der Adam und Eva erschafft. Transgressiv ist auch die äußere Form mancher Werke, die die Genres

te Partikel, die nur durch das Bildthema (etwa der *Garten der Lüste*) als dessen isolierte Exempel zusammengehalten werden. Die vertikal angelegte und durch die Störung der ›Perspektive‹ gleichzeitig negierte Hierarchie der Gegenstände bleibt eine rein malerische und verweigert ihre Lektüre als hypotaktischer Bildtext. Damit zeigen sich die eingebrachten ›Bilder des Hieronymus Bosch‹ und ihre Ästhetik der Parataxe auf der Ebene des Textes als das Gegenteil des Bilderbogens von Los Altos, der, akzentuiert durch konsequente Perspektivierung und Diegese, das Paradigma seiner Elemente syntaktisch strukturiert und damit eine erzählbare Realität präsentiert. Was hier über den Umweg einer intermedialen Ästhetik durch provokante Fülle und Verstellung erzählt wird, ist die Unerzählbarkeit schlechthin, die (wie die narrative und malerische Auslöschung des Gesichtes des Nicasio) die Grenzen des Schreib- und Rezeptionsprozesses selbst thematisiert. Darüber hinaus hat der Rekurs auf die hybride Ästhetik Boschs neben seiner semantisierenden Funktion auch jene eines im Roman immer wieder eingespielten ästhetischen Meta-Kommentars, der dem Anspruch des rekurrent thematisierten Surrealismus auf neue Wahrnehmungs- und Darstellungsformen im Zitat historischer Verfremdungsformen seine eigene Historizität entgegenhält.

Sollen die eingebrachten bildnerischen Prätexte tatsächlich mit ihrer narrativ vermittelten Rahmung in Übereinstimmung gebracht werden, so ist dies nur möglich, wenn der Protagonist sich – gewissermaßen in einer intermedialen Metalepse – als eine der Figuren in den Bildern selbst imaginiert und damit zum Mann im Bild wird. Von einem Standort innerhalb des Bildes aus wird – durch die gewissermaßen ›aufgestellte‹ Malfläche und den hochgelegten Horizont – die Vorstellung einer hohen, sichtverstellenden Wand nachvollziehbar, deren Konturen nun mit dem Rahmen koinzidieren. Die intermediale Überschreibung begleitet den Text nicht nur als dessen Ergänzung, sondern dringt in ihn selbst ein und strukturiert im Ebenenwechsel seine als Intertext entstehende Blickführung. In der weiterführenden Beschreibung der Landschaft stellt sich zuletzt auch die Möglichkeit eines Fernblicks ein:

»Die Ausmaße dieser in schwindelnder Höhe in Terrassen endenden von Orgelpfeifen flankierten Formen hatten etwas so Unwirkliches – Sitz der Götter, Throne, Freitreppen für irgendein jüngstes Gericht –, daß ich [...] ihre Schönheit hinnahm, ohne zu überlegen. Die Sonne warf Quecksilberreflexe auf dieses unmögliche, eher am Himmel aufgehängte als auf der Erde ruhende Heiligtum. In fernen Dunstschleiern waren, je nach der dunkleren oder helleren Schattierung, weitere Formationen der gleichen Gesteinsart zu erkennen, an ihren Rändern bildeten hunderte von Vorsprüngen eine Kaskade, die sich in sprühenden Regen aufzulösen schien, ehe sie die Baumkronen erreichte.« (PP220)

Mit dieser Beschreibung lassen sich – trotz der befremdlichen Engführung von Bosch'scher Höllenvision und der Allusion einer lateinamerikanischen Himmelsstadt – die bildnerischen Prätexte in Konkordanz bringen. Die stumpfe Kegelform des Turms von Babel oder der Türme und turmartigen

selbst hybridisiert: Als Triptychon mit Außen- und Innenflügeln und Mittelbild (*Garten der Lüste, der Heuwagen*) überschreiben sie das Genre des Flügelaltars, der überdies nur zur Messe an Sonn- und Feiertagen geöffnet wird, durch Themen und Symbolik.

Formen der Bosch-Bilder und die Farbschattierungen der Luftperspektive, die in weiter Ferne immer neue Gebirge sichtbar machen, evozieren bildliche Varianten der beschriebenen Formation. Auch die zunächst rätselhaften Verweise auf phantastische Maler und die Versuchungen des Heiligen Antonius[362] lassen sich auflösen und bringen ihr bildnerisches Potential ein: Salvador Dalís Variante (1946) mit ihrer tiefliegenden Betrachterposition und einem relativ weiten und nach oben geführten Blickwinkel zeigt eine hochgestellte Figuration extrem langbeiniger Tiere, die Obelisken, Statuen und einen Tempel tragen, dahinter in oder auf den Wolken eine Stadt, die tatsächlich am Himmel aufgehängt scheint.

Die Ästhetik der gesamten Episode lässt den Hinweis der Nota auf eine reale Landschaft als ihren Referenten (»Die Urstätte der Formen ist der Monte Autana, dessen Profil an eine gotische Kirche erinnert. Von diesem Tag an wird die Landschaft des oberen Orinoco von der *Gran Sabana* abgelöst« – PP353) weder als redundant noch als erhellende Klarstellung einer rätselhaften Textstelle erscheinen. Vielmehr lässt sie sich als weiterer impliziter Medienkommentar lesen, der nun unter Rekurs auf den Diskurs der Geografie und deren Beschreibungskonventionen ein weiteres Signifikationssystem einbringt, und eine vermessene und fotografisch referentialisierte Variante des Beschriebenen (eine außerordentlich weitläufige Ebene mit unvermittelt und steil aufragenden Tafelbergen) über die narrativen und bildlichen Schichten des Textes legt. Damit wird die im Text immer wieder eingespielte rhetorische Strategie realitätsverbürgender Referentialisierung als eine von mehreren möglichen gezeigt, die – wie in der Poetik der Nota angelegt – nur komplementären Charakter hat.

5.16 Das impressionistische Gemälde. Expressionismus. Impressionismus. Futurismus. Farbklänge. Klangfarben

Schließlich wird die Reisebewegung zugunsten eines temporär sesshaften Lebens in Santa Monica aufgegeben. Der durch ihre Menge überwältigenden Flut stets neuer und abwechslungsreicher Landschaftsbilder wird nun eine Gewöhnung des Blicks entgegengesetzt, die den Protagonisten zunächst zur Ruhe kommen und zu sich selbst zurückfinden lässt. Das Verlangen nach Beobachtung, Klassifikation, Beschreibung macht einer Sensibilisierung für

362 Siehe Bildanhang, Abbildung 11. Der Verweis alludiert ein zwischen Literatur, Film und Malerei, also intermedial angelegtes Unternehmen und intensiviert die intermediale Poetik der Szene durch deren Verdopplung im Subtext: 1945/46 wurde vom Regisseur des (nach der Vorlage des Romans von Guy de Maupassant) gedrehten Films *The Private Affairs of Bel Ami* der Bel Ami Kunstwettbewerb ausgeschrieben. Im Film sollte ein Bild der *Versuchung des Heiligen Antonius* in einer Schlüsselszene in Großaufnahme zu sehen sein. Elf Künstler – darunter Salvador Dalí, Max Ernst und Leonora Carrington lieferten Bilder ab. Die Jury, zu der auch Marcel Duchamp gehörte, wählte das Bild von Max Ernst als Siegerarbeit.

den eigenen Körper als Medium der Wahrnehmung des Alltäglichen Platz.[363] Die Versenkung in den *genius loci* schafft Bedingungen, die ein nicht medial präformiertes Eingehen auf die Landschaft und ihre wirkliche Beschreibung zu ermöglichen scheinen:

»Ich darf nicht denken. Ich muß vor allem sinnlich wahrnehmen und sehen. Und wenn das Sehen zum Schauen wird, strahlt ein eigenartiges Licht auf und alles bekommt eine Stimme. So habe ich einmal blitzartig entdeckt, daß es einen Tanz der Bäume gibt. Nicht alle Bäume kennen das Geheimnis, im Wind zu tanzen. Aber diejenigen, die diese Gnade besitzen, tanzen rings um den zitternden Stamm den Reigen der leichten Blätter, Äste, Triebe. Alles wird Rhythmus im Laub, eine aufsteigende unruhige Bewegung, ein sich Kräuseln und Zurückwogen, dann weiße Pausen, Atemholen, Ermattung, die plötzlich umschlägt in Freude und wirbelnde Bewegung in einer wundervollen Musik des Grüns. [...] Keine menschliche Choreographie besitzt je eine solche Eurythmie, wie ein Zweig, der sich gegen den Himmel aufschwingt. Manchmal frage ich mich, ob nicht die höhere Form ästhetischen Empfindens einfach in einem höheren Verständnis der Schöpfung besteht. Eines Tages werden die Menschen in den Augen des Chalzedons, im graubraunen Samt der Nachtfalter ein Alphabet entdecken und sich staunend plötzlich bewußt werden, daß jede gefleckte Schnecke schon immer ein Gedicht war.« (PP268f)

Die Beschreibung des Landschaftserlebnisses rekurriert auf andere Verfahren als jene (vermeintlich) repräsentativer, standortstabiler Abbildung von Wirklichkeit. Die Ekphrasis evoziert zunächst den – nicht explizit genannten, aber über seine Ästhetik identifizierbaren – Darstellungs-Modus impressionistischer Malerei, deren Bildern, wie Reulecke in ihren Bemerkungen zu impressionistischen Gemälden schreibt, der Rezipient sich – nach der Aufgabe der Zentralperspektive – nicht mehr ›gegenüber‹ findet oder die er nicht »[...] als außenstehender Besucher ›betreten‹ [kann], um sich in dem dort entfalteten imaginären Raum zu bewegen. [...] Die klare Trennung von souveränem Beobachter und passivem Kunstobjekt ist [...] aufgehoben. Die Bilder sind keine ›finestra aperta‹ mehr [...].«[364] Der Bildraum tritt über den Rahmen hinaus, dehnt sich aus und »[...] konvergiert sogar mit dem psychischen Raum des Betrachters«[365], der diese ›blitzartig‹ (wieder ist an Benjamins Vorstellung eines *Chock* zu denken)[366] von außen kommende Erfahrung nicht mehr be-

363 PP267: »Durch die tägliche Arbeit, das raue Leben, die sparsame Ernährung [...] bin ich schlank geworden, mein Fleisch sitzt fest an den Knochen, mein Körper ist hager, der Umriß kantig, die Muskulatur hat sich dem Körperbau angepasst«

364 A.K. Reulecke: Geschriebene Bilder, S. 46.

365 Ebd., S. 47.

366 Vgl. Vincent van Gogh: »Pinselschrift, Schaffensekstase«, in: Walter Hess (Hg.), Dokumente zum Verständnis der modernen Malerei (= rowohlts enzyklopädie 410), Reinbek bei Hamburg: Rowohlt Taschenbuch Verlag 1993, S. 37-38, hier S. 37: »Die Erregung, der Ernst des Naturgefühls sind manchmal so stark; man fühlt gar nicht, daß man arbeitet. Mitunter kommen die Striche Schlag auf Schlag und folgen wie Worte in einem Gespräch oder in einem Brief... Man muß das Eisen schmieden, solange es heiß ist...« [Ausl. i.O.].

herrscht, sondern von ihr erfasst wird. Der Verlust des festen Ortes gegenüber dem Bild wird (auch in der Passage) metonymisch einer Bewegung innerhalb des Bildes übertragen, wie es Walter Benjamin in einem Gedankenbild zu einem Gemälde Cézannes beschreibt:

»Mir schien, soweit man ein Gemälde erfaßt, dringt man durchaus nicht in seinen Raum ein, vielmehr stößt dieser Raum, zunächst an ganz bestimmten, unterschiedlichen Stellen vor. Er öffnet sich uns in Winkeln und Ecken, in denen wir sehr wichtige Erfahrungen der Vergangenheit glauben lokalisieren zu können; es ist etwas unerklärlich Bekanntes an diesen Stellen.«[367]

Wie schon in der Replikengalerie die Bildgrenzen überschritten und die Bilder selbst bis zur Unkenntlichkeit durch die Memoria überschrieben werden, überschreibt hier die Begegnungserfahrung das Bild. Die Bewegung, die nun nicht mehr nur Bewegung der Bildgegenstände, sondern in der Auflösung der Bildgrenzen auch emotionale Bewegtheit des Rezipienten ist, wird in der Überschreitung des bildnerischen Mediums selbst zum Reigen und Tanz und integriert damit über den Rhythmus der Blätter, Äste, Stämme in die Farbe[368] ein musikalisches Moment: Eine multisensuell aufgeladene impressionistische Musik des Grüns, weiße Pausen, die Musiken von Claude Debussy wie dessen Orchesterwerk *La Mer* oder Igor Strawinskys Ballett *L'Oiseau de feu* oder aber dessen Werk *Le sacre du printemps* als musikalische Prätexte evozieren, unterlaufen die rein bildliche Darstellung und öffnen sie damit für eine synästhetische Erfahrung, die nicht mehr zwischen Tanz, Musik und Bild unterscheidet und so auch die Grenzen zwischen Zeit und Raum verwischt.

Gleichzeitig wird das Bild durch eine an der Erfahrung der Moderne geschulte Ästhetik des Expressionismus und des Futurismus überschrieben, die, wie Heinz Brüggemann beschreibt, die Wahrnehmung radikal verändert hat:

»Die bildnerische Raumkonstruktion der Zentralperspektive hatte den Rahmen des Bildes mit dem offenen Fenster (finestra aperta) gleichgesetzt. Die futuristischen Maler vergleichen diesen Bild-Raum des rationalisierten Sehens mit der Szene einer Guckkastenbühne, in die das Leben, das moderne Leben zumal, kulissenhaft eingeschlossen ist. Die Form, die die Außenwelt verfügbar macht und dem rationalisierten Sehen unterwirft, wird als eine Form der Beschränkung, des korrekten geometrischen Zwangs erfahren. [...] dieser mathematisch konstruierte Systemraum, der den psychophysiologischen Raum überwunden hat, wird durch die Erfindung der vita moderna, die fragmentarisch, bewegt, mehransichtig und simultan erscheint, aufgelöst [...] In jener historischen Situation ›um 1919‹ wird die [...] schon vorher gelockerte Bindung an die einansichtige Wiedergabe der Wahrnehmungswelt zur Disposition gestellt, und Sach- und Forminhalte stehen dem Künstler künftig als ›Bau-, Spiel- und Denkmaterial‹

367 Walter Benjamin: »Moskauer Tagebuch«, Gesammelte Schriften, VI, S. 292-409, hier S. 325.

368 Vgl. Paul Cézanne: »Die malerische Wahrheit«, in: Hess (Hg.), Dokumente, S. 20-22, hier S. 21: »Es gibt eine Farbenlogik, parbleu, der Maler muß ihr gehorchen, nicht der Logik des Gehirns. Wenn er sich an diese verliert, ist er verloren. An die Augen muß er sich verlieren. Die Malerei ist eine Optik, der Inhalt unserer Kunst liegt primär in dem, was unsere Augen denken.«

zur Verfügung. [...] Diesen säkularen Umbruch hat, was den Beitrag der italienischen Futuristen angeht, der russische Konstruktivist El Lissitzky auf eine anschauliche und zugespitze Formel gebracht. ›Sie haben die Spitze der Sehpyramide aus dem Auge genommen. Sie wollen nicht vor dem Gegenstande stehen, sondern in ihm. Sie haben das einzige perspektivische Zentrum in perspektivische Scherben zersplittert und über die ganze Bildfläche zerstreut.‹«[369]

Die Immersion in den Bildraum ist nicht nur mit der Aufgabe des Distanzparadigmas und dem tendenziellen Selbstverlust des Subjekts verbunden, sondern löst die Privilegierung des optischen Paradigmas durch eine nicht nur multiperspektivische, sondern auch (fiktive) multisensuelle und synästhetische Wahrnehmung ab.[370] Insofern evoziert die Episode auch Kandinskys Farb-Klang Opernprojekte.

»Wechselnde Tongrade und Tempi der Laute wickeln sich um den Menschen, steigen wirbelartig und fallen plötzlich erlahmt. Die Bewegungen wickeln sich ebenso um den Menschen herum - ein Spiel von horizontalen, vertikalen Strichen und Linien, die sich durch die Bewegung nach verschiedenen Richtungen neigen, von sich aufhäufenden und sich zerstreuenden Farbenflecken, die bald hoch, bald tief klingen.«[371]

In der Beschreibung der Szene entsteht weniger ein impressionistisches – expressionistisches – oder futuristisches geschriebenes Gemälde als die Darstellung seiner Malweisen, wenngleich der Protagonist in der Folge über seine wiederholte Erwähnung auf erzählerische Vermittlung des Bildes abzielt und es damit auch zum erinnerbaren Bild verfestigt.[372] Die Wiederholung wird sich indessen als unmöglich erweisen (siehe 6.4). Was dabei beklagt wird, ist weniger die Veränderung der äußeren Gegebenheiten als der Verlust des nicht medial präformierten, unmittelbaren Zugangs, der im Augenblick der

369 Heinz Brüggeman, Architekturen des Augenblicks. Raum-Bilder und Bild-Räume einer urbanen Moderne in Literatur, Kunst und Architektur des 20. Jahrhunderts, (= Kultur und Gesellschaft 4), Hannover: Offizin-Verlag 2002, S. 107f, FN 12.

370 Zu einer ›musikalischen‹ Ekphrasis vgl. Wolfgang Brückner: »Der Blaue Reiter und die Entdeckung der Volkskunst als Suche nach dem inneren Klang«, in: Gottfried Boehm/Helmut Pfotenhauer (Hg.), Beschreibungskunst - Kunstbeschreibung. Ekphrasis von der Antike bis zur Gegenwart, München: Wilhelm Fink Verlag 1995, S. 519-542.

371 Wladimir Kandinsky, »Punkt und Linie zur Fläche«, Bern-Bümplitz 1973, zit. bei Brüggemann, Architekturen, S. 113, FN 20. Vgl. auch: Wassily Kandinsky/Franz Marc (Hg.), Der Blaue Reiter (= Dokumentarische Neuausgabe von Klaus Lankheit), München: Piper 1986, insb. »Bühnenkomposition von Kandinsky«, S. 189-208, und als Beispiele: *Der gelbe Klang*, S. 210-241.

372 Vgl. PP328: Zurückgekehrt in die Großstadt geht der Protagonist, wenn ihn die Erinnerungen an die Reise beschäftigen, immer wieder in den Central Park, wo in einer synästhetischen Wahrnehmung auch die Erinnerung an den Tanz der Bäume wieder auftaucht: »[...] wo mich der Geruch der herbstlich rostroten, im Nebel schläfrigen Bäume ein wenig besänftigt. Die Berührung der regennassen Rinde erinnert mich an das feuchte Holz [der] Herdfeuer. Ich beobachte den Tanz der Fichten.«

Begegnung aufgeht und daher nicht wiederholt werden kann.[373] Nicht die Abbildung der Wirklichkeit, sondern, wie Reulecke konstatiert, die »[...] Korrespondenzen zwischen Betrachter und Bild [figurieren] die Bedeutung«[374] des Kunstwerkes – und damit auch der Begegnungserfahrung der Episode. Dieses mimetische Verhältnis kann das Ephemere berühren, das nun nicht mehr wie in der Begegnung mit dem Totemtier durch denotative, klassifizierende Sprache abgewehrt wird, sondern in seiner besonderen Temporalität und Räumlichkeit in Erscheinung treten kann. Damit ergänzt der Roman das ihn strukturierende Simultanitätsparadigma durch jenes einer räumlichen Korrespondenz. Sie durchläuft als Sehnsucht nach natürlichen Zeichen, die überschusslos und unmittelbar mit dem Bezeichneten übereinstimmen, den Text und findet ihre Metaphorik im Bild des Buches der Natur, als das der Protagonist gelegentlich (trotz seiner logozentrischen Klassifizierungs- und Kommentierhaltung), vor allem aber die Menschen, denen er begegnet, die vorgefundene Wirklichkeit lesen.[375] Dieser Verstehensmodus ist es, der es ihnen schließlich ermöglicht, im Samt der Nachtfalter ein Alphabet, im Muster einer Schnecke ein Gedicht oder in der Morphologie einer Pflanze ihre Heilkräfte zu sehen.

Die Passage lässt sich als Nukleus einer rezeptionsästhetischen Theorie lesen, als die auch Carpentiers Konzept des *real maravilloso* zu verstehen ist. Carpentier visiert diese höhere Form ästhetischen Empfindens nicht über einen emblematischen Zeichenbegriff oder eine gereinigte ›Leibnitz'sche‹

373 Simon, der einheimische Urwaldbewohner (der den Protagonisten nach dessen Rückkehr mit dem Boot in den Urwald bringt, wo sie sie Vichada suchen), kann das Dilemma nicht verstehen: für ihn (wer hier lebt, »tut es nicht aus intellektueller Überzeugung, sondern weil er glaubt, daß dies und nur dies das erträgliche Leben sei« - PP350), gibt es keine Nachträglichkeit. Die Zeit, deren Aufhebung im Text so oft beschworen wird, erweist sich nicht als aufgehoben, weil sie umkehrbar wäre, sondern weil sie in der unmittelbaren Erfahrung aufgeht.

374 A.K. Reulecke: Geschriebene Bilder, S.48.

375 Siehe als Beispiel etwa Rosarios medizinisch-botanische Praxis: »Die junge Frau trat heran, zog trockene Blätter, Moose und Ginster hervor, zerrieb sie in der Innenfläche der Hand und lobte, sie nach dem Geruch bestimmend, ihre Eigenschaften. Die im Tau gepflückte Aloe war gut gegen Brustbeschwerden, eine Rotliane, um das Haar lockig zu machen, Zehrkraut gegen Husten, Basilienkraut zur Abwehr von Unglück [...]. Die Frau sprach von den Kräutern, als wären es stets hellwache Wesen, die in einem nahen, wenngleich geheimnisvollen Reich von unheimlichen Würdenträgern beschützt würden. Durch ihren Mund begannen die Pflanzen zu sprechen und verkündeten ihre eigentümlichen Kräfte. [...] Nichts durfte ohne Gegengabe angenommen werden. Wenn man auf die Suche nach heilkräftigen Schößlingen [...] das Dickicht betrat, mußte man grüßen, um Erlaubnis bitten und Münzen zwischen die Wurzeln eines sehr alten Stammes legen [...] denn tausende von Augen betrachteten [sic] aus Rinde und Laub alle unsere Bewegungen.« Ebenso PP95: Die Männer »erzählten, daß die Bäume bluteten, wenn man sie am Karfreitag mit der Axt schlug, und daß Disteln aus den Bäuchen der Wespen wüchsen, wenn sie im Rauch bestimmter Urwaldhölzer erstickt wären.«

Sprache an, sondern – paradox in einem Verfahren barocker Hybridisierung – über das Ereignishafte und die Korrespondenz zwischen dem Gegenstand und seinem Rezipienten. Die Episode, die die im Roman sonst dementierte Übereinstimmung der Ästhetik des Protagonisten mit dem poetischen Verfahren des Textes deutlich betont, erweist sich damit als nicht nur auf diese bezogen lesbar. Reulecke hat darauf hingewiesen,

»[...] daß die moderne Bilderfahrung nicht nur zu neuen Formen des Bildersehens führt, sondern - rückwirkend - auch den Blick auf die ›alten‹ Bilder modifiziert: Auch die ›alten‹ Bilder sind niemals einfache Abbildungen von Wirklichkeit gewesen und von daher nicht als Repräsentation lesbar. [...] Wenn angesichts der modernen Kunst die Sphäre des Betrachters und die Sphäre des Bildes konvergieren [... rekurriert] die Rezeption von Kunstwerken nicht mehr eindeutig auf eine vorgängig existierende Bildbedeutung. [...] Die Kunstwerke [stellen] keine Bilder von Geschichte - keine Geschichtsbilder [dar], sondern die Bedeutung [entsteht] erst als Effekt in Gedächtnisschriften.«[376]

Die schon in der Museumsepisode markierte Präferenz für Kunstwerke, die die Bedingungen ihrer Rezeption durch Wahrnehmungsbrechung explizit machen verweist über die vorgeführten Fehllektüren des Protagonisten hinweg auf eben jenes Verhältnis wechselseitiger Konstitution zwischen Kunstwerk und Rezipienten, das in dem beständig eingespielten Erinnerungsvermögen des Protagonisten, in der praxisbezogenen Lektüre der Odyssee durch den Goldsucher Yannes, in der barock-manieristischen und anamorphotischen Poetik der Fülle (etwa mancher Landschaftsbilder oder Stillleben) oder in der Wahrnehmungsbrechung durch das Radio, das dem Protagonisten die Neunte Symphonie Beethovens erträglich macht, vorgeführt und gleichzeitig appliziert wird.

Indem er seine Poetik im *Tanz der Bäume* ins Bild setzt, formuliert der Text eine literarische Rezeptionstheorie[377] und nähert sich einem erweiterten

376 A.K. Reulecke: Geschriebene Bilder, S. 48.

377 Vgl. Albert Gleizes: »Das aktive Auge«, in: Hess (Hg.), Dokumente, S. 108-113; hier S. 108f: »Das Bild ist eine schweigsame und unbewegliche Kundgebung. Die Bewegung, die es hervorruft, kann nur im Geist des Betrachters existieren, und sie hat nichts zu tun mit dem Platzwechsel von Körpern im Raum. Das letztere ist Wahrnehmung einer Bewegung durch ein passives, stillgestelltes Auge (agitation). Das Auge ist aber ein der Initiative fähiges Organ, es findet wieder zu seiner beweglichen Natur, seiner eigenen aktiven Bewegung (mouvement) in der neuen rhythmisch, spiralförmig kreisenden Gestaltungsform. Gestern verkündeten der Gelehrte und der Künstler, die Sinne empfingen. Heute wissen sie, daß der Mensch verantwortlich ist, für das, was er außer sich vorfindet, denn die Sinne, geführt von der Intelligenz, senden aus und konstruieren. In der Epoche, die mit der Renaissance beginnt, hat sich der Mensch schließlich nur noch als zufälligen Zuschauer betrachtet, der nicht verantwortlich ist für ein gegebenes, unveränderliches Universum. [...] Auch für uns ist das Leben nicht mehr im räumlich Ausgedehnten. Es ist die ungreifbare Zeit, die zwischen allen Punkten existiert, welche das Ausgedehnte zusammensetzen: sie bezeichnet für uns das eigentliche Prinzip des Schönen.«

Kunstbegriff an. Bleibt das Paradigma der Ähnlichkeiten, Sympathiebeziehungen und Korrespondenzen auf der Handlungsebene der Vergangenheit und den sie repräsentierenden abergläubischen und magischen Praktiken zugewiesen, so erscheint es hier in der Beschreibung eines imaginären Kunstwerkes, an dem die Grenzen zwischen den Künsten und zwischen Kunstwerk und Rezipient in einer situativen Kommunikationssituation als durchlässig gezeigt werden. Gleichzeitig ist in der Szene ein autoreflexives Element enthalten: Wie der Malvorgang Landschaft nur anvisieren aber nicht mehr darstellen kann, kann auch der Schreibprozess nur noch die eigene Mal- oder Schreibweise ›umschreiben‹, also nicht mehr seinen Gegenstand, sondern nur noch den Vorgang der Beschreibung selbst angemessen sprachlich darstellen.

6. Rituale. Szenisches. Musik. *Medienwechsel*

Der performative turn der Kulturwissenschaften hat seit den 1970er Jahren des vorigen Jahrhunderts menschliches Handeln als Widerspiegelung kultureller Deutungsmuster und Selbstbilder sowie als »Praxis der Bedeutungsproduktion«[1] in den Blick gebracht. In der ethnologischen und soziologischen Ritualforschung, den Geschichtswissenschaften und den Theaterwissenschaften hat er neue Untersuchungsfelder eröffnet. In der Literaturwissenschaft wird er unter der Prämisse »der ›Text‹ als ›Bühne sprachlicher Performanz‹«[2] zum Dispositiv verstärkter Auseinandersetzung mit, wie Bachmann-Medick definiert, »[...] Produktionsweisen, Modelle[n], Wahrnehmungsformen und Vertextungshandlungen. [Mit dem performativen Leitbegriff] Transformationen wird eine Praxis der Überschreitung, der Entgrenzung, Karnevalisierung und Durchbrechung von Codes bezeichnet.«[3] Auch das seit den 1960er Jahren entwickelte Konzept eines erweiterten Kunstbegriffes (das Adornos Überlegungen zum ›Verfransungsprozess der Künste‹ und eine künstlerische Praxis von Dada über Fluxus, Joseph Beuys bis zu John Cage aufnimmt), sein Fokuswechsel vom ästhetischen Objekt zum ästhetischen Subjekt, also zu einer Ästhetik des Situativen, die weniger die wahrnehmbaren Eigenschaften des Gegenstandes als die spezifische Haltung gegenüber der sinnlich wahrnehmbaren Wirklichkeit bewusst macht, scheint[4] geeignet, zahlreiche Textpassagen von *Los pasos perdidos* als ästhetische Kommunikationssituationen zu erfassen, in denen werkästhetische Codes durchbrochen und damit Verfremdungen erzeugt werden.

Das folgende Kapitel wird eine Reihe solcher Überschreitungen, Entgrenzungen und Code-Wechsel beschreiben. Gleichzeitig können das Konzept der Performativität und das Dispositiv eines erweiterten Kunstbegriffs

1 Vgl. D. Bachmann-Medick: Cultural turns, insb. ›Performative Turn‹, S. 104-143, hier S. 125. Vgl. auch Erika Fischer-Lichte: Ästhetik des Performativen (= es 363), Frankfurt am Main: Suhrkamp Verlag 2004; dies./Christoph Wulf (Hg.), Paragrana. Internationale Zeitschrift für Historische Anthropologie. Praktiken des Performativen (= Band 13 2004, Heft 1), Berlin: Akademie Verlag 2004. Vgl. zur Inszeniertheit von Kommunikations- und Interaktionsprozessen Claudia Öhlschläger/Gerhard Neumann: »Einleitung«, in: dies. (Hg.), Inszenierungen in Schrift und Bild, S. 9-15, hier S. 9: »Unabhängig von der Institution Theater geht es hierbei darum, *Inszenierung* [Herv. i.O.] als Beschreibungsmodell kultureller Sinnkonstitution und als epistemische Kategorie zu diskutieren, die auch für die Literaturwissenschaft relevant geworden ist.«

2 D. Bachmann-Medick: Cultural turns, S. 126.

3 Ebd.

4 Vgl. zu einer zusammenfassenden Darstellung und Geschichte eines erweiterten Kunstbegriffs Sabine Sanio: »Autonomie, Intentionalität, Situation. Aspekte eines erweiterten Kunstbegriffs«, in: Helga de la Motte-Haber (Hg.), Klangkunst. Tönende Objekte und klingende Räume. Laaber: Laaber-Verlag 1999, S. 69-118.

die beständige Wahrnehmungsreflexion des Textes als kritische Auseinandersetzung mit den vorgeführten Perzeptionsformen verdeutlichen und die Autoreflexivität der Vertextungs- und Theatralisierungshandlungen des Romans, also seine fast provokant zur Schau gestellte sprachliche Performanz und Ästhetik des Situativen, freilegen. Als Transgression und Code-Wechsel kann auch das intermediale Phänomen des Medienwechsels bezeichnet werden, der in einer Reihe von Beispielen vorgeführt wird. Dabei erzeugen die Theatralisierungen, fiktiven Verfilmungen und Vertonungen nicht nur romaneske und szenische Bilder der Ereignisse der Reise, sondern unterwandern den eigenen Text durch die Freilegung seiner Praktiken ironisch. Sie werden schließlich zu einer subtilen sowohl referierten als auch inszenierten Medienkritik.

Auf Carpentiers Kenntnisse und Erfahrung mit der modernen bildenden Kunst, der Musik, dem Film und Radio (und den entsprechenden Kunstdiskursen) sowie der Ethnologie wurde bereits hingewiesen. In seinem Aufsatz zum modernen Roman thematisiert er lateinamerikanische Handlungsformen, ihre theatralischen und melodramatischen Aspekte, kulturelle, ethnische und politische Kontexte und notiert unter der Überschrift *Chthonische Kontexte* folgende, im Zusammenhang mit diesem Kapitel wichtige Beobachtungen:

»Fortbestehen des Animismus und anderer uralter, manchmal berühmten Kulturen entstammender Glaubensvorstellungen und Praktiken. Sie erlauben uns, bestimmte gegenwärtige Wirklichkeiten mit dem Wesen sehr alter Kulturen zu verknüpfen, deren Anwesenheit uns mit dem zeitlos Universalen verbindet. (Wenn der Schriftsteller dies aufgreift, muß er von jedem Versuch absehen, das Pittoreske auszuspielen). [...] Ich selbst habe in Barlovento in Venezuela einen analphabetischen Volks-Troubadour, den Hut in der Hand, den Blick aufs Meer gerichtet, mit der Inbrunst eines Meßdieners die Geschichten von Karl dem Großen und dem Untergang Trojas singen hören. [...] Aber die Kenntnis bestimmter Sachverhalte, das Bewußtsein von den chthonischen Kontexten helfen dem Romancier, das Verhalten des amerikanischen Menschen gegenüber gewissen Tatsachen zu verstehen. (In Frankreich zum Beispiel, dem Ursprungsland des Rolandliedes, ist außer Gelehrten oder Literaturspezialisten niemand mehr in der Lage, ein paar Strophen davon auswendig zu rezitieren. Maurice Chevalier hat mit Sicherheit niemals den Untergang Trojas besungen.) In Europa ist die mündliche Überlieferung, die wir aufgenommen und bewahrt haben, verlorengegangen. Eine hohe Tradition, die zu den chthonischen Kontexten gehört.«[5]

Erneut sind es Szenen in der Großstadt, die über ihre extreme Dichte, die synkretistische Mischung heterogener Elemente und – auch in ihrer Poetik applizierte – intermediale Systemreferenzen jene Themen und Beschreibungsmodi in gesteigerter Form präludieren, die in der Folge im Text in Varianten und unterschiedlichen Intensitätsgraden aufgegriffen werden.

5 A. Carpentier: »Roman in Lateinamerika«: S. 27f.

6.1 Die Ateliergesellschaft. Ein Happening. Das Radio. Heute Abend wird Benjamin gegeben

Wie schon beim Bild des ›Tanzes der Bäume‹ (siehe 5.16) werden auch andere der zunächst malerisch angelegten Romanbilder in einer weiteren Transformation durch szenische Elemente überschrieben und dadurch zu theatralen Ereignissen, die – an der Grenze zwischen Ritual und Theater – einerseits als Medienreflexion das von Carpentier immer wieder betonte rituell-theatralische Element als das Leitmedium einer lateinamerikanischen Wirklichkeit darstellen und andererseits als medienarchäologisches *mise en scene* die Geburt des Theaters aus dem Ritual vorführen.

Die Szene im Atelier Mouches, deren transgressive Ästhetik schon in ihrem Eingang in nuce enthalten ist (siehe 5.4), wird als eine Art Happening weitergeführt: Sie lässt sich zunächst als Schwundstufe eines Rituals unter den Bedingungen des Ordo der modernen Großstadt lesen, das Menschen in einer – zur Bohème einer intellektuellen Schickeria stilisierten[6] – Abendgesellschaft am gewohnten Ort und in gewohnter Zusammensetzung der Teilnehmer (ein Maler, Assistenten des Filmmusikers, eine Innenarchitektin, eine Tänzerin, die Astrologin Mouche ...) zusammenführt. In der dichten Montage von Gesprächsszenen, der dreimaligen Vorführung des Werbefilms, Reflexionen über die Kunst und dem Selbstgespräch des Erzählers werden darüber hinaus in gewissermaßen holographischen Vignetten, die ein nahezu unbegrenztes Verweis-Spiel ergeben, eine zeitgenössische Kunstszene, die Künste selbst und das Aufbrechen ihrer Grenzen vorgeführt.

Das Personal repräsentiert – auf einige wenige Leitfiguren reduziert und in gelegentlich ironischer Verfremdung – die zeitgenössische Avantgarde, die (anders als der Kurator, der sie »Komplizen der Landschaftsverschandler, Mauerverkleber, Quacksalber und Marktschreier« – nennen würde, PP28) nicht mehr »vom Erhabenen durchdrungen« (PP39), sondern zeitgenössischen avantgardistischen Kunstdiskursen verpflichtet ist. Die Personen werden nicht namentlich genannt. Über Markierungen sind allerdings einige von ihnen identifizierbar und verweisen – gewissermaßen als semi-anonyme prototypische Akteure – über ein Netz von Künstlerfreundschaften, Gemeinschaftsarbeiten und ihre Beteiligung an zeitgenössischen Kunstdiskursen auf ein existierendes Feld ästhetischen Denkens und ästhetischer Praxis.

Der »russische Maler, der vor kurzem die Ölmalerei zugunsten der Keramik aufgegeben hatte« und der seine neuen Arbeiten zeigt, »verstümmelte und geschundene Gestalten, die er, wie er sagte, als ›anatomische Flächen, ins Volumen gesetzt‹ auf seine Keramikplatten und Teller übertragen wollte« (PP39), alludiert über den Verweis auf Carl Einstein[7] das malerische Thema, (als das *Guernica* vermutet werden kann) und das Material seiner Arbeiten

6 (PP42): »Da waren auf der einen Seite die Krämer, die Geschäftsleute, für die ich tagsüber arbeitete [...] auf der anderen Seite waren die, die hier zusammenkamen [Künstler].. [...] In der unerbittlichen Ordo der Großstadt lebten sie eine Art von Askese. Sie verzichteten auf materielle Güter, litten Hunger und nahmen Geldnöte in Kauf zugunsten einer problematischen Selbstfindung im vollendeten Werk.«

7 Vgl. Carl Einstein: Negerplastik. Mit 116 Abbildungen, München: Kurt Wolff Verlag 1920, S. IXf, S. XVII ff.

zunächst Pablo Picasso. Der Musiker, der »seine chinesischen Würfel über die Tasten« wirft, »um zu zeigen, wie ein musikalisches Thema aus dem Zufall entstehen könnte« und der darüber hinaus »Glasstückchen, Bleistifte, Seidenpapier oder Blütenstengel [...] unter die Saiten schob, um die Klangmöglichkeiten des Klaviers zu erweitern« (PP41), verweist möglicherweise auf John Cage und dessen Kompositionsverfahren.[8] Die Tänzerin, die ein experimentelles Ballett probt, »das bloß von rhythmischem Händeklatschen begleitet wurde« (PP36), könnte im Kontext der Szene Martha Graham sein, die Innenarchitektin lässt sich über die Erwähnung des Architekten, ›der auf abstrakte Kunst versessen war‹, der Klassischen Moderne der Architektur zuordnen und erinnert damit an die amerikanische Architektin und Möbeldesignerin Florence Knoll, die bei Eliel Saarinen und Mies van der Rohe studiert und mit Walter Gropius und Marcel Breuer zusammengearbeitet hat.

Für die Passage bedeutsam sind allerdings weniger die über eine ungefähre Entschlüsselung approximativ fassbaren Figuren, sondern vielmehr deren Funktion als Knoten eines dichten Verweisnetzes, das – indem es eine reale Kunstszene und zeitgenössische ästhetische Diskurse beschreibt – weitere Allusionen abruft: Die zunächst auf Picasso hindeutenden Indizien können – um einige wenige Beispiele zu nennen – auch auf Georges Braques und die in der Beschäftigung mit der afrikanischen Kunst entstehende kubistische Malerei und ihre Zerlegungsprozesse bezogen werden, auf Cézanne, also das Problem der Überwindung der Perspektivegebundenheit der Malerei durch die Simultansicht, damit auf Darstellungsmodalitäten und Konventionen, die auch im Roman selbst thematisiert und appliziert werden. Das gilt auch für dessen Montageverfahren und hohes Medienbewusstsein, die einerseits durch die Anwesenheit der Tontechniker und andererseits über den – durch den Verweis auf den ›russischen‹ Künstler – ebenfalls in der Episode platzierbaren Alexander Rodtschenko indiziert werden. Damit werden das Verfahren der Collage, die Fotografie und – über Rodtschenkos Konzept des Künstler-Ingenieurs – die Beziehung zwischen Kunst und Technik zum Subtext der Episode.[9] Die Passage markiert also die zeitgenössische Bildende Kunst, ihre Wahrnehmungsbrechung und die Genese ihrer Darstellungskonventionen über Impressionismus, Fauvismus, Expressionismus, Kubismus bis hin zur surrealen Malerei als intermedialen Prätext, der – über die Allusion etwa der Bühnenbilder Picassos, der Ballettmusiken Erik Saties, der Bühnendekora-

8 Vgl. zur Arbeit John Cages Daniel Charles: »John Cage«, in: Barck/Gente et al. (Hg.), AISTHESIS, S. 336-353, hier S. 337: »Ihm geht es [...] darum, jeder Klangquelle – ob instrumental oder extra-instrumental: alles kann schließlich Klangquelle werden – das Maximum dessen abzugewinnen, was sie irgendwie abgeben kann. Cage komponiert nicht ›für‹ dieses oder jenes Instrument – er geht darauf aus, das Klangpotential, das in jedem Instrument oder Objekt latent vorhanden ist, ›in Bewegung zu bringen‹, das heißt ›eine Materie zu beleben‹, sie gemäß ihren eigenen Möglichkeiten und nicht gemäß dem, was man ihr an Beziehungen aufzwingt, klingen und wiederklingen zu lassen.«

9 Vgl. Alexander Rodtschenko, zit. nach: Pierre Gallisaires (Hg.), ALLES IST EXPERIMENT. Der Künstler-Ingenieur, Hamburg: Edition Nautilus 1993, hier S. 45: »KUNST ist wie jede Wissenschaft einer der Zweige der MATHEMATIK. KONSTRUKTION ist eine moderne Forderung nach ORGANISATION und zweckbestimmter Nutzung des Materials. KONSTRUKTIVES LEBEN IST DIE KUNST DER ZUKUNFT.« (Herv. i.O.)

tionen und Kostümentwürfe von Léon Bakst oder der Zusammenarbeit von Rodschenko und Wladimir Majakowski – die Grenzen zu Musik, Film, Tanz, Fotografie, Architektur, Werbung und Literatur aufbricht. Zum Personal des szenischen Subtextes gehören so indirekt auch Hector Berlioz, die Komponisten des Mächtigen Häufleins, Erik Satie, Igor Strawinsky, Claude Debussy, Manuel de Falla, Heitor Villa-Lobos, Arnold Schönberg, Jean Cocteau, Luis Buñuel, Oskar Schlemmer und andere. Der Musiker und sein Würfelspiel erinnern nicht nur den Protagonisten selbst »an einen Vers Mallarmés« (PP40)[10] und damit an Verfahrensweisen der Literatur.[11] Er markiert einerseits auch die – in der Passage der *Vichada* in einer kaleidoskopischen Optik buchstäblich ins Bild gesetzte – Aleatorik und andererseits im Bereich der Musik die Technik mittelalterlicher Mönche, unterschiedliche Stäbe nach dem Zufallsprinzip zu werfen, um eine schöne Melodie zu erhalten, oder das musikalische Würfelspiel (von Bach über Mozarts *Musikalisches Würfelspiel* bis zu zeitgenössischen aleatorischen Kompositionen), damit also die Frage nach musikalischen Kompositions-Prinzipien, die im Roman in Variationen – bis hin zur Threnodie – immer wieder aufgegriffen wird. Zusätzlich wird durch das Spiel mit den Klangmöglichkeiten des Klaviers indirekt auch der Verweis auf andere Künste und auf transkulturelle (und mediale) Klangveränderungen[12] intensiviert. Er verhandelt damit auch die mediale Grenzüberschreitung der Komposition von Musik, die für die ausschließliche Wiedergabe im Radio gedacht ist[13], und – über die Filmmusik des Protagonisten – die Grenze zwischen absoluter Musik und Gebrauchsmusik, die im Roman als Film- Ballett- Tanz- Kirchenmusik oder in Form unterhaltender Musik wandernder Spielleute, in Form von Kinder- oder Arbeitsliedern oder in rituellen Zusammenhängen aufgegriffen wird.

Sowohl die Person des Komponisten als auch das Verfahren des Zufallsprozesses verweisen – pointiert durch das Tanzexperiment – zusätzlich auf den Kreis um Merce Cunningham, wie zum Beispiel eben Martha Graham oder Robert Rauschenberg und deren grenzüberschreitenden künstlerischen

10 Un Coup de Dès jamais n'abolira le Hasard,1897, endgültige Fassung 1914.

11 Vgl. zu Aleatorik in der Literatur Reinhard Döhl: »Exkurs über Aleatorik«, in: URL: http://netzliteratur.net/experiment/aleatori.htm [4.10.2008]: »Die Geschichte des zufällig gefügten Textes weist Traditionslinien zurück bis in den Manierismus und den Barock auf, wo er in Harsdörffers ›Frauen-zimmer Gesprächsspiele[en]‹ (1641-49) beim Wörterzuwurf zum Beispiel gesellschaftliches Spiel ist.«

12 Hier ist nicht nur an – den unterschiedlichen Klimata geschuldete – Klangveränderungen zu denken, wie sie in dem durch die Hitze und die hohe Luftfeuchtigkeit vor dem Gewitter notwendig gewordenen Nachstimmen der Instrumente vor dem Konzert in der amerikanischen Großstadt oder im Fensterbild des Salons der lateinamerikanischen Stadt angesprochen werden, dessen Klavier unter den klimatischen Bedingungen der Tropen den Klang eines Spinetts angenommen hat, sondern auch auf die durch Kultur- und Musiktransfer sich ergebende Veränderungen durch distinkte Stimmung von Instrumenten (wie etwa der Harfe des Musikers in der Kneipe von Los Altos), durch unterschiedliche Instrumentalbesetzungen, Rhythmus-Präferenzen, Genrewechsel etc. wie bei der thematisierten Marinera oder der Habanera.

13 Etwa John Cages' Imaginary Landscape No.1 (1939) für vier Spieler, präpariertes Klavier, chinesisches Becken und zwei Plattenspieler mit variabler Umdrehungszahl, die ein vorgefundenes, aleatorisches Element einbringen.

Arbeiten.[14] Dazu gehören Cunninghams Einsatz des Zufallsprinzips in seinen Balletten, sein spezifischer Umgang mit der Musik oder Rauschenbergs Bühnenbilder und seine Serie der 1951 in New York ausgestellten *White Paintings*, die das akustisch-musikalische Thema Stille umsetzen und darüber hinaus den Betrachter der Bilder in einer rezeptionsästhetischen ›Verdopplung‹ über die Spiegelung seiner selbst oder seiner Umgebung auf der glänzenden Bildoberfläche zu einem Teil des Kunstwerks machen. Diese Bilder regen John Cage zu seiner Komposition 4'33'' an; sie besteht aus drei Sätzen mit der Anweisung *tacet* – aus völliger Stille. Über die Innenarchitektin und das leidenschaftlich geforderte Teamwork, das in diesem Zusammenhang nicht nur an Bauzünfte und mittelalterliche Bauhütten, sondern auch an das historische Bauhaus und dessen Bestrebungen erinnert, die Architektur als Gesamtkunstwerk in enger Verbindung mit anderen Künsten zu erneuern, werden nicht nur ihre neuen Strömungen (Neue Sachlichkeit oder International Style, die Dymaxion-Architekturen …) indirekt thematisiert, sondern auch deren Protagonisten zu imaginären Teilnehmern der Gesellschaft. Mag die Architektin auf diese architektonische Moderne (von Frank Lloyd Wright über Oscar Niemeyer, Mies van der Rohe, Le Corbusier, Luis Barragán bis Buckminster Fuller) und deren Formensprache verweisen, so ist durch dieses Teamwork implizit auch die Integration anderer Künste, etwa der Malerei, angesprochen, die zum Beispiel in der expressiven Farbsprache des Architekten Luis Barragán oder in den Murales Diego Riveras realisiert wird.

In der Astrologie Mouches und dem Versuch eines der Anwesenden, »die Tänzerin durch Handauflegen von einem plötzlichen Anfall von Migräne zu befreien« (PP41), in den Gesprächen über »Pythagoreismus und tibetanischen Tantrismus« (PP40), über Mystik oder Esoterik wird schließlich ein (freilich nur eklektisch geführter) Diskurs jenseits des abendländischen Logozentrismus hörbar[15], der neben den autochthonen Wissensformen der la-

14 Mit der Tänzerin und dem modernen Ausdruckstanz ist implizit ein weiteres Phänomen einer Grenzüberschreitung und der Problematisierung des Werk-Begriffes markiert, vgl. Gabriele Brandstetter: Tanz-Lektüren. Körperbilder und Raumfiguren der Avantgarde (= ftb 12396), Frankfurt am Main: Fischer Taschenbuch Verlag 1995, S. 25f: »[…] während für die Epoche des Balletts im 19. Jahrhundert durch die musiktheatralischen Bühnenkomposition […] durch die Konventionen der Darstellung und das rhetorische System des Balletts insgesamt immerhin noch die Illusion von Werkeinheit aufrechterhalten war, ist mit dem Auftreten der Begründerinnen des freien Tanzes die Basis virtueller Rekonstruktionen […] wesentlich reduziert. Dies hängt unter anderem mit einem Merkmal zusammen, das gerade als Symptom des Wandels und der Emanzipation des Tanzes zu seinen eigenen Mitteln zu bewerten ist – nämlich der Tatsache, daß die Protagonistinnen des freien Tanzes […] als seine Schöpferinnen und Darstellerinnen in Personalunion auftreten. Die Trennung zwischen ›Rolle‹ und interpretierendem ›Akteur‹ […] wird mit dem Auftreten von Loïe Fuller, Isadora Duncan, Ruth St. Denis und ihren Nachfolgerinnen aufgehoben. Der zum ästhetischen und weltanschaulichen Programm erhobene Habitus des Individuellen […] läßt den konventionellen Werk-Begriff in diesem Kontext obsolet erscheinen.«

15 Die Ernsthaftigkeit solcher Bestrebungen wird gleichzeitig ironisch unterlaufen: »Mouche und ihre Freunde behaupteten, sie erreichten damit größere Selbstbeherrschung und hätten sich neue Kräfte angeeignet, was mir immer recht problematisch vorkam bei Menschen, die täglich tranken, um sich gegen Entmutigung, Angst vor

teinamerikanischen Bevölkerung, die im Roman vorgeführt werden, eine pointierte Absage an den Realismus und die Faszination durch transgressive Wahrnehmungsformen, zum Traum, zu Rauschmitteln und – erneut – zu automatischen, nicht gesteuerten Schaffensprozessen einbringt.[16]

Die in einer Erneuerungsrhetorik[17] und im Tonfall an die Manifeste des Futurismus, des Surrealismus oder an Bretons und Riveras Manifest für eine unabhängige revolutionäre Kunst erinnernde Forderung »Der Film ist Teamwork; die Freskomalerei muß Teamwork werden; die Kunst der Zukunft wird Teamwork-Kunst sein« (PP39) integriert über ihr künstlerisches Anliegen hinaus auch einen politischen Anspruch, den sie freilich durch das exklusive Setting der Szene in einem Künstleratelier und durch die Zusammensetzung der Gesellschaft parodiert. Buchstäblich vorgeführt wird dieses Produkt eines Teamwork, dessen surrealistische (siehe unten) Ästhetik im gesellschaftlichen Verwertungszusammenhang nicht nur aufgeht, sondern für diesen – in Gestalt eines internationalen Fischereikonzerns – auch intendiert ist, im Werbefilm [sic], den der Protagonist vertont hat.

Seine dreimalige Vorführung lässt die gesamte Episode der Abendgesellschaft zu einer, wie Gerhard Wild sie genannt hat, Replik[18], darüber hinaus aber auch zu einer narrativen Inszenierung von Walter Benjamins Kunstwerk-Aufsatz[19] werden: Pointiert durch die explizite Erwähnung ihrer Requisiten, die den medialen und Material-Charakter des Filmes repräsentieren, also des technischen Projektionsapparates und der Film-Kopie, wird gezeigt, wie im Verlauf der Vorführung der an einer Autonomieästhetik orientierte Komponist den Verfall der Aura seines Werkes erlebt. Immer kritischer beurteilt er es als Machwerk und Agens in einem unlauteren ökonomischen Kontext, und beklagt die »Kunst im Teamwork [... als Versuch], an der Vergangenheit zu rütteln, und die geringe Vollkommenheit der eigenen Werke zu rechtfertigen« (PP42). Unterdessen bezeichnet die anwesende Intellektuellengemeinde es (bezeichnenderweise im – die Benjamin'sche Massengesell-

dem Versagen, Selbstunzufriedenheit zu schützen, gegen die Furcht, ein Manuskript könnte abgelehnt werden, oder einfach gegen die Härte dieser Stadt [...].« (PP40)

16 Vgl. André Breton (1924): »Wir leben noch unter der Herrschaft der Logik [...] Der absolute Rationalismus, der noch in Gebrauch ist, erlaubt lediglich die Berücksichtigung von Fakten, die eng mit unserer Erfahrung verknüpft sind [...]. SURREALISMUS, Substantiv, m, reiner, psychischer Automatismus, durch welchen man, sei es schriftlich, sei es auf jede andere Weise, den wirklichen Ablauf des Denkens auszudrücken sucht. Denk-Diktat ohne jede Vernunftkontrolle und außerhalb aller ästhetischen oder ethischen Fragestellungen.« Zit. nach URL: http://www.kunstzitate.de/bildendekunst/manifeste/surrealismus.htm [25.8.2008].

17 Vgl. etwa Filippo Tommaso Marinetti (1909): »Und was kann man auf einem alten Bilde schon anderes sehen als die mühseligen Verrenkungen des Künstlers, der sich abmühte, die unüberwindbaren Schranken zu durchbrechen, die seinem Wunsch entgegenstanden, seinen Traum voll und ganz zu verwirklichen? [...] Ein altes Bild bewundern heißt, unsere Sensibilität in eine Aschenurne schütten, anstatt sie weit und kräftig ausstrahlen zu lassen in Schöpfung und Tat.« Zit. nach: URL: http://www.kunstzitate.de/bildendekunst/manifeste/futurismus.htm [25.8.2008].

18 Vgl. G. Wild: Paraphrasen, S. 142.

19 Walter Benjamin: »Das Kunstwerk im Zeitalter seiner technischen Reproduzierbarkeit«, Gesammelte Schriften, VII-1, S. 350-384.

schaft vertretenden – Kollektiv) in wachsender Begeisterung als Meisterwerk.

Mit dem Rekurs auf Benjamins Aufsatz ist nicht nur erneut die konservative Ästhetik des Protagonisten mit jener des zeitgenössischen Kunstdiskurses konfrontiert, für den Wiederholung, technischer Fortschritt und die Interdependenz von gesellschaftlichem Umbruch, Ökonomie und Kunst selbstverständlich sind. Wieder erweist sich die Poetik des Textes selbst als avancierter als die Ästhetik des Protagonisten. Sie unterläuft das auf der Handlungsebene beklagte Aufgehen der Kunst im kunsthandwerklichen Gebrauchszusammenhang und spiegelt es in einer ironischen Umkehrung in die Textstruktur selbst ein: In einem genreüberschreitenden Transfer wird ein theoretischer Text zu einer literarisch vermittelten Szene, wird also ein Gebrauchstext in Kunst transformiert.

Wird durch das Personal der Szene und im sich damit ergebenden Kosmos zeitgenössischer Kunst und ästhetischer Theorie ein diskursives *Quodlibet*[20] präsentiert, so gehen – wie schon der Benjamin Verweis – auch die in der Gesellschaft diskutierten künstlerischen Verfahren nicht in ihrer Präsentation auf der Textoberfläche auf, sondern werden (wie der Theorietext zu ›Theater‹ wird) in der Tiefenstruktur der Episode selbst wirksam: Das Quodlibet als musikalische Variante eines akustischen Simultanverfahrens lässt sich nicht nur auf der Handlungsebene als Metapher des vielstimmigen Simultangesprächs, sondern auch als musikalische poetische Grundstruktur der Passage identifizieren. Carpentier appliziert und inszeniert damit in der ästhetischen Formation der Szene selbst, kontrapunktisch komponiert und über fiktiven Zufall und Improvisation verfahrend, die auf der Handlungsebene eingeführte Aleatorik (zugespitzt in der Pointe eines durch den Protagnisten absichtslos geschaffenen avantgardistischen Kunstwerks) und – ironisch gebrochen – das dort thematisierte Teamwork in seiner musikalischen Form als mehrstimmige Vokalmusik. Damit realisiert er gleichzeitig die angesprochene Grenzüberschreitung zwischen den Künsten durch die intermediale Applikation eines musikalischen Kompositionsverfahrens im literarischen Text, das die Anwendung etwa der visuellen Simultansicht und kubistischen Ästhetik seiner Landschaftsbilder und Portraits nun akustisch nachvollzieht. Damit erweist sich die Passage als ein exquisites Beispiel intermedialer Poetik in Gestalt von *verbal music* (siehe 6.8), die sich über die Applikation von deren formalästhetischen Strukturen im Text der Musik annähert.

Auch die von den Teilnehmern in der Diskussion geforderte programmatische, radikalisierte Ästhetik wird in der Passage – als deren eigene Poetik –

20 Als (musikalisches) Quodlibet (›wie es beliebt‹) wird ein Vokalstück bezeichnet, in dem verschieden textierte Melodien oder Melodieteile kombiniert werden, die ursprünglich nichts miteinander zu tun haben. Anders als beim Potpourri werden sie nicht nur aneinandergereiht, sondern erklingen gleichzeitig, sind daher oft kunstvoll kontrapunktisch ausgearbeitet. Die intendierte spaßige Wirkung wird durch die Textzusammenstellung intensiviert. Bekannt ist das Quodlibet seit dem Codex Montpellier, es erfreut sich in Renaissance und Barock (eine spezielle spanische Form entsteht in der *ensalada*) und als (von Zufall und Improvisation abhängige!) Stegreifform im 18. Jahrhundert großer Beliebtheit. Vereinzelt erscheint es auch als Instrumentalmusik, als berühmtestes Beispiel gilt das Schlussstück der Goldbergvariationen (1742) von Johann Sebastian Bach.

durch das beschleunigte Tempo, eine surreale Traumpoetik und die sich daraus ergebende extreme Dichte des Verweisnetzes, die markierten Grenzüberschreitungen und ein Verfahren der Collage umgesetzt. Sie lässt darüber hinaus als neuen Signifikanten eine Art soziales und performatives Kunstwerk entstehen, dessen Fixierung durch die Aufnahme-Technik eines Tonbandgerätes, auch mit autoreferentieller Pointierung, fantasiert werden kann.

»Ich hatte immer Spaß gehabt an solchen Zusammenkünften, an dem schillernden Durcheinander der Ideen, wo das Gespräch von der Kabbala zur Angst übersprang, und dazwischen irgendjemandes Plan diskutiert wurde, im Westen eine Hühnerfarm anzulegen, um durch die Aufzucht von Leghorn oder Rhode-Island-Red-Hühnern ein paar Künstlerfreunde über Wasser zu halten. Immer hatte ich Spaß gehabt an den Sprüngen vom Transzendentalen ins Absurde, vom elisabethanischen Theater zur Gnostik, vom Platonismus zur Akupunktur. Ich hatte mir sogar vorgenommen, eines Tages heimlich ein Mikrophon an irgendeinem Möbel anzubringen und die Unterhaltung aufzuzeichnen [sic] als Beweis für die schwindelerregende Elliptik des Denkens und der Sprache, [diese] Geistesgymnastik und hohe Schule der Kulturakrobatik [...].« (PP41)

Die Produktion einer solchen Aufnahme, die ein Akustik-mediales Kunstwerk ergibt, zielt auf dessen Veräußerlichung und Vermittlung – etwa im technischen Medium Radio – ab und inszeniert damit als subtile Kunst- und Medienreflexion das Entstehen eines akustischen *ready-made*, das im doppelten Medienwechsel vom theoretischen Text über seine fiktive szenische Realisierung zum surrealen Hörspiel wird.

Endgültig pointiert wird die in der Passage angesprochene Ästhetik mit dem Erscheinen des Freundes X.T.H, genannt »Ixtiäitsch«, in dessen Namen – der phonetischen Umschrift der Buchstaben des Alphabets – sich bereits eine spielerische Komponente andeutet: Er ordnet ein Spiel an, das darin besteht, auf seinen Befehl hin jedes augenblickliche Tun zu unterbrechen, wie in einem Wachsfigurenkabinett zu erstarren und erst nach einem neuerlichen Befehl von X.T.H. das Unterbrochene wieder aufzunehmen,

»[...] den abgebrochenen Satz oder Schritt, die in der Bewegung abgebrochene Gebärde. Das war eine Übung [...], um uns ›aufzuwecken‹, wie er zu sagen pflegte, uns in den Zustand der Bewußtheit zu versetzen, in dem wir über unser gegenwärtiges Tun, so unbedeutend es war, Rechenschaft gäben. Wer automatisch handelt [...] sei eine Essenz ohne Existenz.« (PP40)

Diese Zuspitzung auf der Handlungsebene nimmt über das Vorführen einer Technik oder Bewusstseinsschule die im Roman beständig eingespielten Themen von Aisthesis und Ästhetik auf. Nicht nur in der raschen Abfolge verschiedenster Themen und Sprecher, von Kunstdiskurs und jenem über Medien und Entstehungsbedingungen von Kunst, von Beschreibung und Reflexion, sondern auch innerhalb der einzelnen Handlungselemente werden beständig Grenzen überschritten und Texte gewissermaßen überschrieben. Buchstäblich augenfällig wird dies nicht nur in Mouches Maquette, sondern auch in einem unter modernen medialen Bedingungen entstehenden Palimpsest *sui generis*: Während der Vorführung des Filmes erscheinen neue Gäste, »ihre Köpfe kreuzten das Licht des Projektionsapparats« (PP39). Der die

Köpfe erfassende Projektionsstrahl macht nicht nur die Besucher für einen Augenblick zur Projektionsfläche, er bildet auch ihre Schatten auf der Leinwand selbst ab und macht sie damit gewissermaßen zu unheimlichen Akteuren des vorgeführten Films, dessen Erzählung sie buchstäblich und metaphorisch durchqueren. Damit werden sein ›reiner‹ Kunstcharakter und seine unveränderliche Wiederholbarkeit problematisier. Wie in der Opernvorstellung in der lateinamerikanischen Stadt (6.5) erweisen sich die Umstände der Aufführung als transgressiv: Sie legen sich über das Kunstwerk selbst und widerlegen damit in einem subtil inszenierten rezeptionsästhetischen Kommentar seine Stabilität, die in einer situativen Lektüre jederzeit durch ein – in diesem Fall szenisches – *ready-made* überschrieben werden kann.

6.2 Der Venusberg II. Rituale

Während das Happening der Abendgesellschaft in der Inszenierung eines zeitgenössischen Kunstdiskurses und dessen – durch ihre Poetik ambiguisierten – Kritik aufgeht, wird die Passage im Nachtlokal (siehe oben 4.4) in einer gewissermaßen ethnologischen Kritik und in einer impliziten zeichentheoretischen Reflexion aufgelöst:

Das als Surrealismuspastiche des Venusberg vorgestellte Interieur wird in einer Überschreibung durch musikalische und rhythmische Momente Ort eines »unterirdischen Rituals [...], ein Geschlinge aneinandergepreßter, im Wirrwarr von Armen und Beinen ineinanderverstrebter Leiber [nach dem Takt] eines auf reine Rhythmen reduzierten Blues« (PP 322). In einer Variante synmedialer Vertonung nehmen dessen Synkopen das Fragmentierende der Beschreibung der visuellen Eindrücke des Interieurs nun musikalisch auf. Das fantasierte Ritual steigert sich in die Vorstellung einer riesigen Stierskulptur auf einem mit Fäkalien bedeckten Sockel, der im Subtext nicht nur die surrealistische Zeitschrift *Minotaure*[21], sondern auch die wuchtigen Plastiken Picassos und – über dessen Hang zur Verwendung skatologischer Elemente in seinen künstlerischen Arbeiten – Salvador Dalí alludiert. Schließlich sieht der unterdessen aus dem Nachtklub geflohene Protagonist im Schaufenster einer Galerie indigene Kunst: »Idole [...], seit langem kultlose und deshalb sinnentleerte Götzenbilder, in deren änigmatischen oder furchtbaren Gesichtern so viele zeitgenössische Maler das Geheimnis einer verlorengegangenen Sprache zu enträtseln versucht haben« (PP323), ein Gestus, den er auch in der Musik findet, die im »übermäßigen Einsatz von Schlagzeugen die elementare Kraft primitiver Rhythmen wiederzufinden hoffte«:

»Zwanzig Jahre lang hatte eine müde Kultur in der Wiederbelebung einer von aller Vernunft unbeleckten Inbrunst sich zu verjüngen und neue Impulse zu finden ver-

21 Das von den Verlegern Albert Skira und Tèriade in Paris gegründete surrealistische Künstlermagazin Minitaure, zu dessen Chefredakteuren André Breton gehörte, erschien zwischen 1933 und 1939 in Paris. Neben künstlerischen Arbeiten (von Salvador Dalí bis Georges Bataille) und interdisziplinär angelegten Beiträgen zu Film, Literatur, Bildender Kunst, Architektur und Wissenschaft erschienen hier (das lässt den Verweis in der Episode zweifach motiviert erscheinen) Beiträge, die - als ›kombinierte Künste‹ - die gewohnten Grenzen künstlerischen Arbeitens überschritten: Gedichte bildender Künstler, Gemälde, Grafiken und Lithographien von Literaten.

sucht. Aber heute erschien es mir lächerlich, in Bandigaramasken, afrikanischen Ibejis, nagelbesetzten Fetischen gegen die Städte des Discours de la Méthode anrennen zu wollen, ohne die wirkliche Bedeutung dieser Gegenstände zu kennen. Sie suchten die Barbarei in Dingen, die, solange sie auf heimischem Gebiet ihre rituelle Funktion erfüllten, niemals barbarisch gewesen waren, die gerade umgekehrt jeden, der sie als barbarisch bezeichnete, in den der gesuchten Wahrheit entgegengesetzten Bereich des kognitiven, cartesianischen Denkens verwiesen. Sie wollten die abendländische Musik erneuern durch die Übernahme von Rhythmen, die für ihre primitiven Schöpfer niemals eine musikalische Funktion gehabt hatten.« (PP323)

Die tatsächliche Barbarei diagnostiziert der Protagonist in jener kenntnislosen und fragmentierenden Aneignung, die primitive Rituale und Artefakte nur als Motiv- und Formenrepertoire betrachtet, ohne ihre Entleerung, Umschreibung, Profanierung und ihr Verstummen wahrzunehmen, die mit der iterativen Nutzung verbunden sind.[22] Gleichzeitig sind die zu Kunstobjekten gewordenen Artefakte autochthoner Stammeskulte durch weitere subtile Dépaysements überschrieben: Sie befinden sich nicht nur auf einem fremden Kontinent, sondern stehen im dekontextualisierenden Raum einer Galerie und können (in der parodistisch invertierten Variante einer Weltrandbeschreibung, vgl. 5.9) nur durch deren Schaufenster gesehen werden, das die geografische, vor allem aber die historische Distanz in der materiellen Barriere der Glasscheibe und in der sich ergebenden räumlichen Distanz abbildet und gleichzeitig auch an ihre kommerzielle Verwertung erinnert. Wie die Objekte hier nur gesehen, aber nicht berührt werden können, so können sie auch in der sie aneignenden Kunst nur in ihrer dekontextualisierten Objekthaftigkeit imitiert und kopiert, aber nicht in ihrer kontextgebundenen Symbolhaftigkeit belebt werden.

Die Kritik des Protagonisten lässt sich als Ausdruck seiner Sehnsucht nach dem Ursprung und reinen, bedeutungsgesättigten Formen, gleichzeitig aber auch als Kommentar zu einem Ästhetikdiskurs lesen, der in der ausbeutenden Aneignung indigener Kulturformen den Medien-Wechsel zwischen Ritual und Kunst und die zeitliche und epistemische Distanz, die diesen Medienwechsel bedingt und zugleich befördert, ignoriert. Gleichzeitig betrifft er als autoreferentielle Reflexion den Roman selbst und dessen avancierte Poetik der Nutzung eben solch fragmentierender, recollagierender und zeitinvertierender Schreibweisen. So wie der Adelantado aus dem Urwald seltene Vögel, farbenschillernde Federn, kostbare Jaguarfelle und Orchideen für die ›Wunderkammern‹ seiner Käufer mitbringt, sammelt und arrangiert auch der Text die Erfahrungswelt der Reise, ihre Exotik und die zeitlichen und epistemischen Verwerfungen auf dem Tableau seiner Text-Wunderkammer und nimmt dabei über die narrative Funktionalisierung ihren entkontextualisierenden Gebrauch in Kauf.

22 Vgl. Carl Einstein: Afrikanische Plastik (= Orbis pictus/Weltkunst-Bücherei), Berlin: Verlag Ernst Wasmuth 1921, 7ff: »Bei dem Betrachten afrikanischer Kunst müssen wir den Anhalt eindeutiger Geschichte, fixierter Zeit [aufgeben]. Afrikanische Geschichte dämmert in überwucherter eingestürzter Stammes- oder Familienüberlieferung. Vieles über Afrika Mitgeteilte ähnelt einer schönen, bodenlosen Erzählung. [...] Die alte Überlieferung zerbröckelt unter der Kolonialisierung, angestammtes Vorstellungsgut mischte sich importierter Anschauung.«

Werden im Ritual der Venusbergepisode Entkontextualisierung, Fehllektüre und entstellende Aneignung fremder Kulturen kritisiert, so wird in einer anderen Großstadt-Episode über mehrfache Medienwechsel das Zerreißen der Signifikantenkette innerhalb der eigenen Kultur verhandelt. Der Protagonist gelangt in eine Kirche, in der gerade eine lateinische Messe zelebriert wird.

»Dumpf hallt die lateinische Liturgie unter dem Bogengewölbe des Chorgangs. Ich betrachtete die von Kerzen beschienenen, dem Priester zugewandten Gesichter. Keiner von denen, die sich hier zur Abendandacht versammelt hatten, versteht, was der Priester spricht. Die Schönheit des Textes entgeht ihnen. Seit das Latein als eine unnütze Sprache in den Schulen abgeschafft worden ist, ist das, was ich hier sehe, Theater: Darstellung eines wachsenden Mißverständnisses. Der Graben voller toter Worte zwischen dem Altar und der Gemeinde wird Jahr für Jahr tiefer. Nun ertönt gregorianischer Gesang: *Justus ut palma florebit – sicut cedrus libani multiplicatur: – plantatus in domo Domini, – in atriis domus Dei nostri.* Aber nicht nur die Sprache, auch die Musik ist den Anwesenden unverständlich; sie hat für die Mehrzahl der Menschen aufgehört, echte Musik zu sein, ist nur noch Gesang, den man hört, aber nicht mehr auffaßt, genau wie die tote Sprache, die ihn begleitet, gehört, aber nicht mehr aufgefaßt wird.« (PP319)

Das multimedial – akustisch, optisch, olfaktorisch, musikalisch, sprachlich, architektonisch, szenisch, haptisch – angelegte liturgische Ritual[23] wird zum Gegenstand mehrfacher und divergenter Lektüren, die eine Medienarchäologie freilegen: Der in einem protestantisch-katholischen Elternhaus aufgewachsene durch die Großstadt flanierende Protagonist betritt die Kirche nicht, um am Ritual der Messe teilzunehmen, sondern verlockt »von einem Orgelgraduale«. Was er beschreibt, sind auch nicht die Zeremonie oder die Semantik von Raum, Sprache, Weihrauch, Musik und Gestik und deren Integration in ein spirituelles Ereignis, sondern die Oberfläche des Medienverbundes: das architektonische Ambiente des Bogengangs, den gregorianischen Choral des 91. Psalms, die Sprache des Kirchenlateins und die Schönheit des Textes, also die einzelnen Konstituenten eines multimedialen, mit kulturellen Signifikanten aufgeladenen Kunstwerks.[24] Seine fragmentierende Lektüre des Ereignisses wird in der Unfähigkeit der Besucher der Messe wiederholt und

23 Vgl. zur Multimedialität des liturgischen Rituals: Florian Nelle: Künstliche Paradiese. Vom Barocktheater zum Filmpalast (= FILM-MEDIUM-DISKURS Band 13), Würzburg: Könighausen und Neumann 2005, insb. ›Das Theater des Glaubens‹, S. 46-84.

24 Das dargestellte wechselseitige Verhältnis von Musik und Messritual und die Interferenzen zwischen ihnen beinhalten im Subtext der Szene eine subtile Pointe: Als Musikwissenschaftler ist dem Protagonisten sicherlich der Umstand bekannt, dass der im Roman immer wieder erwähnte Giovanni Sante da Palestrina auf dem Konzil von Trient von den dort versammelten kirchlichen Behörden in der Diskussion der Reform der Kirchenmusik die Frage beantworten sollte, ob die polyphone Musik die religiöse Andacht fördere oder beeinträchtige, ob sie also aus der Kirche zu verbannen sei. Er komponierte drei Messen, die sich trotz kunstvoller Mehrstimmigkeit durch Deutlichkeit der Melodie und Verständlichkeit des Textes auszeichneten. Das Konzil beschloss daraufhin einstimmig die Beibehaltung der Kunstmusik in der Kirche. Vgl. Walter Kasper (Hg.), Lexikon für Theologie und Kirche, Band 6, Freiburg/ Basel/Rom u.a.: Herder 1997, S. 29-31.

gesteigert, mangels Sprach- und Musikkenntnissen das Kunstwerk angemessen zu würdigen. Gerhard Wild hat darauf hingewiesen, dass in der Episode am Beispiel der Kirchenmusik und des Lateins dargestellt wird, »wie der Verlust der semantischen Qualität des Zeichens mit der Reduktion des Ästhetischen koinzidiert«[25], das nicht mehr aufgefasst wird.

Wie die indigenen Idole im Schaufenster der Galerie ist auch die Messe durch eine zusätzliche subtile Verfremdung kontaminiert, die durch die Präsentation eines katholischen Messrituals im vorwiegend protestantischen Nordamerika[26] erneut ironisch über dessen Aufbrechen auf die Bedeutung des Kontexts verweist und die Brüche des Signifikationsprozesses damit als Kette endloser Verschiebungen insinuiert, die an das Erschrecken des Protagonisten angesichts der Gefangenen des Indianerstammes erinnert (siehe 5.6): »Mir schwindelte, daß es in dieser Regression [Progression des semantischen Prozesses] womöglich noch weitere Rangstufen [nach unten] geben könnte«. (PP232)

In der Abendgesellschaft in Mouches Atelier wird das religiöse Ritual ein weiteres Mal überschrieben. Das Gespräch kommt über den Werbefilm des Protagonisten auf die Werbung als Textsorte[27] und isoliert die persuasiven Elemente des kirchlichen Rituals als Argumente eines pragmatischen und wirkungsästhetischen Diskurses. »›Die Mosaiken von Ravenna waren auch nichts anderes als Werbung‹, sagt der Architekt [...]. Andere Stimmen erklangen aus der Dunkelheit. ›Jede religiöse Kunst ist Werbung‹, ›Wie manche Bach Kantaten‹, ›Gott der Herr ist Sonn und Schild fängt mit einem echten Slogan an‹.« (PP39) Aus dem Medium des Rituals über jenes der Kunst sind die kirchlichen Formen hier in das Medium der Werbung überführt, die als Gebrauchskunst einerseits nur noch ihren Appell-Charakter realisiert und andererseits Erlösungshoffnungen über entleerte Symbole in ihre Parodie übersetzt und im kommerziellen Verwertungszusammenhang beantwortet.[28]

Gerhard Wild hat auf die Bedeutsamkeit des Umstandes aufmerksam gemacht, dass Carpentier das Zerbrechen der Signifikantenkette am Beispiel des katholischen Rituals, also »[...] durch den Rückgriff auf die Kirche als Entstehungsort des okzidentalen Zeichenbegriffs« und der so vorgeführten »Dekadenz des voraufklärerischen Analogismus« abbildet und dabei »[...] beständig über den Romantext hinaus auf ein in der Geschichte situiertes Anderes seiner Signifikanten abzielt« [29], das er in Analogie zur zweiten Sprache des religiösen Kults als zweite Sprache einer Kunstreligion identifiziert.

Endgültig radikalisiert werden die Situierung eines Anderen und der Verfall des abendländischen Zeichenbegriffes in der Episode der katholischen Messe im Indianerdorf, in der die okzidentalen Zeichen paradigmatisch mit den Zeichensystemen fremder Kulturen konfrontiert und über eine zweifache Theatralisierung das Ritual zur Szene und das transparente Zeichen zu einem intransingenten Palimpsest gemacht werden. Nach der gefahrvollen Fluss-

25 G. Wild: Paraphrasen, S. 155.

26 So auch Wild, ebd.

27 Vgl. zur Medialität der Werbung Urs Meyer: »Transmedialität (Intermedialität, Paramedialität, Metamedialität, Hypermedialität, Archimedialität): Das Beispiel Werbung« in: ders./Simanowski/Zeller (Hg.), Transmedialität, S. 110-130.

28 Vgl. PP118: »Propagandareden ersetzten die Mythen, Slogans die Dogmen.«

29 G. Wild: Paraphrasen, S. 155.

fahrt soll eine Dankmesse gehalten werden. Aus seinem (Requisiten-)Fundus improvisiert der Pater mit Holzkreuz und liturgischen Gegenständen einen Altar und fordert die Reisegefährten auf, als Beispiel für die Indianer und ihr Dorfoberhaupt, »die sich nicht taufen lassen wollen« (PP224) und die in einiger Entfernung stehen und zusehen, an der Messe teilzunehmen. Die Männer gruppieren sich zögerlich, zunächst wie die Statisten eines Schauspiels, schließlich lässt die Verfremdung des im Urwald de-platzierten Rituals über ihre überhöhende Einordnung in ein stilistisches Register die Situation als erhaben und die Messe daher als besonders feierlich erscheinen. Sie gewinnt »die heroische Funktion zurück, die älter war als die zur Zeit der siegreichen Kirche in den Kathedralen angestimmten Gesänge und älter als die ersten im Tageslicht aufragenden Glockentürme« (PP224). Dabei wird die religiöse Zeremonie erneut nicht als solche erlebt, sondern durch die Memoria überschrieben, die die intellektuelle Distanz des agnostischen Protagonisten zum Geschehen in die Distanz der Kirchen- und Kolonialgeschichte und in deren Erinnerungsbilder verschiebt. Er wird zur Figur des imaginierten Schauspiels einer Konquistadorenmesse, die er mit ihren Teilnehmern und Requisiten, Sturmhauben und Schwertern fantasiert. Über die Anwesenheit des Häuptlings und das Dépaysement des Kirchenlateins im Urwald ruft damit die theatralische Fantasie auch jene Bekehrungsszenarios der Konquista auf, die den Indianern gewaltsam und im Kollektiv eine unverständliche Religion in einer unverständlichen Sprache aufzwang, dabei die autochthonen Religionen ignorierte und die Intransingenz ihrer eigenen Zeichen nicht erkannte oder in Kauf nahm.[30] Gleichzeitig ist die Szene durch einen Verweis pointiert, der diese Zeichen in einem anthropologischen Diskurs als endlos ineinander übersetzbare und durch einander überschreibbare Signifikanten auflöst: »Unter dem romanischen, mit Zangen, Nägeln und Lanzen verbrämten Kreuz ziehen sie gegen die Westindier in den Kampf, die bei ihren rituellen Opferungen ähnliche Geräte verwenden.« (PP226) Die komparative Öffnung des katholischen Zeichensystems (das schon durch die Teilnahme des orthodoxen Yannes subtil unterlaufen wird) gibt den voraufklärerischen Zeichenbegriff an rationale, strukturale Ordnungsschemata ab, für die er nicht mehr im Ritual, sondern über seine iterative Qualität, über seine Kombinationsfähigkeit und seine Arrangements wirksam wird. Was in der Episode entsteht, ist das Theater eines Rituals, dessen Signifikanten nur mehr in einer durch die Memoria überschriebenen Religion der Kunst lesbar sind.

Über die sentimentale Identifikation des Protagonisten mit der Vergangenheit, seine scheinbar objektivierende, kommentierende Idealisierung ›früherer Zustände‹ und deren poetische Zurichtung zu historischen Signifikaten partizipiert die sich über die Reisebewegung ergebende narrative Umkehrung der Zeit an der Zeitstruktur des mythischen Denkens und einer damit verbundenen historischen Inversion. Diese Präferenz der vertikalen vor der horizontalen Zeitrichtung generiert einerseits Bilder eines Goldenen Zeitalters (etwa der Harmonie im ›steinzeitlichen‹ Indianerdorf) und andererseits solche apokalyptischer Endzeitszenarios, die sich bis in die den einzelnen Abschnitten vorangestellten Motti (Zitaten aus der Bibel und indigenen heiligen Schrif-

30 Vgl. U. Bitterli: Die ›Wilden‹ und die ›Zivilisierten‹, insb.. ›Die Mission‹, S. 106-130.

ten) verfolgen lässt.[31] Aus kunstwissenschaftlicher Sicht hat auch Albrecht Koschorke am Modell der durch das perspektivische Sehen sich einstellenden wandernden Grenze des Horizonts (als Trennlinie zwischen zunehmend miteinander unvereinbarer diesseitiger wahrgenommener und mythischer Welt) festgestellt, dass dieses Modell »[...] auch die Kategorie der Zeit als solcher« betrifft: Wie der Horizont »[...] die religiöse Besetzung der ursprünglichen Weltgrenze noch lange bewahrt, so teilen sich auch der säkularen historischen Zukunft als einem vorwandernden Zeithorizont die Energien der eschatologischen Gotteserwartung mit«[32]. Sie kann einerseits zur bürgerlichen Fortschrittsidee werden, die in der Zivilisations-Archäologie des Romans wirksam wird, oder zu einer Remythisierung führen, die sowohl auf der poetologischen Ebene (unbewusst) eine paradiesische, wunderbare Wirklichkeit herbeischreibt (siehe 6.4) als auch auf der Handlungsebene selbst thematisch wird.

Es überrascht daher nicht, sondern entspricht – obwohl es auf der Handlungsebene unmotiviert erscheint – der Logik der poetischen und episteme- und medienärchäologischen Struktur der Erzählung, dass der Protagonist unmittelbar nach dem Besuch des ›Rituals‹ im Nachtclub ein Endzeitbild fantasiert (»Die Straße hat mich in die Welt der Apokalypse zurückversetzt, wo alle darauf zu warten scheinen, daß das Sechste Siegel erbrochen wird, der Mond sich rot wie Blut färbt, die Sterne wie Feigen herabfallen und die Inseln ihre Stätten verlassen« – PP324) oder nach dem Blick in die Prähistorie (auf die Gefangenen im Indianerdorf – siehe 5.6) den dort vorgefundenen Krug als den Ursprung der Welt (als »Gott« oder vielmehr »die Mutter [sic] Gottes«) imaginiert.[33] Unter den Bedingungen einer Kunstreligion werden die heiligen Texte (etwa in der Threnodie) als reiner Ursprung, und die heiligen Geräte als die Apotheose der Kunst semantisch angeeignet. Sowohl auf

31 Vgl. zur Zeitinversion Michail Bachtin: Formen der Zeit im Roman. Untersuchungen zur historischen Poetik (= Fischer Wissenschaft 7418), Frankfurt am Main: Fischer Taschenbuch Verlag 1989, S. 79f: »Das Wesen einer solchen Inversion besteht darin, daß das mythologische und künstlerische Denken Kategorien wie Ziel, Ideal, [...] Vollkommenheit, harmonischer Zustand des Menschen und der Gesellschaft u.a. in der Vergangenheit ansiedelt. Die Mythen vom Paradies, vom Goldenen Zeitalter, vom heroischen Zeitalter, von der uralten Wahrheit sowie die späteren Vorstellungen von einem Naturzustand, von natürlichen, angeborenen Rechten usw. sind Ausdrucksweisen dieser historischen Inversion. [...] Oder man stellt es sich in der Gegenwart existierend vor: irgendwo am Ende der Welt, jenseits aller Meere - wenn nicht auf der Erde, dann unter der Erde wenn nicht unter der Erde, dann im Himmel [...] In analogen philosophischen Theorien entspricht der historischen Inversion die Proklamation der ›Anfänge‹ als der ungetrübten, reinen Quellen allen Seins sowie die Verkündigung ewiger Werte und idealer, zeitloser Seinsformen. [...] Eine andere Form [...] ist die Eschatologie. [...] Dabei ist es gleichgültig, ob das Ende als Katastrophe oder bloße Zerstörung, als neues Chaos, als Götterdämmerung oder als Anbruch des Reichs Gottes gedacht wird.«

32 A. Koschorke: Horizont, S. 76f.

33 Vgl. PP233: »Das weibliche gebärende Prinzip, die Gebärmutter, die im geheimnisvollen Prolog aller Theogonien vorkommt. [...] Es ist die Mutter ›in Einsamkeit, um sie kein Ort, noch weniger eine Zeit‹, deren Namen Faust schaudernd zweimal ausspricht.«

der Handlungsebene als auch in der – durch ihre Intensivierung reflexiv gemachten – Schreibbewegung selbst bebildert der Text den Wandel der mythologischen Weltende-Episteme. Er tut dies durch die Thematisierung des Rituals als Handlungsform der mythisch-eschatologischen Erwartung und – in einem innerfiktionalen Medienwechsel – in der narrativen Evokation von deren strukturalen Rest, der – wie in der Großstadt- oder der Konquistadorenmesse vorgeführt – nicht mehr gehandelt, sondern nur noch referiert werden kann. Für den Protagonisten, der nicht mehr Teilnehmer, sondern flanierender Beobachter ist, ist das (außerhalb des Mythos) nicht Fassbare einerseits an die Kunst als deren Gegenstand abgegeben, die damit zum Doppelgänger des Mythischen wird. Andererseits wird es in einer Transformation zum Agens des Mythos einer Autonomieästhetik, die im Text bezeichnenderweise nur durch neuerliche Remythologisierung unterlaufen werden kann.

6.3 Die Entstehung des Theaters aus dem Ritual. Das Illusionsprinzip

Die zeitinvertierenden Bewegung erschließt auch die bereiste mythische und chthonisch-magische Welt mit ihren Gesellschafts- und Handlungsformen als Ergebnis einer Bewegung, die aus der zivilisatorisch-modernen Gegenwart in die Gegenwärtigkeit mythologischer Strukturen und animistischer Rituale führt.[34] Dem ethnologischen Blick des auch räumlich in umgekehrter Richtung (nicht aus der Heimat in die Fremde, sondern aus der Fremde in die Welt seiner Kindheit) reisenden Forschertouristen erschließen sich jene sozialen Formen als das Andere der modernen Kultur, die den Menschen des bereisten Landes als gelebte Realität selbstverständlich und damit unsichtbar und unbewusst bleiben. Ihre Erfassung ist also durch einen komparativen Aspekt bedingt, der immer auch eine zeitliche Einordnung trifft. Gleichzeitig werden sie vom reisenden Künstler zusätzlich in jenen Facetten wahrgenommen und akzentuiert, die (vor allem nach der Aufwertung autochthoner Kultur und ihrer Formen und Artefakte durch die Avantgarden des 20. Jahrhunderts) in einem Medienwechsel als Kunst rezipiert werden. In einer *sentimental fallacy* stilisiert er sie auch dort noch zu Kunstwerken, wo sie als alltägliche Handlungsroutinen rein pragmatisch bestimmt sind.

Fast unauffällig, gewissermaßen als subtile Signatur des ethnologischen Zugriffs, findet sich das Ur-Ritual schlechthin im Text platziert. Die Reisegruppe des Protagonisten hat die Boote verlassen und setzt die mühsame Reise nun zu Fuß fort. Als bei einer Rast die Kautschuksammler einen erlegten Tapir bringen, wird ein Feuer entfacht und ein Festmahl zubereitet:

»Beim Anblick der Schenkel, der Innereien und Lendenstücke überkommt uns die gleiche Freßlust, wie sie gewöhnlich den Wilden nachgesagt wird. Mit seinem nackten Oberkörper und dem heiligen Ernst, mit dem er am Werk ist, erscheint mir der Diamantensucher plötzlich ungeheuer archaisch. Daß er ein paar Stirnhaare des Tiers ins

34 Vgl. M. Bachtin: Formen der Zeit im Roman, S. 80f: »Wenn diese vertikalen [zeitlichen] Anfügungen [im mythologischen Denken] auch zu jenseitig idealen, ewigen und zeitlosen erklärt werden, so wird dieses Zeitlose und Ewige doch ein als mit dem gegebenen Moment, mit der Gegenwart Gleichzeitiges gedacht, d.h. als ein Jetziges.«

Feuer wirft hat die Bedeutung eines Sühneopfers und könnte mir eine Strophe der Odyssee erklären.« (PP198)

Die Beschreibung des Ess-Rituals lässt keine Zweifel an seiner Zurichtung zu einer Kontrafaktur des anthropophagischen Mahls aus Freuds Totem und Tabu aufkommen. Ihre Überschreibung durch die ›literarischen‹ Mahlzeiten der Antike (Yannes wird für einen Augenblick »zum Schweinehirten Eumäus«) weist damit auf all jene realen, erinnerten oder fantasierten Mahlzeiten des Textes voraus, in denen – unter den kulinarischen Bedingungen des lateinamerikanischen Urwaldes und »vielleicht in unbewußter Erinnerung an das jahrhundertealte Ritual, Fremde mit Salz, Brot und Wein zu empfangen« (PP180) – überhöhend ›Brot gebrochen, Salz gereicht oder Öl vergossen‹ wird.[35]

Gleichzeitig wird die Episode auch zum Generalbass jener Rituale des Alltags, die der Roman in der Folge beschreibt: die den Rhythmen der Natur folgende Lebensführung der einheimischen Bevölkerung, die Arbeitsteilung der Indianer, das Werbeverhalten der Männer, das Beziehungsverhalten der Frauen ..., die in ihrer Beschreibung durch literarische Überhöhung, eine Poetik verfremdender Entkontextualisierung und wirkungsästhetischer Einrichtung theatralische Qualität bekommen: Der geschickte Umgang der Indianer mit Pfeil und Bogen hat »choreographische Eleganz«, ihre »Technik der Gruppenarbeit, in der das Dach eines Gemeindehauses gedeckt wurde« (PP221) wird als autochthones Teamwork im Kontext des Romans als seit der Steinzeit existierende Arbeitsweise zum subtil ironischen Kommentar zu der von den Avantgarden geforderten gemeinschaftlichen Kunstproduktion. Das Verhalten des Protagonisten angesichts Mouches erotischer Eskapaden wird zum inszenierten Melodram der (im Raufhandel mit Yannes auch körperlichen) Verteidigung längst nicht mehr begehrter ›Besitzrechte‹ auf sie,

35 Zusätzlich erweist sich die Szene als provokante Replik auf lateinamerikanischer Avantgarde Strömungen. Vgl. zur Avantgarde: Knauth: »Lateinamerikanische Avantgarde«, S. 7ff: Der Umstand, dass es sich beim erlegten Tier ausgerechnet um einen *Tapir* handelt, lässt sie als ironisches Echo auf den tropikalischen Modernismus mit seiner »verschieden gearteten Synthese von Modernismus und Primitivismus, Indigenismus und Afroamerikanismus, von tropischer Natur und Surrealismus« (ebd. S. 8) erscheinen: Die totemistische brasilianische Anta Gruppe nennt sich nach dem pflanzenfressendem Totemtier Brasiliens, dem Tapir. Damit gelangt eine Travestie des lateinamerikanischen Modernismo und seiner Bestrebungen einer »[...] kulturellen Selbstaneignung der Neuen Welt« (ebd.) in die Episode, die sowohl an José Martís *Unser Amerika* (1891) als auch an Enrique Rodós *Ariel* (1900) erinnert, einen Text, der dem »[...] zerzivilisierten, materialistischen und imperialistischen Nordamerika (›Caliban‹) ein kultiviertes, spirituelles, europäisch inspiriertes, aber autonomes Lateinamerika mit nur wenigen indigenen Zügen (›Ariel‹)« (ebd.) gegenüberstellt. Vor allem aber erweist sich die Passage als Parodie des Manifesto antropófago, des Menschenfressermanifests Oswald de Andrades aus dem Jahr 1928 und seiner »[...] anti-okzidentalen, anti-kolonialistischen, anti-christlichen, anti-kapitalistischen, anti-aufklärerischen Provokation, letzteres insofern, als z.B. der ›Gute Wilde‹ Rousseaus nur als der moralische Lendenschurz der nackten Gewalt Europas fungierte; dagegen wird die barbarische *Provokation* des *›Bösen Wilden‹*, des Menschenfressers gesetzt: *Tupy or not Tupy that is the question* [...]« (ebd., S. 11, Herv. i.O.).

Rosarios Verhältnis zu ihm zu einem von den Epitheta des Minnesangs durchzogenen mittelalterlichen, literarischen *speculum amoris*, (»ihre Hände sind mein Tisch, sind der Krug Wasser [den] sie mir reicht, sie ist das mit meinen, des Herrn, Initialen versehene Geschirr« – PP196) oder einem alttestamentarischen Sittentableau, das sich zuletzt in die Beschwörung einer Fruchtbarkeitsgöttin der Prähistorie auflöst: »›Deine‹ Frau ist eine Aussage vor jedem Vertrag, vor jedem Sakrament. In ihr liegt die ursprüngliche Wahrheit der Gebärmutter« (PP229). Die Ankunft der Prostituierten, die »jahraus, jahrein« herumziehen, »von Jahrmärkten zu Prozessionen, von Bergwerken zu Pilgerstätten, um die Tage auszunützen, in denen sich die Männer spendabel zeigten« (PP133), wird zu einem spektakulären Theatercoup einer wandernden Komödiantentruppe, eine kleine Stadt am Fluss zum »Reich der Pferde« und dem imaginären Schauspiel des Stierkampfs: »Hier waren die männlichen Spiele zu Hause, das Zähmen der wiehernden Junghengste, das Umwerfen des Stiers, der am Schwanz gezerrt wurde, bis die Kraft dieses der Sonne heiligen Tiers sich im Staub wälzte«. (PP147) Noch die Revolution wird als regelmäßig versuchte Neuinszenierung eines Schauspiels präsentiert, in dem weniger politische Konzepte als asynchrone Diskurse und distinkte Medien – vom Marienbild über das theoretische Traktat bis zum Justizdrama – einander konfrontiert werden: »[B]edenken Sie, daß wir traditionellerweise daran gewöhnt sind, Rousseau und die Ketzergerichte, Madonnenbilder auf den Fahnen und das ›Kapital‹ als gleichzeitig zu betrachten.« (PP67)

Schließlich wird auch das Geschehen der Natur zum aristotelischen Drama, das Naturerscheinungen wie den Donner zum bühnenwirksamen Effekt des Theaterdonners macht:

> »Die Schöpfung ist keine Belustigung, das wissen alle instinktiv, und jeder übernimmt die Rolle, die ihm in der großen Tragödie alles Geschaffenen zugewiesen ist. Aber diese Tragödie spielt sich hier in der Einheit der Zeit, der Ortes und der Handlung ab, selbst der Tod geht aus dem Wirken bekannter Abgesandter hervor, zu deren Ausrüstung neben Gift, Schuppen, Feuer und Miasmen auch Blitz und Donner gehören, welche die am längsten unter uns heimischen Götter an Tagen des Zorns gebrauchen.« (PP249)

Das regelmäßig wiederkehrende Naturereignis einfliegender, das Tageslicht verdunkelnder Schmetterlingschwärme wird zu einem paradoxen Schauspiel von Un-Sichtbarkeit stilisiert, in dem die ägyptischen Plagen und die Tierwanderungen des mittelalterlichen Europa beschworen werden: »Wo sonst die Sonne aufging, war der Himmel von einer rötlichen Wolke [...] wie aus glühender Asche verdüstert.[...] es regnete Schmetterlinge auf die Dächer, in die Gefäße [... so wie] die Chronisten einer fernen Vergangenheit aus Europa berichten, als die Donau schwarz war von Ratten [....].« (PP171)

Wie schon in der Abendgesellschaft ein theoretischer Text, nämlich der Kunstwerkaufsatz Benjamins, das Geschehen als Prätext strukturiert, scheint auch in der Theatralisierung des Vorgefundenen, unter anderem markiert durch das Quevedo-Zitat, das dem sechsten Kapitel des Romans als Motto vorangestellt ist[36], eine theoretische Debatte inszeniert, die am Beispiel der Theater im Text nicht nur seine ›Theaterszenen‹, sondern auch das Schreiben des Romans selbst ambiguisiert: Lassen sich auf der Handlungsebene die Mikro-Theater als Intensivierung einer vorgängigen theatralischen und melodramatischen Wirklichkeit lesen, fungiert das Verfahren auf der poetologischen Ebene als impliziter Kommentar zu einem theatralischen Illusionsprinzip, das – wie in der Dramaturgie Lessings beschrieben – seine Strukturgesetze zunächst in der natürlichen Welt findet. Monika-Schmitz-Emans kommentiert in ihrem Aufsatz *Verkehrte Welten* die Funktionalisierung »der ›natürlichen‹ Motivation aller Handlungen« für die Illusionserzeugung: »Als Bedingung der Bühnenillusion erscheint [...] die Erzeugung einer zwar historisch geprägten und variablen, dabei aber in sich geschlossenen, innerlich ›stimmigen‹ Welt.«[37] In den Textbildern scheint eine solche geschlossene Welt in Korrespondenz mit einer referentialisierbaren Wirklichkeit abgebildet zu sein. Gleichzeitig lässt die Theatralisierung des Vorgefundenen über ihre explizite Zurschaustellung aber nicht nur an ein surrealistisches und das Theaterkonzept des spanischen *Siglo de oro*[38], sondern auch an die Realisierung eines romantischen Konzepts denken, das das Illusionsprinzip erschüttert und damit ironisch intensiviert:

»Galt die Erzeugung illusionärer Eindrücke [... Lessing] noch als der rechte Weg zur Erzeugung poetischer ›Wahrheit‹, so wird das Illusionsprinzip schon wenige Jahrzehnte später jenen Theoretikern verdächtig, die durch die Rückbindung der dramatischen Darstellung an eine hypostasierte ›Natur‹ die Autonomie der Kunst gefährdet sehen. Nicht in der Verankerung in einem außerpoetisch Seienden wird die Wahrheit der dramatischen Kunst zu begründen versucht, sondern im Bekenntnis zu dessen Spielcharakter - dem Inbegriff der Freiheit poetischer Schöpfung. Die Poesie setzt ihr eigenes Reich - so der klassische - romantische Konsens.«[39]

36 PP303: »Und was ihr Sterben nennt, ist das Ende des Sterbens; und was ihr Geburt nennt, ist der Anfang des Sterbens; Und was ihr Leben nennt, ist das Sterben im Leben. Quevedo, Los Sueños.«

37 Monika Schmitz-Emans: »Verkehrte Welten - Überlegungen zur Modellfunktion des dramatischen Spiels in der Romantik und bei Pirandello«, in Rössner/Hausmann (Hg.), Theatralisierung der Wirklichkeit und Wirklichkeit des Theaters (= Akten des 3. Pirandello-Kolloquiums in Wien vom 29.-31. Mai 1986), Bonn: Romanistischer Verlag 1988, S. 84-104, hier S. 84.

38 Vgl. V. Roloff: »Surrealismus, Medienästhetik«, S. 14: »[Es überrascht nicht], dass der Surrealismus vor allem in der hispanischen und hispano-amerikanischen Welt - mit deutlichen Rückgriffen auf spanische Mythen und Bilderwelten, barocke Traditionen des ›theatrum mundi‹, der Groteske und Satire - neue Formen der ars combinatoria, der intermedialen Inszenierung entwickelt. [es geht immer] um Spielformen der Lebenswelt und Gesellschaft, und damit um das Imaginäre als ein Element des Alltags selbst. Wie schon im Siglo de oro gehören die besonderen spanischen Traditionen und Spielformen nicht nur zu einer Welt der Literatur und Künste, sondern schaffen - als Formen der Theatralisierung des Alltags und der Inszenierung sozialer Repräsentation - kulturelle Bedingungen und Topoi, die im Surrealismus in einer karnevalesken Verkehrung und Verfremdung wieder auftauchen.«

39 M. Schmitz-Emans: »Verkehrte Welten«, S. 85.

Das Verfahren der Häufung, des Spiels im Spiel, die Verwischung der Hierarchie zwischen den Textebenen, die sich ergebenden Metalepsen und die in der ironischen Überhöhung sichtbar werdende Autoreferentialität unterstreichen den forcierten Kunst-Charakter der gezeigten Szenen. Die Potenzierung des Scheinhaften denunziert, so Schmitz-Emans unter Hinweis auf Friedrich Schiller, »in der dramatischen Illusion, ›wenn sie auch wirklich zu leisten wäre‹, einen ›armseligen Gauklerbetrug‹«[40]. Wie im Barocktheater wird im romantischen Theater das Bühnenspiel zur Chiffre des *theatrum mundi*.

»Durch den Verweis auf sich selbst sichert sich der Schein seine übertragene Bedeutung. Während im Barock aber Gott als Schöpfer, Spielleiter und Richter des Weltspiels die Verankerung des irdischen ›Theaters‹ in einer umfassenden Heilswahrheit zu sichern schien, entwirft schon die Romantik ein Konzept der Theaterwelt, die nur noch aus Kulissen ohne Hintergrund besteht.«[41]

Die vorgeführte Fabrikation von Kulissen und Augenblickstheatern legt eine Poetik frei, die das Kunstwerk nicht mehr ausschließlich an eine vorgängige referentialisierbaren Wirklichkeit bindet, sondern – trotz der zunächst sich einstellenden Anmutung ethnologischer Akkuratesse – den Kunst- und Kulissencharakter der Theaterszenen betont. Sie erweisen sich, wie es Roloff für den Surrealismus beschreibt, als »intermediale Spielformen, Szenarios der Schaulust und Spielfreude, bzw. intermediär kulturelle Zonen, die die gewohnten Oppositionen von Realität und Imagination, Authentizität und Rollenspiel, Wahrheit und Simulation unterlaufen«[42]. Der Übergang zwischen Leben und Theater ist fließend, Theatralität erscheint als Figur, als situativer Wahrnehmungsmodus, »[...] der es den Zuschauenden, also den Schaulustigen überlässt, ob eine Situation bzw. Szene als theatral oder nicht theatral empfunden wird«[43].

Damit wird die zur Schau gestellte und damit selbst theatralisierte Theatralisierung der vorgefundenen Formen zum Gegenstück der in der Nicasio-Episode (5.2) und der Kaleidoskop-Optik der Vichada-Passage (5.13) thematisierten Grenzen des Schreibprozesses und weist ihn damit erneut als Gegenstand seiner selbst aus. Wieder wird die vorgeführte wunderbare Wirklichkeit, wie schon bei den geschriebenen Landschaftsbildern, als Effekt einer Schreibweise und als Produkt medialer Zurichtung gezeigt.

Auch die Rituale des Festes, die Messe im Urwald, die Jahrmarktsumzüge, die Mysterienspiele, die Fronleichnamsprozession ... werden nicht als soziale Formen des Landes, sondern überhöhend als Inszenierungen ihrer selbst gelesen. Der Zuschauer wird über seine Assemblage des Vorgefundenen zu Requisiten und Bühnenbild[44] zum Regisseur: Die reale Umgebung

40 Ebd.

41 Ebd., S. 89.

42 V. Roloff: »Surrealismus, Medienästhetik«, S. 19.

43 Ebd., S. 20.

44 Sowohl Rezeption als auch Rezeptionsbrechung werden reflektiert: »Ich versicherte mich zwar der Elemente dieser Szenerie. Aber in der Feuchtigkeit dieser Welt waren die Ruinen ruinenhafter, sprengten die Kletterpflanzen die Steine anders, hatten die Insekten andere Manien, und die Teufel waren teuflischer, wenn tanzende Neger unter den gehörnten Masken winselten.« (PP153)

und die Sänger werden in den Schauplatz und die Akteure eines Theaters verwandelt. Die Performanz des Arrangements (»unter all diesen wie alte, verlassene Burgen zerfallenen und mit Schwamm bedeckten Mauern« bekommt das Lied »etwas Schauerliches« – PP152) wirkt auf den Arrangeur zurück und macht ihn buchstäblich zum Zuschauer der eigenen ›Vorstellung‹. Die Musikanten singen nach der Prozession ihre Lieder,

»[...] und plötzlich führte mich ihr Gesang weit über mein eigenes Zurückdenken in die Geschichte hinaus. Die zwei schwarzgesichtigen Spielleute sangen Stanzen über Karl den Großen, über Roland und den Bischof Turpin, über den Verrat Ganelons und das in Roncesvalles mohrenspaltende Schwert Durandart. Wir waren schon an der Anlegestelle, da sangen sie noch die Geschichte der Infantin von Lara.« (PP152)

Das reale Geschehen dient nur noch der Initiation der Memoria, die – durch dramaturgische Einrichtung – tansgressives Vorstellungstheater produziert und über diese mediale Transformation in ein theatrales *ready-made* auch die Semantik des Geschehens umschreibt.

Diese Technik einer die Medien und Register wechselnden Repräsentation spiegelt sich metonymisch in jenem Technikdiskurs, der den Roman in dessen Subtext – bis zur Thematik der Prometheuskantate des Protagonisten[45] – durchzieht, und auch immer wieder an die Oberfläche der Handlungsebene gelangt: Sind es einerseits die alten Techniken der einheimischen Bevölkerung[46], so sind es andererseits jene der Gegenwart: »Mit erstaunlicher Leichtigkeit waren die modernen Maschinen assimiliert worden, ja manche Methoden [...] gehörten hier zur Alltagsroutine. Der Fortschritt dokumentierte sich in den kurzgeschorenen Rasenflächen, am Prunk der Botschaften, an der Vielfalt der Brot- und Weinsorten...« (PP53), stellt der Protagonist bei seiner Ankunft fest. Die »ewig gleichen Schilder über den Nachtlokalen mit ihrer Leuchtschrift« (PP61), die Telefone und Hochspannungsleitungen, Music-Boxen und Ölpumpen, die modernen Verkehrsmittel, die »Theaterscheinwerfer«[47], die Los Altos ausleuchten, sind Fakten der lateinamerikanischen Realität, die zwar das Reisen und die buchstäbliche Sichtbarkeit des Landes ermöglichen, gleichzeitig aber als dessen Ursprünglichkeit zerstörend bis zur Inzitation des Maschinenmythos des Popol Vuh (siehe 5.14) beklagt werden:

45 Zu Prometheus als Kulturheros, als Feuerbringer, Menschenformer, Vermittler von Heilkunde, Seefahrt, Meteorologie, Weissagung, Erfinder der Schrift ... vgl.: Edgar Pankow/Günter Peters (Hg.), Prometheus. Mythos der Kultur, München: Wilhelm Fink Verlag 1999. Wieder wird ein Thema im Subtext gebrochen: Alexander Skrajabin komponiert 1909/10 seine Sinfonische Dichtung *Promethée. Le Poème du feu* für großes Orchester, Klavier, Orgel, Chor und Farbenklavier, das Chromola, das Farben auf eine Leinwand über dem Orchester projiziert.

46 PP147: »Sie beherrschten hier jahrtausendealte Techniken, die ihre Hände mit Eisen und Fell in unmittelbare Berührung brachten, sie die Kunst des Zureitens und Zähmens lehrten [...].«

47 Siehe zum Thema des künstlichen Lichtes und der Beleuchtung des öffentlichen Raumes, das hier nicht vertieft werden kann: Wolfgang Schivelbusch: Lichtblicke. Zur Geschichte der künstlichen Helligkeit im 19. Jahrhundert (= ftb 16180), München: Fischer Taschenbuch Verlag, 2004, insb.. ›Die Straße, (Nachtleben)‹, S. 83-138.

»Für ein Dorf [ist] es interessanter, sich die Erinnerung an das Rolandslied zu bewahren, als fließend warmes Wasser im Haus zu haben. Mir [gefiel] es, daß es noch Menschen gebe, die nicht bereit seien, ihre Seele gegen eine automatische Vorrichtung einzutauschen, die mit den Handwäscherinnen zugleich deren Lieder mit fortnahm und einer tausendjährigen Folklore ein Ende setzte.« (PP159)

Der Umstand, dass die modernen medialen Bedingungen den Lebensstil, dessen Routinen und Rituale und die Memoria neu konfigurieren, ist nicht nur als erneuter medientheoretischer Kommentar, sondern auch als indirekter autopoetologischer Verweis lesbar, der auf die *techné* der Überzeichnung der medialen und textsortenadäquaten Prägung der Beschreibungen abzielt.

In gesteigerter Form wird dies an zwei bemerkenswerten Begebenheiten sichtbar, die durch den Protagonisten radikal überdeterminiert werden und damit paradox auf ihre zurichtende Poetik verweisen:

Zu einem – das buchstäblich zur Schau gestellte Pathos durch subtile Ironie autoreferentiell unterlaufenden – Drama wird eine Episode in Puerto Anunciación. Der Vater Rosarios ist gestorben, im Haus, in dem die Dorfbewohner versammelt sind, wird eine Totenwache abgehalten (PP166ff). Die an den Sarg tretenden Töchter beklagen, wie es im Dorf üblich ist, den Toten laut, verlieren die Besinnung, stürzen zu Boden, müssen entkräftet aus dem Raum geführt werden. Dem Protagonisten wird die expressive Verzweiflung zum »Auftritt«, werden die Zeremonie zur »griechischen Tragödie«, die Bäuerinnen zu »Choephoren [...] Königstöchtern, erhabenen Hündinnen, heulenden Trojerinnen auf der Flucht aus brennenden Palästen« und schließlich die Ehefrau zur »gewaltigen Hekuba, die ihre Einsamkeit verfluchte, über den Trümmern ihres Hauses schluchzte und schrie, daß kein Gott sei«. Die genuine Theatralik des Geschehens wird nicht als der Umgebung angemessene symbolische Form eines Abschieds, sondern ästhetisierend über das konstatierte »großartige Gespür für Dramatik» wahrgenommen und zu einem Schauspiel von antiker Wucht in »den nobelsten Formen eines tausendjährigen Rituals« stilisiert. Die Kontrastierung mit der Erinnerung an die schäbigen und mittelmäßigen Bestattungen in der amerikanischen Großstadt, die sich beim Protagonisten einstellt, verrät die überhöhende Wahrnehmung als dem Wunsch nach einer Intensivierung der Differenz geschuldet, der den Blick auf das tatsächliche Geschehen verstellt und die Exotisierung des Anderen vorantreibt. Mögen die konkrete Szene und die griechische Tragödie strukturell vergleichbar und auf früheste Rituale rückführbar sein, so wird eben in der Inzitation dieser frühesten Rituale (in einer Betonung der vertikalen vor der horizontalen Zeitdimension) eine Idealität aufgerufen, unter deren Sog – begleitet und ermöglicht von einem Medienwechsel – das Konkrete und Gegenwärtige verschwinden.

Zur Entstehung der Musik aus dem Geist der Tragödie (und damit erneut einer – diesmal invertierenden – ironischen Theatralisierung eines theoretischen Textes) wird ein Schamanenritual im Urwald (PP233ff): Indianer bringen einen durch den Biss einer Klapperschlang getöteten Jäger, der Zauberer beginnt ein Ritual, um die Todesboten zu verscheuchen. Nach rituellem Schweigen erklingt »ein Wort, das schon nicht mehr nur gesprochenes Wort ist. Eine Stimme in der Sprache des Sprechenden und eine in der Stimme des Geistes, der von der Leiche Besitz ergriffen hat.« In einem Gesang aus Geheul, Gekeuche, Röcheln, Silben, Wörtern, Verwünschungen, alternierend hervorgebracht von Kopf und Bauchstimme, entsteht – »im Kontrapunkt [sic] zur Maraca« – ein Ritual[48], dessen Faszination sich der Protagonist nicht entziehen kann. Die emotionale Überwältigung wird in einer Expertise des Musikwissenschaftler abgefangen[49], die das Ereignis zugleich überhöht: »Im Mundes des Zauberers, des orphischen [sic] Beschwörers, verröchelt unter Krämpfen und erstirbt die ›Threnodie‹ – denn dieses und nichts anderes ist sein Klagegesang gewesen – und offenbart mir, der ich wie geblendet bin, daß ich eben der Geburt der Musik beigewohnt habe.«[50]

Ist es bei der Totenwache der Wunsch nach Differenz, der die Umschrift vorantreibt, so lässt sich im Schamanenritual ein Wunsch nach ›stereophoner‹ Wahrnehmung lesen, die beide Signifikationssysteme, das der Zeremonie und jenes der Musikwissenschaft unversehrt ineinanderlesen möchte. Der Körper des bauchredenden/singenden Zauberers wird zum Bild dieser Dialogizität, die freilich nicht auf Dauer gelingt. Wie der Gesang des Medizinmannes über dem toten Jäger endet, den er den Geistern überlassen muss, siegt der intellektuelle Zugriff über das animistische Erleben, indem er dessen angemessenen Modus der Vergegenwärtigung (Teilnahme und einfühlenden Mitvollzug) durch den Modus des Erinnerns (Betrachtung und Verstehen im Modus der Wissenschaft) ersetzt: Als Threnos entsteht das Werk erst durch seine Transposition in das mediale System okzidentaler Musiktradition.

6.4 Das Drama der wunderbaren Wirklichkeit. Eine Dekonstruktion

Das führt zu jenem *real maravilloso*, das viele seiner Interpreten in Carpentiers Roman festgestellt haben. Angesichts der Überzeichnung und Dramatisierung des Vorgefundenen zu einer stets wunderbar anmutenden Wirklichkeit liegt hier zunächst die Frage nahe, inwiefern diese Umschrift in der

48 Zu einer musikwissenschaftlichen Verortung des Rituals vgl.: A. Vejvar: »Threnodie«, S. 72ff.

49 Die Expertise ist ein Musterbeispiel einer musikalischen Ekphrasis die Bildungsort der Stimme, Variationstechniken, Klangfarben, Modulation, Dynamik des Gesanges expressiv wiedergibt. Vgl. G. Wild: Paraphrasen, S. 207f: »Das Protokoll des primitiven ›Threnos‹ ist nicht weniger präzise als Carpentiers Kommentare zur Musik Beethovens. Er hat hier eine Partitur mit präzisen Anweisungen niedergelegt, die es gestatten, die Performance des Schamanen klanglich zu realisieren. Freilich handelt es sich nicht mehr um eine Partitur, die die Notation im Sinne der klassisch-romantischen Musik Europas wiedergibt. Daß die Partitur bei all ihren Finessen stets nur ein für diese Musik geeignetes Traditionsmedium darstellt zeigen die Notenschriften früherer Epochen und die weitgehend auf mathematischer und verbaler Kodierung basierenden Partituren der Avantgarde. Dies wirft die Frage auf, inwieweit Carpentier bei der ›Notation‹ der imaginären ›Threnodie‹ solche Partituren Neuer Musik vor Augen hatte, wofür sein Umgang mit musikalischen Parametern ein Beleg ist.«

50 PP255: »Was ich gesehen habe ist älter als die Threnodie, mit der Aischylos den Kaiser der Perser wieder zum Leben erweckt, älter als die Ode, mit der die Söhne des Autolykos das schwarze Blut stillten, das aus der Wunde des Odysseus strömte, älter als der Gesang, den der Pharao Unas auf seiner Reise ins Jenseits vor Schlangenbissen schützen soll.«

Struktur des Reiseromans und seiner episodischen Abenteuer selbst angelegt ist. Über seine Partizipation an der Erzählweise des Ritterromans und seiner *aventiûren* (die im Roman im Wechsel der stilistischen Register – vom genus humile zum hyperbolischen Schreiben – markiert wird) konkretisieret er auch dessen Organisationsformen. Dabei interessiert hier weniger sein Chronotopos in der Gestalt der Organisation der Zeit und des Raumes, wie sie Bachtin beschrieben hat (obwohl er in Carpentiers Roman von der Textoberfläche bis in seine Mikrostruktur eingelöst wird)[51], sondern das, was Bachtin als das Neue und Wesentliche des Chronotopos des Ritterromans benannt hat: dessen wunderbare Wirklichkeit. In den Abbrüchen der Zeit, »[...] wo die normalen, realen und gesetzmäßigen Zeitreihen abreißen (wo sich eine Kluft auftut)«, nehmen die Ereignisse eine unerwartete Wendung. »Die ganze Welt wird wunderbar, und das Wunderbare wird selbst zu etwas Gewohntem (ohne deshalb aufzuhören, wunderbar zu sein. [...] Man erwartet das Unerwartete und man erwartet nur dieses.«[52]

In *Los pasos perdidos* wird dieses genreszpezifische Wunderbare des Abenteuer- und Reiseberichtes, das im Ritteroman zum generischen Zwang wird, in einer Weise hergestellt, die weitere Überlegungen nahelegt. Die mediale Umcodierung von lebensweltlicher Handlungsroutine und mythischem Ritual zu sozialem Theater und Kunst lässt sich auch als Vollzug der zeichentheoretischen Prämisse des Romans lesen, die die Signifikationssysteme lebensweltlicher Pragmatik und der Religion durch jenes der Kunst ersetzt. Das handlungsbezogene und magisch-mythisch strukturierte Leitmedium der lateinamerikanischen Realität wird unter dem Druck abendländischer Signifikanten und medialer Bedingungen[53] zum Schauspiel einer wunderbaren Wirklichkeit, die ihre paradoxe Genese aus dem Geist der Aufklärung und immerwährender Konquista nicht verleugnen kann. So wie für die Bewohner der Gegend um den Mt. St. Victoire der Berg hinter den zu beackernden Fel-

51 M. Bachtin: Formen der Zeit im Roman, S. 84f: »Wir stoßen hier auf [...] zufällige Gleichzeitigkeit und Ungleichzeitigkeit, auf das [...] Spiel von Ferne und Nähe, auf [...] Retardationen [auf den] Chronotopos dieses Romans – eine auf mannigfaltige Weise fremde und etwas abstrakte Welt [...] Generell läßt sich im Ritterroman ein subjektives Spiel mit der Zeit beobachten.« Hier auch andere den Ritterroman organisierende Elemente: die Erprobung des Helden, der Liebestreue, die Identitätssuche, Wiedererkennen und Nichtwiedererkennen, die sich in Los pasos perdidos in Varianten wiederfinden.

52 Ebd., S. 85. Es ist bemerkenswert, dass sich der genrespezifische Chronotopos nicht nur als strukturierendes Prinzip der Organisation von *Los pasos perdidos* erweist, sondern sich auch in die ›wunderbare Wirklichkeit‹ selbst einschreibt. Dabei gewinnt er offenbar eine persuasive Qualität, die sich auch in den Lektüren des Romans (eine Reise in die zeitgenössische Realität Lateinamerikas) als Geschichte einer Zeitreise widerspiegelt.

53 Vgl. PP138f: »[...] die tausend Bücher, die [der Protagonist] gelesen hatte«, dessen »Bildung [... und] Kultur mit ihren Verzerrungen« und »die Vorstellung von der Kugelgestalt der Erde«, die ihn von Rosarios »Aberglauben« trennen. Damit sind nicht nur eine inhaltliche, sondern auch eine mediale Differenz und eine daran gewonnene Medien-Kompetenz markiert, die die Repräsentation der Wirklichkeit in unterschiedlichen Signifikationssystemen und die Interdependenz von Signifikationssystem und Wirklichkeit reflektieren und nutzen kann.

dern und den gegen Raubtiere zu verteidigenden Viehweiden unsichtbar bleibt, ist die wunderbare Signifikanz der Ereignisse und Landschaften der bereisten Welt in der religiösen und Alltags-Wirklichkeit ihrer Menschen aufgehoben.[54] Erst der Blick von außen, der Blick des Fremden (der ästhetische Blick Cézannes oder des heimkehrenden Protagonisten) oder die Brechung durch andere Signifikationssysteme, wie jenes eines okzidentalen Kunstdiskurses, macht sie als etwas ›anderes‹ sichtbar, das immer das Andere des Anderen bleibt.[55]

Damit lässt sich in einer strukturalen Lektüre die Unfähigkeit des Protagonisten, bei seiner Wiederkehr die Zeichen der Vichada zu finden, als das Versagen lesen, hinter den durch seine Um- und Überschreibung erzeugten eigenen Zeichen die der Anderen wiederzufinden.

»Eines Tages begeht man den unverzeihlichen Fehler, das Erwanderte zurückzuwandern in dem Glauben, das Außergewöhnliche werde sich zum zweiten Mal ereignen, aber wenn man zurückkommt, sind die Landschaften verschoben, die Anhaltspunkte gelöscht, die Gewährsmänner haben das Gesicht verändert [...].« (PP344)

Die ursprünglichen Zeichen sind im Palimpsest der Beschreibungen gelöscht und damit stumm geworden. In der Tat fällt auf, dass der Text – außer dem von den Mythen der Konquista [sic] erzählende Pater – niemandem als dem monologisierenden Autor das Wort lässt.[56] Die Geschichten der anderen, selbst jene des Adelantado, werden in pointierter Erzählerpose in einer *double focalization* vom Protagonisten selbst referiert, der sie usurpiert und seiner Erzählung unterwirft. Es ist insofern auch mehr als ein »Standesunterschied«, wenn der Adelantado mit Selbstverständlichkeit »und ohne jede Bosheit, wenn er von einem seiner Streifzüge spricht, sagt: ›Wir waren drei Männer und zwölf Indios.‹ Ich stelle mir vor, daß diese kritische Unterscheidung auf die Frage nach der Taufe [und damit auf den kirchlich-kolonialen *Subjekt*-Status] zurückgeht«. (PP203)

So wie die nie beschriebenen, ›verschwundenen‹ Landschaften (siehe 5.11) werden auch die nicht mitgezählten Indianer und die Stummheit des Landes zur Signatur der Verweigerung eines Seins, das sich jeder Repräsentation entzieht. Marcos und die ›Dolmetscherin‹ Rosario (die »nichts von der Geschichte [wissen]« (PP352), also auch nichts von deren Geschicht-en und Namen), kehren in eine Welt zurück, die sie in Wirklichkeit nie verlassen haben, und zu der der erklärende und namengebende Protagonist keinen Zutritt hat. Wenn er zuletzt feststellt, »Ich bin durch die Zeitalter gewandert, ohne mir bewußt zu werden, daß ich auf die heimliche Enge dieser größten aller Pforten gestoßen bin« (PP350f), lässt sich darin nicht nur die Vichada, an der die Männer in Booten aus der bekannten in die unbekannte Welt über-

54 Vgl. PP231: »Diese Wesen, [...] die nackt sind, ohne es zu wissen, wie Adam und Eva vor dem Sündenfall.«

55 Auch Rössner hat auf den »Denkfehler« Carpentiers hingewiesen, der darin besteht, dass für den Bewohner des Paradieses das Wunderbare nicht besondere, sondern normale Realität ist. Es lässt sich erst über ein fremdes Bezugssystem statuieren. Vgl. M. Rössner: Verlorenes Paradies, S. 229.

56 Vgl. zum Verstummenlassen der einheimischen Bevölkerung im Text: B. Korte: Der englische Reisebericht, S. 143ff; – ebenso: Ch. Kiening: Das wilde Subjekt, S. 31-34.

setzen, sondern auch jener Ort der Übersetzung ausmachen, an dem sich die Bedeutungen überkreuzen und die von Benjamin konstatierten Hinzufügungen des Übersetzungsvorgangs sichtbar werden.[57] Diese Hinzufügungen in Gestalt forcierter Überhöhung ins Wunderbare lassen sich nicht nur historisch-kritisch in einer postkolonialen Analyse als ›Orientalismen‹[58], sondern auch, wie Tzvetan Todorov beschrieben hat, als Konkretisation des zeichentheoretischen Problems miteinander inkompatibler Zeichensysteme verstehen.[59] Die Zeichen der anderen werden mit den eigenen diskursiven Strategien entschlüsselt und durch Nachträglichkeit entstellt, die eigenen Zeichen werden in die fremden eingelesen, ohne dass beide einander in einer dialogischen Struktur konfrontiert werden, die ein *in-betwee*n – Bhabha (einen *Chorismus zweier Sinnwelten* – Benjamin) entstehen ließe. Die Begegnung wird stattdessen zur Machtprobe unterschiedlicher Signifikationssysteme.[60] Insofern lässt sich die emphatische Überhöhung als Variante der Eroberung des Kontinents oder als Kontrafaktur jener (als Beschreibung eines locus amoenus zugerichteten) Schilderung in Kolumbus' *Erstem Brief aus der Neuen Welt* lesen, in der er angesichts der überwältigenden Natur mit ihren tropischen Bäumen und fremden Vögeln von Pinien und singenden Nachtigallen berichtet.[61]

Roland Barthes hat in seinem Buch Das Reich der Zeichen den Traum beschrieben,

»[...] eine fremde (befremdliche) Sprache [zu] kennen und sie dennoch nicht [zu] verstehen: in ihr die Differenz wahrnehmen, ohne daß diese Differenz freilich jemals durch die oberflächliche Sozialität der Sprache, durch Kommunikation oder Gewöhn-

57 Insofern, als dies der Ort einer Grenze ist, an dem Bedeutungen ausgehandelt werden, lässt er auch an Homi Bhabhas Konzept des dritten Raumes denken, eines hybriden Schwellenraumes der Identitätsbestimmung. Vgl. Homi K. Bhabha: Die Verortung der Kultur (= Stauffenburg Discussion, Studien zur Inter- und Multikultur, Band 5), Tübingen: Stauffenburg Verlag 2000, S 55ff.

58 Vgl. Edward W. Said: Orientalism, London: Penguin Classics 2003.

59 Vgl. T. Todorov: Die Eroberung Amerikas, insb..: ›I Entdecken: Colón als Hermeneut‹ S. 23-46, ›II Erobern: Die Gründe des Sieges, Moctezuma und die Zeichen, Cortés und die Zeichen‹, S. 69-154.

60 Ebd., S. 102: »[Die] größere Effizienz des christlichen [abendländischen] Diskurses [macht den] Dialog stark asymmetrisch.«

61 C. Kolumbus: Der erste Brief aus der Neuen Welt, S. 17ff: »Die Bäume hier verlieren, wie ich meine, niemals ihre Blätter, denn ich sah sie ebenso grün und prächtig wie normalerweise in Spanien im Monat Mai. [...] Es sang die Nachtigall und auch verschiedene andere Vögel ohne Zahl [...] Es gibt auch wunderbare Pinien, Äcker und großflächige Wiesen [...].« Ebd., S. 57, der Hinweis des Herausgebers Robert Wallisch: »Spätestens mit der Nennung der ›Nachtigall‹ verwandelt sich die ethnographische Landschaftsbeschreibung in einen klassischen *Locus amoenus* nach dem Geschmack der lateinischen Dichtung.« Vgl. zur Idealen Landschaft auch A. Koschorke: Horizont, S. 122: »Die ideale Landschaft empfängt ihre Weihe und ihren repräsentativen Anspruch von außen, durch Arrangement, Verklärung und mythologische Überhöhung, literarisch durch einen begleitenden, die Anschauung ins Allgemeingültige hebenden Diskurs.«

lichkeit eingeholt oder eingeebnet würde. [...] mit einem Wort, ins Unübersetzbare hinabsteigen und dessen Erschütterungen empfinden, ohne es je abzuschwächen.«[62]

Auch der zurückkehrende Protagonist begreift, dass »die neuen Welten gelebt werden [wollen], ehe sie sich erklären lassen« (PP350). Die Veränderungen, die er bei seiner Rückkehr vorfindet, andere Menschen, nun leerstehende Häuser, einen neuen Wirt, einen misstrauischen, gehetzten Yannes ... bilden seinen anderen Status ab: Der Reisende (»Selbst Rosario hat nur den Besucher in mir gesehen« – PP350), der nun zum Einheimischen werden will, muss einen Preis bezahlen, der darin besteht, hinzunehmen, dass die Wirklichkeit nicht mehr wunderbar, sondern nur noch wirklich ist: »Ich versuche eine schmerzhafte Wahrheit in Worte zu fassen [...] und sage, daß man außergewöhnliche Wege unbewußt gehen muß, ohne ein Gefühl für das Wunderbare in dem Augenblick, in dem man es erlebt.« (PP343) Die Verstörung des Protagonisten, der die Nachträglichkeit des Wunderbaren begreift, lässt sich nicht nur als jene des enttäuschten Liebhabers und desillusionierten Träumers lesen, sondern, wie Barthes in seinem Buch über Japan beschreibt, als jene »Zerrüttung der Person« die mit der »Umwälzung der alten Lektüren« einhergeht, »eine[r] Erschütterung des Sinns, der zerrissen und bis zur unersetzlichen Leere erschöpft wird.«[63]

Dass hier die Sisyphusarbeit[64] der Beschreibung und Überhöhung ins Wunderbare endet oder enden könnte, findet sich in einer – trotz ihrer Unauffälligkeit bemerkenswerten – Miniatur abgebildet: Die Zimmer des Gasthofs »sind noch wie früher, nur die alten naiven Farbdrucke an den Wänden fehlen« (PP334). Dieses Verschwinden der Bilder lässt sich als Metonymie der ersehnten Ersetzung der Repräsentation durch Präsenz, Erschütterung und Beziehung (in der Diskursform Liebe etwa zu Rosario) lesen. Noch in der erzählerischen Vermittlung dieser Ersetzung zeigt sich allerdings, dass der Protagonist dem Drama der Repräsentation nicht entgehen kann, das erst damit auch zum Drama des Verlustes wird, den er beklagt.

In der bis zu ihrer Sichtbarkeit applizierten Schreibbewegung der Umcodierung werden die vermittelte Wahrnehmung, ihre Überschreibung, die Übersetzung und die – durch intermediales Schreiben intensivierte und reflexiv gemachte – Medialität des Wunderbaren selbst offenlegt. Damit wird im Roman *Los pasos perdidos* selbst auf der poetologischen Ebene die auf der Handlungsebene forcierte wunderbare Wirklichkeit nicht als genuine Eigenschaft des Vorgefundenen, sondern als diskursives Produkt von Nachträglichkeit und Überschreibungsvorgängen dekonstruiert. Sie erweist sich als Effekt einer (an der Ästhetik des Surrealismus geschulten) Wahrnehmung und Schreibweise der Entkontextualisierung, des *merveilleux*, der Überhöhung, der Montage und des Dépaysement, die den Ort des Wunderbaren in das rezipierende Subjekt verlegt.

62 Roland Barthes: Das Reich der Zeichen (= es 1077, Neue Folge Band 77), Frankfurt am Main: Suhrkamp Verlag 1981, S. 17.

63 Ebd., S. 16.

64 »Die Ferien des Sisyphus sind heute zu Ende.« (PP352)

6.5 Die Entstehung des Rituals aus der Oper. Eine Filmszene

Die umcodierende Überschreibung der vorgefundenen lateinamerikanischen Signifikanten durch okzidentale Diskurse macht auch vor den Signifikanten des okzidentalen Kunstdiskurses selbst nicht halt. Wie schon in der Venusbergepisode das Arrangement vorgefundenen Signifikanten neue Signifikanten generiert, wird auch die Opernvorstellung in der lateinamerikanischen Stadt (PP58ff) zu einer diskursiven und generischen Collage arrangiert, die über sich selbst hinausweist.

Der Protagonist und Mouche besuchen eine Aufführung von Donizettis *Lucia di Lammermoor*, die sie schon in der Pause verlassen. Über die unterschiedliche Beurteilung der Aufführung kommt es zwischen beiden zu heftigem Streit. Während Mouche sich – wie der Protagonist unterstellt, »weil es die Losung ihrer Generation war, die Oper zu belächeln« – über die stehengebliebene Ästhetik der Aufführung mokiert und sie mit jener Lucia vergleicht, »die Madame Bovary in Rouen hört«, wird der Opernbesuch für ihn zu einem mehrfach überschriebenen Schauspiel, in dem die Oper selbst (das *mixed-media* von Walter Scotts The *Bride of Lammermoor* und Donizettis Musik) nicht mehr in den Blick kommt, sondern nur noch als Auslöseimpuls und Agens für einen fiktiven Medienwechsel *sui generis* fungiert.

Gerhard Wild hat darauf hingewiesen, dass in den Streit zwei musiktheoretische Texte eingeschrieben sind: Mouches Geringschätzung der Oper »[...] verweist auf die von Nietzsches späten Polemiken ausgehende Kritik an der ›Kultur der Oper‹, die in der völligen Ablehnung des bürgerlichen Musiktheaters durch die Surrealisten gipfelte«[65]. Die identifikatorische Wahrnehmung der Oper durch den Protagonisten überschreibt, insofern als er an einer Ressentiment-Haltung partizipiert, die »[...] den Kulturbetrieb als scheinhaft und ausgelaugt diskreditiert, [Adornos] Theorie des Musikhörens als eine Mixtur von ›Ressentiment‹ und emotionaler Rezeption«, die den Protagonist die Opernaufführung »anthropologisier[en lässt], um verschüttete Lebenswelten aufsuchen zu können.«[66] Zusätzlich ist die Opernaufführung durch eine – allerdings nur bruchstückhafte – musiktheoretische Expertise des Protagonisten überschichtet (»eine Opernaufführung, die noch ganz in der Tradition der Bravourarien, der Koloratur und der Fioritura stand [...]. Es würde zum Beschluß des Abends ein Singspiel geben« -PP58f), die die Geschichte der Aufführungspraxis der Oper im 18. Und 19. Jahrhundert und die sie bedingenden gesellschaftlichen Umstände rekapituliert und rezeptionsästhetisch wendet: Das Einlesen des historischen und situativen Kontextes (»diese Bühne, auf der die Sängerinnen vor einer gewaltigen Vegetation herabwallender Lein-

65 G. Wild: Paraphrasen, S. 186.

66 Ebd., S. 185. Gerhard Wild hat auf die Differenz zwischen der Beurteilung der Oper durch den Protagonisten und Carpentiers eigener Einschätzung verwiesen, der in seinem 1946 in Mexiko erschienen Buch *La música en Cuba* die Wirkungsgeschichte der italienischen Oper im Musikleben Havannas als Verhinderung »[...] einer notwendigen Repertoireerweiterung und musikalischen Erneuerung [...]« (vgl. ebd., S. 187, FN 114) durch die Dominanz der italienischen Oper konstatiert hat.

wände zu größerer Wirksamkeit ihrer Arien die Hand aufs Herz legten« – PP59) wird zum avancierten Vergnügen stilisiert.

Es entsteht zunächst über die Aufgabe der Rezeption der Oper zugunsten einer autobiografischen Lektüre. Das, was der Protagonist an ihr lächerlich finden könnte, die ästhetisch stehengebliebene Aufführung oder »das altmodische Bühnenbild mit seinen verqueren Perspektiven, seinen Attrappen und seinem Hokuspokus« wird in einen Auslösereiz gewendet, der jene Oper evoziert, die seine Großmutter in Havanna erlebt hat, »jene ganz in weiße Seide gekleidete Dame mit den sinnlichen verhangenen Augen auf dem Gemälde von Madrazo«.[67]

Was hier vor allem bemerkenswert ist, ist die dann einsetzende inszenierende Umschrift der Opernaufführung und des eingebrachten Subtextes in das fiktive Schauspiel einer Opernaufführung. Über die Annullierung der historischen Distanz und die über das Bild, das Tagebuch der Großmutter, den literarischen Verweis auf Flaubert, »die Oper in Stendhals Parma« und durch die Inzitation der *Gemma die Vergi*, also bildlich, textuell und musikalisch vermittelte Erinnerung wird ein Medienwechsel vorbereitet, der die Aufführung nicht nur zum gesellschaftlichen Ereignis, das Adornos theoretische oder Flauberts literarische Kritik inszeniert, sondern zu einem Schauspiel ihrer Rezeption macht, das der Protagonist arrangiert, indem er die Tableaus der Bühne in den Zuschauerraum spiegelt, der damit selbst zur Bühne wird. Seine Ausstattung (»scharlachrote Samtbespannung und Goldzapfen in den Logenbrüstungen« – PP58), die Operngucker, Lorgnons und Federfächer, Décolletés, die imaginierten Kameen und Spitzencorsagen werden zu Bühnenbild und Requisiten, die Zuschauer zu Akteuren. Die Oper selbst, die Soloarien, Duette und das Sextett am Ende des zweiten Aktes, erscheinen nur noch im Reflex der Zuschauerreaktionen, die zu den handelnden Personen des Schauspiels werden, also in deren »vor Entzücken über die romantische Darbietung geröteten Gesichter[n]« (PP59). Der Fortgang der Handlung lässt sich nur noch ablesen am Grad der Aufmerksamkeit des Publikums oder an dessen »Unaufmerksamkeit für alles, was nicht von den Hauptdarstellern gesungen wurde« (PP60). Die romantische Musik Donizettis wird, nach dem Verklingen der bekannten Arien, »nur noch melodischer Hintergrund für bedeutsame Blicke, [...] für wachsames Beäugen, Flüstern hinter dem Fächer, ersticktes Gelächter, hin und herschwirrende Nachrichten, Witzeleien, Sprödigkeiten und Finten: [...] ein Spiel [ein durch die Oper initiiertes Ritual von Habitués du théâtre], »dessen Regeln ich nicht kannte« (PP60).

Die Präsentation, die die reale Aufführung über deren Kontamination durch historische Aufführungen und das biografische Pastiche zu einem wunderbaren Ereignis stilisiert und damit de facto unsichtbar macht, nutzt den Opernbesuch als einen Handlungsgenerator einer Reise in die Vergangenheit. Gleichzeitig erweist sie sich auf der poetologischen Ebene als bemerkenswertes Beispiel filmischen Schreibens und markiert damit – intensi-

67 Der Raum der Oper in der nicht genannten lateinamerikanischen Hauptstadt und in Havanna alludiert (wie auch die Ruinenstadt Santiago) die legendäre Oper von Manaus und damit einen Abschnitt lateinamerikanischer Kolonialgeschichte; deren Kautschuk-, Zucker-, Kaffee,- und Kakao-Booms und den mit ihnen verbundene Wohlstand, der die materielle Ermöglichungsbedingung für die Errichtung von Opernhäusern und die Finanzierung eines Spielbetriebes war.

viert durch den Kontrast zwischen der Opernaufführung im Stil des 19. Jahrhunderts und einer am Medium Film geschulten Darstellungsweise – erneut die Differenz zwischen der Ästhetik des Protagonisten und der avancierten Schreibweise des Textes.

Die Darstellung der Oper bedient sich einer Technik, die an den Stummfilm und dessen Signifikationsmodus des expressiven Gesichtes erinnert, in dem das (abwesende) Geschehen intensivierend lesbar gemacht wird.[68] Gleichzeitig appliziert er jene Rezeptionssteuerung durch Ausschnitt- und Blickwinkelwahl, die – wie etwa schon in den Filmen Eisensteins oder Buñuels – die Ereignisse nicht direkt, sondern vermittelt in der Rezeption eines beobachtenden Teilnehmers zeigt und damit (ähnlich wie die Mauerschau des Theaters, aber mit den Mitteln des Bildausschnitts und der Großaufnahme) das Bühnengeschehen selbst dem Blick entzieht. Es wird mit emotionssteigernder Wirkung der Imagination des Betrachters überlassen, dessen Mitarbeit die Bilder erst konstituiert. Diese Ablenkung des Blicks, die schon in Goyas Radierung *Yo lo ví*[69] aus den vom Protagonisten erwähnten *disastres de la guerra*, in Edvard Munchs Gemälde *Der Schrei* oder in den Paragone-Gemälden des Barock in bildlicher Form realisiert wird, erzeugt eine fiktive Leerstelle, die das Imaginäre aktiviert.[70] In diese Leerstelle kann das Geschehen auf der Opernbühne projiziert werden. Gleichzeitig wird die Präsentationsform damit zum Argument in einem impliziten Paragone-Diskurs, der als provokante Antwort auf Lessings *Laokoon oder die Grenzen der Malerei* lesbar ist, indem er – unter veränderten medialen Bedingungen – das Aussa-

68 Vgl. Karel Reisz/Gavin Miller: Geschichte und Technik der Filmmontage, München: Filmlandpresse 1988, insb.. ›Montage und Stummfilm‹, S. 25f. Das Verfahren lässt sich auch als Extremvariante der Montage verstehen, in der ein Bild durch seine Unterdrückung zur fiktiven Leerstelle und durch ein anderes an seiner Stelle ersetzt wird, das über seine Rezeptionslenkung die Leerstelle konturiert. Vgl. auch: V. Roloff: »Surrealismus, Medienästhetik«, S. 22: »[Der Film] fungiert zugleich als Katalysator und Generator jener Bilder, die der Filmzuschauer aus seinem eigenen Imaginären, seinem Bildrepertoire erinnert, vermischt, fragmentiert, überlagert. In diesem Szenario der Repräsentationen des Begehrens werden ständig Bilder ausgetauscht, supplementiert, substituiert [...]. Vor allem die filmische Montage entspricht [...] der Diskontinuität und Kontingenz des menschlichen Bewusstseins und seiner Imagination.«

69 Desastres de la Guerra, Blatt 44: *Yo lo ví*, Radierung von Francisco José de Goya. Vor einer fliehenden Menschengruppe ist am rechten Bildrand ein Knabe abgebildet, der seitlich aus dem Bild hinaus auf etwas blickt, das im Bild unsichtbar bleibt. Das Entsetzen im Gesicht der Figur und die Bildunterschrift (Yo lo ví - ich sah es), der Kontext des Blattes und die Bildkomposition lassen vermuten, dass es die Verfolger der Menschengruppe sind, die er sieht. Siehe Bildanhang, Abbildung 12.

70 Vgl. Wolfgang Iser: »Das Zusammenspiel des Fiktiven und des Imaginären«, in: Dorothee Kimmich/Rolf Günther Renner/Bernd Stiegler (Hg.), Texte zur Literaturtheorie der Gegenwart (= Universal-Bibliothek Nr. 9414), Stuttgart: Reclam 1996, S. 287-300, hier S. 287: »Das Imaginäre ist kein sich selbst aktivierendes Potential, sondern bedarf der Mobilisierung von außerhalb seiner. [...] Daraus folgt: dem Imaginären eignet keine Intentionalität, vielmehr wird es erst mit einer solchen durch die jeweils erfolgte Inanspruchnahme aufgeladen. [...] Es entfaltet sich als Spiel mit seinen Aktivierungsinstanzen.«

gepotential des Bildlichen gegenüber jenem des zeitlich-linearen Erzählerischen privilegiert.

In der Sichtbarwerden des Publikums, das die Annahme zulässt, dass der Zuschauerraum beleuchtet bleibt, koinzidieren der Handlungsgenerator Oper (in ihrer historisierenden Darstellung) und ihre filmische Präsentation: Damit wird in der Szene, die nun ausschließlich die Zuschauer in den Blick bringt, die Beleuchtung des Zuschauerraumes zur Lichtregie. Der Zuschauerraum, der erst (bedingt durch die Einführung des Gaslichtes) seit den 1820er Jahren verdunkelt wird, ist davor nicht nur sozialer Raum (weniger Auditorium als Festsaal) sondern auch jener der Gefühlsansteckung. Mit seiner Verdunkelung[71] richtet sich das Interesse des Zuschauers nun nicht mehr sowohl auf das Bühnengeschehen als auch auf die anderen Zuschauer, sondern ausschließlich auf die Bühne. Der Rezipient zieht sich aus dem sozialen Gesamtkunstwerk Oper zurück[72], die – der Ablenkung durch das soziale Geschehen geschuldete – fragmentierende Wahrnehmung des Schauspiels weicht dem Erwartungsdruck, nun auf der Bühne nicht nur Musik- sondern auch Schauspielkunst und jene Gefühlsansteckung zu erleben, die im Zuschauerraum nicht mehr erfolgt. Insofern gehen (vor allem mit Richard Wagner) die radikale Verdunkelung des Zuschauerraums und die Aufwertung der Oper als überzeugendes ästhetisches Gesamtkunstwerk Hand in Hand. Die Technik-mediale Veränderung verändert Form und Inhalt des künstlerischen Mediums Oper.

Durch die historisierende Projektion des Musikwissenschaftlers und den Präsentationsmodus der Lucia im Text kann Mouches Kommentar als eine Aufführungskritik dargestellt werden, die als unangemessen leerläuft und durch eine Medienkritik ersetzt wird: Die Passage lässt sich dann als impliziter medientheoretischer Kommentar lesen, der über seine Poetik das Medium Film (die ›Oper‹ des Spielfilms) als jenes indiziert, auf das, wie Adorno festgestellt hat, also die Publikumserwartungen nach Handlung, Emotion, Drama und Melodram übergehen. Die literarische Reflexion von Rezeptionsgeschichte, Rezeptionsästhetik und Medienwechsel verweist in der Engführung von – thematisierter – populärer romantischer Oper und – über die Poetik eingebrachtem – populärem Film diesen als ihren ›Nachfolger‹ in der Gunst

71 Vgl. zur Verdunkelung des Zuschauerraumes: Wolfgang Schivelbusch: Lichtblicke. Zur Geschichte der künstlichen Helligkeit im 19. Jahrhundert (= ftb 16180), München: Fischer Taschenbuch Verlag 2004, S. 193-201.

72 In extremer, grotesker, aber damit umso deutlicherer Variante findet sich das ›Verschwinden des Rezipienten‹ in einer Textminiatur an ganz anderer Stelle wieder: Puerto Anunciación wird beschrieben als »Stadt des Hundegebells [...]. In den Höfen, hinter den Gitterzäunen, unter den Tischen [...] schnoberten sie, kratzten, schlugen an. Sie saßen am Bug der Boote, liefen auf den Dachterrassen hin und her, bewachten den Braten [...] nahmen teil an allen Versammlungen und gemeinschaftlichen Unternehmungen, gingen sogar in die Kirche, und zwar so häufig, daß eine alte Verordnung aus der Kolonialzeit [...] das Amt eines Hundebüttels vorsah, damit dieser ›an allen Samstagen und bei den Vigilien an Festtagen, an denen solche abgehalten werden‹, die Hunde aus dem Tempel vertrieb.« (PP155) [Herv. d.V.] Zu Tieren als Akteuren (mittelalterlicher) Schauspiele vgl.: Erika Fischer-Lichte: Ästhetik des Performativen (= Edition Suhrkamp 363), Frankfurt am Main: Suhrkamp Verlag 2004, S. 176ff.

des Publikums.[73] Das Argument ergibt sich nicht explizit auf der diskursiven Ebene des Textes, sondern über dessen intermedialen Schreibweise, die es in seine Struktur selbst verlegt. Damit erweist sich die Passage als hervorragendes Beispiel impliziter Intermedialität, die die Differenz zwischen dem Gegebenen und der Art des Gegebenseins *(plot/emplotment)* fast exemplarisch vorführt.

6.6 Filmisches Schreiben. Filmmusiken. Medienwechsel

Wenngleich in der Intermedialitätsdiskussion die Bezeichnung von literarischen Darstellungsverfahren als filmische Schreibweise immer wieder und aus gutem Grund als oberflächliche und ungenaue Übertragung gerügt wird, soll hier festgestellt werden, dass der Text auch andernorts Präsentationsverfahren verwendet, die an der Ästhetik des Films orientiert sind.[74] Die Blickführung beim Anflug auf Caracas, jene aus dem Fenster des abhebenden Flugzeugs, in dem der Protagonist den Urwald verlässt, die Beschreibung des die Anden erklimmenden Autobusses oder die raschen Schnitte, Perspektive- und Einstellungswechsel und die Abfolge von Übersichts-, Zoom- und Nah-Aufnahmen der Revolutionsepisode erinnern an filmische Präsentationsverfahren und erzeugen im Text die Anmutung ›bewegter Bilder‹.[75] Dabei er-

73 Zur Beobachtung einer anderen Kontamination zwischen diesen Medien vgl. W. Schivelbusch: Lichtblicke, S. 199f: »Wenn die Theater im 20. Jahrhundert ihre Zuschauerräume überwiegend verdunkeln, dann bekundet sich darin nicht ein leidenschaftliches ästhetisches Konzept wie bei Wagner, sondern bestenfalls die letzten gedankenlosen Reflexe eines solchen, einfacher noch, in dieser Dunkelheit zeigt sich die gesellschaftliche Nebenrolle des Stadttheater-Theaters. Ja vielleicht ist diese Dunkelheit sogar eine Übertragung aus einer ganz anderen, dem Theater fremden ästhetischen Institution. Man hat die Vermutung geäußert, ›dass besonders die Gewohnheit durch die zwangsläufig dunklen Kinematographen beigetragen hat, das verdunkelte Theaterauditorium als selbstverständlich anzusehen‹. [...] Dann wäre die Dunkelheit, die heute herrscht, ein Importartikel.«

74 Vgl. I. Rajewsky, Intermedialität, S. 41: »[... D]ie Problematik des Begriffs und der ›Wesensbestimmung‹ des ›Filmischen‹ bzw. die Frage, was eigentlich unter sogenannten ›filmischen Schreibweisen‹ zu verstehen ist, wird nur vage oder gar nicht geklärt.« Vgl. zum Forschungsgebiet Literatur und Film ebd., S. 40ff; vgl.auch: Dunja Brötz, Dostojewskis »Der Idiot« im Spielfilm. Analogien bei Akira Kurosawa, Saša Gedeon und Wim Wenders, Bielefeld: transcript Verlag, 2008, S. 78-112.

75 Interessant ist im Zusammenhang dieser Studie – vor allem vor dem Hintergrund des zugleich invertierenden und beschleunigenden Umgangs mit der Zeit im Roman und der Thematisierung der durch Fortbewegungsmittel und deren Geschwindigkeit ermöglichten und geprägten Wahrnehmung – der Nexus zwischen Geschwindigkeit und Sehen, auf den Paul Virilio hingewiesen hat. Vgl.: ders.: »Der Film leitet ein neues Zeitalter der Menschheit ein«, in: Barck/Gente (Hg.), AISTHESIS, S. 166-195, hier S. 172: »Mit dem Auftauchen des Motors ist eine neue Sonne aufgegangen, die das Sehen radikal verändert hat. Ihr Licht wird bald auch das Leben verändern: dank eines doppelten Projektors, der Geschwindigkeit erzeugt und zugleich (kinematische und kinematographische) Bilder verbreitet.« Vgl auch ebd., S. 182: »Die Geschwindigkeit macht das Sehen zum Rohstoff, mit zunehmender Beschleunigung wird das Reisen

weist sich die Bewegtheit der Bilder weniger als Ergebnis unmittelbarer Strukturierung des Textes durch die Nachahmung kinematografischer Techniken[76], denn als vermittelt durch eine am Medium Film geschulte Schau-Kompetenz, die als Visiotypie zu einer habituellen Art des Erfassens von Bilderreihen geworden ist und auf die der Autor in seiner Beschreibung rekurrieren kann. Als erlernte Wahrnehmungsform steht sie – so wie etwa jene des durch Gewöhnung unterdessen unbewusst gewordenen panoramischen Blicks – auch als Darstellungsform zur Disposition. In dieser einschränkenden Präzisierung scheint die Metapher ›filmischen‹ Schreibens geeignet, die Verwendung dieser Visiotypie im Text reflexiv zu machen und im Detail zu beschreiben.[77]

Über Habitualisierung zum Auslösereiz für filmische Wirkung geworden ist auch die Vertonung von Bildern, die rezeptionssteuernde Wirkung entfaltet und die Anmutung von ›Film‹ hervorzurufen auch dann in der Lage ist, wenn das Wahrnehmungsobjekt selbst keine oder nur fiktive Züge filmischer Schreibweise trägt. Auch aus diesem Grund sollen die filmischen Passagen des Textes hier über ihre Filmmusiken[78] genauer erfasst werden. Sowohl in der Revolutionsepisode, als auch im Totentanz-Szenario im Hotel und im Werbefilm des Protagonisten ist es die Vertonung der Bilder, die den jeweiligen Film oder die visuell-filmischen Aspekte der Passagen ergänzt und intensiviert. Gleichzeitig ermöglicht intermediales Schreiben in diesen Episoden auf bemerkenswerte Weise die Nutzung der Lücke zwischen Subtext und Text als den Ort eines metatextuellen Kommentars.

Als *mixed-media* par excellence vereint der Werbefilm des Protagonisten in sich die gefilmten und in einem Montageverfahren[79] gereihten Bilder, de-

---

zum Filmen.« Siehe zu Identität/Subjekt unter den Bedingungen medialer Beschleunigung auch: H. Rosa: Beschleunigung, S. 236-240.

76 Der als Musterbeispiel einer Szenengestaltung durch ›filmische Überblendung‹ meistbeschriebene literarische Text ist bezeichnenderweise mehr als 30 Jahre vor den ersten Spielfilmen entstanden: Die Episode der Landwirtschaftsversammlung in Rouen in Flauberts Roman Madame Bovary. Vgl. A.K. Reulecke: Geschriebene Bilder, S. 16, FN 12.

77 In diesem Zusammenhang bemerkenswert scheint der Umstand, dass sowohl im Rolandlied als auch in der Odyssee, die im Roman rekurrent erwähnt werden, Schreibweisen nachzuweisen sind, die sich als filmisch beschreiben ließen, – z.B. in der Erzähltechnik der in extenso geschilderten Kampfszenen zwischen den Mauren und den christlichen Rittern, die die Schnitttechnik des *overlapping* vorwegnimmt, oder in der Zoom-Aufnahme der verräterischen Narbe des heimkehrenden Odysseus, die von der Magd Penelopes erkannt wird.

78 Vgl. zum Folgenden G. Wild: Paraphrasen, S. 173ff.

79 Zur Schockmontage vgl. Werner Köster: »Schockierende Bilder«, in: Link-Heer/Roloff (Hg.), Luis Buñuel, S. 66-82. Vgl. ergänzend auch: Uwe Scheele: »›El obispo podrido‹. Buñuels Schock-Ästhetik zwischen Hyperrealismus und innerer Bilderwelt«, ebd., S. 145-158, hier S.148: »Buñuel stützt sich in seiner Schock Ästhetik jedoch nicht nur auf den französischen Surrealismus. Wichtig ist hier ebenfalls der Rückbezug auf die Kunsttradition des Siglo de Oro, die besonders die spanische Malerei entscheidend befruchtet hat. Im Bereich der Malerei [...] sind das die Maler des 17. Jahrhunderts [...].« Scheele referiert auch die – an Benjamins Konzept der Chokwirkung – orientierte Kritik Kracauers am Schockverfahren des surrealistischen Filmes, vgl. ebd. S. 146:

ren Bewegungen als musikalisch rhythmisiert (»mit dem wunderbaren Rhythmus der Netze [...], dem verzweifelten Getümmel der Fische« – PP37) oder als malerisch strukturiert (»Dann die Stillleben: Schnecken und Angelhaken, der Korallenwald...«) beschrieben werden, und den begleitenden Text: ein zwischen Gebrauchstext und literarischem Anspruch oszillierendes Kooperations-Produkt, das »ein junger Dichter zusammen mit einem Ozeanographen unter Aufsicht des Spezialisten unserer Firma« (PP37) erstellt haben, dessen Autonomie als Kunstwerk (eines Autorenkollektivs) *sui generis* aber noch behauptet werden kann: »[Es] war so gut, daß es sich in einer entsprechenden Anthologie durchaus hätte sehen lassen können«. Die Vertonung durch den Protagonisten (im Rahmen eines Teamwork (»das hatte drei Monate Diskussion, Ratlosigkeit, Experimente und Ärger gekostet, aber das Ergebnis war erstaunlich.«) vervollständigt und glättet das Produkt auf seiner Oberfläche und holt dabei die Musik, indem sie sie repragmatisiert, nicht nur durch die gewählten Musikinstrumente aus »[...] dem Raum der ästhetischen Autonomie, den sie erst im späten 18. Jahrhundert erobert hat«[80].

»Ich hörte noch einmal die gelungensten Passagen der Partitur, die flüssigen Arpeggi der Celesta, die gleitenden Portamenti der Wurlitzerorgel, das Gewoge der Harfen und, während der Kampfszene [der Schalentiere], die entfesselten Rhythmen von Xylophon, Klavier und Schlagzeug. [...] Und was die Montage und die musikalische Leitung betraf, so brauchte ich mir keine Vorwürfe zu machen.« (P37)

Ohne dass es dem Protagonisten bewusst ist, hat – entgegen seiner prononciert konservativen Haltung – seine Vertonung der »Kampfszene« zwischen den Schalentieren avantgardistische Qualitäten, die auch von den Anwesenden akklamiert wird. Der beschriebene Werbefilm erweist sich, wie Wild feststellt, als »ironische Replik auf den Ende 1930 [...] vorübergehend verbotenen Film ›L'Age d'or‹ von Buñuel[81] und – zumindest phasenweise – von Dalí [und seine – in der Vertonung] hintersinnige Auswahl klassischer Musik«, ist also die Paraphrase einer filmischen Vorlage, die er bis in deren Details paraphrasiert:

»Die erste Szene dieser surrealistischen Großoffensive gegen Bourgeoisie und Klerus beinhaltet in nüchternen Aufnahmen die Schlacht von Skorpionen am Strand. Die do-

»Deshalb hält Kracauer den surrealistischen Filmen auch vor, sie zielten aufgrund der Vorherrschaft ›innerer Realität‹ auf eine ›unfilmische Wirkung‹ hin, brächten ›die Welt der Realität in vollkommenen Mißkredit‹ und ›bedienten sich der Kamera mehr zu literarischen als zu filmischen Zwecken.‹«

80 G. Wild: Paraphrasen, S. 175, vgl. auch ebd., S. 174: »Im ›Komponieren für den Film‹ entäußert sich die Tonkunst des ihr eigenen abstrakt-Formalen, das von der ›Sprache der Engel‹ in der gregorianischen Epoche bis zur ›erhabenen Tonkunst‹ der Romantik stets nur metaphorisch faßbar war, zugunsten einer Materialität, die den Klang dem Zwang sozialer Konnotate unterwirft.« Die beschriebene Vertonung erweist sich als weiteres mise en abyme, in dem die Diskussion der Abendgesellschaft über Kunst und Gebrauchskunst (siehe 6.1) medial gebrochen wiederholt wird.

81 Zu Buñuels Aufsätzen zum Kino in seiner Beziehung zu Malerei, Musik, Theater und Literatur vgl. Mechthild Albert: »Luis Buñuel und die Gaceta Literaria (1927-1929)«, in: Link-Heer/Roloff (Hg.), Luis Buñuel, S. 13-32, insb.. S. 19ff.

kumentarische Schlichtheit der Szene wird planvoll durch die Überlagerung mit Mendelsohns Ouvertüre *Die Hebriden* konterkariert. Ein handbuchartiger Text über physiologische Eigenschaften und Lebensgewohnheiten der Skorpione tut ein Übriges zur surrealen Wirkung der Episode. Die nur über den gesamten Film erschließbare semantische Funktion ist in der metaphorischen Gleichsetzung einer zu Bestien verkommenen bürgerlichen Gesellschaft zu sehen.«[82]

Bemerkenswert ist, dass die Überschreibung des imaginären Filmes durch reale filmische Prätexte nicht in erster Linie zur hypotypotischen Vorstellungsbildung beiträgt, indem sie den Film visualisierbar macht. Sie erschöpft sich auch nicht in der – im Kontext der Abendgesellschaft performativen – Pointe eines absichtslos geschaffenen Kunstwerks, sondern zielt auf die Schreibweise des Romans selbst: Sie wird, wie auch Wild feststellt, als autoreferentieller Marker für die divergenten Ästhetiken von Text und Protagonist und für die Darstellungsweise dieser Differenz selbst funktionalisiert: »Dabei kann man [in dieser Überschreibung] von einer hintergründig verhaltenen Form der ›Verliterarisierung‹ sprechen, in der filmisches Material zur Inzitation der eigenen Schreibweise eingesetzt wird, der ihrerseits keine filmischen Qualitäten mehr anhaften.«[83] Eine solche selbstbezügliche Funktion intermedialen Schreibens zeigt sich auch in der Episode des Revolutionsgeschehens auf den Straßen der Stadt und den damit verbundenen Ereignissen im Hotel, in der sowohl ihre Produktions- als auch eine Wirkungsästhetik thematisiert werden:

Nicht nur ihre Bildästhetik (etwa das tote Pferd oder die zerbrochenen Vogelkäfige[84]) macht ihre Formierung nach dem Vorbild surrealer Filmverfahren[85] deutlich. Die Totentanz-Episode im Hotel ist in einem Verfahren fiktiver Multimedialität durch Musik unterlegt, die in der Begleitung der Ballettszene durch Brahms Requiem das wirkungsästhetisch akzentuierte Verfahren der gegenläufigen Vertonung von Bild und Ton realisiert. Bild und Klang treten dabei in ein komplex dialogisches Verhältnis. Wie Wild anmerkt, ist damit auf das filmische Verfremdungsverfahren der frühen Filme Eisensteins und Pudowkins und – über dessen Berufung auf diese frühen Filmklassiker – auch auf Buñuels Filme (damit auch *Un chien andalou* und

82 G. Wild: Paraphrasen, S. 177.

83 Ebd., S. 178.

84 Die ausschwärmenden Vögel und das Pferd evozieren jene Szene aus Las Hurdes als intermedialen Prätext, in dem ein Lastesel von Bienenschwärmen zu Tode gestochen wird.

85 Zur parataktischen Schock-Ästhetik der Bilder vgl. V. Borsó: »Luis Buñuel«, S. 161: »Es ist von Bedeutung, daß Buñuel die potentielle Fähigkeit des Mediums Film, die Dinge mittels Großaufnahme von einander zu isolieren, an der Parallelmontage von Griffith [...] illustriert und damit an einem Montagetyp, der im Sinn einer mimetischen Kunst verstanden werden kann. Gerade bei Griffith hebt Buñuel die Autonomie des Bildes vor der Abbildung der Wirklichkeit hervor. Die Dinge werden durch die Großaufnahme von den üblichen syntagmatischen Verbindungen getrennt und ihre Repräsentation erscheint von logischen Gefügen abstrahiert. Wie es Roland Barthes für die moderne Kunst reklamierte, bricht eine solche Abstrahierung auch mit den von der klassischen Episteme diskursiv gesicherten menschlichen Ordnungen.«

Las Hurdes) und Dalís Bilder[86] verwiesen. Damit erhält die bereits im Genre des Totentanzes musikalisch akzentuierte Episode über ihre ›Vertonung‹ in einem dem Film entlehnten Verfahren fiktive filmische Qualität.

Thematisiert wird die Technik genläufiger Vertonung – diesmal durch die Neunte Symphonie Beethovens – an anderer Stelle auch auf der Handlungsebene durch den Protagonisten selbst, der, die Musik im Radio hörend, einen vertonten Dokumentarfilm über den Zweiten Weltkrieg und die expressive Wirkung der filmischen Dokumentation durch den intensivierenden Einsatz von Musik fantasiert. Die subtile Inzitation von Beethovens Symphonie durch den expliziten Verweis auf das Heiligenstädter Testament, aus dem der Kapellmeister nun deklamiert, legt nahe, diesen wirkungsästhetischen Kommentar auch als autoreferentiellen Verweis in die Hotelepisode einzulesen.

Damit ist einerseits die Intensivierung des Dargestellten durch die Semantisierung von Musik reflektiert, die sich als Gebrauchsmusik sozialen Signifikaten unterwirft. Gleichzeitig wird in der Hotelepisode vorgeführt, dass die Musikbegleitung, indem sie zum Dargestellten in Widerspruch tritt, über diese dysfunktionale Komponente auch zum autopoetologischen Kommentar werden kann. Die Ereignisse im Hotel sind nicht nur durch die – das allgemeine Chaos akzentuierende – Musik aus dem Grammophonen gegenläufig unterlegt, sondern auch durch die »Triller und Mordenten eines klassischen Rondos«, das ein Pianist auf der Empore probt, indem er versucht, »den zu harten Tasten Cembaloklänge zu entlocken« (PP70) Während diese Musik zunächst synmedial semantisierbar ist (als Spiegelung des eskapistischen Rückzugs ins Hotel vor den realen Wirren der Kampfhandlungen draußen), zeigt sich über die Parallelität der auf der verbalen Ebene ebenso historisch verfremdenden und damit entkontextualisierenden Stilisierung des Geschehens zu einer »erbitterten Schlacht«, die sich »Menschen aus verschiedenen Jahrhunderten über die Zeiten hinweg [lieferten]« (PP67) auch ein über die stilistische Brechung entstehender ironischer Aspekt: Im auf dem Klavier gespielten Cembalo-Stück Couperins *Les barricades mistérieuses* aus dem frühen 18. Jahrhundert wird die Musikbegleitung – akzentuiert über die zeitliche, semantische und mediale Verfremdung – zum deutlichen Ausweis der überhöhenden Wahrnehmung des Protagonisten und damit zum poetologischen Kommentar seiner Darstellungsweise.

Auf diese Weise erzeugt Intermedialität nunmehr im Medium der Musik jenes Verfahren dialogischer, ›ventrilokutionärer‹, zweistimmiger Erzählweise, das auf der narrativen Ebene des Romans in der Aufspaltung der Erzählinstanz in eine autobiografische und pseudo-auktoriale Erzählfunktion, oder verbal in der ironischen Überschreibung der Sprachen besteht, und auf der Bildebene in der ergänzenden Überschreibung von standortgebundener und

86 Auf diese Prätexte lassen sich etwa die aus den Wasserleitungen, Möbelfugen und Mauerritzen dringenden Insekten beziehen. Vgl. PP72f: »Es war, als wollte ein unterirdisches Leben plötzlich auf sich aufmerksam machen, indem es eine Unzahl ausgefallenen Getiers aus der Dunkelheit entließ. Durch die wasserlosen, von ferne glucksenden Wasserrohre kamen seltsame Nissen, krabbelnde graue Oblaten, hervor, Kellerasseln mit getupften Panzern und [...] Tausendfüßler von geringer Länge. [...] Aus den Abflußrohren, aus den Wasserhähnen spitzten mißtrauisch erkundende Fühler [...]. In den Schränken begann ein fast unhörbares Rumoren [...] Unter dem Teppich steckte Ungeziefer und aus dem Schlüsselloch sahen Spinnen hervor.«

ikarischer Perspektive in einem kartografischen Dispositiv oder über das Einbringen dysfunktionaler bildnerischer Prätexte verfährt.

Unter anderem auf diesen, im Sinne Bachtins, dialogischen Aspekt intermedialen Schreibens bezieht sich Wild, wenn er neben der auf der Handlungsebene wirksamen und reflektierten Wirkungsästhetik eine die poetologische Ebene betreffende »Lesersteuerung mittels fingierter Multimedialität« konstatiert, die über die »Inzitation der Leserphantasie« (Wild 189) durch bekannte und in diesem Sinn klassische Musikwerke den imaginären Textraum intermedial erweitert. [87]

Als exquisites Beispiel dieser imaginativen Erweiterung lässt sich der Umstand lesen, dass das Brahms'sche Requiem im Roman nicht tatsächlich gespielt, sondern nur im Medium des Körpers des Kapellmeisters, durch dessen Gesten, anwesend ist. Damit ist es – auch innerfiktional – in seiner vollen Klangfülle und in einer von den Bedingungen der Episode unabhängigen Akustik radikal subjektiviert imaginierbar, die über eine tatsächliche Aufführungssituation, in der die Anwesenheit eines ganzen Orchesters unglaubwürdig oder grotesk wäre, nicht erreicht werden könnte. Gleichzeitig kann sie sich als *ready-made* einer Vertonung den aus der Textsemantik ergebenden Bildern subjektiv gesteuert hinzufügen, angleichen oder diese überschreiben.

Die Intermedialität der Filmepisoden des Textes wird darüber hinaus auch zum Vehikel eines Kommentars, der über den Text hinausweist: Werden in der Abendgesellschaft und im Werbefilm des Protagonisten die Assimilation und Instrumentalisierung der Kunst durch die gesellschaftlichen und ökonomischen Zusammenhänge thematisiert und inszeniert, so verweist die Totentanz-Episode über ihre Poetik und die aus den Ritzen dringenden Insekten, alltägliches Ärgernis in tropischen Ländern, in subtil durch die Kunst gebrochener Polemik nicht nur auf die Ästhetik des Surrealismus, sondern zugleich auf dessen immer wieder auch intern streitgegenständlichen refor-

87 Vgl. zur Semantisierung von Musik: W. Wolf: »Intermediale Erzähltheorie«, S. 79: »Die Progression eines musikalischen Diskurses und dessen Kohärenz ist insgesamt wesentlich form- und mediumsabhängiger, d.h. bedingt durch eine ›inner‹-musikalische Syntax, und steht damit quer zur Progression und Kohärenz des Erzählens durch Kausalität und Teleologie, also durch syntaktische Narreme, die sich auf die Logik einer scheinbaren Welt ›jenseits‹ des jeweiligen narrativen Mediums beziehen. Die Musik besitzt dagegen weder eine explizite noch implizite ›Syntax‹, die sich auf außermusikalische Vorstellungsinhalte in ähnlicher Weise bezöge, wie dies in der Sprache verbaler Texte oder in den Suggestionen von Bildserien der Fall ist.« Dennoch kann die Musik über ihre zeitliche Struktur tatsächlich zu einem »[...] audible ideogram of experience« (ebd., S. 83) werden: »Musik erfüllt damit eine wesentliche Bedingung des Narrativen, nämlich ›experientality‹, und das auf eine um so persuasivere Weise, als die ›Inhalte‹ dieser ›Erfahrungsinszenierung‹ wegen der referentiellen Indeterminiertheit der meisten Musik weitgehend unbestimmt bleiben. Damit nämlich eröffnet die Musik Projektionsflächen, die jeder Hörer nach Maßgabe seiner eigenen Erfahrungswelt narrativ auffüllen kann.« Vgl. auch: Eero Tanasti: »Music as a Narrative Art«, in: Ryan (Hg.), Narrative across Media, S. 283-304, hier S. 238: »[...] we may argue that music constitutes a fundamentally narrative art. It unfolds in time, and very often we feel that something happens in a musical piece [...]. In the case of the purest form of music – the ›absolute‹ music of the Western erudite tonal art – we may think of the meaning that the composition tries to convey as an abstract plot.«

merischen Anspruch, als »radikal antibourgeoise Bewegung«[88] die Massen zu mobilisieren und Kunst in Lebenspraxis zu überführen. In der Konfrontation mit der Situation eines realen politischen Umsturzes wird in ironischer Umkehrung dem Surrealismus in literarischer Form sein Versagen vorgehalten, seine anvisierte politische Wirksamkeit umzusetzen:

»Man muß es als einen Akt sublimer Ironie Carpentiers verbuchen, wenn die Bilder einer nur allzu realen politischen Revolution in Lateinamerika dazu dienen, die Favoriten aus dem Repertoire surrealistischer Signifikanten zu einer solchen Szenerie zu arrangieren. Das Alptraumhafte der Requiemsepisode liegt somit weniger in der Umkontextualisierung, als vielmehr in der bis ins Detail logischen Präsentation der lebensweltlichen Konsequenzen einer Revolution, die für den Surrealismus doch nur ein ästhetisierender ›Flirt‹ blieb. [...] Die um Brahms Deutsches Requiem zentrierte Revolutionsepisode dekonstruiert [...] den sozialrevolutionären Gestus der europäischen Avantgarden.«[89]

Als Gegenstück zur imaginativen Konstituierung eines Bildraumes durch die Filmmusik lässt sich die Episode lesen, in der der Protagonist in einer Küche des Dorfes am Fluss im Radio jene Symphonie hören kann, vor deren Aufführung im Konzertsaal der Großstadt er geflüchtet ist.[90] Präsentiert sie sich einerseits im medienarchäologischen Dispositiv des Romans als Kürzel eines medienhistorischen Diskurses, der in der Präsentation des Massenmediums Radio in einer Urwaldküche und in der Konfrontation eines der großen Werke okzidentaler Musiktradition aus dem Konzertsaal mit einer lateinamerikanischen dörflichen Zuhörerschaft die Themen Massenmedien, Reproduzierbarkeit und eine Bildungsdiskussion anmerkt[91], erscheint hier andererseits ihre Anfälligkeit für Semantisierungen bemerkenswert: Ist es in der Brahmsepisode die Abwesenheit der Musik, die sie mit dem Text verbindet, ist es hier die Abwesenheit der Körper der Musiker, das Fehlen des Ambientes und seiner sozialen Konnotate, in dem die Musik erzeugt wird, die sie – als buchstäblich körperlosen Klang – für die Memoria und ihre Überschreibung durch die biografischen Erinnerungen an das Elternhaus des Komponisten und seine Kriegserlebnisse öffnet.[92] Beethovens Neunte Symphonie wird dabei für

88 G. Wild: Paraphrasen, S. 182.

89 Ebd., S 182f.

90 PP23f: »Wenn ich schon manche Musik nicht ertragen konnte, weil sie mich zu sehr an Kinderkrankheiten erinnerte, so noch weniger das ›Freude schöner Götterfunken, Tochter aus Elysium‹, dem ich seit damals immer ausgewichen war wie jemand, der jahrelang bestimmte Gegenstände nicht anblickt, weil sie ihn an einen Toten erinnern. Außerdem hatte ich, wie viele Menschen meiner Generation; eine Abscheu vor allem, was nach ›Erhabenem‹ roch. Schillers Ode ging mir ebenso wider den Strich wie das ›Abendmahl in Montsalvat‹ oder die ›Gralserzählung‹.«

91 Vgl. zur Geschichte des Radios Albert Kümmel:»Innere Stimmen – die deutsche Radiodebatte«, in: ders./ Scholz/Schumacher (Hg.), Einführung in die Geschichte der Medien, S. 175-198.

92 Vgl. W. Wolf: »Intermediale Erzähltheorie«, S. 83: »Mit dem Verweis auf den Hörer ist zugleich der wichtigste Faktor jeder Narrativierung von Musik genannt. Die meisten Forscher sind sich denn auch einig, daß es der Rezipient und dessen ›narrative impulse‹ [...] ist, der das mehr oder weniger vage erzählerische Potential der Musik akti-

ein privates Memorialtheater repragmatisiert, das an keine Signifikanten der Außenwelt gebunden die Musik zum Medium der Erinnerung macht. »Die gesichtslosen, unsichtbaren Ausführenden waren gleichsam abstrakte Interpreten des Geschriebenen. Der Text, der die Anden überflog, brachte von irgendwoher Klänge, die nicht von den Noten herrührten, sondern ein Echo meiner selbst waren.« (PP111) Anders als die Vertonung eines Films, die dessen Bilder musikalisch intensiviert oder gegenläufig verfremdet, generiert hier erst die Musik die Bilder, die über die musikalische Dynamik und ihren Ablauf in der Zeit zu einem biografischen Film werden. Die visuelle Struktur ›bewegter Bilder‹ – 24 Bilder pro Sekunde – wird in einer musikalisch-rhythmischen Struktur aufgehoben, die ihren Ablauf *inter media* formiert und die Musik zum Medium des Bildlichen macht.

Diese Bebilderung der Musik lässt Beethovens Symphonie zerfallen und macht sie zu einem heterogenen, parataktischen Gebilde. Die »Besitzrechte« (PP22) des Komponisten auf ihre Zeitlichkeit und damit ihre musikalische Struktur erweisen sich als anfällig für ihre memoriale Umschrift, die Zeitkunst Musik wird für einen Augenblick zur Raumkunst des Bildlichen. Die Symphonie, die durch die »Unterwerfung unter den Rahmen« (PP23) des Kompositionsschemas eine stabile Zeitlichkeit garantiert, wird unter dem Ansturm dieser Bilder zur Ruine, verliert ihren inneren Zusammenhang und gibt ihre Fähigkeit zu assoziativer Mobilisierung der Imagination an die Bilder selbst ab, die die wie willkürlich gereihten, voneinander unabhängigen Kompositionspartikel begleiten. Evozieren der erste Satz, die »klagende, düstere und zugleich triumphale Koda«, das Exordium, »das dem Orchester wie mit Faustschlägen entrissen wurde« (PP113) und die »schmeichelnde Phrasierung [...] in den Stimmen der Violoncelli und Bratschen« (PP116) Erinnerungen an die Kindheit und den Vater, an dessen Musikerberuf und die Begegnung des Kindes mit der Musik, an das Erhabene in der Kunst und »Das Hochhalten bestimmter Grundsätze [als] das eigentliche Haben der Kultur« (PP115), so lösen sich nicht erst in der »Ruinensinfonie innerhalb der Sinfonie« deren Elemente voneinander und isolieren sich zu entkontextualisierten Bruchstücken: Die »diabolischen Arabesken der zweiten Geigen« (PP113) untermalen die Erinnerungen an ein Europa des Nationalsozialismus, »[d]ie in Beethovens Scherzo so häufig gerührten Pauken [gewinnen] schicksalshafte Kraft« (PP119), als sie mit der Totentanzdarstellung von Blois konfrontiert werden. Zerstückelte Themen begleiten die Zeit als Militärdolmetscher, Beethovens Symphonie wird zunehmend durch andere Musikwerke kontaminiert. Waren es zunächst die von der Mutter vorgesungenen Kinderlieder, so schreiben sich, als gegenläufige und irritierende Störung der Vertonung nun

viert. [...] Eine sich darin hörerseitig zeigende Tendenz zur Narrativierung von Musik ist jedoch weder trivial noch verachtenswert [...], sie ist vielmehr Folge der Tatsache, daß das Narrative eines der stärksten sinnstiftenden Schemata menschlichen Denkens und Weltbewältigens ist und sich als solches zwar besonders deutlich im Medium verbaler (Literatur-)Sprache manifestiert, aber dieses immer aufgrund seiner transmedialen Natur überschießt. Freilich trifft dieses Überborden bei der Musik [...] auf besondere Widerstände. Es bedarf daher zusätzlicher Faktoren zu deren Überwindung. Wesentlich ist dabei sowohl für die Komponisten als auch die Hörer der kulturelle Kontext. Hier scheint nun gerade das 19. Jahrhundert für Narrativierungen besonders günstig zu sein.«

auch Wagners *Siegfriedthema*, Bachs Choräle, Mozarts *Kleine Nachtmusik*, Kinderlieder, Propagandamusik, Glasunoffs *Raymonda* ... und über den musikwissenschaftlichen Begriff des Intermezzo auch literarische Verweise ein: Heines *Ich liebe das Meer wie meine Seele*, Zolas *J'accuse*, die Psalmen und der *discours de la méthode* ... überschreiben Beethovens Musik zu einem widersprüchlichen diskursiven und generischen Patchwork. KZ-Bewacher singen *Freude schöner Götterfunken*, zuletzt zerstieben Bilder und Musik in einem »Jahrmarktsarsenal der ›türkischen Musik‹, die im Prestissimofinale so pöbelhaft ausufert« (PP126) und geben den Zuhörer der Gegenwart zurück.

Die Konfrontation von Musik und Erinnerung auf der Handlungsebene lässt sich über ihr Einbringen der metaphysischen Konnotate von Beethovens Symphonie und ihrer Aufführungs- und Deutungstradition als kulturkritischer Kommentar zum Diskurs des Erhabenen und dessen Wirkung und Aufgehen im politischen und historischen Zusammenhang lesen, über die auch die Autobiografie strukturiert wird. Gleichzeitig wird dabei ein musikalisch-memoriales Pastiche generiert, dessen intermediale Konstitution weit über jene der Filmvertonung hinausgeht: Anders als die Filmmusiken der imaginären Filme des Textes, die *inter textus* auch durch andere ersetzt werden könnten, entsteht durch den Medienverbund des Erinnerungsfilms ein fiktives *interart* Kunstwerk, dessen einander erst generierende und wechselseitig konstituierende Komponenten integrativ verzahnt und nicht mehr voneinander zu lösen sind, ohne dabei selbst zu zerfallen.

6.7 Bilder einer Ausstellung.[93] Orchestrierung

Weniger eine filmische Schreibweise an sich oder die imaginären Filme in den Werbefilm- und Revolutionsepisoden als das dabei in seinen Funktionen offengelegte Verfahren der fiktiven Vertonung bildlicher Prätexte lassen auch die begleitende oder gegenläufige Unterlegung anderer Romanbilder durch musikalische Elemente nicht nur als deren Intensivierung, sondern gleichzeitig als deren subtile Kommentierung erscheinen.[94] Sie begleiten und über-

93 1841 komponiert Modest Mussorgski in Erinnerung an seinen Freund Viktor Hartmann den Klavierzyklus Bilder einer Ausstellung, dessen einzelne Sätze Gemälde und Zeichnungen Hartmanns, möglicherweise aber auch andere bildnerische Vorlagen beschreiben. Sein Werk, das als Musterbeispiel für Programmmusik gilt, schöpft (wie auch Boris Godunow) – nach dem Programm des Mächtigen Häufleins – aus der russischen Folklore, geht aber im Versuch, die russische Musik zu erneuern, weit über die folkloristischen Tendenzen der nationalrussischen Schule hinaus. Bemerkenswert ist im Zusammenhang dieser Studie der Umstand, dass der im Klavierzyklus angelegte Reichtum der Klangfarben andere Komponisten wie Maurice Ravel oder Nikolai Rimski-Korsakow angeregt hat, das Werk für Orchester zu bearbeiten. Damit ist nicht nur ein Medienwechsel von Vokal- zu Orchestermusik, sondern auch ein Wechsel des stilistischen Registers verbunden, der auch in der Harfenspielerepisode in einer zwischen Ironie und Programmatik oszillierenden Schreibweise lesbar wird

94 In einem Essay zur Radiokunst befasst sich Carpentier mit der untermalenden Begleitung von Texten durch Musikstücke von Borodin und Mendelssohn, die das Hörerlebnis intermedial intensivieren sollen, indem sie Meer, Wüste, Orient evozieren. Vgl. Joachim Noller: »Alejo Carpentier und die Globalisierung des Musikdenkens«,

schreiben die Bilder der ›Bildergalerie‹ des Textes als Programmmusik[95] *sui generis* auf eine buchstäblich programmatisch akzentuierte Weise, die an der Zufälligkeit der Koinzidenz von Ereignis-›Bildern‹ und der zumeist aus der Folklore stammenden Musik zweifeln lässt. Während die beschriebenen Musiken einerseits die Szenen synästhetisch untermalen, öffnen sie über die mediale Dialogizität auch den Raum für Ironiesignale, die sowohl auf die Handlungsebene der Passagen als auch auf deren Poetik und die durch ihre metaphorische Vertonung offengelegte ästhetische Formierung zielen.

Als ein Beispiel für viele (die musikalische Begleitung der Großstadtbilder durch den Jazz, der Marktszene durch eine Marinera, der Episode im Trödlerladen durch die Habanera, der Abendgesellschaft durch die Musik von John Cage und die Filmmusiken) sei hier auf jene Musik verwiesen, die der Protagonist – in einer durch ihre synmedial angelegte Ästhetik fast ironisch pointierten Passage – in der Kneipe in Los Altos hört: Unter die in ihre Ponchos gehüllten Fuhrleute tritt ein Harfenspieler[96] »als sei er aus der Nacht aufgetaucht, barfuß, sein Instrument über dem Rücken« und bittet, »den Hut in der Hand« (PP95 – ebenso die folgenden Textzitate), ein wenig Musik machen zu dürfen. Seine Geschichte (»Er kam von weit her, aus einem Dorf im Distrikt Tembladeras, wo er in Erfüllung eines Gelübdes, wie schon in früheren Jahren, am Tag der Kreuzesauffindung vor der Kirche gespielt hatte«) und die Umstände seines Auftretens erinnern an wandernde Sänger früherer Zeiten, mittelalterliche Spielleute und Barden. Das Ambiente und die Situation, die im lateinamerikanischen Kontext durchaus realistisch sein mögen, werden in der Folge durch die Beschreibung der Musik affirmiert, dann aber durch das Pathos der Begeisterung und musikwissenschaftliche Expertise in einer Weise überhöht, die im Subtext der Passage eine zunächst satirische, dann aber auch didaktische Absicht vermuten lässt:

»Es wurde still. Ernst, als vollziehe er eine rituelle Handlung, legte der Harfenist die Hände über die Saiten [...] In seinen Läufen, in den strengen, von machtvoll-feierlichen Akkorden unterbrochenen Rezitativen lag etwas von der feierlichen Größe mittelalterlicher Orgel-Präambeln. Durch das willkürlich gestimmte ländliche Instrument, das den Harfenisten zwang, sich an eine Tonfolge zu halten, in der bestimmte Töne fehl-

in: URL: http://www.ars-mimetica.de/literatur_und_musik/carpentier.php 2006 [18.6.2008].

95 Implizit wird an dieser Stelle mit der Programm-Musik erneut die Diskussion um eine Musik, die nur innermusikalischen Gesetzen gehorchen soll, und Gebrauchsmusik aufgenommen. Vgl. zu einer Darstellung der Diskussion Christine Baur: »›Guernica nach Picasso‹. Paul Dessaus ›Guernica‹«, in: Andreas Böhn/ Christine Mielke (Hg.), Die zerstörte Stadt. Mediale Repräsentationen urbaner Räume von Troja bis SimCity, Bielefeld: transcript Verlag 2007, S. 367-389, insb.. S 369-372.

96 Die in Spanien populäre Renaissance-Harfe gelangt im 16. Jahrhundert mit den Eroberern nach Lateinamerika. Die (oft auch im Ensemble mit Maracas und dem Cuatro - einer kleinen viersaitigen Gitarre gespielte) Arpa Llanera gilt als Nationalinstrument Venezuelas. Vgl. Dale Olsen/Daniel E. Sheehy (Hg.), World Music, S. 526ff, S. 976, S. 980. Vgl. auch A. Carpentier: »Roman in Lateinamerika«, S. 28: »Bedeutsam ist die Tatsache, daß die Harfe, das Grundinstrument für die Musik in vielen Gegenden Amerikas, von einer einzigen Harfe abstammt: der eines Maese Pedro, der in der Frühzeit der Konquista über Kuba nach Amerika gekommen ist.«

ten, entstand der Eindruck, als beruhe seine Kunst auf der meisterlichen Handhabung alter Weisen und Kirchenmusiken, so daß auf dem Weg über einen authentischen Primitivismus das entstand, was manche zeitgenössische Komponisten in ihren besten Versuchen erreichten. Die feierliche Improvisation erinnerte an die Tradition der Orgel, der Vihuela, der Laute, aber zugleich vibrierte in diesem konisch gebauten Resonanzkasten, den der Musiker zwischen seinen schuppigen Knöcheln hielt, ein neuer lebendiger Pulsschlag. Danach spielte er Tänze, in denen Zweivierteltakt zwanglos mit Dreivierteltakt abwechselten, und das in einem Modalsystem, das niemals derartigen Proben unterzogen worden war.« (PP96)

Die Inszenierung einer authentischen Folklore[97] und deren Orchestrierung – nicht nur durch das imaginierte Klangrepertoire anderer Instrumente, sondern auch durch Überschreibung durch andere Musikgattungen und eine historisierende Klassifikation – markiert und distanziert zugleich die Szene als nahezu zeitlose, weihevolle Begegnung mit der autochthonen Musik in ihrer Potentialität als Weltmusik.[98] Gleichzeitig ist der Episode im Roman-Kontext ein programmatisches Moment inhärent. Im Haus der kanadischen Künstlerin hat der ganz offensichtlich besser als seine Gesprächspartner informierte reisende Protagonist zuvor mit einheimischen Gästen, die (markiert durch ihre Rassen-Zugehörigkeit und die Künste, die sie vertreten) gewissermaßen als Allegorie der Kunstszene Lateinamerikas gelesen werden können[99], einem Schriftsteller, einem Maler und einem Musiker, ein Gespräch geführt, sie in dessen Verlauf nach der Geschichte des Landes, nach ersten literarischen Ansätzen und über volkstümliche Überlieferung befragt und als Antwort des Musikers nur Achselzucken und die Antwort erhalten, »die Kultur sei nicht im Urwald«, dorthin zu reisen überlasse man den Ausländern, als Künstler »könnte man heute nur dort [leben], wo zeitgenössisches Denken und künstlerisches Schaffen am aktivsten waren« (PP92), also in den Metropolen der Welt. An diesen Künstler denkt nun der der Protagonist und »hätte ihn gern an den Ohren hierhergezogen [die Drastik des Bildes fällt auf], damit er zu seinem eigenen Nutzen höre, was hier gespielt wurde« (PP96).

Begleitet und untermalt die Begegnung mit der Musik die emphatisch erlebte Begegnung mit Los Altos, dessen (zeitlos anmutende) visuelle Präsentation sie nun musikalisch redupliziert, so nimmt sie also auch deren – in der Ästhetik des Bilderbogens – immanentes didaktisches Moment auf und wendet es in den Verweis auf eine in ihrem Wert erst noch zu erkennende und einzuholende Musiktradition, die das Potential hat, in Adaptionen weiterentwickelt zu werden und damit in avancierte musikalische Gestaltungen auf der

97 Zu authentischer Instrumentalmusik vgl.: Alejo Carpentier, Ese músico que llevo dentro, Ciudad de la Habana: Editorial Letras Cubanas 1980, ›Lenguaje y música‹, S. 77-79.

98 Mit dem Begriff Weltmusik wird hier jene Musik bezeichnet, in der die unterschiedlichen autochthonen Formen als gleichberechtigte Beiträge zu einer Musik der Welten gefasst werden und nicht das unter den Bedingungen der zeitgenössischen Musikindustrie entstehende Crossover, als das seit den 1980er Jahren die Musik bezeichnet wurde, die unter Aufnahme anderer Musiktraditionen ein ›Genre‹ entstehen ließ.

99 PP91: »Der Musiker war so sehr Weißer, der Dichter so sehr Indio der Maler so sehr Schwarzer, daß ich unwillkürlich an die drei Könige aus dem Morgenland denken mußte, als ich sie rings um die Hängematte sah [...].«

Höhe der Zeit einzugehen. Der unmittelbare, nicht über die eigene Tradition vermittelte Anschluss an zeitgenössische Musik gerät damit unter den Verdacht kritikloser Imitation:

»Oben schlug jemand auf dem Klavier der Malerin probeweise Akkorde an. Dann begann der junge Musiker - aus der Härte des Anschlags ging hervor, daß der Komponist selbst am Instrument saß - zu spielen. Spaßeshalber zählte ich die Töne: es waren zwölf, und keiner verdoppelte sich, bis das unruhige Andante am Ende wieder in das anfängliche Es-Dur einmündete.« (PP95)

Der dialogische Aspekt intermedialen Schreibens erweist sich als Agens einer Dialogizität der Textsemantik selbst, die – vermittelt über die Musik – inter genera zwischen Roman, didaktischem Gebrauchstext und Satire oszilliert. Sie denunziert den Protagonisten als ideologisch motivierten Reisenden, der nach essentieller Ursprünglichkeit sucht, lässt dabei aber offen, inwiefern Carpentier selbst dessen Anliegen in der Maske ironischer Präsentation ernsthaft angebracht wissen möchte. Immerhin fällt die Parallele zwischen Carpentiers Interesse an einer Erneuerung der autochthonen Musiksprache und jener Erneuerung einer echten Folklore auf[100], wie sie etwa von den Komponisten des Mächtigen Häufleins (darunter auch den ›Novatoren‹ Mussorgski und Rimski-Korsakov) angestrebt wurde. [101]

100 Vgl. H. Herlinghaus: Carpentier, S. 18: »Schlußfolgernd läßt Carpentier als ›tatsächlich nationale Kunstleistung‹ diejenige gelten, die den Weg der Auseinandersetzung mit der internationalen Entwicklung beschreitet, nicht aber den eines imitierenden Kosmopolitismus. Die Voraussetzung, auch europäische Kunst bereichern zu können, erfordere es, ›lateinamerikanische Sensibilität‹ durch eine ständige Arbeit an Handwerk und Metier zu disziplinieren, ein Kriterium, das den Autor fortan [beschäftigt].« Vgl. auch: A. Carpentier: Ese músico, insb.. ›Los problemas del compositor latinoamericano‹, S. 143-160; Ders., ebd.: ›La lección de la selva‹, S. 18-22; Germán Toro-Pérez: »Carpentier und seine Bedeutung für die musikalische Moderne in Kuba«, in: Ostleitner/Glanz (Hg.), Carpentier, S. 51-63, hier 61f: »Die Fähigkeit Carpentiers, globale Entwicklungen seiner Zeit zu überblicken, zu interpretieren und zu kommunizieren, war eine Konstante seines Lebens als Schriftsteller und Journalist. [...] Das Bewusstsein Carpentiers über den Stellenwert der bis dahin verdrängten kulturellen Elemente seines Landes, geweckt durch die Erfahrung der modernen Musik Europas, insbesondere die Musik Strawinskys, fand ihr Echo in der Musik von Roldán und García Caturla. Dies bedeutete für ihn den Beginn einer Entwicklung, die zur Entstehung einer eigenständigen kubanischen modernen Kunstmusik führen würde.«

101 Zu einer Konzertkritik Carpentiers vgl. Herlinghaus: Carpentier, S. 18: »Im Februar 1926 vermerkt Carpentier in ›social‹: ›die erste Aufführung [... Auslass. i.O.] der Ouvertüre über kubanische Themen des jungen Komponisten Amadeo Roldán bildet seit langer Zeit eines der wichtigsten Ereignisse unseres kulturellen Lebens. [...] Die Üppigkeit unserer Folklore mit ihrem fruchtbaren Erbe an Rhythmen und Polyrhythmien, ihrem Vorrat an Melodien, mußte unsere Komponisten faszinieren. Aber die unbekümmerte Bestellung unserer jungfräulichen Erde machte viele zu Opfern, die sich an leuchtenden und unbeständigen Früchten begeisterten. [...] Am schwersten wog dabei vielleicht der Mangel, ›nicht auf der Höhe der Zeit‹ zu sein, der Versuch, Musik im Rahmen eines Konzeptes hervorzubringen, das sorgsam die

Die zu einer Replikengalerie organisierten Bilder der Landschaften und Begebenheiten werden durch eine Folklore überschrieben, die nicht nur den imaginativen Textraum erweitert und intensiviert, sondern das Arrangement als Bilder einer ›Ausstellung‹ und Bilder einer Ausstellung[102] markiert: Lassen sie sich diese Bilder einer Ausstellung einerseits als didaktisch-programmatische Musterbilder sehen, in denen die lateinamerikanische Wirklichkeit in ihrer künstlerisch-musikalischen Verdopplung ideal aufgeht, so wird ihre Vertonung andererseits zum Poetik-Signal, das über die implizierten Prätexte und die synmedial oder gegenläufig angelegte Vertonung erneut auf die eigene Schreibweise bezogen werden kann.

6.8 Musik und ihre Medien. Zeit und Musik

Die Besetzung der Protagonistenrolle mit der Figur eines Komponisten und Musikwissenschaftlers befördert einerseits die fortwährende Thematisierung von Musik, die Nutzung bekannter Musikwerke als Handlungsgeneratoren und für die poetologische Reflexion von Kompositionsverfahren und die Applikation formalästhetischer Verfahren im Text. Er realisiert damit in den entsprechenden Episoden in extenso explizite und implizite Referenzen auf die Musik, wie sie in der Intermedialitätsforschung beschrieben werden:[103]

Kenntnisnahme der zeitgenössischen Anstrengungen vermied, ja sich sogar über die internationale Entwicklung hinwegsetzte, die die Tonkunst seit über vierzig Jahren prägte.‹ (Crón I 39,40).« Ebd. Darüber hinaus stellt Carpentier verallgemeinernd fest, ebd. S. 43: »›Unsere Komponisten kennen Ängste, die einen europäischen Musiker nicht bekümmern. Das Streben ›das Universelle tief im Innern des Lokalen aufzufinden‹, zwingt sie zu einem Seiltanz. [...] Auf der einen Seite sind da die bodenständigen Rhythmen mit einem ungeschliffenen Lyrismus [...] Auf der anderen Seite befinden sich die ewigen Fragen der Ausdrucksweise und des ›Metiers‹ [...]. Welche Haltung ist einzunehmen angesichts so vieler verschiedener und doch vermittelnder Elemente? Bis zu welchem Punkte sollen wir uns europäisieren? Ist der Amerikanismus eine Frage der Form oder der Sensibilität?‹.«

102 Auf welche Weise die Rückwende zur eigenen Folklore mit moderner Kunst vereinbart werden kann, zeigt eine bemerkenswerte, dem Musikwissenschaftler Carpentier sicherlich bekannte Aufführung von Mussorgsky Werk *Bilder einer Ausstellung* 1928 im Friedrich-Theater in Dessau. Wassily Kandinsky hatte die Inszenierung und die Gestaltung der Bühnenbilder übernommen. Vgl. Wassily Kandinsky, »Modeste Mussorgsy: Bilder einer Ausstellung«, in: Ders.: Essays über Kunst und Künstler, Bern: Benteli Verlag, 1953, S 119-121, hier S. 119: »Die Musik ist aber keineswegs ›Programmusik‹ geworden. Wenn sie etwas ›widerspiegelt‹, so sind es nicht die gemalten Bildchen, sondern die Erlebnisse Mussorgskys, die weit über den ›Inhalt‹ des Gemalten stiegen und eine rein musikalische Form fanden. [...] Mit Ausnahme von zwei Bildern - ›Samuel Goldenberg und Schmuyle‹ und ›Der Marktplatz in Limoges‹ - (in welchen ich zwei Tänzer mitwirken ließ) ist das ganze Bühnenbild ›abstrakt‹ gewesen. Hier und da verwendete ich auch Formen, die fern ›gegenständlich‹ waren. Ich ging also nicht ›programmäßig‹ vor, sondern verwendete Formen, die mir beim Hören der Musik vorschwebten.«

103 Vgl. für einen Überblick: C.S. Brown: »Wechselverhältnisse zwischen Literatur und Musik«, S. 33ff; - St.P. Scher: Literatur und Musik, S. 28-39; - W. Wolf: »The musicalisation of fiction«, S. 136ff.

Einzelreferenzen, Systemreferenzen, die Kombination von Literatur und Musik, das Ersetzen von Literatur durch die Musik etwa durch Programm-Musik (siehe 6.7) oder die Anwendung unterschiedlicher Kompositionsschemata, den Einfluss der Musik auf die Literatur durch die Nachahmung von Strukturen wie Thema und Variation (im Gesamttext), die Fuge (siehe 5.12), die symphonische Struktur der linearen Erzählung (in der Beschreibung der Urwaldsymphonie)[104] oder in Form von *verbal music*, also im Versuch, musikalische Effekte nicht nur zu beschreiben, sondern sie zu reproduzieren, und schließlich im anvisierten Kompositionswerk auch Parallelen und transmediale Analogien zwischen Literatur und Musik: Metrik, Prosodie, Tempi, Tempuswechsel, Höhepunkt oder Auflösungen (siehe 6.9).

Gleichzeitig befördert die Besetzung der Protagonistenrolle mit einem (Film-)Komponisten den medienarchäologischen Ansatz des Romans: Zunächst werden einander die im Medium abendländischer Musiknotation festgeschriebenen und damit (in einer ›zerdehnten‹ Situation – Assmann) tradierbaren geistlichen und weltlichen Werke und deren Aufführungspraxis und – kontrastierend – das Ephemere einer Musikpraxis konfrontiert, die Musik nur in ihrer Aufführung als Musik wahrnimmt: die im Aufschreibesystem mündlicher Überlieferung tradierten Balladen, Romanzen, Kinderlieder, Arbeitsgesänge oder rituellen Musiken.

Über das Funktionale hinaus wird das Materielle der Medien zum Gegenstand der intensivierten Musikthematik des Textes. Sind es einerseits die immer auch über ihre Materialität beschriebenen Manuskripte, von den wertvollen ledergebundenen Ausgaben im Organographischen Institut über die in den Auslagen der Geschäfte liegenden Drucke bis zur Partitur der in ein Schulheft geschriebenen Komposition des Protagonisten, so werden anderseits auch die technischen Medien ihrer iterativen Vermittlung, die Schallplatte, die Tonspur des Films oder das Radio und ihre Dinghaftigkeit (der Plattenspieler des Kurators, die Kopie des Werbefilms, die Synchronisationsmaschinen, das Radio in der Küche der Urwaldherberge) explizit vorgeführt. Auch die Musikinstrumente selbst, jene der Sammlung des Instituts oder der einheimischen Musiker, das Klavier der Mutter oder jenes des – durch sein Fenster gesehenen – Salons bis zur Maraca des musizierenden Engels in der Kirche von Santiago de Aguinaldos, werden in ihrer klanglichen, historischen und kulturellen Qualität thematisiert. Die Klangveränderungen des Pianos in Mouches Studio, die durch die unter dessen Saiten geschobenen Gegenstände erzeugt werden, die Beschreibung der Stimmung der Harfe des Spielmanns in Los Altos und der sich daraus ›über einen authentischen Primitivismus‹ ergebenden Möglichkeiten oder die Präferenz des Vaters für das »männliche, metallisch klingende Horn« gegenüber jenem, das er geringschätzig »›le cor‹ nannte«, weil es »sein männliches Instrument in die Nachbarschaft der weiblichen Holzinstrumente« (PP112) brachte, verweisen

104 Vgl. C.S. Brown, »Wechselverhältnisse zwischen Literatur und Musik«, S. 37f: »Liszt weist darauf hin, daß diese [...] programmatische [...] Musik ihr Material nicht mit vorherbestimmten musikalischen Modellen arrangiert, sondern gemäß den Erfordernissen ihres programmatischen Stoffes. Infolgedessen gibt die symphonische Dichtung die herkömmliche, mehr oder weniger kreisförmige musikalische Struktur auf und nimmt die lineare Struktur literarischen Erzählens an.

damit auf den Körper der Musik[105] und die mit ihm verbundenen medial vermittelten Konnotationen. Die autochthonen, im Urwald vorgefundenen Instrumente werden (zusätzlich immer wieder verfremdend durch die Bezugnahme auf die Berichte historischer Reisender oder ihre Abbildungen) schließlich nur noch über die Form und das Material ihrer Resonanzkörper und die technischen Bedingungen ihrer Tonerzeugung beschrieben. Selbst der Rhythmus von Kirchenglocken verweist noch auf das »Schwingen des Seils« und damit auf eine Körperhaftigkeit, die »die elektrischen Geläute der pseudogotischen Kirchen meines Landes niemals erreichen« (PP57).

Die nur in ihrer Aufführungspraxis als solche wahrgenommene Musik markiert, pointiert in der Differenz von Kehlkopf- und Bauchstimme des Schamanen, auch den menschlichen Körper als Medium der Musik, der nicht nur Musik erzeugen, sondern auch abbilden kann: Der Vater, der »mit Nikitsch- oder Mahlergesten ein imaginäres Orchester« dirigiert, wobei er in einer rudimentären Vokalisierung »die ausgefallensten Onomatopöien für Schlagzeug, Bass und Blechinstrumente erfand« (PP113), oder der österreichische Kappellmeister, der im Hotel »mit herrlichen Gebärden das ›Requiem von Brahms‹ vor dem Spiegel [probt ...] und einem großen imaginären Chor die fugenartigen Einsätze« (PP70) gibt, vermitteln im Rekurs auf deren eigene Memoria und jene des Rezipienten Musik im Medium der Gestik und rhythmischer Gebärden. Schließlich schreibt sich die Musik unmittelbar in den Körper ein: Die Messingvolute des Horns hat der Statur des Vaters »die Kontur eines korinthischen Kapitells [verliehen] durch den eigentümlichen Mimetismus, der Oboisten gewöhnlich schmal und dürr, Posaunisten jovial und pausbäckig macht« (PP111f). Das führt schließlich zurück zur jener – unterdessen von ihm verworfenen – Theorie des Protagonisten, der Ursprung der Musik sei in der Nachahmung der Bewegung des Körpers, des Schrittes, Galopps oder Sprunges der Tiere zu suchen, die implizit in der Erwähnung der Arbeitslieder wiederkehrt: »Das im Rhythmus des Hufnagelns gesungene Lied« (PP146) verweist auf einen Anfang der Musik in der Rhythmik des Körpers, der die Folklore an die Vollzüge der Lebenspraxis und ihrer sozialen Rituale bindet.

In einer rezeptionsästhetischen Zuspitzung werden auch Alltagsgeräusche und die Natur selbst zum Medium der Musik und in ihrer sprachlichen Darstellung im Text zu Musterbeispielen nicht nur von (klassifizierender) Thematisierung, sondern auch von *verbal music*, also des Versuchs, »[...] den Effekt, den direkten Eindruck eines Musikstückes [musikalischer Phänomene überhaupt] in Worten zu reproduzieren – nicht diesen Effekt bloß zu beschreiben, zu erläutern oder zu analysieren, sondern ihn zu reproduzieren, so daß die betreffende Stelle [im] Werk [...] die gleiche Wirkung auf einen Leser

105 Vgl. dazu mutatio mutandis Roland Barthes: »Die Rauheit der Stimme«, in: Barck/Gente et al./Gente (Hg.), AISTHESIS, S. 299-309, hier S. 301: »Etwas ist da, offenkundig und eigensinnig (man hört nur ›es‹), was jenseits (oder diesseits) der Bedeutung der Wörter ihrer Form (oder Litanei), der Koloratur und selbst des Stils der Aufführung liegt: etwas, was direkt der Körper des Sängers ist und mit ein- und derselben Bewegung aus der Tiefe der Stimmhöhlen, der Muskeln, der Schleimhäute, der Knorpel und aus der Tiefe [...] einem zu Ohren kommt. [...] Die Rauheit wäre dies: die Materialität des Körpers.«

anstrebt, wie die Wirkung [der Musik] auf einen Hörer«.[106] Das »Triangel eines Straßenverkäufers«, »die Flöte eines Scherenschleifers«, »der melismatische Ruf eines [...] Negers, der einen Korb voll Pfirsiche auf seinem Kopf trägt« (PP57), werden zu Musik. Das Gebell der Hunde wird zur »Antiphonie«, die am anderen Ufer des Flusses ein unerwartetes »Responsorium« (PP156) findet[107], die geschwungenen Linien in einem Palmblätterwald werden mit gregorianischen Gesängen in Verbindung gebracht; der Donner wird zur »Ouvertüre« (PP269) eines Gewitters, der Urwald selbst in seinem »unaufhörlichem Mimetismus« zum Medium einer Natursymphonie:

»Irgendwo probte jemand den Ansatz einer Oboe. In den Tiefen eines Wildbachs brach eine groteske Trompete in Gelächter aus. Im Laub respondierten sich Tausende von Flöten in zwei verschiedenen Tonlagen. Dann ertönten Metallkämme, Sägen, die sich in Holz fraßen, Harmonikatöne, das Trillern und Schaben der Grillen [...] Da ein Schrei wie von einem Pfau, dort ein irrlichterndes Glucksen, Pfeiftöne, auf- und absteigend [...]; etwas plantschte, hämmerte, knirschte unter uns, heulte wie kleine Kinder, wieherte in den Wipfeln, kratzte in einem Bodenloch.« (PP208)

Der Musik aus dem Körper (des Menschen, der Natur, unterschiedlichster Klangkörper) entspricht ihr – durch die temporale Qualität der Musik entstehende – Zeitkörper, der in der Dauer und Zeitstruktur der vorgeführten Musiken, aber auch in der Umsetzung von deren Zeitlichkeit in der Poetik des Textes selbst – wie etwa in der Fugenepisode am Fluss, dem Quodlibet der Abendgesellschaft oder der tientos-y-differencias-Struktur des Romans – als *verbal music* umgesetzt wird. Dabei wird die Zeit der Musik – weniger in ihrem Aspekt der Dauer als in jenem des Rhythmus – auch zum Medium der Zeitwahrnehmung und -beschreibung überhaupt, die nun nicht mehr in chronometrischen Termini, sondern in musikwissenschaftlichen verfährt,

»[...] als verliefen die Tage in unterschiedlichen Zeiten - Zeiten einer tellurischen Symphonie, die zwischen Tagen in raschem Tempo auch ihr Andante und ihr Adagio hat. Das Seltsame ist, daß ich selber jetzt, da ich mich nicht mehr um die Zeit kümmere,

106 C.S. Brown, »Wechselverhältnisse zwischen Literatur und Musik«, S. 37. Vgl. auch Alexander Honold: »Der singende Text. Klanglichkeit als literarische Performanzqualität«, in: Schmidt/Valk (Hg.), Literatur intermedial, S 187-208.

107 Erneut lässt sich im Subtext ein Verweis auf die lateinamerikanische Avantgarde ausmachen: In Sao Paolo findet zur Hundertjahrfeier der Unabhängigkeit Brasiliens 1922 die Semana de Arte Moderna statt. Vgl. A. Knauth: »Lateinamerikanische Avantgarde«, S. 9f: »[Im Zuge dieses] aktionistischen Mulit-Art [Spektakels], ein[es] Spektakel[s] gegen die offizielle akademische Kunst« (ebd., S. 9) werden neben der Präsentation von avantgardistischer Malerei und Plastik auch für das Festival komponierte Musikstücke präsentiert, werden programmatische Reden und literarische Texte vorgetragen, wie etwa »[...] das von Bandeira gegen die herrschende parnassische Poesie und ihre Schwanengesänge geschriebene Frosch-Gedicht *Os sapos.*« (Ebd.) Während des Festivals kommt es zu »[...] Tumulte[n] der Passatisten gegen die Futuristen, die sich gegen dieses Etikett jedoch verwahrten und sich zunehmend *›brasilianisierten‹*, *›indianisierten‹*, *›afrikanisierten‹* und *›totemisierten‹*; Froschgequake, Hühnergegacker, Pferdegewieher und Hundegebell vs. Pfiffe und Pfui-Rufe«. Ebd., S. 10, Herv. i.O.).

die unterschiedlichen Werte von Zeitabschnitten feststelle, die lange Dauer mancher Morgende, die sparsame Ausarbeitung einer Abenddämmerung, und mich darüber wundere, was alles in den einzelnen Sätzen dieser Symphonie vorkommt, die wir von hinten nach vorn und von rechts nach links gegen den Notenschlüssel lesen.« (PP230f)

Gleichzeitig zeigt sich, etwa in der Beethoven'schen Erinnerungssymphonie im Urwald, dass die Musik Zeitabläufe nicht nur reflektiert, gestaltet und beschreibt, sondern auch transzendiert: Die durch die Musik ermöglichte Flucht aus der Zeitlichkeit verdankt sich ihrer Fähigkeit, historische Ereignisse nicht nur der eigenen Entstehungsepoche, sondern auch der Zeit der Rezeption in sich aufzunehmen und – wie im Zerbrechen der Neunten Symphonie vorgeführt wird – für transgressive Überschreibungen offen zu sein, die die Stabilität des Kunstwerks infragestellen. Damit erweist sich diese Offenheit auch als problematisch: Die Überschreibung der Symphonie durch ihre eigene Rezeptionsgeschichte verstellt den Zugang zu ihrer ›Ursprünglichkeit‹, der durch »Anbetung der Fassaden« (PP116) ersetzt wird. Das (okzidentale) Aufschreibesystem Kunst als Ermöglichungsbedingung für die Schaffung, Notation und Tradierung von Musik konfligiert, so der in der Episode angebrachte implizite Medienkommentar, über die immer kontextuell vermittelte Rezeption mit dem (idealen) Kunstwerk selbst.

6.9 Die Threnodie

Im Urwald entsteht schließlich das große Kompositionsprojekt des Protagonisten. Das einfache Leben mit den Eingeborenen hat ihm seinen Körper wieder bewusst gemacht, nach einer Phase musikalischer und intellektueller Askese ist gewissermaßen über Nacht ein fertiges Werk entstanden.

»Nachdem ich eine Zeitlang geschlafen habe [...] wache ich mit dem seltsamen Gefühl auf, daß in meinem Kopf eine große Arbeit vollbracht worden ist, etwas wie eine Verdichtung, ein Reifeprozeß formloser, ungeordneter Elemente, die vereinzelt keinen Sinn ergeben, sich plötzlich aber zusammenfügen und eine genaue Bedeutung erhalten. Ein Werk ist in meinem Geist entstanden, ein ›Ding‹ für meine offenen und geschlossenen Augen, etwas, das in meinen Ohren ertönt und mich durch den logischen Zusammenhang des Aufbaus überrascht. Ein Werk ist in mir eingeschrieben, das ich mühelos hervorbringen, in einen Text, in eine Partitur umsetzen kann, in etwas, das alle werden berühren, lesen, verstehen können.« (PP270f)[108]

Das Musikwerk, dessen Entstehung mehrere Kapitel des Textes dominiert, in seiner Komplexität, zwischen ambrosianischer Hymne (*Aeterne rerum condi-*

108 Michael Rössner hat auf die bemerkenswerte Parallele zwischen der Beschreibung der Entstehung der Threnodie und jener des Romans selbst hingewiesen, die Carpentier in *Un camino medio del siglo* referiert. Vgl. M. Rössner: Verlorenes Paradies, S. 238f, FN 213: »Und ich erinnere mich, daß ich eines Abends, am Zusammenfluß des Orinoco und des Vichada, an einem lichtvollen, außerordentlichen Abend, so etwas wie eine Erleuchtung hatte: der Roman ›Los pasos perdidos‹ entstand so in wenigen Sekunden, bereits völlig fertig gebaut, strukturiert, vollendet; ich brauchte nur mehr nach Caracas zurückzufahren und ihn niederschreiben.«

tur), Gregorianik, Kantate, Orgelmusik, einem Tropus von Compostela (*Congaudeant Catholici*) oder der Orchestrierung Alderic Magnards[109], angemessen zu erfassen und zu beschreiben, muss einem Musikwissenschaftler überlassen werden. Gerhard Wild hat auf die Überschreibung des ästhetischen Prozesses durch den okzidentalen Musikdiskurs von Platon über die abendländische Kirchenmusik bis zu den Avantgarde-Konzepten von Edgar Varèse aufmerksam gemacht.[110] Im Zusammenhang der vorliegenden Arbeit interessieren hier vor allem drei Aspekte.

Zunächst legt die emphatische Beschreibung des Werkes selbst eine genuin intermediale Produktionsästhetik frei, die in einer »Vokal-Ode« (PP274) »neue Möglichkeiten der Verbindung von Sprache und Musik« (PP272) anvisiert:

»Selbstverständlich war ich die umfangreiche Geschichte des Rezitativs [...] durchgegangen. Aber das Rezitativ studieren, der Frage nachgehen, wie man singend rezitiert, wie man sprechend singt, wie man im Tonfall der Sprache die Musik sucht, wie man das gesprochene Wort in die Begleitung einbettet oder es umgekehrt abhebt von der harmonischen Untermalung – dieser ganze Prozeß, mit dem sich die modernen Komponisten herumschlugen, von Debussy und Mussorgski bis zu den unerträglichen, paroxistischen Ergebnissen der Wiener Schule, war nicht eigentlich das, was mich interessierte.« (PP272)

Was der Komponist sucht, ist eine Sprache, die »ihre eigene Musik findet« , ein Gedicht, ganz einfache Wörter (»Mann, Frau, Haus, Wasser, Wolke, Baum« – PP273)[111], die von einem Chorführer gesprochen werden und aus sich selbst über ihre Wiederholung allmählich Intonation und eine Melodie freisetzen. Schließlich soll die entstehende Wortmusik sukzessiv von Instrumenten begleitet werden, in denen »deren Klangmaterial [...], Anwesenheit von Holz, Blech, Saite, Trommelfell als Aussage aleatorischer Möglichkeiten« zur Geltung kommen soll. Zuletzt ist über allmählich zunehmende Komplexität, »die Variation reiner Klänge und der entsprechenden Kontraste« und den »an kontrapunktischer Bewegung zunehmend bereicherten Chor« neben der »Schöpfungsgeschichte der Sprache [...] eine Art Erfindung der Polyphonie« (alle PP273f) angestrebt. Was vorgeführt werden soll, ist über die simultane Realisierung verschiedener Werk-Ebenen eine »Logik der Entwicklung«, die von einfachsten Formen zu komplexer Mehrstimmigkeit verläuft und dabei das »tote Überkommene« traditioneller Kompositionsweisen hinter sich lässt. Ihren Ausgang nimmt sie bezeichnenderweise in der Rückwendung zum Moment der musikalischen Initiation des Protagonisten, dem Alternieren zweier Stimmen im Gesang des Schamanen, das am *toten*

109 PP275: »als Beleg zitierte ich mir Stellen aus einem außerordentlichen Zusammenspiel von Flöte und Kontrabaß, Oboe und Pauke aus dem Werk Alderic Magnards.«

110 G. Wild: Paraphrasen: ›Die Shelley-Kantate‹, S. 213-220.

111 Die Stelle alludiert, auch in Hinblick auf die Erwähnung Rilkes in der Episode, dessen Neunte Elegie. So auch F. Wolfzettel: »Los pasos perdidos«, S. 252. Vgl. Rainer Maria Rilke: Duineser Elegien, Frankfurt am Main: Suhrkamp 1966, Bd.1, S. 272: »[...]sind wir vielleicht hier, um zu sagen: Haus,/Brücke, Brunnen, Tor, Krug, Obstbaum, Fenster,/höchstens: Säule, Turm [...] aber zu sagen, verstehs,/oh zu sagen so, wie selber die Dinge niemals/innig meinten zu sein.«

Körper des Jägers praktiziert wird. Das Ventrilokutionär-Zweistimmige seines Gesangs wird zur Urform einer Mehrstimmigkeit, in der die einzelnen Stimmen im Werk nicht ineinander aufgehen, sondern als distinkte Stimmen bestehen bleiben und aus dieser Distinktion erst das Werk entstehen lassen.

Gleichzeitig wird – präludiert durch die sensibilisierte Körperwahrnehmung des Protagonisten selbst – der mediale Körper der Künste zur Geltung gebracht, der sich über die menschliche Stimme oder das Klangmaterial der Instrumente, deren kontrastierende und dadurch die Klangeigenheiten intensivierende Instrumentierung in die Musik selbst einschreibt. Das Insistieren auf der Körperhaftigkeit der Musik, die etwa in der betont unkonventionellen Orchestrierung zum Ausdruck kommt, oder die Rede nicht von Stimmen, sondern von Chorführer und Chor, beide in ihrer körperlichen Erscheinung beschrieben, markieren die Aufrechterhaltung und Intensivierung dieses Unterschieds als das kompositorische Prinzip, das (wie schon in der Miniatur des Quodlibets der Abendgesellschaft) das Kunstwerk aus räumlicher, sprachlich, musikalischer, klanglicher Differenz generiert.

Die Intermedialität der Komposition besteht nicht darin, Musik und Sprache einander nachahmen oder ergänzen zu lassen, sondern in je eigener Entwicklung in ihrem vollen Potential zur Geltung zu bringen: also nicht in einer wechselseitigen Erhellung, sondern in einer (auch) konfrontativen wechselseitigen Herausforderung der Künste, die eine intermediale Übersetzungsaufgabe artikuliert und damit den dialogischen Raum zwischen den Künsten als den Ort des intermedialen Kunstwerks anvisiert.

Dabei bleiben die Grenzen zwischen Sprache und Musik durchlässig auf jenes Kunstwerk hin, das sich im Zwischenraum der Differenz artikuliert. In diesem Zwischenraum erscheint die Übersetzbarkeit der beteiligten Künste nicht mehr an den Paradigmen Ähnlichkeit, Treue zum jeweiligen Ausgangstext oder Freiheit diesem gegenüber abgehandelt, sondern wird selbst zur Form (des Übersetzens). Walter Benjamin beschreibt in seinem Aufsatz Die Aufgabe des Übersetzers diese Übersetzbarkeit als gegründet auf eine »Verwandtschaft der Sprachen«[112], die darin besteht, »[...] daß in ihr jeder als ganzer jeweils eines und zwar dasselbe gemeint ist, das dennoch keiner einzelnen von ihnen, sondern nur der Allheit ihrer einander ergänzenden Intentionen erreichbar ist: die reine Sprache«[113]. Die – innerhalb der jüdischen Tradition als eschatologisches Ereignis abgebildete – Emergenz einer reinen Sprache, in der die Wirklichkeit überschusslos ausgesagt werden kann, erscheint im Roman als Wunsch nach umfassender Wahrnehmung, die die Trennung der Künste (als unterschiedliche Signifikationssysteme/›Sprachen‹) aufhebt und zum Augenblick einer Totalität zurückkehrt, die vor der babylonischen Trennung der Sprachen ganzheitliche Wahrnehmung zu ermöglichen scheint. Insofern lassen sich dieser Wunsch nach der Rückkehr zur paradiesischen Erfahrung und Benjamins Konzept einer am Ende der Geschichte erscheinenden idealen Sprache parallelisieren: »In dieser reinen Sprache, die nichts mehr meint und nichts mehr ausdrückt, sondern als ausdrucksloses und

112 Vgl. Walter Benjamin: »Die Aufgabe des Übersetzers«, S. 12. »Jenes gedachte, innerste Verhältnis der Sprachen besteht darin, daß die Sprachen einander nicht fremd, sondern a priori und von allen historischen Beziehungen abgesehen einander in dem verwandt sind, was sie sagen wollen.«

113 Ebd., S. 13.

schöpferisches Wort das in allen Sprachen Gemeinte ist, trifft endlich alle Mitteilung, aller Sinn und alle Intention auf eine Schicht, in der sie zu erlöschen bestimmt sind.«[114] Wie in der multimedialen Überschreibung der Begegnungserfahrung mit dem Hirschen am Fluss zeigt sich intermediales Schreiben als Möglichkeit, den Traum ganzheitlicher Erfahrung einzulösen, die nun nicht – wie im Roman immer wieder paradox deutlich gemacht wird – in einer unmöglichen Rückkehr, sondern über das Dazwischen der Signifikationssysteme und das Prozesshafte dieser Differenz eingeholt werden soll.

Damit lassen sich die Aspekte des Prozesshaften auf der Handlungsebene als Darstellung dieses Raumes der Differenz lesen. Sowohl die Reisebewegung zwischen den Räumen – und die durch sie generierten Bilder – als auch der dialogisch abgehandelte Prozess der Selbstfindung sind Tropen einer Poetik des Dazwischen, die ihre Bilder nicht stillstellt, sondern in immer weiterführender Überschreibung in Bewegung hält. Die Verweise auf die ambrosianische und gregorianische Kirchenmusik und die damit eingebrachte (historische) Problematisierung der Verständlichkeit des liturgischen Textes im Dialog zwischen Wort und Musik, der biografische Aspekt der Komposition, die umständlich anmutende lange Beschreibung der konkreten Umstände (von Wetterumschwüngen, Papiermangel und den Verschmelzungswünschen des Protagonisten) sind nicht nur Schilderung der diskursiven und situativen Bedingungen des Kompositionsvorganges: Zwar wird die Beschreibung des anvisierten Werkes über die Darstellung dieser Umstände strukturiert, sie erschöpfen sich aber nicht in dessen Freilegung (der Freilegung des intuitiven ganzen Entwurfes), sondern sind auch wie die konkrete Reise oder die Erzählbewegung der Diegese im Los Altos'schen Bilderbogen als Metonymie der Bewegung selbst, des Prozesshaften intermedialen Schreibens, funktionalisiert.

Dieser Kom-positionsprozess, der immer wieder vorgeführt wird (wie zum Beispiel in der Transgression der thematisierten Oper durch die Poetik des Films, der linearen Reise durch die kartografische Übersicht, der bildlich-fotografischen Referenz durch die Hinzufügung des Temporalen), wird zur Differenzmaschine, die Bedeutungen generiert: Im Raum des Dazwischen, der Übersetzung, werden die entstehende Threnodie und der Vorgang ihrer Hervorbringung *inter media* zugleich abgebildet, ohne dass ihre Konstituenten (Sprache und Musik) dabei gelöscht oder in einem stabilen Kunstwerk absorbiert werden. Das intermediale Schreiben generiert kein dauerhaftes Produkt, sondern bleibt unabschließbares Projekt.

Durch ihre Genese – als ein durch individuelle Eingebung initiierter großer, von Beginn an ganzheitlicher Entwurf – erweist sich die Threnodie andererseits als ein im Diskurs einer abendländischen Autonomieästhetik verortetes Werk, das durch seine Notation fixiert und weitergegeben[115] werden soll.

114 Ebd., S. 19.

115 Vgl. PP277: »Ich war Rainer Maria Rilkes Dichter auf einsamer Insel und als solcher mußte ich aus innerer Notwenigkeit schöpferisch sein.« PP281: »Fern von Konzerten, Manifesten oder unerschöpflichen Langeweile der Polemiken über Fragen der Kunst erfinde ich jetzt Musik mit Leichtigkeit, als ob mir die Gedanken aus dem Kopf direkt in die Hände flössen.« PP285: »Eine Partitur, die nicht aufgeführt werden kann, ist nutzlos. Ein Kunstwerk ist für die anderen bestimmt, und besonders die Musik, da sie die Mittel besitzt, eine große Zuhörerschaft zu erreichen.«

Gleichzeitig ist sie subtil kontaminiert durch die Evokation einer surrealistischen Ästhetik: Zwar ist sie, in einer gegen die Verfahren des Surrealismus gerichteten Pointe (obwohl sie in ihrer Grundstruktur ›über Nacht‹ – also quasi in einem traumähnlichen Prozess entstanden ist) anders als frühere, gescheiterte Kompositionsversuche des Protagonisten nicht das Ergebnis eines durch »Opium« hergestellten »Benaresrausches« (PP271).[116] Auch die Absorption abendländischer Musiktraditionen in das Werk (und damit das Dépaysement evozierter mittelalterlicher Klöster im lateinamerikanischen Urwald) ist weniger surrealistische Collage als die systematische Funktionalisierung fundierter Kenntnis dieses Musikdiskurses. Die anvisierte bewusste Konfrontation von einer in Sprache bestehenden Musik und ungewöhnlicher Instrumental-Besetzung erweist sich aber geschult an einer surrealistischen Wahrnehmungskritik und Wirkungsästhetik, die über das Aufbrechen von Kompositionskonventionen die musikalischen Elemente in ein neues Verhältnis zueinander bringt und damit die konventionelle Medialität unterläuft. Auch sein Werkcharakter wird durch eine zweifache surreale Pointe unterlaufen: Nicht nur bleibt es – der situativen Umstände halber – Fragment, auch die Partitur wird in einer Kultur, die sie nicht zu lesen versteht, zu einem fremden/verfremdeten Objekt, das in einer Welt, die Musik nur in ihrer Aufführungspraxis, »nur vom Harfe-Mandoline-oder Plektronspielern« (PP282) kennt, über seine Ent-Kontextualisierung und zu vermutende Fehllektüren zu einem paradoxen *ready-made* re-pragmatisiert wird: Bürgschaftsurkunde für die Wiederkehr des Protagonisten, ein Stapel vollgeschriebener Hefte, zuletzt möglicherweise – zu einzelnen Blättern fragmentiert – Material zum Anfachen des Feuers. Damit sind in einer invertierenden Transformation die den Roman als dessen Subtext durchlaufenden Themen Wahrnehmung, Kontext und Aufschreibesysteme erneut unmittelbar in die Beschreibung der Produktion von Kunst integriert. Das Verlorengehen der Partitur in einer Umgebung, die sie nicht lesen kann, lässt sich bis in seine Details als Spiegelbild jener Szene der Kuratorepisode lesen, in der die taube Magd zwischen den im Museum gesammelten Instrumenten die Schallplatte findet, deren Musik nur akustisch wahrgenommen werden kann.

Schließlich liegt es nahe, das kompositorische Konzept einer aus genuiner Zweistimmigkeit entwickelten Polyphonie auf die Poetik des Romans selbst zu beziehen. Die Jahrzehnte dauernde Unfähigkeit des Protagonisten, eine Komposition zu schaffen, die seinen ästhetischen Kriterien genügt, lässt sich als Metonymie einer schriftstellerischen Schreibhemmung lesen. Die Beschreibung des Kompositionsprozesses zielt damit auch auf das Schreiben selbst. Der kuriose Umstand, dass der Protagonist zwar nicht ausreichend Papier für seine Komposition, wohl aber für sein Reisetagebuch zur Verfügung zu haben scheint, macht nicht nur die dort festgehaltene Reflexion über das Schreiben zu einer Notation *sui generis* der Komposition im Medium der

116 PP271f: Es ist nicht Produkt eines Rausches, der nur »[...] alltägliche Formen, unzusammenhängende Ideen, Erfindungen ohne Sinn und Verstand, undurchführbare ästhetische Übertragungen aus der darstellenden Kunst in die Tonkunst« hervorgebracht hat, und der sich im Zustand der Ernüchterung nicht schriftlich fassen lässt. Diesmal »[...] ist die Euphorie vom Bewußtsein getragen, die Gedanken selber suchen nach einer Ordnung, und in meinem Kopf ist schon die Hand beim Ausstreichen, Verbessern, Eliminieren und Verdichten.«

Schrift (›Ekphrasis‹ als Notation und damit als Beispiel impliziter intermedialer Referenz), also einen Text über die Sprache zu einem in der Sprache, sondern markiert auch die Priorität seiner Poetik selbst, die nicht nur die Threnodie, sondern auch den sie generierenden Text strukturiert.

Dessen dialogische Struktur zwischen autobiografischem Reisebericht und Medienarchäologie, Initiationsmärchen und Autobiografie, die sich auch auf der Handlungsebene (im Gespräch zwischen dem Protagonisten und Mouche, der Konfrontation von Moderne und Prähistorie, zwischen Zivilisation und Urformen oder dem Lesen und dem Schreiben der vorgefundenen Welt ...) abbildet, formiert die poetologischen Strategien des Textes, seine Subdiskurse, die Dialogizität der Erzählerstimme selbst und jene Dispositive anderer Künste (der Fotografie, der Kartografie, der Musik, der Architektur), die bis in die Mikrostrukturen des Textes nachweisbar sind. Sie erzeugen – ohne als distinkte Textstimmen verlorenzugehen – dessen komplexe Polyphonie und damit, über die dem Leser abgeforderte Fähigkeit, sie in seine Lektüre zu integrieren, jene prozesshafte Wahrnehmungsveränderung, die herzustellen Carpentier als die Aufgabe des modernen Romans gesehen hat. Im Schreibprozess der Threnodie den Schreibprozess des Schreibens zu lesen, erweist sich nicht als metaleptische *fallacy* der Lektüre, sondern – im Nachvollzug der komplexen Ebenenwechsel – als Freilegung seiner Struktur als realistischer Roman, dessen Realismus nicht auf eine lateinamerikanische Wirklichkeit und ihre Identitätsverbürgung, sondern auf eine realistische Darstellung von deren Textualität zielt.

6.10 Das Lied von Mambrú. Oralität und kulturelles Gedächtnis

Es zeugt von pointierter Medienreflexion und subtiler Ironie Carpentiers, wenn sich statt des notierten großen Werkes des Protagonisten, das er der Nachwelt übermitteln will, ein paar Kinderlieder als jene ›Werke‹ erweisen, die gerade durch ihre Distorsionen, Permutationen, Kontrafakturen, Genrewechsel und durch die Oralität ihrer Weitergabe Dauerhaftigkeit erlangen. Neben dem Lied vom falben Kater und Alfons XII. Totenklage um Mercedes (»Vier Herzöge trugen sie hin durch die Straßen von Aldaví« – PP114) ist es das Lied von Mambrú, dem er in seiner Erinnerung und im Gesang der Kinder auf der Straße immer wieder begegnet. Anders als die im Medium der Notenschrift als externem Textspeicher[117] übermittelte Musik, die immer ihrer materiellen Sicherung und besonderer Dekodierungs- und Spielkompetenz bedarf, ist es im kulturellen Gedächtnis dauerhaft und jederzeit unmittelbar anwesend und buchstäblich kinderleicht zu singen. Neben der Neunten Symphonie Beethovens wird es zu einem der (musikalischen) Handlungsgeneratoren des Romans und gleichzeitig zu einem Bild seiner Poetik des Heterogenen, der Collage und des *hasard*:

117 Vgl. Jan Assmann: Das kulturelle Gedächtnis. Schrift, Erinnerung und politische Identität in frühen Hochkulturen (= beck'sche reihe 1307), München: C.H. Beck 1999, S. 87ff. Vgl. zur Medialität des kulturellen Gedächtnisses auch: Erll/Nünning (Hg.), Gedächtniskonzepte in der Literaturwissenschaft; ebenso Astrid Erll: Kollektives Gedächtnis und Erinnerungskulturen, Stuttgart: Metzler 2005.

Das Lied von Mambrú ist eines der bekanntesten Kinderlieder Spaniens. Mambrú ist die Verballhornung des im Spanischen schwer auszusprechenden Namens Marlborough und bezieht sich auf jenen John Churchill, Graf von Marlborough, der im Zuge des Spanischen Erbfolgekrieges zusammen mit Prinz Eugen von Savoyen 1709 in der Schlacht von Malplaquet die Koalitionstruppen der Österreicher, Engländer und Holländer gegen die französischen Bourbonen befehligte, die die Schlacht verloren. Das Lied ist ein Spottgesang der Franzosen auf die Engländer. Es gerät zunächst in Vergessenheit, wird später wieder bekannt und populär, gelangt schließlich mit den Bourbonen nach Spanien und später nach Lateinamerika. Die Melodie des Liedes ist älter als sein Text und stammt aus dem *Convoy du Duc de Guise*[118] aus der ersten Hälfte des 16. Jahrhunderts. Es gibt unzählige Textvarianten, die sich in dem Maß unterscheiden, in dem sie den Grafen verhöhnen.[119] Dass das Soldatenlied zur Ballade und schließlich zum Kinderlied werden kann, bestätigt gerade über den Wechsel der Genres und seine inhaltlichen Varianten seine Dauerhaftigkeit und gleichzeitig seine Funktion als Speicher des kulturellen Gedächtnisses. Auch wenn die Kinder selbst den Text und seinen Zusammenhang nicht dekodieren können, überliefern sie durch ihr Singen eine alte Geschichte. Das Lied, das beim Spielen gesungen wird, wobei sein Rhythmus in jenem des Himmel und Hölle-Spiels (*rayuela*) aufgeht, macht den Körper zum Medium des ›mimetischen‹ Anteils des kulturellen Gedächtnisses, der die Memoria durch Handlungsroutinen konfiguriert und unterstützt.[120]

In der dialogischen Struktur des Romans wird keine Hierarchie statuiert zwischen dem von einem einsamen Genie geschaffenen ›erhabenen‹ Werk der Neunten Symphonie, das aufgrund seiner Notation im Textarchiv kultureller Erinnerung gespeichert und idealiter abweichungsfrei reproduziert werden kann, und dem oral tradierten und in seiner Genese in einem Teamwork anonymer Teilnehmer vielfach überschriebenen ephemeren Kinderlied, in das die Fehler, Zufälle und Missverständnisse seiner Varianten und das Affektive seiner Tradierung eingeschrieben bleiben können, wobei seine Fortdauer nicht über das imaginäre Musikarchiv, sondern über ununterbrochene Praxis hergestellt ist.

Die Parallelführung der mehrfach kodierten ›Diskursformation Beethoven‹[121] mit jener des einfachen, unter den Kindern umläufigen Spielliedes

---

118 Le Convoy du Duc de Guise ist ein Lied seiner Soldaten auf den 1563 in den Religionskriegen gefallenen Grafen von Guise.

119 Als ein Beispiel einer Textfassung: Mambrù se fue a la Guerra,/Qué dolor, qué dolor, que pena./Mambrú se fue a la Guerra,/No sé cuándo vendrá./Do-re-mi,/do-re-fa/No sé cuándo vendrá./Sie vendrá por la Pascua,/mire usted, mire usted, Qué guasa./Si vendrá por la Pascua o/Por la Trinidad./Do-re-mi,/do-re-fa/O por la Trinidad./La Trinidad se acaba/mire usted, mire usted, qué rabia/La Trinidad se acaba/Mambrú no viene ya,/Do-re-mi,/do-re-fa/Mambrú viene ya. URL: http.//www.spanisch-lehrbuch.de/uebungen/level3_hoererverstaend-nis/musik/kinder lieder/mambru/mambru.htm [22.09.2008].

120 J. Assmann: Kulturelles Gedächtnis, S. 20.

121 Vgl. G. Wild: Paraphrasen, S. 191f: »[Die] Diskursformation Beethoven« [ist die] ›musikalische Metaphysik‹ des Werkes, d.h. die geistesgeschichtlich-ideologischen Konnotationen, die sich aus einer nur teilweise aus dem musikalischen Gehalt des

zeigt erneut, dass im Text die Medien in eine komplementäre Beziehung zueinander treten, die nicht nach Prioritäten, sondern, wie Jahrzehnte nach der Entstehung des Romans der New Historicism verfahren wird, nach Supplement- und Anschlusskriterien strukturiert ist. Sie teilen sich Diskursfelder und können ihre Inhalte auch untereinander austauschen. Insofern ist es im Kontext der intertextuellen und intermedialen Überschreibungen des Romans als interessante Pointe zu lesen, dass das tatsächliche Lied – nun ohne seinen Text und mit anderer Stoßrichtung – erneut sowohl Medium als auch Stilhöhe wechselt: Sein musikalisches Thema wird von Beethoven in seiner Komposition *Wellingtons Sieg Op. 91*[122] als Emblem Frankreichs verwendet, also in ein symphonisches Orchesterwerk integriert. Dass auch die große symphonische Kunst (wie schon in der Radio-Episode vorgeführt) durch tradierte Deutungsmuster und ihre je aktuelle Rezeption überschrieben wird, erweisen im Roman Kinderlied (damit auch die darin eingeschriebenen Balladen) und Symphonie als funktionale Äquivalente des kulturellen Gedächtnisses und der Textsemantik selbst.

6.11 Novela y música

Carpentier hat 1955, in einem Essay zu Roman und Musik[123] die Feststellung Maurice Blanchots referierend, Hermann Brochs Roman »Der Tod des Vergil [sei] wie ein Quartett, oder genauer, wie eine Symphonie [...] mit vier Sätzen«[124] aufgebaut, reflektiert, dass der Roman »eines der wenigen künstlerischen Ausdrucksmedien ist, die an keine formale Disziplin gebunden sind«. Die Kompositionstechniken des Musikers, die er kurz als Orientierung an vorgegebenen Formen beschreibt, und die dem Musiker keineswegs die Freiheit nehmen, »mostrarse lírico, travieso, poético, optimista, sombrío o vehemente«[125], also lyrisch, mutwillig oder ausgelassen, poetisch, optimistisch, schwermütig oder ungestüm (Übers. d.V.) zu sein, ermöglichen ihm, in der Befolgung der kompositorischen Vorgaben seine Aussage für alle verständlich zu machen. Das gleiche gelte für die Dichtung, deren formale Prinzipien, jene des Sonetts, des Metrums, des Reimes, den Dichter nicht um die Möglichkeit brächten, seiner Inspiration zu folgen. Der Roman, »– relato ante

---

Werkes ableitbaren Deutungstradition, dem ›Diskurs über Beethovens Neunte Symphonie‹ ergeben, [also eine Summe von Deutungsklischees, die über Beethovens eigene Aussagen zum Werk und eine darauf gründende] Rezeptionsgeschichte [seine] besondere Rolle als Ausdrucksmedium des ›Erhabenen‹ [erklären]«.

122 Ein musikalisches ›Schlachtengemälde‹ der Schlacht von Vitoria (1813), anlässlich der Kämpfe bei Vitoria-Gasteiz im Baskenland zwischen den napoleonischen Truppen und einer Koalition aus englischen, spanischen und portugiesischen Truppen unter dem Oberbefehl Wellingtons im Juni 1813. Beethovens Werk wird im Dezember 1813 in Wien uraufgeführt. England wird in der Komposition durch das Volkslied Rule, Britannia und die englischen Nationalhymne God save the King symbolisiert.

123 A. Carpentier: ›Novela y mùsica‹, in: Ese músico, S. 96-97.

124 Ebd., S. 96: »construida como un cuarteto, o, más exactamente, como una sinfonía [...] con cuatro movimientos bien definidos."

125 Ebd.

todo[126] – « (vor allem anderen: Erzählung) lasse sich mit dem vergleichen, was in der Musik freie Komposition genannt werde. Grundsätzlich lege das gewählte Thema seine Erzählregeln und seine temporale Ordnung fest. Dennoch gebe es Fälle – wie etwa jenen des Broch'schen Romans – wo die Bemühung um Form und Struktur und um das (formale) Gleichgewicht zwischen den einzelnen Teilen großartige Ereignisse gezeitigt habe.

Interessanterweise hält Carpentier den Schriftsteller für weniger musikalisch, als der Musiker poetisch sei:

El poeta, lleno de cantos interiores, de ritmos, de armonías verbales, suele ser el menos sensible de todos los artistas para quanto se refiere a la música. En cambio, he encontrado, más de una vez, una gran sensibilidad musical en mathemáticos, ingenieros, fisicos: es decir, en gente, que tiene fama de especular con valores abstractos [...]. El músico, en cambio, suele ser muy sensible a la poesía. Por su mismo studio de la prosodía - inseparaple de la composición vocal - se interesa por los problemas del estilo y de la estructura literaria. Y hubo músicos, como Debussy, Ravel, Fauré, tan tremendamente poetas, que lograron la proeza [...] a poemas de autores como Baudelaire o Verlaine.[127]

In ihrem Aufsatz Konzert der Künste hat Monika Schmitz-Emans auf das Musikalische in der Prosa Carpentiers hingewiesen:

»Wenn Alejo Carpentier ›musikalisch‹ schreibt, so geschieht dies zunächst einmal aus dem Bestreben heraus, mit sprachlich-literarischen Mitteln den Eindruck zu erzeugen, der von musikalischen Ereignissen, Klangfarben, Rhythmen, Ausdruckselementen und Ideen ausgeht. Häufig beschreibt er in seinem erzählerischen Schaffen musikalische Werke und Performances, aber auch die zu deren Realisierung verwendeten Instrumente. Der Akzent liegt dabei oft auf dem Zusammenklang von Verschiedenartigem, auf einer Vielstimmigkeit der Musik in ihren multiplen Rhythmen und Klangfarben - oder auch auf der Komplexität von musikalischen Strukturen. Seine stilistischen Experimente mit der ›verbal music‹ beruhen, allgemein gesagt, auf der Überzeugung möglicher bzw. virtueller Analogien.«[128]

Über diese allgemeine Einschätzung hinaus identifiziert Schmitz-Emans den Roman *Concierto barroco* als gelungene Transformation von Musik in Spra-

126 Ebd., S. 97.

127 A. Carpentier: ›Homenaje musical a Víctor Hugo‹, in: Ese músico, S. 24. (Der Dichter, der voll von inneren Klängen, von Rhythmen, sprachlichen Harmonien ist, ist in der Regel von allen Künstlern der am wenigsten sensible für Fragen der Musik. Ich habe dagegen mehr als ein Mal bei Mathematikern, Ingenieuren, Physikern großes musikalisches Empfindungsvermögen angetroffen, also bei Leuten, denen man nachsagt, sich gewöhnlich bei der Spekulation über abstrakte Themen auszuzeichnen. [...] Hingegen ist der Musiker für die Poesie gewöhnlich sehr empfänglich. Durch sein eigenes Studium der Prosodie, die von der Vokalkomposition nicht zu trennen ist, zeigt er Interesse für die Probleme des Stils und der literarischen Struktur. Und es gab Musiker wie Debussy, Ravel, Fauré, auf großartige Weise Poeten, die an die bedeutenden Leistungen [...] von Autoren wie Baudelaire oder Verlaine herankamen. - Übers. d.V.).

128 M. Schmitz-Emans: »Concierto barroco«, S. 111.

che. Sie beschreibt die immanente Synästhesie des Textes und exemplifiziert sie an konkreten Textpassagen. Auch Susanne Fontaine beschreibt in ihrer Arbeit zu Carpentiers Roman *La consagración de la primavera* diesen als Transformation der Vorlage Strawinskys *Sacre du printemps*, die nicht nur seine inhaltlichen und rezeptionsgeschichtlichen Aspekte, sondern auch sein Kompositionsprinzip der Montage, Reihung und Rekombination, aufnehme.[129] Explizit referiert Fontaine die Schablonentechnik der musikalischen Komposition und folgert schließlich:

»Eine ähnliche und möglicherweise von Strawinsky beeinflußte Überlagerung erzeugt auch Carpentier durch die Linearität der Geschichte, die sein Roman erzählt, und durch die Statik der voraus- und zurückverweisenden Versatzstücke. Ohne daß im einzelnen die Formteile des ›Sacre‹ in der Disposition des Romans nachzuvollziehen wären, lassen sich doch formale Parallelen [...] feststellen.«[130]

In Carpentiers Roman *El acoso* wird die Dauer der Aufführung von Beethovens *Eroica* zum Zeitgeber der Romanhandlung. Carpentier selbst hat in einem Interview festgestellt: »El acoso está estructurada en forma de una sonata: Primera parte, exposición, tres temas, diesisiete variaciones y conclusión o coda. Un lector atento que cognozca música puede observar fácilmente este desarrollo.«[131]

In welchem Maße und mit welcher Genauigkeit in Carpentiers Texten konkrete musikalische Strukturen analog abgebildet oder umgesetzt werden, ist eine Frage, die von musikwissenschaftlicher Seite zu beantworten ist. Aber auch wenn die Transformationen musikalischer Vorlagen im Roman, die Nutzung von Strukturhomologien (das Quodlibet, die Fuge, kontrapunktisches Schreiben, die Form des tientos y differencias ...) nur als qualitätvolle und intendierte transmediale Analogien betrachtet werden können[132], ist Carpentiers eigene Einschätzung die, dass das Musikalische über seine Rhythmik sehr wohl – als strukturierendes Prinzip – literaturfähig ist. Die Musik, der die Neurowissenschaft – anders als etwa der akustischen oder visuellen Wahrnehmung – zumindest bislang kein eigenes Hirnareal zuweisen kann[133],

129 S. Fontaine: »Intermediales Zusammenspiel«, S. 105.

130 Ebd., S. 106.

131 Zit. nach G. Wild: Paraphrasen, 236, FN 21: »Hetzjagd ist in der Form einer Sonate aufgebaut. Erster Teil, Exposition, drei Themen, 17 Variationen und Abschluss oder Coda. Ein aufmerksamer Leser, der sich in der Musik auskennt, kann diese Entwicklung leicht feststellen.«

132 Zur Problematisierung solcher Analogien vgl. Steven P. Scher: »Comparing Literature and Music: Current Trends and Prospects in Critical Theory and Methodology«, in: Konstantinovič (Hg.), Literature and the Other Arts, S. 215-222, hier S. 219: »Obviously, then, one of the urgent tasks of musico-literary comparatist ought to be a rigorous self-examination with the aim of overcoming the persistent ›trend towards the loose metaphorical use of technical terms‹.« Vgl. zum metaphorischen und metonymischen Gebrauch von Musik in Literatur auch: Claudia S. Stanger: »Literary and musical structuralism: an approach to interdisciplinary criticism«, ebd., S. 223-227.

133 Vgl. Stefan Koelsch/Tom Fritz: »Musik verstehen – Eine neurowissenschaftliche Perspektive«, in: Alexander Becker/Matthias Vogel (Hg.), Musikalischer Sinn. Beiträ-

scheint an der Aktivität unterschiedlichster Zentren, darunter auch des Sprachzentrums, in unterschiedlicher Weise und in unterschiedlichem Maß zu partizipieren. Die Musikalität literarischer Texte besteht also zunächst nicht nur in der Applikation im engen Sinn musikalischer Modelle und Verfahren oder (sprach-)melodischer Komplexe, sondern auch in einer Poetik der Rhythmisierung, des Tempos und der Tempowechsel, der Wiederholung, die strukturierend, temporalisierend und über Emphase und Diminuation die Beschreibung prozedural ermöglicht und strukturiert. Insofern lässt sich unter gebotenem Vorbehalt sagen, dass in Carpentiers Werk – die konventionellen medialen Zuschreibungen unterlaufend, bzw. ihnen vorausgehend – die Literatur zum Medium des Musikalischen wird.

Bemerkenswert ist im Fall von *Los pasos perdidos* jedenfalls die dezidierte Nutzung des Rhythmischen als Verfahren der Lesersteuerung: Es stellt durch die nachdrückliche Variation der eingebrachten Themen (Sinneswahrnehmung, Medialität, kulturelles Gedächtnis, Musik, Bildende Kunst, Architektur ...) akkumulierend und kontaminierend ein Netzwerk intermedialer Verweise her, das eine Rezeptionsorientierung gibt. Die *tientos y differencias* Strategie des Textes sensibilisiert den Leser, erhöht, wie Helbig für akkumulierende intertextuelle Markierung beschreibt, »[...] seine Wahrnehmungsleistung bei der literarischen Fährtensuche«[134] und initiiert durch »[...] die Schaffung eines Kontextes permanenter Intertextualität [und Intermedialität d.V.] eine aktive Rezeptionshaltung, indem sie den Leser veranlaßt, auch nach weniger offenen oder gar nicht gekennzeichneten Zitaten und Anspielungen zu suchen.«[135] In diesem Sinn nutzt der Roman die musikalische Struktur für sein Markierungsverfahren, das dafür sorgt, daß sich die Wahrscheinlichkeit erhöht, daß ein Thema, Episoden, einzelne Textpassagen und ihre Strukturierung auf ihren potentiellen intermedialen Gehalt hin befragt werden.

ge zu einer Philosophie der Musik (= stw 1826), Frankfurt am Main: Suhrkamp Verlag 2007, S. 237-264, hier S. 237: »Musik ist einer der ältesten und grundlegendsten sozial-kognitiven Bereiche des Menschen. Es ist plausibel, daß die menschlichen musikalischen Fähigkeiten eine phylogenetische Schlüsselrolle für die Evolution von Sprache hatten [...] Gemeinschaftliches Musikmachen ist eine höchst anspruchsvolle Aufgabe für das menschliche Gehirn, an dem praktisch alle uns bekannten kognitiven Prozesse beteiligt sind [...].« Vgl. auch ebd., S. 244: »die Verarbeitung [...] musikalischer Akkorde [aktiviert nicht nur] das Broca Areal, [sondern auch ...] das Wernicke Areal. [Beide] sind entscheidend in die Wahrnehmung und die Produktion von Sprache involviert. [...] Musikpsychologisch ist auch erwähnenswert, daß das Ergebnis musik-syntaktischer Verarbeitungsprozesse emotionale Effekte und eine (semantische) Bedeutung haben kann.« Vgl. zur Verarbeitung musikalischer Semantik, zu emotionaler Prosodie und Körperbezug: ebd., S 245f: »das menschliche Gehirn [versteht] (zumindest im Kindesalter) Musik und Sprache nicht als separate Domänen [ ], sondern eher Sprache als einen Sonderfall der Musik.«

134 J. Helbig: Markierung, S. 99.

135 Ebd.

6.12 Medienwirkungen. Medienrituale

Insofern, als im Text durch deren akzentuierte Präsentation nicht nur die Medialität der Werke der Kunst und einer autochthonen Folklore, sondern auch die Medialität des kulturellen Gedächtnisses verhandelt wird, lassen sich darin auch eine implizite medienhistorische und medientheoretische Reflexion ihrer Performanz (vom Schamanenritual bis zu den Ritualen der modernen Massenmedien) und eine durch sie generierte sekundäre Ritualität der Medien ausmachen, die sich als eine Kritik der Massenmedien avant la lettre lesen lässt.

Das Mysterienspiel und die Prozession in Santiago de Aguinaldos sind nicht nur Darstellung, sondern auch inszenierte Erinnerung der in ihnen archivierten religiösen Inhalte, die in der Partizipation zur Vergegenwärtigung dieser Inhalte wird. Anders als für den zuschauenden Protagonisten, der in reflektierender (und auch reflektierter) Distanz bleibt, werden sie für ihre Teilnehmer – so wie der Tod im Begräbnisritual für die trauernde Familie Rosarios – zu gehandelter, unmittelbarer Wirklichkeit.[136] Gleichzeitig kann die Suggestivität der Form selbst eine Kraft erlangen, die die Reflexion temporär außer Kraft setzt: Der Medienverbund der Messe im Indianerdorf (ihre transitäre Architektur, Sprache, Musik, Körpergestik) und – paradox – ihr Dépaysement lassen sie »eine heroische Funktion« (PP224) gewinnen, die die Frage nach dem Wesen dieser Funktion nahelegt: Das Vergegenwärtigende, das in der Episode für den Protagonisten zwar nicht ein religiöses Signifikationssystem aktiviert, belebt immerhin noch die Geschichte selbst: Die persuasive Energie der Form generiert die Kontrafaktur einer historische Konquistadorenmesse, die ihre Teilnehmer zu Figuren des 16. Jahrhunderts macht.

Die Erzählung Montsalvatjes im Urwald, in der er am Lagerfeuer die Geschichten, Mythen und Legenden der Konquista, der Selva und einer märchenhaften Vorgeschichte und ihrer Lebewesen erzählt, integriert über die Performanz des Erzählvorganges selbst die im Kreis sitzenden Männer in die Erzählung, an deren Herstellung sie durch ihr Zuhören und ihre performative Imagination partizipieren:

»Wieder einmal schimmerten die Wasser der Laguna di Parima auf, wieder einmal erstanden vor uns die Prachtschlösser von Manoa. Abermals bestand die Möglichkeit, daß sie existierten, da sie doch mythisch fortlebten in der Einbildungskraft all jener, die im Umkreis des Urwalds, das heißt, des Unbekannten lebten.« (PP186)

Erneut ist es ein Medienverbund, der die Verwandlung bewirkt: die Person des Erzählers, der zunehmend zu einer anonymen Erzählerstimme des kulturellen Gedächtnisses wird, der vom Feuer erhellte Raum zwischen ihm und seinen Zuhörern[137], die Semantik der Erzählung, deren Oralität und der zeitliche Aspekt sowohl der Situation (Nacht) als auch der Dauer der Erzählung selbst generieren über den impliziten Erzählvertrag zwischen den Teilneh-

136 Vgl. zu einer differenzierten Darstellung von Erinnerung und Vergegenwärtigung als Modi des kollektiven und kulturellen Gedächtnisses: J. Assmann: Kulturelles Gedächtnis; insb.. ›Formen kollektiver Erinnerung‹, S. 48-86.

137 Vgl. E. Fischer-Lichte: Ästhetik des Performativen, ›Gemeinschaft‹, S. 82ff.

mern das Ritual des Erzählens, das Wirklichkeit schafft.[138] Das weist nicht nur auf die Performanz des Literarischen voraus, die an Yannes' Homer-Lektüre, an Rosarios naivem Textverständnis der Genoveva-Erzählung oder an Mouches literarisch präformierten Erwartungen an das fremde Land gezeigt wird, und auch nicht nur auf jene Wahrnehmung der Wirklichkeit, die durch bildliche Medien erzeugt wird und etwa Rosario über eine an der Malerei geschulte Beschreibung ihrer Kleidung zu einer mittelalterlichen Figur oder einen Felsabhang zu einer antiken Ruine macht. Es verweist auch auf den im Roman immer wieder thematisierten oder implizierten rituellen Aspekt selbst, der auch in seinen Schwundstufen vorgeführt wird: vom Leben im Ordo der modernen Großstadt, dem Ritual der Ehe von Ruth und dem Protagonisten und seiner Sonntagsregel, den in den Rhythmen der Natur zwischen Regen- und Trockenzeit verlaufenden Lebensgewohnheiten der Indianer des Urwaldes bis zum pervertierten Ritual »längst sinnlos gewordener Weihefeuer« (PP116) im Europa des Nationalsozialismus.

Gleichzeitig wird der zweifache performativ-rituelle Aspekt der Kunst in den Blick gebracht: Das Ritual des – um die Erlaubnis spielen zu dürfen – bittenden Musikers in Los Altos, die in der Zeitform der Zweiteiligkeit von Mysterienspiel und Possenreißerei über den Platz schwärmenden Spielleute in Santiago des Aguinaldos verweisen auf einen intrinsischen rituellen Aspekt der Kunst, der schließlich im Ritual und dem Gesang des Schamanen als jene Urform präsentiert wird, in der Form, Semantik und magische Wirksamkeit ineinander aufgehen. Ihr Zerfall in voneinander isolierte Komponenten wird in der Wahrnehmung der Messe in der Großstadt vorgeführt, die das liturgische Ritual in das extrinsische metaphorische Bildungsritual seiner Kontemplation transformiert. Der Protagonist, der vor der Aufführung der Neunten Symphonie Beethovens im Konzertsaal flüchtet, die später performativ seinen Erinnerungsfilm generieren wird, flieht nicht vor der Musik selbst, sondern vor den sozialen und historischen Konnotaten und Ritualen, die mit einer solchen Aufführung verbunden sind, und die metonymisch im Ritual der Vorbereitung des Konzerts bis ins Detail abgebildet werden.[139] Das Setting von Aufführungsort, Tageszeit, der Platzierung der Zuschauer, Bühne und der Oper selbst, in deren Multimedialität ein strukturaler Rest von Ritual sichtbar wird, macht nicht nur die Diskursform Oper selbst zu einem Ritual der Kunst, sondern auch ihre je faktische Rezeption zu einem sozialen Kunst-Ritual ihres bürgerlichen Publikums, das seine eigenen Spielregeln generiert.

Schließlich sind es – vermittelt über die profanen Festrituale der Gesellschaft bei der Rückkehr des Protagonisten – die säkularen ›Rituale der Medien‹, die in Gestalt der Massenmedien über die Objektivität oder Parteilichkeit ihrer Darstellungen und die implizite Einwilligung des Publikums performativ wirken: Lob oder Diskreditierung, Glaubwürdigkeit oder Entlarvung

138 Vgl. zur Mythomotorik der Erinnerung J. Assmann: Kulturelles Gedächtnis, S. 78ff.

139 Der Chor organisiert sich nach Stimmgruppen, die Musiker prüfen die durch die Hitze des Saales veränderte Stimmung ihrer Instrumente. »Der Konzertgeiger [...] schlug auf dem Klavier das A an, während Hörner, Fagotte, Klarinetten sich in dem wirren Gebrodel von Tonleitern, Trillern und Stimmübungen ergingen, das jeder [sic] geordneten Abfolge der Töne vorausgeht« (PP23). Dann tritt Stille ein, die mit der ›rituellen‹ ersten Geste des Dirigenten unterbrochen wird.

werden zu Elementen eines selbstbezüglichen Spiels, dessen Inklusions- und Exklusionsmechanismen, Diskursregeln und *rites de passage* es zu einem Ritual machen, das – unter den sozialen und medialen Bedingungen der Gegenwart – eine (mediale) Realität generiert. Der Protagonist partizipiert daran über das Einschreiben des bekannten Urwaldromans in seinen Bericht, dessen (literarische) Glaubwürdigkeit er für die eigene Darstellung nutzt, und über die Redaktion seines Reisetagebuches, das auf diese Weise zu einem kommerziell verwertbaren Zeitschriftenbeitrag wird. Das Einhalten der Diskursregeln der Massenmedien wird dabei zum Spielzug in einem säkularen Medienritual, das zuletzt nur mehr die Umschrift der Memoria in die Form ihrer Präsentation erlaubt, die damit selbst zum Inhalt wird. Das Medium affiziert die Botschaft, die schließlich, aufgrund der vom einzelnen nicht mehr beeinflussbaren Dynamik der Medienmaschine, in einem drittklassigen Blatt erschienen, nicht mehr glaubwürdig ist.

Damit weist der Roman auf jene Medienkritik voraus[140], die von Marshall McLuhan (The medium is the message) über Paul Virilio, Friedrich Kittler, Noam Chomsky bis zu Jean Baudrillard die Performanz der Medien in den Blick nimmt, und im durch sie erzeugten Simulacrum nicht nur wie Roland Barthes die Struktur (die Spielregeln, Funktionen) der Wirklichkeit oder wie Jaques Derrida die Spur eines Abwesenden, sondern das Signum einer Referenzlosigkeit ausmacht. Auch die im Roman auf der Handlungsebene immer wieder aufgegriffene Unterscheidung zwischen Original und Kopie und die auf der poetologischen Ebene durch Überschreibungen verwischte Differenz zwischen Realität und Imagination erweisen sich so als Argumente einer zeitgenössischen literarischen Medientheorie, die schon im applikativen Bezug des Textes auf die kritischen Arbeiten Adornos oder Benjamins vorbereitet wird.

140 Vgl. zu einer knappen Darstellung der Geschichte der Medienkritik: Nünning, Lexikon Literatur und Kulturtheorie: Julika Griem, Lemma Medienkritik, S. 418-420; zu einer zusammenfassenden Darstellung der Argumentation Benjamins, McLuhans, Flussers, Postmans, Virilios und Kittlers vgl.: Kloock/Spahr: Medientheorien

7. Architektur. Raum. Bewegung. Schrift.

Sprache und Übersetzung

Nicht nur der Umstand, dass Alejo Carpentier als Sohn eines bedeutenden kubanischen Architekten früh auch mit theoretischen Aspekten der Architektur bekanntgemacht wird und selbst eine Architekturausbildung begonnen hat[1], seine lebenslange publizistische Auseinandersetzung mit der Baukunst, sein Interesse für urbane Räume und künstlerische, intellektuelle und politische Bewegungs-Räume, sondern auch der weitgefasste Medienbegriff in *Los pasos perdidos* lassen jene Architekturen im Zusammenhang dieser Arbeit interessant werden, die der Roman thematisiert.

Das mit der postmodernen Architektur und ihren Theoretikern wie Jane Jacobs, Robert Venturi, Denise Scott, Steven Izenour, Charles Jencks und anderen seit der Mitte der 1960er Jahre aufkommende Interesse am eklektischen Umgang mit Stilelementen, deren Collage und Massierung, der weniger funktionale als zitierende Umgang mit baulichen, vor allem klassizistischen Elementen und das Interesse an der Fassade, die als Text verstanden wird, haben der Frage nach Architektur als Sprache ein neues Momentum gegeben, das im Rahmen eines weiten Textbegriffs narrative Qualitäten der Architektur in den Blick nimmt.[2]

1 Vgl. H. Herlinghaus: Alejo Carpentier, S. 8ff: An die Architektur führte Jorge Carpentier, einer der wichtigen Architekten des sich erneuernden Havanna (Kraftwerk Tallapiedra, das Gebäude der Trust Company, die Prachtanlage des Country Club, mehrere Bankhäuser) seinen Sohn heran, »[...] indem er ihn Vignolas klassisches Regelwerk über die ›fünf Ordnungen‹ in der Architektur mit dem Skizzenbuch Schritt für Schritt nachvollziehen ließ, was er sodann auf alle Stilepochen ausdehnte. Der Umgang mit Musik und Architektur, ›parallelen Künsten‹, schuf prägende Erlebnisse im Alltag des Einzelkindes Alejo, noch bevor es sich in die Bibliothek seines Vaters (eine am universalhumanistischen Bildungsideal orientierte Sammlung) einzulesen begann.« (Ebd., S. 15); 1921 immatrikuliert Carpentier an der Architekturschule der Universität Havanna, muss die anvisierte Ausbildung aber nach wenigen Monaten aus familiären und finanziellen Gründen abbrechen.

2 Die Architektursemiotik beschäftigt sich mit Phänomenen der Architektur, der Stadt- und Landschaftsplanung, mit Design, Bühnentechnik und – insofern sie »Konstruktion von Kontexten mit gesellschaftlicher Funktion und symbolischer Bedeutung« (U. Eco: Semiotik, S. 295) ist – auch mit Festarchitekturen, kulinarischer Planung (Gastmahl, Menü ...) etc. Dabei hat sich als besonderer Schwerpunkt das Forschungsgebiet »Architektur als Sprache und Text« herausgebildet, dessen Gegenstand unter anderem die Beschreibung und Analyse von architektonischen, syntaktischen, semantischen und pragmatischen Codes ist. In einem interdisziplinären Ansatz entstanden vor allem in Bezug auf die sogenannte Architektur der Postmoderne zahlreiche Studien in Verbindung mit den Sprach- und Literaturwissenschaften, der Soziologie, Eth-

Ein nahezu klassischer Text, der die Funktion der Architektur als Sprache literarisch vorwegnimmt, wie sie auch in den Architekturbildern Carpentiers lesbar wird, ist Victor Hugos Roman Der *Glöckner von Notre-Dame*[3]. In dessen fünftem Buch werden – im mit dem Satz *Dieses wird jenes töten* überschriebenen Abschnitt II – die Architektur als Schrift und Aufschreibemedium und der Medienwechsel von der Architektur zum Buch beschrieben:

»Tatsächlich war seit Anbeginn der Dinge bis zum Ende des fünfzehnten Jahrhunderts [...] die Baukunst das große Buch der Menschheit gewesen, das Hauptausdrucksmittel der menschlichen Kraft und des menschlichen Geistes in den verschiedenen Entwicklungsstufen. – ›Dieses wird jenes töten. Das Buch wird das Gebäude töten.‹ [...] Es war das Vorgefühl, daß der menschliche Gedanke mit einer Änderung seiner Form auch die Ausdrucksweise ändern würde; daß der Leitgedanke jeder Generation nicht mehr mit demselben Material und in derselben Weise dargestellt werden würde; daß das solide und so dauerhafte Buch aus Stein dem noch solideren und dauerhafteren aus Papier [einer neuen Kulturmacht: der Buchdruckerkunst] den Platz räumen sollte.« [4]

Carpentiers Beschäftigung mit der Architektur unter den Bedingungen einer urbanen Moderne und ihrer Konfrontierung mit autochthonen und regionalen Bauformen scheint darüber hinaus in der ›barocken‹ Darstellung der beschriebenen Bauten eine postmoderne Ästhetik vorwegzunehmen. Zur auf der Handlungsebene vorgetragenen Zivilisations- und Architekturkritik in *Los pasos perdidos* hat Wild allerdings zutreffend festgestellt:

»[...] ungeachtet der Polemik gegen die okzidentale Moderne weist [... der Text] bereits auf Erscheinungen voraus, wie sie zeitgenössische Architekturtheoretiker an den – mittlerweile bereits historischen – Bauwerken der amerikanischen Postmoderne feststellen. Jedoch handelt es sich dabei nicht um eine Postmoderne avant la lettre, sondern um ein [...] Beispiel der surrealistischen Entkontextualisierung [...].«[5]

---

nologie, der Anthropologie und der Ästhetik. Vgl. Renato De Fusco: Architektur als Massenmedium. Anmerkungen zu einer Semiotik der gebauten Form, Gütersloh: Bertelsmann Fachverlag 1972; – U. Eco: Semiotik, insb. ›Funktion und Zeichen (Semiotik der Architektur)‹, S. 293-356; – Martin van Schaik: Exit Utopia. Architectural provocations 1956-76, Munich: Prestel 2005; – Borek Sipek: Architektur als Vermittlung. Semiotische Untersuchung der architektonischen Form als Bedeutungsträger, Stuttgart: Kremer 1980; – Detlev Schöttker: »Architektur als Literatur. Zur Geschichte und Theorie eines ästhetischen Dispositivs«, in: Meyer/Simano/Zeller (Hg.), Transmedialität, S. 131-151.

3 Carpentier hat über Victor Hugo publiziert, vgl. etwa: A. Carpentier: Ese músico, S. 23f.

4 Victor Hugo: Der Glöckner von Notre-Dame (= dtv klassik 2329), München: Deutscher Taschenbuch Verlag 1994, S. 204-221, hier S. 204f. Vgl. R. Barthes: Das semiologische Abenteuer, S 200: »Aus dieser Ausdrucksweise geht hervor, daß Hugo das Denkmal und die Stadt ziemlich modern denkt, richtiggehend als Schrift, als Einschreibung des Menschen in den Raum. Dieses Kapitel [...] befaßt sich mit der Rivalität zwischen zwei Schreibweisen, dem Schreiben durch den Stein und dem Schreiben auf Papier.«

5 G. Wild: Paraphrasen, S. 156.

Nicht nur wegen der Entstehung des Romans vor der Entstehung eines Konzeptes von postmoderner Architektur, sondern auch insofern, als Literatur imaginäre Räume entwirft, die im Foucault'schen Sinn als Heterotopien oder Widerlager das Andere nicht einfach repräsentieren, sondern ihm wirklich einen Raum geben[6] und damit Enklaven des Utopischen sein können, soll hier der Schwerpunkt anders gesetzt sein: Vor allem in Hinblick auf den zivilisationskritischen Aspekt von *Los pasos perdidos* einerseits und seine Poetik der Intermedialität als eines Phänomens des ›Dazwischen‹ andererseits sollen in dieser Arbeit unter Rückgriff auf das Konzept einer ›zweiten Sprache der Architektur‹[7] weniger Bauwerke und Fassaden (also architektonische Objekte und Oberflächen) als der durch die Architektur (und die Reise- und Schreibbewegung) hergestellte Raum im Vordergrund stehen.[8] Er wird dabei nicht nur zum Medium der Reise, sondern auch zum Medium von Verstehensbewegungen und Signifikationsweisen, die an den Raum gebunden sind, wie theatrale Formen oder der Tanz, konkretisiert also auch das der architektonischen Moderne inhärente Modell des ›Leibraums‹ (Corbusier), das in unterschiedlichen Transformationen aktualisiert wird.

Damit wird im Roman (anders als bisherige topgraphische oder am ›erzählten Raum‹ orientierte Lektüren dies getan haben) eine Konzeption des Raumes freigelegt, die, wie es später – ab den 1980er Jahren – in den Theoriebildungen des *spacial* und des *corporal turn*[9] geschieht, die Produktion von Raum akzentuiert. Gleichzeitig werden – über sprachliche Verortung –

6 Vgl. C. Hilmes: »Andere Räume«, S.135.

7 Vgl. Peter Eisenmann: Aura und Exzeß. Zur Überwindung der Metaphysik in der Architektur, Wien: Passagen Verlag 1995, insb.. ›Architektur als eine zweite Sprache: die Texte des Dazwischen‹, S. 151-164; hier S. 152f: »Eine Folge [...] ist, daß Text nicht mehr eine unbestimmte und allgemeine Bezeichnung für Bedeutung ist, sondern vielmehr ein Begriff, der das traditionelle Verhältnis zwischen einer Form und ihrer Bedeutung verschiebt. [...Er ist] ein differenziertes Netzwerk, ein Gewebe von Spuren, endlos auf etwas anderes als auf sich selbst verweisend [...], ein Prozeß, eine ›überschreitende‹ Aktivität [...]. So kann man sagen, daß der Text in der Architektur das ist, was immer über die Reaktion auf ein sichtbares oder spürbares Bild hinausgeht, über das, was wir an der Oberfläche als Handlungszusammenhang oder das Schöne sehen.« Über die Einführung von textueller Zeit in die Architektur kann diese ihre Mehrfachbedeutungen freilegen und damit die Art und Bedeutung ihres Aussehens verändern. Vgl. auch: Christian W. Thomsen: »Zum Literarischen in der postmodernen Architektur«, in: Holländer/Thomsen (Hg.), Besichtigung der Moderne, S. 249-276; - zu einer zusammenfassenden Darstellung semiotischer Ansätze zur Sprache der Architektur vgl. Winfried Nöth: Handbuch der Semiotik, Stuttgart: Metzlersche Verlagsbuchhandlung 1985, insb.. ›Ästhetik und visuelle Kommunikation, Architektur‹, S. 400-408.

8 Vgl. Zur Aktualität eines *spatial turn*: Ulf Heuner: »Einleitung: Die Wiederentdeckung des Raumes«, in: ders. (Hg.), Klassische Texte zum Raum (= Klassische Texte Bd. 2), Berlin: Parodos Verlag 2008, S.7-11, hier S. 8: »In den letzten Jahren ist der Raum [...] zunehmend ins Blickfeld der philosophischen und kulturwissenschaftlichen Disziplinen geraten. Theorien, die vor allem mit räumlichen Kategorien arbeiten [...] werden lebhaft diskutiert.«

9 Vgl. D. Bachmann-Medick: Cultural turns, insb. ›Spatial Turn‹, S. 284-328.

auch Übersetzungsprobleme berührt, wie sie – wieder 30 Jahre nach dem Erscheinen des Romans – im *translational turn* in den Blick kommen.

Erneut werden die Architektur-, Raum- und Bewegungsformen, die sich im Lauf der Reise ergeben, durch solche der Großstadt präludiert. Dabei wird zunächst die Stadt als ›Wahrnehmungsschule‹ vorgeführt, schließlich werden in einer medienarchäologischen Rückführung sowohl die Bedingtheit von Wahrnehmung intensivierend gezeigt als auch ihr spezifischer Beitrag zur Hervorbringung narrativer, imaginativer und hermeneutischer Räume und Bewegungen genutzt und als Übersetzungsvorgang *inter media* vorgeführt.

7.1 Die Stadt als Urwald

Sowohl die nordamerikanische Großstadt[10] als auch die Hauptstadt des bereisten tropischen Landes werden als Orte der Desorientierung präsentiert, die keinen Blick auf freie Räume, Plätze, Straßenführungen oder Gebäudekomplexe freigeben. In einer an der Ästhetik des Großstadtromans des neunzehnten und zwanzigsten Jahrhunderts orientierten Wahrnehmungsführung wird die Stadt fragmentiert, bietet sich nur in Bruchstücken, sichtverstellenden Fassaden, sinnentleerten Ornamenten[11] dar, die keinen homogenen Gesamteindruck ergeben, sondern nur die endlose Häufung desintegrierter Details anbieten. In manieristischer Technik werden anamorphotische Bilder des urbanen Raums durch ungewöhnliche Perspektiven erzeugt, die an die Stadtfotografien Alexander Rodtschenkos und deren extreme Blickwinkel[12] oder die Ästhetik des frühen Stadt-Filmes erinnern.

---

10 Vgl. Hans-Georg von Arburg: Alles Fassade. ›Oberfläche‹ in der deutschsprachigen Architektur- und Literaturästhetik 1770-1870, München: Wilhelm Fink Verlag 2008; – Böhn/Mielke (Hg.), Die zerstörte Stadt; – Javier de Navascués, La ciudad imaginaria, Frankfurt am Main: Iberoamericana 2007; – H. Brüggemann: Architekturen des Augenblicks; – ders. »Aber schickt keinen Poeten nach London!« Großstadt und literarische Wahrnehmung im 18. und 19. Jahrhundert. Texte und Interpretationen (= Kulturen und Ideen, rororo sachbuch 7928/1680), Reinbek bei Hamburg: Rowohlt Verlag 1985; – Walter Benjamin: Das Passagen-Werk, Gesammelte Schriften V 1-2; – Richard Lehan: The City in Literature. An Intellectual and Cultural History, Berkley: University of California Press 1998; – R. Barthes: Das semiologische Abenteuer; – Norbert Reichel: Der erzählte Raum. Zur Verflechtung von sozialem und poetischem Raum in erzählender Literatur (= Impulse der Forschung, Bd. 52), Darmstadt: Wissenschaftliche Buchgesellschaft 1987; – Alejo Carpentier, »Die Stadt der Säulen«, in: Ders.: Stegreif und Kunstgriffe, S. 176-196; – Alessandro Carlini/Bernhard Schneider (Hg.), Die Stadt als Text, Tübingen: Ernst Wasmuth Verlag 1976; – Gerhard Goebel: Poeta Faber. Erdichtete Architektur in der italienischen, spanischen und französischen Literatur der Renaissance und des Barock, Heidelberg: Carl Winter Universitätsverlag 1971.

11 Vgl. S. Kracauer: Ornament, insb.. ›Analyse eines Stadtplans‹, S. 4-17.

12 Mit einer kleinen Kamera fotografierte Rodtschenko ab 1925 die Stadt Moskau. Eine seiner berühmtesten Serien, Häuser in der Mjasnitzkaja-Straße, zeigt Architekturen aus extremer Untersicht. In den folgenden Jahren entstehen Bilder von Fabriken, Großküchen, Telegrafenmasten, Treppen, konstruktivistischer Architektur aus ungewöhnlichen Blickwinkeln, in extremer Auf- oder Untersicht, in der Diagonale und in ungewöhnlichen Ausschnitten, die die zeitgenössischen Sehgewohnheiten herausfordern. Siehe Alexander Rodtschenko zit. nach Pierre Gallisaires (Hg.), Rodtschenko,

Die disproportionalen Arrangements verschleiern die tatsächliche Raumsituation und intensivieren, wie es Brüggemann für die moderne literarische Stadterfahrung überhaupt beschrieben hat, den Eindruck »der chaotischen Vielfalt verwirrender Sinneseindrücke«[13]. Um »[...] aus [dieser] wirren Fülle der Situationen und Eindrücke, dem diffusen Erscheinungsbild urbaner Wirklichkeit, die typische, sozial sinnfällige Physiognomie, besondere Gestalt oder Figurenkonstellation«[14] herauszuheben und einer Betrachtung zugänglich zu machen, wird sie im Roman in einzelne Bilder zerlegt. Die Ekphrasis realisiert sie in Form von ›Nahaufnahmen‹, in denen willkürlich gereihte, unterschiedliche Beschreibungscodes[15] die Visualisierung zusätzlich erschweren. Werden in einer *konstruktiven* Beschreibung Türme, Fassaden, die unterschiedlichen Bauformen der orthodoxen und christlichen Kirchen, das Funktionsgebäude des Krankenhauses ... als eine Reihe von Baukörpern vorgeführt, die als unterschiedlich und nebeneinander platziert vorgestellt werden können, scheint die *membrologische* Beschreibung die Gebäude unterschiedslos zu betreffen und irritiert das literarische Verfahren der Bilderkette: Gesimse, Säulen, endlose Gänge, Fensterreihen, sinnleere Schnörkel, Fassaden-Gliederungen ... beschreiben Oberflächen, die scheinbar zur Oberfläche der Stadt überhaupt werden, beliebiges Fassadendekor ohne Bezug zu den Baukörpern selbst, deren statische Funktionalität in den Hintergrund tritt. Die Beschreibung der *Proportionen* beklagt jene »Architekturen, die zu Beginn des Jahrhunderts angesichts zunehmender Vorherrschaft der Vertikalen das Augenmaß verloren hatten« (PP68), und wird schließlich zu einer *historisch-ikonologischen* Darstellung, die »patinalose« Kirchtürme, »klassische Säulen«, »barocke Architrave«, eine »klassizistische Fassade« in den Blick bringt und das Bewahren einer architektonischen Tradition als »Automatismus einer kollektiven Reflexbewegung« (alle PP320) denunziert, deren Ursprung längst vergessen ist. Die Architektur wird zunehmend ruinös, die Stadt zum Buch[16]:

S. 79f: »Man muß mehrere verschiedene Fotos vom Gegenstand machen, von unterschiedlichen Blickpunkten aus und unter verschiedenen Bedingungen, als würde man ihn untersuchen und nicht immer wieder durch das eine Schlüsselloch schauen. Keine Fotobilder herstellen, sondern Fotomomente nicht von künstlerischem, sondern von dokumentarischem Wert. Ich fasse zusammen: Um den Menschen zu lehren, von neuen Blickpunkten aus zu sehen, ist es unerläßlich, die alltäglichen, ihm wohlbekannten Dinge von völlig ungewohnten Blickpunkten aus und in unerwarteten Situationen aufzunehmen [...].«

13 H. Brüggemann: London, S.12.

14 Ebd.

15 Vgl. zu einer Typologie der Architekturbeschreibung Louis Grodecki: Architektur der Gotik, Stuttgart: Belser 1976, S. 9ff.

16 Vgl. Karlheinz Stierle: Der Mythos von Paris. Zeichen und Bewußtsein der Stadt (= dtv 30669), München: Deutscher Taschenbuch Verlag 1998, S. 14: »Auch die große Stadt ist ein ›Ganzes der Erfahrbarkeit‹ und als solches Welt und Buch zugleich. Mit der ›Lesbarkeit der Stadt‹ wird ein neues Kapitel in der Geschichte der Lesbarkeit der Welt aufgeschlagen. Wird das Buch der Welt zum Buch der Stadt, so treten neue Strukturen der Lesbarkeit in den Blick. Die Stadt, so ausgedehnt sie sein mag, ist nur ein begrenzter Ort, dessen gesellschaftliche Realität in der Signatur seiner Straßen, Plätze und Bauwerke zur Erscheinung kommt. Sie ist zugleich par excellence ein Ort gesell-

»Ich schaue hinauf zum Fries an einer öffentlichen Bibliothek, die wie ein antiker Tempel mitten auf einem Platz steht. Irgendein beflissener Architekt hat ein Bucranion in die Triglyphen eingefügt, sicherlich ohne daran zu denken, daß dieses aus der Nacht der Zeiten überkommene Ornament eine Stilisierung der noch blutenden Jagdtrophäe ist, die das Oberhaupt der Familie über dem Eingang zu seiner Behausung aufzuhängen pflegte. Seit meiner Rückkehr sehe ich überall in der Stadt Ruinen, kläglicher verfallene Ruinen als die Ruinen, die als solche gelten. Überall sehe ich kranke Säulen und absterbende Häuser, die letzten in diesem Jahrhundert ausgeführten klassischen Gesimse, den letzten Renaissance-Akanthus, den die moderne Architektur aufgegeben hat, ohne ihn durch neue Stilarten oder einen großen Stil zu ersetzen. Ein schöner Einfall Palladios, ein genialer Schnörkel Borrominis sind sinnlos geworden an einer Fassade, die aus den Restbeständen früherer Kulturen besteht und bald ganz vom allgegenwärtigen Zement aufgeschluckt werden wird.« (PP320)

Die Stadtbilder – zwischen *mebra disiecta* und Idealarchitektur – entstehen nicht von einem stabilen Ort aus: Der Betrachter bewegt sich durch den Raum, folgt den durch die Stadt vorgegebenen Bewegungsmöglichkeiten und -zwängen, die ihn – ohne dass ihn konkrete Absicht führt – aus dem Theater in die Wohnung, auf die Straßen, an Schaufenstern und Galerien vorbei, in einen Konzertsaal, ins Organographische Institut bringen. Die Stadt entmächtigt das Subjekt und zwingt ihm ihre visuelle Überforderung, ihre begrenzten Bewegungsräume[17] und ihre Surrogate sinnlicher Wahrnehmung auf. Das bedeutet nicht nur eine Reduktion, sondern, wie Brüggemann betont, vor allem eine Schule der Sinne durch den urbanen Raum:

»Es handelt sich um eine Erziehung zum Sehen, um die visuelle Einübung in eine vor allem durch die geometrische Ordnung bestimmte urbane Umwelt. Sie prägt sich dem Individuum unausweichlich ein, bildet Gewohnheiten und Verhaltensweisen aus, einen urbanen Habitus, der zugleich Bedürfnisse in ihm erweckt. Diese Bedürfnisse sind eher intelligibler Natur, an Distanz gebunden, als daß sie tieferen Schichten der Person entspringen; die prekären Konstellationen von innen und außen, passiv und aktiv, immer sind sie sorgsam ausbalanciert.«[18]

Der Körper formt und verändert sich im Verhältnis zur Stadt. Mimik, Gestik, Sozialverhalten reagieren auf die gebaute Umwelt wie das Gehen im Rhythmus der Ampeln in der »fixen Idee [...], an der Ecke ankommen zu müssen, wenn die Ampel auf grün steht« (PP318), die Wahrnehmung der Jahreszeiten durch die Angebote auf den Speisekarten[19], Sport im Medium der Pantomime

schaftlicher Praxis und ihrer symbolischen Formen. Die große Stadt ist jener semiotische Raum, wo keine Materialität unsemiotisiert bleibt.«

17 Vgl. H. Brüggemann: London, ›Der entführte Blick‹, S. 111-113, hier S. 112:»Das [...] Wahrnehmungsvermögen wird durch dieses neue gegenständliche Dasein Großstadt förmlich terrorisiert. Das Auge wird gleichsam zur entfremdeten Wahrnehmungsarbeit genötigt [...]. Der Blick [...] wird beansprucht und in Beschlag genommen.« Vgl. zur Bewegung im urbanen Raum M. Certeau: Kunst des Handelns, insb. S. 179-208: ›Gehen in der Stadt‹.

18 H. Brüggemann, Architekturen, S. 340.

19 PP15: »Nur durch das Angebot eines Nachtlokals wußte ich plötzlich, daß die Wildenten wiedergekehrt waren, daß die austernlose Zeit um war, daß es wieder Edelkasta-

(PP21), das reduzierte Spiel der Kinder in den staubigen Parks und in den städtischen Brunnen. Die Sinne erfassen Azetongeruch, Dunstschwaden, die »chemischen Ausdünstungen von Straßenasphalt, bläuliches Benzingezitter« (PP17), den Gestank nach Abfällen in den Höfen, den Lärm der Menschen, der Fahrzeuge, Sirenengeheul. Musikalisch unterlegt werden die Eindrücke durch die imaginierten Rhythmen des Blues und des Jazz (PP122f). Innen- und Außenräume gehen ineinander über, durch große Glasflächen kann man in die Gebäude sehen, in den Schaufenstern öffnen sie sich ihrerseits zur Straße.[20] Künstliche Beleuchtung irritiert die Wahrnehmung der Tageszeit, Schlaf ist nur noch mit Hilfe von Drogen möglich. Das monotone Geflacker der Leuchtreklamen wird zum optischen Rhythmus der visuellen und somatischen Beschleunigung. »Renntempo« (PP318), Hast, Hetze sind der Puls der Kollektivbewegung. Nur in der Heterotopie der »Toleranzzone« entlang der Schaufenster können die Außenseiter, »alte Leute, Krüppel« und Flaneure[21], sich langsamer bewegen, rasten, sich von der Betäubung erholen, erprobt ein »Neger eine Okarina« (alle PP319). Die Akkumulation inkongruenter Bilder erschwert die Hypotypose. Was entsteht, ist nicht das Bild der konkreten Stadt, sondern eine Darstellung der Wahrnehmungs- und Lebensbedingungen in der modernen Großstadt schlechthin, deren Signifikanten sich nur noch als austauschbare Ornamente einer undurchdringlichen Oberfläche anbieten.

Lässt sich die Beschreibung der Stadt auf der Handlungsebene als Fortsetzung der zivilisationskritischen Polemik des Protagonisten lesen, ist ihre Poetik erneut durch surreale Entkontextualisierung und die Mestizierung unterschiedlicher Diskurse sowohl der Architektur als auch der Beschrei-

---

nien gab. Manchmal gaben mir die roten Papierglocken in den Schaufenstern Nachricht vom Wechsel der Jahreszeiten oder die Ankunft eines Lastwagens voll Fichten, deren Duft die Straße sekundenlang wie verklärte.«

20 Vgl. Wladimir Kandinsky, Von Punkt und Linie zur Fläche, zit. in H. Brüggemann: Architekturen, S. 113, FN 20: »Die Straße kann durch die Fensterscheibe beobachtet werden, wobei ihre Laute vermindert, ihre Bewegungen phantomartig sind und sie selbst durch die durchsichtige, aber feste und harte Scheibe als ein abgetrenntes, im ›Jenseits‹ pulsierendes Wesen erscheint. Oder es wird die Tür geöffnet: man tritt aus der Abgeschlossenheit heraus, vertieft sich in dieses Wesen, wird darin aktiv und erlebt die Pulsierung mit allen seinen Sinnen. Die sich fortwährend wechselnden Tongrade und Tempi der Laute wickeln sich um den Menschen, steigen wirbelartig und fallen plötzlich erlahmt.« – Vgl. auch: W. Benjamin, Passagenwerk, V-1, S. 534: »Die rauschhafte Durchdringung von Straße und Wohnung, die sich im Paris des 19ten Jahrhunderts vollzieht – und zumal in der Bewegung des Flaneurs – hat prophetischen Wert.« – Vgl. auch Gaston Bachelard: Poetik des Raumes (= Fischer Wissenschaft 7396), Frankfurt a. M.: Fischer Taschenbuch Verlag 1994, insb.. ›Die Dialektik des Draußen und des Drinnen‹, S. 211-228. Vgl. zum Schaufenster W. Schivelbusch: Lichtblicke, S. 138ff.

21 Vgl. zum Flaneur: W. Benjamin: Passagenwerk, V-1, ›Der Flaneur‹, S. 524-569, hier S. 533: »Straßen sind die Wohnungen des Kollektivs. Das Kollektiv ist ein ewig unruhiges, ewig bewegtes Wesen, das zwischen Häuserwänden so viel erlebt, erfährt, erkennt und ersinnt wie Individuen im Schutze ihrer vier Wände.« Der Flaneur selbst ist nicht Teil der Stadt: »Unter die Stadtgespenster zählt ›Lambert‹ – eine erfundene Gestalt, ein flaneur vielleicht. Jedenfalls erhielt sie den Boulevard als Schauplatz ihres Erscheinens zugewiesen.« Ebd., S. 543.

bungsverfahren selbst gekennzeichnet. In einer filmischen Ästhetik entsteht die Stadt nicht als Summe der einzelnen Bilder, sondern über die Differenz zwischen ihnen, die durch die intensivierte Bewegungsmetaphorik und den Zwischenraum (verschoben in die Metonymie der ›Toleranzzone‹ der Räume zwischen den Schaufenstern und Gebäuden, der »Fugen« und »Nische[n]« (PP319) und die Figur des flanierenden Protagonisten) markiert wird. Sie funktionalisiert (wie schon das Kompositionsverfahren der Kantate) die Passagen und Übergänge, das Dazwischen, das – wie das von Joachim Paech beschriebene Zwischenbild des filmischen Verfahrens – der Ort der Bedeutungskonstitution ist:

»Nur aus der figurativen Differenz zwischen den schnell aufeinander folgenden stehenden Bildern entsteht der Eindruck von Bewegung, die real im Projektor vorhanden ist, aber unsichtbar bleibt zwischen den Sichtbarkeiten der Bilder, in ihrem Zwischenraum. Die Bewegung im Film ist das virtuelle Zwischenbild von Bewegung als Differenz in der Wiederholung von bewegungslosen Phasenbildern. [...] Das operative Zwischenbild ist pure Bewegung ohne Bild, reine Differenz, die sich mit der figurativen Differenz der beiden angrenzenden Bilder anreichert.«[22]

Dabei bilden die Stadtbeschreibungen im architektonischen Patchwork und in der Nutzung der Differenz zwischen bautechnischer Bestandsaufnahme und literarischer Bilderkette nicht nur erneut das Schreibverfahren des Textes selbst ab. Sie recyceln dabei auch dessen Themen und Handlungsgeneratoren (Musik, Konzert, Museum, Tod, Leben, Ritual, Reise, Wahrnehmung, Zeit ...) zu einem autoreferentiellen *ready-made*, das die eigenen Textsignifikanten im Medium der Großstadtdarstellung an deren Oberfläche neu arrangiert.

7.2 Stadt. Raumordnung. Utopie – Dystopie – Heterotopie: Paris. New York. Santa Monica

Die Zeichen der Stadt fügen sich zu keinem kohärenten Text. Lesbar sind sie nur *ad libitum* als Ansammlung isolierter Hinweise über die Memoria und die Historie, die in den Stilelementen der Gebäude fragmentierte Geschichten anbietet.[23] »Die Wahrheit [der] Stadt, ihr Geist und ihre Gestalt«, die der Protagonist »zeichenhaft ausgedrückt in den Gepflogenheiten, in den Stei-

22 Joachim Paech, »Das Bild zwischen den Bildern«, in: ders. (Hg.), Film, Fernsehen, Video und die Künste. Strategien der Intermedialität, Stuttgart: Metzler 1994, S. 163-178, hier S. 168f.

23 Zur Stadt als Sprache vgl. R. Barthes: Das semiologische Abenteuer, S. 202: »[...] wo es doch immer deutlicher auf der Hand liegt, daß eine Stadt ein Gewebe bildet, nicht aus gleichen Elementen, deren Funktionen sich inventarisieren lassen, sondern aus starken Elementen und aus neutralen Elementen oder, wie die Linguisten sagen, aus merkmaltragenden und merkmallosen Elementen (man weiß, daß die Opposition zwischen den Zeichen und dem Fehlen des Zeichens, zwischen dem vollen Grad und dem Nullgrad, einen der entscheidendsten Prozesse bei der Hervorbringung der Bedeutung darstellt.) [...] Die Stadt ist ein Diskurs, und dieser Diskurs ist wirklich eine Sprache. Die Stadt spricht zu ihren Bewohnern, wir sprechen unsere Stadt, die Stadt, in der wir uns befinden, einfach indem wir sie bewohnen, durchlaufen, ansehen.«

nen« (PP61) lesen möchte, erschließt sich zur Gänze erst im Überblick. In seiner Studie zur Stadt als Zeichensystem stellt Dieter Eisfeld fest:

»Die gebaute Stadt ist die Erscheinungsform ihrer Struktur. Hinter der Stadt und ihrer Form steht die Struktur, die menschlichen Aktivitäten - wie ihre Gesellschaftsform, ihre Ideologie und ihre Religion. Die Struktur ist ausgefüllt bzw. materialisiert durch Bedeutungsträger. Die Ordnung, die in den Bedeutungsträgern zu erkennen ist, äußert sich in einem archetypischen Bild oder Zeichen, das im Fall der Stadt eine geometrische Figur (Stadtgrundriss) ist. Der Stadtgrundriss ist der Code für die Stadtgestalt. Von den Elementen der Figur geht die Bedeutung für die Stadtgestalt aus.«[24]

Die Darstellung der Stadt Paris, Faszinosum für die Künstler in Los Altos, Mouche und deren Freunde, partizipiert am abstrahierenden Medium eines Stadtgrundrisses in Form einer Straßennetz-Karte, die das Reale zum Verschwinden bringt und – in der Manier des Futurismus – durch ein Netz von Bewegungsvektoren und -möglichkeiten ersetzt, so

»[...] daß sie, wie sie eingestanden, mit offenen Augen von einem Stadtplan träumen konnten, auf dem in dicken blauen Linien die Metro-Stationen eingezeichnet waren: Solferino, Oberkampf, Corvisard, Mouton-Duvernet: Zwischen den Kreisen waren die Strecken in das Gewirr der Straßen und mehrmals über die Seine hinweg wie die Schnüre eines Netzes eingezeichnet. In dieses Netz würden [... sie] wohl bald fallen.« (PP92f)

Nicht nur inhaltlich, sondern auch durch die Art seiner Darstellung, durch die Friktion zwischen Abstraktion und (abwesendem) Konkretem, wird Paris damit zur doppelten Utopie: einerseits gegenwärtige, vernetzte, funktionierende Großstadt, andererseits zeitloser Ort der künstlerischen Utopien (der Avantgarden, des Surrealismus), die – wie im Roman immer wieder unterstellt – das Konkrete verfehlen. Gleichzeitig wird Paris auf der Folie des evozierten Metro-Netzes zum Bild der Verweis-Poetik des Romans selbst, die das Reale durch die Fülle seiner Kippbilder einer *différance* im Sinne Derridas aufschiebt, aber nie erreicht.

»Zerstückelte Bogen, zerfallende Obeliske[n] und rauchgesichtige Kolosse« macht der Anflug auf New York sichtbar, »ein Stadion, einen Park, eine Hauptverkehrsstraße in der funkelnden Geometrie« (PP305). Die Luftaufnahme der lateinamerikanischen Großstadt zeigt eine »in ihrer Topografie anarchische [...] Stadt ohne Stil« (PP51) zwischen Meer und Gebirgsbogen. In der Innenstadt überwuchert eine zurückkehrende Natur die »ältesten, von den Stadtgründern an geeigneter Stelle mit der Schwertspitze gezogenen

24 Dieter Eisfeld: »Die Stadt als Zeichensystem«, Transparent 8 (1977) Nr.9/10 S 4-23; hier S. 11. zit. nach Thomas Schloz (Red.): Architektursemiotik (= IRB Literaturauslese), Stuttgart: IRB Verlag 1986, S. 26. - Vgl. auch die Darstellung einer »Semantik der Stadt« von Kewin Lynch, kommentiert in: R. Barthes: Das semiologische Abenteuer, S. 201: »[...] als guter Semantiker hat er ein Gespür für ›diskrete Einheiten‹: Er hat versucht, im städtischen Raum die diskontinuierlichen Einheiten aufzufinden, die in gewissem Maß ein wenig mit Phonemen und Semantemen zu vergleichen wären. Diese Einheiten bezeichnet er als Wege, Zäune, Viertel, Knoten und Bezugspunkte. Sie sind Einheitskategorien, die leicht zu semantischen Kategorien werden könnten.«

Straßen« (PP52), die nun in die modernen Geschäftsviertel einmünden: ein »Häusergewimmel in den Börsen- und Zeitungsstraßen, [...] Marmorpracht der Bankhäuser und Handelskammern«, das »strahlende Weiß staatlicher Gebäude«. Daneben »Schluchten, die nie jemandem gezeigt werden [...], weil Menschen darin wohnen, die sich halbbekleidet durchs Leben schlagen, Gitarre und Trommel spielen und aus Blechdosen trinken« (PP52f). In den äußeren Stadtvierteln werden die eleganten, prunkvollen Botschaften mit ihren glattgeschorenen Rasenflächen sichtbar, »von ausgezeichneten Urbanisten angelegte« Komplexe, deren funktionale Absichten von einer anarchischen Natur »zuschanden« gemacht werden. Der explizite Verweis auf »Le Corbusier« (PP52) markiert dessen – dem Architekturkenner Carpentier sicherlich bekanntes – Interesse an der Funktionalisierung der Luftbildfotografie für die Stadtplanung und seine Überlegungen, durch neue Bautechniken »das Haus als ›Symbol der Unwandelbarkeit‹ endgültig zunichte«[25] zu machen. Damit bringt er erneut eine Auflösungsbewegung in das nur aus der Entfernung stabile Bild der Stadt ein, dessen Elemente in ihrer Lektüre gegen den Duktus des Textes ›Stadt‹ in einer kaleidoskopischen Optik beweglich bleiben.

Die nur noch dysfunktional funktionierende Metropole erscheint über ihre Beschreibung im Medium der Luftaufnahme als Signum permanenten Widerstreits und der Dystopie. Damit wird sie einerseits zum Handlungsgenerator der Zivilisationsflucht des Protagonisten. Gleichzeitig wird die Großstadt – in der Zusammenschau von Luftbild und visueller und körperhafter Wahrnehmung – in der, wie Wild beschreibt, »die hyperbolische Imagination einer [...] Metropole [...] mit den Irr-Sinns-Figuren des Manierismus ineinsgesetzt wird«[26] – zum Bild der dialogischen Konfrontation von autobiografischer Erzählweise und auktorial wirksamem Mediendispositiv und der barocken Ästhetik des Textes selbst, die in der vorgeführten Zerstörung des »architektonischen Herrschaftsdiskurses«[27] ihre eigene fragmentierende und das Chaos neu organisierende Schreibweise kommentiert.

25 Vgl. J. Claus: »Le Corbusier«,S. 173: »Von der Fliegerei empfing LC auch als Städteplaner wesentliche Impulse. Die Luftbildphotographie, im Ersten Weltkrieg zu Aufklärungszwecken entwickelt und danach mit Spezialfilmen und Serienbildeinrichtungen perfektioniert, ermöglichte einen neuen Blick auf die Stadt, der sie als chaotische Wucherung und als Labyrinth der Unvernunft erscheinen ließ. LC liebte es, seine vernichtenden Urteile über die gewachsenen alten Städte, aber auch seine Visionen für ihre Umwandlung in großartige Landschaftsplastiken – so das Projekt für Rio de Janeiro 1929/30 – mit Luftbildern zu illustrieren [...]. ›Wir wußten es; doch wir hatten keine Ahnung, wie ungeheuerlich, wie hassenswert diese Unsauberkeit, diese Unaufrichtigkeit der Stadt gegenüber ihren Einwohnern gewesen ist. Das Flugzeug hat uns zur Einsicht verholfen. Das Flugzeug hat den Blick dafür. Das Flugzeug klagt an.‹ Diese teleobjektive Sicht aus luftiger Höhe mußte den Menschen notgedrungen aus den Augen verlieren.« Vgl. zum Zusammenhang von Menschmassen, Ornament und Luftbild: S. Kracauer: Ornament, S. 52: »Das Ornament wird von den Menschen, die es zustandebringen, nicht mitgedacht. So linienhaft es ist: keine Linie dringt aus den Massenteilchen auf die ganze Figur. Es gleicht darin den ›Flugbildern‹ der Landschaften und Städte, daß es nicht dem Innern der Gegebenheiten entwächst, sondern über ihnen erscheint.«

26 G. Wild: Paraphrasen: S.156.

27 Ebd., S. 157.

Santa Monica de los Venados wird nicht nur durch seine Verborgenheit und seine Lage jenseits des Urwaldes zur Heterotopie.[28] Die beschreibende Vedute, die die Stadt zunächst vom Schiff aus abbildet, zeigt in der funktionalen Anordnung der Gebäude (›Regierungspalast‹, Kirche, Lager, Wohnhäuser, Indianerviertel – und der Räume zwischen ihnen) einen idealen kolonialen Stadtplan[29], der als stadtplanerischer Entwurf, wie Sabine Rahmsdorf für die literarischen Utopien der frühen Neuzeit konstatiert, die ihm zugrundeliegenden politischen Ideen, Bilder und Utopien abbildet: »Die räumlichen Strukturen bilden gemeinsam mit Institutionen und der Lebenspraxis die soziale Wirklichkeit aus und entsprechen einander: die Gesellschaft materialisiert sich im architektonisch-räumlichen Umfeld.«[30] Damit alludiert der Anlageplan Santa Monicas nicht nur die städtebaulichen Fantasien mittelalterlicher und frühneuzeitlicher Utopien von Leonardo über Thomas Morus bis zu Tommaso Campanellas *Civitas Solis* oder Johann Valentin Andreaes *Christianopolis*, die jesuitischen proto-urbanen Zivilisationsprojekte in Lateinamerika, die im Urwald verstreuten historischen Gemeinschaftsgebilde und Siedlungen flüchtiger Sklaven oder Kautschukarbeiter oder die fantasierte Stadt Manoa, sondern evoziert noch einmal die in den immer wieder erwähnten Architekturen der autochthonen Kulturen verschriftlichte Welterzählung und Cosmopolis.[31]

Weist einerseits die Gleichsetzung mit der biblischen Stadt Henochs (PP242) Santa Monica als mythischen Topos aus (der durch den Verweis auf Monica als die Mutter des Augustinus historisiert wird), wird ihr historischer Ort durch die Figur des Adelantado in der Zeit der Konquista konkretisiert: Die fast überdeutliche Motivierung seines Namens, die er selbst referiert (»Ich heiße nämlich Pablo [...] und wenn auch der Titel Pionier [adelantado[32]] nach großen Taten klingt, so muß ich Ihnen sagen, daß es bloß ein Spitzname ist, den mir die Bergleute gegeben haben, weil ich den anderen immer vorauslief« – PP244), hat lange den Blick der Forschung auf den Umstand verstellt, dass der Begriff Adelantado in der Kolonialgeschichte eine

28 PP241f: »Der [Adelantado] hat eine Stadt gegründet. Ich werde nicht müde, es mir immer wieder vorzusagen. [...] Man kann Gründer einer Stadt sein, kann eine Stadt schaffen und regieren, die auf den Landkarten nicht verzeichnet und den Greueln einer Epoche entzogen ist, die in dieser Welt der ersten Schöpfungstage einfach aus dem Willen eines Mannes entstanden ist. [...] Ich [...] denke an die riesigen Gebiete, unerforschte Gebirge und zahllosen Hochebenen, wo man in der vom Menschen noch ungebändigten Natur dieses Kontinents Städte gründen könnte.«

29 Zu solchen Stadtplänen und entsprechenden Beispielen vgl. Leonardo Benevole: Die Geschichte der Stadt, Frankfurt: Campus Verlag 2007, insb.. ›Die Kolonisierung der Welt durch die Europäer‹, S. 647-700.

30 Sabine Rahmsdorf: Stadt und Architektur in der literarischen Utopie der frühen Neuzeit (= Beiträge zur neueren Literaturgeschichte Folge 3, Bd. 168), Heidelberg: Universitätsverlag C. Winter 1999, S. 88ff; vgl. zur Stadt als Lehrbuch, ebd., S. 143ff; – R. Barthes, Das semiologische Abenteuer, ›Semiologie der Stadtplanung‹, S.199-209.

31 Vgl. PP158: Mouche »sprach von den Pyramiden in Mexico, von den Festungswerken der Inkas – die sie nur aus Abbildungen kannte – von den Treppen des Mont Alban, den aus gebranntem Lehm errichteten Dörfern der Hopi [...].«

32 Sp. adelantar: vorantreiben, überholen, vorwärtsbewegen, voranbringen, vorverlegen, vorankommen.

besondere Bedeutung hat. Diesen – im Rang nur dem Admiral nachgeordneten – Titel trugen jene Entdecker, denen im Voraus die Verwaltung der zu entdeckenden oder zu erobernden Gebiete übertragen wurde. Er war ausdrücklich nicht mit dem Auftrag der Prospektion und Ausbeutung, sondern mit einem expliziten Kolonisationsauftrag verbunden.[33] Die wiederholten Hinweise des Romans auf Philip von Hutten und der Umstand, dass der Adelantado »Sämereien, Hausrat, Landwirtschaftsgeräte, Schreinerwerkzeug [...]« (PP247) und Zuchtvieh in die neugegründete Stadt bringt, markieren sie als Ort einer historischen Kolonisationsutopie. Dass ihr Gelingen historisch scheiterte und auch für Santa Monica prekär ist, wird nicht nur durch die Entdeckung der Stadt durch die die Gegend absuchenden Flugzeuge, sondern auch durch eine sich abzeichnende Naturkatastrophe ins Bild gesetzt: Das zu stark bejagte Rotwild zieht sich zurück, Regenfälle zerstören die Gebäude, die fehlerhafte Nutzung des Bodens führt zu Überschwemmungen.

Darüber hinaus wird Santa Monica zu jenem dritten Ort im Sinne Homi Bhabhas, an dem Bedeutungen verhandelt werden: Nicht nur werden hier erste Gesetze erlassen und eine Verwaltung entworfen, werden Prioritäten disputiert, wie die Ressourcen genutzt, in welcher Reihenfolge die Gebäude errichtet und nach welchen Kriterien Mittel zur Verfügung gestellt werden.[34]

---

33 Vgl. Eberhard Schmitt/Friedrich Karl von Hutten (Hg.), Das Gold der Neuen Welt. Die Papiere des Welser-Konquistadors und Generalkapitäns von Venezuela Philipp von Hutten 1534-1541, Hildburghausen: Verlag Frankenschwelle 1996, S.18ff: Der Konquista folgte »[...] auf dem Fuß die mehr oder weniger erzwungene Hispanisierung der Einheimischen durch die Anlage spanischer Stützpunkte für Siedlung, Mission, Verwaltung sowie durch Zwangsakkulturation der Indios in die neue spanische Lebenswelt, die sich in Amerika etablierte. Ziel der spanischen Krone war niemals die Vernichtung der altamerikanischen Bevölkerung. Ziel war ihre feste Verwurzelung in einer hispanisierten Überseeprovinz. Im Zuge dieser Politik kämpfte die Krone einen permanenten Kleinkrieg gegen die Konquistadoren der ersten Stunde und gegen die ihnen folgenden Siedler, um deren ausgeprägtes Beute- und Ausbeutungsverhalten unter Kontrolle zu bringen. [...] Die Provinz [im Falle des Welserunternehmens ist dies die Provinz Coro, das heutige Venezuela] war zu erobern und zu befrieden, Siedlungen waren anzulegen [...], Land war an Kolonisten auszugeben, eine geregelte Administration einzurichten [...].« Vgl. auch Edoardo Galeano: Die offenen Adern Lateinamerikas. Die Geschichte eines Kontinents von der Entdeckung bis zur Gegenwart, Wuppertal: Peter Hammer Verlag 1973, S. 24f; - Hermann Kellenbenz: Philip von Hutten und das Welserunternehmen in Venezuela (= Sonderdruck aus dem Jahrbuch des Historischen Vereins Dillingen XC Jahrgang 1988, Dillingen: 1988; - Francesca Cantú: »Konquista, Mission, Kolonisation«, in: Eberhard Straub (Hg.), Konquista. Amerika oder die Entdeckung der Menschenrechte, Köln: Communio 1991, S.16-27.

34 PP248: »Der [Adelantado] zieht den Umriß des Hauptplatzes. Er errichtet das Regierungsgebäude. Er setzt seinen Namen unter eine Gründungsakte. [...] Er bestimmt den Ort für einen Friedhof. [...] Er hat es aufgegeben, nach Manoa zu suchen. Was ihn jetzt weit mehr interessiert, ist die Erde und auf ihr die Macht, Gesetze zu erlassen.« PP265: »Bruder Pedro jedoch erinnert daran, daß auch der Bau der Kirche noch nicht beendet sei [...] Der [Adelantado] entgegnet scharf, eine sichere Aufbewahrung des Korns sei im Augenblick wichtiger als sein Kirchenlatein, und beschließt die Behandlung der auf der Tagesordnung stehenden Punkte mit einer Anordnung über das Fällen und die Beförderung von Baumstämmen für ein neues Gehege [...].«

Auch die Zumutbarkeit fremden kulturellen Gedächtnisses wie etwa die Überlieferung der katholischen Kirche, die mit dem Pater ins Dorf gelangt, wird – in einer kulturvergleichenden paradoxen Variante inquisitorischer Zensur – fraglich: Der Adelantado will nur diejenigen biblischen Erzählungen zulassen, die in der autochthonen Mythologie ihre Entsprechung finden, wie etwa in jenem Mythos, der von einer Sintflut erzählt, die ein Indianer in seinem Kanu – mit »einem Tier von jeder Art« – 40 Tage lang überstand, bis eine Ratte mit einem Maiskolben zwischen den Pfoten ihm Mitteilung vom Trockenfallen des Landes brachte. Tradiert ist er in Steinzeichnungen in einer Felswand, eingeritzt offenbar von »Handwerksmeistern, die so hoch oben nur auf einem Gerüst arbeiten konnten, wie es bei dem materiellen Kulturstand der Zeit unmöglich war« (PP249f).

Erneut ist es ein Diskurs zwischen den Medien, dem Stadtgrundriss, der Proto-Schrift der Felszeichnungen, dem Diskurs der Historie und narrativ vermittelter Information, der den fiktionalen Fluchtort, die räumliche und temporale Heterotopie außerhalb der Zivilisation als diskursives und intermediales Patchwork erzeugt.

Ottmar Ette hat darauf hingewiesen, dass vor dem Hintergrund einer Erfahrung der *Posthistoire*, und der virtuellen Außerkraftsetzung des empirischen Raums durch die neuen Medien die Frage zu stellen sei, ob – bezogen auf die Problematik des Raumes – »[...] wir [weniger] die Schaffung eines großen, weltweit homogenen Raumes vor uns hätten, der alle Differenzen sukzessive auslöscht, sondern eine Ausdifferenzierung von Räumen erleben, die ihre Unterschiede [...] ausspielen können«[35]. Unter Berücksichtigung der Entstehungszeit des Romans und seiner Ausrichtung an einem homogenisierenden Entwurf der Moderne lassen sich Paris und New York in einem globalen Raum verorten. Santa Monica weist – zwar nicht ohne Bezug auf historische Beispiele, aber gewissermaßen avant la lettre – auf diskontinuierliche Raummodelle voraus, wie sie später – etwa in den Debatten der Postcolonial Studies – entworfen werden.

7.3 Ruinen

Werden schon in der nordamerikanischen Großstadt und ihrem lateinamerikanischen Pendant ruinöse Elemente vorgeführt, wird die kleine Urwaldstadt Santiago de los Aguinaldos nur noch als Ruine[36] wahrgenommen.

35 O. Ette: Literatur in Bewegung, S. 15. An die Literatur sei daher die Frage nach der Entfaltung spatialer Konzeptionen zu stellen, »die – oft auch im Dialog mit anderen Medien, insbesondere den visuellen Künsten – für das letzte Viertel des zweiten Jahrtausends bedeutsam waren und im doppelten Sinne aus einer Ästhetik und Räumlichkeit der Moderne herausragen«.

36 Vgl. zur Ruine: Hartmut Böhme: »Die Ästhetik der Ruinen«, in: Dietmar Kamper/Christoph Wulf (Hg.), Der Schein des Schönen, Göttingen: Steidl 1989, S. 287-304, hier S. 287: »Die Ruine ist immer das Nutzlose; die in sie eingenistete Zerstörung ist die Abwesenheit des ursprünglichen Zwecks. Die Zerstörung erst eröffnet den Raum des Schönen der Ruine. [...] Die Ruine dimensioniert sich in allen drei Modi der Zeit, genauer: nicht die Ruine, sondern der reflexive Blick, in welchem sich die Ruine als ästhetischer Gegenstand bildet. Dieser Blick tendiert zur Schrift, zur Archi-

»Unbewohnt standen die Häuser in den breiten, menschenleeren Straßen, die Türen waren vermodert bis auf den Rahmen oder einen Stirnbalken, manche moosüberwachsenen Dächer waren genau in der Mitte eingestürzt, weil ein termitenzerfressener, vom Feuerschwamm geschwärzter Stützbalken zusammengebrochen war. [...] Es gab Treppen ohne Anfang und Ende, die im Leeren zu schweben schienen [...] In großen Salons mit ausgetretenen Fliesen bildeten Büsche großer weißer Glockenblumen anmutige Vorhänge [...]. Von einer abgebrannten Kirche standen nur noch ein paar Stützpfeiler und Strebebogen und ein monumentaler Rundbogen, in dessen abgebröckeltem Giebelrelief noch die Figuren eines himmlischen Konzerts Gambe, Theorbe, Tastenorgel, Viola und Maracas spielender Engel zu erkennen waren. Über die Maracas war ich so erstaunt, daß ich [...] Bleistift und Papier holen wollte, um diesen organographisch ungewöhnlichen Fund in einer Skizze für den Kurator festzuhalten. [...] Früher einmal, so erfuhr ich nun, sei dies eine Stadt der vollen Truhen gewesen, reich an Hausrat und Schränken voll holländischer Leinwand, doch durch die ständigen Plünderungen während eines langdauernden Provinzkrieges seien die Paläste und Stammhäuser verwüstet worden, habe der Efeu die Wappen überwuchert. [...] Dann kam die andere Plage: die Stechmücken aus den verlassenen Reisfeldern. [...] Heute bevölkerten nur noch Schatten diese Ruinen, die selbst bloß noch der Schatten der einstmals reichen Stadt Santiago de los Aguinaldos waren. [...] Mouche [...] bemerkte, daß diese Gespensterstadt an Phantastischem und Unheimlichem alles übertreffe, was die von ihr meistgeschätzten Maler sich ausgedacht hatten. Dies seien keine imaginären Architekturen, keine Anhäufung poetischen Trödels.« (PP151f)

Die Stadt wird einerseits durch ihre Beschreibung zu einem Ort außerhalb der Zeit, der – wie schon das eklektische Ensemble der lateinamerikanischen Großstadt mit seinem Stilgemisch – die Geschichte abbildet: die Konquista, die Kolonialgeschichte mit ihren Holz-, Zucker-, Kaffee- und Kautschukbooms, die Rückkehr der Natur und das gegenwärtige Leben der verbliebenen Menschen. Die Figuration der ruinösen Gebäude partizipiert damit an einem literarischen und malerischen Ruinen-Genre, das, wie Maria Cardi feststellt, bis zum Ende des 19. Jahrhunderts »die [...] Ruine als einen Ort, der seinem Betrachter ›eine Lehre‹ vermittelt«[37], also als ästhetischen Ort der Erinnerung und der Didaxe nutzt, der über das Ruinöse auf Bekanntes verweist. Auch Eckhard Lobsien betont den Aspekt des Wiedererkennens in literarischen Ruinenbeschreibungen:

»Die efeubewachsene Ruine sowie die wolkenverhangenen Gipfel dienen der Evokation schon einmal gesehener Bilder. Der Text rechnet mit einem bestimmten vorhandenen Wissen seiner Leser, das eine Wiedererkennbarkeit typischer Landschaftsbilder selbst bei nur knapper sprachlicher Bezeichnung garantiert.«[38]

vierung und Umschreibung der enigmatischen Bilderschrift der Ruinen ins Buch der Geschichte.«

37 Maria Virginia Cardi: »Für eine Ethik der Ruine«, in: Böhn/Milke (Hg.), Die zerstörte Stadt, S. 83-100, hier S. 89.

38 E. Lobsien: Landschaft in Texten, S.58.

Die Ruine Santiago wird lesbar als Spur eines natürlichen Verfallsprozesses, der – in seiner Reflexion – die Zeit abbildet.[39] Im Kontext der literarisch zugerichteten Landschaften des Romans wird sie andererseits – wie etwa die Ruinen des romantischen Landschaftsgartens – zur Variante der nicht betretbaren und damit den Gegensatz von Innen und Außen aufhebenden Kulisse eines imaginären Dramas der Zeitumkehr oder schließlich unter dem primordial-heroischen Landschaftsaspekt von *Los pasos perdidos* zu einer kommentierenden Vanitas- oder Arkadien-Allegorie. Über diese topischen Funktionen der Ruine hinaus interessieren im Kontext dieser Studie allerdings vor allem zwei andere Gesichtspunkte:

Die Passage konkretisiert zunächst einen Gedächtnisraum, der an eine berühmte Reflexion Freuds erinnert. Sie bezieht sich auf die Stadt Rom und die in ihren Ruinen materialisierte Geschichte:

»Wir wollen [...] uns fragen, was ein Besucher, den wir uns mit den vollkommensten historischen und topographischen Kenntnissen ausgestattet denken, im heutigen Rom von diesen frühen Stadien noch vorfinden mag. Die Aurelianische Mauer wird er bis auf wenige Durchbrüche fast unverändert sehen. [...] Von den Gebäuden, die einst diese alten Rahmen ausgefüllt haben, findet er nichts oder geringe Reste, denn sie bestehen nicht mehr. Das Äußerste, was ihm die beste Kenntnis des Roms der Republik leisten kann, wäre, daß er die Stellen anzugeben weiß, wo die Tempel und öffentlichen Gebäude dieser Zeit gestanden haben. [...] Nun machen wir die phantastische Annahme, Rom sei nicht eine menschliche Wohnstätte, sondern ein psychisches Wesen von ähnlich langer und reichhaltiger Vergangenheit, in dem also nichts, was einmal zustandegekommen war, untergegangen ist. [...] Das würde für Rom also bedeuten, [...] an der Stelle des Palazzo Caffarelli stünde wieder, ohne daß man dieses Gebäude abzutragen bräuchte, der Tempel des kapitolinischen Jupiter, und zwar dieser nicht nur in seiner letzten Gestalt [...], sondern auch in seiner früheren, als er noch etruskische Formen zeigte. [...] Diese Phantasie [...] führt zu Unvorstellbarem, ja zu Absurdem. Wenn wir das historische Nebeneinander räumlich darstellen wollen, kann es nur durch ein Nebeneinander im Raum geschehen; derselbe Raum verträgt nicht zweierlei Ausfüllung.«[40]

Über den intermedialen Rekurs auf die Architektur entsteht mit dem Ruinenbild von Santiago ein literarischer Raum historischer und – vermittelt im Bild des Maraca spielenden Engels – kultureller Hybridität, der auf ein psychisches architektonisches Erinnerungsmodell räumlicher Gleichzeitigkeit rekurriert.[41] Es geht damit über die Mnemotechnik als imaginiertes architektonisches Erinnerungsmodell (die von Quintillian referierte Simonides-Legende) hinaus, indem es über eine Strukturhomologie von Erinnerung und Ruine diese selbst als paraliterarisches Modell textueller Erinnerung funktionali-

39 Vgl. zum Zeitaspekt der Ruine Wolfgang Meisenheimer: »Architektur als Museum?« in: Holländer (Hg.), Besichtigung der Moderne, S. 277-284.

40 Sigmund Freud: Das Unbehagen in der Kultur, in: Gesammelte Werke, XIV - Werke aus den Jahren 1925-1931, S. 427f.

41 Vgl. D. Schöttker: »Architektur als Literatur«, S 133: »In der [rhetorischen] memoria [...] ist die Idee der architektonischen Ordnung ein reines Imaginationsphänomen. Schon ihre Gründungslegende [...] stellt die Verbindung zwischen architektonischer Ordnung, Erinnerung und Erzählung her.«

siert, deren Elemente nicht verlorengehen und daher in immer neuen Kombinationen – wie das Material ruinöser Gebäude in neue integriert wird – wieder aktualisiert werden können. Santiago de los Aguinaldos wird damit zur Chiffre recollagierender Wiederaneignung nur scheinbar verlorengegangener Erinnerung.

Schließlich legt die Szene neben dem Erinnerungsaspekt über die Ästhetik der Zerstörung, Fragmentierung und Vereinzelung auch ein produktionsästhetisches Moment frei und lässt sich als Modell der Architektur und der Fabrikation, als ›Bauplan des Ruinösen‹ des Romans selbst lesen: Schon in der Szene in Mouches Studio, in der Venusbergepisode oder in den Großstadtbildern lässt sich in der vorgeführten ruinösen Astrologie, dem aus ruinierten Surrealismusklischees collagierten Interieur und der in disparate Bilder ihrer selbst zerfallenden Stadt eine Schreibweise der Zerstückelung und Rekontextualisierung ausmachen, die in der Folge auch die vorgefundene lateinamerikanische Wirklichkeit durch Überschreibung ruiniert und neu konfiguriert.

Bazon Brock hat in seinem Aufsatz zur Ruine als Modell der Differenz unter Hinweis auf den Fragmentcharakter der modernen Kunst, die Collage-Techniken von Kurt Schwitters, die Dekontextualisierungen der *ready-mades* Duchamps, die »schöpferischen Destruktionen der Futuristen [oder] die sich selbst vernichtenden Maschinensysteme von Tinguely«[42], auf die auch in *Los pasos perdidos* immer wieder Bezug genommen wird, die Ruine als »[...] Vergegenständlichung eines spekulativen Prinzips« beschrieben, »welches alle Produktion beherrscht«[43]. Dabei nimmt er die Ruine als »Form der Vermittlung von Fragment und Totalität« in den Blick und macht den Versuch einer Typisierung des Zusammenhangs zwischen Bruchstück und System:[44] A) Fragmente lassen sich als Reste eines in seine Splitter zerlegten Systems verstehen. Die Zerlegung kann sowohl durch historisches Altern als auch durch geplante oder zufällige Gewalteinwirkung entstehen. B) Heterogene Elemente »können nur noch unter formalen Bedingungen – wie räumliche und zeitliche Rahmung – in Beziehung gesetzt werden«. Ein Systemzusammenhang ist damit nicht mehr erreichbar. C) »Einzelne Elemente verschiedener Gestaltungszusammenhänge werden collagiert, so daß ihnen der Verweis auf ihren Ursprung nicht mehr ablesbar ist.« D) Der Zusammenschluss von Elementen zu einem System wird für prinzipiell unmöglich gehalten, »[d]ie Fragmente bleiben gegeneinander isoliert«. In Frage gestellt ist also die Möglichkeit, »daß ein stilistischer Gestaltungsdurchgriff die Elemente der Gestaltung noch zu einer Einheit mit Systemanspruch zusammenschließen kann«. Damit werden die Elemente erst *post festum* einem Zusammenhang unterworfen.

Der Text *Los pasos perdidos* nutzt diese Varianten des Ruinösen paradigmatisch durch seine forcierte Intertextualität und die Collagetechnik seiner Erzählweise – und führt gleichzeitig ihre Reintegration (in der ›Vertonung‹ der Bilder, in den Bildern der Großstadt und ihrer Interieurs, im surrealistischen Film, in der dialogischen Sinnproduktion durch das Spiel zwischen den

42 Bazon Brock: »Ästhetik gegen erzwungene Unmittelbarkeit«, zit. nach: URL: http://www.brock.uni-wuppertal.de/Schrifte/AGEU/Ruine.htm [14.11.2008], S. 1.

43 Ebd., S. 3.

44 Siehe zu einer detaillierten Systematisierung: ebd., S. 2.

Erzählebenen und Medien) und das Prekäre dieser Reintegration (im Surrealismuspastiche des Venusbergs oder in der offen bleibenden Überschreibung des impressionistischen/expressionistischen/futuristischen ›Tanzes der Bäume‹) als autoreferentielles Spiel zwischen Fragment und System vor. Brock konstatiert schließlich einen erkenntnistheoretischen Aspekt des Ruinierens:

»[...] will man ›Neues‹ als Faktum des Weltbestandes als nicht wieder rückgängig zu machendes Faktum produzieren, so gilt es, Vergegenständlichungen des Wahrnehmens und Handelns zu finden, deren Sinn gerade darin besteht, aus der unaufhebbar gegebenen Verklammerung von Landschaft und Natur, von Oberfläche und Tiefe, von Wesen und Erscheinung, von Wahrnehmung und Wahrgenommenem hinauszuweisen. Eine solche Vergegenständlichung ist die Ruine. Das Ruinieren wäre also ein Verfahren, die für jede Erkenntnis notwendige Differenz von Erscheinung und Wesen, von Gegenwart und Vergangenheit, von Wunsch und Wirkung, von Plan und Realisierung, von Entwurf und Verwirklichung herzustellen. Durch Ruinieren erzwingen wir die Differenzen im unterschiedslos Vorgegebenen; Die Ruine ist die Vergegenständlichung der erzwungenen Differenz.«[45]

Die zum Erhabenen stilisierte enigmatische Ruine Santiago de los Aguinaldos, die gerade durch die Zerstörung, die Lücken und den Verlust ihrer ehemaligen Ordnung eine neue Vollkommenheit als Ruinenstadt erlangt, lässt sich in diesem Sinn nicht nur als ›agierende Architektur‹ lesen, die den Schock – oder die sentimentale Aufwertung – der Zeiterfahrung abbildet, sondern auch als die fiktionale Manifestation des Vermittlungscharakters des Ruinösen. Sie erscheint also nicht nur als Metapher, sondern als das über die intermediale Referenz zweifach freigelegte Dispositiv der ruinierenden, fragmentierenden, collagierenden Poetik des Romans, der seine Semantik in unterschiedlichen Graden aus den Differenzen – der Zeit, der Orte, der Überschreibungen und Medien – erzeugt.

7.4 Landschaft als Architektur

Werden die Stadt und der städtische Raum vor allem über ruinösen Verfall, Fassaden und die Sinne verwirrende Fragmentierung dargestellt, die sie zum unübersichtlichen Dschungel machen, werden andererseits die Ansichten des

45 B. Brock: »Ästhetik der Ruine«, S. 5f; vgl. zur Ruine als Element des poetischen Verfahrens auch H. Böhme: »Ruine«, S. 97f: Hier der Hinweis auf die romantische Kunst: Sie ist modern, »[...] weil sie die Ruine aus ihrer Bindung ans Bildmotiv löst und in der Theorie des Fragments ins Innere des poetischen Verfahrens holt. Hier beginnt der Prozeß, durch welchen die Ruine nicht länger Chiffre eines Verfalls in selbst wieder totalisierenden Diskursen oder Kunstwerken ist, sondern die Struktur der Reflexion und der Kunst zu beherrschen beginnt. Die Erosion der Diskurse setzt ein, als ein Bewußtsein dafür sich anzudeuten beginnt, daß Ruinen nicht als Momente eines durch sie hindurch sich entwickelnden Sinnzusammenhanges einzugrenzen sind, sondern vielleicht das letzte Wort behalten. [...] Nur blitzhaft scheinen in den Dingen Bedeutungen auf und verlöschen, ohne sich erinnernd zu Erfahrungsspuren zusammenzuschließen. Dies rehabilitiert das alte poetische Verfahren des Melancholikers, die Allegorie, die als Kunstform des Trümmerstücks ein zentrales Motiv der Moderne wird.«

bereisten Landes[46] und der selva immer wieder als Architekturen beschrieben, die sie wie mythologische Städte und Stätten erscheinen lassen.

»Doch sofort verwarf ich der Ausmaße wegen, alles, was ich an Vergleichbarem fand. Vor mir lag eine Titanenstadt mit vielgestaltigen, weitläufigen Bauten, zyklopischen Treppen, Mausoleen, die bis in die Wolken aufragten, und hinter gewaltigen Esplanaden schienen sonderbare Festungen aus Obsidian, ohne Zinnen und Schießscharten, den Menschen den Eingang in ein verborgenes Reich zu verwehren. Vor einem Hintergrund aus Zirruswolken ragte die Urstätte der Formen auf: eine unglaubliche, meilenhohe gotische Kathedrale mit ihren zwei Türmen, dem Schiff, der Apsis und Strebepfeilern ruhte auf einem kegelförmigen Felsen von sonderbarem, wie Steinkohle schimmernden Gestein. Dichter Nebel wehte um die Türme und zerflog zu Wirbeln, wenn die Steinspitzen ihn spalteten. Die Ausmaße dieser in schwindelnder Höhe in breiten Terrassen endenden, von Orgelpfeifen flankierten Formen hatten etwas so Unwirkliches – Sitz der Götter, Thron, Freitreppen für irgendein jüngstes Gericht – , daß ich, überwältigt, statt einer Erklärung für diese unfaßliche tellurische Architektur zu suchen, ihre schreckliche, unerforschliche Schönheit hinnahm, ohne zu überlegen. (PP219f) – Was hier aufragt, sind gewaltige Formen aus nacktem Gestein [...] reduziert auf das großartig Elementarische tellurischer Geometrie, sind die ersten Denkmäler, die auf der Erde entstanden sind, als noch kein Auge war, sie zu betrachten. [...] Andere haben die geheimnisvolle Feierlichkeit von Toren zu etwas – etwas Unbekanntem, Schrecklichem. [...] Fehlen ihm die rötlichen Obeliske, hat es keine Basaltklippen zu seinem Schmuck, dann ist es in Schrägflächen wie zu Steinterrassen abgestuft oder oben wie mit einer Krone von merkwürdigen Zippen besetzt, die wie Prozessionsfiguren aussehen. Wir stehen fast erschrocken vor der Pracht dieser gewaltigen Werke, der Vielfalt der Profile, der Reichweite der Schatten, der unermeßlichen Weite der Esplanaden.« (PP236f)

Die Anthropologisierung der Natur erleichtert deren Visualisierung und ermöglicht unter Rekurs auf bekannte Vorbilder die Hypotypose. Dabei ruiniert und denaturiert sie sie aber zu Bauwerken und Räumen des Mythos und der Memoria, die sich wie demiurgische Schöpfungen über die Landschaften legen. Sie bleiben nicht bedeutungsfreie Natur, deren Elemente in einem malerischen Verfahren konfiguriert werden, sondern partizipieren über das Funktionale der Architektur an deren Handlungs- und Kommunikationscodes, also an einer Architektursemiotik, die sie für das Ästhetische, das Mythische, die Geschichte und das Soziale öffnen und damit ›bedeutsam‹ werden lassen. Umberto Eco hat – unter Hinweis darauf, dass einerseits »die Objekte der Architektur scheinbar *nichts mitteilen* (oder zumindestens nicht für die Kommunikation gedacht sind«[47] und ihre Funktionen sich andererseits »*auch* [Herv. i.O.] unter dem Aspekt der Kommunikation interpretieren lassen [und damit] andere Arten der Funktionalität«[48] freilegen – das Ge-

46 Zu Raum- und Landschaftsbewusstsein (zwischen Heimat, Labyrinth, locus horribilis, Niemandsland und idealisierter Fremde) in der lateinamerikanischen Literatur vgl. Andrea Mahlendorff: Literarische Geographie Lateinamerikas. Zur Entwicklung des Raumbewusstseins in der lateinamerikanischen Literatur (= Tranviá Sur Bd.5), Berlin: tranvía 1998.

47 U. Eco: Semiotik, S.295f.

48 Ebd., S. 296.

brauchsobjekt als »Signifikans desjenigen exakt und konventionell denotierten Signifikats«[49] bezeichnet, das seine Funktion ist. (Die Denotation der Höhle, des Gebäudes ist eine Schutzfunktion, jene des Stuhls das Sitzen, die Treppe denotiert das Hinaufgehen.) Die symbolischen Konnotationen des Objektes, seine kommunikativen Bestimmungen (»Familie, Gemeinschafskern, Sicherheit«[50], Repräsentation – »mit Würde« und möglicherweise unbequem auf einem »mittels einer Reihe von Nebenzeichen die Majestät konnotierenden« Thron sitzen – das demonstrative Paradieren auf einer Freitreppe) können über ihre Nützlichkeit im Gemeinschaftsleben ebenfalls funktionelle Qualität bekommen. Diese erste und zweite Funktion der Architektur können sich im Lauf der Geschichte mit dem Verlorengehen von Codes und durch nachträgliche Transformationen verändern. Sie sind »Verlusten, Wiedereroberungen, Substitutionen verschiedener Art [und] einer Reihe ständiger Phasenverschiebungen zwischen erster und zweiter Funktion«[51] unterworfen.

Insofern, als über die Verfremdung durch die Sprache der Architektur und die Dichte der Überschreibungen solch verlorengegangene Codes insinuiert werden (unbekanntes Feierliches, Schreckliches, leere Zierrate, Reste, deren Zwecke niemand mehr kannte, die Errichtung von Denkmälern, ehe ein Auge war, sie zu betrachten), entrückt der Text die gegenwärtige Landschaft in eine mythische Zeittiefe, die die schiere Unbeschreiblichkeit der gewaltigen Formationen als Ergebnis des Verlusts eines ursprünglichen Codes darstellt, über den sie hätte verstanden werden können. Ist für die einheimische Bevölkerung die Natur mimetisch über das vertikale Paradigma der Signaturen und Ähnlichkeiten[52] lesbar, in denen sie die in ihr verborgenen Kräfte (etwa die Heilkraft bestimmter Pflanzen und Mineralien, die ›natürliche‹ Ordnung autochthoner Bestiarien und Herbarien) entschlüsseln und über die sie an der Wirkmächtigkeit der Natur partizipieren, wird für den Protagonisten das Buch der Natur durch die Natur der Bücher ersetzt. Die Schrift scheint den Formen der Landschaft der *Gran Sabana* vorgängig, die damit nicht mehr unmittelbar, sondern nur noch über das Universum der Texte erfasst werden kann. Die Landschaft wird zur Metonymie ihrer selbst, gewinnt Illusionscharakter und wird zum Denkmal einer uneinholbaren Vorgeschichte oder zum Bühnenbild eines Dramas der Entfremdung.

So können auch imaginäre und tatsächliche, erinnerte Architekturen und Räume in die Landschaft eingeschrieben werden: das Reich der Amazonen, die *Laguna di Parima*, Stufenpyramiden, Landeplätze,

---

49 Ebd., S. 306.

50 Ebd., S. 310.

51 Zu einer Kasuistik siehe: ebd., S. 315-319; ein Beispiel für mehrere: »A) Die erste Funktion geht verloren B) Fast sämtliche zweite Funktionen gehen verloren, C) Die zweiten Funktionen werden ersetzt durch bereichernde Subcodes: (Typisches Beispiel: die Pyramiden. Sie werden nicht mehr als Monarchengräber empfunden; aber auch der symbolische, astrologisch-geometrische Code ist zum großen Teil verlorengegangen, der bei den alten Ägyptern die konnotative Wirksamkeit hauptsächlich ausmachte. Für uns dagegen konnotieren die Pyramiden eine Fülle anderer Dinge, angefangen von den seherischen ›vierzig Jahrhunderten‹ Napoleons bis zu einer großen Zahl mehr oder weniger autorisierter literarischer Konnotationen.)«

52 Vgl. zu Signaturen und Ähnlichkeiten M. Foucault: Die Ordnung der Dinge, ›Die prosaische Welt‹, S. 46-77.

»[...] Denkmale und Tempel und darin eine Menge phantastischer Malereien, in denen die Rituale fischgestaltiger und langustengestaltiger Priester dargestellt seien. Dann tauchten hinter umgestürzten Bäumen plötzlich riesige Köpfe auf. [...] Anderswo gebe es eine Straße der Götter, an der Angesicht an Angesicht und Seite an Seite Götter stünden, deren Namen für immer unbekannt bleiben würden, fast jeden Tag kämen im Urwald behauene Steine zum Vorschein, [...] tausende Petroglyphen, die in Form von Sternbildern und geheimnisvollen Zeichen an den Ufern der großen Flüsse ihre Sprache sprächen, könne bis jetzt noch niemand entziffern.« (PP184f)

Während die Natur selbst unbekannt bleibt – »Niemand weiß, was hinter diesen Bergen liegt« (PP158) [53] – und damit in einer vor-medialen, primordialen Welt ihre Aura bewahrt, die allenfalls in mythischen Bildern beschrieben werden kann, erzeugt ihre Beschreibung als Architektur Simulacren, Surrogate, die Kopie der Natur, in der die Aura durch die Beschreibung selbst verlorengeht und durch ein textuelles Universum ersetzt wird. Insofern, als der Akt der Naturbeschreibung, den Brock als »ein Ruinieren«[54] beschrieben hat, als seine Signifikanten buchstäblich Bilder von Ruinen produziert, werden diese zur selbstbezüglichen Allegorie eines ruinösen Textuniversums.

Die forcierte Überschreibung der Landschaft (von demiurgischer Schöpfung, gotischer Kathedrale bis hin zur neuzeitlichen Esplanade) befördert erneut die Darstellung der Gleichzeitigkeit des Ungleichzeitigen und die ironische Charakterisierung des Protagonisten als eines Reisenden, der unfähig ist, die Wirklichkeit des bereisten Landes anders als durch sein privates Textuniversum hindurch wahrzunehmen. Gleichzeitig bebildert sie erneut den Schreibvorgang selbst, der unterschiedliche Signifikationssysteme übereinanderlegt und seine Signifikate *inter media* über die Friktionen und Widersprüche zwischen ihnen erzeugt.

Die zunächst sowohl für die Wahrnehmung des Protagonisten auf der Inhalts- als auch für die Hypotypose des Lesers unverzichtbar scheinende Verschränkung von Natur- und Architekturbeschreibung wird an anderer Stelle zugespitzt und damit ironisch intensiviert. Vordergründig geht es – die Goldsucher wollen im Urwald ein ›griechisches‹ Haus bauen – um das konkrete Verhältnis von anvisiertem Architekturmodell und den realen Bedingungen des in der Natur verfügbaren Baumaterials. Gleichzeitig wird die beschriebene Hütte zum Bild der Fabrikation des Textes selbst, der dem Vorgefundenen seine Formen und Zuschreibungen aufzwingt.

53 In einer Variante der ersten Berichte Kolumbus wird hier die mythische Vorstellung vom Weltrand und seinen Ungeheuern, Gefahren, Amazonen und Kannibalen neu belebt: »Bruder Pedro bleibt stehen und blickt tief Atem holend auf einen Horizont aus Bäumen, aus dem sich die zackigen Schiefermassive eines Gebirgszugs erheben wie eine unerbittliche, düstere, feindliche Anwesenheit in der berückenden Schönheit des Tals. Der Mönch deutet mit seinem Knotenstock darauf: ›Hier leben die einzigen verwahrlosten, blutrünstigen Indianer dieses ganzen Gebiets. Kein Missionar ist je von dort zurückgekehrt‹« (PP262f).

54 B. Brock: »Ästhetik der Ruin«, S. 5: »Aber wenn ›Landschaft‹ nicht anders denn als durch Handeln und Wahrnehmen überformtes Segment der Natur verstanden werden kann – und wenn ›überformen‹ nichts anderes meint als ›ruinieren‹: Wo und wie ist Natur unüberformt, also nichtruiniert anzutreffen?«

»Das Haus der Griechen ist aus den gleichen Materialien gebaut wie die Hütten der Indios, und Pflanzenfasern, Palmblatt und Rohrgeflecht bestimmen, wie in allen Architekturen der Welt, durch die Grenzen ihrer Widerstandskraft die Normen des Hauses. Und doch genügen ein weniger steil gestelltes Dach, eine leichte Verlängerung der Dachbalken, damit der Giebel sich zum Frontispiz weitet und das Architrav entsteht. Aus dem instinktiven Willen, die dorische Säule nachzuahmen, waren hier Baumstämme von größerem Durchmesser als Pilaster gewählt worden.« (PP178)

Die Architektur wird hier nicht nur zum Medium des Biografischen (»In der Art, wie er sein Haus baut, offenbart der Mensch seine Abstammung« PP178), sondern auch zum Medium der *ecriture* des Textes. Damit wird das architektonische Beschreibungsverfahren als Schreibstrategie reflexiv gemacht. Verrät die Bauweise der Hütte der Goldsucher – als Variante einer Physiognomik – deren griechische Herkunft, verrät sie als ›Physiognomie des Kulturellen‹ auch den Standort der Deskription.[55] Als diese Physiognomie des Kulturellen wird sie im Bauplan der Kirche in Santa Monica schließlich in einer Weise präskriptiv, die es erlaubt, die forcierte Verfremdung durch die Evokation gregorianischer und gotischer Kunst als ironischen autoreferentiellen Verweis zu lesen. Der Bau

»[...] ist eine geräumige runde Hütte mit spitzem Dach wie die Hütten der Indios, aus Balken errichtet, die mit Palmblättern verkleidet werden, oben ein Kreuz. Bruder Pedro hat darauf bestanden, daß die Fenster gotische Spitzbogen bekommen, und die mehrmals wiederholten geschwungenen Linien in der Palmblätterwand wirken in dieser Gegend wie die Vorahnung gregorianischer Gesänge. Im First hängen wir einen ausgehöhlten Baumstamm auf, denn, da wir keine Glocke haben, soll [...] eine Art Teponaxtl die Glocke ersetzen.« (PP256)

Das Bild überschreibt, akzentuiert durch das verfremdende Teponaxtl, erneut deutlich extra-amerikanische Prätexte: Hegels Reflexion von Kunst und Zweck in der Architektur und Goethes Aufsatz Von deutscher Baukunst.[56]

In einer architektonischen Beschreibung wird auch der Durchschlupf an der Vichada, eine Lücke in der dichten Reihe der Uferbäume, durch die Friktion zwischen Natur und Bauwerk zu einem mythischen Schwellenraum überschrieben, der nicht nur an die Säulen des Herakles erinnert (›jenseits werdet ihr Ungeheuer finden‹), sondern auch mythische Unterweltseingänge schlechthin alludiert. Die »sinnlose« (PP204), »wie mit der Schnur gezogene Mauer aus Stämmen« (PP337), eine Wand aus Bäumen, »als hätten Men-

---

55 Gleichzeitig überschreibt die Passage einen architekturtheoretischen Prätext: Laugiers Architekturtraktat von 1753. Vgl. zu Laugier Detlev Schöttker: »Architektur als Literatur«, S. 133: » [Der Begriff der Einfachheit [trat] an die Stelle [der Vitruv'schen Grundbegriffe *firmitas, utilitas, venustas*]. Auslöser für diesen Ablösungsprozess war Marc-Antoine Laugiers Architekturtraktat [...], in dem die Urhütte zum Vorbild der Architektur erklärt wurde, weil sie dem Postulat der Aufklärung gerecht wird, dass die Kunst die schöne Natur nachahmen solle.«

56 Vgl. Georg Friedrich Wilhelm Hegel: Ästhetik, Band II, Frankfurt am Main: Europäische Verlagsanstalt 1965, S. 24ff. - Johann Wolfgang von Goethe: »Von deutscher Baukunst. D.M. Ervini a Steinbach, 1773«, in J.W. Goethe: Sämtliche Werke, 13/ S. 16-26.

schen sie mit Theodolit und Bleilot errichtet«[57] (PP204), öffnet sich zwischen »zwei Stämme[n], wie die Seitenbalken eines Türrahmens, darüber als Stirnbalken das Laub und auf dem linken Stamm in halber Höhe [...] das Zeichen« (PP341). Die Begegnung mit der Natur wird zur Initiation in eine fremde Welt der Zeichen. Dass die Zeichen selbst – wie die in den Baum geritzten über- und ineinander gestellten V's – erst durch den Menschen eingeschrieben werden und ihre Reihe »sich ins Unendliche fortsetzen ließe« (PP204), zeigt sie – als Signatur des Textuniversums – als unendlich vermehrbar und buchstäblich (»[d]a nicht verlöschen kann, was in Rinde geschrieben ist« – PP342) nicht mehr tilgbar.

7.5 Kulissen. Bühnenräume

»Vier Jahre und sieben Monate waren vergangen, seit ich das Haus mit den weißen Säulen, dem Architrav und den strengen Gesimsen [...] nicht mehr gesehen hatte, und als ich jetzt die Möbel und Gerätschaften unverändert am gleichen Platz stehen sah, hatte ich das beinahe beklemmende Gefühl, als hätte sich die Zeit verkehrt. Neben dem Scheinwerfer der rote Vorhang; wo sich die Kletterrosen hochrankten, der leere Käfig. Weiter drüben die Ulmen, die ich [...] selbst mitgepflanzt hatte. [...] Wie in der ersten Nacht ging ich durch die Säulenhalle, hörte den gleichen hohlen Klang unter meinen Schritten und durchquerte den Garten, um rascher dort anzukommen, wo gebrandmarkte Sklaven, Amazonen [...] und verwundete, zerlumpte, schlecht verbundene Soldaten in Gruppen hin und wider gingen, die Stunde ihres Auftritts erwartend im Schatten, der nach Schellack, nach altem Filz [...] stank. [...] Um weniger im Weg zu sein, ging ich in [die] Garderobe.« (PP9f)

Dass der Roman mit einer den Leser zunächst über die wahren Umstände täuschenden Beschreibung von ihrerseits den Theaterzuschauer täuschenden Kulissen beginnt, lässt sich neben ihrer Funktion auf der Handlungsebene als Metakommentar verstehen, der den Romantext zugleich mit dessen eigenem Beginn ambiguisiert. Die Evidenz der Körpererfahrung (»am schuppigen Baumstamm stand die Steinbank, die nach Holz klang, wenn ich mit dem Absatz dagegenschlug« – PP9), die Kenntnis historischer Bauformen (»das verschnörkelte Gitter im New-Orleans Stil«) und die Reflexion einer – in diesem Fall perspektivischen – Wahrnehmungsform, die über die Wahrnehmung entfernter Gegenstände als kleiner eine nicht real vorhandene Raumtiefe herstellt (»Dahinter, mit *Zwergmagnolien* gesäumt, der Weg zum Fluß« [Herv. d.V.]) erweisen die dargestellte Szenerie als illusionistische Bühnen-

57 Unübersehbar ist hier der zeichnerische Aspekt der architektonischen Konstruktion. Vgl. zum Zusammenhang von Zeichnen und Bauen: Henri Matisse: »Farbe und Zeichnung«, in: Hess (Hg.),: Dokumente, S. 55-58, hier S. 57: »Das Lot bestimmt die vertikale Richtung und bildet zusammen mit seiner Gegenspielerin, der Horizontalen, den Kompaß des Zeichners. [...] Ein Bild machen käme einem so selbstverständlich vor wie der Bau eines Hauses, wenn man mit vernünftigen Prinzipien daranginge. Die Technik der Konstruktion besteht im Aufstellen jener Gegensätze, die im Bild die Richtungen ins Gleichgewicht bringen. [...] In allen großen Perioden beschäftigten [den Künstler] vor allem die wesentlichen Momente der Form, die großen Massen und ihre gegenseitige Beziehung - genau wie in der Antike.«

architektur und verweisen damit schon am Romanbeginn implizit auf den perspektivierenden Modus und die Hybridität und den Kulissencharakter des Materials des Textes überhaupt. Damit wird also nicht nur auf der Handlungsebene die Lebenssituation des Protagonisten als scheinhaft unter Verdacht gebracht, sondern bereits in den ersten Zeilen des Romans auch eine über Wiederholungen und Differenzierung im Fortgang des Textes markierte Rezeptionsanweisung platziert, die eine medienkritische und medienarchäologische Lektüre von Anfang an nahelegt.

Kulissen sind als integraler architektonischer Bestandteil des *mixed-media* ›Schauspiel‹ meist zur Bühnenrampe parallel stehende Bühnenbilder, die den Ort der Handlung zeitlich und räumlich definieren: bemalte Materialien oder Architekturen, im weiteren Sinn auch Gegenstände, die den Bühnenraum illusionistisch in Beziehung zum Bühnengeschehen bringen und dabei die Bühne selbst als den neutralen Raum einer Vorführung zum Vergessen bringen.[58]

Die Beschreibung der Kulissen von Ruths Theater verfährt damit doppelt verfremdend, also nicht in der intendierten Blickrichtung des Theaterzuschauers, der sie aus einer Distanz und frontal betrachtet, sondern von einem Standort dazwischen, der die konventionelle Perzeption stört. Von hier aus zeigen die Kulissen ihren künstlichen Charakter. Was als Raumbild zur Sinnkonstitution der Aufführung beiträgt, wird dort, wo sich die Raumillusion nicht mehr herstellt, als hergestellte Konfiguration von Einzelteilen erkennbar, die nicht mehr als blicklenkende visuelle Anweisung funktioniert, sondern als materielles, körperhaftes architektonisches und malerisches Medium erkennbar wird. Auch die räumliche und zeitliche Grenze des Vorhangs, dessen Sich-Heben zur Rezeptionsaufforderung für das Publikum wird, wird überschritten. Die Bühnenbeschreibung erfolgt von einem Standort der Passage aus, hinter dem Vorhang, aus den Bühnengassen und aus der Perspektive der Künstlergarderobe. Sie legt den pseudorealistischen So-als-ob-Raum als wirkungsästhetische Konstruktion frei und verweist durch die Differenz zwischen dem Beobachter-/Leserstandpunkt und der Position des Theaterzuschauers, die nicht koinzidieren, sowohl auf ihre eigene Ästhetik als auch – vor allem im Kontext der im Roman thematisierten kritischen Position der Avantgarden gegenüber dem konventionellen illusionistischen Theater – auf, wie Inge Zeppenfeld anti-illusionistische Spielräume beschreibt, »[...] eigenständige Bühnenräume, die ihren theatralen Charakter nicht verleugnen, sondern ihn zeichenhaft ausstellen und damit dem Theater seine mediale Besonderheit verleihen«[59]. Gleichzeitig präludiert sie die in der Folge immer wieder

58 Vgl. zum Bühnenbild und seiner Geschichte: Nelle: Künstliche Paradiese; – Ottmar Schuberth: Das Bühnenbild. Geschichte. Gestalt. Technik, Wilhelmshaven: Florian Noetzel Verlag 2005; – Helmut Weihsmann: Cinecture. Film. Architektur. Moderne, Wien: PVS Verleger 1995; – Sabine Solf: Festdekoration und Groteske, Baden-Baden, Verlag Valentin Koerner 1975; – Emil Pirchan: Bühnenmalerei. Das Malen von Theaterdekorationen, Wien: Wilhelm Frick Verlag 1946.

59 Vgl. Inge Zeppenfeld: Anti-illusionistische Spielräume. Die ästhetischen Konzepte des Surrealismus, Symbolismus und der abstrakten Kunst im Spiegel der Theaterarbeit Achim Freyers und Axel Mantheys, Tübingen: Max Niemeyer Verlag 1988, S. 27f: »Ist es realistisch, wenn der darzustellende Schauplatz dem Zuschauer so täuschend echt suggeriert wird, daß er glaubt, zum Beispiel vor einem Haus zu sitzen? Ist nicht ein

beschriebene Durchbrechung des begrenzten illusionären Bühnenraums der Guckkastenbühne durch szenische Räume, die die Trennung von Innen und Außen aufbrechen. Durch die Art ihrer Beschreibung weist die Passage also nicht nur auf die im Text explizit als Aufführungen vorgeführten theatralen Ereignisse und auf jene imaginierten Kulissen voraus, die der Protagonist aus vorhandenen Elementen als *ready-mades* zusammensetzt, um dadurch die Manifestationen des Sozialen zu einem Privattheater zu machen, sondern auch auf jene genuinen Augenblickstheater, die ihren jeweiligen Bühnenraum performativ zugleich mit dem Schauspiel herstellen, in denen Vorführung und Raum, Spiel und Rezeption einander also bedingen.

Ein solcher Bühnenraum, der seine Funktion implizit zeichenhaft ausstellt, indem er seine Verwandlung vom öffentlichen Platz zur Bühne durch die Art seiner Nutzung vorführt, ist der Platz vor der Kirche in Santiago de los Aguinaldos. Die Fronleichnamsprozession als Variante eines Mysterienspiels[60] macht den Raum um die Kirche zur transitären Bühne eines kulturellen Memorialtheaters:

»[...] in diesem Augenblick erschallten Trommeln und schrille Flöten, ein paar Teufel erschienen an einer Ecke des Hauptplatzes. [...] Die Tänzer hatten ihre Gesichter unter schwarzen Tüchern verborgen [...] in kurzen Sprüngen rückten sie langsam vor, vorneweg eine Art Anführer oder ein Zeremonienmeister. [...] Lange standen sie weinend und jammernd vor der verschlossenen [Kirchentür], bis sich plötzlich knarrend die Türflügel öffneten und in einer Weihrauchwolke der Apostel Jakobus erschien [...] auf einem weißen Pferd reitend, das die Gläubigen auf den Schultern trugen. Vor der goldenen Krone des Heiligen wichen die Teufel entsetzt zurück; als wären sie von Krämpfen befallen, torkelten sie gegeneinander, fielen zu Boden und wälzten sich auf der Erde.« (PP149f)

Die Prozession bewegt sich, von Posaunen, Schalmei, Klarinette, Pauke und einer Hymne begleitet, über den Platz und kehrt schließlich in die Kirche zurück, deren vor den Maskenfiguren zufallende Tür diese ausschließt. Der Ritualraum in der Kirche ist ihnen verwehrt, damit endet ihre Rolle im kleinen Proto-Drama. Die Teufel schwärmen nun über den Platz aus und werden

speziell für diesen theatralischen Zusammenhang erbautes Haus realer, ist es nicht wahrer, wenn es sichtbar bleibt als ein fürs Theater gebautes Haus: ein Zeichen für Haus? [...] Der künstlerisch notwendige Bruch zwischen Realität und Bühne [...] bringt zum Ausdruck, daß sich letztere nicht nach den Gesetzen ersterer, sondern nach den eigenen Regeln des theatralen Spiels auszurichten habe.«

60 Beim Mysterienspiel handelt es sich um ein *auto sacramental*, wie es für die lateinamerikanische Folklore beschrieben wird. Vgl. zu venezolanischen *autos* Olsen/Sheehy: World Music, S. 302, S.495, hier S. 976: »Early religious musical drama and allegorical or religious play throughout the colonial Americas, used by priests for teaching about Christianity.« Im Übrigen scheint die Szene kontaminiert: Obwohl im *auto* auch Teufelsfiguren vorkommen, sind jene Teufel, die hier beschrieben werden, vermutlich die in Venezuela berühmtesten, jene von *San Francisco de Yare*, vgl. ebd., S. 537: »Masked devil dancers [...] of San Francisco de Yare, in the upper Tuy Valley. Music is less important in this tradition than in other Venezuelan festivals. The dancing devils of Yare are accompanied by a military-style drum (›redoblante‹), single maracas [...] and jingle bells attached to their clothing.«

dabei wieder zu Spielleuten, die jetzt ein anderes Theater inszenieren:[61] Im ausgelassenen Treiben, im obszönen Spott und Geschrei werden sie zu den Narren der öffentlichen Plätze.[62] Ein karnevaleskes Spiel beginnt: »aus den Dämonen wurden Possenreißer, die in die Ruinenstadt auseinanderstoben und derb in die Fenster hineinschrien, ob die Frauen hier auch noch fleißig niederkämen« (PP149). Der Raum wird zur Bühne eines interaktiven theatralen Geschehens, in dem die Spielleute ihren seit jeher überkommenen Text spöttischer Herausforderung wiederholen und das Publikum zur Reaktion (Antwort oder Lachen) provozieren. Damit können auch Störungen (provokante Antworten, das Mitspiel der Rezipienten) in das Spiel integriert werden. Die Grenze zwischen Bühne und Zuschauerraum wird zur Schwelle[63], die von beiden Seiten überschritten wird; das Spiel wird durch die Zurufe durch die Fenster bis in die Häuser getragen, die angesprochenen Zuschauer werden zu Teilnehmern des Geschehens am Platz.

Die Episode setzt die Interdependenz von Drama und Raum in Szene: Nicht nur der Inhalt des liturgischen oder sozialen Rituals, sondern auch dessen Einrichtung und Bindung an konventionelle Spielorte sind konstitutiv für seine Theatralik und Genre-Zugehörigkeit. Der symbolisch-rituelle Weg um die Kirche bestimmt den Charakter des Mysterienspiels ebenso mit wie der öffentliche Platz jenen der improvisierenden Possenreißerei. Raum, Musik, Text und Bewegung fügen sich zu *interart*-Kunstwerken, deren Konstituenten nach dem Ende des Spiels zwar materiell erhalten bleiben (der zweifach als Theaterplatz genutzte öffentliche Raum wird wieder zum Stadtplatz, die Prozessionsfiguren werden wieder zu Plastiken im Kirchenraum), dabei aber ihren Charakter fundamental verändern.

In dieser Weise entsteht und verschwindet an der Grenze zwischen Ritual (für den Priester und die Gläubigen) und Theater (für den Protagonisten) auch der Kirchenraum der Urwaldmesse, den der Pater aus seinem ›Fundus‹

---

61 Vgl. zum Zusammenhang von geistlichen und karnevalesken Spielen: M. Bachtin: Literatur und Karneval. S. 47ff, hier S. 57: »Im Mittelalter hatte praktisch jeder kirchliche Feiertag seine karnevalistische Komponente. [...] Die Atmosphäre des Karnevals herrschte auf Jahrmärkten, bei der Weinlese, am Tag der Aufführungen von Mirakelspielen, Mysterienspielen und ›soties‹.«

62 Vgl. M. Bachtin: Formen der Zeit, S. 92ff: Der Narr, der Schelm schaffen um sich herum besondere Mikrowelten, besondere Chronotopoi. »Erstens sind sie auf ganz essenzielle Weise mit den Theatergerüsten und Bühnenmasken der öffentlichen Plätze verknüpft [...]. Zweitens hat schon allein die Existenz dieser Figuren nicht direkte sondern übertragene Bedeutung. Ihre Äußerungen und alles was sie tun und reden, hat keine direkte und unmittelbare Bedeutung [...] zuweilen entgegengesetzte. [...] Drittens ist ihr Sein [...] die Widerspiegelung eines anderen Seins. Sie sind Schauspieler des Lebens, ihr Sein fällt mit ihrer Rolle zusammen, und außerhalb dieser Rolle existieren sie überhaupt nicht. Es ist ihre Eigentümlichkeit und ihr besonderes Recht, fremd auf dieser Welt zu sein.«

63 Vgl. Patrick Primavesi: »Schauplatz und Passage. Theatrale Räume im Denken Walter Benjamins«, in: Jörg Sader/Anette Wörner (Hg.), Überschreitungen. Dialoge zwischen Literatur- und Theaterwissenschaft, Architektur und Bildender Kunst (=Festschrift für Leonhard M. Fiedler), Würzburg: Königshausen und Neumann 2002, S.237-256; hier S. 243: »Ihre eigene Magie hat die Schwelle undabhängig von einem Richtungssinn; im Moment ihrer Berührung ist der Unterschied von Innen und Außen aufgehoben.«

mitgebrachter Geräte herstellt. Auf dem roh behauenen Tisch schafft das Ensemble aus »zerschlissene[r], mit verschieden dicken Garnen geflickter Spitzendecke« (PP224), verbeultem, rostzerfressenem Altarschmuck, Korporale, Kelch, Leuchter, dem sonst um den Hals getragenen und nun auf den Altar gestellten Holzkreuz eine transitäre, symbolische Architektur, die durch die Signifikanz der Gegenstände, ihr räumliches Arrangement und die Mitwirkung der Männer performativ wird – und nach dem Ende der Zeremonie zerfällt.

Als Varianten von Bühnenbildern – miniaturisierte Guckkastenbühnen – lassen sich schließlich auch die Memorial-Architekturen der Reliquienschreine (PP79), der imaginierten Krippen[64] oder der Gruppen der Heiligen in der Kirche von Puerto Anunciación (PP172) sehen, in denen ein zunächst theatralisiertes Geschehen stillgestellt und architektonisch fixiert ist. Als ikonische Figurationen und damit – im Gegensatz zum Bilderbogen dreidimensionale – Aufschreibemedien des kulturellen Gedächtnisses geben sie ihre Semantik erst frei, wenn sie durch die Memoria produktiv in Bewegung versetzt werden, die das architektonische Kürzel über imaginierte Theaterszenen in Erinnerung und kulturelles Wissen rückverwandelt. Die Diegese erfolgt nicht mehr über einen Dritten, sondern unter Rekurs auf eine textuelle, religiöse Überlieferung. Dass es ausgerechnet die Zunge eines Bischofs ist, »die zur Erinnerung an die große Beredsamkeit des Prälaten« (PP79) in einem der Reliquienkästen aufbewahrt wird, lässt sich dabei als ironische Akzentuierung der Beredsamkeit der Miniaturarchitekturen lesen, die als Fragmente eines imaginierbaren theologischen Panoramas funktionalisiert werden. Architektur, Bildlichkeit und Text sind in ihnen zu transgressiven *interart* Objekten integriert.

7.6 Transitäre Architekturen. Bewegung. Räume. Tanz

In der Gegenüberstellung von definiertem Bühnenraum und der wechselnden Funktion des Raumes im Zuge seiner Theatralisierung durch Spiel und Ritual wird eine Medienarchäologie sichtbar, die schon in der Vorführung der säkularisierten transitären Räume der Stadt und in der Konstitution von Räumen durch die Bewegung ins Bild gesetzt wird.

In seinem Kommentar zur Auseinandersetzung Walter Benjamins mit der Beziehung zwischen Passage und Theater beschreibt Patrick Primavesi – »[...] den Übergang von einer mythischen, kulthaften Besetzung des Raumes zur ästhetischen und, damit verbunden, pädagogischen und politischen Funktionalisierungen keineswegs als ein chronologisches Fortschreiten, sondern als fortwährenden Konflikt von Tendenzen«[65]. Der Raum des Theaters, so stellt er fest,

64 Vgl. zu Miniatur-Architekturen G. Bachelard: Poetik des Raums, ›Die Miniatur‹, S. 155-185; insb. S. 172.

65 P. Primavesi: »Schauplatz und Passage«, S. 247; ebd., S. 244: »Mit dem Theater hat Benjamin sich gerade unter dem Aspekt des Raumes häufig auseinandergesetzt, auch seine Arbeiten zum Verhältnis von antikem und modernem Drama, Tragödie und Trauerspiel kreisen um diesen Punkt.«

»[...] ist als Schauplatz zugleich Passage, Durchgangsort für den Wechsel von Positionen, Zuständen und Haltungen. Was hier geschieht, ist in mehr als einer Weise sichtbar, und der Betrachter wird selbst zu einem Teil des Geschehens, sein Blick kann in verschiedenster Form reflektiert, vorgeführt und in Frage gestellt werden. Mit der gezielten Verschränkung von Sehen und Gesehenwerden, als Schauplatz eben, ist das Theater immer schon Versuchsanordnung für Wahrnehmungs- und Reaktionsweisen. [...] dabei geht es aber nicht nur darum, die Situation einer geteilten mehrfachen Sichtbarkeit zu organisieren und dem Spiel einen Rahmen zu geben, der es vom alltäglichen Geschehen abhebt. Ob es sich um ein einfaches, von Zuschauern umstelltes Spielfeld im Freien oder um die komplexe architektonische Ordnung eines Logentheaters handelt – die symbolischen Markierungen, die den Ort des Spiels abgrenzen, sind immer noch durchlässig für das Ereignis, das diese Grenze aufhebt und damit einen gemeinsamen Raum entstehen lässt.«[66]

Die Toleranzzonen im schmalen Streifen vor den Schaufenstern der Stadt verlängern die Passagen des 19. Jahrhunderts auf die Straße und erzeugen einen symbolischen Innenraum, der zum Zwischenraum im Sinne Benjamins wird.

»In ihm herrscht, ähnlich wie im Theater eine wechselseitige Abhängigkeit von Blick und Szene, Beschauer und Bühne, die Benjamin unter dem Begriff des Schauplatzes reflektiert hat. Seine Texte erörtern [...] die Beziehung von Kult und Raum als einen so diskontinuierlichen wie umkehrbaren Raum der Säkularisation. Und wo Benjamin öffentliche Räume deutet, beschreibt er die zeitliche und soziale Bedingtheit ihrer Wahrnehmung als ein performatives, szenisches Geschehen [...].«[67]

Die Passagen als Spielort eines »quasi-rituellen Geschehens der Wandlung im Zeichen der Ware«[68] oder als Ort, an dem der Flaneur seinesgleichen beobachtet, lässt die Blicke des Protagonisten in die Auslagen der Stadt, in die Schaufenster der Galerien, auf die Menschen in den Winkeln zwischen den Häusern oder in die Fenster der Häuser selbst zu Blicken werden, die imaginäre Schauräume erzeugen. Sie fragmentieren den homogenen Raum und das Geschehen zu diskontinuierlichen und augenblickshaften Schauplätzen von Schau-Spielen.[69] Dieses aus Raum, Blick und Blickgegenstand entstehende Schau-Spiel als Wahrnehmungsform wird nicht nur in der Großstadt, sondern – als an der Großstadt erlerntes und nicht mehr abzulegendes Wahrnehmungsmuster – auch auf der Reise appliziert und macht den Protagonisten auch im Urwald zum Flaneur. Entscheidend sind dabei weniger seine Außenseiterrolle und das in den Blick kommende symbolische Warenangebot des ›Schaufensters‹ Lateinamerika (die Text-Wunderkammer) als die Schreib-

66 Ebd., S. 245.

67 Ebd., S. 238.

68 Ebd.

69 Zu Konkretisationen solcher Ereignis- und Schauräume werden die transitären Architekturen im Text, die das jeweilige Augenblickstheater sowohl ermöglichen als auch abbilden: der Altar der Urwaldmesse, die Einrichtung der Marktszenen der kleinen Städte, der Raum der um das Lagerfeuer sitzenden Männer, jener im Umfeld der Barrikaden in der Revolutionsepisode, das Hotel als Rückzugsort und Festung.

Bewegung selbst, die fortwährend symbolische Grenzen erzeugt und überschreitet und damit zu Schwellen macht.

Ins Extrem gebracht wird die augenblickshafte Erzeugung von Schauräumen in zwei Varianten von Textbildern, die die Entstehung des Raumes selbst an der Grenze der Abstraktion zeigen und dabei die Entstehung der Signifikation *in actu* vorführen:

Die künstliche Straßenbeleuchtung erzeugt die Illusion eines Innenraums auf der Straße, der als Augenblicksraum so lang besteht, wie das Licht eingeschaltet bleibt oder stärker als das Tageslicht ist. Wie etwa im nächtlichen Los Altos schafft es vorübergehend Räume der Sichtbarkeit, die sonst im Dunkel liegende Stadtpartien visuell wahrnehmbar macht. Die immer wieder erwähnten blinkenden Leuchtreklamen der Großstadt hingegen erhellen nicht primär den Straßenraum (und machen dadurch die Straße zum Raum der Straße), sondern sich selbst. Sie lenken den Blick auf ihre Schrift. Dabei interessiert hier weniger das aufmerksamkeitssteigernde intermittierende Hell – Dunkel, sondern der Umstand, dass im Aufblinken des Lichts ihre Schrift (ihr Bild oder der Schriftzug) gewissermaßen im Entstehen gezeigt wird. Wo vorher Dunkelheit war, ist nun ›Signifikation‹ – die zugleich mit dem Licht, das sie erzeugt hat und dem Lichtraum, den sie erzeugt, wieder verschwindet. Als optisches *Mikro-Theater* wird die blinkende Leuchtreklame zum visuellen Kürzel des augenblickshaften Schauraumes. Ins – beispielhafte – Extrem gebracht wird das Spiel von Raumerzeugung und -vernichtung in einem Objekt, dessen Rezeptionsanweisung autoritativen Charakter hat und tatsächlich einen Handlungsablauf erzeugt: in der auf grün schaltenden Ampel. Für die Dauer der Ampelphase verändert der Raum seinen Charakter, bekommt neue Funktionen und bewegt seine Akteure gemäß einer Regieanweisung in dieser neuen, entstehenden und wieder vergehenden Raumstruktur.

Wird in diesen Textbildern vor allem deutlich, wie der transitäre Charakter des Raumes Bewegung generiert, so machen zwei andere den Raum als das Ergebnis von Bewegung kenntlich und präsentieren die Entstehung von Bedeutung als Entstehung von Kunst:

Die gemeinsame, harmonische Aktivität der Indianer in ihrer Urwaldsiedlung, die als Choreographie beschrieben wird, schafft einen geteilten Handlungsraum, dessen Ausmaße durch den Aktivitätsradius der Handelnden bestimmt wird, und der – indem er durch das Tun buchstäblich ausgemessen wird – die Bewegung zur zu einer Raumfigur und die gemeinsame Arbeit zu Kunst macht.

Im zweiten Bild wird der scheinbar selbstverständliche Raumaspekt des Tanzes verfremdend intensiviert: Im Hotel, in dem sich die Gäste während der Revolution verbarrikadiert haben, übt »die zweite Abteilung eines Ballettensembles an der Barstange, während die Primaballerina in dem freien Raum zwischen den an die Wand geschobenen Tischen langsame Arabesken beschrieb« (PP70)[70]. Auf der Handlungsebene wird damit ein absurd anmu-

70 Vgl. zur Auseinandersetzung Carpentiers mit dem Tanz G. Wild: Paraphrasen: S. 310: »[Carpentier erweist sich] in seiner Einschätzung der Bedeutung des Tanzes für die Ideengeschichte des 20. Jahrhunderts als Vorreiter einer vom Nachstrukturalismus nachträglich bekräftigten Lesart der Körper-Bilder, deren Faszination in neuere Zeit eine ganze Reihe von Studien und kulturellen Aktivitäten belegen.« Carpentier hat auch selbst Libretti für Ballette und Opern geschrieben, vgl. H. Herlinghaus: A. Car-

tender Versuch der Bewahrung von Ordnung im Chaos der Revolution gezeigt, der die Unordnung draußen durch die Ordnung einer Choreographie innen beantwortet und damit Revolution und Kunst ironisch konfrontiert. Die Mikroszene wird durch einen impliziten poetologischen Hinweis ergänzt, der als Toposformel die Erzeugung von Raum aus der Bewegung vorführt.

Gabriele Brandstetter hat sich mit dem Tanz unter dem Blickwinkel von charakteristischen Lektüremustern und tiefenstrukturellen Bildmustern (*patterns*) befasst, also mit einer Form der Wahrnehmung des im Tanz bewegten Körpers »als eigenständige[m] Lektüre-Akt eines nicht diskursiven Mediums«[71] und das Lektüremodell von Körperbildern und Raumfiguren im Hinblick auf die intermediale Verbindung von Tanz, Theater und Literatur als eines mit doppelter Ausrichtung beschrieben: »[...] zum einen auf den jeweiligen Begriff des Subjekts und zum anderen auf den Bezug des Subjekts zu seinem Um-Raum.«[72] In Analogie zu Aby Warburgs Konzept der Pathosformel als Ausdrucksgebärde der Kunst verwendet sie ein Konzept von Toposformel, um den durch Bewegung und Raumformeln erschaffenen Raum und »die Relationen der ihn bestimmenden kinetischen Parameter«[73] zu beschreiben,

»[...] wobei Topos hier einerseits den Raum, den Ort der (Tanz-)Bewegung im direkten Wortsinn meint; im übertragenen Sinn dann andererseits die ›Örter‹ – ›Ausdrucksschemata‹ (Ernst Robert Curtius) als Suchformeln der Wahrnehmung, wie sie in der Rhetorik gebräuchlich sind. Der Topos erfüllt somit eine Gelenkfunktion zwischen Sprachfigur und Raumfigur des Tanzes. ›Topos-Formeln‹ verdichten und verwandeln in figurativen räumlichen Gestalten symbolisierte Wahrnehmungsmuster des ›gesellschaftlich identifizierbaren Erfahrungs- und Bildungswissens‹ (Lothar Bornscheuer).«[74]

Toposformeln als Muster der Abstraktion, die die Kunst des 20. Jahrhunderts allgemein bestimmt, und einer dialogischen Relation der Körperbewegung zum Raum verschieben die Bedeutung in den ›leeren‹ Raum zwischen den Elementen räumlicher Komposition: Erneut wird damit die orthogonale Orientierung problematisch und durch eine multiperspektivische und multizentrische Wahrnehmung ersetzt, die den Zwischenraum anvisiert.

---

pentier, S. 29: *La rebambaramba* (Afrokubanisches Ballett in einem Akt und zwei Bildern) und *El milagro de Anaquillé*, beide 1927; die komische Oper *Manita en el suelo*, 1931, die von Alejandro García Caturla und Amadeo Roldán vertont werden sollten.

71 G. Brandstetter: Tanzlektüren, S. 17f; vgl. ebd. S. 21f: »Der Titel der Studie [...] versteht sich in Anlehnung an den Begriff ›lecture corporelle‹, der auf Mallarmé in den ›Divagations‹ geprägten Formel von Tanz als ›ecriture corporelle‹ zurückgreift. Mallarmé betont den Aspekt der Zeichensetzung, einer Körpersemiotik in der Hervorbringung von Bewegungszeichen im Tanz. Dabei erscheinet die Tänzerin als Medium einer körperlichen Schrift und zugleich selbst als ein Zeichen.[...] Sowohl die Produktion und die Rezeption von Literatur als auch die Hervorbringung und Repräsentation von tänzerischer Bewegung lassen sich – im Rückgriff auf die Tradition der Pathognomik und ikonographischer Darstellungsmuster – als Entzifferungsprozesse von Zeichen und symbolischen Systemen verstehen und beschreiben.«

72 Ebd., S. 27.

73 Ebd., S. 30.

74 Ebd.

Die Bewegung der Tänzerin schafft mit der Bewegung den Bewegungsraum[75], der gleichzeitig spatiale und topische Figur ist und damit die Schwelle des Theatralischen aus dem Raum in den Körper[76] verlegt. Sie wird zur Chiffre einer augenblickshaften Entstehung von Signifikation, in der sowohl die Vervielfältigungen und wiederholte Destruktionen der Textsignifikanten des Romans als auch die Entstehung von Bedeutung aus der – in der Reisebewegung metaphorisierten – narrativen und schreibenden Bewegung unmetaphorisch abbildbar sind.

Die Tanzszene in einem Reisebericht lässt damit auch an Kracauers Vergleich von Reise und Tanz denken.[77] Als reduzierte Formen ursprünglicher Bewegungsfreiheit sind beide einerseits »pures Raumerlebnis« oder »skandierte Zeit«:

»Reise und Tanz also haben den bedenklichen Hang, sich zu formulieren, sie sind nicht mehr Geschehnisse, die auch in Raum und Zeit sich entfalten, sondern stempeln die Verwandlung von Raum und Zeit zum Geschehen.[78] [...] Die zivilisierten Menschen, so sei behauptet, finden heute in Reise und Tanz den Ersatz für die Sphäre, die sich ihnen verweigert. Da sie eingebannt sind in das raumzeitliche Koordinatensystem und sich über die Formen der Anschauung nicht hinausspannen können zu der Anschauung der Formen, wird ihnen das Jenseitige nur durch die Veränderung ihrer Position im Raum und Zeit selber zuteil. Um sich ihrer Bürgerschaft in den zwei Welten zu versichern, müssen sie, die reduziert zu Raum-Zeit-Punkten sind, abwechselnd an dieser Stelle und an jener sich aufhalten, bald in dem einen Tempo, bald im andern sich bewegen. Reise und Tanz haben eine theologische Bedeutung erlangt, sie sind wesentliche Möglichkeiten der von der Mechanisierung umgriffenen Figuren, die Doppelexistenz uneigentlich zu leben, die Wirklichkeit gründet.«[79]

In dieser Homologie von Tanz- und Reiseraum lässt sich die von der Tänzerin körperhaft ausgemessene und hergestellte Raumfigur auch als Miniatur

75 Ebd., S. 31: »An die Stelle des holistischen, integrativen ›Subjekt‹-Begriffs treten integrative ›Raum‹-Modelle: Ordnungsmodelle und Bauprinzipien von Topologien, von organische und abstrakten Raumfiguren, die durch Bewegung hervorgebracht und – als geschlossene oder offene Gestalten – vervielfältigt oder destruiert werden.«

76 Vgl. zum Figur- und Raumaspekt des Tanzes einen Aufsatz Wassily Kandinskys anlässlich der Tanz-Aufführungen der Tänzerin Gret Palucca auf der Bauhausbühne in den 1920er Jahren: W. Kandinsky: »Tanzkurven«, in: Ders.: Essays, S. 85-87; (hier, S. 85: der Herausgeber Max Bill in seinen Vorbemerkungen: »die Tänzerin [...] hatte, ursprünglich von Mary Wiegmann ausgehend, eine Tanzform geschaffen, die der vollständigen akrobatischen Beherrschung des körperlichen Ausdrucks und bewußte Raumwirkung einer einzelnen Figur auf der Bühne neue Wege wiesen«). Ebd., S. 87: »Die Momentaufnahme bietet abgerissene starre Formen, die einmal der Anfang einer Entwicklung ist, einmal der Schlußpunkt. Das organische langsame Entstehen der Form, die Übergangsstadien bleiben aus und können nur durch Zeitlupe erreicht werden, die das Feld der Beobachtung in einer überraschenden Weise erweitert. Der Tanz Paluccas sollte unbedingt mit der Zeitlupe aufgenommen werden [...].«

77 Vgl. S. Kracauer: Ornament, ›Die Reise und der Tanz‹, S. 40-49.

78 Ebd., S. 42.

79 Ebd., S. 46.

jener Raumfigur der Reise sehen, die sich mit der Reisebewegung selbst herstellt und sie gleichzeitig zum (exotischen) Schauplatz einer Reise macht.

7.7 Das Labyrinth. Der Architekt

Als eines von zwei Beispielen besonderer Toposformeln beschreibt Brandstetter – neben jener der Spirale – die Bewegungs- und Raumfigur des Labyrinths, die erneut Tanz und Architektur miteinander in Verbindung bringt:

Das im Text – auch über die Erwähnung des Minotaurus – immer wieder explizit genannte und als Handlungsgenerator genutzte Labyrinth partizipiert als metaphorische und reale Figuration am Substrat einer par excellence intensiven intermedialen Konstitution des Labyrinths, in der choreographische, architektonische, bildliche, schriftliche und literarische Aspekte zu einer *interart*-Form überschrieben sind, deren Konventionalisierung – etwa als Metapher – ihre ursprüngliche Heterogenität vergessen lässt.

Die Etymologie des Wortes Labyrinth scheint ungeklärt. Die – vom Palast von Knossos auf Kreta – abgeleitete Erklärung als ›Haus der Doppelaxt‹ (*Labrys*) ist unterdessen aus einer Vielzahl von Gründen verworfen.[80] Das Wort bezeichnet im heutigen Sprachgebrauch als Metapher eine schwierige, unübersichtliche, verwirrende Situation. Obwohl Labyrinth-Darstellungen bis zum 16. Jahrhundert eigentlich nur einen einzigen Weg, also keine Verirrungsmöglichkeit aufweisen, bezeichnet das Wort außerdem einen Irrgarten als Anlage in Sackgassen führender Wege. Der visuell eindeutige Begriff Labyrinth bezeichnet schließlich eine graphische lineare Figur. Von einer einzigen Öffnung in der Außenmauer führt ein einziger, kreuzungsfreier Weg ins Zentrum, das die einzige Sackgasse und zugleich Ort der Umkehr ist. Dabei »[w]esentlich sind nicht die Mauern; ihre Funktion liegt nur in der Abgrenzung des Weges, in einer gewissermaßen choreographischen Fixierung der eigentlich maßgeblich sinnbestimmenden Bewegungsfigur«[81].

Unbestritten ist, dass mit dem Begriff bewundernswerte Steingebäude, wie etwa der Palast von Knossos oder das mythische, von Daidalos, dem Ahnherrn der Architekten, erbaute minoische Labyrinth, bezeichnet werden. In der Antike werden (möglicherweise wegen des Vergleichs der Leistung des jeweiligen Architekten mit jener des Daidalos) auch andere große und bedeutungsvolle Bauten Labyrinth genannt, die keinen Grundriss haben, der der heutigen Bedeutung des Wortes entspricht. Antike Berichte und Funde, die Ergebnisse ethnologischer Forschung sowie die homerische Beschreibung in der Ilias (die Beschreibung des Tanzplatzes der Ariadne auf dem von Hephaistos gefertigten Schild des Achill) legen die Vermutung nahe, dass das Wort Labyrinthos ursprünglich einen (personalreichen Ketten-)Tanz bezeichnet, »dessen Bewegungsform in der beschriebenen grafischen Form fixiert

80 Vgl. zum Labyrinth Hermann Kern: Labyrinthe. Erscheinungsformen und Deutungen, München: Prestel 1995, S. 17: »Man weiß nur, daß die Endung ›inthos‹ meist auf eine Ortsbezeichnung hinweist und einer Sprache angehört, die die Griechen bei ihrer Einwanderung (2000 v. Chr.) vorgefunden haben. Immerhin kann dies einen Hinweis bedeuten auf das mögliche Alter des Wortes, von dessen übrigem Teil man nur vorsichtig vermuten kann, daß es auf ungeklärte Weise mit ›Stein‹ zusammenhängt.«

81 Ebd., S. 13.

wurde«[82]. Das bei Homer verwendete Wort *choros* ist mehrdeutig und bezeichnet sowohl den Tanzplatz als auch den Tanz (die Tanz-Form, -Bewegung) selbst. Die Figur selbst weist ins Neolithikum zurück: Dafür sprechen die kosmologischen und astralsymbolischen Aspekte des Labyrinths, in denen Gestirnsbeobachtung und daraus abgeleitet Kalendertechnik und Zeitmessung erkennbar werden, sowie »ihre enge Verknüpfung mit dem Tod und der Hoffnung auf Wiedergeburt [...]«[83]. Realisiert wird sie nicht nur tänzerisch und architektonisch, sondern auch als Choreografie, also als Variante der Schrift, in Form einer auf den Boden gezeichneten Grafik. In christlichen Kirchen findet sich das Labyrinth seit dem 4. Jahrhundert als Bodenmosaik. Auch Tänze auf diesen Fliesen-Mosaiken sind bezeugt. Schließlich gelangt es in die Buchmalerei, sein Zentrum bedeutet nun die Kirche oder das himmlische Jerusalem, der Weg wird als Allegorie des Bußweges der Gläubigen verstanden, das Labyrinth wird – verbunden mit der Darstellung des *Christlichen Wandersmanns* – zum Labyrinth der Welt. Im Barock wird das Labyrinth unter anderem auch zum Bild verworrener politischer und moralischer Zustände und zur Metapher in polemischen Schriften, es taucht auf Emblemen und Impresen auf, Schriftlabyrinthe (unter anderem als Verschwiegenheitsdevise) entstehen.[84]

Auf der Textoberfläche immer wieder als Bild der Gefangenschaft und des Irrewerdens an unbefriedigenden gesellschaftlichen und beruflichen Verpflichtungen verwendet, realisiert das Bild des Labyrinths im Roman seine neuzeitliche metaphorische Verwendung. Darüber hinaus lässt es sich als Bewegungsfigur oder Toposformel sowohl auf die Handlungsebene (die eigentliche Reise des Protagonisten ins Zentrum seiner zivilisationskritischen Fantasie endet mit seiner ›Befreiung‹ durch ein Flugzeug) als auch auf die poetische Ebene des Romans beziehen: Der Autor wird zum Architekten eines Textlabyrinths[85], zu dem der Roman durch eine Schreibweise wird, die *membra disiecta*[86] aus unterschiedlichen Texten und Medien zu einem schier unendlichen Verweisungszusammenhang fügt. Er kann in unterschiedlichen

82 H. Kern: Labyrinthe, S. 19.

83 Ebd., S. 22.

84 Siehe Bildanhang, Abbildung 13.

85 Vgl. G. Goebel: Poeta Faber, Vorsatz: »Dichten und Bauen sind einander so fern wie die Imagination und die Wirklichkeit. Kein magisches Wort vermag, wie Amphions Leierspiel, die Steine zu versetzen, daß sie sich zur Mauer fügen. Dennoch sind Bauen und Dichten einander so nahe wie Wirklichkeit und Imagination. Ein Bau ist imaginär, bevor er steinerne Wirklichkeit wird; bis dahin bedarf er, wie das Exempel des babylonischen Turmes zeigt, der Vermittlung durch die Sprache – deren auch seine Abbreviatur, die Skizze, nicht entraten kann. [...] Im metaphorischen [Architektur als lautlose Sprache] aber durchaus präzisen Sinn kann sie sogar, sofern sie sich über bare Funktionalität wie über Reproduktion des Überkommenen sich erhebt, zu einer Art von Dichtung werden: Steinerne Rede von einer besseren Welt. Und so, wie die Baukunst poetisch sein kann, ist es auch dichterischer Imagination gegeben, am Entwurf besserer (oder schlimmerer) Welten teilzunehmen: am deutlichsten zeigt sich dies in den Utopien. Nicht nur der Architekt kann ›Dichter‹ sein; der Dichter kann zum ›Architekten‹ werden.«

86 Als Membra (*membra orationis*) werden in der antiken Rhetorik auch die verschiedenen Redeteile bezeichnet.

Richtungen ›abgegangen‹ werden, unterläuft damit die lineare, einsinnige Struktur des Reiseberichts und macht erneut deutlich, dass es sich beim Roman nicht in erster Linie um den Bericht über eine Reise in eine lateinamerikanische Realität und Vorzeit, sondern um eine metaphorische Reise in die Geschichte der Medien handelt. Dem Konzept der poetischen Inspiration, dem sich der Protagonist verpflichtet fühlt, wird eine Ästhetik der Fabrikation konfrontiert, die in den Figuren des kunstfertigen Daidalos und des Kultur und Technik vermittelnden Prometheus markiert, und im differenzierten *techné*-Diskurs des Textes zusätzlich intensiviert ist.

Damit realisiert er als Labyrinth der Schrift die literarische Variante eines zugleich diskursiven und ästhetischen Schriftlabyrinths, als das – trotz der Dominanz des extrem perspektivierten Architektonischen im Bild – die Carceri Piranesis[87] gelesen werden können. Ihre Konstruktion, die nicht mehr nach dem vitruv'schen harmonischen Ordnungsgefüge von *belleza*, *formezza*, *utilitá*, sondern nach wirkungserzeugenden Strategien über die Nutzung extremer Winkelperspektive und Bildachsen verfährt, lässt Erfahrungs- und Erlebnisraum auseinandertreten und fordert Mitarbeit und Imaginationsvermögen des Rezipienten heraus:

»Letzte Nacht habe ich geträumt, ich sei in einem Gefängnis mit kirchwandhohen Mauern, und von den Pfeilern herab schwangen Seile, die für die Streckfolter bestimmt waren. Ich sah die schweren Gewölbe sich in einer jeweils leichten Verschiebung nach oben in unabsehbarer Ferne vervielfältigen, wie wenn man einen Gegenstand zwischen zwei gegenüberliegenden Spiegeln betrachtet. Am Ende verloren sie sich in den Finsternissen unterirdischer Gänge, aus denen der dumpfe Galopp eines Pferdes hallte. Wegen der Kupferstichtönung der Traumbilder vermutete ich, daß mich die Erinnerung an irgendein Museum zum Gefangenen in Piranesis Invenzioni di Carceri gemacht hatte.« PP328f

Die multimediale Konstitution des Gefängnis-Labyrinths (einer *ruina parlante*) wird nicht aufgelöst, sondern paradox ein weiteres Mal überschrieben.[88] Wild hat darauf aufmerksam gemacht, dass der Traum eine Weltsicht artikuliert, »[...] die an Stelle der chaotischen Struktur des Unbewußten eine Welt von solcher Konsistenz setzt, daß selbst ein naiver Leser an der somatischen Genese dieser literarischen Phantasie zweifeln muß«[89]. Darauf verweisen

87 Siehe Bildanhang, Abbildung 14. Die durch Bühnenbilder angeregten Architekturfantasien Giovanni Battista Piranesis (1720-1778) der Carceri entstehen 1745-50. Die ursprünglich helleren Platten werden 1761 auf Veranlassung von Piranesis Verleger nachbearbeitet und werden dadurch dunkler und kontrastreicher. Vgl. zur wirkungsästhetischen Perspektive- und Blickwinkelwahl: Monika Lengelsen: »Archäologie des Raumes. Konstruktionselemente der *Carceri d'invenzione* von Giovanni Battista Piranesi«, in: Wolfgang Adam (Hg.), Das achtzehnte Jahrhundert. Facetten einer Epoche (= Festschrift für Rainer Gruenter, Heidelberg: Carl Winter Verlag, 1988, S. 233-246.

88 Dass der im Text folgende Interpretationsversuch auf die okkulten Wissenschaften rekurriert, erinnert allenfalls als ironische Metonymie an die ursprünglich astronomisch-astrologische Funktion des Labyrinthes. Sie geht nun in einer Lektüre auf, die die (möglicherweise) ursprüngliche Bedeutung zitiert, den Verlust von Lektürekompetenz medienarchäologisch abbildet und zugleich parodiert.

89 G. Wild: Paraphrasen, S. 159

auch seine metaphorische und poetische Konsistenz und der Umstand, dass der Protagonist selbst die ästhetische Qualität – die Kupferstichtönung der Traumbilder – reflektiert und rationalisiert. Die Suche nach einer allfälligen Bedeutung des Traumes wird bemerkenswerterweise nicht als analytische Zerlegung des Traumes und seines Labyrinth-Bildes, also über eine Freilegung seiner Struktur versucht, sondern als dilatierendes Spiel mit unendlich vermehrbaren Bedeutungsmöglichkeiten inszeniert. Es funktionalisiert das Labyrinthische der Traumbilder nicht mehr als architektonisches oder Bewegungsbild, sondern intensiviert es als textuelles Labyrinth. Wie schon bei Borges die fiktionale Welt der Erzählung immer wieder mit Pseudo-Sachtexten konfrontiert und dadurch der Fiktionskontrakt irritiert wird (worauf auch Wild hinweist), wird das protopoetische Produkt des Traumes mit (fiktiven) Sachtexten konfrontiert und dadurch intermedial und intergenerisch um ›Abzweigungsmöglichkeiten‹ in andere Diskursfelder ein weiteres Mal überschichtet:

»Bei Einbruch der Nacht gehe ich in eine Buchhandlung und blättere einen Traktat über Traumdeutung durch: KERKER: Ägypten: die Lage festigt sich. Okkulte Wissenschaften: Aussicht auf die Liebe einer Person, deren Zuneigung man weder erwartet noch wünscht. Psychoanalyse: An Umstände, Dinge oder Personen gebunden, von denen man sich lösen sollte.« PP329

Wild liest aus der »handbuchartigen Referenz [... und der] enzyklopädische[n] Zusammenschau von antiker, voraufklärerischer und neuzeitlicher Traumdeutung« den »Verlust semantischer Verbindlichkeit« ab und sieht, »[w]enn dagegen [...] als möglicherweise gültiges hermeneutisches Modell die Ästhetik tritt [...] zumindest de[n] Anspruch auf je verbindliche Zeichenhaftigkeit getilgt, die dem Protagonisten von *Los pasos perdidos* für die ›Lesbarkeit von Welt‹ bürgen soll«[90].

Im Bezug auf die Schreibbewegung und die prononcierte Intermedialität des Textes selbst scheint hier allerdings vor allem der Umgang mit der intermedial verwendeten Folie interessant: Während der Text etwa in der Ruine oder in der Landkarte seine eigene (kreative) Metapher erzeugt, in der er sich abbildet, macht er beim Labyrinth, das zur lexikalisierten Metapher geworden ist, das Bild zum Ausgangspunkt weiterer textueller Überschreibungen, die es zunehmend seiner Bildlichkeit berauben. Intensiviert wird der Vorgang dadurch, dass das Labyrinth selbst im Roman – außer in der Beschreibung der ins Leere führenden Treppen in der Ruinenstadt, die an einige der Blätter Piranesis erinnern – nicht als reales Objekt, sondern als bereits mehrfach textuell vermittelt erscheint: Nicht nur wird der Traum zum referierten Traumtext, auch die Identifizierung des Bildes als Kunstwerk läuft – in der Beurteilung seiner druckgrafischen Qualität und der Erwähnung des Museums – über das bildnerische Text-Universum des Protagonisten. Die erwähnten carceri sind darüber hinaus Abbildungen oder Projektskizzen von Architektur,

90 Ebd., S. 160, weiter: »Selbst die Innovation, als die der Freudianismus sich im 20. Jahrhundert als Alternative zu den älteren Welterklärungsdiskursen andient, wird – noch vor Lacans strukturaler Lektüre der Freudschen Schriften – als ein möglicher epistemologischer Standort qualifiziert, von dem aus sich die ›Wissenschaft von der menschlichen Seele‹ als ein Sprachspiel unter vielen abzeichnet.«

die erst über ihren auch literarisch vermittelten Gefängnis-Charakter auf das Labyrinth verweisen. Schließlich überschreibt der Text damit erneut eigene Signifikanten: Sowohl die Ruinenstadt – als Schrift der Geschichte ihres Verfalls – als auch die erwähnten labyrinthischen Petroglyphen, die ihrer Ausmaße wegen erst aus großer Höhe lesbar werden, bringen das Labyrinth in Zusammenhang mit dem Universum der Texte und der Schrift.

Der mediale *crossover*-Aspekt des Labyrinths ist mit Sicherheit sowohl dem Architekten Carpentier als auch seinem Homer lesenden Protagonisten bekannt; damit lässt es sich als Kürzel – und als erneute Markierung einer Sinnkonstitution über intermediales Schreiben und verdichtende Konstruktion lesen. Dass die unterschiedlichen medialen Konstituenten dieser Signatur nicht mehr isoliert sichtbar sind, möglicherweise auch nicht mehr isoliert werden können, erweist sich unter dem medienarchäologischen Aspekt des Romans als besonders bemerkenswert. Einerseits verweist die ›Verschüttung‹ damit indirekt auf habitualisierte und damit unbewusst gewordene Visiotypien (der panoramische, der filmische Blick, der Blick auf sich selbst, die Wahrnehmung im kartografischen oder fotografischen Dispositiv, der Blick des Flaneurs), die ihre Genese aus fremden Medien ›vergessen‹ haben, in der medienarchäologischen Perspektive aber sowohl auf der Handlungs- als auch autoreferentiell auf der poetologischen Ebene aufgesucht und wieder bewusst gemacht werden. Andererseits lässt sie sich in ihrer integrierenden Funktion als Verdichtung beschreiben, die den Roman als Ergebnis intermedialer Überschreibung erscheinen lässt, die sich über Dichte, Synmedialität und holografische Evidenz zugleich zum Vergessen bringen will.

7.8 Theorie-Räume

Carola Hilmes untersucht in ihrem Aufsatz Kartographie und andere Räume unter Bezugnahme auf Jaques Derrida die Architektur als ein aussagekräftiges Medium und die Möglichkeit eines mit Raumkonzepten verbundenen Denkens:

»Die entscheidende Frage dabei ist, wie Architektur auf eine nichtmetaphorische Weise in das Denken eingeführt bzw. rückgeführt werden kann. Es geht dabei nicht um Repräsentation des Denkens in Raumbildern, sondern um den Vorgang des Denkens, das Bewegungen im Raum vollzieht und dabei Denkgebäude errichtet. Architektur als eine nichtmetaphorische Weise des Denkens findet sich in der Literatur. [...] Es geht [...] um die Konstruktion anderer Welten in der Literatur, um den Entwurfscharakter, *the architectural moment*, der sich in der Literatur in einer nichtmetaphorischen Weise realisiert und so das von Derrida anvisierte alternative Denken nicht nur vorführt, sondern es tatsächlich durchführt.«[91]

91 C. Hilmes: »Andere Räume«, S. 125; vgl. zum Verhältnis von Raumstruktur und Text auch: Ursula Reidel-Schrewe: Die Raumstruktur des narrativen Textes. Thomas Mann, »Der Zauberberg« (= EPISTEMATA – Würzburger wissenschaftliche Schriften, Reihe Literaturwissenschaft Band 80), Würzburg: Königshausen und Neumann 1992.

Auch Ottmar Ette hat die Spatialisierung hermeneutischer Prozesse problematisiert[92] und speziell für die Poetik des Reiseberichts Bewegungsfiguren im Raum identifiziert, den Kreis, das Pendel, die Linie, den Stern, das Springen[93], die auch als Verstehensbewegungen gelesen werden können. Der Beobachtung einer wirkungsästhetischen Zurichtung und Temporalisierung der Reiselandschaften des Textes durch die Wahl der architektonisch-räumlichen und malerischen Signifikationssysteme und Genres ihrer Darstellung lässt sich – unter dem Vorbehalt der Unschärfe und des Provisorischen dieses Vorgehens – an dieser Stelle die Frage hinzufügen, inwiefern die Bildlichkeit und die Räume des Textes unter anderem wahrnehmungstheoretische Prämissen nicht nur abbilden, sondern auch entlang unterschiedlicher Reise-Hermeneutiken ordnen, inwiefern also die Intermedialität des Schreibens auch die auch schon von Derrida, Panofsky oder Victor Hugo[94] in den Blick genommene Räumlichkeit von Verstehensvorgängen – die in der Regel in lexikalisierten Metaphern beschrieben werden – wieder zum Vorschein bringt. In unterschiedlichen Mischformen und subversiven Überschreibungen mit unscharfen, einander überschneidenden Randzonen sind solche Bewegungen im Romantext realisiert:

Als *hermeneutischer Zirkel*, in dem das Vorgewusste auf die Reise mitgenommen wird, die dadurch zu einem perpetuierten *Déjà-vu* gerät, verläuft die an vorgegebenen Sammler-Kriterien orientierte Reise des Forscher-Protagonisten. Die Bilder, in denen sie beschrieben wird, sind integrativ und auf die Herstellung von Totalitäten ausgerichtet, in denen die Signifikanten in einem Entwurf der Moderne auf eine Entwicklungsachse projiziert werden. Deren emphatische und sentimentalisierende interpretative Umkehrung auf der Textoberfläche affirmiert dieses Entwicklungskonzept *e contrario* als

92 Zu Strukturhomologien zwischen Denken und Architektur/Raum, »visueller Logik« vgl. auch: Erwin Panofsky: Gotische Architektur und Scholastik. Zur Analogie von Kunst, Philosophie und Theologie im Mittelalter (=DuMont-Taschenbücher 225), Köln: DuMont Verlag 1989, S.18: »Im Gegensatz zu einer bloßen Parallelentwicklung handelt es sich bei dem Zusammenhang, den ich meine, um eine wirkliche Beziehung von Ursache und Wirkung: aber im Gegensatz zu individuellem Einfluß entsteht diese Ursache-Wirkung-Beziehung durch allgemeine Verbreitung, nicht durch direkte Einflußnahme. Sie erwächst aus der Ausbreitung einer, wie man es in Ermangelung eines passenden Begriffs bezeichnen könnte, Denkgewohnheit – wobei wir dieses überstrapazierte Schlagwort in seinem exakten scholastischen Sinn als ›Prinzip‹, das das Handeln regelt, ›principium importans ordinem ad actum‹, verstehen.«

93 O. Ette: Literatur in Bewegung, S. 62ff.

94 Vgl. zur Schrift als Aufschreibesystem: V. Hugo: Notre-Dame, S. 207: »Der Grundgedanke, das Wort, fand sich nicht allein in der Anlage, sondern auch in der Form dieser Bauwerke. Der Tempel des Salomo zum Beispiel war nicht einfach der Einband des heiligen Buches: ER war das heilige Buch selbst. An jeder seiner konzentrischen Einfriedungen vermochten die Priester das den Augen überlieferte und offenbarte Wort zu lesen. [...] Auf solche Weise war das Wort in dem Gebäude eingeschlossen. [...] So ist während der ersten sechs Jahrtausende der Welt, von der ältesten Periode Hindustans bis zum Kölner Dome, die Baukunst die große Schreibkunst des Menschengeschlechtes gewesen. Und dies so sehr, daß nicht nur jedes religiöse Sinnbild, sondern auch jeder menschliche Gedanke in diesem ungeheuren Buch seine Seite und sein Denkmal besitzt.«

stabil und daseinsversichernd, markiert also immer wieder feste Standpunkte, von denen aus sie perspektiviert und unterschiedlichste Inhalte als synthetisierbar wahrnimmt. Die Bilderbogenästhetik oder die perspektivischen Landschafts-›Gemälde‹, der kartografische Blick, vor allem aber die Nutzung zur Verfügung stehender malerischer Genres, in denen die hergestellten Bilder jederzeit zu erzählbaren Geschichten werden, lösen über die Insinuation der Integrierbarkeit des Neuen, Unbekannten, Fremden in das Vorgewusste und das markierte Einspielen eines letztendlich überzeitlichen historischen Blicks die Struktur des hermeneutischen Zirkels ein.

Die *ohne Zentralperspektive* auskommende *pendelnde Verstehensbewegung* des Gleichzeitigen und Heterogenen, das sich überlagert, aber nicht miteinander verschmilzt und klare Grenzlinien zwischen Eigenem und Fremden unterläuft, beschreibt die Reise des kommentierenden Intellektuellen, der beständig Bild- und Verstehensmodelle des Einen in das Andere einblendet und als Reisender zwischen den Welten (Paris, U.S.A. und Lateinamerika, Großstadt und Urwald) nirgendwo ankommt. Das Nebeneinander von rationaler aufgeklärter Weltsicht [95] und der vorwissenschaftlichen, magischen Ordnung eines wilden Denkens, die der Protagonist nicht in einen alternativen Lebensentwurf integrieren kann, macht ihn zum Wanderer zwischen distinkten, unvereinbaren Räumen. Fasst man diese Pendelbewegung als jene des Flaneurs auf, so koinzidiert sie mit dem von Reulecke so genannten »wahrnehmungshistorischen Einschnitt« [96] zwischen vormodernem panoramatischen und modernem Blick, der im Verlust des »subjektstabilisierenden«, auf distanzierte Objekte fokussierten Blicks seinen festen Standpunkt verliert. Befindet sich das moderne Subjekt inmitten des Wahrzunehmenden, folgt daraus, »dass die visuellen Signale und Impulse unkontrolliert in sein Wahrnehmungsfeld eintreten, ja, sich seiner bemächtigen«[97]. Die unmittelbare Nähe der wahrzunehmenden Umgebung provoziert als Reizschutz einen zerstreuten (pendelnden) Blick. Die Pendelbewegung wird, so Ette, zum Abbild einer Verstehensbewegung,

> »[...] welcher die Erfahrung des Gleichzeitigen und Heterogenen, des nicht miteinander Vereinbaren und doch sich Überlagernden vertraut ist. Die Bilder und Räume verschmelzen nicht miteinander, sie bilden Hybridkörper, welche klare Grenzziehungen zwischen dem Eigenen und dem Fremden unterlaufen. Verstehen erweist sich innerhalb dieser Raumstruktur als diskontinuierlicher, sich aus verschiedenen Perspektiven wechselseitig beleuchtender Vorgang, der ohne Zentralperspektive auskommt, ja auskommen will. Letztlich werden damit auch Fluchträume knapp, Utopien rar.«[98]

---

95 PP139: »[...] das einzige Gebiet, auf dem unsere Überzeugungen sich hätten treffen können, der Glaube an Christus, [war] ein Gebiet, das meine väterlichen Vorfahren seit langem geräumt hatten: seit sie als Hugenotten durch die Aufhebung des Ediktes von Nantes aus Savoyen vertrieben worden und durch einen von ihnen, einen Freund des Barons von Holbach, zur Enzyklopädie übergetreten waren und Bibeln nur noch ihrer Poesie wegen in der Familie gehalten wurden, und nicht, weil irgend jemand noch an die Schrift glaubte [...].«

96 Vgl.: A.K. Reulecke: Geschriebene Bilder, S. 41f.

97 Ebd., S. 70.

98 Vgl. O. Ette, Literatur in Bewegung, S. 70ff. Hier auch der Kommentar: »Dies mag erklären, warum Bewegungsmuster, die in der Postmoderne ein größeres Gewicht er-

Weniger die Gefängnisthematik des Romans oder die Inhalte seiner Bilder als deren Ästhetik des Multiperspektivischen, Fragmentarischen und der Assemblage, die diese Inhalte immer wieder unterläuft und sie als kontingent denunziert, damit auch beständig die Differenz zwischen Handlungsebene und Verfahren intensiviert, scheint das Oszillieren zwischen diesen unvereinbaren Welten in abstrakten Bildern der Bewegung darzustellen. Das Zurschaustellen der Herstellungsverfahren selbst, die etwa in der überbordenden paradoxen und transgressiven Bilderwelt des Venusberges kulminieren, lassen die Produktionsästhetik zu einem Bild ihrer selbst werden. In diesem Sinn, nämlich als wechselseitige Einblendung, lässt sich auch die surrealistische Ästhetik in den Bildern der lateinamerikanischen Welt oder die ›Urwaldästhetik‹ in jenen der amerikanischen Großstadt verstehen, die über die Betonung des Verfalls, der Wiederkehr der Natur und des Verlustes eines perspektivischen Überblicks die Stadt zum urbanen Dschungel macht. Auch die ›Fensterbilder‹ des Textes lassen sich als Darstellung der Unvermittelbarkeit von Innen und Außen und damit als Bilder dieser Pendelbewegung lesen.

Die an *mystische Reisen* erinnernde Transzendenzerfahrung der linearen Reise, die vor allem den Ort der Ankunft inszeniert und einen Rückweg nicht vorsieht oder als zweitrangig betrachtet oder aber insinuiert, dass der Reisende als ein anderer zurückkehrt, strukturiert die von ihm als solche wahrgenommene, auch durch ihre fortlaufende Datierung akzentuierte ›Initiationsreise‹ des Protagonisten und ihre als Elemente eines Stationenweges erlebten Prüfungen. Ihre Bilder verdanken sich einer transgressiven Ästhetik, die das Ephemere der Erfahrung in Überschreibungen, hybride Stilmischungen oder extreme Fragmentierung (siehe 5.13, 5.16) übersetzt.

Säkular gewendet und ironisch gebrochen konfiguriert diese Bewegungsform auch jene Pilgerreise nach Paris, von der Mouche oder die Künstler in Los Altos träumen: »Ich hörte zu, wie die jungen Leute meine Freundin befragten, wie Christen im Mittelalter einen Pilger nach der Rückkehr vom Heiligen Grab befragt haben mochten.« (PP92f)

Die Zielorte, wie etwa die Landschaft der Urformen oder Paris sind überhöht und emphatisch aufgeladen, stereotype oder ikonische Beschreibungen, die an mythischen Bildern partizipieren oder, wie im Fall der Stadt Paris, deren mythische Genese durch Karnevalisierung ironisieren.[99] Dabei generieren sie aber immer noch vorstellbare, konventionalisierte Orte, in

halten haben, die Schaffung von Räumen für Utopien unterlaufen, da nur selten mehr Freiräume erkennbar werden, die als leere Projektionsflächen dienen könnten.«

99 P93: »Irgendein wahnumnebelter Meister würde sie zum Kult eines Dionysos überreden – Gottes der Ekstase und des Schreckens, der Wildheit und der Befreiung, eines wahnsinnigen Gottes, dessen bloßes Erscheinen die Lebewesen in Rausch versetzte –, freilich ohne ihnen zu sagen, daß der Hohepriester dieses Dionysos, Nietzsche, sie einst als Feldartillerist, den Säbel in der Hand und den Helm auf einem Tischchen im Münchener Stil, hatte portraitieren lassen, eine unheilvolle Präfiguration jenes Schreckensgottes, der tatsächlich über das Europa einer gewissen Neunten Symphonie hereinbrechen sollte. Ich sah sie schon abgemagert und blaß in ihren ungeheizten Ateliers [...] – wenn sie [...] verzweifelt das gleiche zu tun versuchten, was unter dem Netz auf dem Stadtplan mit gutem Recht getan wurde. Wenn sie ihre Jugend damit vertan hatten, würden sie Jahre danach blicklos und entmutigt in ihre Länder zurückkehren [...].«

denen die Topoi der Pilgerreise in realen Orten aufgehen, den *lieux de mémoire* im Sinne Maurice Halbwachs'.

Als *allées et venues*[100] der digressiven sternförmigen Reise, die einen sich allmählich ausweitenden Bereich der Kenntnis erzeugt, die zwischen Bekanntem und Neuem pendelt und collagierend und reorganisierend verfährt, figurieren unter anderem die Bewegungen des Adelantado zwischen den Städten am Fluss und Santa Monica, die im itinerarischen Schema der Reisebeschreibung des Protagonisten nicht untergebracht werden können.[101] Die »Dialektik von [auf unterschiedlichen Wegen durchreister] Fläche und Zentrum«[102] wird in einer paradoxen Dialektik von renaturalisierter, dekadenter Zivilisation und idealem Kolonisationsentwurf abgebildet, die, insofern, als mit der Gründung von Santa Monica die Vergangenheit in nunmehr idealer Form wiederholt und damit korrigiert werden soll, auch die Zeit umzukehren scheint. Bezeichnenderweise sind diese Reisen des Adelantado bildlose Geschichten, die vom Hörensagen und wechselnden Vermutungen über die tatsächlichen Reisewege leben. Das nicht Beschreibbare ihrer Räume wird zum Geheimnis stilisiert: Ihre Wege ›unterwandern‹ die Topografie in jedem Sinn.

Wollte man ein konkretes Bild dieser Bewegungsfigur im Text festmachen, so findet sie sich – neben jenem der ihre Arabesken übenden Tänzerin – am ehesten in der Figur des Mobile, das der Protagonist in der Galerie der amerikanischen Großstadt sieht: Ein um ein Gravitations- oder Bewegungszentrum durch die Bewegung seiner Teile entstehendes kinetisches Kunstwerk, dessen Räumlichkeit sich innerhalb der von seinem Grundmodell vorgegebenen Bewegungsmöglichkeiten stets neu und unvorhersehbar herstellt.[103]

Schließlich ist es die Reisebewegung des *Springens*, in der Ette die charakteristische Form postmodernen Denkens identifiziert, die ohne konkreten Ausgangs- und Zielpunkt von Zufällen abhängig, durch keine detaillierte

100 O. Ette: Literatur in Bewegung, S. 77.

101 Ette hat darauf aufmerksam gemacht, dass Alexander von Humboldt bei seiner Reise durch die spanischen Kolonien als Ergebnis eines Abweichens von diesem itinerarischen Schema zwei Texte verfasste, die »[...] in die Relation historique, den ›eigentlichen‹ Reisebericht, nicht mehr zu integrieren waren« (ebd., S.74), und dass der Grund dafür weniger »[...] pragmatisch oder wissenschaftsgeschichtlich beziehungsweise länderkundlich« (ebd., S. 74f), sondern der war, dass es sich in beiden Fällen (*Essai politique sur l'ile de Cuba* und *Essai politique sur le Royaume de la Nouvelle Espagne*) »[...] um ganz andere Raumstrukturen handelt«.

102 Ebd., S. 75.

103 Ein Mobile ist ein frei hängendes, ausbalanciertes, leichtes Gebilde, dessen mit Draht oder anderem leichten Material verbundene Elemente beweglich sind. Der Begriff stammt aus dem Französischen (mobile - adjektivisch: beweglich, verstellbar, drehbar, lose, lebhaft, oder substantivisch: beweglicher Körper, Motiv, Anlass, Beweggrund). Marcel Duchamp prägt den Begriff 1931 für die Frühwerke Alexander Calders. Vgl. zum Mobile auch: U. Eco: Semiotik, S. 310: Insofern, als sich das Mobile als räumliches Gebilde nicht mehr an »[...] vorausgehende Codes anlehnt«, ist es nicht funktionaler Gegenstand, sondern wird zum Kunstwerk: »zweideutige Form, die mit Hilfe verschiedener Codes interpretiert werden kann. Das ist auch die Bedingung für ›kinetische‹ Objekte, die vom äußeren Aspekt her vorgeben, Gebrauchsgegenstände zu sein, es in Wirklichkeit aber nicht sind, aufgrund der Zweideutigkeit, die sie zu jedem Gebrauch und andererseits zu gar keinem bestimmt.«

Reiseroute determiniert ist und daher für ein Verstehensmodell steht, das ohne konkreten Ausgangs- oder Zielpunkt radikal offen bleibt und mangels Abgeschlossenheit auch die Erzeugung von Sinn verweigert. Solche Bewegungen im Raum sind die von Zufällen (»der Urwald mit seinen entschlossenen Menschen, seinen Zufallsbegegnungen« – PP323) oder unkalkulierbaren Notwendigkeiten der Lebenswirklichkeit abhängigen Reisen Rosarios, jene des Yannes, die von glückhaften Goldfunden und irrationalen Fantasien bestimmt werden, aber auch jene der Urwaldbewohner:

»Wieder einmal staune ich, mit welcher Selbstverständlichkeit die Leute hier in die weite Welt hinausgehen – ohne sich, wie die Zivilisierten, vor den wegen dürftiger Transportmittel riesigen Entfernungen zu fürchten – und wochenlang, die eingerollte Hängematte auf der Schulter, zu Wasser oder zu Land reisen. Seine Zelte anderswo aufzuschlagen, von einer Flußmündung an den Oberlauf des Flusses umzusiedeln, die Wohnung am anderen Ende einer Ebene aufzuschlagen, die nur in mehreren Tagesreisen durchquert werden kann, gehört zu den angestammten Freiheiten dieser Menschen, vor deren Augen sich die Welt ohne Zäune, Landmarken und Grenzscheiden ausdehnt.« (PP334f)

Als heterotope Raumstrukturen werden sie im Roman nur berichtet, ihre Räume und Bilder sind in der linearen Grundstruktur des Textes und dem erzählten homogenen Raum, der ihre Differenzen zwangsläufig auslöschen müsste, nicht platzierbar. Ihre Ausdifferenzierung kann nur über ihren Verlust oder ihr Verschweigen –

»[sie brechen auf], nachts, wenn alle schlafen, ohne zu verraten, in welche Richtung sie gehen« PP246; »Einsam muß der Bergmann [...] sein [...] geizig mit seien Gesten: er muß den Weg hinter sich verwischen wie ein Tier, das mit dem Schwanz seine Spur löscht.« (PP241)

– eingespielt und paradox über das Fehlen von Bildern virtuell sichtbar gemacht werden. Als Widerspiegelung dieser labyrinthischen Struktur ohne konkreten Ausgangs- und Zielpunkt lassen sich auch die im Roman durch ihre Genese aus dem Traum und ihre Platzierung im Szenario der Großstadt doppelt distanzierten Carceri Piranesis lesen. Deren radikale Verweigerung von subjektstabilisierender Orientierung und ihre unabschließbare Offenheit für distinkte semantische Lektüren lassen sie als Bild der postmodernen Verstehensbewegung erscheinen.

Ann Kathrin Reulecke hat in ihrem Kommentar zum ›Denkbild‹ Walter Benjamins (siehe 5.16) dessen polyvalente Räumlichkeit und den Blick in Bewegung setzende Perspektivelosigkeit mit »[...] einer Typologie des Psychischen und des Gedächtnisses« in Verbindung gebracht, »[...] in welcher Erfahrung und Erinnerung nicht nach linearem und chronologischen Maß, sondern nach dem Maß der räumlichen Gleichzeitigkeit [sic] vorgestellt werden.«[104] Benjamin setze wie Freud einen Diskurs in Szene, »[...] der die Konstitution der Subjekte und die Funktionsweise von Gedächtnis allein mit Metaphern veranschaulichen kann, die der Sphäre des Räumlichen, der Tech-

104 A.K. Reulecke: Geschriebene Bilder, S. 47.

nik und der bildenden Kunst entstammen.«[105] Das gilt auch für Carpentiers Text, der mit der Räumlichkeit seiner Reisebewegungen, seiner Ruinenthematik, der multiperspektivischen und intermedialen Darstellung seiner Reisebilder und der radikalen Thematisierung des Zusammenhanges von Sinneswahrnehmung und Memoria auf literarischem Weg Argumente einer Wahrnehmungs- und Gedächtnistheorie formuliert.

7.9 Schrift. Schriftkörper

Wird der Raum einerseits zum abstrakten Medium hermeneutischer Prozesse, wird in der Lektüre des interpretierenden Protagonisten andererseits alles zu konkreter Sprache, die in ihrer Beschreibung nahezu körperhafte Qualität erlangt. Die Dinge der Wirklichkeit, Steine, Architekturen, Denkmäler, der Hirsch, der menschliche Körper werden zu Medien der Schrift. Nicht nur, indem er die vorschriftliche Erfahrung des Spurenlesens als Form der Entzifferung immer wieder vorführt, sondern auch im Einlesen anderer kultureller Texte in die vorgefundene Wirklichkeit, gegen den Duktus dieser Wirklichkeit und ihrer Dinge selbst, wird deren ›Sprache‹ dabei zugleich irritiert, zerstört, in Fragmente zerlegt und neu arrangiert.

Die Sprache der Architektur, »die stumme Sprache der Steine«, vermittelt sich in Bauform, Material und deren Verfall und wird als Schrift auf die Natur – als »die Signatur des Demiurgen« (PP262) – übertragbar. Die Natur spricht in ihren Formen und Farben und ist über das Paradigma der Ähnlichkeiten als Buch der Natur lesbar: »Die Frau sprach von den Kräutern, als wären es stets hellwache Wesen [...]. Durch ihren Mund begannen die Pflanzen zu sprechen und verkündeten ihre eigentümlichen Kräfte« (PP109f). Die Sprache der Natur verleiht ihr auch die Möglichkeit zu lügen:

> »Ein jedes Ding schien etwas anderes zu sein, eine Welt des Scheins war hier entstanden, unter der die Wirklichkeit verborgen lag und anzweifelbar wurde. [...] Der Urwald war die Welt der Lüge, der Falle, des falschen Scheins: Alles hier war Maske, Schachzug, Spiel der Verstellung, Metamorphose, Gestaltwandel.« (PP211f)

Die Bewegungen der Planeten werden zu ›Konstellationen‹ und zur Schrift, die Mouche als Astrologin entziffert. Die Natur selbst wird zum Körper der Schrift. Der Adelantado beherrscht »die Geheimschrift der geknickten Zweige, der Einschnitte in die Rinde, des nicht abgefallenen, sondern aufgestellten Asts« (PP162), die in den Baum an der Vichada eingeritzten Zeichen sind dauerhaft wie die Natur selbst, »da nicht verlöschen kann, was in Rinde geschrieben ist« (PP341). Zum Träger einer flüchtigen Schrift wird der Himmel, in den man »mit Kondensstreifen« (PP38) schreibt. Der menschliche Körper wird nicht nur in der physiognomischen Lektüre zum Medium lesbarer Zeichen: Mouche liest in den Handlinien, in den Schriftzügen und in den von ihnen berührten Karten (PP35) ihrer Klienten deren Schicksal. In den geschundenen Körpern »von Patres, die am Marañon von Indios zerfleischt worden sind, von einem gottseligen Diego, den der letzte Inka gefoltert hat« (PP215), sind Bruchstücke einer Geschichte des indigenen Widerstandes gegen die Konquista eingeschrieben. Doppelt vermittelt – wie durch die im

105 Ebd.

Urwald über die Jahrhunderte erzählten Geschichten von den Märtyrern der Konquista – und nun auch durch das Medium einer religiösen Zeitschrift wird auf dem Körper des Paters Pedro des Henestrosa Schrift und damit eine Botschaft lesbar:

»Von einem Goldsucher [...] habe man erfahren, daß die Leiche des Paters, grausam verstümmelt, in einem Kanu aufgefunden worden war, das seine Mörder auf dem Fluß ausgesetzt hatten, damit es als schreckliche Warnung in das Gebiet der Weißen gelange.« (PP332)

Die Oralität der überlieferten Balladen und Heldenepen, die »stromauf und stromab« (PP191) immer schon gesungen werden und als Massenmedien *sui generis* eine tausendjährige Geschichte, Mythologie, Volksüberlieferung und fabulöse Abenteuer referieren, erlangt – im Medium des Körpers (der Sänger und Erzähler) – und über die Verfestigung zu Textsorten und Textkörpern (als »Heldengedichte«, »Sagas«, »Chansons de geste« – PP267f) Schrift-Funktion im kulturellen Gedächtnis. Ihre Texte werden zur ›skriptoralen Bibliothek‹, einem Textspeicher des Mündlichen:[106] Er gibt »mehr Aufschluß über den Menschen als hundert in Bibliotheken aufgereihte Bücher von Leuten, die über ›Den Menschen‹ Bescheid zu wissen glauben« (PP266).

Die Monumente und Denkmäler der Städte, die »Totempfähle« (PP116) des faschistischen Europa werden als Schrift der Historie gelesen[107], schließlich wird – präludiert im Bild des Invaliden, der in der nordamerikanischen Großstadt mit farbiger Kreide auf dem Asphalt schreibt (PP19) – die ›Erfindung der Zeichenschrift‹ vorgeführt. Die Zeichen in der Höhle[108], die der Adelantado dem Protagonisten beschreibt, die Protoschrift der Zeichnungen auf der Felswand bei Santa Monica (PP249), die überdimensionalen Scharrbilder und die Knotenschriften (PP162) versunkener Kulturen, die Pikto-

106 Vgl. Kloock/Spahr: Medientheorien, insb. S. 237-266: ›Oralität und Literalität‹.

107 Vgl. Régis Debray: Einführung in die Mediologie, Bern/Stuttgart/Wien: Haupt Verlag Berne 2003, insb. ›Das Monument hat Vorrang‹, S. 35-44, hier S. 36f: »Der Knochen, der sich zum Stein verlängert, und vor dem Blick aufragt – Stele, Zippus oder Obelisk. Die Suche nach dem Garanten für Unvergänglichkeit führte sogleich zum Granit [...]. *Am Anfang des symbolischen Abenteuers stand also der Megalith*, nicht das Schriftsymbol. Die Baukunst war vor der Schrift da, wie die Steine vor den Worten und die Spur vor dem Zeichen. Wenn es um Übermittlung geht, ist nicht der Sprechakt am sichersten, auch wenn die ersten plastischen und grafischen Formen begleitendes Reden vermuten lassen. Man darf sie nicht gegeneinander ausspielen, aber in der ›Schrift des Denkens‹, was die archaische Piktografie wäre, ist es die In-Schrift als solche, die in den Augen des Mediologen mehr als der verwendete Code einen Sinn ergibt [...]. Die Linguistik (Saussure) hat der gesprochenen Sprache den Vorrang eingeräumt [...aber] der Mensch des ›cogito‹ weiß, dass er denkt. Der ,Homo monens geht einen Schritt weiter: Er gibt zu denken, allein dadurch, dass sein Inneres ent-äußert. Er monumentalisiert.« (Herv. i.O.).

108 Vgl. Rolf Däßler: »Informationsvisualisierung. Stand, Kritik und Perspektiven«, in: Drexler/Klinger (Hg.), Bilderwelten, S. 211-236, hier S. 212: »Im Prozess der Transformation von Daten, Informationen und Wissen in visuelle Darstellungen, kann man bereits die Höhlenzeichnungen der Urmenschen als eine frühe Form visueller Kommunikation betrachten.«

gramme der Ladenschilder und der Leuchtreklamen werden im Roman schließlich zur Buchstabenschrift der Bücher. Sie kann wieder »zu einer Art Stenographie verkürzt« (PP281) werden, die, da nur der Protagonist selbst sie lesen kann, analog zu den im Roman verhandelten privaten Sprachspielen zu einem privaten Schrift-Spiel wird. Die Threnodie ist in einer Notenschrift notiert, die nicht nur die im Subtext des Romans verstreuten Hinweise auf Varianten der Musiknotation (von Neumen über die Notenschrift bis zu modernen grafischen Notationsformen[109]) bündelt, sondern (Noten-)Schrift auch als kulturelles Schriftspiel ausweist: Sie ist nur über die Kenntnis der okzidentalen Musiktradition lesbar.

Der im Text disseminierte Diskurs über die Schrift und ihre Trägermedien kulminiert in einer grotesken Szene, in der der Protagonist diese – die jahrtausendelange Entwicklung in einer Zeitraffung nachvollziehend – noch einmal ›erfindet‹. Der Adelantado hat die Herausgabe von Papier verweigert, das er selbst für die schriftlichen Aufzeichnungen der entstehenden Verwaltung von Santa Monica braucht. Das bringt zunächst neben dem materiellen auch den graphematischen Aspekt des Schreibens und damit Schreibkompetenz als die Fähigkeit, Schriftzeichen zu benützen und damit die Welt zu ordnen, in den Blick. Der Protagonist, dessen Hefte nahezu vollgeschrieben sind, verkleinert zuerst seine Schriftzeichen, setzt sie immer enger, wendet »Kniffe an wie ein mittelalterlicher Kopist, um jeden Millimeter Papier auszunützen« (PP285). Dann sucht er Abhilfe: »Im Urwald müßte beschreibbares Material aufzutreiben sein: er ist ja reich an Geweben, seltsamen Jutearten, Palmrinden und fasrigen Hüllen.« (ebd.) Schließlich schreibt er »auf Palmblätter und auf Rinde, ja sogar auf das Hirschfell, das als Teppich in einer Ecke unserer Hütte liegt« (PP289).

Nicht nur die Absurdität der Versuche weist über die Episode hinaus: Sie findet sich in jenem Teil des Tagebuches, das, im Präsens geschrieben, unmittelbare Notation der Ereignisse insinuiert. Papier scheint also vorhanden zu sein. Der Papiermangel wird so zur Metonymie und zum Kürzel der Notationsnotwendigkeit der Musik überhaupt. Er problematisiert damit erneut deren Aufschreibesysteme, Medialität und das Trägermedium selbst als Teil des Kunstwerkes: Das Blatt Papier wird zum Maß des Textes, die Schulhefte und ihre materiellen Möglichkeiten zu einer Formbedingung der Komposition. Gleichzeitig weist er über die iterative Qualität der Schrift (die im »Brief« (PP285), für den Rosario die Komposition hält, zum Bild wird) auf die platonische Schriftkritik, das Beglaubigungsproblem des Reiseberichtes und damit auf das Schreiben selbst hin: Ist der Bericht im Augenblick der Ereignisse verfasst oder täuscht er durch die Verwendung des Präsens darüber hinweg, dass er nachträglich geschrieben und nicht unmittelbarer und wahrhaftiger Erlebnisbericht, sondern an anderen (literarischen/publizistischen) Kriterien orientiert ist? Damit wird auch der Roman als geschriebener Text selbst zum Gegenstand seiner Darstellung und rückt gleichzeitig

109 PP280: »[...] unter dem Bleistift entstehen die so lang vergessenen Notenzeichen. Als die erste Seite mit Entwürfen vollgeschrieben ist, betrachte ich voll Entzücken diese groben, unregelmäßig verlaufenden Pentagramme, diese mehr konvergierenden als parallelen Linien und die darin eingezeichneten Noten eines homophonen Anfangs [...].«

in den Kontext von dessen Thematisierung der Medien, ihrer Vorführung und Problematisierung.

7.10 Hacia una nueva Babel. Sprache und Übersetzung

Nur noch im Subtext, als Metapher und durch Verweise, die weniger einen Bau als dessen malerische Platzierung im Raum evozieren, erscheint jenes Bauwerk im Text, in dessen Bild Konstruktion, Zeitlichkeit und Sprachverwirrung koinzidieren und als Verfall, Unbeständigkeit und Übersetzungsbedarf sichtbar werden: der Turm von Babel.

So wie im Mythos das Gewicht auf dem Verlust der einen Sprache liegt, thematisiert der Roman das Zerreißen der Signifikantenkette als ihre nicht wieder rückgängig zu machende Zersplitterung in eine Vielzahl von Sprachen. Gleichzeitig wird die Sprache immer wieder über ihre Medien thematisiert und gewinnt dabei buchstäblich körperhafte Qualität. Schon die erste Begegnung mit dem bereisten Land wird bei der Ankunft über ein intensives Erleben der Sprache beschrieben, in dem nicht nur ihr Inhalt, sondern ihr Klang wahrgenommen wird. In der Erinnerung an einen als Schullektion gelernten Text wird sie über ihre Grammatik, Syntax und Orthografie wie ein Gegenstand behandelt:

»Und durch das Gehör, durch die Poren dringt langsam eine Kraft in mich ein: die Sprache! Hier also ist sie, die Sprache meiner Kindheit, in der ich Schrift und Noten lesen gelernt habe, die Sprache, die mir verschimmelt ist in einem Land, wo ich sie, da ich sie nicht gebrauchen konnte, wie ein unnützes Gerät [sic] beiseitegelegt habe.[110] *Estos, Fabio, ay dolor! Que ves agora...* Nach so vielen Jahren fällt mir dieser Vers wieder ein: er stand als Beispiel für Interjektionen [sic] in einer kleinen Grammatik. [...] Die Sprache dieses Verses, die gleiche, steht jetzt auf den Ladenschildern [...], sie lacht und verformt [sic] sich im Kauderwelsch der schwarzen Gepäckträger; sie wird zur Karikatur in einem *¡Biva el Precidente!*, auf dessen fehlerhafte Orthographie ich Mouche aufmerksam mache.« (PP55) (Herv. i.O.)

In den Erinnerungen an die Sprache der Kindheit – in der Begegnung mit einem Vers der heiligen Rosa von Lima (PP18) oder den spanischen Komödien Lope de Vegas in einer Buchhandlung der englischsprachigen Großstadt – wird eine fast körperliche Erinnerung an die Sprache wach, »die ich nie benutzte, obwohl ich nur auf Spanisch multiplizieren und mit dem ›llevo tanto‹ addieren konnte« (PP20). Zum Sprachkörper wird sie in »den paar Brocken Französisch« (PP139), die es Yannes ermöglichen, sich mit Mouche zu unterhalten, im »kantigen Tonfall« (PP196), in dem seine Brüder aus der spanischen Übersetzung der Odyssee vorlesen, in der fehlerhaften Orthographie des *¡Biba el presidente!*, zum versehrten Körper durch die Sprechweise des Griechen und den damit verbundenen »unglaublichen Artikelschwund« (PP136), der sie gleichzeitig zum Medium einer biografischen Zuordnung macht. Als von einer *parole* noch nie genutzten *langue* und damit als heuristisches Mittel erscheint sie in einem grammatikalischen und erkenntnis-

110 Man beachte die Differenzierung von Gebrauchsfunktionen, ebenso im instrumentellen Gebrauch der Sprache zum Addieren und Multiplizieren, (PP20).

theoretischen Mikroexperiment, das den Körper der Sprache auf fast erotische Weise erkundet: Der Adelantado »hat eine Stadt gegründet. Ich werde nicht müde, es mir immer wieder vorzusagen [...] Gründer einer Stadt. Ich gründe eine Stadt. Er hat eine Stadt gegründet. Ein solches Verb, und es läßt sich konjugieren. Man kann Gründer einer Stadt sein [...]«. (PP241f) Schließlich scheint die Sprache selbst zu sprechen, indem sie den Sprechern ihre Soziolekte, ihre Phraseologismen und ihr Idiom leiht: »Und zu meiner Überraschung erzählt der Mönch, nun in der Sprache der Gebildeten, die er vermutlich gesprochen hat, ehe er im Urwald verwilderte« (PP260), die Sprache der Einheimischen ist ein Spiel voller »Losungsworte und Redewendungen, die mir fremd waren« (PP145), der Pater spricht in einer »sentenzenreichen Sprechweise« (PP151), die über deren gnomische Verfestigung undisputierbare Anschauungen und Wertungen als Rede-Bausteine in sein Sprechen einbringt. Mouche redet in der »von unserer Generation hochgeschätzten apodiktischen, mit Fachausdrücken durchsetzten Sprache der Eingeweihten« (PP158) oder – in erotischen Augenblicken – in einer »Hurensprache, die ich mit gleichen Ausdrücken beantworten mußte, damit dieser Bodensatz der Sprache die Lust schärfte« (PP36). Noch das Gespräch zwischen dem Protagonisten und seiner Frau nach seiner Rückkehr wird zu einer Auseinandersetzung in der den Konflikt strukturierenden »Sprache der Gerichte« (PP317).

Schließlich wird der Körper selbst – grotesk übersteigert in der Reliquie der Zunge des Prälaten – zum Medium der Sprache: Nicht nur die Zeichensprache Mouches, in der sie sich mit Yannes, mit den Prostituierten, mit Rosario und den anderen Frauen (PP134) verständigt, auch die Semiotik der Körper und Dinge, die Regeln der Kleiderordnung, die Gesten der Gastfreundschaft, der landestypischen Gewohnheiten[111] funktionieren als Sprache.

Die im Turm zu Babel zum Symbol gewordene Sprachverwirrung affiziert auch das Subjekt selbst:

»[...] - welche Sprache war denn wirklich die meine? Durch meinen Vater konnte ich Deutsch. Mit Ruth sprach ich Englisch, mit Mouche oft Französisch und mit Rosario das Spanische aus meinem Auszug aus der Grammatik - Estos, Fabio ... In dieser Sprache waren aber auch die Heiligengeschichten im violetten Samteinband geschrieben, aus denen meine Mutter mir so oft vorgelesen hatte.« (PP278)

Der Protagonist (hybrides Subjekt par excellence in der Diktion postkolonialer Theorie) spricht nicht nur eine Sprache, sondern bewegt sich zwischen den Sprachen. Das markiert ein doppeltes Übersetzungsproblem. Zunächst betrifft es Subjektivität, Identität und einen Prozess kultureller Vermittlung. In ihrer *Introduction: What is Comparative Literature today?*[112] verweist Susan Basnett schon 1993 unter Bezugnahme auf die sich seit Mitte der

111 Vgl. PP147: »Standen viele Pferde kopfnickend vor einem Haus, dann gab es hier eine Gesellschaft; stand aber nachts ein einzelnes Pferd halb verborgen hinter der Hecke, dann hatte sein Herr sicher die Sporen abgelegt, um sich leise ins Haus zu schleichen, in dem ein Schatten ihn erwartete.«

112 Susan Basnett: »Introduction: What is Comparative Literature today?«, in: dies. (Hg.), Comparative Literature: A Critical Introduction, Oxford, Cambridge: Blackwell 1993, S. 1-11.

1970er Jahre etablierenden translation studies auf »literature as a differentiated and dynamic conglomerate of systems characterized by internal oppositions and dynamic shifts«[113]. Übersetzung verändere die Bedingungen der Debatten über Mehrheits- und Minderheitskulturen, über ›große‹ und marginale Literaturen, und sei damit eine formende Kraft in der Konturierung eines Paradigmenwechsels in der Kulturgeschichte. Ein gutes Jahrzehnt später beschreibt Doris Bachmann-Medick in ihrer Darstellung des *translational turn*[114] die Notwendigkeit kultureller Übersetzungsprozesse im Kulturkontakt- und Kulturkonflikt für die Geschichtswissenschaften, die Ethnographie, aber auch zur Auslotung der Grenzen zwischen Natur- und Geisteswissenschaften. Übersetzung wird zunehmend nicht nur als Übertragung von Sprachen und Texten verstanden, sondern für Fragen kultureller Übersetzung geöffnet. Kategorien wie Original, Treue, Äquivalenz werden durch neue Leitkategorien wie »kulturelle Repräsentation und Transformation, Fremdheit und Alterität, Deplatzierung, kulturelle Differenzen und Macht«[115] ergänzt. Damit ermöglicht, so Bachmann-Medick, Übersetzung das Unterlaufen der einfachen Dichotomie von Eigenem und Fremden und die »neue methodische [...] Erschließung von Zwischenräumen«[116], die als Räume der Gestaltung und Neukartierung, der Kreolisierung »[...] als medienvermitteltes, hybrides Sprechen«[117] produktiv werden und auch Fehlübersetzbarkeiten oder Unübersetzbarkeiten erfassen können. Carpentier hat sich zu dieser Frage mit Heftigkeit geäußert. Haben lateinamerikanische Autoren ihren Texten lange Zeit hindurch Glossare mit Begriffserklärungen angefügt, um außerhalb ihrer Länder unverständliche Begriffe zu erklären, fordert er in seinem Aufsatz zu Problemen des lateinamerikanischen Romans:

»Die Zeiten des Romans mit Verzeichnissen am Schluß, in denen Wörter wie curiaras, polleras, arepas oder cachazas erklärt wurden, sind vorbei. Die Zeiten der Romane mit Fußnoten, in denen uns erklärt wurde, daß dieser oder jener Baum im April oder im Mai blüht, sind vorbei. Unsere Ceiba, unsere Bäume, blühende oder nicht blühende, müssen universal werden durch die Wirkung treffender Worte, sie müssen eingehen in den Wortschatz der Welt.«[118]

113 Ebd., S. 10.

114 D. Bachmann-Medick: Cultural Turns, S. 238-283; vgl. auch: Utz Riese: »Kulturelle Übersetzung und intermediale Übertragung«, in: Herlinghaus/Riese (Hg.), Heterotopien der Identität, S.7-20.

115 D. Bachmann-Medick: Cultural Turns, S.239.

116 Ebd., S.246.

117 Ebd., S.263.

118 A. Carpentier: »Roman in Lateinamerika«, S. 45; vgl. auch: A. Carpentier: »Zeit-und Sprachproblematik im modernen lateinamerikanischen Roman«, in: Ders., Stegreif und Kunstgriffe, S. 67-96, hier S. 69f: »Damals also mußten wir, um ein Publikum zu erreichen, Wörterverzeichnisse anlegen. Kürzlich [...] habe ich ›La Voragine‹ wieder gelesen und festgestellt, daß 42 von 220 Wörtern dieses berühmten Glossars inzwischen in die gesprochene Sprache des Lateinamerikaners eingegangen sind und also nicht länger exotische oder als inkorrekt empfundene lokale Ausdrücke sind, sondern über Grenzen hinweg die spanische Sprache bereichern.«

Damit wird Übersetzung durch die Zumutung der fremden Sprache ersetzt, die als Sprachkörper in das Territorium anderer Sprachen eindringt. In seinem Beitrag zum Bericht der American Comparative Literature Association 2004, *Writing in Tongues*[119], lenkt Steven Ungar den Blick auf bilinguale Autoren und deren Schreibweise »between languages in order to destabilize hierarchies of the colonial period«[120] und betont dabei das Gespaltene der Sprache im zweideutigen Begriff *»forked tongue«*[121](Herv. d.V.) – gespaltene Zunge. Im Roman wird diese ›Zweideutigkeit‹ auf der Handlungsebene, vermittelt über die Biografie des Protagonisten, in der abstrakten *figura* des »Militärdolmetschers« (PP30) ins Bild gesetzt, in dem sich Auseinandersetzung und Vermittlung prekär treffen, ohne ihre Differenz aufzulösen.

Die simultane Präsenz mehrerer Sprachen in einem Subjekt (oder Text) verweist noch einmal auf das Roman-Verfahren der Mehrstimmigkeit, der Überschreibung, der Dialogizität (in der rhetorischen Konstellation der Figuren und innerhalb des Subjekts selbst), des Ventrilokutionären der Schamanenepisode, der homo- und extradiegetischen Kontamination des Erzählverfahrens, auf die Übersetzung des Globalen ins Lokale[122] und auf die Friktion zwischen den textsortenspezifischen Schreibweisen des Reiseberichts, der Autobiografie und des Fiktiven im Roman von *Los pasos perdidos* selbst.

Korreliert einerseits Sprache mit emotionalen, biografischen und imaginären Räumen, wird in der Suche nach einem Text für das geplante Musikwerk die Sprache vom vielsprachigen Erzähler-Protagonisten ein weiteres Mal, die Semantik – und damit den Inhalt – der möglichen Textvorlagen unterlaufend, als ästhetischer Körper aufgefasst. War es schon beim Adelantado das akustische Initiationsmoment der Sprache, der »pertikutierende Klang« (PP246) von Ortsnamen, der ihn in den Urwald geführt hat, sind es auch nun weniger der semantische Aspekt der Sprache als deren Klangqualitäten und die stilistischen Eigenheiten der zur Verfügung stehenden Texte, die, als Variante einer *verbal music*, zum Kriterium seiner Entscheidung werden, welchen Text und damit welche Sprache der Komponist seiner Threnodie unterlegen will.[123] Zunächst ist es das Englische des Entfesselten Prometheus Shelleys (»Ah me! Alas, pain, pain, pain ever, for ever! – No change, no pause, no hope! Yet I endure!« (PP277), aber der Text steht nicht zur Verfügung. Rosarios Buch *Genoveva von Brabant*, dessen Geschichte »auch nicht schlechter ist als die Geschichten mancher Textbücher zu ausgezeichneten Opern«, ist in einem unerträglichen Stil geschrieben, die lateinische christliche Prosa des *liber usualis* des Paters würde die Kantate im »*Stil* der Gesangbuch- oder Bibelverse« (Herv. d. V.) prägen. Was übrig bleibt, ist

119 Steven Ungar: »Writing in Tongues. Thoughts on the Work of Translation«, in: Haun Saussy (Hg.), Comparative Literature in an Age of Globalization (= The American Comparative Literature Association; Report on the State of the Discipline, 2004), Baltimore: John Hopkins University Press 2006, S. 127-136.

120 Ebd., S. 132.

121 Ebd.

122 Vgl. A. Carpentier, zit. in: Wolfzettel, »Los pasos perdidos«, S. 245: »[...] monstrándonos lo que de universal, relacionado con el amplio mundo, pueda hallarse en las gentes nuestras.«

123 Vgl. zu Wortkunst und Klanggeschehen Alexander Honold, »Klanglichkeit als literarische Performanz«, S. 191 ff.

Yannes' »Odyssee in der spanischen Fassung«. Der Protagonist zögert: »Nie habe ich daran gedacht, auf eine Dichtung *in dieser Sprache* Musik zu schreiben« (Herv. d.V.), aber die emotionale Bindung an den Klang der Sprache lässt ihn das Buch schließlich als Grundlage seiner Threnodie wählen.[124] Seine befremdliche Rhetorik wird von »Beiwerk« gereinigt und verdichtet. In der Episode der Totenbeschwörung findet der Protagonist »denn auch bald den magischen und elementaren, genauen und zugleich heroischen *Ton* [Herv. d.V.]« (PP278f), den er sucht. Der »tiefe Seufzer« Elpenors soll vokalisierend wiedergegeben werden, »mit Antikleias Auftritt kommt das Timbre einer Altstimme in das Vokalgefüge, das zunehmend Gestalt annimmt und wie eine Art *Fauxbourdon*[125] in das rezitierende Gespräch [...] eingreift. Der dem gesprochenen Spanisch entsprechende homophone Anfang hat etwas von einer »Beschwörung«,

»[...] von einer ganz anderen Musik als die, die ich bisher geschrieben hatte. Sie hatte nichts gemein mit der allzu gewandten Schreibweise in dem unseligen modernen Präludium zum Entfesselten Prometheus, in dem ich, gleich vielen Komponisten, die Kraft und Spontaneität handwerklich betriebener Musik [...] wiederfinden wollte und deshalb die Formeln alter Meister, ihre Rezepte für den Kontrapunkt, ihre Rhetorik übernahm, ohne doch ihren Geist zu treffen.« (PP280)

Das Übersetzungsproblem wird hier poetologisch und als Prozess eines Transfers und des Verhandelns medialer Zuweisung gewendet. Diese Transformation – abgebildet in der Bewegung zwischen den Sprachen – lässt sich im Sinne eines Verständnisses von Übersetzung als Transposition, Deplatzierung, Markierung der Alterität oder inter-medialen Differenz verstehen. Das Kunstwerk wird damit zur Variante einer intermedialen Übersetzung, die den unversehrten Körper der Sprache durch die Musik hindurch so abbildet, wie es Walter Benjamin für die Übersetzung beschrieben hat:

124 Vgl. zur Komposition an fremdsprachigen Texten: A. Carpentier: Ese músico, ›Hacia una nueva Babel‹, S. 107f: »No nos imaginamos a Wagner escribiendo música para textos que no fuesen alemanes, ni a Debussy inspirándose en poemas ingleses o españioles, aceptados en el idioma original. Sin embargo, nos parece ya muy lógico que Schoenberg haya escrito su ›Oda a Napoleon‹ sobre un texto ingles; que Kurt Weill haya incluido canciones como ›Moon of Alabama‹ en la partitura de ›Mahagonny‹, o que Igor Stravinski titulara su última opera ›The Rake's progress‹, imponiendo a sus cantantes una prosodía británica - como antes había impuesto la escansion latina a los intérpretes de su ›Oedipus Rex‹... [...] Hoy, por lo visto, los músicos manejan con mayor soltura los idiomas extraños. [...] vamos hacia una suerte de confusion de las lenguas. ¿Hay que deplorarlo? Tal vez. Pero con deplorarlo no detrendemos la marcha de un fenómeno que es signo le dos tiempos.«

125 Vgl. L. Finscher (Hg.), Enzyklopädie der Musik, Sachteil (=Band 3), S. 379f. Der Fauxbourdon (eigentlich ein Kanonsatztyp des 15. Jahrhunderts) ist ein dreistimmiger Satz über Melodien der Psalmodie, meist nicht eigens mitgeschrieben, sondern nur als Hinweis für die Aufführung vermerkt: Der um eine Oktave herauftransponierte Cantus Firmus liegt im Sopran (Superius) und wird vom Contratenor eine Quarte und vom Tenor eine Sexte tiefer begleitet. Die Parallelität der Stimmen sichert die Verständlichkeit des Textes.

»Die wahre Übersetzung ist durchscheinend, sie verdeckt nicht das Original, steht ihm nicht im Licht, sondern lässt die reine Sprache, wie verstärkt durch ihr eigenes Medium, nur um so voller aufs Original fallen. Das vermag vor allem die Wörtlichkeit in der Übertragung der Syntax und gerade sie erweist das Wort, nicht den Satz, als das Urelement des Übersetzers. Denn der Satz ist die Mauer vor der Sprache des Originals, Wörtlichkeit die Arkade.«[126]

In seinem Aufsatz *Über Sprachen – Unter Kulturen. Walter Benjamins ›Interlinearversion‹ des Übersetzens als Inframedialität* stellt Michael Wetzel[127] fest, dass das Wort Übersetzen keineswegs auf ein linguistisches Bedeutungsfeld eingeschränkt ist:

»Ganz zu schweigen vom psychodynamischen Begriff der *Übertragung* [...] hat der technisch-mechanistische Bedeutungsaspekt fast schon den linguistischen selbst in seinen semiotischen Weiterungen zur *Transkription* oder *Transmission* überflügelt. Es geht darum, Energien in verschiedenen Schaltungen - auch ›Übersetzungs-verhältnisse‹ genannt - zu überführen. [...] andere Transfert-Leistungen betreffen die Transportmittel [die im Zusammenhang des Romans pointiert thematisiert werden, Anm. d.V.], vom Transit bis zu den Transmittern.«[128] (Herv. i.O.)

Unter Bezugnahme auf Benjamins Aufsatz und Jaques Derrida[129] einerseits und andererseits auf die – unentscheidbare – wechselseitige Usurpation von Ursprünglichkeit von Bild und Text im pictura et poiesis-Diskurs stellt Wetzel die »[...] immanente Struktur ihrer beider Medien als Trans-kriptionsprozeß dar, der weder in einer Archetypik noch in einer Ektypik wurzelt, sondern sich allererst der Potentialität des Übertragens verdankt«[130]. Der Ort des Übersetzers ist nie gewiss, einerseits ist er im Originaltext, andererseits in einem Dazwischen der übersetzenden Sprache, ›Bleibe‹ des Übersetzers sei nur der Turm von Babel, die Ruine, »durchzogen vom Riß der Sprachverwirrung oder dem Verlust der Einheit von Bedeutendem und Bedeutetem« (ebd., S.3), die zum architektonischen »Resonanzraum« (ebd., S. 7) der Korrespondenz, des »Chorismus zweier Sinnwelten« (ebd., S.2) werde. Es geht um die »merkwürdige ›Medialität‹ des Dazwischen-Seins der ›Translation‹,

126 W. Benjamin: »Aufgabe des Übersetzers«, S. 18.

127 Michael Wetzel: »Über Sprachen - Unter Kulturen. Walter Benjamins ›Interlinearversion‹ des Übersetzens als Inframedialität«, in: URL. http://www.uni-konstanz.de/paech/2002/zdk/beitrg/Wetzel.htm [23.9.2008].

128 Ebd., S. 1.

129 »Entre la rhétorique et le rapport psycho-physique, en chancun et de l'un autre, il n'y a que de la traduction (›Übersetzung‹), de la métaphore (›Übertragung‹), des ›transferts‹, des ›transpositions‹, des conversations analogiques, et surtout des transferts de transferts: ›Über, meta, tele‹: ces mots transcrivent le même ordre formel, la même chaîne, et comme notre discours sur ce passage en latin, ajoute aussi ›trans‹ à ta liste«, zit. ebd., S.2, FN 2.

130 Ebd., S. 1; vgl. ebd. S. 2: »Die Nachträglichkeit aller mythischen Ursprünge impliziert immer ein Medienproblem: Babel, Hermes, Christus. Immer geht es um die Figur des ›Mittlers‹, der Vermittlung (also auch der Kommunikation, der Mitteilung, der Schaltung, des Relais), die nachträglich die Gemeinschaft stiftet, deren Verlust sie vorgeblich kompensieren soll.«

die etwas ›ersetzt‹, was ursprünglich gar nicht gemangelt hat« und um »eine ›Infralinearversion‹, in der die jeder Sprache virtuell eingeschriebenen Bezüge zu allen anderen Sprachen verborgen versammelt sind und in dieser latent wirksamen ›Infrastruktur‹ der Sprache den immanenten Prozeß ihrer Manifestationen beherrscht« (ebd. S. 9). Unter Bezugnahme auf Duchamps Gedicht *Infra-Mince*, in dem der Begriff das Hauchdünne zwischen der Spur und dem, was die Spur hinterlassen hat, bezeichnet, konstatiert Wetzel schließlich:

»Es geht bei der Inframedialität also um die Infrastruktur des Medialen als virtuelle Voraussetzung der Medialität. [...] Anders nämlich als bei den Horizontverschiebungen der Intermedialität geht es jetzt darum, eine verstärkte Aufmerksamkeit für die vertikale Verdichtung von Heterogenität auszubilden, d.h. die von Paech aufgelisteten Momente der Intermedialität – wie ›Brüche, Lücken, Intervalle oder Zwischenräume, ebenso wie Grenzen und Schwellen, in denen ihr mediales Differential figuriert‹ – ins Innere der Struktur, in die Binnenstruktur mit ihren Schichtungen, Verwerfungen und Schwellen zu verlegen: als Potentialität oder Intensität der inneren, *infrastrukturellen Veränderung.*«[131] (Herv. i.O.)

Insofern, als die Vertonung des Homerschen Textes in seiner spanischen Version [sic] eine Über-Setzung, eine Transformation in die Musik herstellt, aktualisiert sie die im Original – und seiner Übersetzung – zweifach angelegte Möglichkeit der Übersetzung und der Transformation. Das Komponieren erweist sich als Transformation einer »Sprache vor [sic] der Musik« (PP272) oder der Musikalität der Sprache in Musik, die die Sprache zum Medium des Musikalischen macht. Das Hörbarbleiben der Vorlage, des Textes, in seiner musikalischen Übertragung realisiert die Unentscheidbarkeit der Frage nach der Vorgängigkeit von Musik oder Sprache: Der Kom-Positionsprozess ist auch umgekehrt, von der Musik zur Sprache verlaufend, denkbar. In der Tat ist es zunächst die musikalische Inspiration, die den Protagonisten nach einem Text suchen lässt. In der beschriebenen Threnodie werden Text und Musik nicht kumulativ oder einander wechselseitig auslöschend verwendet, sondern im Differenzraum einer Übersetzung als deren Manifestation wechselseitig auseinander heraus gesetzt. In der Gleichberechtigung von Wort und Stimme, die nicht alternierend, sondern gleichzeitig erklingen, wird in der Figur der Threnodie als der Metonymie der infra-medialen Übersetzung zwischen den Sprachen die intermediale Übersetzbarkeit selbst als Möglichkeit sichtbar gemacht.

131 Ebd., S.10.

8. Schlussbemerkungen

Die außerordentliche Dichte intermedialen Schreibens und der hohe Grad an Autoreferentialität, die *Los pasos perdidos* durch die Verwendung von bildnerischem Dispositiv, Bildern, Fotos, Landkarten, Drama, Oper, Filmen und filmischen Verfahren, Architekturen und Musik, durch kunst- und medienkritische Kommentare und eine sich immer wieder auf sich selbst beziehende Poetik realisiert, lässt die Feststellung zu, dass der Roman – mit den Mitteln der Literatur und durch die zunächst irritierende Überschreitung der Grenzen von fiktionalem Text und Kulturkommentar – Argumente einer *theoretischen* Diskussion formuliert, die über die Ebene des Textes selbst hinausweisen.

8.1 Momente einer Produktionsästhetik

Mit der Überschreibung der vorgefundenen Wirklichkeit durch das imaginäre Museum okzidentaler Kunst und seine historische Marker ist nicht nur eine Negation des transhistorischen Blicks auf das ›Geschichtsbild‹ verbunden. Die Teilhabe an der *Geschichtlichkeit* der Gattungen, des ›barocken‹ Stilllebens, der Vedute ›der Renaissance‹, der Genreszene des 17. Jahrhunderts, des kubistischen ›Portraits‹... wird in der Anwendung einer impliziten Modallehre gezielt genutzt und in (auto-)poetologischen Kommentaren thematisiert oder – durch ein Verfahren exzessiver Häufung markiert – auch explizit gemacht.

Der Text beschreibt damit indirekt nicht nur das eigene Verfahren, sondern formuliert implizit auch eine literarische *Wirkungsästhetik.* Gleichzeitig wird durch das Verfahren der Überschreibung, das die vorhandenen Bildgattungen nutzt und sie dabei auflöst und zu einem *bildnerischen Kontinuum* verflüssigt, das Gattungsproblem[1] selbst angesprochen. Zwischen zeitgenössischen etablierten und präskriptiven Gestaltungskonzepten, die unterschiedliche Themen und Darstellungsmodi favorisieren, und deren nachträglicher deskriptiver Erfassung in kategorisierenden Rastern erweisen sie sich als nur vermeintlich ›reine‹, transhistorische Konfigurationen. Ihre Darstellungskonventionen sind durch Varianten und Überschreibungen (und deren Diachronizität) kontaminiert. Im Text wird dieser Umstand einerseits durch die Wahl transgressiver Bildgenres (des Capriccios, surrealer Malerei, der Collage) realisiert, andererseits wird vor allem über die im Sinne Carpentiers *barocke* Verfremdung vorgeführt, dass die einzelnen Bildgattungen unter veränderten geschichtlichen und ästhetischen Bedingungen in Modifikationen ihrer ursprünglichen Modellhaftigkeit weiterbestehen. Die surrealistischen Stillleben, die zu *ready-mades* collagierten ›klassischen‹ Interieurs (etwa der durchs

1 Vgl. Jean Yves Colette (dir.), La Mort du Genre. Actes du colloque tenue à Montreal en Octobre 1987, Québec: Les editions NBJ, 1987.

Fenster gesehene Salon oder das Interieur des Venusbergs, die Portraitskizze Rosarios unter den Bedingungen kubistischer Ästhetik ...) werden als Belege einer dauerhaften Aktualität der (klassischen) Genres vorgeführt.

Das gilt auch für die unterschiedlichen Kunstepochen zuweisbaren Musikwerke – von den Kinderliedern über die barocken Bußpsalmen bis zur Musik von Edgar Varèse. Als Varianten einer im Text reflektierten Wirkungsästhetik lassen sich die Überlegungen des Protagonisten zur dramatischen Vertonung eines imaginierten Filmberichtes über das Nachkriegseuropa lesen, seine Kommentare zur Vertonung des Werbefilms oder die immer wieder an Mouche gezeigte intensivierende Literarisierung von Gegenständen, die zwar als inadäquat denunziert, aber eben dadurch nicht als grundsätzliches, sondern als ein Problem der Adäquanz gezeigt wird. Auch die vorgeführten Medienwechsel applizieren – durch ihre Häufigkeit reflexiv gemacht – eine Produktionsästhetik, die dadurch thematisch wird. Das gilt auch für die Zurschaustellung der Entstehung architektonischer und theatraler Räume, die schließlich auch die Erzeugung des narrativen Raumes des Romans selbst sichtbar machen.

Die Poetik von Zerstückelung und Remontage des Textes, die in *Mouches Maquette* auf der Handlungsebene zu einem Gegenstand objektiviert wird, erinnert an ein Verfahren der *bricolage*, das als ›Bastelei‹ das Vorgefundene in einer neuen Struktur zusammenfügt. Claude Lèvi Strauss identifiziert es als Modus des *mythischen Denkens*, dessen

»[...] Eigenart darin besteht [...], sich mit Hilfe von Mitteln auszudrücken, deren Zusammensetzung merkwürdig ist und die, obwohl vielumfassend, begrenzt bleiben; dennoch muß es sich ihrer bedienen, denn es hat nichts anderes zur Hand. Es erscheint somit als eine Art intellektueller Bastelei. [...] ganz wie die Bastelei auf technischem, kann das mythische Denken auf intellektuellem Gebiet glänzende, oft unvorhergesehene Ergebnisse zeitigen. Umgekehrt hat man oft den mythopoetischen Charakter der Bastelei bemerkt: sei es nun auf dem Gebiet der sogenannten ›rohen‹ und ›naiven‹ Kunst, sei es in der phantastischen Architektur der Villa des Briefträgers Cheval, der Dekors von George Méliès, oder auch der von Charles Dickens in seinem Roman ›Great Expectations‹ unsterblich gemachten [...] Architektur des Vorstadtschlosses [...]. Der Bastler macht seine Arbeiten nicht davon abhängig, ob ihm die Rohstoffe oder Werkzeuge erreichbar sind, [...] die Welt seiner Mittel ist begrenzt und die Regel seines Spiels besteht immer darin, jederzeit mit dem, ihm zur Hand ist, auszukommen.[2]

Die Mittel des Bastlers sind heterogen, nie in Hinblick auf sein Projekt bestimmbar, jedes von ihnen stellt »[...] eine Gesamtheit von konkreten und zugleich möglichen Beziehungen«[3] dar. Während beim Ingenieur, der nach einem ausgedachten Entwurf arbeitet und zur Realisierung seines Projekts die nötigen Mittel beschafft, Mittel und Ziel klar auseinandertreten, macht der Bastler Zwecke zu Mitteln, was er herstellt, ergibt sich als das zufällige Ergebnis aller sich bietenden Gelegenheiten. Die aus Fund- und Bruchstücken früherer Arbeiten assemblierten Ergebnisse sind *ready-mades,* die – wie der

2 C. Lévy-Strauss: Das wilde Denken, S. 29f.

3 Ebd., S. 31.

Roman immer wieder vorführt – dazu bestimmt sind, destruiert zu werden und in neuen Zusammenstellungen aufzugehen.

8.2 Rezeptionsästhetische Aspekte

Die Vorführung des impressionistischen Gemäldes des *Tanzes der Bäume* und die von ihm eingeforderte Partizipation des Betrachters, die Rolle des Lesers in der Episode der Landschaft der Urformen, die Lektüre der Stadt und ihrer Architekturen, die aleatorische Irritation des Blicks in der Passage des Eindringens in den Urwald, pointierte diegetische Blickführungen oder die explizite Suche des Protagonisten nach ›Bildvorlagen‹, die es ihm (und dem Rezipienten) – angesichts völlig neuartiger Landschaften – erlauben, die Signifikanten zu Vorstellungsbildern zu synthetisieren, erweisen sich als Argumente einer literarischen *Rezeptionsästhetik*[4], die die Kenntnis der okzidentalen Bilderwelt als notwendiges Element der Sinnkonstitution ausweist und damit einen unverstellten, prä-medialen Blick auf die Wirklichkeit negiert: Die in der Memoria des Protagonisten aufgerufenen Bilder bringen ihren ›Mehrwert‹ ein, sie legen sich als Konkretisationen seiner diskursiven Strategie über das Vorgefundene und machen es damit zu jenem Text, der zum Mechanismus wird, ›der (seinerseits) von dem vom Empfänger eingebrachten Mehrwert an Sinn lebt‹. Das Verfahren wird explizit benannt (siehe V.10), indem das imaginäre Museum als Enzyklopädie identifiziert wird. In seinem Aufsatz zu Problemen des zeitgenössischen lateinamerikanischen Romans wiederholt und intensiviert Carpentier den Verweis auf den rezeptionsästhetischen Rekurs auf einen (okzidentalen) Bildervorrat:

»›Die Küche von Combernon: ein weiter Raum, ein großer, wappengeschmückter Kamin, in der Mitte ein mächtiger Tisch und darauf alte Gerätschaften wie auf einem Bild von Breughel‹, schreibt Paul Claudel in der Bühnenanweisung zum ersten Akt von *Mariae Verkündigung*... ›Wie auf einem Bild von Breughel‹, sagt Claudel, und damit ist alles gesagt. Wir kennen die Küchen Breughels, wir haben sie im Kopf, sie sind ein Teil unserer ererbten Kultur.«[5]

Gewissermaßen zu ikonischen Kürzeln dieses Déjà vu wird das rekurrente Einspielen der Gemälde des Hieronymus Bosch, der Neunten Symphonie Beethovens und der Ruine. Boschs Bilder werden über ihre Verfremdung der Gattungen und der Bildkonventionen, die irritierenden thematischen Aberrationen, ihre noch mittelalterliche und gleichzeitig schon Renaissance-Blickführung, ihre zeitauflösende Partizipation zugleich an der Ästhetik mittelalterlicher Buchmalerei und surrealistischer Bildverfahren *in corpore* Objektivation der Rezeptionsbedürftigkeit des Kunstwerkes. Beethovens Musik wird im Spiegel ihrer Rezeption gezeigt, die die Mitarbeit oder Irritation des Hörers und damit die Veränderung des Kunstwerks durch die Bedingungen, Umstände und Geschichte seiner Rezeption vorführt. Die Ruine schließlich

4 Vgl. U. Eco: Lector in fabula, S. 226: Interpretation wird zur »[...] semantischen Aktualisierung dessen, was der Text durch die Mitarbeit seines Modell-Lesers zum Ausdruck bringen will«. Ebenda, 78: Textuelle Mitarbeit erfolgt nicht zwischen zwei Individuen, sondern »[...] zwischen zwei diskursiven Strategien«.

5 A. Carpentier: »Roman in Lateinamerika›, S. 41.

wird lesbar als Schrift der Vergangenheit und gleichzeitig als Bildkürzel für die Suche sowohl des interpretierenden Protagonisten als auch des Lesers selbst.

Auch die Umcodierung der sozialen Rituale des Landes in theatrale Ereignisse, die Identifikation des Schamanenrituals als Threnodie oder die Vorführung und Nutzung von an der modernen Großstadt erlernten Schaugewohnheiten lassen sich als Argumente einer literarischen Rezeptionsästhetik lesen, die in der Diskussion zwischen Mouche und dem Protagonisten in der Oper, in der Radioepisode oder in der Kuratorepisode zwischen ›Lektüren‹ und ›Fehllektüren‹ oder divergenten Lektüren explizit verhandelt wird. Die inszenierten Rezeptionssituationen (von der Vorführung des Werbefilmes für das Fischeikonsortium über das Erzählen am Lagerfeuer bis zum grotesken Bild der aus der katholischen Messe verscheuchten Hunde) führen die Interdependenz von Kunstwerk/Text, ihren Lese-Anweisungen einerseits und ihrer situativen Realisierung in der Rezeption andererseits vor und zeigen damit auch ihre Auswirkung auf das Kunstwerk selbst.

8.3 Argumente einer Intermedialitätstheorie

Das Einbringen klassischer (enzyklopädisch stabilisierter) Bildtypen, architektonischer Formationen und traditioneller Musikformen und deren Transgression und Überschreibung durch immer neue Montagen *inter textus,* die durch ihre provokante Heterogenität, Dichte und Explikation zum autoreferentiellen Kommentar wird, oder explizite Verweise auf die funktionale Ästhetik anderer Medien wie etwa auf die genrekonstituierende Blickführung des Los Altos'schen Bilderbogens oder die wirkungsästhetische Nutzung musikalischer Verfahren lassen sich auch als Nukleus einer literarischen *Intermedialitätstheorie avant la lettre* lesen. Sie erschöpft sich nicht in der ekphrastischen Übersetzung von Bildern in Sprache, der Lektüre und Nutzung architektonischer Codes oder der ›Vertonung‹ von Textbildern, sondern zeigt applikativ, wie sich die Dispositive des jeweils anderen Mediums (etwa der Fotografie, der Landkarte, der Musik), also seine strukturästhetischen Aspekte und seine Geschichtlichkeit (damit auch Faktoren, die das Medium als reale Vermittlungsinstanz betreffen) im literarischen Text aneignen und sowohl poetologisch als auch auf der Handlungsebene nutzen lassen, ohne dass sie dabei in einer wechselseitigen Transkribierbarkeit aufgehen oder ihre divergenten Formen der Semantisierung eingeebnet werden. Ihre *Differenz* bleibt erhalten und wird zum Generator der Textsemantik.

Markiert ist der Rekurs auf andere Künste durch eine Poetik des *mise en abyme* und damit auch durch die musikalisch-kompositorisch angelegte Überschreibung der Szenen: Einerseits werden die malerischen Sujets schon in der Replikengalerie der Universität, Musikwerke in der Konzertepisode und über die Autobiografie des Protagonisten, das Architektonische in der Beschreibung der Großstadt oder das Theatralische in der Abendgesellschaft Mouches oder im Beruf Ruths als Themen buchstäblich von Anfang an eingeführt. Andererseits werden sie in einem Verfahren von *Thema und Variation* über die Erinnerungspassagen des Textes – wie etwa in den Erinnerungen an die Europareise – oder über die Wiederkehr der Sujets oder Genres (etwa das ästhetisch reflektierte *Interieur* des Spaziergangs durch die Stadt, das die Blick- und Illusionsreflexion der Szene in der Oper vorwegnimmt oder die Bilderbogenästhetik, die in der Reflexion der Reliquien- und Krippen-Rezeption wiederkehrt) vom Romanbeginn zwischen den Kulissen von Ruths Theater und der Kuratorepisode an immer deutlicher als Aspekte einer Wahrnehmungsreflexion eingespielt, die *inter media* verläuft. Darüber hinaus werden sie, ihre Medialität hervorhebend, wiederholt mit identifizierbaren okzidentalen Kunstwerken (Gemälden, Musikwerken, Architekturen) in Verbindung gebracht, gelegentlich direkt als Kopien benannt, wie zum Beispiel das Patio im Haus der Kanadierin, das »vermutlich eine Replik des Innenhofs der *Posada de la Sangre in Toledo*« (PP79) ist, oder in parodierender Umkehrung – wie in der Episode des Harfenspielers in Los Altos – als längst existierende, durch spezifische Medien (das willkürlich gestimmte Instrument) generierte Formen präsentiert, die der okzidentalen Kunst nicht nur ebenbürtig, sondern möglicherweise überlegen, auf jeden Fall aber mit dieser vergleichbar sind.

Der Rekurs auf das okzidentale imaginäre Museum oder das okzidentale Musikarchiv erweist sich freilich als doppelt ambiguisiert: Einerseits werden die in ihnen ›konservierten‹ Mal- und Kompositionsweisen zum Gegenstand unablässiger Transgression und Überschreibung und weisen damit erneut die Poetik des Textes als digressiv und avancierter aus, als es die konservative, homogenisierende Ästhetik des Protagonisten ist. Andererseits wird eine ›genuin lateinamerikanische‹ Realität paradox als das Andere einer im okzidentalen Bilderkanon abgebildeten Wirklichkeit erzeugt und bedarf dazu eben jenes Bilderkanons, dessen ästhetische Formierungen sie selbst dort noch nutzt, wo er in Überschreibungen, Travestien und Dépaysements überschritten wird. Auch das okzidentale imaginäre Musikarchiv wird durch die Vorführung autochthoner Musiktraditionen kontrastiert, die erst durch ihre Konfrontation mit der abendländischen Musiktradition ihre Konturen erlangen.

Damit erweist sich die lateinamerikanische ›wunderbare Wirklichkeit‹ (der gleichzeitigen Anwesenheit des Heterogenen, der Zeitlosigkeit) als nicht der Beschreibung vorgängig, sondern als Effekt einer intermedialen und interkulturellen Schreibweise, die über verfremdende (intermediale) Verfahren jene Differenzen und Ungleichzeitigkeit, die sie als gegeben insinuiert, erst erzeugt.

Explizit wird eine ›Theorie‹ der Intermedialität in der großen Komposition des Protagonisten formuliert, die über Untermalung, Nachahmung, Adaption der Vorlage weit hinausgehen soll, indem sie in der wechselseitigen Verschränkung von Text und Musik deren *Differenzen* ausspielt und in ein kompositorisches Gleichgewicht bringt.

Darüber hinaus ist der Roman auf selbst- und metareflexive Weise Beispiel für die Möglichkeiten intermedialen Schreibens im narrativen Text, das nicht nur thematisierend und metaphorisch verfährt, sondern über die dispositionellen Muster fremder Medien im literarischen Text dessen Möglichkeiten erweitert und ihn in ein neues Verhältnis zu ihnen setzt. In seiner intensivierenden oder scheinbar dysfunktionalen Applikation ermöglicht und erzwingt er den Wechsel der Rezeptionsebenen und konturiert damit implizit die überschrittenen Mediengrenzen. Gleichzeitig führt der Text damit die *Funktion* intermedialen Schreibens für eine explizite Medienarchäologie vor.

8.4 Bruchstücke einer Medientheorie

Reulecke hat für die bildende Kunst festgestellt, dass »[...] die gegenwärtige Auseinandersetzung der Literatur mit der [...] Kunst als Bestandteil der Aufarbeitung der Mediengeschichte anzusehen«[6] ist. Das Argument lässt sich auch auf die anderen im Roman dargestellten Künste ausweiten. Damit wird im Text auch eine literarische Medientheorie lesbar. Wie Reulecke anhand von Benjamins kurzem Prosatext *Die Mauer* gezeigt hat[7], lässt sich zeigen, dass

»[...] die Geschichte der Medien und der Wahrnehmung sowie die Geschichte des Subjektes [...] nicht linear verlaufen. Ein und dasselbe Subjekt kann vormoderne, moderne (und postmoderne) Wahrnehmungsweisen ausüben. [...] Auch in der Gegenwart ist von einer Gleichzeitigkeit historisch ungleichzeitiger Bildkonzepte und Bildrezeptionen [Musikkonzepte, Rezeptionsformen von Musik, d.V.] auszugehen. Die Übergänge von einer Bildepoche [Kunstepoche, d.V.] zur anderen finden nicht einmalig auf phylogenetischer Ebene statt, sondern werden auf der ontogenetischen Ebene nachvollzogen, wobei es immer wieder zu ›Rückfällen‹ in unzeitgemäße Bildrezeptionen [Kunstrezeptionen, d.V.] kommt, die [...] nicht willkürlich sind.«[8]

In Carpentiers Text werden diese vormodernen, modernen (und – aus heutiger Sicht – postmodernen) Wahrnehmungsweisen pointiert inszeniert und ›Rückfälle‹ und Fehllektüren der Texte anderer Medien an den Personen des Romans vorgeführt und denunziert. Der Protagonist selbst nutzt sie zur Herstellung einer Wirklichkeit, die – wie Baudrillard für mediale Prozesse beschrieben hat – die Realität durch die mediale Inszenierung ihrer selbst ersetzt. Die Medialität jeglicher Wahrnehmung erweist sich damit als eines der Themen des Romans. Gleichzeitig wird die Medialität des Romans selbst (seine formierende Wirkung, seine Schreibweise und seine Wahrnehmungslenkung) durch die Inzitation fremdmedialer Prätexte und deren vorgeführte Rezeption autoreferentiell angesprochen.

Auch die den Text durchlaufende Medienkritik, die etwa an der medialen Berichterstattung über die Reise des Protagonisten formuliert wird, oder die differenzierte Problematisierung von Medienkompetenz sind Argumente einer Medientheorie. Rosarios naive Lektüre des Genoveva- Romans, dessen fiktive Welt (»was in den Büchern steht, ist wahr«) sie nicht von der realen unterscheidet, wird als nicht unkritischer vorgeführt als jene, zu der Mouches Lektüren moderner, vom Zeitgeist geschätzter Romane oder die Interpretation des Schamanenrituals als Threnodie durch den Protagonisten führen: Alle drei lesen medial vermittelte Fiktion und Wirklichkeit ineins. Aber während Rosarios ihre Lebenswirklichkeit in den Text einliest und damit noch so etwas wie eine naive, weitgehend unproblematische Rezeption produziert, oder Yannes seine Homerlektüre allegorisch anlegt, lesen Mouche und der Protagonist (die Reminiszenz an einen Mediendiskurs der ›giftigen Bücher‹ ist darin implizit angelegt) umgekehrt die literarisch oder wissenschaftlich vermittelte Welt in die reale (*die Floriden* der Reise, die *Geburt der Musik*)

6 A.K. Reulecke, Geschriebene Bilder, S. 19.

7 Ebd., S. 40ff.

8 Ebd., S. 46.

ein und scheitern in dieser Fehllektüre an der Wirklichkeit. Die immer wieder und auf unterschiedlichsten Ebenen vorgeführten medialen Umcodierungen (Konzertmusik – Radiokonzert, Oper – Film, Gesellschaftsunterhaltung – Hörspiel, soziale Handlungsformen – Theater, Landschaft – Architektur) bilden die dispositionellen Muster unterschiedlicher Medien ab und reflektieren damit nicht nur die Konturen ihres jeweiligen Repräsentationsvermögens, die Interdependenzen und Überschneidungen zwischen ihnen, sondern auch ihr wahrnehmungsprägendes und realitätsformierendes Potential. Gleichzeitig wird in der Konfrontation von ›primordialer‹ Welt und Moderne eine Geschichte der Medien von prähistorischen Scharrbildern und Felsmalereien bis zum Kinofilm der zeitgenössischen Gegenwart nachgezeichnet, die nicht nur die Medien als solche, sondern auch die mediendiskursiven Aspekte von medialen Interdependenzen, Medienpräferenzen und Medienwirkung thematisiert und in der Textpoetik selbst appliziert. Dabei wird auch der Material-Technik- und Handhabungsspekt – von den Ruderbooten der Indianer über Automobile bis zum Flugzeug und vom Silexmesser über den Heulkrug bis zum Plattenspieler oder dem Projektionsapparat reflektiert.

Auch die vorgeführten epistemischen Anordnungs- und Darstellungsdispositive erweisen sich als Argumente in einer medienhistorischen Darstellung von Wissensordnungen. Der Roman beschreibt also in seinen über die Intermedialität seiner Schreibweise generierten Bildern, Räumen und ›Textmusiken‹ und deren historische Verortung nicht nur eine Mediengeschichte, sondern auch eine Geschichte medial vermittelter Wahrnehmung und Weltordnung, die die Historizität von Wahrnehmungsweisen, deren Genese und Habitualisierung und ihre mediale Bedingtheit vorführt und damit reflektiert. Dabei registriert er nicht nur die ›ästhetische Aufladung‹ (vor dem zeitgenössischen Hintergrund) neuer Medien, sondern zeigt über eine immer wieder thematisierte und genutzte Wirkungsästhetik wie es Christa Karpenstein-Eßbach für eine Medienanalyse generell als wichtig erachtet, die Transformation und Adaptierung von »[...] Konventionen und wirkungsästhetischen Strategien [...], die älter sind als ihre Technik«[9], damit also auch die Partizipation der Medien am Gestaltungspotential des Ästhetischen.

Der Text hierarchisiert die Medien nicht: Volkslied und Symphonie, Urwaldgerüchte und Geschichtsschreibung, prähistorische Felszeichnung und wissenschaftliche Abbildung, Roman und Zeitung werden als Aufschreibesysteme präsentiert, die einander konturieren, ergänzen und je nach persönlichem (Bildungs-)Repertoire, nach situativen Vorgaben und Präferenzen gebraucht werden. Werden etwa der inzitierte Urwaldroman oder die mythischen Erzählungen referenzbildend genutzt, befördern andererseits referentielle Medien wir die Landkarte oder die Fotografie die Fiktionalisierung der Wirklichkeit. Damit wird der Roman zu einer Abhandlung über historisch, geografisch und individuell bedingte Interaktionen unterschiedlicher Medien und die Interferenzen zwischen ihnen, über mediale Relationen also und ihre Funktionen, die sich, wie Jürgen Müller beschreibt, »[...] aus den historischen Veränderungen dieser Relationen heraus entwickeln«[10] und ihre Historizität in einem differenzierten Textgewebe selbst sichtbar machen. Die beschriebe-

9 C. Karpenstein-Eßbach: Kulturwissenschaft der Medien, S. 220.

10 Jürgen E. Müller:»Intermedialität als poetologisches und medientheoretisches Konzept«, in: Helbig (Hg.), Intermedialität, S. 31-40, hier S. 31.

ne Realität erweist sich so – intensiviert durch die (zuweilen exzessive) Vorführung und Problematisierung distinkter Wahrnehmungsweisen und medialer Präformationen – nicht als Abbild einer lateinamerikanischen Wirklichkeit, sondern als Darstellung von deren textuell und medial hergestellter Realität.

9. Abbildungen

Abbildung 1: Damenportrait, Pablo Picasso, Dora Maar, *1941*

Abbildung 2: Quodlibet, Johann G. Hainz
Kleinodienschrank, *1666*

Abbildung 3: Salvador Dalí,
Sechs Erscheinungen Lenins auf einem Flügel, *1931*

Abbildung 4: Kunstkabinett, Anthonis van Dyck,
Künstleratelier, *ca. 1610, Detail*

Abbildung 5: René Magritte, Reproduktion verboten,
Portrait E. James 1937

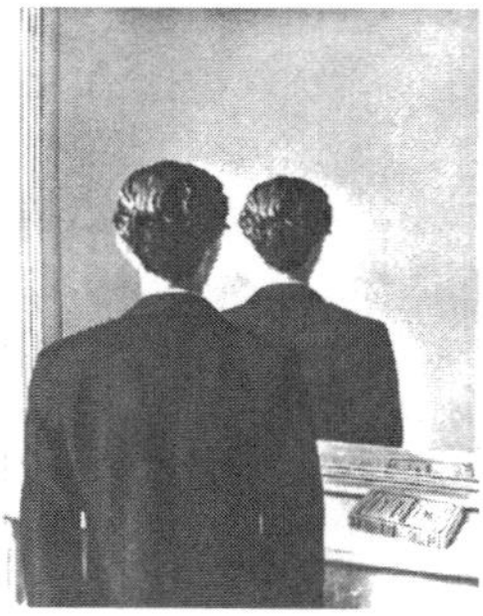

Abbildung 6: Caspar David Friedrich,
Wanderer über dem Nebelmeer, *um 1818*

Abbildung 7: Francisco de Goya,
Tu Que no puedes, *Caprichos 42, 1796-97*

Abbildung 8: Ludwig Meidner,
Die brennende Stadt, *1913 (Detail)*

Abbildung 9: René Magritte, Die Oase, *1935-27*

Abbildung 10: Hieronymus Bosch,
Der Garten der Lüste, *um 1500*

Abbildung 11: Salvador Dalí,
Die Versuchung des heiligen Antonius, *1946*

Abbildung 12: Francisco de Goya, Yo lo ví,
Desastres de la Guerra, Blatt 44, 1810-1814

Abbildung 13:
Johann Neudörffer d.Ä. (1497-1563), Schrift-Labyrinth

Abbildung 14: Francisco de Goya,
Carceri, *Tafel 7, 1750*

10. Literaturverzeichnis

10.1 Primärliteratur

Carpentier, Alejo: Los pasos perdidos, Barcelona: Barral Editores, 1977 (fünfte Auflage), Deutsche Fassung:

Carpentier, Alejo: Die verlorenen Spuren (= suhrkamp taschenbuch 808), Übersetzung von Anneliese Botond, Frankfurt am Main: Suhrkamp Verlag 1982.

Carpentier, Alejo: La música en cuba, Madrid: siglo ventiuno de españa editors, sa. 1987.

Carpentier, Alejo: Ese músico que llevo dentro, Ciudad de la Habana: Editorial Letras Cubanas 1980.

Carpentier, Alejo: Stegreif und Kunstgriffe (= es Neue Folge 33), Frankfurt am Main: Suhrkamp Verlag 1989.

Carpentier, Alejo: Farben eines Kontinents. Reisen durch Lateinamerika (= suhrkamp taschenbuch 3451), Frankfurt am Main: Suhrkamp Verlag 2003.

Carpentier, Alejo: »Über die wunderbare Wirklichkeit Lateinamerika«., in: ders., Stegreif und Kunstgriffe, S. 118-138.

Carpentier, Alejo: »Probleme des zeitgenössischen Romans in Lateinamerika«, in: Stegreif und Kunstgriffe, S. 9-49.

10.2 Sekundärliteratur zu Alejo Carpentier/Lateinamerikanische Literatur/Lateinamerika

Albert, Mechthild (Hg.), Vanguardia española e intermedialidad. Artes escénicas, cine e radio (= La Casa de Riqueza. Estudios de Cultura de España), Frankfurt am Main: Vervuert 2005.

Albert, Mechthild: »Luis Buñuel und die Gaceta Literaria (1927-1929)«, in: Link-Heer/Roloff (Hg.), Luis Buñuel, S. 13-32.

Armbruster, Claudius: Das Werk Alejo Carpentiers. Chronik der »Wunderbaren Wirklichkeit« (= Editionen der Iberoamericana, Reihe III, Monographien und Aufsätze 7), Frankfurt am Main: Vervuert 1982.

Beltrán-Vocal, Maria Antonia: Novela Españiola e hispanoamericana contemporanea. Temas y técnicas narrativas: Delibes, Goytisolo, Benet, Carpentier, García Márquez y Fuentes (= Colección Ensayo), Madrid: Editorial BETANIA 1989.

Berg, Walter Bruno et al. (Hg.): Fliegende Bilder, fliehende Texte. Identität und Alterität im Kontext von Gattung und Medium. Imágenes en vuelo, textos en fuga. Identidad y alteridad en el contexto de los géneros y los medios de comunicación (= MEDIAmericana; Estudios sobre Latinoamérica: cultura y medios de comunicación), Frankfurt am Main/Madrid: Vervuert 2004.

Bernecker, Walter. L./Gertrud Krömer (Hg.): Die Wiederentdeckung Lateinamerikas. Die Erfahrung des Subkontinents in Reiseberichten des 19. Jahrhunderts (= Lateinamerika Studien Bd. 38), Frankfurt am Main: Vervuert 1997.

Cantú, Francesca: »Konquista, Mission, Kolonisation«, in: Straub (Hg.), Konquista, S. 16-27.

Claus, Jürgen: »Le Corbusier«, in: Baumunk (Hg.), Kunst des Fliegens. S. 173-175.

Dill, Hans-Otto: Lateinamerikanische Wunder und kreolische Sensibilität. Der Erzähler und Essayist Alejo Carpentier, Hamburg: Verlag Dr. Kovač 1993.

Dill, Hans-Otto: Zwischen Humboldt und Carpentier. Essays zur kubanischen Literatur, Berlin: Verlag Walter Frei 2005.

Ertler, Klaus-Dieter: Kleine Geschichte des lateinamerikanischen Romans. Strömungen-Autoren-Werke, Tübingen: Günter Narr Verlag 2002.

Felten, Uta (Hg.), Intermedialität in Hispanoamerika: Brüche und Zwischenräume, Tübingen: Stauffenberg 2007.

Felten, Uta/Volker Roloff (Hg.): Spielformen der Intermedialität im spanischen und lateinamerikanischen Surrealismus, Bielefeld: transcript 2004.

Galeano, Edoardo: Die offenen Adern Lateinamerikas. Die Geschichte eines Kontinents von der Entdeckung bis zur Gegenwart, Wuppertal: Peter Hammer Verlag 1973.

Gallegos, Rómulo: Canaima, Frankfurt am Main: Insel Verlag 1961.

Garcilaso de la Vega: Comentarios Reales, Buenos Aires: Espasa Calpe 1964, (Selección y prólogo de Augusto Cortina).

Garscha, Karsten: »Alejo Carpentiers Verhältnis zur europäischen, besonders zur französischen Avantgarde«, in: Wentzlaff-Eggebert (Hg.), Europäische Avantgarde im lateinamerikanischen Kontext, S. 511-520.

Gonzáles Echevarría, Roberto: Alejo Carpentier: the Pilgrim at home, Ithaca (u.a.): Cornell University Press 1977.

Güntert, Georges: »Alejo Carpentier: ›El siglo de las luces‹«, in: Roloff/-Wentzlaff-Eggebert (Hg.), Der Hispanoamerikanische Roman, S. 291-304.

Herlinghaus, Hermann: »Der kulturelle Status der Peripherie und die theoretische Herausforderung der ›Intermedialität‹. Konzeptionelle Überlegungen«, in: ders. (Hg.), Intermedialität als Erzählerfahrung, S. 7-25.

Herlinghaus, Hermann (Hg.), Intermedialität als Erzählerfahrung. Isabel Allende, José Donoso und Antonio Skármeta im Dialog mit Film, Fernsehen, Theater, Frankfurt am Main: Peter Lang 1994.

Herlinghaus, Hermann/Utz Riese (Hg.), Heterotopien der Identität. Literatur in interamerikanischen Kontaktzonen (= Anglistische Forschungen, Bd. 264), Heidelberg: Winter 1999.

Herlinghaus, Hermann: Alejo Carpentier (= Schreiben andernorts), München: edition text und kritik 1991.

Humboldt, Alexander von: Reise durch Venezuela: Auswahl aus den amerikanischen Reisetagebüchern. Hrsg. von Margot Faak (= Beiträge zur Alexander von Humboldt-Forschung 12), Berlin: Akademie Verlag 2000.

Humboldt, Alexander von: Über einen Versuch den Gipfel des Chimborazo zu ersteigen, Berlin: Eichborn Verlag, 2006; (herausgegeben und mit einem Essay versehen von Oliver Lubrich und Ottmar Ette).

Ingenschay, Dieter: »Die Literaturen Kolumbiens und Venezuelas«, in: Rössner (Hg.), Lateinamerikanische Literaturgeschichte, Stuttgart: J.B. Metzler 1995, S. 160-167.

Joset, Jaques: Historias cruzadas de novelas hispanoamericanas. Juan Rulfo, Alejo Carpentier, Mario Vargas Llosa, Carlos Fuentes, Gabriel Garcia Marques, Jose Donoso, Frankfurt am Main: Vervuert-Iberoamericana 1995.

Kanev, Venko: Lo Real Maravilloso como procedimiento literario en la obra de Alejo Carpentier (= Bibliotheka 48), Sofia: Ed. de l'Univ. de Sofia 2001.

Kellenbenz, Hermann: Philipp von Hutten und das Welserunternehmen in Venezuela. (= Sonderdruck aus dem Jahrbuch des Historischen Vereins Dillingen XC Jahrgang 1988), Dillingen: 1988.

Kolumbus, Christoph: Bordbuch. Aufzeichnungen seiner ersten Entdeckungsfahrt nach Amerika 1492-93, München: Heinrich Hugendubel Verlag 2006.

Kolumbus, Christoph: Der erste Brief aus der Neuen Welt. Lateinisch/Deutsch. Mit dem spanischen Text des Erstdruckes im Anhang (= Universal-Bibliothek 18079), Stuttgart: Reclam 2000.

Krämer, Sabine: Lateinamerika schreiben. Zur Darstellung von kultureller Alterität in deutschen und lateinamerikanischen Texten (= Trierer Studien zur Literatur Bd. 35), Frankfurt am Main: Peter Lang Verlag 2000.

Mahlendorff, Andrea: Literarische Geographie Lateinamerikas. Zur Entwicklung des Raumbewußtseins in der lateinamerikanischen Literatur (= Tranviá Sur Bd. 5). Berlin: tranvía 1998.

Márques Rodríguez, Alexis: Introducción a las obras completas de Alejo Carpentier. Lo barocco y lo real-maravilloso en la obra de Alejo Carpentier, Madrid: siglo ventiuno editors sa. 1982.

Matzat, Wolfgang: Lateinamerikanische Identitätsentwürfe. Essayistische Reflexion und narrative Inszenierung, Tübingen: Günther Narr Verlag 1996.

Mocega-Gonzalez, Esther P.: La narrativa de Alejo Carpentier: El concepto del tiempo como tema fundamental. (Ensayo de interpretación y análisis) (=Torrea Library of Literary Studies 22), New York: Eliseo Torres & Sons 1975.

Müller-Bergh, Klaus: Alejo Carpentier: Autor y obra en su época, Buenos Aires: Fernando García Cambeiro, 1972.

Ostleitner, Elena und Christian Glanz (Hg.), Alejo Carpentier. Jahrhundertgestalt der Moderne in Literatur, Kunst, Musik und Politik (= da capo 2), Strasshof/Wien et. al.: Vier-Viertel Verlag 2004.

Rieger, Angelica (Hg.): Intermedialidad e hispanística. Con una introducción de Hans Ulrich Gumbrecht, Frankfurt am Main: Peter Lang 2003.

Rivera, José Eustasio: Der Strudel. Die Geschichte einer langen Flucht und noch längeren Verfolgungsjagd durch die unwegsamen Gegenden Kolumbiens und den Urwald zwischen Amazonas und Orinoco; ein suggestive Bild von Gesetzlosigkeit und unvorstellbaren Lebensbedingungen. Der erste große Roman der jungen kolumbianischen Literatur, Reinbek bei Hamburg: Rowohlt-Taschenbuchverlag GmbH 1990.

Roloff, Volker/Harald Wentzlaff-Eggebert (Hg.), Der Hispanoamerikanische Roman (= Bd. 1. Von den Anfängen bis Carpentier), Darmstadt: Wissenschaftliche Buchgesellschaft 1992.

Roloff, Volker: »Metamorphosen des Surrealismus in Spanien und Lateinamerika. Medienästhetische Aspekte«, in: Felten/Roloff (Hg.), Spielformen der Intermedialität, S.13-33.

Rössner, Michael (Hg.), Lateinamerikanische Literaturgeschichte, Stuttgart: J.B. Metzler 1995.

Rössner, Michael: »Alejo Carpentier zwischen dem Wunderbar-Wirklichen Amerikas und der postkolonialen Realitätssicht«, in: Ostleitner/Glanz (Hg.), Alejo Carpentier, S. 15-28.

Rössner, Michael: Auf der Suche nach dem verlorenen Paradies. Zum mythischen Bewußtsein in der Literatur des 20. Jahrhunderts (= athenäum monografien Bd. 88), Frankfurt am Main: Athenäum Verlag 1988.

Schäfer-Sackreuther, Dagmar: Alejo Carpentiers *Los Pasos Perdidos* und Johann Wolfgang von Goethes Italienische Reise. Eine intertextuelle Studie (= Europäische Hochschulschriften; Reihe XVIII; Vergleichende Literaturwissenschaft Bd. 59), Frankfurt am Main: Peter Lang Verlag 1991.

Schmitz-Emans, Monika: »Konzert der Künste: Intermedialität und ästhetische Autoreflexion in Alejo Carpentiers ›Concierto barroco‹«, in: Ostleitner/Glanz (Hg.), Alejo Carpentier, S. 111-136.

Sperschneider, Anne: Zum Rezeptionsverlauf der hispanoamerikanischen Literatur in Deutschland 1950-1990 (= Schriftenreihe Poetica Bd. 38), Hamburg: Kovač 1999.

Suchard, Barbara: Auctor ludens. Maskerade & Demaskierung des Kolumbus bei Alejo Carpentier (= Acta Columbina), Kassel: Edition Reichenberger 1990.

Toro-Pérez, Germán: »Carpentier und seine Bedeutung für die musikalische Moderne in Kuba«, in: Ostleitner/Glanz (Hg.), Alejo Carpentier, S. 51-63.

Vejvar, Andreas:»Eine Threnodie im Zeichen von Heulkrug, Maraca und Engel. Zur Idee der Aufhebung der Zeit in ›Los pasos perdidos‹«, in: Ostleitner/Glanz (Hg.), Alejo Carpentier, S. 65-90.

Wentzlaff-Eggebert, Harald (Hg.), Europäische Avantgarden im lateinamerikanischen Kontext. La Vanguardia Europea en el Contexto Lationoamericano (= Akten des internationalen Berliner Kolloquiums 1989; Actas del Coloquio Internacional de Berlin 1989; Bibliotheca Ibero-Americana Bd. 37), Frankfurt am Main: Vervuert 1991.

Wild, Gerhard: »Instrucciones para sonar – Instrucciones para soñar«, in: Link-Heer/Roloff (Hg.), Luis Buñuel, S. 180-203.

Wild, Gerhard: Paraphrasen der Alten Welt. Interkulturelle Ästhetik im Werk Alejo Carpentiers (= Siegener Forschungen zur romanischen Literaturwissenschaft Bd. 17), Tübingen: Stauffenburg Verlag 2004.

Wolfzettel, Friedrich: »Alejo Carpentier: ›Los pasos perdidos‹«, .in: Roloff/ Wentzlaff-Eggebert (Hg.), Der hispanoamerikanische Roman, S. 244-253.

Wolfzettel, Friedrich: »Zum Problem mythischer Strukturen im Reisebericht«, in: Ertzdorff/Giesemann (Hg.), Erkundung und Beschreibung der Welt, S. 3-30.

Wolfzettel, Friedrich: Reisebericht und mythische Struktur, Stuttgart: Steiner 2003.

10.3 Intermedialität/Literaturwissenschaft/Künste

Adam, Wolfgang (Hg.), Das achtzehnte Jahrhundert. Facetten einer Epoche (= Festschrift für Rainer Gruenter, Heidelberg: Carl Winter Verlag, 1988.

Amelunxen, Hubertus von: »Photographie und Literatur. Prolegomena zu einer Theoriegeschichte der Photographie«, in: Zima (Hg.), Literatur intermedial, S. 209-234.

Andree, Martin: Archäologie der Medienwirkung. Faszinationstypen von der Antike bis heute. (Simulation, Spannung, Fiktionalität, Authentizität, Unmittelbarkeit, Geheimnis, Ursprung), München: Wilhelm Fink Verlag, 2005.

Arburg, Hans-Georg von: Alles Fassade. ›Oberfläche‹ in der deutschsprachigen Architektur- und Literaturästhetik 1770-1870, München: Wilhelm Fink Verlag 2008.

Argan, Giulio Carlo (Hg.), Die Kunst des 20. Jahrhunderts 1880-1940 (= Propyläen Kunstgeschichte), Berlin: Propyläen Verlag o.J.

Bachelard, Gaston: Poetik des Raumes (= Fischer Wissenschaft 7396), Frankfurt am Main: Fischer Taschenbuch Verlag 1994.

Bachmann-Medick, Doris: Cultural Turns. Neuorientierung in den Kulturwissenschaften (= rowohlts enzyklopädie, rororo 55675), Reinbek bei Hamburg: Rowohlt Verlag 2006.

Bachmann-Medick, Doris (Hg.), Kultur als Text. Die anthropologische Wende in der Literaturwissenschaft (= Fischer Kultur & Medien 12781), Frankfurt am Main: Fischer Taschenbuch Verlag GmbH o.J.

Bachtin, Michail: Chronotopos (= stw1879), Frankfurt am Main: Suhrkamp Verlag 2008.

Bachtin, Michail: Formen der Zeit im Roman. Untersuchungen zur historischen Poetik (= Fischer Wissenschaft 7418), Frankfurt am Main: Fischer Taschenbuch Verlag 1989.

Bachtin, Michail: Rabelais und seine Welt. Volkskultur als Gegenkultur (=Fischer Wissenschaft), Frankfurt am Main: Suhrkamp Verlag 1987.

Bachtin, Michail: Literatur und Karneval. Zur Romantheorie und Lachkultur (=Fischer Wissenschaft), Frankfurt am Main: Fischer Verlag 2000.

Baldass, Ludwig von: Hieronymus Bosch, Wien: Verlag Anton Schroll & Co 1943.

Barck, Karlheinz/Peter Gente u.a.(Hg.), AISTHESIS. Wahrnehmung heute oder Perspektiven einer anderen Ästhetik. Essays (= Reclam Kunstwissenschaften 1352), Leipzig: Reclam Verlag 1991.

Barthes, Roland: Das semiologische Abenteuer (= es 1441), Frankfurt am Main: Suhrkamp Verlag 1988.

Barthes, Roland: Die Helle Kammer. Bemerkung zur Photographie (= stb 1642), Frankfurt am Main: Suhrkamp Verlag 1989.

Barthes, Roland: Mythen des Alltags (= es SV 92), Frankfurt am Main: Suhrkamp Verlag 1964.

Barthes, Roland: Das Reich der Zeichen (= es 1077), Frankfurt am Main: Suhrkamp Verlag 1981.

Barthes, Roland: »Die Rauheit der Stimme«, in: Barck et al. (Hg.), Aisthesis, S. 299-309.

Basnett, Susan (Hg.), Comparative Literature: A Critical Introduction, Oxford/Cambridge: Blackwell 1993.

Baumunk, Bodo-Michael (Hg.), Kunst des Fliegens. Malerei, Skulptur, Architektur, Fotografie, Literatur, Film, Friedrichshafen: Zeppelin Museum 1996.

Baur, Christine: »Paul Dessaus ›Guernica‹«, in: Böhn/Mielke (Hg.), Die zerstörte Stadt, S. 367-389.

Becker, Alexander/Matthias Vogel (Hg.), Musikalischer Sinn. Beiträge zu einer Philosophie der Musik (= stw 1826), Frankfurt am Main: Suhrkamp Verlag 2007.

Benevole, Leonardo: Die Geschichte der Stadt. Frankfurt: Campus Verlag 2007.

Benjamin, Walter. Gesammelte Schriften, Bd. I–VI (= stw 931-937), Frankfurt am Main: Suhrkamp Verlag 1977.

Benjamin, Walter: Berliner Kindheit um neunzehnhundert (= Bibliothek Suhrkamp, Band 966), Frankfurt am Main: Suhrkamp Verlag 1987.

Beßlich Barbara: »Vom Nutzen und Nachteil des Grammophons für das Leben Hans Castorps. Narratologische, intermediale und reproduktionsästhetische Betrachtungen zum ›Zauberberg‹«, in: Schmidt/Valk (Hg.), Literatur intermedial. Paradigmenbildung zwischen 1918 und 1968 (= spectrum Literaturwissenschaft 19), Berlin/New York: Walter de Gruyter 2009, S. 153-166.

Blell, Gabriele: »›Seeing comes before words, and can never be quite covered by them.‹ Zum Verhältnis von (Kunst-)Bildern und Sprache«, in: Drexler/Klinger (Hg.), Bilderwelten, S. 3-24.

Boehm, Gottfried: »Das bildnerische Kontinuum. Die Transgression der Gattungsordnung in der Moderne«, in: Neumann/Warning (Hg.), Transgressionen, S. 19-38.

Boehm, Gottfried/Pfotenhauer (Hg.), Beschreibungskunst – Kunstbeschreibung. Ekphrasis von der Antike bis zur Gegenwart, München: Wilhelm Fink Verlag 1995.

Böhn, Andreas/Christine Mielke (Hg.), Die zerstörte Stadt. Mediale Repräsentationen urbaner Räume von Troja bis SimCity, Bielefeld: transcript Verlag 2007.

Borges, Jorge Luis: Fiktionen. Erzählungen (= Werke in 20 Bänden; Bd. 5, Fischer 10581), Frankfurt am Main: Fischer Taschenbuch Verlag 2001.

Borges, Jorge Luis: El Aleph, Erzählungen (= Werke in 20 Bänden, Bd. 6; Fischer 10582)1944-1952, Frankfurt am Main: Fischer Taschenbuch Verlag, 1992.

Borges, Jorge Luis: »Tlön, Uqbar, Orbis Tertius«, in: Fiktionen. S. 15–34.

Borsó, Vittoria: »Luis Buñuel: Film, Intermedialität und Moderne«, in: Link-Heer/Roloff (Hg.), Film, Literatur, Intermedialität, S. 159-179.

Brambeck, Manfred: Das Sprichwort im Bild. »Der Wald hat Ohren, das Feld hat Augen«. Zu einer Zeichnung von Hieronymus Bosch (= Akademie der Wissenschaften und der Literatur, Abhandlungen der geistes- und sozialwissenschaftlichen Klasse, Jahrgang 1987 Nr. 10), Stuttgart/Wiesbaden: Franz Steiner Verlag 1987.

Brandstetter, Gabriele: Tanz-Lektüren. Körperbilder und Raumfiguren der Avantgarde (= ftb 12396), Frankfurt am Main: Fischer Taschenbuch Verlag 1995.

Brenner, Peter (Hg.), Der Reisebericht (= st 2097), Frankfurt am Main: Suhrkamp Taschenbuch Verlag, 1989.

Broich, Ulrich/Manfred Pfister (Hg.), Intertextualität. Formen, Funktionen, anglistische Fallstudien (= Konzepte der Sprach- und Literaturwissenschaft 35), Tübingen: Niemeyer 1985.

Brosch, Renate/Ronja Tripp (Hg.), Visualisierungen. Textualität-Deixis-Lektüre (= Literatur, Imagination, Realität Bd. 41), Trier: Wissenschaftlicher Verlag 2007.

Brosch, Renate: »Visualisierung in der Leseerfahrung: Fokalisierung – Perspektive – Blick«, in: dies./Tripp (Hg), Visualisierungen, S. 47-86.

Brötz, Dunja: Dostojewskis »Der Idiot« im Spielfilm. Analogien bei Akira Kurosawa, Saša Gedeon und Wim Wenders, Bielefeld: transcript Verlag, 2008.

Brown, Calvin: »Theoretische Grundlagen zum Studium der Wechselverhältnisse zwischen Literatur und Musik«, in: St. P. Scher (Hg.), Literatur und Musik, S. 28-39.

Brückner, Wolfgang: »Der Blaue Reiter und die Entdeckung der Volkskunst als Suche nach dem inneren Klang«, in: Boehm/Pfotenhauer (Hg.), Beschreibungskunst – Kunstbeschreibung, S. 519-542.

Brüggemann, Heinz: Architekturen des Augenblicks. Raum-Bilder und Bild-Räume einer urbanen Moderne in Literatur, Kunst und Architektur des 20. Jahrhunderts (= Kultur und Gesellschaft Bd. 4), Hannover: Offizin-Verlag 2002.

Brüggemann, Heinz: »Aber schickt keinen Poeten nach London!« Großstadt und literarische Wahrnehmung im 18. und 19. Jahrhundert. Texte und Interpretationen (= Kulturen und Ideen, rororo sachbuch 7928/1680), Reinbek bei Hamburg: Rowohlt Verlag 1985.

Buci-Glucksmann, Christine: Der kartographische Blick der Kunst, Berlin: Merve Verlag 1997.

Cardi, Maria Virginia: »Für eine Ethik der Ruine«, in: Böhn/Mielke (Hg.), Die zerstörte Stadt, S. 83-100.

Carlini, Alessandro/Bernhard Schneider (Hg.), Die Stadt als Text, Tübingen: Ernst Wasmuth Verlag 1976.

Cassirer, Ernst: Philosophie der symbolischen Formen (= Bd. 1–3), Darmstadt: Primus Verlag 1997.

Cézanne, Paul: »Die malerische Wahrheit«, in: Hess (Hg.), Dokumente, S. 20-22.

Certeau, Michel de: Kunst des Handelns, Berlin: Merve Verlag 1988.

Certeau, Michel de: »Die Lektüre: eine verkannte Tätigkeit«, in: Barck/ Gente et al. (Hg.), Aisthesis, S. 296-298.

Charles, Daniel: »John Cage«, in: Barck/Gente et al. (Hg.), Aisthesis, S. 336-353.

Clüver, Claus: »INTER TEXTUS/INTERARTES/INTER MEDIA«, in: Helbig (Hg.), Komparatistik Jahrbuch 2001, S. 14-50.

Clüver, Klaus/Véronique Plesch/Leo Hoek (Hg.), Orientations. Space/Time/ Image/Word (= Word & Image Interactions 5), Amsterdam/New York: Rodopi, 2005.

Colette , Jean Yves (Hg.), La Mort du Genre. Actes du colloque tenue à Montreal en Octobre 1987, Québec: Les editions NBJ, 1987.

Curtius, Ernst Robert: Europäische Literatur und lateinisches Mittelalter, Bern, München: Francke Verlag 1961.

Däßler, Rudolf.»Informationsvisualisierung. Stand, Kritik und Perspektiven«, in: Drexler/Klinger (Hg.), Bilderwelten, S. 211-236.

De Fusco, Renato: Architektur als Massenmedium. Anmerkungen zu einer Semiotik der gebauten Form, Gütersloh: Bertelsmann Fachverlag 1972.

Debray, Régis: Einführung in die Mediologie, Bern, Stuttgart, Wien: Haupt Verlag 2003.

De la Motte-Haber, Helga (Hg.), Klangkunst. Tönende Objekte und klingende Räume, Laaber: Laaber-Verlag 1999.

Dickhaut, Kirsten: »Intermedialität und Gedächtnis«, in: A.Erll/A.Nünning (Hg.), Gedächtniskonzepte, S. 203-226.

Drexler, Peter/Judith Klinger (Hg.): Bilderwelten. Strategien der Visualisierung in Wissenschaft und Kunst (= Literatur, Imagination, Realität Bd. 40), Trier: Wissenschaftlicher Verlag 2006.

Eco, Umberto: Die Bücher und das Paradies, (= dtv 34276), München: Deutscher Taschenbuch Verlag 2006.

Eco, Umberto: Über Spiegel und andere Phänomene (= dtv wissenschaft 11319), München: Deutscher Taschenbuch Verlag 1995.

Eco, Umberto: Lector in fabula (= dtv 4531), München: Deutscher Taschenbuch Verlag, 1990.

Eco, Umberto: Einführung in die Semiotik, (= UTB für Wissenschaft, 105), München: Wilhelm Fink Verlag 1972.

Eco, Umberto: »Marco Polo: das Unbekannte beschreiben«, in ders.: Über Spiegel und andere Phänomene, S. 90-96.

Eicher, Thomas: »Was heißt (hier) Intermedialität«, in: ders./Bleckmann (Hg.), Intermedialität, S.11-28.

Eicher, Thomas/Ulf Bleckmann (Hg.): Intermedialität. Vom Bild zum Text, Bielefeld: Aisthesis Verlag 1994.

Einstein, Carl: Negerplastik. Mit 116 Abbildungen, München: Kurt Wolff Verlag 1920.

Einstein, Carl: Afrikanische Plastik (= Orbis pictus/Weltkunst-Bücherei 7), Berlin: Verlag Ernst Wasmuth, 1921.

Eisenmann, Peter: Aura und Exzeß. Zur Überwindung der Metaphysik in der Architektur, Wien: Passagen Verlag 1995.

Ertzdorff, Xenia von/Gerhard Giesemann/Rudolf Schulz (Hg.), Erkundung und Beschreibung der Welt. Zur Poetik der Reise und Länderberichte. Vorträge eines interdisziplinären Symposiums vom 19. bis 24. Juni 2000 an der Justus Liebig Universität Gießen (= Chloe, Beihefte zu Daphnis, Bd. 34), Amsterdam, New York: Editions Rodopi B.V. 2003.

Ette, Ottmar: Literatur in Bewegung. Raum und Dynamik grenzüberschreitenden Schreibens in Europa und Amerika, Göttingen: Velbrück Wissenschaft 2001.

Ette, Ottmar: »Est-ce que l'on sait où l'on va? Dimensionen, Orte und Bewegungsmuster des Reiseberichts«, in W. Bernecke/G. Krömer (Hg.), Die Wiederentdeckung Lateinamerikas, S. 29-75.

Fechner, Jörg-Ulrich: »Permanente Mutation – Betrachtungen zu einer ›offenen Gattungspoetik‹«, in: H. Rüdiger (Hg.), Die Gattungen, S. 1-32.

Felix, Jürgen (Hg.), Moderne Film Theorie, Mainz: Bender Verlag 2002.

Fischer-Lichte, Erika: Ästhetik des Performativen (= es 363), Frankfurt am Main: Suhrkamp Verlag 2004.

Fischer-Lichte, Erika/Christoph Wulf (Hg.), Paragrana. Internationale Zeitschrift für Historische Anthropologie. Praktiken des Performativen (= Bd. 13; 2004; Heft 1), Berlin: Akademie Verlag 2004.

Fitter, Chris: Poetry, space, landscape. Toward a new theory (= Literature, Culture, Theory 13), Cambridge/New York [u.a.]: Cambridge University Press 1995.

Foltinek, Herbert/Christoph Leitgeb (Hg.), Literaturwissenschaft: intermedial: interdisziplinär, Wien: Verlag der Akademie der Wissenschaften 2002.

Fontaine, Susanne: »Intermediales Zusammenspiel: Musik und Literatur in Alejo Carpentiers ›La consagración de la primavera‹«, in: Ostleitner/Glanz (Hg.), Alejo Carpentier. S. 91-111.

Frühe, Ursula: Das Paradies ein Garten – der Garten ein Paradies. Studien zur Literatur des Mittelalters unter Berücksichtigung der bildenden Kunst und Architektur (= Europäische Hochschulschriften: Reihe 18, Vergleichende Literaturwissenschaft Bd.103), Frankfurt am Main: Peter Lang Verlag 2001.

Füger, Wilhelm: »Wo beginnt Intermedialität. Latente Prämissen und Dimensionen eines klärungsbedürftigen Konzepts«, in: Helbig (Hg.), Intermedialität, S. 41-57.

Gallisaires, Pierre (Hg.), Alexander Rodtschenko. ALLES IST EXPERIMENT. Der Künstler-Ingenieur, Hamburg: Edition Nautilus 1993.

Gans Michael/Roland Jost/Ingo Kammerer (Hg.), Mediale Sichtweisen auf Literatur, Baltmannsweiler: Schneider Verlag Hohengehren 2008.

Genette, Gérard: Paratexte. Das Buch vom Beiwerk des Buches (= suhrkamp taschenbuch wissenschaft 1510), Frankfurt am Main: Suhrkamp Verlag 2001.

Geppert, Hans Vilmar: Literatur im Mediendialog. Semiotik, Rhetorik, Roman, Film, Hörspiel, Lyrik und Werbung (= Schriften der Philosophischen Fakultäten Augsburg, Sprach- und literaturwissenschaftliche Reihe, Bd. 75), München: Verlag Ernst Vögel 2006.

Gleizes, Albert: »Das aktive Auge«, in: Hess (Hg.). Dokumente, S. 108-117.

Goebel, Gerhard: Poeta Faber. Erdichtete Architektur in der italienischen, spanischen und französischen Literatur der Renaissance und des Barock, Heidelberg: Carl Winter Universitätsverlag 1971.

Goethe, Johann Wolfgang von: Sämtliche Werke in 18 Bänden (= Unveränderter Nachdruck der Artemis Gedenkausgabe zu Goethes 200. Geburtstag am 28. August 1949),Wien: Kremayr & Scheriau, o.J.

Goethe, Johann Wolfgang von: »Von deutscher Baukunst; D.M. Ervini a Steinbach, 1773«, in: ders., Werke, 13, S.16-26.

Gogh, Vincent van: »Pinselschrift, Schaffensekstase«, in: Hess (Hg.). Dokumente, S. 37-38.

Gombrich, Ernst H.: Kunst und Illusion. Zur Psychologie der bildlichen Darstellung, Berlin: Phaidon 2004.

Gonzales-Crussi, Frank: Verbotene Blicke, schamloses Sehen, Berlin: University Press 2007.

Grodecki, Louis: Architektur der Gotik Stuttgart: Belser, 1976.

Hammacher, A.M.: René Magritte, Köln: Du Mont 1975.

Hansen-Pauly, Marie-Anne: »Revisiting Arcadia«, in: Schmeling/Schmitz-Emans (Hg.), Landschaft, S. 195-212.

Haupt, Sabine/Ulrich Stadler (Hg.), das unsichtbare sehen. Bildzauber, optische Medien und Literatur, Wien, New York: Springer Verlag 2006.

Haus, Andreas: »Die Entstehung des Emblems als ›Angewandte‹ Kunstgattung. Emblem: Ort des Sinns im grossen Chaos«, in Schunck (Red.), SINNBILD – BILDSINN, S. 23-37.

Hegel, Wilhelm: Ästhetik. Frankfurt am Main: Europäische Verlagsanstalt 1965.

Helbig. Jörg: Intertextualität und Markierung. Untersuchungen zur Systematik und Funktion der Signalisierung von Intertextualität (= Beiträge zur neueren Literaturgeschichte; Folge 3, Bd. 141), Heidelberg: Universitätsverlag C. Winter 1996.

Helbig, Jörg (Hg.), Intermedialität. Theorie und Praxis eines interdisziplinären Forschungsgebiets, Berlin: Schmidt 1998.

Helbig, Jörg (Hg.), Komparatistik. Jahrbuch der Deutschen Gesellschaft für Allgemeine und Vergleichende Literaturwissenschaft, Heidelberg: Synchron 2001.

Hess, Walter (Hg.), Dokumente zum Verständnis der modernen Malerei (= rowohlts enzyklopädie 410), Reinbek bei Hamburg: Rowohlt Taschenbuch Verlag 1993.

Heuner, Ulf (Hg.), Klassische Texte zum Raum (= Klassische Texte Bd. 2), Berlin: Parodos Verlag 2008.

Heydenreich, Titus: »Arkadien im Negativ«, in: Link-Heer (Hg.), Luis Buñuel, S. 102-119.

Hillgärtner, Harald/Thomas Küpper (Hg.), Medien und Ästhetik. Festschrift für Burkhardt Linder, Bielefeld: transcript 2004.

Hilmes, Carola: »Kartographie anderer Räume in Romanen von Kubin, Kasack und Jahnn«, in: Schmeling, Paradigma der Landschaft, S. 125-138.

Hoffmann, Ernst T. A.: Der Sandmann, Berlin: Nicolai 1921.

Hoffmann, Ernst T. A.: »Des Vetters Eckfenster«, in: Späte Werke, München: Artemis Verlag 1965, S 612-637.

Honold, Alexander: »Der singende Text. Klanglichkeit als literarische Performanzqualität«, in: Schmidt/Valk (Hg.), Literatur intermedial, S 187-208.

Hugo, Victor: Der Glöckner von Notre-Dame (= dtv klassik 2329), München: Deutscher Taschenbuch Verlag 1994.

Holländer, Hans: »Literatur, Malerei, Graphik«, in: Zima (Hg.), Literatur Intermedial, S. 129-169.

Holländer, Hans/Christian W. Thomsen (Hg.), Besichtigung der Moderne: Bildende Kunst, Architektur, Musik, Literatur, Religion. Aspekte und Perspektiven, Köln: DuMont Buchverlag 1987.

Holzner, Anton: »Rundum Berge. Faltpanoramen: so weit das Auge reicht – im Taschenformat« in: Klier (Hg.), Berg 2002, S. 172-175.

Iser, Wolfgang: »Das Zusammenspiel des Fiktiven und des Imaginären«, in: Kimmich/ Renner/Stiegler (Hg.), Texte zur Literaturtheorie S. 287-300.

Jacob, Daniel/Thomas Krefeld/Wulf Österreicher (Hg.), Sprache, Bewußtsein, Stil. Theoretische und historische Perspektiven, Tübingen: Günther Narr Verlag 2005.

Jameson, Frederic: The Geopolitical Aesthetic. Cinema and Space in the World System, London: Indiana University Press 1992.

Jeppesen, Knud: Kontrapunkt. Lehrbuch der klassischen Vokalpolyphonie, Leipzig: Breitkopf & Härtel Musikverlag 1971.

Kaiser, Gerd: »Totentanz und verkehrte Welt«, in: Link (Hg.), Tanz und Tod, S. 93-118.

Kaiser, Gerhard.R.: »Zur Dynamik literarischer Gattungen«, in: H. Rüdiger (Hg.), Die Gattungen, S. 32-62.

Kandinsky, Wassily: Essays über Kunst und Künstler (herausgegeben und kommentiert von Max Bill), Bern: Benteli Verlag 1953.

W. Kandinsky, Wassily: »Tanzkurven«, in: ders.: Essays, S. 85-87.

Kandinsky, Wassiliy/Franz Marc (Hg.), Der Blaue Reiter (= Dokumentarische Neuausgabe von Klaus Lankheit), München: Piper 1986.

Karpenstein-Eßbach, Christa: Einführung in die Kulturwissenschaft der Medien (= UTB2489), Paderborn: Wilhelm Fink Verlag 2004.

Keller, Hermann: Das Wohltemperierte Klavier von Johann Sebastian Bach, Kassel: Bärenreiter Verlag 1965.

Kern, Hermann: Labyrinthe. Erscheinungsformen und Deutungen, München: Prestel 1995.

Kiening, Christian: Das wilde Subjekt. Kleine Poetik der Neuen Welt, Göttingen: Vandenhoeck und Ruprecht 2006.

Kim, Mookyu: Mediale Konfigurationen. Ein Beitrag zur Theorie der Intermedialität (= Konstanzer Dissertationen 596), Konstanz: Hartung-Gorre 2003.

Kimmich, Dorothee/Rolf Günther Renner/Bernd Stiegler (Hg.), Texte zur Literaturtheorie der Gegenwart (= Universal-Bibliothek Nr. 9414), Stuttgart: Reclam 1996.

Klepper, Martin: »Visualität und Textualität – Symptome einer schwierigen Beziehung am Beispiel der literarischen Perspektive«, in: Brosch/Tripp (Hg.), Visualisierungen, S. 87-108.

Kindermann, Wolf: »Narrative Malerei und ›malerischer Diskurs‹. Formen intermedialer Interdependenz im Amerika des 19. Jahrhunderts«, in: Helbig (Hg.), Intermedialität, S. 204-218.

Kloock, Daniela/Angela Spahr: Medientheorien. Eine Einführung (= UTB 1986), Paderborn: Wilhelm Fink 2000.

Koelsch, Stefan und Tom Fritz: »Musik verstehen- Eine neurowissenschaftliche Perspektive«, in: Becker/Vogel (Hg.). Musikalischer Sinn, S. 237-264.

Köhler, Johannes/Wolfgang Christian Schneider (Hg.), Das Emblem im Widerspiel von Intermedialität und Synmedialität (= Philosophische Texte und Studien Bd. 89), Hildesheim: Georg Olms Verlag 2007.

Konstantinović, Zoran/Steven P. Sher/Ulrich Weisstein (Hg.), Literature and the Other Arts / La Littéerature et les autres arts / Literatur und die anderen Künste (= Proceedings of the IXth Congress of the International Comparative Literature Association, Innsbruck, 1979; Bd. 3), Innsbruck 1981.

Köppe, Tillmann/Simone Winkler: Neuere Literaturtheorien, Stuttgart/ Weimar: Verlag J.B. Metzler 2009.

Korte, Barbara: Der englische Reisebericht. Von der Pilgerfahrt zur Postmoderne, Darmstadt: Wissenschaftliche Buchgesellschaft 1996.

Koschorke, Albrecht: Die Geschichte des Horizonts. Grenze und Grenzüberschreitung in literarischen Landschaftsbildern, Frankfurt am Main: Suhrkamp Verlag 1990.

Köster, Werner: »Schockierende Bilder«, in: Link-Heer/ Roloff (Hg.), Luis Buñuel, S. 66-82.

Kracauer, Siegfried: Das Ornament der Masse. Essays (= ST 371), Frankfurt am Main: Suhrkamp Verlag 1977.

Krämer, Sybille: »Was also ist eine Spur? Und worin besteht ihre epistemische Rolle? Eine Bestandsaufnahme«, in: dieselbe/Kogge/Grube (Hg.), Spur, S. 11-36.

Krämer, Sybille/Werner Kogge/Gernot Grube (Hg.), Spur. Spurenlesen als Orientierungstechnik und Wissenskunst, Frankfurt am Main: Suhrkamp Verlag 2007.

Kristeva, Julia. »Bachtin, das Wort, der Dialog und der Roman«, in: Kimmich/ Renner/Stiegler (Hg.), Texte zur Literaturtheorie der Gegenwart, S. 334-348.

Kümmel, Albert/Leander Scholz/Eckhard Schumacher (Hg.), Einführung in die Geschichte der Medien (= UTB 2488), Paderborn: Wilhelm Fink Verlag 2004.

Kümmel, Albert: »Die innere Stimme – die deutsche Radiodebatte«, in: ders./Scholz/Schumacher (Hg.), Geschichte der Medien, S. 175-198.

Langen, August. Anschauungsformen in der deutschen Dichtung des 18. Jahrhunderts, Darmstadt: Wissenschaftliche Buchgesellschaft, 1965.

Lecke, Bodo (Hg.), Mediengeschichte, Intermedialität und Literaturdidaktik (= Beiträge zur Literatur- und Mediendidaktik Bd. 15), Frankfurt am Main: Peter Lang 2008.

Lehan, Richard: The City in Literature. An Intellectual and Cultural History, Berkley: University of California Press 1998.

Leitner, Claudia: »›Eine Glanzrolle für den Sopran‹: Intermedialität, Zeitverschobenheit und die Wiederkehr des kolonialen Subjekts in Carpentiers ›Concierto barroco‹«, in: Ostleitner/Glanz (Hg.), Alejo Carpentier, S. 137-165.

Lengelsen Monika: »Archäologie des Raumes. Konstruktionselemente der *Carceri d'invenzione* von Giovanni Battista Piranesi«, in: Adam (Hg.), Das achtzehnte Jahrhundert. S. 233-246.

Lessing, Gotthold Ephraim: Laokoon oder über die Grenzen der Malerei und Poesie, München: Winkler 1969.

Link, Franz (Hg.), Tanz und Tod in Kunst und Literatur (= Schriften zur Literaturwissenschaft, Bd. 8), Berlin: Duncker und Humblot 1993.

Link-Heer, Ursula/Volker Roloff (Hg.), Luis Buñuel. Film – Literatur – Intermedialität, Darmstadt: Wissenschaftliche Buchgesellschaft 1994.

Ljungberg, Christina: »Cartographic Strategies in Contemporary Fiction«, in: Clüver/Plesch/Hoek (Hg.), Orientations, S. 155-172.

Lobsien, Eckhard: Landschaft in Texten. Zur Geschichte und Phänomenologie der literarischen Beschreibung, Stuttgart: Metzlersche Verlagsbuchhandlung 1981.

Löffler, Petra: »Bilderindustrie: Die Fotografie als Massenmedium«, in: Kümmel/Scholz/Schumacher (Hg.), Geschichte der Medien, S. 95-124

Mahne, Nicole: Transmediale Erzähltheorie. Eine Einführung (=UTB 2913), Göttingen: Vandenhoeck & Ruprecht 2007.

Mann, Thomas: Der Zauberberg, Frankfurt am Main: Fischer Taschenbuch Verlag, 1979.

Marci-Boehncke, Gudrun: »Intermedialität als perspektivierter Prozess: Von der Wiederentdeckung des Rezipienten in einem vorläufigen Diskurs«, in: Lecke (Hg.), Mediengeschichte, S. 79-94.

Matisse, Henri. »Farbe und Zeichnung«, in : Hess (Hg.), Dokumente, S. 55-58.

Meisenheimer, Wolfgang: »Architektur als Museum?« in: Holländer (Hg.), Besichtigung der Moderne, S. 277-284.

Meyer, Urs/Robert Simanowski/Christoph Zeller (Hg.), Transmedialität. Zur Ästhetik paraliterarischer Verfahren, Göttingen: Wallstein 2006.

Meyer, Urs: »Transmedialität (Intermedialität, Paramedialität, Metamedialität, Hypermedialität, Archimedialität): Das Beispiel Werbung« in: ders./Simanowski/Zeller (Hg.), Transmedialität, S. 110-130.

Mink, Janis: Joan Miró – 1893-1983, Köln: Benedikt Taschen Verlag 1993.

Mosthaf, Franziska: Metaphorische Intermedialität: Formen und Funktionen der Verarbeitung von Malerei im Roman (= Horizonte Bd. 25), Trier: Wissenschaftlicher Verlag 2000.

Naumann-Beyer, Gabriele: Anatomie der Sinne im Spiegel von Philosophie, Ästhetik, Literatur (= Studien zur Literatur- und Kulturgeschichte, Kleine Reihe Bd. 19). Köln: Böhlau, 2003.

Navascués, Javier de: La ciudad imaginaria, Frankfurt am Main: Iberoamericana 2007.

Nelle, Florian: Künstliche Paradise. Vom Barocktheater zum Filmpalast (= Film-Medium-Diskurs Bd. 13), Würzburg: Königshausen & Neumann 2005.

Neuber, Wolfgang: »Zur Gattungspoetik des Reiseberichts. Skizze einer historischen Grundlegung im Horizont von Rhetorik und Topik«, in: P. Brenner (Hg.), Reisebericht, S. 50-67.

Neumann, Gerhard: »Stil als Wahrnehmungsexperiment – E.T.A. Hoffmanns poetologische Novelle ›Des Vetters Eckfenster‹«, in: Jacob/Krefeld/Österreicher (Hg.), Sprache, Bewußtsein, Stil, S. 167-196.

Neumann, Gerhard/Rainer Warning (Hg.), TRANSGRESSIONEN: Literatur als Ethnographie (= Rombach Wissenschaften; Reihe litterae Bd. 98), Freiburg im Breisgau: Rombach 2002.

Neumann, Gerhard/Claudia Öhlschläger (Hg.), Inszenierungen in Schrift und Bild (= Schrift und Bild in Bewegung Bd. 7), Bielefeld: Aisthesis 2004.

Nünning, Vera/Ansgar Nünning (Hg.), Erzähltheorie transgenerisch, intermedial, interdisziplinär (= WVT Handbücher zum Literaturwissenschaftlichen Studium Bd. 5), Trier: Wissenschaftlicher Verlag Trier 2002.

Oberer Hariolf/Egon Verheyen (Hg.), Aufsätze zu Grundfragen der Kunstwissenschaft, Berlin: Spiess 1992.

Oettermann, Stephan: Das Panorama. Die Geschichte eines Massenmediums, Frankfurt am Main: Syndikat 1980.

Ovid: Metamorphosen (= dtv12456), München: Deutscher Taschenbuch Verlag 1997.

Paech, Joachim (Hg), Film, Fernsehen, Video und die Künste. Strategien der Intermedialität, Stuttgart: Metzler 1994.

Paech, Joachim:»Intermedialität. Mediales Differenzial und transformative Figurationen«, in: Helbig (Hg.), Intermedialität, S. 14-30.

Paech, Joachim: »Die Intermedialität des Films«, in: Felix (Hg.), Film Theorie, S. 287-312.

Paech, Joachim: »Das Bild zwischen den Bildern«, in ders. (Hg.): Film, Fernsehen, Video und die Künste, S. 163-178.

Panofsky, Erwin: Gotische Architektur und Scholastik. Zur Analogie von Kunst, Philosophie und Theologie im Mittelalter, Köln: DuMont 1989.

Panofsky, Erwin: »Die Perspektive als ›symbolische Form‹«, in: Oberer/Verheyen (Hg.), Aufsätze zu Grundfragen der Kunstwissenschaft, S. 99-168.

Peez, Erik: Die Macht der Spiegel. Das Spiegelmotiv in Literatur und Ästhetik des Zeitalters von Klassik und Romantik (= Europäische Hochschulschriften, Reihe 1 Vol. 1171), Frankfurt am Main: Peter Lang Verlag 1990.

Pelz, Annegret: Reisen durch die eigene Fremde. Reiseliteratur von Frauen als autogeographische Schriften (= Literatur-Kultur-Geschlecht, Studien zur Literatur- und Kulturgeschichte, Kleine Reihe Bd. 2), Köln, Weimar: Böhlau Verlag 1993.

Petrarca, Francesco: Die Besteigung des Mont Ventoux. Familiarum rerum libri IV 1 (= Universalbibliothek 887), Stuttgart: Reclam 1996.

Primavesi, Patrick: »Schauplatz und Passage. Theatrale Räume im Denken Walter Benjamins«, in: Sader/Wörner (Hg.), Überschreitungen, S. 237-256.

Pirchan, Emil: Bühnenmalerei. Das Malen von Theaterdekorationen, Wien: Wilhelm Frick Verlag 1946.

Plett, Heinrich F.: »Bildwechsel. Impressionistische Intermedialität im Fin de Siècle«, in: Helbig (Hg.), Intermedialität, S. 219-230.

Rahmsdorf, Sabine: Stadt und Architektur in der literarischen Utopie der frühen Neuzeit(= Beiträge zur neueren Literaturgeschichte Folge 3, Bd. 168), Heidelberg: Universitätsverlag C. Winter 1999.

Rajewsky, Irina: Intermedialität (= UTB 2261), Tübingen: A. Francke Verlag 2002.

Reichel, Norbert: Der erzählte Raum. Zur Verflechtung von sozialem und poetischem Raum in erzählender Literatur (= Impulse der Forschung; Bd. 52), Darmstadt: Wissenschaftliche Buchgesellschaft 1987.

Reidel-Schrewe, Ursula: Die Raumstruktur des narrativen Textes. Thomas Mann, »Der Zauberberg« (= EPISTEMATA – Würzburger wissenschaftliche Schriften, Reihe Literaturwissenschaft Bd. 80), Würzburg: Königshausen und Neumann 1992.

Reif, Wolfgang: »Exotismus im Reisebericht des frühen 20. Jahrhunderts«. in: Brenner (Hg.), Reisebericht, S. 434–462.

Reisz, Karel/Gavin Miller: Geschichte und Technik der Filmmontage, München: Filmlandpresse 1988.

Renner, Rolf-Günter: »Schrift-Bilder und Bilder-Schriften. Zur Beziehung zwischen Literatur und Malerei«, in: Zima (Hg.), Literatur intermedial, S. 171-208.

Renner Ursula: »Ein Setzkasten physiognomischer Lettern – Johann Caspar Lavaters Bildarchiv«, in: Neumann/Öhlschläger (Hg.), Inszenierungen in Schrift und Bild, S. 17-48.

Reulecke, Ann Kathrin: Geschriebene Bilder. Zum Kunst- und Mediendiskurs in der Gegenwartsliteratur, München: Fink 2002.

Riese, Utz: »Kulturelle Übersetzung und intermediale Übertragung«, in: Herlinghaus/Riese (Hg.), Heterotopien der Identität, S. 7-20.

Rilke, Rainer Maria: Neue Gedichte und der Neuen Gedichte anderer Teil (= it 49), Frankfurt am Main: Insel Verlag 1980.

Rilke, Rainer Maria: Duineser Elegien, Frankfurt am Main: Suhrkamp 1966.

Rössner, Michael/Frank-Rutger Hausmann (Hg.), Theatralisierung der Wirklichkeit und Wirklichkeit des Theaters (= Akten des 3. Pirandello-Kolloquiums in Wien vom 29.-31. Mai 1986), Bonn: Romanistischer Verlag 1988.

Roters, Eberhard: Jenseits von Arkadien. Die romantische Landschaft, Köln: DuMont Verlag 1995.

Rüdiger, Horst (Hg.), Die Gattungen in der Vergleichenden Literaturwissenschaft (= Komparatistische Studien; Beiheft zu »arcadia«, Zeitschrift für Vergleichende Literaturwissenschaft Bd. 4). Berlin, New York: de Gruyter 1974.

Ryan, Marie-Laure (Hg.), Narrative across Media. The languages of Storrytelling, USA: Board of Regents of the University of Nebraska 2004.

Sader, Jörg/Anette Wörner (Hg.), Überschreitungen. Dialoge zwischen Literatur- und Theaterwissenschaft, Architektur und Bildender Kunst (= Festschrift für Leonhard M. Fiedler), Würzburg: Königshausen und Neumann 2002.

Said, Edward W.: Orientalism, London: Penguin Classics 2003.

Salmen, Walter: »Zur Praxis von Totentänzen im Mittelalter«, in: Link (Hg.), Tanz und Tod, S. 119-126.

Sanio, Sabine: »Autonomie, Intentionalität, Situation. Aspekte eines erweiterten Kunstbegriffs«, in: De la Motte-Haber (Hg.), Klangkunst. Tönende Objekte und klingende Räume, S. 69-118.

Saussy, Haun (Hg.), Comparative Literature in an Age of Globalization (= The American Comparative Literature Association, Report on the State of the Discipline 2004), Baltimore: John Hopkins University Press 2006.

Schadewaldt, Hans: »Totentanz und Heilberufe«, in: Link (Hg.), Tanz und Tod, S. 69-91.

Schaik, Martin van: Exit Utopia. Architectural provocations 1956-76, Munich: Prestel 2005.

Scher, Steven P. (Hg.), Literatur und Musik. Ein Handbuch für Theorie und Praxis eines komparatistischen Grenzgebietes, Berlin: Schmidt 1984.

Scher, Steven P.: »Comparing Literature and Music: Current Trends and Prospects in Critical Theory and Methodology«, in: Konstantinović/Scher/-Weisstein (Hg.), Literature and the Other Arts, S. 215-222.

Schloz, Thomas (Hg.), Architektursemiotik (= IRB Literaturauslese), Stuttgart: IRB Verlag 1986.

Schmeling; Manfred (Hg.), Vergleichende Literaturwissenschaft. Theorie und Praxis, Wiesbaden: Athenaion 1981.

Schmeling, Manfred/Monika Schmitz-Emans: Das Paradigma der Landschaft in Moderne und Postmoderne. (Post-)Modernist Terrains: Landscapes-Settings-Spaces (= Saarbrücker Beiträge zur Vergleichenden Literatur- und Kulturwissenschaft Bd. 34),Würzburg: Königshausen und Neumann 2007.

Schmidt Wolf Gerhard/Thorsten Valk (Hg.), Literatur intermedial. Paradigmenbildung zwischen 1918 und 1968 (= spectrum Literaturwissenschaft 19), Berlin/New York: Walter de Gruyter 2009.

Schmitt-von Mühlenfels, Franz: »Literatur und andere Künste«, in M. Schmeling (Hg.), Vergleichende Literaturwissenschaft. Theorie und Praxis, S. 165-174.

Schmitz-Emans, Monika: »Landscapes as ›texts‹«, in: dies./Schmeling (Hg.), Das Paradigma der Landschaft, S. 247-264.

Schmitz-Emans, Monika. »Literaturwissenschaft und Intermedialität«, in: dies./ Uwe Lindemann (Hg.). Komparatistik Jahrbuch 2004/05, S. 103-115.

Schmitz-Emans: Monika. »Optische Künste und Simulacren. Die Poetisierung optischer Reproduktionstechniken in Erzählungen über künstliche Menschenschöpfungen«, in: Haupt/Stadler (Hg.), das unsichtbare sehen, S. 213-234.

Schmitz-Emans, Monika: »Die Intertextualität der Bilder als Gegenstand der Literaturwissenschaft«, in: Foltinek/Leitgeb (Hg.), Literaturwissenschaft, S. 193-230.

Schmitz-Emans, Monika: »Verkehrte Welten – Überlegungen zur Modellfunktion des dramatischen Spiels in der Romantik und bei Pirandello«, in: Rössner/Hausmann (Hg.), Theatralisierung der Wirklichkeit, S. 84-104.

Schmitz-Emans, Monika/Uwe Lindemann (Hg.), Komparatistik. Jahrbuch der Deutschen Gesellschaft für Allgemeine und Vergleichende Literaturwissenschaft 2004/05, Heidelberg: Synchron 2005.

Schöttker, Detlev: »Architektur als Literatur. Zu Geschichte und Theorie eines ästhetischen Dispositivs«, in: Meyer/Simanowski/Zeller (Hg.), Transmedialität, S. 131-151.

Schuberth, Otmar: Das Bühnenbild. Geschichte. Gestalt. Technik, Wilhelmshaven: Florian Noetzel Verlag 2005.

Schunck, Michael (Red.), SINNBILD – BILDSINN (= Ausstellungskataloge Trierer Bibliotheken Nr. 22), Trier: Zentraldruckerei der Universität Trier 1991.

Sexl, Martin (Hg.), Einführung in die Literaturtheorie (= UTB 2527), Wien: Facultas Verlag 2004.

Sipek, Borek: Architektur als Vermittlung. Semiotische Untersuchung der architektonischen Form als Bedeutungsträger, Stuttgart: Kremer 1980.

Skrandies, Timo: »Medium/Kultur«, in: Hillgärtner/Küpper (Hg.), Medien und Ästhetik, S. 292-305.

Solbach, Andreas: Evidentia und Erzähltheorie. Die Rhetorik anschaulichen Erzählens in der Frühmoderne und ihre antiken Quellen (= FIGUREN Bd. 2), München: Wilhelm Fink Verlag 1994.

Solf, Sabine: Festdekoration und Groteske, Baden-Baden: Verlag Valentin Koerner 1975.

Stanger, Claudia S: »Literary and musical structuralism: an approach to interdisciplinary criticism«, in: Konstantionvić/Scher/Weisstein (Hg.), Literature and the Other Arts, S. 223-227.

Stiegler Bernd: »Das Sichtbare und das Unsichtbare. Kleine Wahrnehmungsgeschichte der Photographie«, in: Haupt/Stadler (Hg.), das unsichtbare sehen, S. 141-159.

Stierle, Karlheinz: Der Mythos von Paris. Zeichen und Bewußtsein der Stadt (= dtv 30669), München: Deutscher Taschenbuch Verlag 1998.

Tanasti, Eero: »Music as a Narrative Art«, in: Ryan (Hg.), Narrative across Media, S. 283-304.

Töchterle, Karlheinz: »Über das Erhabene«, in: Sexl (Hg.), Einführung in die Literaturtheorie, S. 46-47.

Ungar, Steven: »Writing in Tongues. Thoughts on the Work of Translation«, in: Saussy (Hg.), Comparative Literature, S. 127-136.

Virilio, Paul: »Metempsychose des Passagiers«, in: Barck/Gente (Hg.), Aisthesis, S. 83-96.

Virilio, Paul: »Der Film leitet ein neues Zeitalter der Menschheit ein«, in: Barck/Gente (Hg.), Aisthesis, S. 166-195.

Wagner, Peter (Hg.), Icons-Texts-Iconotexts. Essays on Ekphrasis and Intermediality, Berlin, New York: Walter de Gruyter 1996.

Waugh, Evelyn: A Handful Of Dust, Harmondsworth: Penguin Books 1978.

Weihsmann, Helmut: Cinecture. Film. Architektur. Moderne, Wien: PVS Verleger 1995.

Weisstein, Ulrich (Hg.), Literatur und Bildende Kunst. Ein Handbuch zur Theorie und Praxis eines komparatistischen Grenzgebietes, Berlin: Erich Schmidt Verlag 1992.

Weisstein, Ulrich (Hg.), Einführung in die Vergleichende Literaturwissenschaft, Stuttgart: Kohlhammer 1968.

Wolf, Werner: »Intermedialität. Ein weites Feld und eine Herausforderung für die Literaturwissenschaft«, in: Foltinek/Leitgeb (Hg.), Literaturwissenschaft, S. 163-192.

Wolf, Werner: »Intermediale Erzähltheorie«, in: A. Nünning/V. Nünning (Hg.), Erzähltheorie, S. 23-104.

Wolf, Werner: »›The musicalisation of fiction‹. Versuche intermedialer Grenzüberschreitungen zwischen Musik und Literatur im englischen Erzählen des 19. und 20. Jahrhunderts«, in: Helbig (Hg.), Intermedialität, S. 133-164.

Wolf, Werner: »Intermedialität als neues Paradigma der Literaturwissenschaft? Plädoyer für eine literaturzentrierte Erforschung von Grenzüberschreitungen zwischen Wortkunst und anderen Medien am Beispiel von Virginia Woolfs ›The String Quartett‹«, in: Arbeiten aus Anglistik und Amerikanistik 21, Tübingen: Gunter Narr Verlag 1996, S. 85-116.

Zeppenfeld, Inge: Anti-illusionistische Spielräume. Die ästhetischen Konzepte des Surrealismus, Symbolismus und der abstrakten Kunst im Spiegel der Theaterarbeit Achim Freyers und Axel Mantheys. Tübingen: Max Niemeyer Verlag 1988.

Zima, Peter v.: Literatur intermedial. Musik-Malerei-Photographie-Film, Darmstadt: Wissenschaftliche Buchgesellschaft 1995.

10.4 Kulturwissenschaft/Geschichte

Assmann, Jan: Das kulturelle Gedächtnis. Schrift, Erinnerung und politische Identität in frühen Hochkulturen (= beck'sche reihe 1307), München: C.H. Beck 1999.

Barz, Paul: Christoph Columbus (= dtv portrait, dtv 31083), München: Deutscher Taschenbuch Verlag 2006.

Baßler, Moritz: »New Historicism – Literaturgeschichte als Poetik der Kultur«, in: ders. (Hg.), New Historicism. Literaturgeschichte als Poetik der Kultur (= Fischer Wissenschaft 2690), Frankfurt am Main: Fischer Taschenbuch Verlag GmbH 1995, S. 7-28.

Bhabha, Homi K.: Die Verortung der Kultur (= Stauffenburg Discussion, Studien zur Inter- und Multikultur 5), Tübingen: Stauffenburg Verlag 2000.

Bitterli, Urs: Die ›Wilden‹ und die ›Zivilisierten‹. Grundzüge einer Geistes- und Kulturgeschichte der europäisch-überseeischen Begegnung, München: C.H. Beck 1991.

Blumenberg, Hans: Paradigmen zu einer Metaphorologie (= stw 1301), Frankfurt am Main: Suhrkamp Verlag. 1998.

Böhme, Gernot/Hartmut Böhme: Feuer Wasser Erde Luft. Eine Kulturgeschichte der Elemente (= beck'sche reihe 1565), München: Verlag C.H. Beck 1996.

Böhme, Hartmut: »Die Ästhetik der Ruinen«, in: Kamper/Wulf (Hg.), Der Schein des Schönen, Göttingen: Steidl 1989, S. 287-304.

Breuer, Ingeborg/Peter Leusch/Dieter Mersch (Hg.), Welten im Kopf. Profile der Gegenwartsphilosophie. Frankreich/Italien (= Rotbuch Taschenbuch 1046), Bonn: Rotbuch Verlag 1996.

Brock, Bazon/Achim Preiß (Hg.), IKONOGRAPHIA. Anleitung zum Lesen von Bildern (= Festschrift Donat de Chapearouge), München: Klinkhard & Biermann 1990.

Danner, Peter: »Ärzte, Humanisten, Konquistadoren. Das Besteigen der Berge in der frühen Neuzeit«, in: Theil (Red.), Berg 2005, S. 178-197.

Danner, Peter: »Herrscher, Mönche und Soldaten. Das Besteigen der Berge im Mittelalter«, in: Klier (Red.), Berg 2002, S. 90-117.

Danner, Peter: »Die schönsten Sagen des klassischen Altertums. Das Besteigen der Berge in der Antike«, in: Klier (Red.), Berg 2000, S. 75-94.

Ecker, Gisela/Claudia Breger/Susanne Scholz (Hg.), Dinge-Medien der Aneignung. Grenzen der Verfügung (= Kulturwissenschaftliche Gender Studies; Bd. 3), Königstein Taunus: Ulrike Helmer Verlag 2002.

Erll Astrid: Kollektives Gedächtnis und Erinnerungskulturen, Stuttgart: Metzler 2005.

Erll, Astrid/Ansgar Nünning (Hg.), Gedächtniskonzepte in der Literaturwissenschaft. Theoretische Grundlagen und Anwendungsperspektiven, Berlin: Walter de Gruyter 2005.

Foucault Michel: Überwachen und Strafen. Die Geburt des Gefängnisses (= stw 184), Frankfurt am Main: Suhrkamp Verlag 1976

Foucault, Michel: Die Ordnung der Dinge (= stw 96), Frankfurt am Main: Suhrkamp Verlag 1974.

Foucault, Michel: »Andere Räume«, in: Barck/Gente (Hg.), Aisthesis, S. 34-46.

Freud, Sigmund: Gesammelte Werke. Bd. 1-18, Frankfurt am Main: Fischer Taschenbuch Verlag 1999.

Gebser, Jean: Ursprung und Gegenwart: I-III (= dtv 5921), München: Deutscher Taschenbuch Verlag 1973.

Girard, René: Der Sündenbock, Zürich, Düsseldorf: Benzinger 1988.

Klier, Walter (Red.), Berg 2002 (=Alpenvereinsjahrbuch Bd. 126 der »Zeitschrift«), München/Innsbruck/ Bozen: Deutscher Alpenverein et al. 2002.

Klier, Walter (Red.), Berg 2000 (=Alpenvereinsjahrbuch Bd. 124 der »Zeitschrift«), München/Innsbruck/Bozen: Deutscher Alpenverein et al. 2000.

Kohl, Karl Heinz: Entzauberter Blick. Das Bild vom Guten Wilden (= stb 1272), Frankfurt am Main: Suhrkamp Verlag 1986.

Lévi-Strauss, Claude: Traurige Tropen (= stw 240), Frankfurt: Suhrkamp Verlag 1978.

Lévi-Strauss, Claude: Das wilde Denken (= stw 14), Frankfurt am Main: Suhrkamp 1973.

Müller, Klaus E.: Geschichte der antiken Ethnographie und ethnographischen Theoriebildung (= Studien zur Kulturkunde; Bd. 52). Wiesbaden: Franz Steiner Verlag 1980.

Pankow, Edgar /Günter Peters (Hg.), Prometheus. Mythos der Kultur, München: Wilhelm Fink Verlag 1999.

Rosa, Hartmut: Beschleunigung. Die Veränderung der Zeitstrukturen in der Moderne (= stw 1760), Frankfurt am Main: Suhrkamp Verlag 2005.

Scheele, Uwe: »›El obispo podrido‹. Buñuels Schock-Ästhetik zwischen Hyperrealismus und innerer Bilderwelt«, in: Link-Heer/Roloff (Hg.), Luis Buñuel, S. 145-158.

Schivelbusch, Wolfgang: Geschichte der Eisenbahnreise. Zur Industrialisierung von Raum und Zeit im 19. Jahrhundert, Frankfurt am Main: Fischer Taschenbuch Verlag 2000.

Schivelbusch, Wolfgang: Lichtblicke. Zur Geschichte der künstlichen Helligkeit im 19. Jahrhundert (= ftb 16180), München: Fischer Taschenbuch Verlag 2004.

Schlögel, Karl: Im Raume lesen wir die Zeit. Über Zivilisationsgeschichte und Geopolitik, München, Wien: Carl Hanser 2003.

Schmitt, Eberhard/Friedrich Karl von Hutten (Hg.), Das Gold der Neuen Welt. Die Papiere des Welser-Konquistadors und Generalkapitäns von Venezuela Philipp von Hutten 1534-1541, Hildburghausen: Verlag Frankenschwelle 1996.

Schmutz, Hans Konrad: Phantastische Lebensräume, Phantome und Phantasmen. (= Aufsätze des Zürcher Symposions der Schweizerischen Gesellschaft für

Geschichte der Medizin und der Naturwissenschaften vom 10. und 11. Oktober 1996), Marburg an der Lahn: Basilisken Presse 1997.

Stagl, Justin: Eine Geschichte der Neugier. Die Kunst des Reisens 1550-1800, Wien/Köln/Weimar: Böhlau Verlag 2002.

Straub, Eberhard (Hg.), Konquista. Amerika oder die Entdeckung der Menschenrechte. Köln: Communio 1991.

Theil, Walter (Red.), Berg 2005 (= Alpenvereinsjahrbuch, Zeitschrift Bd. 129). Innsbruck/ Bozen: Deutscher Alpenverein et al. 2005.

Todorov, Tzvetan: Die Eroberung Amerikas. Das Problem des Anderen (= es Neue Folge Bd. 213), Frankfurt am Main: Suhrkamp Verlag 1985.

Treptow, Elmar: Die erhabene Natur. Entwurf einer ökologischen Ästhetik, Würzburg: Königshausen und Neumann 2001.

Trüdinger, Karl: Studien zur Geschichte der griechisch-römischen Ethnographie, Basel: Emil Birkhäuser 1918.

Wegmann, Peter: »Gefürchtet – Gejagt – Im Bilde gebannt: Phantastische Bewohner entlegener Lebensräume in der Kunst der Renaissance und des Barock«, in: Schmutz (Hg.), Phantastische Lebensräume, S. 89-118.

Yiu, Yvonne: »Strategien der Wahrheitsbezeugung des Spätmittelalters«, in: Drews/Schlie (Hg.), Mittelalterforschung, o.S.

10.5 Lexika/Nachschlagewerke/Atlanten

Blaeu, Joan: Atlas Mayor of 1665 (= Nachdruck der GEOGRAPHIA, quae est cosmographiae blavianae, pars prima, qua orbis terrae tabvlis ante oculos ponitur et descriptionibvs illvstratvr; Amsterdami, MDCLXV, nach dem Original aus der Österreichischen Nationalbibliothek Wien), Köln/London/ Los Angeles et al.: Taschen, o.J.

Brockhaus Naturwissenschaften und Technik Mannheim: F.A. Brockhaus 1989.

Kindlers Literatur Lexikon, München: Deutscher Taschenbuch Verlag 1986.

Finscher, Ludwig (Hg.), Die Musik in Geschichte und Gegenwart. Allgemeine Enzyklopädie der Musik; begründet von Friedrich Blume, Kassel, Stuttgart: Gemeinschaftausgabe von Bärenreiter Verlag und J.B. Metzler 2000.

Fischer, Stefan (Hg.), Biographisch-bibliographisches Kirchenlexikon, Nordhausen: Verlag Traugott Bautz 2007.

Honegger, Marc/Günther Massenkeil (Hg.), Das Große Lexikon der Musik in acht Bänden, Freiburg, Basel, Wien: Herder 1992.

Kasper, Walter (Hg.), Lexikon für Theologie und Kirche, Freiburg, Basel, Rom, Wien: Herder, 1997.

Michels, Ulrich (Hg.), dtv-Atlas zur Musik, Bd. 1 u. 2., München: Deutscher Taschenbuch Verlag 1977.

Mittelstraß, Jürgen (Hg.), Enzyklopädie Philosophie und Wissenschaftstheorie, Stuttgart, Weimar: J.B. Metzler 2004.

Nünning, Ansgar (Hg.), Metzler Lexikon der Literatur- und Kulturtheorie, Stuttgart, Weimar: Verlag J.B. Metzler 2001.

Olsen, Dale/Daniel E. Sheehy (Hg.), The Garland Encyclopedia of World Music. South America, Mexico, Central America, and the Caribbean, New York. London: Garland Publishing Company 1998.

10.6 Internetquellen

Begemann, Christian: »Brentano und Kleist vor Friedrichs ‚Mönch am Meer'. Aspekte eines Umbruchs in der Geschichte der Wahrnehmung«, in: Deutsche Vierteljahrsschrift für Literaturwissenschaft und Geistesgeschichte 64 (1990); 89-145; Goethezeitportal, URL: http://www.goethezeitportal.de/db/wiss/epoche/begemann_wahrnehmung.pdf; (17.02.2006). [20.5.2008].

Breton, André: Manifest des Surrealismus (1924). URL: http://www.kunstzitate.de/bildendekunst/manifeste/surrealismus.htm; [25.8.2008].

Brock, Bazon: »Ästhetik gegen erzwungene Unmittelbarkeit. Ruine als Modell der Differenz«, URL: http://www.brock.uni-wuppertal.de/Schrifte/AGEU/Ruine.html;http://www.brock.uni-wuppertal.de/-Schrifte/AGEU/Ruine.html [14.11.2008].

Döhl, Reinhard. Exkurs über Aleatorik, URL: http://netzliteratur.net/experiment/aleatori.htmhttp://netzliteratur.net/experiment/aleatori.htm; [4.10.2008].

Drews, Wolfgang/Heike Schlie, Brackweder Arbeitskreis für Mittelalterforschung Tagung 2006. Zeugnis und Zeugenschaft (Universität Bremen, 24.-25.11.06);URL:http://hsozkult.geschichte.hu-berlin.de/tagungsberichte/id 1452; [14.2.2008].

Knauth, Alfons K.: »Die lateinamerikanische Avantgarde«, Vortrag zur Ringvorlesung RUB 12.1.2000, Ruhr-Universität Bochum, URL: http://homepage.ruhr-uni-bochum.de/niels.werber/Avantgarden/Knauth.htm [14.5.2008].

Marinetti, Filippi Tommaso: Futuristisches Manifest,1909. URL: http://www.kunstzitate.de/bildendekunst/manifeste/futurismus.htm;http://www.kunstzitate.de/bildendekunst/manifeste/futurismus.htm [25.8.2008].

Noller, Joachim: »Alejo Carpentier und die Globalisierung des Musikdenkens«, in: URL: http://www.ars-mimetica.de/literatur_und_musik/carpentier.php [18.6.2008].

Porras Barrenechea, Raoúl: Ora y leyenda del Peru, Url: http://sisbib.unimsm.edu.pe/bibvirtual/libros/linguistica/legado_quechua/oro.htm; [20.12.2007].

Rilke, Rainer Maria: »Brief an einen jungen Dichter«,. URL: http://www.rilke.de/briefe/170203.htm; [16.4.2008].

Schmid-Linsenhoff, Viktoria: Interdisziplinäres Projekt an der Universität Trier: »IDENTITÄT UND DIFFERENZ«. Geschlechterkonstruktion und Interkulturalität; Prof. Viktoria Schmidt-Linsenhoff (Kunstgeschichte), Dr. Astrid Swift (Anglistik), Prof. Dr. Karl Hölz (Romanistik), Prof. Dr. Herbert Uerlings (Germanistik); »Das Subjekt und die Anderen«. URL: http://www-alt.uni-trier.de/~linsenho/projekt.htm; [25.6.2008].

Starl, Tim: »Kritik der Fotografie«. URL: http://www.kritik-der-fotografie.at/18-Kaleidoskop.htm [26.08.2008].

Wetzel, Michael: »Über Sprachen – Unter Kulturen. Walter Benjamins ›Interlinearversion‹ des Übersetzens als Inframedialität«, URL: http://www.uni-konstanz.de/paech/2002/zdk/beitrg/Wetzel.htm; [23.9.2008].

Zickgraf, Peer: Tödliche Verwandlungen – Koloniale Menschenzoos und die Schaffung von »Untermenschen«, URL: http://www.freiburg-postkolonial.de/Seiten/zickgraf-menschenzoos.htm; [1.5.2008], (erstmals erschienen in: iz3w Nr. 258, (Januar/Februar 2002, S. 35-37).

Lied von Mambrú. URL: http.//www.spanisch-lehrbuch.de/uebungen/level 3_hoererverstaendnis/musik/kinderlieder//mambru.htm; [22.9.2008].

Percy Fawcett. URL: http://de.wikipedia.org/wiki/Percy_Fawcett, [9.4.2008].

10.7 Bildnachweis

Abbildungen 1, 2, 3, 4, 5, 7, 13: Das Große Lexikon der Malerei, Braunschweig: Westermann, 1982.

Abbildungen 4, 6, 11, 12,: Hammacher: A.M. René Magritte, Köln: Du Mont 1975.

Abbildungen 8, 9, 15: Weitz, Petra (Red.), Francisco de Goya. Radierungen. Die Sammlung des Morat-Instituts. Heidelberg: Edition Braus, 1996.

Abbildung 10: Elger, Dietmar: Expressionismus. Eine deutsche Kulturrevolution. Köln: Benedikt Taschen Verlag, 1988.

Abbildung 14: Gallwitz, Klaus (Red.), Dalí. Gemälde, Zeichnungen, Objekte, Schmuck. Baden-Baden, Staatliche Kunsthalle, 1971.

Abbildung 16: Kern, Hermann. Labyrinthe. Erscheinungsformen und Deutungen. München: Prestel, 1995.

Abbildung 17: Pijoan, José. Arte. Die Kunstgeschichte der Welt. Lausanne: Gramont, 1979; Bd. 9; (Die Kunst des 18. und der ersten Hälfte des 19. Jahrhunderts; Rokoko, Neoklassizismus, Romantik usw.).

Reudenbach, Bruno: G. B. Piranesi. Architektur als Bild, München: Prestel Verlag, 1979.

Lettre

Vittoria Borsò
das andere denken, schreiben, sehen
Schriften zur romanistischen Kulturwissenschaft
(hg. von Heike Brohm, Vera Elisabeth Gerling, Björn Goldammer und Beatrice Schuchardt)

2008, 304 Seiten, kart., 29,80 €,
ISBN 978-3-89942-821-6

Eva Erdmann
Vom Klein-Sein
Perspektiven der Kindheit in Literatur und Film

Januar 2011, ca. 200 Seiten, kart., ca. 24,80 €,
ISBN 978-3-89942-583-3

Evi Fountoulakis, Boris Previsic (Hg.)
Der Gast als Fremder
Narrative Alterität in Literatur und Film

November 2010, ca. 280 Seiten, kart., ca. 28,80 €,
ISBN 978-3-8376-1466-4

Leseproben, weitere Informationen und Bestellmöglichkeiten finden Sie unter www.transcript-verlag.de

Lettre

Irina Gradinari
Genre, Gender und Lustmord
Mörderische Geschlechterfantasien in der deutschsprachigen Gegenwartsprosa

Januar 2011, ca. 328 Seiten, kart., ca. 33,80 €,
ISBN 978-3-8376-1605-7

Christian Kohlross
Die poetische Erkundung der wirklichen Welt
Literarische Epistemologie (1800-2000)

Februar 2010, 230 Seiten, kart., 28,80 €,
ISBN 978-3-8376-1272-1

Mareen van Marwyck
Gewalt und Anmut
Weiblicher Heroismus in der Literatur und Ästhetik um 1800

Februar 2010, 314 Seiten, kart., zahlr. Abb., 32,80 €,
ISBN 978-3-8376-1278-3

Leseproben, weitere Informationen und Bestellmöglichkeiten finden Sie unter www.transcript-verlag.de